# Business Engineering

Herausgegeben von U. Baumöl, H. Österle, R. Winter

Springer
*Berlin*
*Heidelberg*
*New York*
*Barcelona*
*Hongkong*
*London*
*Mailand*
*Paris*
*Tokio*

# Business Engineering

V. Bach, H. Österle (Hrsg.)
**Customer Relationship Management in der Praxis**
Erfolgreiche Wege zu kundenzentrierten Lösungen
2000. 256 Seiten
ISBN 3-540-67309-1

H. Österle, R. Winter (Hrsg.)
**Business Engineering**
Auf dem Weg zum Unternehmen des Informationszeitalters
2000. 340 Seiten
ISBN 3-540-67258-3

R. Jung, R. Winter (Hrsg.)
**Data-Warehousing-Strategie**
Erfahrungen, Methoden, Visionen
2000. 296 Seiten
ISBN 3-540-67308-3

E. Fleisch
**Das Netzwerkunternehmen**
Strategien und Prozesse zur Steigerung der Wettbewerbsfähigkeit in der „Networked economy"
2001. 392 Seiten
ISBN 3-540-41154-2

Hubert Österle · Elgar Fleisch
Rainer Alt

# Business Networking in der Praxis

## Beispiele und Strategien zur Vernetzung mit Kunden und Lieferanten

Mit Beiträgen von
Bernhard Alzer, Vladimir Barak, Robert Betts, Ralph Dolmetsch
Karl Maria Grünauer, Thomas Huber, Norbert Kaltenmorgen
Roland Klüber, Günter Lehmann, Florian Leser
Andreas Pfadenhauer, Sven Pohland, Thomas Puschmann
Christian Reichmayr, Thomas Reiss, Dirk Sassmannshausen
Karl-Heinz Schelhas, Frédéric Thiesse, Rudolf Zurmühlen

Mit 147 Abbildungen und 52 Tabellen

Springer

Professor Dr. Hubert Österle
Professor Dr. Elgar Fleisch
Dr. Rainer Alt
Universität St. Gallen
Institut für Wirtschaftsinformatik
Müller-Friedberg-Straße 8
CH-9000 St. Gallen
Schweiz
hubert.oesterle@unisg.ch
elgar.fleisch@unisg.ch
rainer.alt@unisg.ch
http://www.iwi.unisg.ch

ISBN 3-540-41370-7 Springer-Verlag Berlin Heidelberg New York

Die Deutsche Bibliothek – CIP-Einheitsaufnahme
Österle, Hubert: Business Networking in der Praxis: Beispiele und Strategien zur Vernetzung mit Kunden und Lieferanten / Hubert Österle; Elgar Fleisch; Rainer Alt. – Berlin; Heidelberg; New York; Barcelona; Hongkong; London; Mailand; Paris; Singapur; Tokio: Springer, 2002
(Business engineering)
ISBN 3-540-41370-7



Springer-Verlag Berlin Heidelberg New York
ein Unternehmen der BertelsmannSpringer Science+Business Media GmbH


Printed in Germany



SPIN 10790291 43/2202-5 4 3 2 1 0 – Gedruckt auf säurefreiem Papier

# Vorwort

Die Unternehmen haben in den letzten 30 Jahren integrierte Geschäftsprozesse geschaffen und damit Kosten gesenkt, Durchlaufzeiten reduziert und Produktvarianten beherrschbar(er) gemacht. Ermöglicht haben diese Fortschritte einerseits die konsequente Prozeßorientierung (Business Process Engineering) und andererseits Enterprise Resource Planning-Systeme, wie z.B. R/3 von SAP R/3. Auf die Integration der innerbetrieblichen Prozesse folgt nun die Koordination der zwischenbetrieblichen Prozesse. Die Unternehmen erkennen, daß Geschäftsprozesse nicht an den Unternehmensgrenzen enden – sie interpretieren die Wirtschaft zunehmend als ein Netzwerk von Prozessen quer zu rechtlichen Unternehmensgrenzen. Neue überbetriebliche Prozesse und eine neue technische und vor allem geschäftliche Infrastruktur sind im Entstehen. Sie basieren auf dem Internet, neuen Softwarelösungen und vielfältigen Serviceanbietern.

Seit 1994 arbeitet das Institut für Wirtschaftsinformatik an der Universität St. Gallen (IWI-HSG) gemeinsam mit zahlreichen renommierten Unternehmen unter dem Titel Business Networking (⇒ Glossar) an Fragestellungen der zwischenbetrieblichen Zusammenarbeit von Geschäftseinheiten auf Basis von neuer Informationstechnologie. In diesem Buch präsentieren wir die wichtigsten Ergebnisse dieser angewandten Forschung: Grundlagen, Geschäftskonzepte, Applikationskonzepte, Integrationskonzepte und kritische Erfolgsfaktoren – dargestellt an vielen zum Teil selbst durchgeführten Projekten. Unsere Forschungsarbeiten starteten vor einer Zeit in der die Marketingmaschinerien der Soft- und Hardwarehersteller und der Systemintegratoren mit einem vorangestellten ‚e' Technologiewerte aufgeblasen und in ganzen Branchen Umbrüche geprobt haben. Aus wissenschaftlicher Sicht könnten wir daher bei der Darstellung der Ergebnisse auf die modischen ‚e' verzichten und uns auf die (auch zuvor gültigen) Geschäftsprinzipien konzentrieren – aus Gründen der Verständlichkeit und Anschlußfähigkeit werden wir jedoch die heute allgemein verwendeten Begriffe – die i.d.R. der englischen Sprache entnommen sind – verwenden. Das vorliegende Buch konnte nur mit der Unterstützung folgender drei Personengruppen zustande kommen:

- den Vertretern unserer *Partnerunternehmen* in den Kompetenzzentren zum Business Networking. Sie sind in Kapitel 1.3.3 aufgeführt.
- dem *Forschungsrat* des Forschungsprogramms ‚Business Engineering HSG', dem fünfzehn Führungskräfte großer Schweizer und deutscher Unternehmen (s. Tabelle V-1) und die Professoren des IWI-HSG angehören. Der Forschungsrat hilft bei der Sammlung und Priorisierung der Forschungsthemen und gewährleistet die Praxisbezogenheit der gewonnenen Ergebnisse. Das Thema Business Networking hat sich aus der laufenden Zusammenarbeit zwischen Forschung und Praxis ergeben. Das vorliegende Buch ist ein Ergebnis der offenen und kooperativen Kultur zwischen Industrie und Forschung sowie zwischen den einzelnen Lehrstühlen am IWI-HSG.

| Mitglieder des Forschungsrates | Position | Unternehmen |
|---|---|---|
| Barak, Vladimir Dr. | Head of IM/IT Coordination EMEA, Pharma Informatics | F. Hoffmann-La Roche AG, Basel |
| Brühwiler, Rudolf | Mitglied der Geschäftsleitung | Winterthur Versicherungen, Winterthur |
| Eberhard, Lutz | Director Corporate IT | GEHE AG, Stuttgart |
| Harmening, Klaus J. | Chief Information Officer, Senior Vice President | Hilti Befestigungstechnik AG, Buchs |
| Hilbers, Konrad Dr. | Executive Vice President and Chief Administration Officer | BMG Entertainment, New York |
| Kindt, Andreas | Geschäftsführer Software Systeme | T-Nova Deutsche Telekom Innovationsgesellschaft mbH, Bonn |
| Meier, Urs Peter | Vorsitzender der Geschäfts-leitung | UBS Card Center AG, Glattbrugg |
| Olmesdahl, Rolf | Ressortleiter Development Business Systems, Geschäftsbereich IT | UBS AG, Zürich |
| Reimer, Ulrich PD Dr. | Leiter Informatik For-schungsgruppe | Rentenanstalt / Swiss Life, Zürich |
| Roggli, Marc | Bereichsleiter Support-zentrum Informatik | Zürich Schweiz, Zürich |
| Rüst, Lukas Dr. | Mitglied der Direktion | Crédit Suisse, Zürich |
| Santona, Mauro | Chief Information Officer | Swisscom AG, Bern |
| Sany, Peter T. | Chief Information Officer / Member of the Executive Committee | Novartis Pharma AG, Basel |
| Stahlberger, Urs | Präsident der Geschäfts-leitung | AGI IT Services AG, Zürich |
| Wilmes, Jörg Dr. | Head Knowledge-based Business & Services | Deutsche Bank AG, Frankfurt |

*Tabelle V-1: Forschungsrat Business Engineering HSG*

- den Mitarbeitern des IWI-HSG, die an dieser Veröffentlichung mitarbeiteten. Sybille Lötscher und Christoph Schallberger, studentische Mitarbeiter am IWI-HSG und Thomas Puschmann, Forschungsassistent am IWI-HSG, zeichneten für die organisatorische Seite des Buches verantwortlich. Es gelang ihnen vortrefflich, die unterschiedlichen Ziele, Fähigkeiten und Rahmenbedingungen der Autoren, des Verlags und von Microsoft Office auszubalancieren.

Beim vorliegenden Buch handelt es sich um die vollständig überarbeitete und stark erweiterte Version des Buches zum Business Networking in englischer Fassung. Wir hoffen, auch mit der deutschen Ausgabe zur Umsetzung des Business Networking in der Praxis beizutragen und sind für Anregungen zur Weiterentwicklung des Buches dankbar.

Hubert Österle (hubert.oesterle@unisg.ch)

Elgar Fleisch (elgar.fleisch@unisg.ch)

Rainer Alt (rainer.alt@unisg.ch)

# Inhaltsübersicht

# Inhaltsverzeichnis

# 1 Business Networking – Chancen und Herausforderungen

*Rainer Alt, Elgar Fleisch, Hubert Österle*

## 1.1 Netzwerkunternehmen im Informationszeitalter: Vision

### 1.1.1 Business Networking und die ‚New Economy'

Die Wirtschaft ist auf der Suche nach den Regeln der ‚New Economy' [Kelly 1998], die andere als Digital Economy (vgl. [Negroponte 1995], [Tapscott 1995]), Networked Economy [Shapiro/Varian 1999], Information Economy [Varian 1994], Internet Economy [Zerdick et al. 1999] oder als das Informationszeitalter [Lane 1998] bezeichnet haben. Die Informations- und Kommunikationstechnologie (IT)[1] ermöglicht neue Geschäftslösungen und Wirtschaftsstrukturen in gleicher Weise wie Dampf und Elektrizität vor hundert Jahren den Wandel der Agrarwirtschaft in die Industriewirtschaft eingeleitet haben.

Business Networking ist nicht das einzige, aber jedenfalls das wichtigste Merkmal der Unternehmen im Informationszeitalter. Auch in der Vergangenheit war es bereits die Vernetzung von Geschäftsfähigkeiten, die die Grundlage für die Arbeitsteilung sowohl in der Agrar- als auch in der Industriegesellschaft und Voraussetzungen für den wachsenden Wohlstand schuf. Heute führt IT zu grundsätzlich neuen Mechanismen in der Zusammenarbeit von Unternehmen. Wie [Smith 1776] bereits feststellte, ist die Arbeitsteilung durch die geographische Ausdehnung des Marktes begrenzt. Vor dem Aufkommen lokaler Märkte für landwirtschaftliche Produkte erzeugte jeder Bauer alles selbst, was er für den Lebensunterhalt benötigte. Mit Einführung neuer Transporttechnologien wuchs der Marktumfang und führte in der Folge zur Spezialisierung der Industriewirtschaft. In der heutigen Zeit forciert die IT die physische Auflösung der Märkte und Unternehmen bis an die globalen Grenzen und bereitet dadurch den Weg für eine weitergehende Spezialisierung der Unternehmen.

Business Networking kann als die Koordination (⇒ Glossar) von Prozessen innerhalb einzelner und zwischen mehreren Firmen verstanden werden. Enger gefaßt, definieren wir Business Networking als das Management von IT-gestützten Beziehungen zwischen internen und externen Geschäftspartnern. Bisher besteht noch keine systematische, d.h. umfassende und in sich geschlossene Sammlung der Strategien, Prozesse und Kooperationsmechanismen, die Business Networking für die Wirtschaft bereithält. Dabei zählen Desintegration, Spezialisierung, Reintegration, Zentralisierung usw. zu denjenigen Trends, die heute eine wachsende Herausforderung für Wirtschaftsmanagement und Wirtschaftswissenschaften darstellen.

---

[1] Angesichts des Zusammenfließens von Informationsverarbeitung und Kommunikation wird die Kombination von Informations- und Kommunikationstechnologien als IT bezeichnet.

### 1.1.2 Fünf Stufen zum Business Networking

*„The revolution under way will be driven not by changes in production but by changes in coordination." [Malone/Rockart 1991, 128]*

An den zur Informatisierung führenden Entwicklungsstufen läßt sich die Bedeutung erkennen, die der IT beim Business Networking zukommt. Der Integrationsbereich kann dabei als Indikator für den Informatisierungsgrad eines Unternehmens angenommen werden. Der Integrationsbereich beschreibt die Anzahl der Aufgaben, die ein Unternehmen in einem integrierten Informationssystem (⇒ Glossar) ausführt [Österle et al. 1992]. Zu Anfang der Informatisierung war der Integrationsbereich noch ziemlich klein. Mit zunehmender Entwicklung der Technologie nahm auch der Integrationsbereich zu. Bei dieser Entwicklung lassen sich fünf Stufen unterscheiden (s. Bild 1-1)[2]:

Stufe 1 (70er Jahre): Ziel der *Informatisierung einzelner Funktionen* war es, einzelne Geschäftsfunktionen wie z.B. die Fakturierung zu automatisieren. Manuelle Vorgänge werden dabei unverändert dem Computer übertragen [Alpar et al. 1998, 29]. Das Ergebnis sind isolierte Lösungen, d.h. separate Informationssysteme, die Einzelvorgänge effizient unterstützen.

Stufe 2 (80er Jahre): Durch die *Informatisierung von Funktionsbereichen*, wie z.B. Produktion, Finanzbuchhaltung oder Distribution wurde eine Integration (⇒ Glossar) innerhalb der wichtigsten Geschäftsfunktionsbereiche erreicht [Raffee 1993] und damit die Effizienz ganzer Abteilungen verbessert. Die IT ermöglichte erstmals neue Methoden (⇒ Glossar) anzuwenden, wie z.B. Produktions- und Finanzplanung, durch die Geschäftsprozesse umgeformt und die Mitarbeiter mit neuen Herausforderungen konfrontiert werden.

Stufe 3 (90er Jahre): Die Entwicklung von Enterprise Resource Planning-Systemen (ERP-Systeme) (⇒ Glossar) bot den Unternehmen die Möglichkeit, abteilungs- bzw. funktionsübergreifend *integrierte Prozesse* einzuführen. Damit konnten durchgängige Prozesse (z.B. Auftragsbearbeitung) vom Kunden (z.B. Verkauf, Auftragserfassung) und zum Kunden (z.B. Vertrieb, Rechnungsstellung, Zahlungseingang) eingerichtet werden. ERP-Systeme (s. Kap. 2.3.1) wurden bald zum Nervensystem der Unternehmen und ermöglichten jedem (berechtigten) Mitarbeiter unverzögerten Zugang zu allen Betriebsinformationen.

Stufe 4 (90er Jahre): Parallel zur Einführung von ERP-Systemen gingen einige Unternehmen dazu über, Verflechtungen mit ihren Kunden oder Lieferanten zu schaffen. Sie begannen z.B. Systeme zum elektronischen Datenaustausch (Electronic Data Interchange bzw. EDI) (⇒ Glossar) einzusetzen, um Massentransaktionen effizient abzuwickeln. Dies führte dann zum Aufbau ziemlich aufwendiger

---

[2] Weitere Modelle [Venkatraman 1991, [Lane 1998], [Clarke 1999], [Nolan/Croson 1995]. Zur technischen Entwicklung der Informatisierung von den Großrechnern der 60er Jahre zum heutigen elektronischen Wirtschaft vgl. [Schnedl/Schweizer 1999].

1:1- oder 1:n-Beziehungen – einer der wichtigen Gründe, weshalb EDI nicht die erwartete flächendeckende Verbreitung fand.

Stufe 5 (ca. 1990-2005): In dieser Phase verlangt der Käufermarkt einen neuen kundenorientierten Ansatz. Es sind nun die Prozesse der Kunden des Unternehmens, die den Ausgangspunkt für die Gestaltung eigener Dienstleistungen und -prozesse bilden. Neue IT-Systeme für Supply Chain Management (SCM) und Electronic Commerce (EC) (⇒ Glossar) erfüllen diese Voraussetzungen, indem sie die überbetriebliche Integration von Informationen und Prozessen und damit einen Schritt hin zur Vision des grenzenlosen Unternehmens [Picot et al. 1996] ermöglichen. Diese m:n Vernetzung interner und externer Geschäftseinheiten stützt sich auf eine Vernetzungsinfrastruktur, den Business Bus (s. Kap. 2), die anlog dem Straßennetz aus der physischen Welt funktioniert: enthalten sind Normen (z.B. Straßenbreite, Verkehrsschilder, Verkehrsvorschriften), Koordinationstechnologien und -systeme (z.B. Ampeln, GPS-Systeme) und Dienstleistungen (z.B. Polizei, Straßenwartung, Gebühren, Mautabgaben, Automobilclubs).

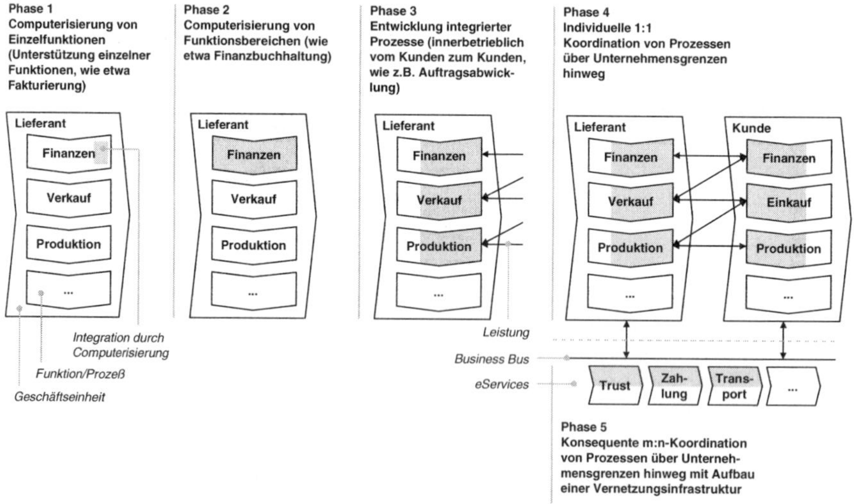


*Bild 1-1: Entwicklungsstufen der Informatisierung*

## 1.2 Vernetzung des Unternehmens: Transformation

### 1.2.1 Von der Strategie zum realen Geschäft

In der Literatur bestehen bereits zahlreiche Veröffentlichungen zu den Bausteinen der ‚New Economy'. Diese befassen sich mehrheitlich mit den volkswirtschaftlichen Aspekten und gelangen dabei zu einer Gesamtsicht des Business Networking. Wichtige wissenschaftliche Beiträge gehen auf die Transaktionskostentheorie [Williamson 1989], die Organisationstheorie (vgl. [Sydow 1992], [Snow et al. 1992], [Müller-Stewens 1997], [Ruigrok 1999]), die Institutionsökonomie [Williamson 1991], die Koordinationstheorie [Malone/Crowston 1994], das Geschäftsnetzwerks- und Informationsmanagement (vgl. [Malone 1987], [Klein 1996], [Picot et al. 1996]) und die Volkswirtschaftstheorie [Varian 1994] zurück. In Verbindung mit den Fallbeispielen aus der Managementliteratur haben diese Erkenntnisse auf einer eher strategischen Ebene geliefert. Sie bieten z.B. Hilfestellungen beim Aufbau strategischer Partnerschaften zwischen Unternehmen, bei der Positionierung eines Unternehmens in einer Supply Chain bzw. dienen dem besseren Verständnis der langfristigen Einflüsse der IT auf Organisationsstrukturen.

Eine große Herausforderung, der sich Unternehmen stellen müssen, ist die Umsetzung der Business Networking-Strategien in die betriebliche Realität. Unseren Forschungspartnern aus der Industrie verdanken wir in diesem Buch ausführliche Informationen über diese seltener diskutierten Hürden, die den Bemühungen um die einer praktischen Umsetzung im Wege stehen.

Das vorliegende Buch stellt eine Reihe von Bausteinen zur Verfügung, die helfen, die Lücke zwischen Strategien und den betrieblichen Grundvoraussetzungen, z.B. eines funktionsfähigen EC- oder SCM-Systems zu schließen. Einerseits wollen wir mit den Bausteinen die Umsetzung von Strategien in Geschäftsprozeßnetzwerke, die mittels IT implementiert werden können, erleichtern. Andererseits hoffen wir, mit den Orientierungshilfen die Ableitung neuer Prozesse und Strategien auf Basis neuer IT zu unterstützen.

Angestrebt wird, die Lücke durch Einführung einer *geschäftsprozeßorientierten* Sicht des Business Networking zu schließen. Dabei wird Business Networking als das logische Ergebnis einer konsequenten Prozeßorientierung betrachtet. Business Process Redesign bedeutet eine unternehmensinterne Fokussierung auf Prozesse. Prozesse jedoch beginnen beim Kunden und enden beim Kunden. Letztendlich gelten für Prozesse keine Unternehmensgrenzen, vielmehr spielen sich diese im Netzwerk ab [Venkatraman 1991].

### 1.2.2 Schaffung der Netzwerkfähigkeit

Hauptziel des Buches ist es darzustellen, wie Unternehmen eine angemessene Netzwerkfähigkeit (⇒ Glossar) erreichen können. Netzwerkfähigkeit, verstanden als Fähigkeit zur internen und externen Kooperation (⇒ Glossar) (vgl. Kap. 4), betrifft Ressourcen, wie z.B. Mitarbeiter, Führungspersonal, Informationssysteme, Geschäftsprozesse, z.B. den Verkaufsprozeß, und Geschäftseinheiten, z.B. ein Unternehmen in einer Supply Chain. Ziel der Netzwerkfähigkeit ist es Geschäftsbeziehungen schnell und kostengünstig aufbauen zu können.

Da der Schwerpunkt in diesem Buch auf Prozessen und der IT liegt, sind wir uns bewußt, daß viele wichtige Aspekte außer Acht gelassen werden. Bei der Betrachtung der Netzwerkfähigkeit stehen eher die Prozesse, die sich um die Supply Chain, Electronic Commerce und Relationship Management abspielen, sowie die transaktionsorientierten Informationssysteme im Mittelpunkt. Für zusätzliche Aspekte, z.B. die Strategie und Kultur sei auf die umfassenden Werke von [Klein 1996] und [Sydow 1992] verwiesen.

Das Buch richtet sich gleichermaßen an Leser aus Wirtschaft und Forschung. Es ist in fünf Teile unterteilt. Teil 1 erarbeitet die Grundlagen und stellt den prozeßorientierten Bezugsrahmen vor. Teil 2 behandelt Geschäftskonzeptionen im Rahmen des Business Networking, Teil 3 befaßt sich mit unterschiedlichen Applikationen des Business Networking, Teil 4 zeigt Wege zur Integration der Applikationen auf und Teil 5 trägt Erfahrungen aus der Praxis zusammen und leitet kritische Erfolgsfaktoren und Managementtechniken ab (s. Bild 1-2).

Kapitel 1: Business Networking - Chancen und Herausforderungen

| | |
|---|---|
| **Teil 1:** | **Grundlagen** |
| Kapitel 2: | Geschäftsmodell des Informationszeitalters |
| Kapitel 3: | Das Netzwerkunternehmen |
| Kapitel 4: | Netzwerkfähigkeit von Unternehmen |

| | |
|---|---|
| **Teil 2:** | **Geschäftskonzepte** |
| Kapitel 5: | Strategien zum Business Networking |
| Kapitel 6: | Electronic Commerce und Supply Chain Management bei der Swatch Group |
| Kapitel 7: | Supply Chain Management und Electronic Commerce bei Bayer |
| Kapitel 8: | Customer Relationship Management in der Pharmaindustrie |

| | |
|---|---|
| **Teil 3:** | **Applikationskonzepte** |
| Kapitel 9: | Entwurf einer Applikationsarchitektur für die Pharmaindustrie |
| Kapitel 10: | Systeme für das Supply Chain Management |
| Kapitel 11: | eProcurement: Systeme und Erfolgsfaktoren |
| Kapitel 12: | Connected Smart Appliances |

| | |
|---|---|
| **Teil 4:** | **Integrationskonzepte** |
| Kapitel 13: | Templates: Standardisierung beim Business Networking |
| Kapitel 14: | Enterprise Application Integration bei Robert Bosch |
| Kapitel 15: | eServices zur ERP-Integration von eMarkets |

| | |
|---|---|
| **Teil 5:** | **Kritische Erfolgsfaktoren** |
| Kapitel 16: | Kritische Erfolgsfaktoren des Business Networking |
| Kapitel 17: | Entwicklung einer Business Networking-Methode |
| Kapitel 18: | Anwendung der Business Networking-Methode am Beispiel SAP |
| Kapitel 19: | Entwicklung einer Applikationsarchitektur |

Kapitel 20: Business Networking - Zusammenfassung und Ausblick

*Bild 1-2: Inhaltsaufbau des Buches*

### 1.2.3 Teil 1: Grundlagen

Teil 1 schafft die Grundlagen für Business Networking. Kapitel 2, *Geschäftsmodell des Informationszeitalters*, identifiziert die wenigen wichtigen Elemente von Unternehmen in der ‚Networked Economy', beschreibt deren Wirkungszusammenhang und leitet daraus die kritischen Konsequenzen für die Unternehmensführung ab. Die zentralen Bausteine sind der Kundenprozeß, das Kundenprozeßportal, das Wertschöpfungsnetzwerk und die elektronischen Services.

Kapitel 3, *Das Netzwerkunternehmen*, verbindet Netzwerksicht und Prozeßsicht. Es analysiert anhand von acht kurzen Fallbeispielen Spielarten, Chancen und Risiken von Vernetzung aus Sicht des einzelnen Unternehmens - des sogenannten Netzwerkunternehmens. Netzwerkunternehmen sind i.d.R. an mehreren Netzwerken beteiligt, die unterschiedlichen ökonomischen Prinzipien unterworfen sind und letztlich von Kooperationsprozessen wie Supply Chain Management, Customer Relationship Management und Innovation umgesetzt werden. Das Modell des Netzwerkunternehmens ist eine spezifische Ausprägung des Business Networking-Modells, das dem gesamten Werk zugrunde liegt.

Kapitel 4, *Netzwerkfähigkeit von Unternehmen,* erkennt die Gestaltung von Kooperationsprozessen als eine zentrale Führungsgröße in der ‚Networked Economy'. Die Netzwerkfähigkeit als Maß für die Fähigkeit zur schnellen und kostengünstigen Bildung IT-gestützter Geschäftsbeziehungen, bezieht sich auf die Dimensionen Leistung, Prozeß, Mitarbeiter, IT, Organisationsstruktur und Kultur und ist die Basis konkreter für Handlungsanleitungen in Netzwerkunternehmen.

### 1.2.4 Teil 2: Geschäftskonzepte

In Teil 2 liegt der Schwerpunkt auf den geschäftsorientierten Aspekten des Business Networking. Kapitel 5, *Strategien zum Business Networking,* beschreibt, wie Business Networking mit der Unternehmensstrategie verknüpft wird und wie es Kernkompetenzen (⇒ Glossar) und künftige Marktsegmente nachhaltig unterstützen kann. Es unterscheidet die drei Organisationsstrategien Outsourcing (⇒ Glossar), Insourcing (⇒ Glossar) und virtuelle Organisation und die Kooperationsprozesse Electronic Commerce, Supply Chain Management und Customer Relationship Management. Ausgehend von einer Reihe von Fallbeispielen entwickelt Kapitel 5 Handlungsanleitungen zur Beeinflussung von Marktpositionen über das Business Networking.

Kapitel 6, *Electronic Commerce und Supply Chain Management bei der Swatch Group,* zeigt am Beispiel der Distribution von Uhrwerkersatzteilen das Zusammenspiel der Strategien Electronic Commerce und Supply Chain Management. Beschrieben werden der schrittweise Auf- bzw. Ausbau der Lösung sowie der entstehende Nutzen und die wesentlichen Erkenntnisse bei der Einführung.

Kapitel 7, *Supply Chain Management und Electronic Commerce bei Bayer,* beschreibt die Möglichkeiten zur verbesserten zwischenbetrieblichen Produktionsplanung anhand der Fallstudie Bayer - Robert Bosch. Es zeigt Anforderungen, Ziele und alternative Ansätze, leitet Kooperationsprozesse ab und diskutiert unterschiedliche Umsetzungsalternativen, von SAP APO über EDI bis zum Portal (⇒ Glossar).

Kapitel 8, *Customer Relationship Management in der Pharmaindustrie,* untersucht Chancen und Risiken des Business Networking im Bereich CRM in der Pharmaindustrie. Es beschreibt die aktuellen unternehmerischen Herausforderungen, entwickelt vier Typen von Healthcare-Portalen (Prozeßportal (⇒ Glossar), Informationsportal, Verkaufsportal und Integrationsportal), analysiert diese anhand von drei Fallbeispielen aus den USA und leitet letztlich Managementempfehlungen ab.

### 1.2.5 Teil 3: Applikationskonzepte

Teil 3 zeigt die Umsetzung der Strategien und Prozesse des Business Networking in Informationssysteme. Kapitel 9, *Entwurf einer Applikationsarchitektur (⇒ Glossar) für die Pharmaindustrie*, setzt das Business Networking-Modell in eine Applikationsarchitektur für ein Pharmaunternehmen um. Dabei werden die zu unterstützenden Prozesse analysiert, die zu erfüllenden Anforderungen abgeleitet, künftige Softwarekomponenten strukturiert und die Prozesse und Komponenten in eine Applikationsarchitektur des Informationszeitalters eingebunden.

Kapitel 10, *Systeme für das Supply Chain Management*, konzentriert sich auf die Softwarekomponenten für das SCM. Es beschreibt die Geschäftsziele und Prozesse des Supply Chain Management, gibt eine Übersicht über die wichtigsten SCM-Werkzeugtypen (MRP, MRPII, APS etc.) und schließt mit einer detaillierten Beschreibung (Funktionen, Lieferanten und Produkte) marktgängiger Systeme.

Kapitel 11, *eProcurement (⇒ Glossar): Systeme und Erfolgsfaktoren,* befaßt sich mit Softwarekomponenten für die Beschaffung indirekter Handelsgüter. Ausgehend von einem Geschäftsprozeßmodell für die Beschaffung indirekter Materialien (Büromaterial etc.) werden die Potentiale der Desktop-Beschaffungswerkzeuge und der ihnen zugrundeliegenden Ideen untersucht. Auch hier wird eine kurze Übersicht über die wichtigsten Funktionen, Anbieter und Produkte gegeben.

Kapitel 12, *Connected Smart Appliances*, beschreibt künftige Applikationskonzepte, die über die Vernetzung von Computern, Prozessen und Menschen hinaus auf der Verknüpfung intelligenter Dinge und Geräte beruhen. Connected Smart Assets und Appliances ermöglichen einen neuen Automatisierungsgrad von Prozessen und eröffnen neue Perspektiven im Management komplexer Systeme.

### 1.2.6 Teil 4: Integrationskonzepte

Teil 4 zeigt unterschiedliche Wege zur Verknüpfung der Bauteile einer Applikationsarchitektur. Kapitel 13, *Templates: Standardisierung beim Business Networking*, positioniert die Standardisierung als kritischen Erfolgsfaktor des Business Networking. Es beschreibt die unterschiedlichen Dimensionen von Standardisierung und geht dann im besonderen auf Templates (⇒ Glossar) als Technik zur Standardisierung ein, wie sie in einem Projekt bei der Robert Bosch Gruppe verwendet wurde.

Kapitel 14, *Enterprise Application Integration bei Robert Bosch*, erklärt am Beispiel des gleichen Unternehmens, wie die Integration von ERP-, EC- und SCM-Systeme funktionieren kann und welchen Nutzen sog. Enterprise Application Integration-Systeme (EAI) stiften können. Vier am Markt erhältliche EAI-Systeme werden mit den wichtigsten Elementen beschrieben.

Im Gegensatz zu Kapitel 14 zeigt Kapitel 15, *eServices (⇒ Glossar) zur Integration von eMarkets (⇒ Glossar) mit ERP-Systemen*, Ansätze und Nutzen der Integration (interner) ERP-Systeme mit (externen) elektronischen Marktplätzen. Es diskutiert dabei die Rolle elektronischer Services anhand eines Fallbeispiels der Triaton GmbH und beschreibt eine konkrete Umsetzung und Architektur der Integration.

### 1.2.7 Teil 5: Kritische Erfolgsfaktoren

Teil 5 setzt die aus den Teilen 1 bis 4 gewonnenen Erkenntnisse in Managementrichtlinien um. Kapitel 16, *Kritische Erfolgsfaktoren des Business Networking (⇒ Glossar)*, identifiziert anhand dreier verschiedener Fallbeispiele Erfolgsfaktoren bei der Implementierung von Business Networking-Systemen. Es entwickelt zwei Techniken (Partner Profiling und Schaffung von Win-Win-Situationen), die Unternehmen als Hilfestellung bei der Umsetzung dienen können.

Kapitel 17, *Entwicklung einer Business Networking-Methode*, faßt die Erfahrungen aus allen Projekten in der übergreifenden Methode PROMET iBN zusammen. Die Methode ergänzt die bestehende PROMET-Methodenfamilie und bietet ein ingenieurwissenschaftliches Instrumentarium zur Umsetzung von Business Networking Strategien. Die beschriebenen Methodenbausteine konzentrieren sich auf Kooperationsprozesse, Kooperationsmetriken sowie die entsprechende (Geschäfts-, Prozeß- und Applikations-) Architektur.

Kapitel 18, *Anwendung der Business Networking Methode am Beispiel SAP*, zeigt anhand eines fiktiven Beispiels die Anwendung der im ASAP für APO 2.0a eingearbeiteten PROMET iBN-Methode. Vorgestellt werden zahlreiche Ergebnisdokumente – von der ‚IST-Geschäftsarchitektur' über die ‚IST-Prozessarchitektur-Makro' und ‚Meßgrößen' bis hin zur ‚SOLL-IS-Architektur'.

Kapitel 19, *Entwicklung einer Applikationsarchitektur*, zeigt mit der Methode PROMET eBN einen Weg zur systematischen Ableitung einer Applikationsarchitektur aus einer Geschäftsarchitektur.

Abschließend faßt Kapitel 20, *Business Networking - Zusammenfassung und Ausblick,* die Erkenntnisse des Buches zusammen und skizziert die nächsten Schritte der Business Networking-Forschung.

## 1.3 Forschungsansatz

### 1.3.1 Anwendungsbezug

Wie eingangs beschrieben basiert der gewählte Forschungsansatz zum Business Networking auf einer engen Kooperation von Forschung und Praxis. Folgende Charakteristika unterscheiden die präsentierten Forschungsarbeiten von anderen Arbeiten zum Thema Business Networking:

- *Praxisrelevanz.* Im Mittelpunkt stehen theoretisch fundierte und in der betrieblichen Praxis anwendbare Erkenntnisse, Konzepte und Methoden.
- *Technische Perspektive.* Business Networking setzt mittels IT strategische Konzepte und Prozesse um. Dazu wendet das Business Networking die technisch-ingenieurwissenschaftlichen Prinzipien des Business Engineering und des Methoden Engineering an.
- *Prozeßorientierung.* Das vorliegende Buch bietet eine prozeßorientierte Sicht der Vernetzung, welche die Zusammenarbeit zwischen Geschäftspartnern als Netzwerke von Prozessen begreift. Das Modell geht vom Kundenprozeß aus und beschreibt verschiedene Kooperationsprozesse zwischen den Geschäftspartnern, die auf einer Kooperationsinfrastruktur aufbauen. Der durchgängigen Verbindung von (internen und überbetrieblichen) Prozessen kommt ein wesentlicher Stellenwert zu. Im Laufe des Buches wird dieses Modell fallbezogen angewendet und validiert.
- *Unternehmenssicht.* Schließlich findet Business Networking immer aus Sicht eines Unternehmens statt. Während frühere Literatur zur Vernetzung das Netzwerk als Gestaltungsobjekt aufführt, gehen wir davon aus, daß letztlich alle Entscheidungen zur Vernetzung von einem konkreten Aufgabenträger, d.h. einem Unternehmen, getroffen werden müssen.

### 1.3.2 Business Networking Kompetenzzentren

Die Forschungsergebnisse in diesem Buch gehen auf die Projektarbeit in drei Kompetenzzentren zurück. Dabei handelt es sich um Projekte mit einer Laufdauer von zwei Jahren an denen verschiedene Unternehmen als sog. Partnerunternehmen teilnehmen. Forschung findet mit und in diesen Unternehmen statt. Als primäre Forschungsmethode verwenden die Kompetenzzentren die Aktionsforschung. Eine detaillierte Beschreibung dazu findet sich bei [Fleisch 2001, 289] nach [Checkland/Holwell 1998].

Das Competence Center eBN (3/1996 bis 2/1998) wurde von der Deutschen Telekom, Henkel, Hewlett Packard und SAP getragen und hatte als wichtiges Ziel die Entwicklung einer robusten Methodik zur Integration und Verteilungsplanung von ERP-Systemen in einem Unternehmen. Da alle Unternehmen SAP R/3 als strategische ERP-Software benutzten, konnte sich das Team teilweise auf diese Systemplattform konzentrieren. Die Ergebnisse des Projekts wurden inzwischen mehrfach im SAP-Benutzerkreis validiert.

Die Fragestellung des CC iBN (3/1998 bis 2/2000) lautete: „Wie sind interne und externe Kunden- und Lieferantenbeziehungen im Informationszeitalter zu gestalten und umzusetzen? Wie sind diese Beziehungen schnell und wirtschaftlich neuen Markterfordernissen anzupassen?" Die Partnerunternehmen des CC iBN waren Bayer, Deutsche Telekom, F. Hoffmann-La Roche, HiServ, Riverwood International, Bosch und SAP. Gegenüber dem CC eBN lagen die Schwerpunkte des CC iBN auf der ‚extended Supply Chain' und damit auf der Konzeption und Umsetzung von SCM- bzw. EC-Lösungen. Den gleichen Fragestellungen widmete sich das Projekt Business Network Redesign (BNR)[3] mit dem Unternehmenspartner ETA S.A., einem Geschäftsbereich der Swatch Group.

Das erfolgreich abgeschlossene CC iBN wurde im März 2000 durch das Kompetenzzentrum Business Networking (CC BN) fortgesetzt. Getrieben von der Verbreitung von Internet-Technologien und -Lösungen wurde der Forschungsbereich um Portale, Märkte und elektronische Services erweitert. Gemeinsam mit den Partnerunternehmen Bosch, DaimlerChrysler, Deutsche Telekom, emagine, ETA, F. Hoffmann-La Roche, Hewlett Packard, SAP und Triaton, wird bis zum Februar 2002 u.a. eine Architektur und eine Methode für Portale, Märkte und Services erarbeitet.

Gegenüber der typischen, von Einzelpersonen getragenen akademischen ‚Desk Research' oder auch empirischen Daten beruht die Forschung in Kompetenzzentren primär auf Teamwork und Feldforschung. Bei jedem Projekt übernimmt ein Forschungsteam in der Zusammensetzung (a) Projektleiter, (b) Steering Committee und (c) Workgroup die Gestaltung und Durchführung des Forschungsplans.

---

[3] Das Projekt wurde vom Schweizer Nationalfond für die Förderung der wissenschaftlichen Forschung (Projekt Nr. 5003-045377) unterstützt.

Vier bis sechs Doktoranden der Universität St. Gallen (IWI-HSG) und sechs bis zwölf Führungskräfte der Partnerunternehmen bilden die Arbeitsgruppe. Die Projektleitung übernehmen Habilitanden (Rainer Alt/Elgar Fleisch), die die Arbeitsergebnisse der Arbeitsgruppe regelmäßig an den Lenkungsausschuß berichten. Dieser setzt sich zusammen aus dem für das Projekt verantwortlichen Professor (Hubert Österle), einer Führungskraft aus jedem Partnerunternehmen sowie dem Projektleiter. Die Mitglieder von Steering Committees und Workgroups der CCs eBN, iBN, BN sowie des Projekts BNR zeigt Tabelle 1-1 im Überblick.

| **Partnerunternehmen** | **Mitglieder des Steering Committees** | **Mitglieder der Workgroups** |
|---|---|---|
| **Competence Center electronic Business Networking (CC eBN)** | | |
| Deutsche Telekom AG<br>Bonn | Karl-Heinz Schelhas | Klaus Basten<br>Wolfgang Kilian |
| Henkel KgaA<br>Düsseldorf | Eckhard Dieckmann | Jens Kalke<br>Franz-Josef Thissen |
| Hewlett Packard GmbH<br>Böblingen | Georg Illert | Armin Schneider<br>Ulrich Modler |
| SAP AG<br>Walldorf | Heinz-Ulrich Roggenkemper | Cay Rademann |
| **Competence Center inter-Business Networking (CC iBN)** | | |
| Bayer AG<br>Leverkusen | Andreas Klosson | Rolf Guntermann<br>Gisela Schmitz |
| Deutsche Telekom AG<br>Bonn | Karl-Heinz Schelhas | Jörg Fuhr |
| ETA SA Fabriques d'Ebauches<br>Grenchen, Schweiz | Ernst Martin | Rudolf Zurmühlen |
| F. Hoffmann-La Roche Ltd., Basel, Schweiz | Vladimir Barak | Martin Wyss |
| HiServ GmbH<br>Frankfurt | Norbert Kaltenmorgen | Mark Pietzner |

| | | |
|---|---|---|
| Riverwood International Corporation Atlanta, USA | Robert Betts | Chuck Lawrence<br>Jim Vrieling |
| Robert Bosch GmbH Stuttgart | Günter Lehmann | Martin von Ehr<br>Sandra Hausmann |
| SAP AG Walldorf | Thomas Reiss | Andreas Pfadenhauer |
| **Competence Center Business Networking (CC BN)** | | |
| Robert Bosch GmbH Stuttgart | Günter Lehmann | Christine Bondel<br>Dirk Sassmannshausen |
| DaimlerChrysler AG, Stuttgart | Frank Appenzeller | Erich Haase<br>Isabelle Krautwald |
| Deutsche Telekom AG Bonn | Karsten Schweichart<br>Torsten Minkwitz | Rainer Scheibehenne<br>Karl-Heinz Schelhas |
| emagine GmbH, Eschborn | Roland Härtner | Elmar Sänger<br>Werner Sobek |
| ETA SA Fabriques d'Ebauches Grenchen, Schweiz | Kaspar Glatthard | Thomas Bühler<br>Rudolf Zurmühlen |
| F. Hoffmann-La Roche Ltd., Basel, Schweiz | Vladimir Barak | Thomas Huber |
| Hewlett-Packard GmbH, Schweiz | Hanspeter Furrer | Mark Gasteen<br>Jörg Grau |
| SAP AG Walldorf | Thomas Reiss | Axel Luther |
| Triaton GmbH, Frankfurt | Norbert Kaltenmorgen | Holger Bock |

*Tabelle 1-1: Forschungsprojekte und Partnerunternehmen*

Schließlich sei darauf hingewiesen, daß das vorliegende Buch nur einen Bruchteil der von den Kompetenzzentren durchgeführten Arbeiten und gewonnenen Ergebnisse widerspiegelt. Weitere Informationen sind elektronisch erhältlich über ccbn.iwi.unisg.ch.

# Teil 1

# Grundlagen

Kapitel 1: Business Networking - Chancen und Herausforderungen

| | |
|---|---|
| **Teil 1:** | **Grundlagen** |
| Kapitel 2: | Geschäftsmodell des Informationszeitalters |
| Kapitel 3: | Das Netzwerkunternehmen |
| Kapitel 4: | Netzwerkfähigkeit von Unternehmen |

| | |
|---|---|
| **Teil 2:** | **Geschäftskonzepte** |
| Kapitel 5: | Strategien zum Business Networking |
| Kapitel 6: | Electronic Commerce und Supply Chain Management bei der Swatch Group |
| Kapitel 7: | Supply Chain Management und Electronic Commerce bei Bayer |
| Kapitel 8: | Customer Relationship Management in der Pharmaindustrie |

| | |
|---|---|
| **Teil 3:** | **Applikationskonzepte** |
| Kapitel 9: | Entwurf einer Applikationsarchitektur für die Pharmaindustrie |
| Kapitel 10: | Systeme für das Supply Chain Management |
| Kapitel 11: | eProcurement: Systeme und Erfolgsfaktoren |
| Kapitel 12: | Connected Smart Appliances |

| | |
|---|---|
| **Teil 4:** | **Integrationskonzepte** |
| Kapitel 13: | Templates: Standardisierung beim Business Networking |
| Kapitel 14: | Enterprise Application Integration bei Robert Bosch |
| Kapitel 15: | eServices zur ERP-Integration von eMarkets |

| | |
|---|---|
| **Teil 5:** | **Kritische Erfolgsfaktoren** |
| Kapitel 16: | Kritische Erfolgsfaktoren des Business Networking |
| Kapitel 17: | Entwicklung einer Business Networking-Methode |
| Kapitel 18: | Anwendung der Business Networking-Methode am Beispiel SAP |
| Kapitel 19: | Entwicklung einer Applikationsarchitektur |

Kapitel 20: Business Networking - Zusammenfassung und Ausblick

# 2 Geschäftsmodell des Informationszeitalters

*Hubert Österle*

## 2.1 Auslöser und Veränderungen

Die Transaktionsverarbeitung hat in den letzten dreißig Jahren die innerbetrieblichen Routineprozesse verändert. Vernetzung, Wissen und intelligente Geräte sind die nächsten Treiber der Transformation von der Industrie- zur Informationsgesellschaft. Die Grundregeln der Wirtschaft bleiben auch im Informationszeitalter bestehen, die neuen Möglichkeiten verändern aber die Gewichte: Das Wissen über die Produktion wird wichtiger als die physischen Produktionsanlagen, Dienstleistungen werden bedeutender als die Produkte, kooperative Prozesse mit Lieferanten und Kunden ersetzen Fertigungstiefe und -breite und globale Synergien werden wichtiger als regionale Autonomie.

Das Unternehmen des Informationszeitalters ist nicht mehr produkt-, sondern kundenorientiert. Es muss das Kundenproblem in seinem vollen Umfang erfassen und dem Kunden so viele zusammenhängende Teilprobleme wie möglich abnehmen, also den gesamten Prozeß des Kunden bei seiner Problemlösung abdecken. Dieser Kundenprozeß bestimmt den Bedarf an Produkten und Dienstleistungen, die der Lieferant anbieten kann oder muss. Der Lieferant muss dafür neue Formen der Zusammenarbeit mit dem Kunden entwickeln und für ihn mehr und mehr Leistungen des Kundenprozesses integrieren. Das Ergebnis werden Geschäftsnetzwerke sein, die so effizient zusammenarbeiten, wie Prozesse innerhalb eines einzelnen Unternehmens.

Voraussetzung dafür ist aber eine gemeinsame Informationsinfrastruktur, über die jedes Unternehmen, jeder Prozeß und jeder Mitarbeiter im Geschäftsnetzwerk auf alle aufgabenrelevanten Informationen aus allen beteiligten Unternehmen in Echtzeit zugreifen kann. Diese Business Collaboration Infrastructure ist die „Verkehrsinfrastruktur" des Informationszeitalters. Sie wird die Bedeutung der heutigen Sprach-Telekommunikation um ein Vielfaches übertreffen und mit der Bedeutung der Verkehrsinfrastruktur für Personen und physische Güter gleichziehen.

## 2.2 Beispiele für die neue Wirtschaftsstruktur

Vor diesem Hintergrund sind alte und neue Unternehmen auf der Suche nach dem Geschäftsmodell des Informationszeitalters. Ein eindrückliches Beispiel für neue Unternehmensstrukturen finden wir im Handel elektronischer Komponenten bei Firmen wie Arrow Electronics oder Avnet. Aus Zwischenhändlern, deren Wertschöpfung in der Vergangenheit vor allem in der Lagerung und Feinverteilung von elektronischen Komponenten lag, entstanden durch Vernetzung und multimediale Inhalte in den neunziger Jahren Dienstleistungsunternehmen mit einem umfangreichen Portfolio elektronisch und persönlich erbrachter Leistungen. Dazu zählen Multi-Vendor-Produktkataloge mit komfortabler Suchfunktion, Bedarfsprognosen und Stücklistenauflösung für die Kunden, Supply Chain Services wie beispielsweise Vendor Managed Inventory oder Online Design und Test von Komponenten [www.avnet.com]. Eine netzbasierte „Community of Electronics Engineers" [www.enen.com] mit Branchenneuigkeiten, Produktankündigungen, NetSeminars usw. ist derart erfolgreich, dass sie von Avnet als eigenes Unternehmen ausgegliedert wurde. Im Jahre 2000 verbrachten 500´000 Engineers pro Monat circa 2.5 Stunden in ENEN, bezogen Neuigkeiten, tauschten Erfahrungen aus und bildeten sich weiter.

Alle führenden Händler elektronischer Komponenten bemühen sich inzwischen, derartige Services anzubieten. Viele dieser Dienstleistungen sind heute keine Differenzierungsmerkmale mehr, sondern schlicht die Voraussetzung für Geschäftsbeziehungen. Es zählen die Geschwindigkeit und der Zusatznutzen für die Kunden. Anbieter, die nicht mithalten können, verschwinden vom Markt. Etablierte Elektronikkonzerne wie Acer, Hitachi, IBM, LG Electronics, Lucent Technologies, Panasonic, Nortel Networks, Seagate Technology, Solectron und Toshiba gründeten den Unternehmensverbund e2open [www.e2open.com], eines mit Avnet konkurrierenden Unternehmens, das der Elektronikindustrie möglichst viele Leistungen aus einer Hand anbieten, also den ganzen Kundenprozess servicieren will.

Mittlerweile gibt es in vielen Branchen intensive Bemühungen, die Zusammenarbeit zwischen Unternehmen ähnlich zu organisieren. Einerseits bemühen sich klassische Unternehmen, eine Rolle wie Avnet in ihrem Geschäftsnetzwerk zu übernehmen, andererseits entstehen durch Konsortien neue Unternehmen (Marktplätze, Exchanges) wie e2open oder Covisint, die unternehmensübergreifend Produkte und Dienstleistungen zusammenfassen. So bietet Covisint für die Automobilindustrie neben vielen anderen Services z.B. einen virtuellen Projektraum für firmenübergreifende Projektarbeit oder eine Bedarfsprognose (von SupplySolution) [www.covisint.com]. Beide Wege – dominante, alte Unternehmen wie Firmenverbunde - werden zu einer Neuverteilung der Wertschöpfung zwischen den Unternehmen eines Geschäftsnetzwerkes führen.

Betrachten wir die Veränderungen auch an einem Beispiel aus dem Konsumentenbereich. Der Besitz eines Autos umfaßt unterschiedlichste Tätigkeiten mit teilweise hoher Komplexität und schließt vielfältige Lieferantenbeziehungen ein (siehe Bild 2-1). Das Unternehmen des Informationszeitalters – in diesem Fall der Anbieter von Mobilität – ist ein Leistungsintegrator. Es versucht, dem Kunden möglichst viele der benötigten Informationen (z.B. Fahrzeugausstattungen und Versicherungstarife), Dienstleistungen (z.B. Probefahrt, Parkhaus oder Reparatur) und Produkte (z.B. Auto, Treibstoff) aus einer Hand und aufeinander abgestimmt anzubieten. Basierend auf dem detaillierten Wissen über den Kunden paßt es die Leistungen möglichst genau auf die individuellen Bedürfnisse an. Das Unternehmensportal bildet die Schnittstelle zwischen Kunde und Anbieter, faßt also alle Leistungen zusammen. Netzwerkgeräte (Connected Smart Appliances) wie das GPS, das Mobiltelefon und das Motor-Management-System bringen die Services an den Ort des Geschehens (Point of Action). Der Mobilitätsanbieter produziert die benötigten Leistungen in den seltensten Fällen selbst, sondern arbeitet mit einem Netzwerk von Anbietern (Supply Chain, Wertschöpfungsnetz) zusammen. Das können einerseits klassische Leistungen von klassischen Anbietern (z.B. Autos oder Fernsehsendungen), andererseits neue, weitgehend elektronisch produzierte und verteilte, hoch standardisierte Dienste (eServices) sein. Beispiele sind Staukameras, Wettermeldungen (z.B. Temperatur) oder Micro-Payment zur Bezahlung derartiger Leistungen.

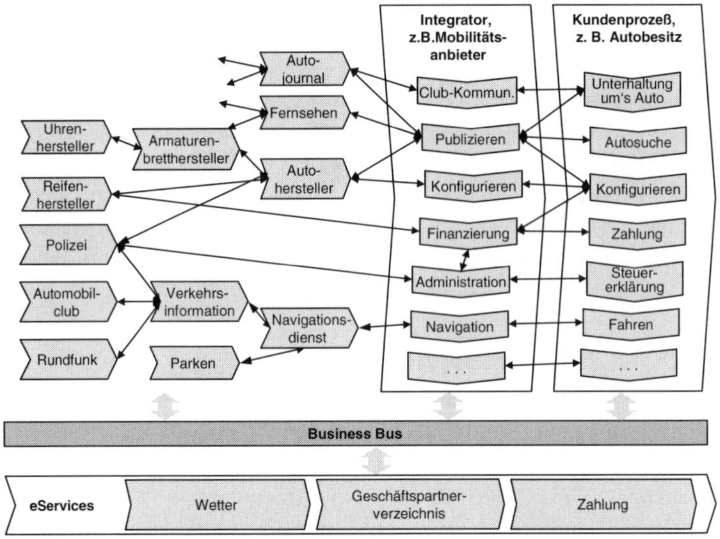


*Bild 2-1: Wirtschaftsstruktur am Beispiel des Automobilbesitzes*

## 2.3 Bausteine der digitalen Wirtschaft

Unternehmen der digitalen Wirtschaft gehen vom Kundenprozeß aus. Kundenzentrierung klingt zwar wie eine Selbstverständlichkeit, tatsächlich stehen bei vielen Unternehmen aber immer noch der Verkaufsprozess und die eigenen Produkte und nicht der Prozess des Kunden und die darin enthaltenen Bedürfnisse im Zentrum der Überlegungen.

### 2.3.1 Der Kundenprozeß

Der Kundenprozess umfasst alle Aktivitäten, die der Kunde in einem oder mehreren seiner Geschäftsprozesse ausführt und in denen er Leistungen vom Markt in

Anspruch nehmen kann. Der Autobesitzer der Zukunft hat seinen persönlichen Autoassistenten, der als unaufdringlicher Experte in allen Autofragen (z.B. Gebrauchtwagensuche) zur Verfügung steht, administrative Aufgaben (z.B. Bezahlung der Kraftfahrzeugsteuer) abnimmt und an Termine (z.B. den Reifenwechsel) erinnert. Dieser Assistent ist immer am Ort des Geschehens (Point of Action): über das GPS bei der Navigation, über den Heimcomputer beim Autokauf, über das Mobiltelefon bei der Terminerinnerung oder beim Bezahlen an der Tankstelle und über den Bordcomputer bei der Wartungserinnerung.

Die Neuorganisation des so definierten Kundenprozesses „Autobesitz" wird eine ganze Branche grundlegend verändern. Automobilhersteller, Autohändler (z.B. AutoByTel), Autozeitschriften (AutoBild) und Internetshops (CarPoint) haben damit angefangen, nicht nur den Kauf eines Autos, sondern alle Produkte, Dienstleistungen und Informationen von der Auswahl, über den Betrieb bis zur Entsorgung aus einer Hand anzubieten (wie in Bild 2-1 angedeutet). Die Zeiten, in denen sich der Kunde selbst um jede auch noch so komplexe Teilaufgabe kümmerte, gehören der Vergangenheit an. Der neu geschaffene Kundennutzen liegt darin, daß

- der Kunde nur eine Lieferantenbeziehung unterhalten muß,
- jeder Service das Wissen über die anderen Aktivitäten des Kundenprozesses nutzen kann und
- der Lieferant dem Kunden durch seine Spezialisierung auf genau den Kundenprozess tieferes Prozess-Know-how liefern kann.

**Bestandteile des Kundenprozesses**

Vernetzung und Multimedia-Anwendungen erlauben es, Kundenprozesse grundlegend anders als in der Vor-Internet-Zeit zu unterstützen. Ein Lieferant kann viel leichter als in der Vergangenheit Leistungen verschiedener Hersteller untereinander und mit den spezifischen Bedürfnissen des Kunden verbinden. Der Kunde kann zunehmend leichter, jederzeit und an jedem Ort Leistungen der Lieferanten wie z.B. eine Installationsanleitung nutzen.

Ein Prozeß wie der Autobesitz wird nicht von heute auf morgen vollumfänglich integriert. Vielmehr werden nach und nach Aufgaben und einzelne Teilprozesse miteinander in immer umfassenderen Leistungsbündeln zusammengefaßt. Dabei ist durchaus die Frage noch offen, welche Kundenprozesse sich herausbilden werden. Wird es am Ende einen umfassenden Prozeß Autobesitz geben oder mehrere Prozesse wie Autokauf, Autowartung und Autobetrieb? Oder müßte der Prozeß Mobilität im Vordergrund stehen?

Ein wirkungsvolles Hilfsmittel zum Erkennen von Kundenprozessen, das [Ives/Learmonth 1984] vorgestellt haben, ist der Customer Resource Life Cycle. Dieser vermittelt eine systematische Sicht auf die Aktivitäten des Kunden im Umfeld der Unterehmensleistungen. Bild 2-3 gibt einen Überblick darüber [s. auch Österle 1995, 155].

Für Avnet bedeutet Abdeckung des gesamten Customer Resource Life Cycles beispielsweise die Unterstützung des kompletten Geräteentwicklungs- und Produktionsprozesses von Kunden wie Ericsson. In der Geräteentwicklung kann Avnet die Suche und Evaluation einer Antenne, das Design und den Test der Antenne in einem neuen Gerät, die Montageanleitung, die Kalkulation usw. unterstützen. In der Produktion hilft Avnet, den Teilebedarf zu planen, die Stammdaten seiner Artikel zu pflegen, übernimmt die Lagerhaltung sowie die Abrechnung der Produkte und Dienstleistungen [www.avnet.com]. Den Kunden wird im Zusammenhang mit elektronischen Komponenten zusätzlicher Nutzen gestiftet (siehe Bild 2-2). Avnet wickelt etwa 95 % seines Umsatzes über das Internet ab.

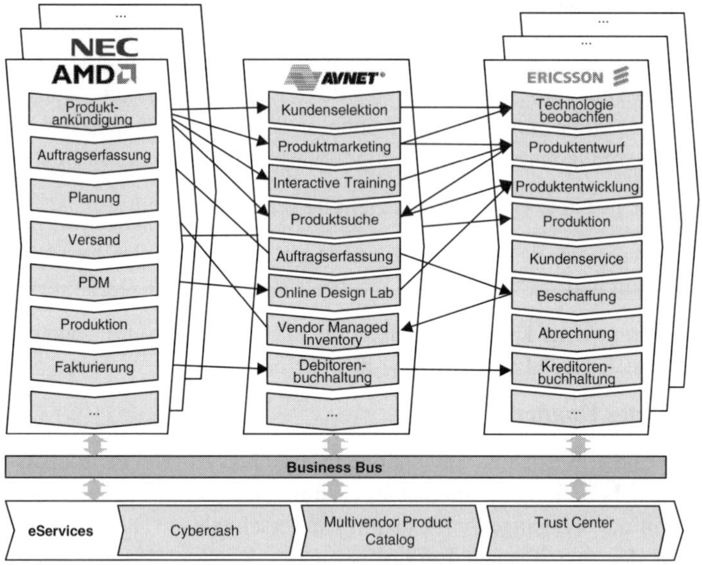


*Bild 2-2: Leistungsintegrator Avnet*

## Konsequenzen

*Verstehe den Kundenprozeß*

Ein Teil der unternehmerischen Kreativität besteht gerade darin, Kundenprozesse mit hohem Potential zu identifizieren. Ein tiefes Verständnis der Bedürfnisse und Abläufe auf Seiten des Kunden ist Voraussetzung dafür. Ein Hilfsmittel, um den Kundenprozeß zu finden, sind sogenannte Life Events. Im Zusammenhang mit dem Auto sind dies der Kauf, der Verkauf, der Unfall, die Wartung oder das Tanken.

*Decke den gesamten Customer Resource Life Cycle ab*

Viele sprechen vom Customer Buying Cycle, der die Phasen Anregung, Evaluation, Kauf und After-Sales unterscheidet. Dies ist die Sicht des Verkäufers und nicht die des Kunden und damit zu eingeschränkt. Der Kunde erwartet nicht den Verkauf einzelner Produkte, sondern die Problemlösung aus einer Hand.

*Biete Leistungen mit Zusatznutzen*
Aus dem Verständnis des Kundenprozesses sind Leistungen abzuleiten, die dem Kunden zusätzlichen Nutzen stiften und vom Unternehmen besser als vom Kunden erbracht werden können. Im Beispiel von Avnet ist das etwa ein Testservice für elektronische Komponenten. Typische Zusatznutzen sind Informationen (z.B. Autozubehör-Katalog), Wissen (z.B. Anleitung zur Installation eines Autotelefons) und Werkzeuge (z.B. ein Konfigurator).

### 2.3.2 Kundenprozeßportal

Ein Portal ist - technisch gesprochen – das Fenster zu allen Funktionen aus unterschiedlichen Applikationen. Das Ziel sind rollenspezifische Portale, die beispielsweise dem Produktionsplaner alle Computerfunktionen zur Verfügung stellen, die er im Prozeß Produktion, aber auch in den Prozessen Kostenrechnung und Personalentwicklung benötigt.

Unternehmen unterhalten daher vielfältige Portale für den Produktionsplaner, den Controller oder den Entwickler, für den Verkäufer des Lieferanten, für den Investor, vor allem aber für die diversen Rollen des Kunden, als Einkäufer, Produktionsplaner, Wartungsmitarbeiter etc. Technisch gesehen betreibt ein Unternehmen längerfristig ein Unternehmensportal mit vielen rollenspezifischen Ausprägungen (Personalisierungen).

Hier geht es nicht um die technische Sicht auf das Kundenportal, sondern um die betriebswirtschaftliche Bedeutung. Ein Kundenprozeßportal faßt alle Services für einen Kundenprozeß im Internet zusammen. Der Kunde erhält eine einzige Anlaufstelle, auch wenn viele der Services weiterhin nicht rein elektronisch, sondern persönlich erbracht werden. Die Koordination einzelner Teilleistungen wird jedoch in verstärktem Masse elektronisch stattfinden. Die Website von Avnet ist eine eindrückliche Demonstration, wie umfassend ein Portal den Kundenprozeß unterstützen kann. Einige der Dienstleistungen sind:

- *Nachrichten.* Informationen über die Wirtschaft, die Branche, die Lieferanten und über Avnet selbst bilden den Kern der Wissensvermittlung. Zusätzlich bietet Avnet eigene Online-Seminare.
- *One-to-One-Marketing.* Der Hintergrund von Avnet ist ein ausgefeiltes Kunden- und Lieferanten-Profiling. Für jeden der 100'000 Kunden werden Informationen und Leistungen personalisiert aufbereitet.
- *Online-Shop auf Basis eines Multi Vendor Produktkataloges.* Der Kunde wählt anhand von Materialklassifikationen Produkte aus einem Produktkatalog mit weit über 200'000 Artikeln von 150 Herstellern aus, bestellt diese,

wählt den Lieferservice und kann den Lieferstatus überwachen (tracking service).

- *Design.* Avnet bietet vielfältige Designunterstützungen rund um die vertriebenen Komponenten.
- *Materialservices.* Dies sind Dienstleistungen wie Vormontage (Kitting) und In-house Stores.
- *Supply Chain Services.* Der Kunde erhält Beratung für die Optimierung seiner Supply Chain, Hilfe bei der Stücklistenauflösung, Aktualisierungen der Materialstämme aufgrund von Änderungen bei den Lieferanten bis hin zu Vorhersagen über Engpässe.

Weitere Beispiele für Kundenprozeßportale sind:

- Cisco mit einem Fokus auf dem Wissensmanagement und der Unterstützung der Netzwerkplanung
- Portera für den Prozeß „Beratungsprojekt" bei Professional Service Firms
- SAP für den Prozeß „Einführung und Betrieb von Standardsoftware" mit einer starken Betonung auf der Bereitstellung von Wissen
- Yourhome.ch der Credit Suisse als Portal, das auf dem Weg zur kompletten Unterstützung des Wohnprozesses wohl am weitesten fortgeschritten ist
- Quicken, Charles Schwab, eTrade, Pointcast, Deutsche Bank, Consors, MLP und viele andere für die Prozesse Finanzanlage und Vorsorge (von Finanzinformationen und Firmennachrichten über die persönliche Bedarfsanalyse und den Handel bis hin zur Performanceanalyse),
- Travelocity, Start, TIScover, AOL und Yahoo! für umfassende Reiseangebote, wenngleich diese bis heute eher Sammlungen von Reiseservices sind. Integrierte Unterstützungen des Reiseprozesses sind erst ansatzweise, z.B. bei Beyoo, erkennbar.

Portale wie Yahoo!, Amazon oder eSteel zielen nicht auf umfassende Kundenprozesse, sondern auf Teile daraus wie Informationssuche, Einkauf im Versandhandel und Suche von Stahlangeboten ab.

Portale machen Applikationsfunktionen für Menschen rollenspezifisch über eine standardisierte Browser-Oberfläche ohne räumliche und zeitliche Begrenzungen nutzbar. Connected Smart Appliances befreien die Prozesse von der Fessel stationärer Computer und übernehmen bisher zeitaufwendige menschliche Aufgaben wie etwa die Eingabe von Daten über den Transport von Gütern.

Das Kundenportal der Zukunft ist deshalb weit mehr als eine vom heimischen PC zu bedienende Website. Die für den Benutzer kaum wahrnehmbare Informatisierung täglicher Gebrauchsgegenstände zu sogenannten Connected Smart Appliances (CSA) schafft neue Abläufe und Formen der Computernutzung [Fleisch 2001].

Im Beispiel des Autobesitzes wird der Stausensor die Daten direkt an das GPS des Autos übertragen. Kundennutzen entsteht hier durch die Beseitigung kosten- und zeitintensiver Medienbrüche (z.B. vom Sensor elektronisch zur Polizei, per Telefon zur Verkehrsleitzentrale, per Fax zum Radiosender, via Radio zum Autofahrer usw.).

### Bestandteile von Kundenprozeßportalen

Ein Kundenprozeßportal repräsentiert alle Leistungen, die ein Unternehmen für einen spezifischen Kundenprozeß anbietet.

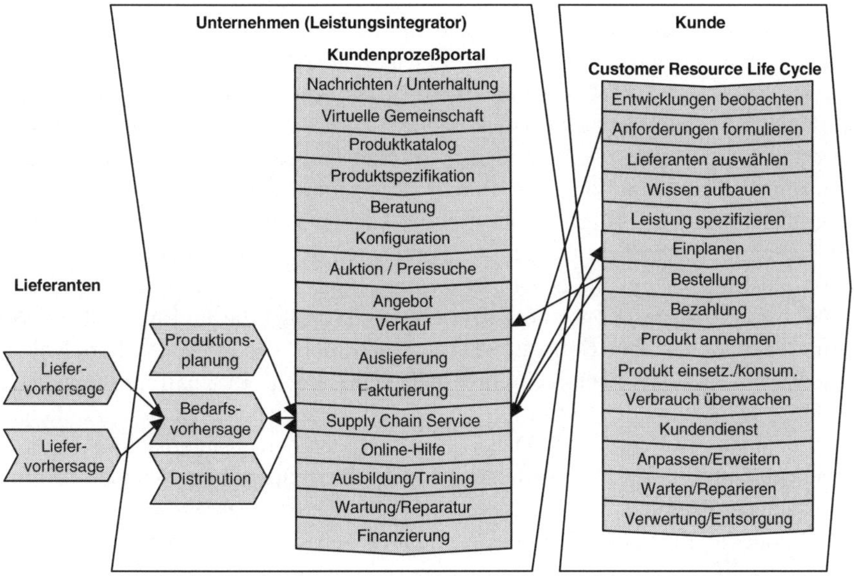


*Bild 2-3: Kundenprozeßportal*

Bild 2-3 zeigt eine Aufstellung von Leistungskategorien, wie sie heute auf führenden Portalen angetroffen werden. Dabei ist augenfällig, daß ein Großteil der Leistungen das Wissen bzw. das Wissensmanagement ins Zentrum stellen, lediglich der kleinere Teil administrative Aufgaben, also die Transaktionsverarbeitung, umfaßt. Allgemeine Nachrichten, Branchennachrichten, Unterhaltung, Nachrichten zum eigenen Unternehmen und zu eigenen Produkten, Produkterklärungen, Installationsanleitungen, Hilfen zur Fehlersuche, Diskussionsrunden, Online-Seminare usw. bestimmen heute das Bild von Portalen. Sie werden vor allem zum Zentrum des Knowledge-Managements mit Kunden und Lieferanten. Am ausgeprägtesten ist dies in gemeinsamen Projekträumen der Fall, in denen die Projektteams die gesamte Projektdokumentation organisieren.

*Kundenprozeßportale versus Marktplätze*

Elektronische Marktplätze wie Enron, Emaro und eBay sind spezielle Kundenportale, die freien Zutritt für Käufer und Verkäufer bieten. Sie verfügen meist auch über Mechanismen zum Abgleich von Nachfrage und Angebot (Matching) wie z.B. Auctioning und eine Reihe von Diensten wie Logistik (⇒ Glossar), die für die Abwicklung notwendig sind. Auf Marktplätzen steht die Integration der Angebote oder gar die Kundenprozeßbetrachtung im Hintergrund [Phifer 1999]. Vergleicht man die Entwicklung von allgemeinen (horizontalen) Marktplätzen mit kundenprozeßspezifischen (vertikalen) Portalen, so scheinen Kundenprozeßportale wie die von Avnet, Cisco und Dell ein deutlich höheres Potential zu besitzen. Marktplätze wie Börsen haben dagegen verglichen zu Anlageberatern eine schmalere Wertschöpfung.

*Kundenprozeßportal versus Prozeßportal des Kunden*
Ein Kundenportal entspricht dem derzeitigen Stand auf dem Internet, vor allem im Bereich des Business-to-Consumer (B2C). In Konkurrenz dazu steht das Prozeßportal des Kunden. Darunter versteht man ein Portal, das der Kunde selbst organisiert und betreibt. Beispiele aus dem Konsumentenbereich sind das Finanzpaket Quicken für Haushalte oder SAP Portals. Übernimmt der Kunde die Verantwortung für seine eigene Prozeßorganisation, so kann er seine Leistungen von beliebigen Lieferanten beziehen, die gemäß anerkannten Standards liefern. Wenn Quikken Multi-Bank-Fähigkeit besitzt und mehrere Banken die Schnittstellen zu Quikken anbieten, hat der Konsument sein eigenes Prozeßportal und möglicherweise mehrere Zulieferer. Der Softwarelieferant übernimmt die Rolle des Portalanbieters. Mit SAP Portals kann sich ein Kunde seine eigene Beschaffungsumgebung kreieren, in der er ein Beschaffungswerkzeug, Branchenneuigkeiten, Zahlungsfunktionalität usw. einbindet. Dabei kann er unternehmensinterne und -externe Leistungen verknüpfen. Voraussetzung für das Prozeßportal des Kunden ist eine hohe Standardisierung, so daß Lieferanten integrierbar werden, und ausgereifte Portalprodukte, die den Aufbau des eigenen Prozeßportals mit vernünftigem Aufwand ermöglichen. Die Folge davon wäre, daß die Kunden unabhängig vom jeweiligen Portal des Lieferanten würden.

**Konsequenzen**

*Definiere das Leistungsportfolio*
Robert Rodin, CEO von Avnet, beschreibt das Finden und Entwickeln der zusätzlichen, Kundennutzen schaffenden Leistungen als die größte unternehmerische Herausforderung [Rodin 1999]. Dies schließt nicht nur ein umfassendes Verständnis des Kundenprozesses, sondern ein überlegenes Know-how auf den jeweiligen Teilgebieten ein. Ausgangspunkt ist aber nicht die Kernkompetenz, sondern der Kundenprozeß.

*Schaffe die kritische Masse der Leistungen*
Hat der Kunde die Wahl zwischen Lieferanten, beschafft er bei dem, der ihm bei vergleichbaren Preisen die breiteste Prozeßunterstützung bietet, so dass er seine Komplexität durch Beschränkung auf wenige, aber breite Lieferanten reduzieren kann.

*Schaffe die kritische Masse der Lieferanten*
Der Kunde bevorzugt bei vergleichbaren Preisen den Lieferanten, der ihm die größte Auswahl an alternativen Produkten bietet. Auf der anderen Seite versuchen die Lieferanten der Lieferanten diese auf Exklusivität zu verpflichten [Hagel/Singer 1998, 169].

*Schaffe die kritische Masse der Kunden*
Die Lieferanten bedienen den Leistungsintegrator, der die meisten Kunden erreicht. Die Kosten für die Entwicklung und den Betrieb von Services müssen auf möglichst viele Transaktionen verteilt werden, da die Grenzkosten elektronisch erbrachter Leistungen gegen Null gehen, die Kosten für die Entwicklung und den Betrieb aber die Finanzkraft kleiner Anbieter übersteigen.

*Bestimme die Rolle des Unternehmens im Kundenprozeßportal*
Für jeden Kundenprozeß werden, von regionalen Ausprägungen abgesehen, nur wenige Prozeßportale überleben. Ein Unternehmen hat zwei Alternativen: Es kann sich erstens für die Strategie des Leistungsintegrators entscheiden und selbst ein Kundenprozeßportal aufbauen. Oder es kann zweitens versuchen, sich als Zulieferer für die dominanten Portale zu etablieren.

*Schaffe Mehrkanalfähigkeit*
Der Kunde möchte jederzeit und überall seine Bedürfnisse befriedigen können. Ein Unternehmen benötigt deshalb mehrere Kommunikationskanäle zum Kunden (persönlich, Web, WAP).

*Baue Kundenprofile auf*
Kundenspezifische Produkte und Dienstleistungen setzen detailliertes Wissen über den Kunden und seine Bedürfnisse voraus. Die Vernetzung bietet die Chance, viel exaktere Kundenprofile als je zuvor aufzubauen, da ein zunehmender Teil der Kommunikation mit dem Kunden in elektronischer und damit auswertbarer Form anfällt.

*Binde den Kunden mit speziellen Services*
Je enger und automatisierter die Zusammenarbeit zwischen Kunden und Portal ist, desto höher wird die Eintrittsbarriere für Konkurrenten, da der Kunde die hohen Kosten für einen Lieferantenwechsel scheut (Switching Costs). Das Installieren spezieller Software und das Individualisieren einer Software oder eines Dienstes erzeugt eine hohe Kundenbindung.

### 2.3.3 Geschäftsnetzwerk

Die Bedienung eines Kundenprozesses wird nur möglich, wenn sich ein Unternehmen als Leistungsintegrator versteht, der nicht alle Leistungen selbst erbringen, sondern aus vielen Quellen zukaufen und integrieren will. Das Geschäftsnetzwerk (Wertschöpfungsnetzwerk, Supply Network, Supply Chain) tritt zulasten der eigenen Produktion in den Vordergrund.

Beispiele von Sektoren, die einer radikalen Veränderung unterliegen sind der Finanzsektor, die Reisebranche oder die Musikindustrie. So ist MP3, ein Format zur Komprimierung von Audio-Daten dabei, die Musikindustrie grundlegend zu restrukturieren. Die Möglichkeiten des Internets wurden hier lange nicht erkannt. Der Versuch über Urheberrechtsklagen und die Marktmacht dominanter Labels die Strukturen der Vor-Internet-Zeit zu zementieren ist mittelfristig nicht erfolgreich. Der schwunghafte Handel mit Raubkopien lässt sich am besten durch ein legales, kundenprozessorientiertes Musikangebot im Internet bekämpfen.

Der Aufwand zur Etablierung der Zusammenarbeit zweier Unternehmen auf verschiedenen Kontinenten nimmt verglichen mit dem Koordinationsaufwand bei der Zusammenarbeit zweier Abteilungen desselben Unternehmens ab. Wenn die Zulieferung eines südamerikanischen Reifenherstellers genauso reibungslos verläuft wie die eines europäischen, wenn das Credit Rating extern effizienter erbracht wird als innerhalb einer Bank und wenn die Gehaltsabrechnung außer Haus billiger als im Hause ist, werden Outsourcing-Verträge geschlossen. Es kommt ein Deassembly und Reassembly in Gang, in dem die Unternehmen für jeden ihrer Prozesse entscheiden, ob die gleiche Wertschöpfung innerhalb oder außerhalb des eigenen Unternehmens billiger erbracht werden kann. Wenn die Zulieferanten des Autohändlers ihre Produkte und Dienstleistungen direkt an den Autobesitzer verkaufen können, werden sie den Autohändler übergehen (Disintermediation). Wenn der Autohändler allerdings durch die Integration von Leistungen dem Kunden zusätzlichen Nutzen schafft, kann er sich zwischen Lieferanten und Kunden positionieren (Intermediation).

Ein Beispiel für die Disintermediation stellt die Reisebranche dar. Die Wertschöpfung von Reiseveranstaltern wird durch den direkten Informationszugang der Kunden in Frage gestellt. Hotels und Fluggesellschaften streben ihrerseits den direkten Abschluß mit dem Endkunden an, weil sie dadurch ihre Gewinnmarge zu erhöhen vermögen. Die Reiseveranstalter werden gezwungen, Mehrwert zu schaffen, um im Wettbewerb zu bleiben. Dieser Mehrwert kann beispielsweise in der Personalisierung von Leistungen bestehen.

**Konsequenzen**

*Bestimme die Rolle im Wertschöpfungsnetzwerk*
Welche Leistungen für den Kundenprozess erzeugen den höchsten Kundennutzen? Welche dieser Leistungen kann unser Unternehmen besser als die Konkurrenz und besser als der Kunde erbringen? Welches Leistungsbündel bestimmt die Auswahl des Lieferanten durch den Kunden? Dies sind die zentralen Fragen, um die Position des eigenen Unternehmens in der Wertschöpfungskette zu bestimmen.

*Fokussiere auf wenige Kernkompetenzen*
Da die Vernetzung die Vergleichbarkeit von Lieferanten bis auf die Detaillie-

rungsebene einzelner Teilprozesse (z.B. Kundenprofilbildung) erleichtert, nimmt der Wettbewerb zu. Ein einzelnes Unternehmen muß sich auf weniger Prozesse fokussieren, diese aber global anbieten.

*Entwickle die Netzwerkfähigkeit des Unternehmens*
Jede Fusion, jedes Outsourcing, jeder neue Dienstanbieter führt zu einer Neuverteilung der Leistungen. Ein Gleichgewichtszustand wird kaum je erreicht. Es kommt daher auf die schnelle Reaktion dank einer hohen Netzwerkfähigkeit an. [Vgl. Fleisch 2001].

*Wähle die Netzwerke mit dem höchsten Potential*
Jedes Unternehmen muß in den Netzen mit den größten Potentialen eine möglichst einflußreiche Position aufbauen. Ein früher Eintritt in ein Geschäftsnetzwerk verbessert die Chance, eine dominante Rolle zu übernehmen.

### 2.3.4 Business Collaboration Infrastructure

Vermittlungsstellen (Switch Boards, Exchanges) mit international anerkannten Standards für Rufnummern, Wahlimpulse, gegenseitige Leistungsabrechung etc. sind die Voraussetzung für die heutige Telefonie. Will ein Kunde neu ins Telefonnetz, unterschreibt er einen Vertrag, beschafft ein Telefongerät und steckt die Leitung ein. Ab dann kann er jeden anderen Teilnehmer anrufen oder von diesem angerufen werden. Das Telefonnetz ist m:n-fähig.

Das Internet als technische Infrastruktur hat diese m:n-Fähigkeit ebenfalls. Sie war die Voraussetzung für seine explosionsartige Verbreitung.

Heutige Geschäftsnetzwerke sind teilweise noch in der Phase der 1:1-Verbindung, mit der auch das Telefon angefangen hat. In vielen Fällen haben mächtige oder schnelle Unternehmen ihre Geschäftspartner in 1:n-Verbindungen gebracht (z.B. Avnet, Amazon). In wenigen Fällen haben sich m:n-Netzwerke etabliert. Beispiele sind SWIFT für den internationalen Zahlungsverkehr und GXS, die „Vermittlungsstelle“ von General Electric für den Einkauf und Verkauf von Gütern mit mehr als 100´000 Lieferanten und Kunden.

Ist die Business Collaboration Infrastructure unternehmerisch relevant? Oder handelt es sich um ein separierbares technisches Thema? Ein Einzelhandelsunternehmen wie Karstadt braucht für den Einkauf von Kleidung einen einzigen Sortimentsbildungs- und Einkaufsprozess. Diesen muss es aus Kosten- und Komplexitätsgründen mit möglichst allen Lieferanten gleich benutzen. Will ein nicht kompatibler Lieferant einen anderen Prozess vereinbaren, muss er starke Argumente besitzen, um mit Karstadt einen separaten Prozess vereinbaren zu können.

Aus Sicht des Lieferanten, der seinen Lieferprozeß beispielsweise mit Wal.Mart abgestimmt hat, bedeutet das, Karstadt als Kunden zu verlieren oder die Kosten und Komplexität eines zusätzlichen Lieferprozesses in Kauf zu nehmen.

Kunden (Karstadt oder Wal.Mart) wie Lieferanten (z. B. Hugo Boss oder Nike) versuchen, einerseits die Vorteile einer engen Abstimmung (s. z.B. CPFR) zu nutzen, andererseits die Anzahl von Prozessvarianten und Applikationsschnittstellen so klein wie möglich zu halten.

Die Lösung sind m:n-fähige Kooperationsprozesse auf der Basis gemeinsam akzeptierter Standards und ggf. gemeinsam genutzter Infrastruktur. Allein für die Supply Chain „Kleidung" oder „Soft Goods" haben wir über 50 Marktplätze (z. B. Line, fashionchain, B2B-fashion) gezählt (s. IMG 2001). Von diesen werden in ein bis zwei Jahren eine Handvoll übrigbleiben. Gute Chancen haben private Exchanges von großen Einzelhändlern (z.B. Karstadt oder Wal.Mart), Konsortien wie z. B. CPGmarket und Logistiker wie Line oder Bolero, die seit langem enge Geschäftsverbindungen zu den Teilnehmern des Geschäftsnetzwerkes unterhalten.

Für den Kleidungshersteller wie für den Einzelhändler wird die Business Collaboration Infrastructure, über die er die wichtigsten Geschäftspartner erreichen kann, zu einem Wettbewerbsfaktor. Maschinenbauunternehmen haben dies am Beispiel des gemeinsamen CAD-Systems von Kunden und Lieferanten bereits erlebt.

Ein Telefonkunde benötigt – sieht man von Wettbewerbsaspekten ab – ein einziges Telefonnetz. Jedes weitere bringt keinen zusätzlichen Nutzen, bedeutet aber eine weitere Rufnummer, eine weitere Abrechnung und u. U. sogar neue technische Installationen. Die Benutzung eines inkompatiblen Telefonnetzes, also beispielsweise eines UMTS-Netzes, das mit den vorhandenen Fest- und Mobilnetzen nicht kommunizieren könnte, ist kaum vorstellbar.

Bild 2-2 verwendet zur Darstellung der Business Collaboration Infrastructure das Bild eines Business Busses, eines Transportmittels für den Geschäftsverkehr, den Geschäftsnetzwerke als Infrastruktur für kooperative Prozesse benutzen.

**Bestandteile einer Business Collaboration Infrastructure**

Eine Business Collaboration Infrastructure regelt für alle Teilnehmer verbindlich (standardisiert):

- Handelsvereinbarungen:
  Die Teilnehmer regeln die vertraglichen Bedingungen für die Zusammenarbeit wie beispielsweise die Anerkennung der Rechtsverbindlichkeiten von ausgetauschten elektronischen Nachrichten oder Haftungsfragen bei Systemausfällen. Ein Beispiel für sehr elaborierte Handelsvereinbarungen sind die Verträge, die von Bolero [www.softwareag.com/bolero] geschaffen wurden.

- Prozesse:
  Eine enge Zusammenarbeit wie beispielsweise in einem Collaborative Forecasting ist nur möglich, wenn die beteiligten Unternehmen sich auf einen gemeinsamen Prozess einigen. Wenn der Prozess m:n-fähig sein soll, muss er von allen Beteiligten gleich gelebt werden. Rosetta.net hat eine reichhaltige Sammlung von Kooperationsprozessen für die elektronische Industrie ge-

schaffen [www.rosetta.net/uk]. CPFR ist eine – allerdings wesentlich unverbindlichere – Lösung für die Zusammenarbeit von Unternehmen der Konsumgüterindustrie [www.cpfr.org].

- Applikationen:
  Der maschinell ausführbare Teil von Prozessen ist in Programmen festgeschrieben. Wenn die an einem Kooperationsprozess beteiligten Applikationen einen Prognosewert unterschiedlich interpretieren, wird die Zusammenarbeit nicht funktionieren. Wie schwierig die Zusammenarbeit selbst von gleichartigen Applikationen wird, zeigt beispielsweise die Zusammenarbeit von mehreren Betrieben eines Unternehmens, wenn diese die gleichen mySAP Module mit unterschiedlichen Customizing-Einstellungen eingeführt haben.

- Daten:
  Vielfach wird die m:n-Fähigkeit auf den Austausch klar dokumentierter Datenstrukturen z. B. in XML reduziert. Dass gleiche Datenstrukturen bzw. die Übersetzung von Daten aus einem Format in ein anderes eine Voraussetzung, aber nur ein erster, kleiner Schritt in der Kooperation sind, haben die Erfahrungen mit EDIFACT ausreichend gezeigt.

- Informationstechnik:
  Basis für die oben genannten, semantisch anspruchsvolleren Standards ist ein technologischer Standard im Sinne von Middleware. TCP/IP, HTML, XML, OAMAS und viele andere Standards haben sich für die Technik herausgebildet.

Value Added Networks (VAN) wie etwa von General Electric waren die Business Collaboration Infrastructures des EDI-Zeitalters (80-er Jahre bis heute). Marktplätze wie Enron, Emaro, SupplyOn, Covisint, Transora etc. sind die Business Collaboration Infrastructures des Internet-Zeitalters. Sie waren ursprünglich meist als branchenspezifische (vertikale) Börsen für den Kauf und Verkauf von Gütern konzipiert, als solche aber nur in den Ausnahmefällen, in denen sie Commodities handelten, erfolgreich. Ihren größten Wert erhalten diese „Marktplätze“ als Betreiber einer Infrastruktur für Kooperationsprozesse und werden heute gewöhnlich auch in diesem Sinne betrieben.

**Konsequenzen**

*Baue die interne Collaboration Infrastructure*

Das Kundenprozeßportal treibt künftig die internen Prozesse. Eine Preisanfrage, eine Änderung in einer Auslieferungsadresse, eine Modifikation der Produktspezifikation etc. müssen direkt in die internen Prozesse einlaufen. Das erfordert ein Umdenken in der Applikationsentwicklung, in welcher die Kundenbeziehung die Verlängerung der internen Prozesse dargestellt hat. Eine Grundlage für die Applikationslandschaft des Unternehmens im Informationszeitalter ist die Entscheidung für eine interne Collaboration Infrastructure.

Übertragen wir die Erfahrungen bei der Durchsetzung von technischen Infrastrukturen wie Datenbankmanagementsystemen, Netzwerkmanagementsystemen, Internet-Werkzeugen usw. auf die Business Collaboration Infrastructure, so spricht einiges dafür, daß sich diejenige Business Collaboration Infrastructure durchsetzen wird, die am engsten mit den betriebswichtigen Applikationen zusammenhängt und die größte Marktdurchdringung besitzt. Damit haben die (private) Exchanges von

- SAP (MarketSet) aufgrund der betrieblichen Bedeutung und der großen Verbreitung der ERP Module und
- Oracle (Exchange) aufgrund der Verwendung der Oracle Datenbank in vielen Individualentwicklungen

gute Chancen zur Durchsetzung als interne Business Collaboration Infrastructures.

*Wähle die externe Collaboration Infrastructure*

Die Unternehmen müssen versuchen, dieselbe Business Collaboration Infrastructure intern und extern zu verwenden, da sie sonst viele Schnittstellen zweimal entwickeln und warten müssen. Wenn aber für das wichtigste Geschäftsnetzwerk eine Exchange bereits eine Marktdominanz erreicht hat, wird diese die Auswahl mitentscheiden. Manche Unternehmen haben durch ihre Marktmacht oder durch geschickte Allianzen die Möglichkeit, die Dominanz einer externen Business Collaboration Infrastructure zu beeinflussen.

### 2.3.5 eServices

Die Servicenummern der Telekom-Gesellschaften wie etwa für die Uhrzeit, den Wetterbericht oder teilweise die Auskunft sind die eServices des Telefonnetzes. eServices in Geschäftsnetzwerken sind überwiegend elektronisch erbrachte Dienstleistungen, die entweder im Netzwerk billiger als innerhalb eines Unternehmens erbracht werden können oder aber zur Koordination zwischen Unternehmen notwendig sind. Bekannte Beispiele sind Verzeichnisse von Geschäftspartnern, Zahlungsverkehrsdienste und Produktkataloge, aber auch Salärabrechnung und Kreditauskünfte. Es sind Dienstleistungen mit hohen Fixkosten (Entwicklung, Betrieb) und geringen Grenzkosten.

Elektronische Dienste erfüllen entweder eine koordinierende Aufgabe (z.B. Zahlungsverkehr) oder aber sind Teilprozesse, die viele Unternehmen in ähnlicher Form benötigen und daher in elektronischer Form zukaufen (z.B. Salärabrechnung) (s. Bild 2-4) [vgl. HP 2000, SAP 2000].

Anfang 2000 hat sich ein Unternehmenskonsortium, an dem der Software-Hersteller Microsoft maßgeblich beteiligt ist, die Kontrolle des weltweit dominierenden Internet-Zahlungsverkehrssystems CheckFree angeeignet. Dabei ging man von der Zielstellung aus, daß zukünftig weltweit die meisten Rechnungs- und Zahlungsinformationen zwischen Telekom-Anbietern und ihren Kunden, zwischen Vermietern und Mietern, zwischen Lieferanten und Einkäufern über die Großrechner des Unternehmenskonsortiums geschleust werden sollen. Ein weiteres Beispiel von Microsoft ist der PassPort-Service, über den sich Geschäftspartner im Internet identifizieren.

Die Phase, in der viele Start-ups in allen Wirtschaftsbereichen innovative Services, beispielsweise kostenlose e-Maildienste wie HotMail kreierten, ist vorbei. Zwar bieten Nischen durchaus noch derartige Chancen, in der Bündelung und Durchsetzung der Dienste können aber nur noch sehr große Unternehmen mitziehen, die hohe Investitionen mit sehr langen Pay-back-Perioden wirtschaftlich verkraften können und einen globalen Zugriff auf eine breite Kundenbasis haben. Für jede Art von Diensten können pro Kundensegment, wie erwähnt, nur wenige Anbieter überleben.

Der papierene Briefverkehr von Konsumenten mit Versicherungen, Banken, öffentlicher Verwaltung, Schulen, Reisebüros usw. ist bei Unternehmen und Konsumenten mit einem hohen administrativen Aufwand verbunden. Die Ablage und Archivierung im privaten Haushalt ist nicht nur aufwendig, sondern meist auch lückenhaft. Ein neues Unternehmen, memIQ, hat einen Dokumenten-Austausch- und Archivierungsservice auf den Markt gebracht, dessen Wert für alle Beteiligten sofort nachvollziehbar ist. Obwohl ein derartiger Service außerordentlich profitabel arbeiten könnte, stellen sich seinem Aufbau schwer überwindbare Barrieren entgegen: Viele Unternehmen müssen den vom Serviceprovider vorgegebenen Standard akzeptieren, eine hinreichend große Zahl von Geschäftspartnern muß auf elektronischem Weg erreichbar sein und den Service bedienen können und schließlich auf Papier verzichten. Derzeit versuchen Großbanken, ihren eigenen Briefverkehr auf diese Weise auf das Internet zu bringen und dann weitere Teilnehmer auf ihre Lösung zu bringen.

Die meisten Dienste treten nicht in Reinform auf, d.h. Diensteanbieter versuchen, die Bedürfnisse der Kunden durch die Bündelung von Leistungen möglichst umfassend abzudecken und damit die Eintrittsbarriere für Mitbewerber hoch zu halten. Business Collaboration Infrastructures (s. z.B. CommerceOne) sind dabei, eServices (Business Services Framework) zu bündeln und den Marktteilnehmern in integrierter Form zur Verfügung zu stellen.

Das Angebot kundenprozessorientierter, global verfügbarer elektronischer Services zeigt einen neuen Wirtschaftszweig auf, der bereits mit niedrigen Erträgen pro Transaktion gewaltige Marktkapitalisierungen erlaubt.

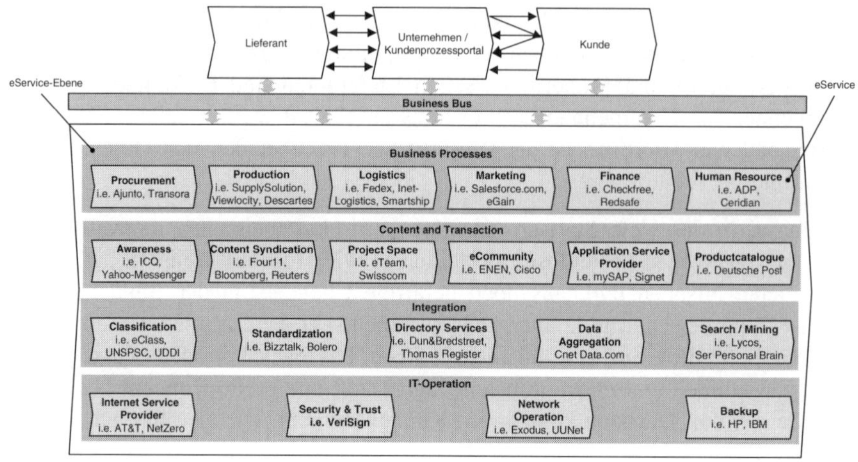


*Bild 2-4: Beispiele für elektronische Dienste*

- Kooperationsprozesse nutzen *Business Process-Services*. Diese unterstützen Aufgaben der unternehmerischen „Kernprozesse“ wie Einkauf, Produktion, Vertrieb, Marketing, Verkauf und Kundendienst. Beispiele sind die Suche des günstigsten Lieferanten von Büroartikeln (indirekte Materialien), die Durchführung von Auktionen, die Zahlungsabwicklung via Internet oder die Online-Paketverfolgung während des Warentransportes etc.

- Die Ebene der *Content- und Transaction-Services* liefern IT-Anwendungsfunktionen, die in verschiedenen Prozessen genutzt werden können. Sie unterstützen die Aufgabenträger bei der Sammlung von Informationen und der Interaktion. Dazu gehört die Kommunikation verteilter Projektteams mit virtuellen Räumen oder Instant Messaging etc. Sie stellen Inhalte bereit, bewerten, syndizieren und speichern diese und liefern Anwendungsfunktionen für Transaktionen. Das können Inhalte wie etwa Nachrichten oder Forschungsberichte, Börsenkurse oder Produktkataloge und Community-Funktionen sein. Die Informationen können als ein Kanal in das eigene Portal einfliessen, unternehmensintern in einem Clipping-Service transportiert werden oder – beispielsweise als Finanzdaten – direkt in Berechnungen (z.B. aktueller Preis in Fremdwährung) eingehen.

- Die Ebene der *Integrations-Services* liefert Funktionen, die in netzwerkbasierten Applikationen benötigt werden. Sie integrieren Leistungen und Inhalte, um den Aufgabenträgern oder den Kunden einen einheitlichen Zugriff zu ermöglichen. Damit erbringen sie Aufgaben, die den Informationsaustausch und die Koordination zwischen Prozessen verschiedener Unternehmen unterstützen. Beispiele sind Services, die für den sicheren Transport und die Protokollierung der Nachrichten von und zu ausgewählten Netzteilnehmern (Messaging, Routing) sorgen, die Nachrichten in andere Formate umwandeln, z.B.

EDI, XML, Fax, Mail oder Papier, die beim Suchen und Identifizieren von Marktteilnehmern (Directory- und Subscriber Registration Services) helfen, die die Rekonstruktion einer gestörten Web-Transaktion über mehrere Teilnehmer hinweg übernehmen oder die Objekte aus unterschiedlichen Datensammlungen (z.B. in Produktkatalogen) verbinden etc.

- Die Ebene der *IT-Operation-Services* bieten modulare Basisdienstleistungen, auf denen die anderen eServices aufbauen. Sie unterstützen Aufgaben des Informationstransports auf Datenebene, also der technischen Infrastruktur, auf der alle anderen Dienste aufsetzen. Das Aufgabenspektrum reicht dabei vom reinen Netzwerkbetrieb über Internet Service Providing bis zum Trustservice für elektronische Unterschriften.

Alle elektronischen Dienste haben gemeinsam, daß sie

- die Koordination von Kooperationsprozessen unterstützen,
- eine klar abgrenzbare, eigenständige Geschäftsaufgabe übernehmen,
- elektronische Leistungen erbringen,
- von eigenständigen Geschäftseinheiten erbracht werden,
- standardisierte und modularisierte Leistungen bieten,
- transaktions- oder zeitbasiert abgerechnet werden,
- gegen Null strebende Grenzkosten für eine einzelne Leistungserbringung besitzen,
- aus dem Kerngeschäft ausgelagert werden können,
- sowohl in zwischenbetriebliche als auch in interne Prozesse integriert werden können und
- einen offenen oder geschlossenen Nutzerkreis besitzen können.

**Konsequenzen**

*Nutze vorhandene Dienste anstelle von Eigenentwicklung*
Nicht die technisch perfekteste und modernste Lösung, sondern die im Markt akzeptierte wird überleben. Eigenentwicklungen, die ebenso von eServices vom Markt erbracht werden könnten, sind nicht nur teuer, sondern führen auch in die Sackgasse, da die Schnittstellenpflege zu aufwendig wird.

*Setze auf Marktmacht*
Die eServices bestimmen die Netzwerkfähigkeit eines Unternehmens. Es geht nicht darum, den billigsten, am schnellsten einführbaren oder technisch modernsten eService auszuwählen, sondern denjenigen, der mittel- und langfristig die größte Akzeptanz haben wird. Die Wahl ist dabei meist keine Entscheidung für einen einzelnen Service, sondern für eine ganze Business Collaboration Infrastruktur.

*Entwickle eigene eServices*
Verfügt ein Unternehmen für einen bestimmten Service über führendes Know-how und hat es Chancen, einen Service global - z.B. durch Allianzen und Branding – durchzusetzen, so kann es selbst in den Markt der eService-Anbieter einsteigen.

## 2.4 Zusammenfassung

Die datenbankbasierte Transaktionsverarbeitung hat die internen, vor allem administrativen Prozesse der Unternehmen die letzten dreißig Jahre grundlegend verändert, sie hat integrierte Prozesse geschaffen. Zwischenbetriebliche Vernetzung und Multimedia haben in den neunziger Jahren angefangen, Prozesse über die Unternehmensgrenzen hinaus zu verlängern und miteinander zu verbinden. Connected Smart Appliances werden an vielen Stellen menschliche Zwischenschritte ersetzen und damit die Prozesse noch weiter vereinfachen und beschleunigen.

Diese Entwicklungen führen zu einer Architektur des Unternehmens im Informationszeitalter, wie sie in Bild 2-5 zusammengefasst ist.

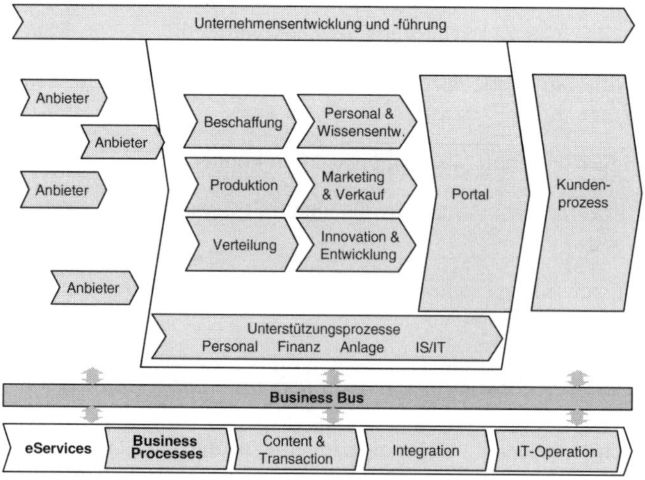


*Bild 2-5: Prozeßarchitektur im Informationszeitalter*

Die neuen Aufgaben der Unternehmensentwicklung und -führung können wie folgt zusammengefaßt werden:

- Kundenzentrierung ersetzt die Produktzentrierung.
- Der Customer Ressource Life Cycle bestimmt die Produkte und Dienstleistungen.
- Dienstleistungen mit Zusatznutzen schaffen Kundenbindung.
- Wissen über Kunden, Produkte und Technologien bestimmt den Unternehmenswert.
- Die kritische Masse bestimmt die Wirtschaftsstrukturen.
- Business Networking schafft neue Wertschöpfungsnetzwerke und neue zwischenbetriebliche Prozesse.
- Unternehmen lagern viele Aufgaben und Prozesse an externe Serviceanbieter aus. eServices entwickeln sich zu einem großen Wirtschaftsfaktor.

**Konsequenzen**

*Beginne mit dem Kundenprozeß*
Es geht nicht mehr darum, vorhandene Produkte und Dienstleistungen effizienter zu verkaufen, sondern den Kundenprozeß so zu bedienen, daß der Kunde durch ein Leistungspaket gebunden wird.

*Reorganisiere und optimiere die Supply Chain*
Internet und Multimedia verändern die Machtverhältnisse in den Geschäftsnetzwerken fundamental. Unternehmen müssen ihre Position, ihre Leistungen und ihre Prozesse vor diesem Hintergrund überdenken.

*Fokussiere auf Personal- und Wissensentwicklung*
Das Wissen über die Kunden, über die Technologien und Produkte sowie über die Prozesse ist den Kunden wie den Mitarbeitern und teilweise den Lieferanten und anderen Geschäftspartnern zur Verfügung zu stellen.

# 3 Das Netzwerkunternehmen

*Elgar Fleisch*

## 3.1 Einleitung

In der Entwicklung des Business Networking wurden in Kapitel 1.1.2 fünf Stufen unterschieden. Zur Entwicklung ihrer eigenen Business Networking Lösungen benötigen Unternehmen Orientierungshilfen für den Entwurf, die Implementation und die laufende Weiterentwicklung von IT-gestützten Geschäftsbeziehungen bzw. Kooperationsprozessen. Dieses Kapitel liefert solche Orientierungshilfen. Es verbindet die Prozeßorientierung mit der Vernetzung von Unternehmen. Das Resultat ist ein Modell eines Netzwerkunternehmens [Sydow 1992], das sich selbst als Knoten mehrerer Unternehmensnetzwerke sieht.

Die Verknüpfung von Unternehmen zu Netzwerken ist Gegenstand zahlreicher Untersuchungen der Ökonomie, Soziologie und Informatik (vgl. [Alstyne 1997], [Klein 1996], [Sydow 1992]). Die Untersuchungen beschreiben Netzwerkphänomene und bieten i.d.R. sehr abstrakte Ansätze zur Klassifikation und Gestaltung von Netzwerken (vgl. [Williamson 1991], [Snow et al. 1992]). Ihre Erkenntnisse sind vorwiegend makro- bzw. mikroökonomischer Natur. Die Transaktionskostentheorie beispielsweise trifft Aussagen zur Veränderung von Arbeitsteilung und Spezialisierung, Organisationsform, Unternehmensgröße und Machtkonzentration durch den Einsatz von IT.

Die ökonomisch orientierte Literatur knüpft ihre Gestaltungsempfehlungen dabei meist an das Bezugsobjekt Geschäftseinheit[1]. Für die Ableitung konkreter Handlungsanleitungen zum Entwurf und zur Umsetzung von Netzwerken scheint die Granularität einer Geschäftseinheit aber als zu grobkörnig. Wie die Fallbeispiele in Kap. 3.2 zeigen, sind Geschäftseinheiten i.d.R. in mehreren Netzwerken aktiv. Sie beteiligen sich beispielsweise parallel an Entwicklungs- und Einkaufsgemeinschaften, gehen strategische Marketing-Partnerschaften ein und sind mit unterschiedlichen Produkten bzw. Dienstleistungen in unterschiedlichen Wertschöpfungsketten involviert (s. Bild 3-1). Dabei setzen sie abhängig von den Kooperationsprozessen unterschiedliche Informationssysteme bzw. Informationstechnologien (⇒ Glossar) ein.

---

[1] Wir definieren in diesem Zusammenhang Geschäftseinheiten als ergebnisverantwortliche, marktwirtschaftlich agierende Wirtschaftseinheiten, wie z.B. Konzerne, Divisionen, Landesgesellschaften, Profit Centers oder kleine und mittelgroße Unternehmen.

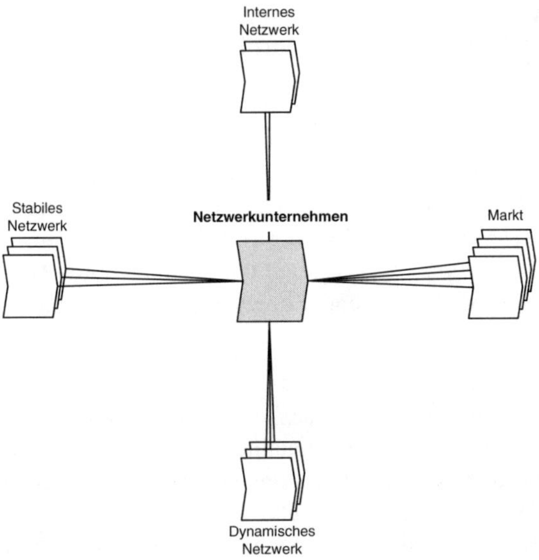


*Bild 3-1: Netzwerkunternehmen als Knoten mehrerer Netzwerke*

## 3.2 Fallbeispiele betrieblicher Vernetzung

Jede gegenseitige Abhängigkeit von Geschäftsprozessen unterschiedlicher Geschäftseinheiten führt zu Vernetzung. Nach dieser Definition existieren in der realen Welt sehr viele Beispiele bzw. Varianten der Vernetzung. Die hier dargestellten Fallbeispiele der betrieblichen Praxis verdeutlichen häufig anzutreffende konkrete Organisationsformen der überbetrieblichen Kooperation.

Die Fallbeispiele repräsentieren einen Teil der empirischen Basis zur Ableitung des gesuchten Beschreibungsmodells. Sie spiegeln dabei eine spezielle Sicht auf das vorgestellte Unternehmen wider und stellen lediglich in diesem Beitrag verwendete Schwerpunkte dar. Die Fallbeispiele der Unternehmen Riverwood International und CommTech sind ein Ergebnis der Aktionsforschung (s. Kap. 1.3.2). Die restlichen Fallbeispiele sind Ergebnis der begleitenden Interviews bzw. Literaturanalysen.

### 3.2.1 Supply Chain- und Relationship Management bei Dell, Amazon.com und Avnet Marshall

Dell Computer Corporation, Round Rock (TX), USA, ist ein führender Hersteller von Computersystemen. Mit 40‘000 Mitarbeitern erzielte Dell 2000 einen Umsatz von USD 32 Mrd. Über das Internet verkauft Dell täglich Computersysteme im Wert von USD 14 Mio. Dell bedient Konsumenten ($^1/_3$ des Umsatzes) und Unternehmen ($^2/_3$ des Umsatzes) [Dell/Fredman 1999]. Hinter dem Erfolg von Dell stehen die beiden Konzepte Direktverkauf und ‚Build to Order‘ [Preisig 1999], die sich konsequent im Verkaufs- und Supply Chain-Management-System niederschlagen (s. Bild 3-2).

Mit seinem Verkaufssystem sammelt Dell die Erfahrungen mit jedem einzelnen Kunden. Die Herstellung einer personen- bzw. firmenspezifischen 1:1-Beziehung steht dabei im Mittelpunkt. Die Individualität bezieht sich sowohl auf die angebotenen Produkte als auch auf Zusatzleistungen, also auf das gesamte Leistungssystem. Jedes bei Dell erworbene Computersystem wird kundenspezifisch konfiguriert und assembliert. Selbst bei Sammelbestellungen über z.B. 100 gleichartige Computersysteme wird jedes System einzeln, als eigenständiger Auftrag durch die gesamte Supply Chain von Dell geschleust. Individuelle Zusatzleistungen, wie speziell auf Firmenkunden zugeschnittene Produktkataloge (die eben nur vom Kunden genehmigte Produkte enthalten), automatische, individuelle Preisvergabe, ein einziger Kontaktpunkt (Account Management), ein zugeschnittener Vor-Ort-Service direkt durch den Hersteller oder ein auf das Computersystem des Kunden abgestimmter Online- oder Telefonservice sind die Grundlage für eine partnerschaftliche Geschäftsbeziehung zwischen Dell und seinen Kunden.

Die Herstellung dieser radikalen 1:1-Beziehung hängt wesentlich von der Gestaltung der Supply Chain und deren Informationssystemen ab. Dell fertigt jedes System auf Kundenauftrag und liefert innert 12 Tagen. Dabei arbeitet Dell praktisch ohne eigenes Lager. Die Lager der Zulieferanten sind jeweils 15 Fahrminuten im Umkreis der Produktion angesiedelt. Dieses Modell erlaubt u.a. den, insbesondere in der Computerbranche, geforderten hohen Innovationsgrad der hergestellten Produkte.

Jeder Kunde kann den Status seines Auftrags online verfolgen. Dieser Service wird ca. 20‘000 mal am Tag in Anspruch genommen [Preisig 1999]. Mit seinen Lieferanten tauscht Dell in Echtzeit Supply Chain-Informationen, wie Kapazität, Lagerbestand, Kostenstruktur, Qualitätsinformation, aktuelle Prognose, Nachfrage und Marktpreis aus.

Dell geht davon aus, daß im Jahr 2002 50 % aller Kundentransaktionen über das Internet-Verkaufssystem von Dell (www.dell.com) ablaufen. Mit dem ‚Dell Talk Forum‘ bietet Dell seinen Kunden eine Plattform zum Austausch der Erfahrungen. Heute geben sich bereits 50‘000 registrierte Benutzer gegenseitige Hilfen im Umgang mit Dell Computern und entlasten dadurch die Mitarbeiter von Dell.

Mit seinen Firmenkunden und Konsumenten koordiniert sich Dell über die Prozesse Verkauf bzw. Relationship Management, mit seinen Lieferanten über die Prozesse der Supply Chain (s. Bild 3-2). Das Portal www.dell.com unterstützt die Prozesse Verkauf bzw. Customer Relationship Management (⇒ Glossar), ein Supply Chain Management-System die Prozesse der Supply Chain [Dell/Fredman 1999].

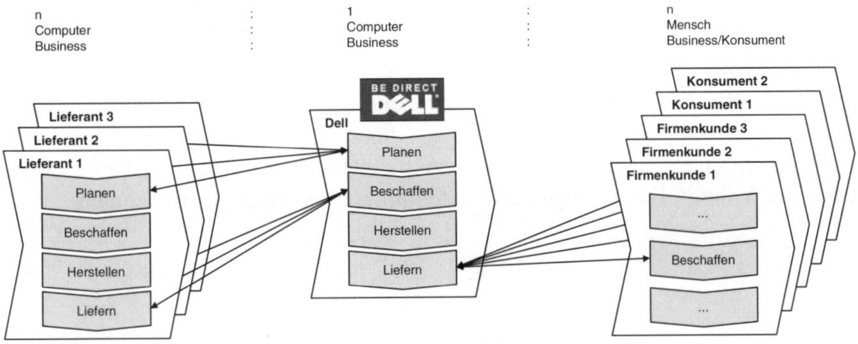


*Bild 3-2: Supply Chain Management am Beispiel Dell*

Amazon.com, Seattle (WA), USA, ist der führende Online-Buchhändler. Amazon bedient rund acht Millionen Kunden [Hoovers 2001] , 64 % davon sind ständige Kunden, und vertreibt ca. 4,7 Mio. unterschiedliche Bücher, CDs, Videos, Spiele und Geschenke [Amazon.com 1999]. 1998 erzielte Amazon einen Umsatz von USD 610 Mio. [Hoovers 2001].

Aus Konsumentensicht zeichnet sich Amazon.com durch den benutzerfreundlichen Webauftritt [Keen/Ballance 1997, 267] und die sichtbare Orientierung an den Kundenbedürfnissen aus. Diese findet zum größten Teil auf Basis der während der Kundenbeziehung gesammelten Informationen statt. So schlägt Amazon.com beispielsweise nach der Suche eines bestimmten Buchtitels A alternative Titel aufgrund bisheriger Käufe vor: Der Konsument erhält etwa eine Liste aller Bücher, die andere Konsumenten neben dem Titel A erstanden haben.

Die Orientierung an Kundenbedürfnissen schlägt sich auch durch eine neue Vollständigkeit des Services nieder. Bei Amanzon.com wird ein großer Teil des gesamten Kundenprozesses ‚lesen' unterstützt: von den Empfehlungen, Reviews, Bestsellerlisten über ein einfaches und transparentes Einkaufen, Bezahlen und Verfolgen des Auftrags bis zum Beitragen eigener Reviews.

Auch die Supply Chain von den Verlagen über die Buchhandlungen hin zu den Konsumenten wird durch Informationsverarbeitung von Amazon.com verändert. Bisher erhalten Verlage bis zu 50 % der ausgelieferten Bücher von den Buchhandlungen als unverkäuflich zurück. Die Verlage müssen für den entgangenen Gewinn und die Entsorgung aufkommen.

Grundsätzlich bestellt Amazon.com bei den Verlagen nur auf Basis von bestätigten Aufträgen seitens der Konsumenten. Amazon.com hält lediglich die Top-200 der Bestsellerliste auf Lager. Die Verlage erhalten so keine Retourware mehr. Zudem vertreibt Amazon.com bereits Bücher vor deren Fertigstellung im Vorverkauf und leitet das so gewonnene Marktwissen an die Verlage weiter.[2] Zur Reduktion der Lieferzeiten bezieht Amazon.com regionale Buchhändler in die Logistik ein (s. Bild 3-3).

Um seine schnelle Verbreitung zu fördern und dadurch mehr Kundeninformationen zu erhalten, bietet Amazon.com in seinem Associates Program 5 % bis 15 % Provision für Umsätze aus Links von Associates an. Zu den Associates zählen heute u.a. Yahoo!, Excite, AOL und viele mittlere und kleine Unternehmen.

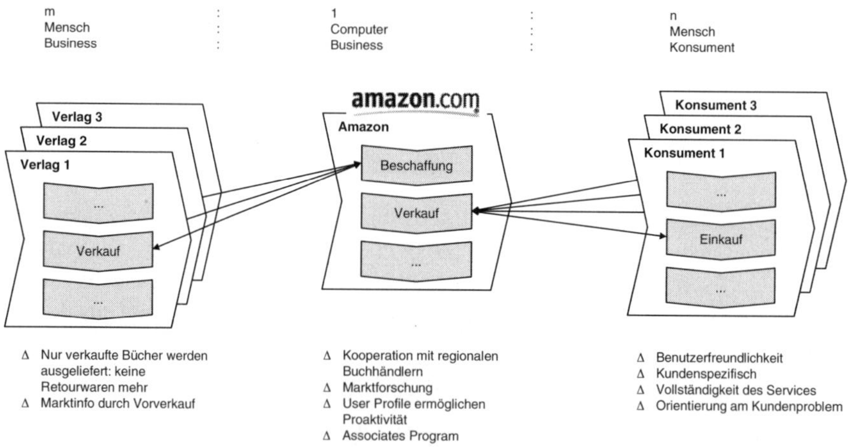


*Bild 3-3: Supply Chain und Relationship Management bei Amazon.com*

Avnet Marshall, El Monte (CA), USA, zählt zu den größten Distributoren von industriellen elektronischen Komponenten und Betriebsmaterial weltweit (Kap. 2.3.1).[3] Unter anderem bietet Avnet Marshall Konstruktions-, Materialwirtschafts-, Logistik- und Informationssystemservices an. Die Produkte seiner 150 Lieferanten veredelt Avnet Marshall beispielsweise mit statischen Methoden zur Qualitätskontrolle, durch das Testen von Komponenten, durch Mass Customizing (⇒ Glossar) und mit Programmierarbeiten.

---

[2] Eine Analyse der Konkurrenzsituation und der Preisgestaltung von Amazon.com findet sich bei [Downes/Mui 1998].

[3] Nach den Kriterien zur Bildung von Betriebsformen des Handels von [Müller-Hagedorn 1998] ist Avnet Marshall als Großhandel einzustufen.

Global Connection nennt sich das Trading-System, mit dem Avnet Marshall die Bedürfnisse seiner Kunden mit dem Angebot seiner Lieferanten abgleicht. Für Kunden und Lieferanten bietet es von jedem Ort der Welt aus einen 24-Stundenservice an. Kunden können darüber ihre Aufträge bis zum Eintreffen in der eigenen Fertigung verfolgen, Auskünfte über Lagerstände einholen und ihren Materialverbrauch mit Prognosen abgleichen.

Lieferanten ermöglicht das Global Connection-System ein Echtzeit-Feedback von Bewegungen am Markt auf der Granularität von Artikelnummern, Regionen, USD oder Einheiten. Lieferanten können daraus ihre Produktionspläne, Preisgestaltung und Prognosen ableiten. Außerdem profitieren sie von den Marketing-anstrengungen von Avnet Marshall.

Für Avnet Marshall bedeutet die Einführung von Global Connection das Ersetzen von handgeschriebenen Verkaufsberichten, papierbasierten Katalogen, endlosen Telefongesprächen zwischen Kunden, Verkäufern und den Lagerhäusern durch digitale Information bzw. Funktionen von Informationssystemen. Global Connection wickelt ca. 700‘000 Transaktionen pro Tag ab, von denen u.a. auch Kundenprofile abgeleitet werden. Heute verarbeitet und verkauft Avnet Marshall vor allem Informationen (s. Bild 2-2).

Mit E.N.E.N. (The Education News & Entertainment Network) bietet Avnet Marshall seinen Kunden bzw. der gesamten elektronischen Industrie einen umfassenden Internet-Service, der z.B. mit interaktiven Live-Trainingskursen, Produktankündigungen und technischen Beschreibungen via Video viele ‚Live Events‘ der Kunden unterstützt.

### 3.2.2 Relationship Management bei SAP

Die Beispiele von Dell und Avnet Marshall zeigen das Ziel von Kundengemeinschaften, die Kundenbindung durch Erhöhung der Produktkompetenz bzw. Abnehmerqualität zu verstärken (vgl. [Belz et al. 1997], [Hagel/Armstrong 1997], [Muther 1999, 73]). Kundengemeinschaften generieren eine höhere Kundenloyalität, fördern die Kundenbindung und geben durch Beobachten der Kommunikationsprozesse einen detaillierten Einblick in die Bedürfnisse der Kunden.

Ein eindrückliches Beispiel zur Bildung von Kundengemeinschaften bietet auch die SAP AG, Walldorf, Deutschland [Muther 1999]. Neben zahlreichen, nach Regionen und Sparten organisierten Benutzergruppen (SAP-Usergroups), bietet SAP folgende elektronische Applikationen zur möglichst umfassenden Lösung der Probleme seiner Kunden (s. Bild 3-4).

- *Informationen* über neue Releases, technische Entwicklungen, Kontakte etc. können Kunden der WWW-Site von SAP entnehmen.

- Über das SAP-Net, einer Website mit geschlossenem Benutzerkreis, können Kunden *Software-Updates* herunterladen, technische Diskussionen mit anderen Kunden und SAP-Spezialisten führen, Broschüren bestellen bzw. herunterladen und sich für SAP-Kurse anmelden.

- Das *Online-Servicesystem* bietet u.a. aktuellste Informationen über den Stand der Produktentwicklung, eine Fehlerdatenbank und diverse Services zur Fehlerbehebung.

- In einer vom Massachusetts Institute of Technology moderierten *elektronischen Diskussionsliste* tauschen Kunden via eMail Informationen über Probleme, Entwicklungen und Neuheiten betreffend SAP-Produkte aus. Der Kunde erhält nur eMails zu den Themen seines Interesses. Der Service wird derzeit von 3'500 Anwendern in Anspruch genommen [Muther 1999, 21].

- Mit Videokonferenzen und Remote Login in das SAP-System des Kunden betreibt SAP *Remote Consulting* bzw. Fehlerbehebung. Die Einsparungen (Zeitgewinn, Reduktion der Reisekosten) für die Kunden belaufen sich auf bis zu 15 % der Beratungskosten [Muther 1999, 21].

- Die *Dokumentation* für Implementation, Systemmanagement, Datenbankverwaltung, Migration und Betrieb der Produkte von SAP werden auf CD-ROMs geliefert.

- Mit dem International Demonstration and Education System (IDES) bietet SAP ein komplettes R/3-System zum *Testen und Demonstrieren* der R/3-Funktionalität.

- 25 regionale *Help Desks*, verteilt auf Europa, USA und Asien, stehen allen Kunden 7 mal 24 Stunden pro Woche via Telefon und Fax zur Verfügung.

- In *Internet-Newsgroups* diskutieren Kunden beliebige Fragestellungen rund um SAP.

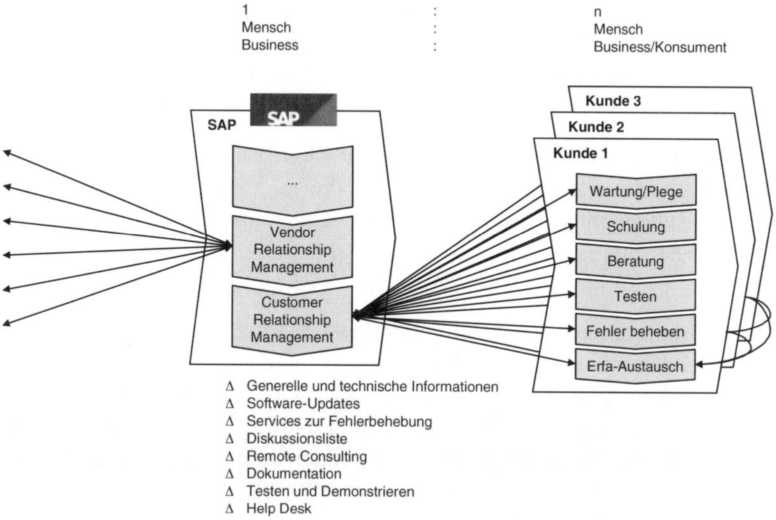


*Bild 3-4: Relationship Management am Beispiel SAP*

### 3.2.3 eProcurement bei MarketSite.net

Commerce One, Walnut Creek (CA), USA, ist nach eigenen Angaben führender Hersteller von eProcurement-Systemen (s. Kap. 11) und Gründer von MarketSite.net, einem elektronischen Markt für indirekte Produkte. Commerce One verbindet Einkäufer von indirekten Gütern mit Lieferanten. Gemeinsam mit drei führenden Telekommunikationsunternehmen gründet Commerce One vorerst drei unabhängige Marktplätze für indirekte Produkte: in den USA, Europa und Asien [CommerceOne 1999]. Die drei Marktplätze haben 1999 eine gemeinsame Einkaufskraft von USD 160 Mrd. und stehen damit am Anfang ihrer Entwicklung. Seit 2000 kooperieren Commerce One und SAP beim Anbieten von Marktplätzen.

Jeder Marktplatz unterstützt zahlreiche Prozeß- und Informationsstandards. Verfügt ein Kunde über die richtigen Standards, so kann er über sein eigenes Einkaufssystem mit allen teilnehmenden Lieferanten in Kontakt treten, als wären die Prozesse, Systeme und Daten individuell aufeinander abgestimmt. Verkäufer erhalten mit MarketSite.net automatisch Zugang zu neuen Märkten.

Mit der Elimination von individuellen technologischen Verbindungen zwischen Kunde und Lieferant, der Zentralisierung von Inhalten und Funktionen zum Management von Transaktionen, versucht MarketSite.net über die Economies of Scale die Wirkung des Gesetzes der Increasing Returns [Arthur 1989] auf sich zu vereinen. Über 5'000 Lieferanten bieten heute ihre Produkte in MarketSite.net an. Mit steigender Anzahl an Kunden, die durch die Verwendung von Einkaufssystemen, welche den Standards von MarketSite.net, Ariba.com oder mySAP.com gehorchen, hohe Einsparungen zu erwarten haben (vgl. dazu auch [Aberdeen 1999], [Dolmetsch 2000] oder [Ginsburg et al. 1999]), wird MarketSite.net für weitere Lieferanten immer interessanter werden.

MarketSite.net bietet den Einkäufern Echtzeit-Zugriff auf die wesentlichen Informationen der Lieferanten an. Beispiele sind Preise, Verfügbarkeit und Auftragsverfolgung. Zudem integriert MarketSite.net Unterstützungsservices wie Transport-, Zahlungs-, Steuer- und Trustservices und Basisservices wie etwa Directories (s. Bild 3-5).

Im Bereich Management der Kataloginhalte ist MarkeSite.net z.B. auf das Commerce One Transactive Content Management angewiesen. Zu den wichtigsten Aufgaben des Management der Kataloginhalte zählen Qualitäts- und Vollständigkeitsscheck der Katalogdaten, Standardisierung und Ergänzung mittels Metadaten-Layer, Mapping der unterschiedlichen Klassifikationsschemata und die Individualisierung von Produktkatalogen [CommerceOne 1999].

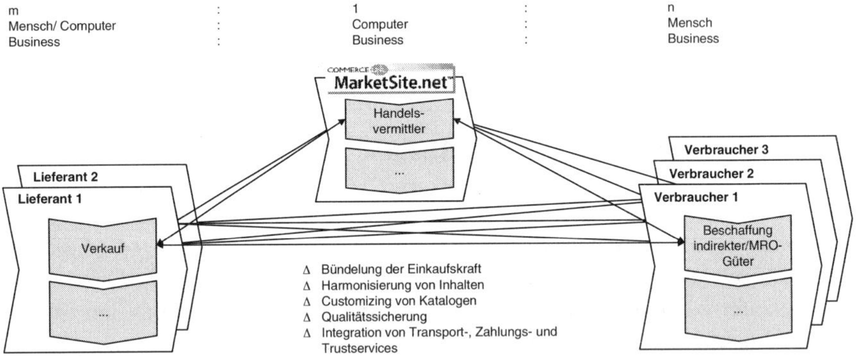


*Bild 3-5: eProcurement bei MarketSite.net*

### 3.2.4 eProcurement bei der UBS

Die UBS, Zürich, Schweiz, ist die größte Bank Europas. An ihrer Marktkapitalisierung gemessen, zählt sie zu den fünf weltweit größten Banken. 2000 erwirtschafteten die 71‘000 Mitarbeiter der UBS in 500 Niederlassungen in 40 Ländern USD 29,8 Mrd. [UBS 2001].

Vor 1999 beschaffte die UBS alle indirekten/MRO-Produkte über ihre Legacy- bzw. ERP-Systeme und war dadurch mit hohen Prozeß- bzw. Fixkosten in der Beschaffung konfrontiert. Wie die UBS haben auch viele Industrieunternehmen die Beziehung zu Anbietern von indirekten/MRO-Produkten, das sind Produkte, die nicht direkt ins Endprodukt eingehen oder im Falle von Handelsunternehmen nicht direkt weiterverkauft werden, in der Vergangenheit grundsätzlich wenig beachtet (vgl. [Grieco 1997, 1], [Killen & Associates 1997, 1]). Ihre Aufmerksamkeit galt auf der Beschaffungsseite mehr dem direkten Bereich, der häufig mit Supply Chain Management-Konzepten und EDI-Anbindungen unterstützt wird [Dolmetsch et al. 1999, 1]. Die durchschnittlichen Prozeßkosten eines Beschaffungsvorgangs eines indirekten/MRO-Produkts zeigen jedoch das Rationalisierungspotential: Für die Schweiz gibt [Dolmetsch et al. 1999, 4] die Prozeßkosten zwischen CHF 80 und CHF 180 an, [Grieco 1997, 15], [Killen & Associates 1997, 13], [Laaper 1998, 6], [Margherito 1998], [Marks 1996] führen USD 80 bis USD 120 für US-amerikanische Unternehmen auf.

Heute unterscheidet die UBS bei ihren indirekten/MRO-Produkten die Sortimente A (1'900 unterschiedliche Handelswaren), B (ca. 4'200 lagerhaltige Güter) und C (800 Verbrauchsgüter und 4'000 Gebrauchsgüter) [Dolmetsch 2000]. 3'800 autorisierte Mitarbeiter, sogenannte Materialbestellverantwortliche, können 100 % der Standardprodukte im Verbrauchsgüterbereich aller drei Sortimente über ein Shop-System anfordern. Das Shop-System ist eine Eigenentwicklung der UBS auf der Basis des Internet Transaction Servers, einem neuen Produkt im Rahmen von SAP R/3. Für das A-Sortiment erhält die UBS regelmäßig einen elektronischen Produktkatalog der Firma Gate, einem Joint-Venture der Lieferanten Büro Furrer, Waser Büro, Mühlebach und Serlog. Den Kataloginhalt definiert die UBS im Dialog mit den Gate-Partnern. Den Katalog für das B- und C-Sortiment pflegt die UBS und führt ihn bei jedem Beschaffungsvorgang selber nach (s. Bild 3-6).

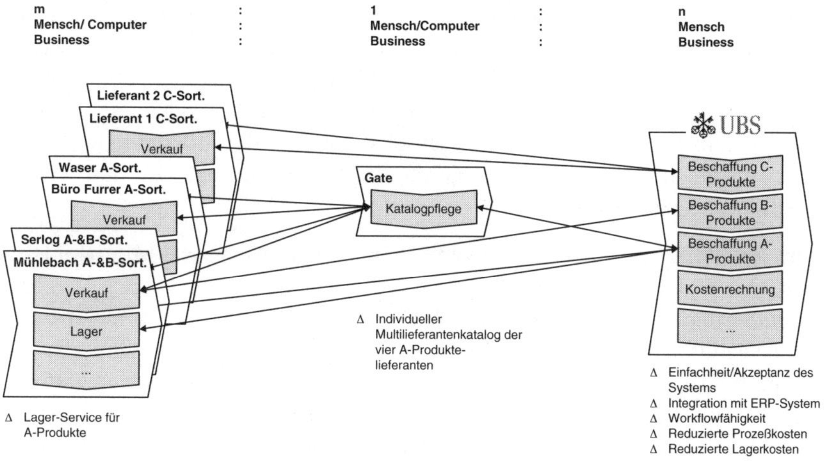


*Bild 3-6: eProcurement bei der UBS*

Im ersten Monat nach dem Produktivstart Anfang 1999 wurden täglich ca. 2'400 Bestellpositionen (55 % A-, 42 % B-, und 3 % C-Sortimentprodukte) über das

Shop-System abgewickelt. Aufgrund der hohen Akzeptanz und der unmittelbaren Kosteneinsparungen des Shop-Systems rechnet die UBS mit einer Amortisation des Projekts in weit weniger als einem Jahr. Zu den Kosteneinsparungen zählen:

- *Reduktion der Prozeßkosten.* Die UBS bezahlt heute Rechnungen aus dem A-Sortiment monatlich auf Basis elektronischer Rechnungen, die eine automatische Allokation zu den entsprechenden Kostenstellen erlauben. Die kostspielige Rechnungsprüfung wird ersetzt durch Plausibilitätsprüfungen der Kostenstellenleiter nach der Belastung der Kostenstellen bzw. durch Stichproben durch das Outsourcing Management aufgrund der elektronischen Transaktionsnachweise der Lieferanten.
- *Reduktion der Fixkosten.* Die Lagerhaltung für einen großen Teil der indirekten/MRO-Produkte wurde an die Lieferanten Mühlebach und Serlog ausgelagert. Aufträge und Warenbewegungstransaktionen werden heute mit allen Geschäftspartnern auf elektronischem Weg ausgetauscht.

Wichtige Hersteller von Standardsoftware im Bereich Desktop-Purchasing sind u.a. Ariba Technologies mit ORMS, Commerce One mit BuySite/MarketSite, Netscape mit dem BuyerXpert, SAP mit BBP [Dolmetsch et al. 1999, 141].

### 3.2.5 Innovation bei der Migros-Gemeinschaft

Die Migros-Gemeinschaft (Migros) ist das größte Einzelhandelsunternehmen der Schweiz. Mit seinen 80‘900 Mitarbeitern setzte Migros 2000 über CHF 19,6 Mrd. um, davon CHF 15 Mrd. im Detailhandel [Migros 2001]. Einen großen Teil der Lebensmittel stellt Migros in Eigenproduktion her. Dazu zählen Backwaren, Fleisch, Konservenprodukte, Schokolade und Mineralwasser [Benz 2000]. Migros ist stark dezentral organisiert. Zehn weitgehend selbständige Genossenschaften besitzen gemeinsam den Migros-Genossenschaftsbund (MGB), der eine Reihe von Dienstleistungen für die Genossenschaften, die Produktionsbetriebe und weitere Migros-Betriebe zur Verfügung stellt.

An der Gestaltung von Lebensmittelverpackungen sind zahlreiche Migros-interne und -externe Geschäftseinheiten beteiligt. Zu ihnen zählen Druckerei-, Verpackungs- und Multimediaunternehmen, Produktionsbetriebe, Design-, Übersetzungs- und Lebensmittelanalyse-Abteilungen sowie Graphiker. Zur Koordination der Gestaltung von Lebensmittelverpackungen führte der MGB eine Documentflow-Applikation ein. Sie hilft, die Durchlaufzeit (⇒ Glossar) von Design-Aufträgen für einzelne Artikel auf 30 Tage und für Artikelgruppen auf 60 Tage zu begrenzen und damit die Time-to-Market radikal zu verkürzen. Dazu müssen vor allem geregelte Informationsflüsse und klare Verantwortungsbereiche geschaffen werden. Das System erlaubt die gemeinsame Auftragsplanung und Terminkontrolle, die gemeinsame Bearbeitung von zentral gespeicherten Auftragsdaten und –dokumenten, sowie die Benachrichtigung der nächsten Geschäftseinheit nach Abschluß einer Aufgabe [Benz 2000] (s. Bild 3-7).

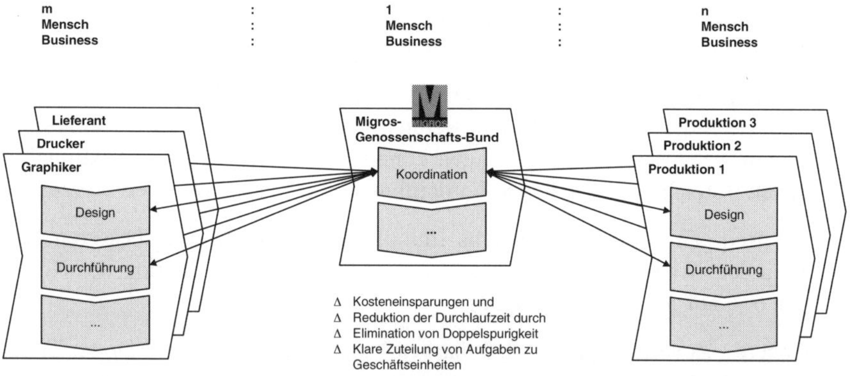


*Bild 3-7: Vernetzte Innovation am Beispiel Migros*

### 3.2.6 Beschaffung, Finanzen, Immobilien und Steuern bei CommTech

CommTech[4] ist ein weltweit tätiges Unternehmen in der Kommunikationsindustrie mit Sitz in Nordamerika. Mit seinen 130'000 Mitarbeitern generiert CommTech einen Umsatz von USD 23 Mrd. Das Unternehmen ist in vier Business Units gegliedert und auf 45 Länder verteilt. Seine wichtigsten Produkte sind Enterprise Communication Solutions, Microelectronics für Produzenten von Kommunikationsgeräten und Consumer Products.

Als relativ junges Spin-off-Unternehmen mußte CommTech sein internes Geschäftsnetzwerk reorganisieren. Das Management verfolgte zwei Ziele. Einerseits sollten möglichst unabhängige Geschäftseinheiten die Effektivität und Flexibilität der Geschäftsprozesse der Kernprozesse ‚F&E' und ‚Customer-fulfillment' verbessern. Andererseits sollten Shared Service Centers unternehmensweit gleichartige Prozesse zusammenfassen und Synergieeffekte ausnutzen. Die Geschäftseinheiten verantworteten demzufolge die Geschäftsprozesse Verkauf, Vertrieb, Logistik, Controlling, Materialwirtschaft, Qualitätsmanagement, Servicemanagement und Produktionsplanung. Die der Konzernleitung zugeordneten Shared Service Centers waren für die von allen Business Units gemeinsam verwendeten Prozesse, wie Finanzen, Real Estate, Steuern und globaler Einkauf, zuständig.

---

4 Name geändert; zu einer differenzierteren Beschreibung des Fallbeispiels siehe [Alt et al. 1999].

Die größte Herausforderung des CIO war der Entwurf einer allgemein akzeptierten Applikationsarchitektur, welche die neue Organisationsform ermöglicht und umsetzt. Zur Sicherstellung der Kooperation der beteiligten Geschäftseinheiten wurden Prozesse und Stammdaten standardisiert bzw. homogenisiert und Integrationsszenarien definiert, die folgende Potentiale ermöglichen (s. Bild 3-9):

- Die Implementation der Finanzen als Shared Service Center bewirkte eine Reduktion der Kosten in diesem Bereich von 2 % auf 1 % des Umsatzes von CommTech. Weitere Einsparungen konnten durch verbesserte Funktionalität in den Bereichen ‚ausstehende Forderungen' und Netting realisiert werden.
- Die Reorganisation des Bereichs Immobilien führte zu einer besseren Nutzung der Gebäude und zu einer überraschend großen Reduktion der Kosten von 6 % auf 3,5 % des Umsatzes.
- Höhere Zuverlässigkeit, Sichtbarkeit und Echt-Zeit-‚Drill-Down-Transaktionen'[5] halfen, Steuern im Umfang von 0,6 % des Umsatzes von CommTech zu sparen.
- Globales Einkaufen reduzierte bei einem Drittel aller beschafften Produkte und Dienstleistungen die Einkaufskosten um 7,5 %. Dies entspricht einer Einsparung von 0,6 % des Umsatzes von CommTech.

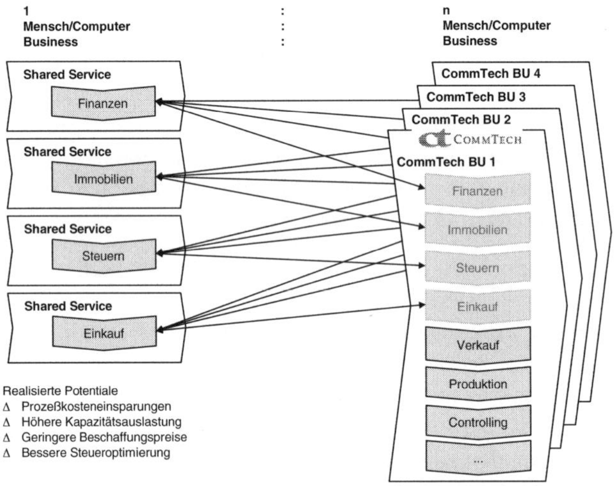


*Bild 3-8: Vernetzung am Beispiel von CommTech*

[5] Echt-Zeit-'Drill-Down-Transaktionen' ermöglichen es z.B. einem Sachbearbeiter in der Konzernleitung, einen summarischen Eintrag in seine Bestandteile aufzuschlüsseln, wobei die Detaileintragungen in Echtzeit von den Informationssystemen der Geschäftseinheiten abgefragt werden.

## 3.3 Vernetzte Prozesse

Wie eingangs erläutert, sieht die ökonomische Literatur i.d.R. die Geschäftseinheit bzw. das Netzwerkunternehmen als die primäre Bezugseinheit bei der Gestaltung von Netzwerken. Obige Beispiele zeigen jedoch, daß die Beschreibung und letztlich die Gestaltung von Netzwerken eine feinere Granularität erfordert. In den begleiteten Praxisprojekten hat sich der Geschäftsprozeß als geeigneter Bezugsrahmen herauskristallisiert, um konkrete Orientierungshilfen abzuleiten. Daher stellen wir hier die Kooperationsprozesse in den Mittelpunkt der Betrachtung.

### 3.3.1 Netzwerke als Kooperationsprozesse

Die Prozesse kooperierender Geschäftspartner bilden gemeinsam mit den von ihnen erzeugten Leistungen den operativen Teil der Geschäftsbeziehung. Bild 3-9 skizziert zwei Geschäftseinheiten - zwei ‚durchschnittliche' Industriebetriebe - mit ihren wichtigsten Geschäftsprozessen. Die Prozesse orientieren sich an den Prozeßmodellen von [SCOR 1998], [Teufel et al. 1999], [Boutellier/Gabriel 1999], [SAP 1998c] sowie [GPS 1997]. Die Vernetzung von Prozessen beschreibt die Organisation der Abhängigkeiten zwischen Prozessen unterschiedlicher Netzwerkpartner.

[Malone/Crowston 1994] definieren Koordination als management of dependent activities. Vernetzung steht hier für Kooperation in Netzwerken. Mit der Koordinationstheorie liefert [Malone 1988] ein ‚Set von Prinzipien' zur Beschreibung und Lösung von Abhängigkeiten (eine aktuelle Taxonomie findet sich bei [Crowston 1994]). Aufgaben sind dann voneinander abhängig, wenn sie auf die gleichen Ressourcen zugreifen. Aufgaben werden einerseits von Ressourcen (z.B. Mitarbeitern) ausgeführt, andererseits konsumieren sie Ressourcen. Ressourcen sind nach [Crowston 1994] alle Subjekte bzw. Objekte, die von einer Aufgabe tangiert werden. Beispiele für Ressourcen sind Maschinen, Werkzeuge, Informationen, Lagerplätze und Mitarbeiter.

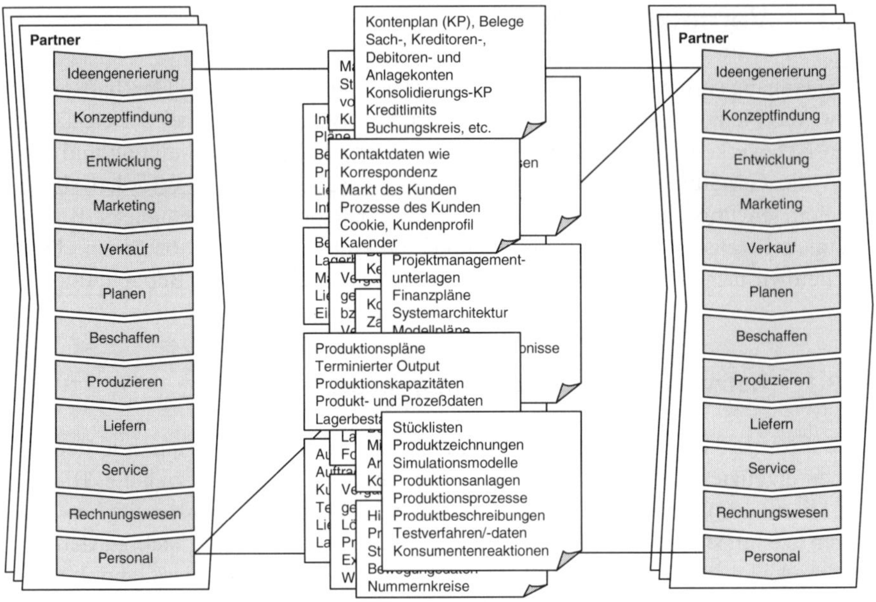


*Bild 3-9: Kooperation von Geschäftspartnern über gemeinsame Informationen*

Die Ressource Information nimmt in diesem Beitrag eine Sonderstellung ein. Einerseits weil sie den Gesetzen der Informationsverarbeitung gehorcht und somit, z.B. im Gegensatz zu Rohmaterial, wiederverwendbar und teilbar ist [Negroponte 1995], andererseits weil sie alle anderen Ressourcen zu Koordinationszwecken abbilden kann. In Bild 3-9 sind die Prozesse beider Seiten der Wertschöpfungskette auf dieselben Informationen angewiesen und daher voneinander abhängig.

Nach [Österle 1995] koordinieren sich Prozesse ausschließlich über Leistungen, daher muß Koordination im Sinne der obigen Definition eine Leistung bzw. ein Leistungsbestandteil sein. Das Potential der überbetrieblichen Vernetzung liegt folglich in der angemessenen Gestaltung der Kooperations- bzw. Netzwerkfähigkeit von Leistungen und allen damit zusammenhängenden Gestaltungsbereichen wie Prozeß, IT, Mensch, Organisationsstruktur und Kultur (s. Kap. 4). Business Process Reengineering und integrierte Informationssysteme haben bereits gezeigt, wie Potentiale aus der Organisation unternehmensinterner Abhängigkeiten realisiert werden können.

Bild 3-9 verdeutlicht die große Vielfalt und hohe Komplexität der zwischenbetrieblichen Vernetzung. Die Gestaltung der Vernetzung setzt jedoch eine beherrschbare Komplexität voraus. Zur Reduktion der Komplexität sind Bereiche gesucht, die in sich hohe Abhängigkeiten aufweisen. Prozesse unterschiedlicher Netzwerkunternehmen, die sich durch hohe Abhängigkeit auszeichnen und ein hohes Maß an Koordination erfordern, bezeichnen wir als Kooperationsprozesse.

Die Prozesse sind dann sinnvoll abgegrenzt, wenn die Summe aller Abhängigkeiten zwischen den Prozessen minimal und die Summe aller Abhängigkeiten innerhalb der Prozesse maximal ist.

Zu den Kriterien zur Abgrenzung der Kooperationsprozesse zählen Ziel, Kultur, Partner, Koordinationsform, koordinierte Prozesse, Ressourcen und Informationssysteme der jeweiligen Kooperationsprozesse (s. Tabelle 3-1). Die Anwendung der Kriterien auf die untersuchten Unternehmen führt zu den fünf Kooperationsprozesse Supply Chain Management, Relationship Management, Innovation, Infrastruktur und Organisationsentwicklung (s. Bild 3-10).

Das Ziel von *Supply Chain Management* ist die möglichst effiziente Abwicklung von operativen planenden und ausführenden Prozessen. Im Gegensatz zu Innovation gestaltet Supply Chain Management nichts Neues, sondern multipliziert klar definierte Leistungen und versucht, die Effekte der Economies of Scale gewinnbringend einzusetzen. Das Streben nach Effizienz erreicht Supply Chain Management i.d.R. über eine hohe Integrationstiefe in der Koordination seiner wohlstrukturierten Prozesse. Hohe Wiederholungszahlen und Integrationstiefen setzen stabile Strukturen voraus. Supply Chain Management präferiert die Koordinationsformen internes bzw. stabiles Netzwerk.

Das Ziel des *Relationship Management* ist die Gewinnung und Bindung von Kunden bzw. Lieferanten. Den Ideen des kooperativen Leistungssystems [Schögel 1998] folgend, bemüht sich das Relationship Management, ein möglichst breites Spektrum an Kundenproblemen abzudecken, um so die Effekte der Economies of Scope zu nutzen. Partner dieses Bereichs sind vor allem Kunden, zu denen eine Marktbeziehung besteht.

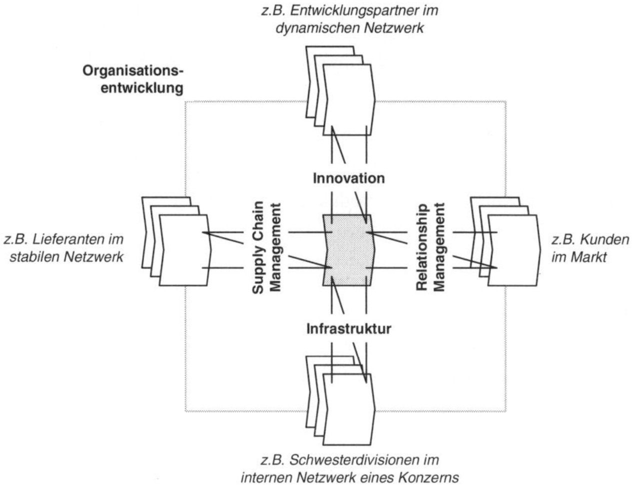


*Bild 3-10: Kooperationsprozesse*

Das Ziel des Kooperationsprozesses *Innovation* ist die schnelle Gestaltung von neuen Produkten. Gemäß der ‚Loose-Tight'-Hypothese (vgl. [Weick 1976], [Glassmann 1973]) erfordert Innovation in den ersten Phasen ein dynamisches Umfeld. Mit zunehmendem Reifegrad eines Projekts nimmt die Straffheit der Organisation zu. Bei der Innovation koordiniert sich eine Geschäftseinheit dementsprechend mit vielen unterschiedlichen Partnern und folgt dabei je nach Aufgabenstellung den Regeln unterschiedlicher Koordinationsformen.

Der Bereich *Infrastruktur* unterscheidet sich vom Supply Chain Management in den Inhalten (z.B. Lohnverrechnung). Seine Transaktionen weisen des weiteren nicht notwendigerweise einen hohen Wiederholungsgrad auf (z.B. Erstellen einer Konzernbilanz) und können komplexer Natur sein (z.B. Auslagerung der Informatik). In der Regel herrscht zwischen den Infrastrukturpartnern eine hohe Abhängigkeit, die nach Stabilität der Beziehung verlangt.

Die *Organisationsentwicklung* trägt zur Kooperationsbereitschaft der eigenen Mitarbeiter und der Partner bei. Sie verwendet dazu spezielle Verfahren zur Leistungsbeurteilung und -honorierung, zur Partnerentwicklung und Partnergewinnung [Hilb 1997].

Grundsätzlich ist jede Geschäftseinheit über alle in Tabelle 3-1 beschriebenen Kooperationsprozesse mit weiteren Geschäftseinheiten verknüpft. Branche und Position im Netzwerk bestimmen die Priorität, mit der Geschäftseinheiten die konsequente Gestaltung der Vernetzung in Angriff nehmen.

| **Kooperations-prozeß** | **Ziel/Kultur** | **Koordinierte Prozesse** | **Vorwiegende Koordinations-form (nach [Snow et al. 1992])** | **Vorwiegende Koordinati-ons-technologie** |
|---|---|---|---|---|
| **Supply Chain Management** | Effizienz durch Nutzung der ‚Economies of Scale', tiefe Integration | Planung, Beschaffung Produktion, Vertrieb | Stabiles Netzwerk | Supply Chain und Electronic Commerce-Systeme (s. Kap. 5.3 und 10) |
| **Relationship Management** | Effektivität durch Nutzung der ‚Economies of Scope' | Marketing, Verkauf, Service | Markt | CRM- und dokumenten-orientierte EC-Systeme |

*Tabelle 3-1: Charakterisierung der Kooperationsprozesse (1)*

| | | | | |
|---|---|---|---|---|
| **Innovation** | Schnelle Entwicklung erfolgreicher Produkte, dynamisch | Ideengenerierung, Konzept-Findung, Entwicklung | Dynamisches Netzwerk | IS für verteilte Innovation [Boutellier et al. 1999b] |
| **Infrastruktur** | Effizienz durch Servicekultur | Rechnungswesen, Personal, Vermögensverwaltung, Stammdatenverwaltung | Internes und stabiles Netzwerk | Verteilte ERP-Systeme |
| **Organisationsentwicklung** | Netzwerkfähige Mitarbeiter und Partner | Prozesse der Organisationsentwicklung | Alle Koordinationsformen | - |

*Tabelle 3-1: Charakterisierung der Kooperationsprozesse (2)*

### 3.3.2 Abhängigkeiten zwischen den Kooperationsprozessen

Den überbetrieblichen Abhängigkeiten der Kooperationsprozesse stehen die innerbetrieblichen, bereichsübergreifenden Abhängigkeiten gegenüber. Sie spielen bei der Gestaltung der Netzwerkfähigkeit von Unternehmen eine entscheidende Rolle (s. Bild 3-11).

(a) Das Ziel des Relationship Management ist die Herstellung einer möglichst engen, langfristigen und damit gewinnbringenden Beziehung zu wichtigen Geschäftspartnern wie Kunden oder Schlüssellieferanten. Der Erfolg hängt stark von der Qualität des Supply Chain Management ab und umgekehrt. Im Rahmen des Relationship Management stellen Unternehmen beispielsweise ihren Kunden Informationen bzw. Fähigkeiten zur Verfügung, die im Bereich Supply Chain Management generiert werden. Zu diesen Informationen zählen etwa Verfügbarkeitsprüfung oder Track & Trace-Informationen in Echtzeit, zu den Fähigkeiten etwa Mass Customizing.

Andererseits ist das Supply Chain Management auf Informationen und Fähigkeiten des Relationship Management angewiesen. Beispiele hierfür sind etwa richtig konfigurierte Kundenaufträge oder aktuelle und detaillierte Informationen über Zahlungskonditionen und Lieferort des Kunden. Ein weiteres Indiz für die Abhängigkeit der beiden Bereiche liefern zahlreiche Fallbeispiele: Unternehmen, die Relationship Management konsequent umsetzen, implementieren i.d.R. parallel dazu das komplementäre Supply Chain Management.

(b) Dem Bereich Innovation stellt das Relationship Management in erster Linie Marktanalysen, Strategien und Produkte von Wettbewerbern und konkrete Kundenwünsche zur Verfügung. Umgekehrt ist das Relationship Management auf Informationen etwa zu neuen Produkten oder laufenden werbewirksamen Forschungsprojekten des Bereiches Innovation angewiesen.

(c) Innovation und Supply Chain Management hängen über die Gestaltung des Produktes bzw. des dazu erforderlichen Produktionsprozesses zusammen. Gemeinsam verwendete Dokumente sind hier etwa Stücklisten und Produktionsprozeßbeschreibungen.

(d) Der Bereich Infrastruktur liefert das ‚Betriebsmittel' Informationen an alle anderen Bereiche. Relationship Management, Supply Chain Management und Innovation sind über Informationen aus dem externen und internen Rechnungswesen sowie aus dem Datenmanagement mit dem Kooperationsprozeß Infrastruktur verknüpft.

(e) Die Organisationsentwicklung bildet eine Grundlage für alle anderen Kooperationsprozesse, indem sie für angemessene Organisationsstrukturen bzw. kulturelle und politische Einstellungen der beteiligten Organisationseinheiten sorgt. Der Erfolg der operativen Kooperationsprozesse hängt von der inner- und überbetrieblichen Organisationsentwicklung ab.

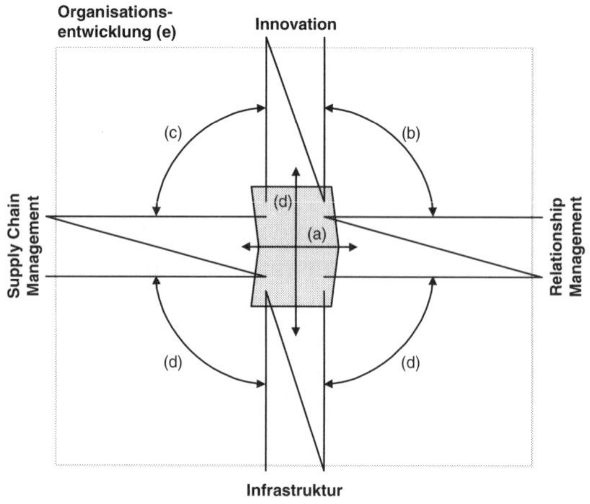


*Bild 3-11: Abhängigkeiten zwischen den Kooperationsprozessen*

## 3.4 Modell eines Netzwerkunternehmens

*„Describing and categorizing organizational forms remains a central problem in organization theory." [Crowston 1994]*

Von der fünften Phase der Informatisierung der Wirtschaft (s. Kap. 1.1.2) wissen wir, daß die zwischenbetriebliche Vernetzung auf einer neuen Infrastruktur aufbaut. Gemeinsam mit den Kooperationsprozessen bildet diese Infrastruktur das Modell des Netzwerkunternehmens.

**eServices**

Geschäftseinheiten lagern Koordinationsaufgaben vermehrt an konzerninterne und -externe Services aus [Kris 1998], eine neue Serviceindustrie entsteht. Sinkende Koordinationskosten in Zusammenhang mit Substitution und Nachfrageelastizität liefern eine Erklärung für das Entstehen dieser Serviceindustrie (s. Kap. 2.3.4). Einerseits führt die Reduktion der Koordinationskosten zu einer Substitution der Integration über Mitarbeiter durch IT-gestützte Integrationsformen. Andererseits führen sinkende Koordinationskosten aufgrund der Nachfrageelastizität zu einem Anstieg der Anzahl an kostengünstigen Transaktionen (z.B. geringe Losgrößen, Micropayments). Beide Effekte begünstigen die Schaffung von koordinationsintensiven Strukturen, zu denen eServices zählen [Malone/Crowston 1994]. Für einen Überblick zu verschiedenen eServices und einige strategische Optionen sei auf die Ausführungen in Kapitel 2.3.4 hingewiesen

**Standards (Business Bus)**

Kunden, Lieferanten und Services, die Kunden mit Lieferanten verknüpfen, müssen sich auf den unterschiedlichsten Ebenen ihrer Zusammenarbeit ‚verstehen', um ihre gegenseitige Abhängigkeit organisieren zu können. Standards stellen dieses ‚Verständnis' her und sind integraler Bestandteil des Business Bus (s. Kap. 2.3.4). Wir definieren Standards als innerhalb einer Gemeinschaft akzeptierte und gemeinsam verwendete Objekte ([Cargill 1989], [Buxmann 1996]). Objekte sind dabei Hardware, Software, Prozesse, Daten, Funktionen, Protokolle etc. Gemeinschaften sind z.B. Geschäftseinheiten, Wertschöpfungsketten, Branchen oder geographische Regionen. Gremien oder Unternehmen dieser Gemeinschaften setzen sich für die Ausbreitung der jeweiligen Standards ein.

Standards sind Bestandteil des Modells der vernetzten Unternehmung. Wie die DIN-Normen im Maschinenbau (z.B. die Gewindegröße M8, die Passung H7, die Stahlqualität ST37 oder das Prüfverfahren DIN 68858) ermöglichen sie das Realisieren von Skaleneffekten bei gleichzeitiger Individualisierung und sind zentraler Koordinationsmechanismus. Im Gegensatz zu den breit akzeptierten Standards im Maschinenbau beziehen sich jene der Kommunikation lediglich auf die technische bzw. syntaktische Ebene. Standards zur semantischen und pragmatischen Integration bleiben eine große Herausforderung des Business Networking. Einen Lösungsansatz stellen Templates dar, wie sie in Kapitel 13 beschrieben werden.

## Modell

Das Modell entspringt einer prozeßorientierten und unternehmenszentrierten Sicht auf die Vernetzung von Geschäftseinheiten. Wir betrachten nicht die Topologie eines Netzwerks, sondern die Vernetzung mit Partnern aus der Sicht einer einzelnen, ‚egoistisch' agierenden Geschäftseinheit. In Bild 3-12 kann ein zu analysierendes Unternehmen sowohl die Rolle des Lieferanten als auch jene des Kunden einnehmen. Es sieht sich im Zentrum seiner Netzwerke und betreibt Vernetzung, um seine Position zu stärken bzw. um seine Erfolgskennzahlen zu verbessern.

Mit der Aufteilung der Vernetzung in die vier operativen Koordinationsprozesse Relationship Management, Supply Chain Management, Innovation und Infrastruktur trägt das Modell der in der Praxis beobachtbaren Komplexität von Vernetzung Rechnung. Die vier Bereiche verfolgen unterschiedliche ökonomische Ziele, implementieren unterschiedliche Netzwerktypen, sind von stark divergierenden Kulturen geprägt, verbinden unterschiedliche Partner, sind über unterschiedliche Ressourcen voneinander abhängig und setzen unterschiedliche Informationssysteme zur Koordination ein. Dennoch muß jede Geschäftseinheit in der Lage sein, alle Beziehungen im Sinne der eigenen Geschäftsstrategie zu entwickeln, d.h. den neuen Anforderungen des Informationszeitalters anzupassen.

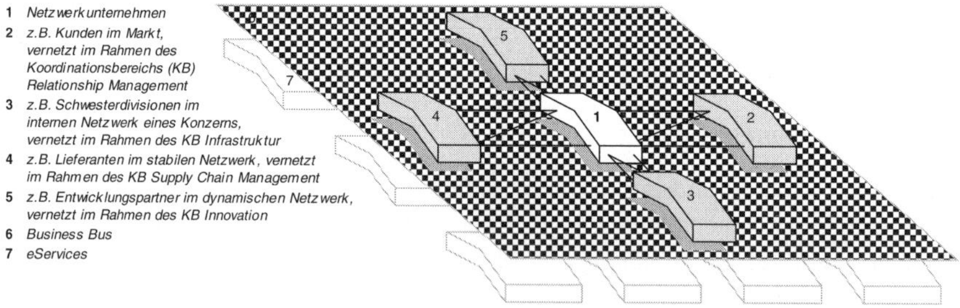


*Bild 3-12: Das Netzwerkunternehmen*

Auch wenn eine Geschäftseinheit keine eigene Entwicklung betreibt oder alle nur denkbaren unterstützenden Prozesse an Lieferanten auslagert, so muß sie die Beziehungen zu ihren Partnern, die nach [Hagel/Singer 1998] Kunden, Leistungsintegratoren, Innovatoren oder Infrastrukturunternehmen sind, kennen und aktiv pflegen. Das Modell des Netzwerkunternehmens hilft dabei, indem es die wichtigsten Gestaltungsbereiche eines Unternehmens aus der Sicht der Vernetzung in einer Architektur zusammenführt. Es gibt einerseits Hinweise für die zweckmäßige Aufteilung des Vernetzungsproblems, ohne dabei die gegenseitigen Abhängigkeiten der abgegrenzten Bereiche zu vernachlässigen. Andererseits dient das Modell als Bezugsrahmen zur Ableitung von Handlungsempfehlungen und trägt dabei der zentralen Rolle der Informationssysteme, Services und Standards Rechnung.

## 3.5 Zusammenfassung und Ausblick

Business Engineering unterstützt Unternehmen bei Entwurf, Implementation und Weiterentwicklung von Vernetzungsstrategien, Kooperationsprozessen und den zugrundeliegenden Informationssystemen. Der Ausgangspunkt ist dabei meist ein spezifisches Unternehmen, welches sein Kunden- und Lieferantennetzwerk analysiert und neu gestaltet. Das Modell des Netzwerkunternehmens hilft hier, den Stellenwert der Prozesse bei der Vernetzung zu erkennen und die Vernetzungsproblematik in fünf überschaubare und in sich homogene Bereiche zu trennen. Dabei zeigt es den Zusammenhang zwischen den einzelnen Bereichen. Die Beschreibung einer Vernetzung mit Hilfe der Kooperationsprozesse ermöglicht die konsequente Orientierung eines Netzwerkunternehmens an den Prozessen seiner Partner, insbesondere seiner Kunden. Das Modell gibt damit:

- *Orientierungshilfe zur Potentialanalyse.* Netzwerkunternehmen können sich beim Evaluieren ihrer Koordinationsstrategien an diskutierten Potentialen der einzelnen Kooperationsprozesse orientieren. Der Beitrag unterscheidet dabei die Potentiale (a) aus Prozeßeffizienzen durch Vernetzung, (b) aus erhöhtem Kundennutzen bzw. Effektivität und (c) aus neuen Geschäftschancen.

- *Orientierungshilfe zur Strategieevaluation.* Die Erfahrung hat gezeigt, daß Netzwerkunternehmen die Abhängigkeiten zwischen den Kooperationsprozesse z.T. zu wenig berücksichtigen. Zum Beispiel versuchen sie, die Verkaufsprozesse im internen Netzwerk zu koordinieren, und vernachlässigen dabei die Organisation der Stammdaten als Voraussetzung zu einem ‚globalen' Prozeßnetzwerk. Das Beschreibungsmodell listet wesentliche Abhängigkeiten zwischen den Kooperationsprozesse auf und kann somit als Basis einer Strategieevaluation dienen.

- *Orientierungshilfe zur Steigerung der Beherrschbarkeit von Vernetzung.* Mit der Aufteilung des Vernetzungsproblems in Kooperationsprozesse entwirft das Beschreibungsmodell Domänen, die sich in Kultur, Mitarbeiter, Prozesse und Informationssysteme unterscheiden und die das Management von Netzwerkunternehmen in Folge als Einheit gestalten und führen kann. Gleichzeitig zeigt das Beschreibungsmodell die wichtigsten Abhängigkeiten zwischen den Kooperationsprozessen auf und schafft damit die Voraussetzungen zum bereichsübergreifenden Management, z.B. zur notwendigen Abstimmung der Kooperationsprozesse Supply Chain Management, Relationship Management und Infrastruktur.

- *Ableitung von Managementaufgaben der zwischenbetrieblichen Kooperation.* Das Modell unterstützt die Ableitung von Managementaufgaben in einem Netzwerkunternehmen. Zu den wichtigsten Aufgaben im Zusammenhang mit der Vernetzung zählen (a) die strategische Positionierung des Netzwerkunternehmens in den unterschiedlichen Netzwerken, (b) das Organisieren der Kooperationsprozesse Relationship Management, Innovation, Supply Chain Management, Infrastruktur und Organisationsentwicklung, (c) das Organisieren der internen Integration der Kooperation und (d) das Organisieren der IT, der Standards und der Services, auf der Kooperation aufbaut.

- *Positionierung der Infrastruktur aus geschäftlicher Sicht.* Supply Chain Management, Relationship Management und Innovation hängen unmittelbar vom Kooperationsprozesse Infrastruktur ab. Obwohl die meisten Unternehmen diesen Zusammenhang erkennen, ist der Infrastrukturbereich, insbesondere das Datenmanagement, unterentwickelt. Den Unternehmen fehlt i.d.R. die betriebswirtschaftliche Argumentation für die zeit- und kostenaufwendigen Harmonisierungs- und Vernetzungsprojekte. Das Beschreibungsmodell stellt die Verknüpfung zwischen den als strategisch angesehenen Supply Chain-, Relationship Management- und Innovationsprozessen und den unterstützenden Infrastrukturprozessen her und vereinfacht damit eine geschäftliche Argumentation von Infrastrukturprojekten.
- *Positionierung von Standards und Services.* Das mächtigste Elementarziel der Vernetzung ist die m:n-Fähigkeit. Sie läßt die Automatisation neuer betriebswirtschaftlicher Funktionen zu und ermöglicht das gleichzeitige Abschöpfen der Effekte der Economies of Scope (n Kunden fragen individuelle und umfassende Leistungssysteme nach, die sich aus standardisierten Leistungen konfigurieren lassen) und der Effekte der Economies of Scale (m auf einzelne Leistungen spezialisierte Lieferanten). Standards und Services sind die zentralen Mechanismen, die eine m:n-Vernetzung zulassen. Das Beschreibungsmodell räumt ihnen eine entsprechende Position ein und zeigt damit deren wachsende Bedeutung und zugleich die Notwendigkeit eines fundierten Bewertungsprozesses bei der Auswahl von Standards und Services.

# 4 Netzwerkfähigkeit von Unternehmen

*Rainer Alt, Elgar Fleisch*

## 4.1 Netzwerkfähigkeit als Wettbewerbsfaktor

In Netzwerkunternehmen hat die Zusammenarbeit mit Geschäftspartnern – sei es im Rahmen einer Supply Chain Lösung, bei der Teilnahme an einem elektronischen Marktplatz oder bei der Nutzung elektronischer Services – einen höheren Stellenwert. Folglich bestimmen die Aufwendungen für Kooperationsprozesse, z.B. das Aushandeln von Rahmenverträgen, das Abstimmen der Prozesse und der auszutauschenden Informationen oder das Anpassen der entsprechenden Informationssysteme, in starkem Maße die Leistungsfähigkeit gesamter Wertschöpfungsketten. Eine schnelle und kostengünstige Anbindung der Geschäftspartner hat folglich direkte Auswirkungen auf die Wettbewerbsfähigkeit von Netzwerkunternehmen. Zur Messung und Gestaltung dieser Kooperationsprozesse wird im folgenden die Netzwerkfähigkeit entwickelt. Sie umfaßt kritische Meßgrößen und Gestaltungsobjekte und erkennt Kooperationsprozesse als einen wesentlichen Wettbewerbsfaktor.

### 4.1.1 Begriff und Gestaltungsobjekte der Netzwerkfähigkeit

Aus Sicht der Literatur bestehen einige Ansatzpunkte zur Messung und Gestaltung von Kooperationsprozessen. Beispielsweise besitzen Innovationsstrategien nach [Picot et al. 1996] drei Leitbilder: (1) Organisationsformen zur schnellen und permanenten Marktorientierung, (2) Formen der Personalführung zur Entwicklung und Ausschöpfung der Mitarbeiterpotentiale und (3) Formen der Vernetzung zur Herstellung der internen und externen Kooperationsfähigkeit. Nachdem mit der organisatorischen Kooperationsfähigkeit nur eine Dimension des Business Engineering angesprochen ist, soll sich der Begriff der Netzwerkfähigkeit umfassender auf alle Dimensionen (z.B. Prozesse, Systeme etc.) beziehen.

Netzwerkfähigkeit soll die *interne und externe Kooperationsfähigkeit sowie die Fähigkeit zur schnellen und effizienten Bildung, Durchführung und Weiterentwicklung von IT-gestützten Geschäftsbeziehungen* bezeichnen. Entsprechend den Dimensionen des Business Engineering besitzt die Netzwerkfähigkeit unterschiedliche Aspekte bzw. Gestaltungsobjekte. Bei sämtlichen Gestaltungsobjekten bestehen Abhängigkeiten zwischen den Netzwerkpartnern, wobei die Netzwerkfähigkeit die Qualität des Managements dieser Abhängigkeiten ausdrückt.[1] Bezogen auf die Gestaltungsobjekte der Netzwerkfähigkeit (s. Bild 4-1) bedeutet dies:

---

[1] Netzwerkfähigkeit lehnt sich damit an die Koordinationstheorie an, die Koordination als Management von Abhängigkeiten versteht [Malone/Crowston 1994a]. Eine detaillierte Herleitung von Gestaltungsobjekten und Handlungsanleitungen zu Netzwerkfähigkeiten findet sich bei [Fleisch 2001].

- *Leistung.* Netzwerkfähige Produkte und Dienstleistungen lassen sich schnell und kostengünstig partnerspezifisch verändern oder in weitere Produkte integrieren. Dazu zählt die Personalisierung von Diensten wie mySAP.com oder die Konfigurierbarkeit bezüglich der benötigten Informationen (z.B. Stati, Verwendung von Partnerartikelnummern).
- *Prozeß.* Netzwerkfähige Prozesse können schnell und kostengünstig eine angemessene Koordination mit korrespondierenden Prozessen aufbauen und betreiben. Beispiele sind die automatische Abfrage verschiedener Kataloge oder automatische Bestellungen bei der Unterschreitung eines vereinbarten Sicherheitsbestandes.
- *Informationssystem (IS).* Netzwerkfähige IS lassen sich zeit- und kosteneffizient mit anderen IS koppeln und unterstützen die Kommunikation auf Systemebene. Dies betrifft beispielsweise die Einrichtung einer EDI-Verbindung mit einem Geschäftspartner.
- *Mitarbeiter.* Netzwerkfähige Mitarbeiter sind die Essenz persönlicher Netzwerke. Sie sind kundenorientiert, verstehen die Relevanz von Win-Win-Situationen und werden auch nach der Pflege der Partnerbeziehungen beurteilt.
- *Organisationsstruktur.* Netzwerkfähige Organisationen können ihre Struktur schnell und kostengünstig an neue Marktanforderungen anpassen. Beispiele sind das schnelle Aufsetzen temporärer unternehmensübergreifender Teams, die Auslagerung von Geschäftsprozessen oder die gemeinsame Durchführung von Prozessen (Bildung sog. Shared Services).
- *Unternehmenskultur.* Netzwerkfähige Unternehmenskulturen fördern die Zusammenarbeit, indem sie offen sind gegenüber Veränderungen und Vertrauen statt (Kosten-) Kontrolle in der Zusammenarbeit einsetzen.

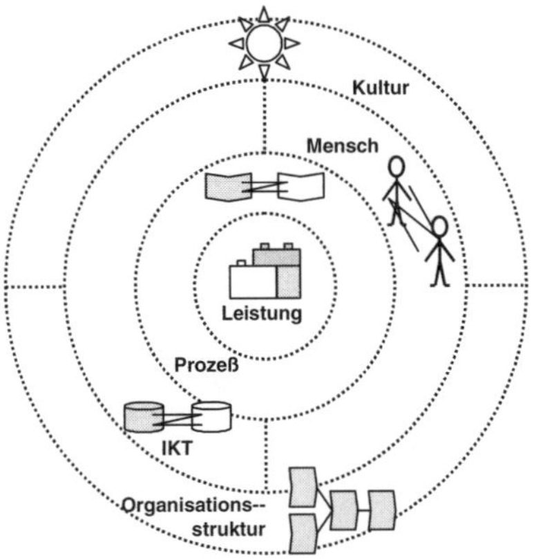


*Bild 4-1: Gestaltungsobjekte der Netzwerkfähigkeit*

### 4.1.2 Netzwerkfähigkeit am Beispiel der Logistikbranche

Ein Anwendungsbereich mit traditionell hoher Relevanz der Netzwerkfähigkeit ist die Logistikbranche. Bezüglich der genannten Dimensionen der Netzwerkfähigkeit läßt sich folgende Situation feststellen [Alt/Schmid 2000]:

- *Leistung.* Aus Sicht von Lieferanten stellt das Outsourcing der gesamten Logistikaktivitäten – von den traditionellen physischen Leistungen (sog. TUL-Leistungen[2]), über das Fulfillment und die Zahlung – an einen Logistikdienstleister heute einen wesentlichen Ansatz zur Reduktion der Logistikkosten dar. Diese Nachfrage nach umfassenden bzw. integrierten Logistikleistungen bedeutet, daß Leistungen verschiedener Dienstleister, z.B. Transporteur, Lagerbetreiber, Bank etc. auf den Bedarf des Kunden zu bündeln sind.

- *Prozeß.* Integrierte Logistikleistungen erfordern gemeinsame Sendungs- und Kontrolldaten zwischen allen Beteiligten in der Logistikkette. In Prozessen ist z.B. zu definieren, wann Statusinformationen erfaßt werden, wann (bei Verzögerungen) wie umzudisponieren ist und wann welche nachfolgenden Prozesse anzustoßen sind. Durchgängig spezifizierte Logistikprozesse sind heute hauptsächlich auf vertikal integrierte Anbieter (z.B. UPS, FedEx) beschränkt. Mit den heute entstehenden Prozeßstandards (z.B. OBI, CPFR) zeichnen sich jedoch auch Lösungen für Kooperationen ab.[3]

- *Informationssystem.* Mit einem durchgängigen Informationsfluß zwischen Lieferant, Logistikdienstleister, Empfänger etc. werden zahlreiche heute vorhandene Medienbrüche reduziert, so daß Wiedereingaben vermieden und Status- bzw. Steuerinformationen bei allen Beteiligten in Echtzeit verfügbar werden. An die Netzwerkfähigkeit der Logistikunternehmen werden hohe Anforderungen gestellt, da Verlader aufgrund ihrer höheren Verhandlungsmacht den Logistikdienstleister zur Verwendung der eigenen Datenstrukturen anhalten können. Als Folge sind heute viele Logistiker mit hohen Konvertierungs-, Handling- und Abstimmungskosten konfrontiert.

- *Organisationsstruktur.* Abgesehen von Integratoren, wie FedEx oder UPS, benötigen Logistikdienstleister aufgrund geographischer und/oder modaler Fokussierung die Kooperation mit Partnern in der Logistikkette. Gerade intermodale Verkehrsketten stellen hier hohe Anforderungen an die Kooperationsfähigkeit. Heutige Kooperationen beschränken sich jedoch häufig auf das Marketing und nutzen noch nicht die Möglichkeiten virtueller Organisation, wie etwa gemeinsamer Teams etc.

---

[2] TUL steht für Transport, Umschlagen und Lagern [Klaus/Krieger 2000].

[3] OBI (Open Buying on the Internet) bezeichnet eine Initiative zur Standardisierung von Einkaufsprozessen und CPFR (Collaborative Planning, Forecasting and Replenishment) einen Standardisierungsansatz für Kooperationen in der Supply Chain, der z.B. Bevorratungsprozesse definiert.

- *Unternehmenskultur und Mitarbeiter.* Die Notwendigkeit zur Kooperation mit anderen Beteiligten in der Logistikkette erfordert Mitarbeiter und Unternehmenskulturen, die ein Teilen von Informationen mit Geschäftspartnern, die längerfristige Pflege von Netzwerkkontakten sowie die Verantwortung für gesamte Logistikabläufe im Sinne eines ‚one face to the customer' fördern. Obgleich Logistikunternehmen traditionell als Hausspediteure langfristige Kundenbeziehungen verfolgen, ist die Zusammenarbeit mit anderen Logistikdienstleistern häufig von der Angst Kunden an den Partner zu verlieren und von diesem in der Logistikkette umgangen zu werden, geprägt. Auch Sorgen, daß neue Logistikinformationssysteme das Know-how der Mitarbeiter (z.B. der Disponenten) entwerten würde, sind zu beobachten.

Zusammenfassend ergeben sich für Logistikdienstleister traditionell hohe Anforderungen an ihre Netzwerkfähigkeit. Gegenwärtig befindet sich die Branche in einem Umbruch, der sich in neuen Logistikservices (z.B. inet-Logistics), Konzentrationen (z.B. Aufkauf von Danzas und Nedlloyd durch Deutsche Post) und Kooperationen (z.B. Kühne&Nagel und Lufthansa) geprägt ist. Die Netzwerkfähigkeit wird den Erfolg dieser Strategien nachhaltig bestimmen.

### 4.1.3 Ansätze zur Messung von Netzwerkfähigkeit

Die Voraussetzung zur zielgerichteten Gestaltung der Netzwerkfähigkeit ist gemäß dem Führungskreislauf von [Ulrich 1984] eine Messung und Bewertung der Gestaltungsobjekte. Erst die Ermittlung einer bestehenden Ausprägung und die Bestimmung einer erforderlichen Ausprägung geben konkrete Anhaltspunkte über die zu schließende Lücke bezüglich eines Gestaltungsobjektes. Ausgangspunkt ist dabei, daß die Anforderungen der beteiligten Partner zu erfüllen sind. Anzustreben sind daher nicht maximale, sondern angemessene Ausprägungen der Gestaltungsobjekte. Nicht angemessen ist beispielsweise eine Vernetzung durch EDI, wenn die koordinierten Prozesse nur eine geringe Transaktionshäufigkeit aufweisen.

Die richtige Einschätzung der Angemessenheit wirkt sich auf das Kosten-Nutzen-Verhältnis von Vernetzungen aus, da Maßnahmen zur Steigung der Netzwerkfähigkeit in der Regel mit hohen Kosten verbunden sind. U.U. muß ein Unternehmen, das seine Geschäftsbeziehung zu *n* Kunden intensivieren will, seine Leistungspalette bereinigen, neue Leistungen aufnehmen, Informationssysteme an neue Prozeß- und Kommunikationsstandards anpassen, neue Informationssysteme einführen, Prozesse umgestalten und Mitarbeiter schulen. Die wesentlichen Kriterien zur Messung der Netzwerkfähigkeit sind Zeit, Kosten und Qualität dieser Veränderung. Tabelle 4-1 zeigt einige Beispiele für Metriken zu den Gestaltungsobjekten. Die Netzwerkfähigkeit gibt damit an, welche Veränderungen von Geschäftsbeziehungen ein Unternehmen in welcher Zeit zu welchen Kosten beherrscht.

| Gestaltungs-objekt | Metriken zur zeitlichen und monetären Veränderung | Metriken zur qualitativen Veränderung |
|---|---|---|
| **Leistung** | Kosten und Dauer zur Zusammenstellung individualisierter Leistungen bzw. der Integration von Zusatzleistungen, z.B. Payment-Services | Grad der Modularisierung bei Produkten und Dienstleistungen<br>Grad der Spezifität der Anpassungen<br>Grad der Mehrfachverwendung von Leistungen |
| **Prozeß** | Kosten und Dauer zur Anpassung der Planungs- oder Abwicklungsprozesse an die Prozesse des Partners (Kunden/Lieferanten)<br>Kosten zur Auslagerung eines standardisierten Prozesses an einen spezialisierten Service<br>Aufwand zum Aufbaus eines überbetrieblichen Controllings | Transparenz des Prozesses für die Partner<br>Offenheit des Informationsaustausches<br>Existenz eines Konfliktmanagements<br>Interorganisatorische Überwachung der Prozesse<br>Eingesetzte Koordinationsstrategien |
| **Informations-system** | Kosten und Dauer der Automatisation einer IT-gestützten Geschäftsbeziehung, z.B. dem Aufbau eines EDI-Links<br>Kosten aus Datenaufbereitung bzw. der syntaktischen und semantischen Integration | Verwendung von Applikations- und Kommunikationsstandards<br>Form der IT-Integration (z.B. EDI, gemeinsame Datenbanken, Remote Login, ERP@Web)<br>Sicherheitsmechanismen, Zugriffsrechte |
| **Mitarbeiter** | Kosten und Dauer eines Mitarbeiteraustauschs<br>Dauer des Aufbaus persönlicher und somit geschäftlicher Beziehungen | Fähigkeit zur Pflege persönlicher Netzwerke<br>Fähigkeit zur Selbstorganisation<br>Grad der Visionsharmonie<br>Fähigkeit zur Informationsbeschaffung |

*Tabelle 4-1: Beispiele für Metriken der Netzwerkfähigkeit (1)*

| | | |
|---|---|---|
| **Organisationsstruktur** | Kosten und Durchlaufzeit eines Entscheidungsprozesses<br><br>Dauer und Kosten des Aufbaus neuer Organisationsstrukturen, z.B. Profit-Centers oder einer neuen Landesgesellschaft<br><br>Dauer und Kosten des Aufbaus einer neuen externen symbiotischen Kooperation | Machtverteilung<br><br>Homogenität der Organisationsstrukturen<br><br>Granularität und Flexibilität der Organisationseinheiten<br><br>Anzahl der internen und externen Partner |
| **Kultur** | Kosten und Dauer der Informationsgewinnung<br><br>Kosten und Dauer der Ausbildung | Aufteilung der Nutzenvorteile zwischen den Partnern (Reziprozität)<br><br>Intensität des Wissens- und Erfahrungsaustausches<br><br>Gelebte Offenheit<br><br>Umgang mit Vertrauen |

*Tabelle 4-1: Beispiele für Metriken der Netzwerkfähigkeit (2)*

## 4.2 Folgen für das Management: Gestaltung der Netzwerkfähigkeit

Aktivitäten zur Gestaltung der Netzwerkfähigkeit eines Unternehmens besitzen prinzipiell drei Effekte: (1) Zeit- und Kostenreduktion bei der Herstellung von neuen Geschäftsbeziehungen oder bei der Durchführung von Transaktionen, (2) Verringerung der Spezifität von Investitionen und damit erhöhte Einsatzflexibilität bereits getätigter Investitionen, sowie (3) verbesserte Chancen neue Marktsegmente frühzeitig zu erkennen und zu besetzen. Diese Effekte lassen sich in verschiedenen Beispielen erkennen: dem geschilderten Supply Chain Integration Service von Riverwood International, dem Beschaffungsservice MarketSite.net von Commerce One [Österle 2001], oder dem WeissNet der Spedition Gebrüder Weiss [Senger-Weiss et al. 1999].

Um verschiedene unternehmerische Handlungsmöglichkeiten zur Steigerung der Netzwerkfähigkeit (z.B. der Erhebung von Partnerprofilen oder dem Entwurf von Applikationsarchitekturen) abzuleiten, bietet sich die Koordinationstheorie an, da Koordination das wesentliche Gestaltungselement interorganisatorischer Beziehungen bildet. Die Koordinationstheorie begreift Koordination als das Management von Abhängigkeiten und versucht allgemeingültige Mechanismen zur Regelung dieser Abhängigkeiten zu identifizieren [Malone/Crowston 1994]. Zur Formulierung der Handlungsempfehlungen sind Koordinationsmechanismen, also Prozesse bzw. Regeln, welche die Abhängigkeiten zwischen Aufgaben organisieren, der Ausgangspunkt. Zur Entwicklung konkreter Handlungsansätze interpretieren wir Koordinationsmechanismen etwas weiter als Regeln zur Gestaltung der Objekte mit der Eigenschaft Netzwerkfähigkeit.

Danach lassen sich für jedes Gestaltungsobjekt verschiedene Koordinationsmechanismen identifizieren, die wiederum Grundlage verschiedener Handlungsalternativen sind (s. Tabelle 4-2):

- *Gestaltung der Leistung.* [Austin et al. 1997] sehen die Gestaltung der Produkte als sehr mächtige, aber bis anhin wenig betrachtete Handlungsalternative zur Integration von Wertschöpfungsnetzen. Zu den wichtigsten Koordinationsmechanismen zählen die Modularisierung, Standardisierung und Digitalisierung von Leistungen. Beispielsweise ermöglichen modularisierte, standardisierte und digitalisierte Leistungen eine schnelle und effiziente Bündelung, die auf die Lösung spezifischer Kundenprobleme gerichtet sind (Mass Customization). Insbesondere bei physischen Produkten erlauben die Koordinationsmechanismen der Standardisierung und Modularisierung eine weitgehende Verschiebung des Zeitpunktes zu dem ein Produkt kundenspezifisch geprägt wird (Postponement (⇒ Glossar)).
- *Gestaltung der Prozesse.* Die Prozeßkoordination beschreibt die konsequente Gestaltung von unternehmensübergreifenden Planungs- und Durchführungsprozessen. Zu den zentralen Koordinationsmechanismen zählen Prozeßstandards sowie die Form der Prozeßintegration. Standardisierte Prozesse, wie sie von OBI oder CPFR entworfen werden, reduzieren den Abstimmungsaufwand und führen im Idealfall zur Integration auf pragmatischer Ebene bzw. elektronischen Workflows zwischen anonymen Partnern. Prinzipielle Mechanismen zur Prozeßintegration sind die lose und die enge Kopplung der Prozesse. Erstere ist beispielsweise im Bereich der indirekten Beschaffung bzw. eProcurement (s. Kap. 10) üblich und erlaubt über Kataloglösungen eine angemessene Flexibilität (z.B. ein schnelles Hinzufügen von Anbietern). Eine enge Prozeßkopplung ist z.B. im Supply Chain Management anzutreffen und erlaubt in Echtzeit koordinierte und vollständig automatisierte Abläufe (z.B. Strategien der automatischen Bevorratung).
- *Gestaltung der Informationssysteme.* Die Vernetzung von Informationssystemen ist Grundlage zur Gestaltung neuer Leistungen und neuer Geschäftsbeziehungen. Leistungen, Prozesse und Organisationsstrukturen hängen damit von der Netzwerkfähigkeit der ‚zugrundeliegenden' Informationssysteme ab [Schmid 1997]. Die wichtigsten Mechanismen zur Steigerung der Netzwerkfähigkeit von Informationssystemen sind Kommunikations- und Datenstandards sowie die Integration der internen Informationssysteme. Beispielsweise lösen Templates (s. Kap. 13) über die gleichartige Konfiguration verteilter ERP-Systeme die Standardisierung von Daten und Nachrichten und

stellen dadurch eine Integration auf semantischer Ebene her. Gleichzeitig sind sie Ansatzpunkt für gleichartige Anbindung von Partnern. Systemintegration schließlich erlaubt hohe Datenqualität und Echtzeitverarbeitung.

- *Gestaltung der Organisationsstruktur.* Die Organisationsstruktur im Sinne der Netzwerktopologie beschreibt, aus welchen Geschäftseinheiten sich das Netzwerk zusammensetzt. Die Koordinationsmechanismen der Virtualisierung, Modularisierung [Picot et al. 1996] und verteilte Verantwortlichkeiten dienen der Gestaltung unterschiedlicher Vernetzungsstrukturen, z.B. dynamischer, stabiler oder interner Netzwerke [Snow et al. 1992]. Beispielsweise kooperieren in dynamischen Netzwerken mehrere kleine (modularisierte) Unternehmen zur Erreichung gemeinsamer Ziele (Virtualisierung), wobei jedes teilnehmende Unternehmen für sein Geschäft selbst verantwortlich ist (verteilte Verantwortlichkeit).
- *Gestaltung der Menschen und der Kultur.* Die Rolle der Mitarbeiter und Führungskräfte in Netzwerken unterscheidet sich von der Rollen in klassischen Hierarchien im wesentlichen durch „[...] Zunahme der Anforderungen im Bereich Entscheidungs- und Verantwortungsfähigkeit für vollständige, kundenorientierte Prozesse sowie Team-, Kommunikations- und Innovationsfähigkeit [...].“ [Picot et al. 1996, 459]. Zu wichtigen Koordinationsmechanismen zählen die relative Offenheit, die Identifikation und Steuerung von Zielkonflikten sowie vertrauensbildende Maßnahmen. Beispielsweise erlauben Offenheit und vertrauensbildende Maßnahmen den Aufbau und die Pflege persönlicher Netzwerke.

| Gestaltungsobjekt | Netzwerkfähigkeit des Gestaltungsobjekts | Koordinationsmechanismen | Ziele der Netzwerkfähigkeit |
|---|---|---|---|
| **Leistung** | Schnelle und kostengünstige Individualisierung von Produkten oder Dienstleistungen | Modularisierung<br>Standardisierung<br>Digitalisierung | Mass Customization [Klaus/Krieger 2000]<br>Postponement [Klaus/Krieger 2000] |
| **Prozeß** | Schneller und flexibler Aufbau und Betrieb von angemessen koordinierten Prozessen | Prozeßstandardisierung<br>Prozeßintegration | Pragmatische Integration<br>Echtzeitkoordination<br>Angemessene Flexibilität |
| **Informationssystem** | Schneller und kostengünstiger Aufbau individueller Kommunikationsverbindung zwischen Informationssystemen | Kommunikations- und Datenstandards<br>Systemintegration | Semantische Integration<br>Informationen extern verfügbar machen<br>Hohe Datenqualität<br>Echtzeitverarbeitung |
| **Organisationsstruktur** | Flexible Organisationsstrukturen, die die Teilnahme an unterschiedlichen Netzwerken ermöglichen | Virtualisierung<br>Modularisierung<br>Verteilte Verantwortlichkeiten | Interne Netzwerke<br>Stabile Netzwerke<br>Dynamische Netzwerke |
| **Kultur und Mitarbeiter** | Kooperationsfördernde Unternehmenskultur und Mitarbeiter mit Fähigkeit zur internen und externen Kooperation | Relative Offenheit<br>Identifikation und Steuerung von Zielkonflikten<br>Vertrauensbildende Maßnahmen | Autonomie<br>Kommunikationskompetenz<br>Informationsbeschaffung<br>Pflege von persönlichen Netzwerken |

*Tabelle 4-2: Ansätze zur Gestaltung der Netzwerkfähigkeit*

Die Gestaltungsbereiche sind eng miteinander verknüpft. So hängt beispielsweise die Bereitstellung einer Leistung beim Kunden von zahlreichen Prozessen ab, die wiederum von den Fähigkeiten der Menschen sowie der IS abhängen. Ferner führt das modulare Design von Produkten und Dienstleistungen erst dann zu einer Steigerung der Wettbewerbsfähigkeit, wenn Prozesse und IT die Modularisierung unterstützen. Die Herausforderungen bei der Formulierung konkreter Handlungsalternativen zur Steigerung der Netzwerkfähigkeit liegt daher in der gleichzeitigen Abstimmung mehrerer Objekte gemäß dem Concurrent Engineering.

## 4.3 Zusammenfassung und Ausblick

Business Engineering ermöglicht die Transformation von Unternehmen im Business Networking. Ansatzpunkt ist dabei immer ein spezifisches Unternehmen, das sein Netzwerk aus Kunden und Lieferanten gestaltet. Dazu zählt u.a. die Ausschöpfung von Prozeßeffizienzen durch elektronischen Informationsaustausch zwischen Partnern (z.B. elektronische Auftragseingabe, Austausch von Planungsdaten) und die Entwicklung neuer Prozesse und Rollen (z.B. Portale, Auktionen, Multi-Vendor Kataloge). Die Transformation zum effizienten Internet-Unternehmen erfordert abgestimmte Maßnahmen in mehreren Dimensionen.

Aus der Sicht des Business Networking wurde die Netzwerkfähigkeit als Führungsgröße formuliert, in der diese Dimensionen als Gestaltungsobjekte zusammengefaßt werden. Für die Erhöhung der Netzwerkfähigkeit gibt es ausgehend von den Gestaltungsobjekten verschiedene Handlungsalternativen, die von verschiedenen Koordinationsmechanismen abhängen. Besondere Relevanz für das Management besitzen zwei Aspekte:

- Ziel der Netzwerkfähigkeit sind angemessene Lösungen, bei denen der Nutzen aus der Vernetzung die erforderlichen Kosten übersteigt. Für die Beurteilung lassen sich verschiedene Metriken identifizieren.
- Im Mittelpunkt neuer vernetzter Leistungen, Prozesse, Informationssysteme und Organisationsstrukturen steht der Mensch. Von ihm hängen Qualität und Umsetzbarkeit der neuen Lösungen ab.

Während heute nur innovative Unternehmen eine Netzwerkfähigkeit besitzen, die zur Wettbewerbsfähigkeit beiträgt, wird die Kosteneffizienz von Internet-Technologien sowie die zunehmende Standardisierung zur allgemeinen Steigerung der Netzwerkfähigkeit führen. Dazu wird Netzwerkfähigkeit in das (strategische) Zielinstrumentarium von Unternehmen, die Entwicklung von Projektmethoden und das operative Controlling von Projekten und Transaktionen, einfließen. Sowohl Metriken, Ziele und Koordinationsmechanismen werden sich mit zunehmendem Business Networking weiterentwickeln. Die Herausforderung liegt künftig nicht nur im Management der Vernetzung zwischen Organisationen und Prozessen, sondern im Networking von Gütern des täglichen Lebens (Verbrauchsgüter, Rohstoffe etc.), die mit Chips ausgestattet werden (s. Kap. 12).

# Teil 2

# Geschäftskonzepte

Kapitel 1: Business Networking - Chancen und Herausforderungen

**Teil 1: Grundlagen**
Kapitel 2: Geschäftsmodell des Informationszeitalters
Kapitel 3: Das Netzwerkunternehmen
Kapitel 4: Netzwerkfähigkeit von Unternehmen

**Teil 2: Geschäftskonzepte**
Kapitel 5: Strategien zum Business Networking
Kapitel 6: Electronic Commerce und Supply Chain Management bei der Swatch Group
Kapitel 7: Supply Chain Management und Electronic Commerce bei Bayer
Kapitel 8: Customer Relationship Management in der Pharmaindustrie

**Teil 3: Applikationskonzepte**
Kapitel 9: Entwurf einer Applikationsarchitektur für die Pharmaindustrie
Kapitel 10: Systeme für das Supply Chain Management
Kapitel 11: eProcurement: Systeme und Erfolgsfaktoren
Kapitel 12: Connected Smart Appliances

**Teil 4: Integrationskonzepte**
Kapitel 13: Templates: Standardisierung beim Business Networking
Kapitel 14: Enterprise Application Integration bei Robert Bosch
Kapitel 15: eServices zur ERP-Integration von eMarkets

**Teil 5: Kritische Erfolgsfaktoren**
Kapitel 16: Kritische Erfolgsfaktoren des Business Networking
Kapitel 17: Entwicklung einer Business Networking-Methode
Kapitel 18: Anwendung der Business Networking-Methode am Beispiel SAP
Kapitel 19: Entwicklung einer Applikationsarchitektur

Kapitel 20: Business Networking - Zusammenfassung und Ausblick

# 5 Strategien zum Business Networking

*Rainer Alt, Thomas Puschmann, Christian Reichmayr*

## 5.1 Einführung

### 5.1.1 Strategische Relevanz des Business Networking

Wie aus den Kapiteln 2 und 3 hervorgeht, stellt Business Networking ein strategisches Konzept zur Zusammenarbeit mit Kunden und Lieferanten dar. Aufbauend auf dem bewährten Ansatz des Business Engineering [Österle 1995] sind bezüglich Strategie, Prozeß und Informationssystem verschiedene kritische Entscheidungen bei der Vernetzung zu treffen. Verschiedene grundsätzliche Gestaltungsoptionen werden auf den Ebenen nachfolgend diskutiert. In der breit verfügbaren Strategieliteratur [vgl. Müller-Stewens/Lechner 2001] decken wir lediglich einen kleinen Ausschnitt ab.

Dies zeigt das Beispiel von Diamond Multimedia Systems Inc., einem Hersteller von Multimedia-Geräten für Heim- und Geschäftscomputersysteme. 1999 wurde Diamond von S3 Inc., einem Hersteller von Anwendungen und Dienstleistungen für digitale Medien mit einem Umsatz von USD 437.5 Mio. im Jahr 2000 (S3 wurde 2000 in SONICblue umbenannt) übernommen. 1998 wurde der portable ‚RIO' MP3 Player präsentiert, der 60 Minuten Musik, die in der Regel aus dem Internet heruntergeladen wird, aufnehmen und wiedergeben kann. Bei der Markteinführung des RIO besaß Diamond lediglich einen einfachen ‚eShop', der vom Diamond-Kundendienst unterhalten wurde [Diamond 1999]. Diamond war klar, daß kurze und fehlerfreie Lieferungen für den Verkaufserfolg im Internet entscheidend waren.[1] Die Kernkompetenz von Diamond lag im Betrieb des eShops und nicht der Produktdistribution. Daher kooperiert Diamond mit dem Logistikdienstleister Skyway, der entsprechende Leistungen bereits für Dell, Cisco Systems, Compaq und Hewlett Packard erbrachte. Mit dem Produkt ‚Concerto suite' unterstützte Skyway die elektronische Bedarfsplanung, Lagerhaltung, Auftragsbearbeitung und Abwicklung [Skyway 1999]. Diamond konnte damit die hohe Zahl an Bestellungen für den RIO-Player abwickeln, ohne in Änderungen ihres bestehenden internen Systems investieren zu müssen. Die geschätzten Einsparungen an manuellen Lohnkosten von USD 250'000 bis 500'000 sind dabei unbedeutend im Vergleich zu Zeitgewinn und Qualitätsvorteilen.

Verschiedene strategische Fragestellungen sind daher im Rahmen einer Business Networking Strategie relevant [Porter 2001]: (1) Welche Kernkompetenzen besitzt das Unternehmen heute, und welche künftigen Geschäftsfelder kommen in Frage? (2) Wie gestalten sich die Beziehungen zu den Geschäftspartnern (Kooperationsstrategie)? (3) Welche Geschäftsprozesse werden durch Business Networking

---

[1] Vor Einführung des RIO vertrieb Diamond seine Produkte primär über indirekte Kanäle unter Einschaltung von Systemintegratoren, Distributoren und Händlern.

unterstützt (Kooperationsprozesse)? (4) Welche Portale, eMarkets und eServices werden dazu verwendet (Kooperationssysteme)?

### 5.1.2 Strategische Optionen im Business Networking

Grundsätzlich zielen Strategien darauf ab, eine bedeutsame und günstige Position im Wettbewerb zu gewinnen und diese nachhaltig auszubauen [vgl. Porter 1996, 68]. Nach [Hinterhuber 1992, 7] umfassen Strategien drei Hauptaktivitäten:

- Die Analyse der strategischen Ausgangssituation und die Entscheidung über die zukünftig angestrebte Wettbewerbsposition.
- Die Wahl der Differenzierungselemente (Prozesse, Technologien usw.), die den Wettbewerbsvorteil und die Zuweisung der Ressourcen bestimmen.
- Die Verpflichtung zu vermittelbaren Kriterien und Normen, an denen sich der Erfolg einer Strategie messen läßt.

Das folgende Kapitel konzentriert sich auf die Darstellung von Gestaltungsoptionen. Aufbauend auf den Ebenen des Business Engineering werden drei Strategieoptionen unterschieden:

- *Kooperationsstrategien* behandeln auf strategischer Ebene, wie von einer bestimmten Ausgangssituation eine bestimmte Wettbewerbsposition erreicht werden kann. Bei Diamond konzentrierte man sich auf die Herstellung des RIO und lagerte Nicht-Kernkompetenzen, wie die Logistik, an Skyway aus.
- *Kooperationsprozesse* fokussieren auf die, durch das Business Networking unterstützten, Geschäftsprozesse. Diamond hat den Geschäftsprozeß Verkauf neu gestaltet und dem individuellen Kundenprozeß im Internet angepaßt.
- *Kooperationssysteme* behandeln die Abbildung und Umsetzung der Geschäftsprozesse in Informationssysteme zur Vereinfachung der Kooperation zwischen Geschäftspartnern. Diamond integrierte deshalb seine EC-Lösung im Kundenportal ‚www.riohome.com'.

## 5.2 Kooperationsstrategien

Als strategisches Konzept muß sich Business Networking nahtlos in die allgemeine Geschäftsstrategie integrieren lassen. Das bedeutet einerseits, daß die Potentiale des Business Networking die Gesamtstrategie bestimmen und andererseits, daß strategische Ziele Auswirkungen für das Business Networking haben. Zum Ausschöpfen der Potentiale und zur Abschätzung der Konsequenzen helfen Kooperationsstrategien.

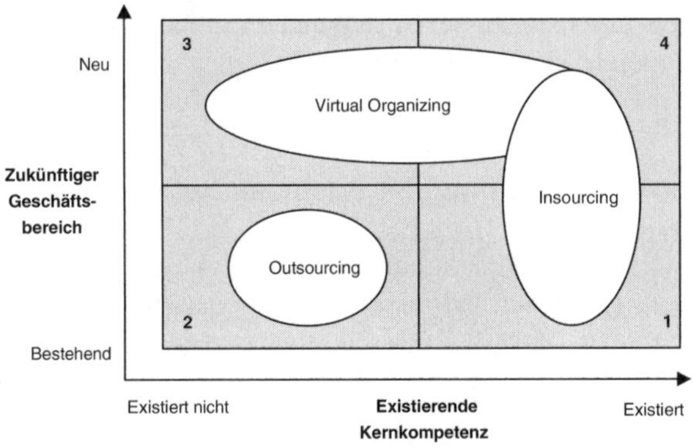


*Bild 5-1: Alternative Kooperationsstrategien*

Wie Bild 5-1 verdeutlicht, muß jede Kooperationsmöglichkeit daraufhin untersucht werden, ob sie das Geschäft in einem bestehenden oder einem neuen Geschäftsfeld unterstützt. Diese strategische Entscheidung hängt weitgehend davon ab, welche (bestehende) Kernkompetenzen eine Unternehmung als wettbewerbsentscheidend erachtet:[2]

- Quadrant 1 beschreibt den Aufbau neuer Ressourcen mit einer bestehenden Kernkompetenz in einem neuen Geschäftsfeld,
- Quadrant 2 die Auslagerung von Ressourcen, wenn es sich um eine Nicht-Kernkompetenz in einem alten Geschäftsfeld handelt,
- Quadrant 3 das Zusammenfassen von Ressourcen unterschiedlicher Partner, wenn es sich um den Einstieg in ein neues Geschäftsfeld handelt, ohne selbst über alle wettbewerbsnotwendigen Kernkompetenzen auf diesem Gebiet zu verfügen, und
- Quadrant 4 den Ausbau der Ressourcen einer bestehenden Kernkompetenz mit Ressourcen anderer Partner in einem alten Geschäftsfeld.

Tabelle 5-1 enthält eine Auflistung bestehender Ansätze aus Theorie und Praxis zur Ausgestaltung der Kooperationsstrategien in den vier Quadranten. Aus der Vielfalt bestehender Ansätze werden drei Strategien ausführlicher behandelt: Insourcing, Outsourcing und virtuelle Organisation. Der vierte Quadrant zeigt eine Überschneidung zweier Strategien und wird daher getrennt behandelt.

---

[2] Nach [Prahalad/Hamel 1990] gilt für Kernkompetenzen, daß sie (1) potentiellen Zugang zu einer Vielfalt von Märkten bieten, (2) einen wesentlichen Beitrag zum erkannten Kundenwert leisten und (3) für die Konkurrenz schwer zu imitieren sein sollten [Reve 1990].

| Ansatz | Optionen | Referenzen |
|---|---|---|
| Transaktionskostentheorie/ Organisationstheorie | Hierarchie, Markt, Hybrid | [Williamson 1985] |
| | Elektronische Märkte, elektronische Hierarchien | [Malone et al. 1987] |
| | Inhouse-Fertigung, Marktlieferant, Partnerschaft | [Clemons/Reddi 1993] |
| Telekooperation | Hierarchische Organisation, Netzwerk Organisation, Modulare Organisation, Virtuelle Organisation | [Reichwald et al. 1998] |
| Strategische Netzwerke | Interne Netzwerke, Stabile Netzwerke, Dynamische Netzwerke | [Snow et al. 1992] |
| | Quasi-Externalisierung, Quasi-Internalisierung | [Sydow 1992] |
| Virtuelle Organisationen | Intraorganisational, Interorganisational | [Davidow/Malone 1992], [Bleicher 1996], [Scholz 1997] |
| Ressourcenbasierte Ansätze | Pooling, Allying, Linking | [Moss-Kanter 1989] |

*Tabelle 5-1: Bestehende Ansätze zu Kooperationsstrategien*

### 5.2.1 Outsourcing – Auslagerung von Nicht-Kernkompetenzen (stabiles Netzwerk)

Outsourcing behandelt die Auslagerung von Aufgaben, die nicht zur Kernkompetenz einer Unternehmung gehören an spezialisierte Dienstleister, die in diesem Bereich eine Kernkompetenz aufgebaut haben (vgl. [Sägesser 1999], [Koppelmann 1996], [Lacity/Hirschheim 1995], [Picot 1991]).

Dies zeigt die *Trust Bank*, eine Regionalbank mit über 50 Standorten in Australien. Die Bank ist in vier strategische Bereiche gegliedert: Bank Network, Electronic Banking, Personal Banking und Commercial Banking. Sie verwaltet Vermögenswerte in Höhe von USD 1,8 Mrd. [HP 1998]. Im Jahr 1991 übernahm die *Trust Bank* die Tasmanian Bank und hatte dabei Probleme, die zwei verschiedenen IT-Systeme in ein einheitliches System zu überführen. Angesichts der geschäftskritischen Bedeutung der Systeme wurde der reine IT-Betrieb zur Operations Services Division von Hewlett Packard ausgelagert. *Trust Bank* konzentriert sich darauf, Individualanwendungen zu entwickeln und im Rahmen der Kernkompetenzen neue IT-gestützte Services zu schaffen (s. Bild 5-2).

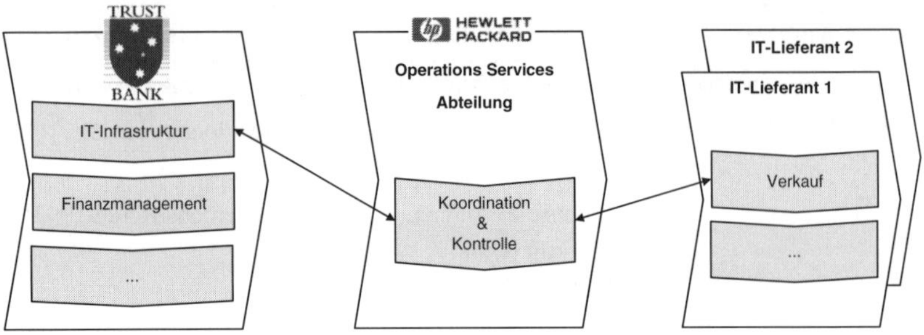


*Bild 5-2: IT-Outsourcing bei Trust Bank*

1997 wurde von der Dun & Bradstreet Corporation und dem Outsourcing Institute ein Index erstellt, der die Veränderung der Outsourcing-Aktivitäten in den USA erfassen soll [Outsourcing Institute 1997]. Unterschieden werden sechs Hauptbereiche, die für eine Auslagerung in Frage kommen: Finanzwesen (11%), Personalwesen (15%), Informationstechnologie (30%), Marketing & Verkauf (14%), Verwaltung (8%) sowie einige Bereiche geringerer Bedeutung (22%). Die Studie hat gezeigt, daß US-Unternehmen mit über USD 80 Mio. Umsatz davon ausgehen, daß die Outsourcing-Aufwendungen zwischen dem 3. Quartal 1996 und dem 2. Quartal 1997 um 27% gestiegen sind und in den folgenden 3 Quartalen noch einmal um 16% auf USD 146 Mrd. steigen werden [Outsourcing Institute 1997].

### 5.2.2 Insourcing – Ausbau der bestehenden Kompetenzen (internes Netzwerk)

Im Vergleich zum Outsourcing beschäftigt sich Insourcing mit dem Zukauf von Kompetenzen, mit denen sich bestehende Kernkompetenzen stärken lassen (vgl. z.B. [Andrade/Chapman 1998], [Westkämper/Wildemann 1999]). So hat z.B. die Deutsche Post 1999 die Schweizer Danzas Gruppe übernommen, die den europäischen Transport- und Distributionsgeschäftsbereich von der Dutch Royal Nedlloyd N.V. gekauft hatte. Das Paketgeschäft von Nedlloyd und das Logistikgeschäft von Danzas wurden in die Organisation der Deutschen Post integriert [vgl. Schnitzler 1999]. Beide Zukäufe haben eindeutig die Stellung der Deutschen Post mengen- und größenmäßig in ihrem bestehenden Marktsegment, der Paketbeförderung, gestärkt [vgl. Deutsche Post 1999]. Ähnliche Insourcing-Aktivitäten sind auch in anderen Branchen zu beobachten, beispielsweise in der Telekommunikation (z.B. die Fusion zwischen AOL und Worldcom) oder auf dem Automobilsektor (z.B. DaimlerChrysler).

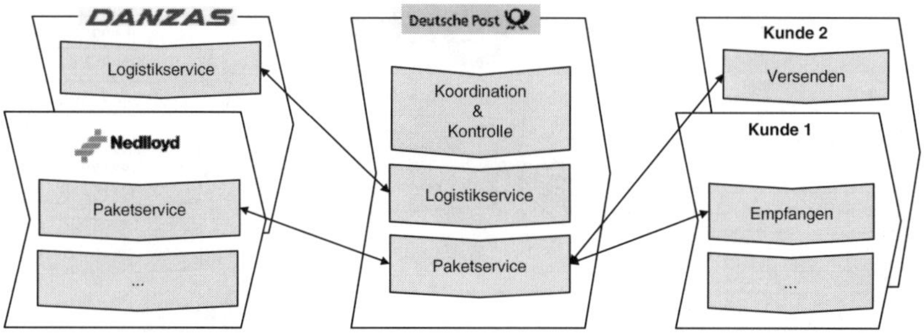


*Bild 5-3: Insourcing bei der Deutschen Post*

### 5.2.3 Virtuelle Organisation – Neue Geschäftsfelder mit Kooperationspartnern (dynamisches Netzwerk)

Bei der virtuellen Organisation handelt es sich um eine Strategie, bei der ein Netzwerk von Unternehmen als eine gemeinsame Wirtschaftseinheit auftritt. Obgleich verschiedene juristisch selbständige Partner in diesem Netzwerk zusammenarbeiten, wird auf dem Markt ein integriertes Produkt angeboten. Ein entscheidendes Merkmal einer virtuellen Organisation besteht darin, daß keiner der Beteiligten allein in der Lage wäre, die gleiche Dienstleistung anzubieten und daß virtuelle Netzwerke nicht auf Dauer angelegt sind (vgl. [Davidow/Malone 1992], [Byrne 1998], [Klein 1994], [Venkatraman/Henderson 1998]).

Ein Beispiel ist Enba, eine Unternehmung, die Finanzleistungen über das Internet von Dublin, Irland, aus anbietet. Der Wettbewerbsvorteil von Enba resultiert aus einem virtuellen Geschäftsmodell, bei dem verschiedene, juristisch unabhängige Unternehmen ihre Kräfte unter einem Markenzeichen bündeln, aber nach außen als ein Unternehmen auftreten. Die Royal Bank of Scotland ist zuständig für Verrechnung und Zahlungsabwicklung, die Merchants Group für alle Call Center-Transaktionen und Dresdner Kleinwort Benson für die Ausführung von Börsenaufträgen. Alle Prozesse laufen, durch entsprechende Informationssysteme gesteuert, automatisch über das Internet. Mittels dieser Systeme können Kunden auf einfache Weise Konten einrichten bzw. auflösen oder Kurswerte und -risiken abfragen. Gleichzeitig bieten sie eine Plattform für die Integration aller beteiligten Partnerunternehmen. Enba ist in der Lage, Börsenaufträge mit bis zu 50% niedrigeren Kosten als der Wettbewerb anzubieten.

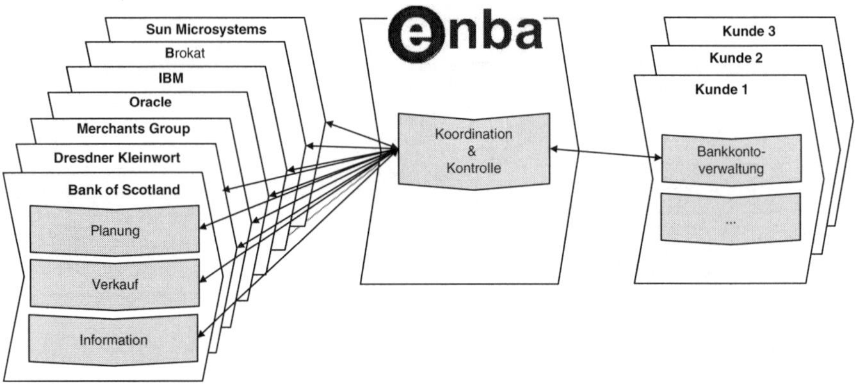


*Bild 5-4: Virtuelle Organisation: Geschäftsnetzwerk bei Enba*

Enba bildet den Mittelpunkt eines Geschäftsnetzwerks, bei dem das Unternehmen sich auf seine Kernkompetenz konzentriert: Die Koordination eines aus juristisch selbständigen Unternehmen bestehenden, gemeinsamen Geschäftsnetzwerks (s. Bild 5-4). Die kennzeichnenden Merkmale lassen sich wie folgt zusammenfassen (vgl. [Mertens et al. 1998, 3], [Arnold et al. 1995, 10]):

- *Gemeinsames Geschäftsziel.* Die Bemühungen aller Partner gelten einer gemeinsamen Dienstleistung bzw. einem gemeinsamen Produkt. Jeder Beteiligte bringt seine Kernkompetenzen in die Kooperation ein und alle zusammen treten gegenüber dem Kunden als eine Einheit auf.
- *Standards und Plattform.* Die virtuelle Zusammenarbeit bedingt einen effizienten Informationsaustausch zur zeitnahen Koordination der Partner. Prozeß- und Datenstandards für Auftrags-, Rechnungs- und Statusinformationen sowie eine gemeinsame IT-Plattform sind dafür die Voraussetzung.
- *Vertrauen.* Weil es darauf ankommt, schnell zu handeln, ist es nicht möglich, alle Facetten einer Geschäftsbeziehung mittels formeller Vereinbarungen festzuschreiben. Es ist unabdingbar, daß zwischen den Beteiligten ein hohes Maß an gegenseitigem Vertrauen besteht.

### 5.2.4 Kombinationen

Unternehmen, die neue Geschäftsfelder mit ihren bisherigen Kernkompetenzen erschließen möchten, können sich sowohl des Insourcing als auch der virtuellen Organisation bedienen. Der Ausbau bestehender Kernkompetenzen zur Erschließung neuer Geschäftsfelder kann grundsätzlich durch das Zusammengehen mit Partnern oder durch strategische Zukäufe erreicht werden.

*Ariba* bietet z.B. ein eProcurement-System (Ariba Buyer) zur Beschaffung indirekter Güter in einem Unternehmen (s. Kap. 11) an. Durch Einführung des Ariba Commerce Services Network, einer elektronischen B2B-Plattform, hat sich das Unternehmen zum Ziel gesetzt, die Kernkompetenzen des Ariba Buyer hin zu einem neuen Dienst, der Käufer und Anbieter über das Internet verknüpft, weiter zu entwickeln. Zur Lösung dieser Aufgaben beinhaltet Ariba Commerce Services Network eine Reihe von Internet-Diensten, u.a. zum Katalog und Content Management, Order Transaction Routing, und Multi-Protokoll-Unterstützung, die zahlreiche standardisierte Austauschmöglichkeiten für Content- und Transaktionsinformationen bieten. Ariba hat also seine bestehende Kernkompetenz (Ariba Buyer) für eine neues (Internet)-Geschäftsfeld ausgebaut.

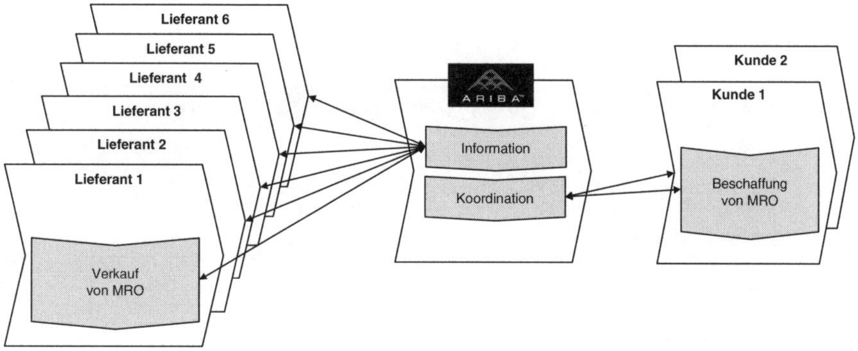


*Bild 5-5: WWW-Site von Ariba*

Viele Unternehmen der sog. ‚Old Economy' sowie Start-up Unternehmen verfolgen derzeit die Erschließung neuer Geschäftsfelder. Beispiele dafür sind:

- *Elektronische Marktplätze zur Beschaffung direkter und indirekter Güter.* Beispielsweise haben Bayer, Infraserv und die Deutsche Telekom gemeinsam den Marktplatz Chemplorer oder die Deutsche Bank gemeinsam mit SAP den MRO-Marktplatz emaro gegründet. Zu Marktplätzen s. Kapitel 5.4.3.
- *Elektronische Dienstleister bzw. eServices, die ausgelagerte betriebliche Prozesse übernehmen.* Beispielsweise organisiert der Logistik-Broker inet-Logistics, ein Spin-off der Spedition Gebrüder Weiss, die Logistikabwicklung mit mehreren Logistikunternehmen.

## 5.2.5 Zusammenfassung der Kooperationsstrategien

Bei allen bisher besprochenen Beispielen lag die Betonung auf der Rolle der Kernkompetenzen und der künftigen Positionierung am Markt. Es wurde deutlich, daß Business Networking auf unterschiedliche strategische Ziele fokussiert, die in enger Abstimmung mit der allgemeinen Unternehmensstrategie festzulegen sind. Business Networking dient also dem konsequenten Ausbau der Kernkompetenzstrategie eines Unternehmens. Business Networking kann dadurch sowohl die Position in einem bestehenden Geschäftsfeld stärken als auch die Erschließung neuer Geschäftsmöglichkeiten (z.B. eServices) unterstützen.

Jede der Kooperationsstrategien weist ein spezifisches Kooperationsprofil auf (s. Tabelle 5-2). Die Strategien variieren je nach Anzahl der beteiligten Partner sowie der Tiefe und der Dauer der Partnerschaft. Insourcing-Beziehungen z.B. sind eher langfristiger Natur im Vergleich zur virtuellen Organisation. Die virtuelle Organisation besitzt dagegen die höchste Flexibilität bei der Anpassung auf veränderte Anforderungen des Marktes. Insourcing-Strukturen hingegen sind primär auf hohe Effizienz ausgelegt.

| Strategie / Kriterium | Outsourcing | Insourcing | Virtuelle Organisation |
|---|---|---|---|
| **Anzahl Partner** | 1 | 1 | n |
| **Kooperationstiefe** | Hoch | Hoch | Mittel |
| **Kooperationsdauer** | Lang | Lang | Mittel |
| **Anpassungsgeschwindigkeit** | Mittel | Langsam | Schnell |

*Tabelle 5-2: Profile für Kooperationsstrategien*

## 5.3 Kooperationsprozesse

Wie bereits erläutert, liegt bei den Kooperationsprozessen der Schwerpunkt auf der Gestaltung zwischenbetrieblicher Prozesse. In Kapitel 3.3.3 wurde bereits der Zusammenhang zwischen Business Networking-Szenarien und Kooperationsprozessen angedeutet. Drei Kooperationsprozesse wurden hier erwähnt: Electronic Commerce, Customer Relationship Management und Supply Chain Management. Die Kooperationsprozesse umfassen dabei jeweils unterschiedliche Szenarien (s. Bild 5-6):

- *Customer Relationship Management (CRM)* versucht sämtliche Beziehungen, die zwischen einem Unternehmen und einzelnen Kunden bestehen, zu unterstützen. Zur Erfassung der CRM-Prozesse wird der sog. Customer Buying Cycle ([Muther 1999, 17], in Anlehnung an [Mauch 1990], [Ives/Learmonth

1984, 1196] herangezogen, der die Aktivitäten Marketing, Evaluation, Kauf und After Sales beinhaltet.

- Beim *Supply Chain Management* (SCM) liegt der Schwerpunkt auf der Unterstützung von vier Hauptgeschäftsprozessen: Beschaffung, Planung, Produktion und Distribution. Diese Prozesse aus dem SCOR-Modell (s. Kap. 5.3.2) zielen auf einen reibungslosen Fluß von Gütern und Informationen.
- Beim *Electronic Commerce* (EC) liegt der Schwerpunkt auf den Transaktionsprozessen Information, Vereinbarung und Abwicklung. EC wird primär bei unternehmensextern orientierten Transaktionsprozessen eingesetzt, d.h. dem Einkauf und dem Verkauf von Produkten und Dienstleistungen.

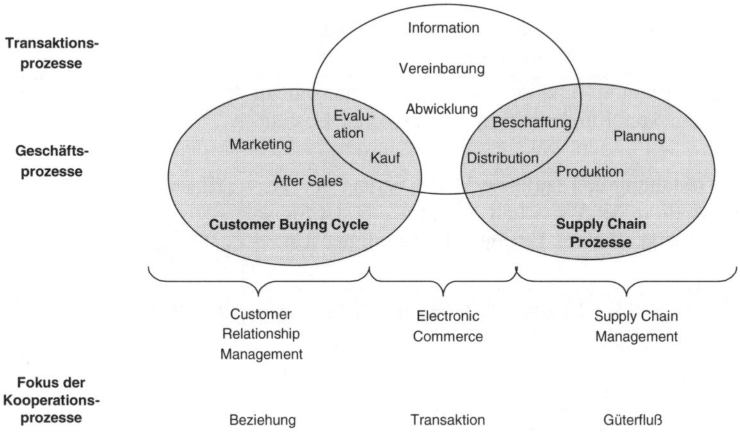


*Bild 5-6: Kooperationsprozesse*

Business Networking verknüpft die drei Kooperationsprozesse, die sich aus unterschiedlichen Gebieten entwickelt haben (s. Definitionen in Tabelle 5-3). SCM und CRM definieren sich über Geschäftsprozesse, EC über Transaktionsprozesse. Folglich ergeben sich Überschneidungen zwischen Information, Vereinbarung, Evaluation, Kauf und Beschaffung, aber auch zwischen Zahlungsabwicklung und Lieferung. Daraus lassen sich zwei Erkenntnisse ableiten:

- *Verknüpfungen zwischen einzelnen Kooperationsprozessen müssen berücksichtigt werden.* Es müssen daher EC- oder Supply Chain-Prozesse durch Elemente anderer Kooperationsprozesse ergänzt werden.
- *Die unterschiedlichen Schwerpunkte der drei Kooperationsprozesse rechtfertigen eine Unterscheidung.* Bei EC liegt der Schwerpunkt auf der Gestaltung von Transaktionen, insbesondere von Informations- und Vereinbarungsprozessen im Ein- und Verkauf, bei CRM auf Beziehungsprozessen, d.h. Prozessen, die über die einzelnen Transaktionen hinausgehen und bei SCM auf Planungs- und Produktionsprozessen.

| Electronic Commerce (EC) | |
|---|---|
| Die Verzahnung unterschiedlicher Wertschöpfungsketten auf der Grundlage des schnellen und plattformunabhängigen Informationsaustauschs über Informations- und Kommunikationstechnologien. | [Bliemel et al. 1999, 2] |
| Alle Formen ökonomischer Aktivität, die über elektronische Verbindungen ausgeführt wird. | [Wigand 1997, 2] |
| Einsatz digitaler Prozesse zur Steigerung der Effizienz kommerzieller Transaktionen und Prozesse sowie Mittel zum Anbieten neuer, digitaler Produkte. | [Choi et al. 1997, 12] |
| **Supply Chain Management (SCM)** | |
| Integration aller Aktivitäten im Zusammenhang mit der Transformation und dem Güterfluß vom Rohmaterialzustand bis hin zum Endverbraucher. | [Handfield/Nichols 1998, 2] |
| Management von up- und downstream Beziehungen zur Generierung von Kundennutzen mit geringen Gesamtkosten. | [Christopher 1998, 18] |
| Aktive Gestaltung und laufende Mobilisierung der Versorgungskette in der Wirtschaft mit dem Ziel der Sicherung und Steigerung des Erfolges der beteiligten Unternehmen. | [Klaus/Krieger 2000, 450] |
| **Customer Relationship Management (CRM)** | |
| Ein kundenorientierter Managementansatz, bei dem Informationssysteme das erforderliche Wissen zur Unterstützung der Frontoffice-Prozesse in Marketing, Verkauf und Service integriert bereitstellen und zur Verbesserung der Kundengewinnung, der Kundenbindung und der Erhöhung der Kundenprofitabilität verwenden. | [Bach/Österle 2000, 71] |
| Die Integration der drei computerunterstützten Fähigkeiten Informationsmanagement, interaktive Kommunikation und individualisierbare Produkte ermöglichen den Aufbau einer langfristigen Beziehung mit jedem einzelnen Kunden. | [Peppers/Rogers 1997, 13] |
| Eine integrierte Verkaufs-, Marketing- und Servicestrategie, die auf koordinierten Prozessen basiert und damit eine isolierte Kundenbetreuung ausschließt. | [Kalakota/Robinson 2001, 111] |

*Tabelle 5-3: Übersicht der Ansätze zu Koordinationsprozessen*

### 5.3.1 Electronic Commerce – die Transaktionsperspektive

Electronic Commerce ist ein Schlagwort, das häufig ohne Bezug auf die betroffenen, spezifischen Prozesse verwendet wird. Die zur Charakterisierung des EC verwendeten Hauptprozesse leiten sich aus der Transaktionskostentheorie ab (s. z.B. [Williamson 1985], [Picot et al. 1996]), die schon von [Malone et al. 1987] zur Betrachtung elektronischer Märkte und Hierarchien herangezogen wurde. Etabliert haben sich drei Phasen [vgl. Schmid/Lindemann 1998]:

- In der *Informationsphase* werden relevante Partner und Produkte bzw. Dienstleistungen ermittelt. Beispielsweise werden elektronische Produktkataloge verwendet, um Produkte und die entsprechenden Bedingungen (Preise, Lieferzeiten usw.) zu vergleichen.
- In der *Vereinbarungsphase* wird die Transaktion fortgeführt und eine formelle, gegenseitig verbindliche Beziehung zwischen den Partnern festgeschrieben. Der Begriff Vereinbarung beinhaltet eine Einigung über die Auftragsbedingungen wie z.B. Zahlungsbedingungen, Liefertermin, Lieferbedingungen, Gewährleistung, Service Level usw.
- In der *Abwicklungsphase* wird eine Transaktion zum Abschluß gebracht. Physische oder virtuelle Produkte werden dem Kunden zugestellt, der im Gegenzug die Zahlungsmittel überweist [Alt/Schmid 2000].

Wir definieren daher EC als die elektronische Unterstützung von Informations-, Vereinbarungs- bzw. Abwicklungsprozessen. EC setzt voraus, daß zumindest Informations- und Auftragserfassungsprozesse elektronisch unterstützt werden. Im EC werden verschiedene Bereiche unterschieden:

- Abhängig vom Anwendungskontext kann EC innerhalb eines Unternehmens (intra-business), mit Geschäftspartnern wie Lieferanten und Geschäftskunden (Business-to-Business) sowie mit Endkunden (Business-to-Consumer) (vgl. z.B. [Kalakota/Whinston 1997]) stattfinden. Das Business Networking konzentriert sich auf den Business-to-Business Bereich.
- In Abhängigkeit der Ausgestaltung der Hauptprozesse wird EC sowohl für die Unterstützung der Beschaffungs- (buy-side bzw. eProcurement) als auch der Verkaufsprozesse (sell-side bzw. eSales) eingesetzt.

**Sell-side Electronic Commerce - eSales**

Die bekannteste Form von EC sind elektronische Kataloge im Verkauf zur Auswahl und Bestellung von Produkten. Entsprechende Standardsoftware wird von Intershop, Broadvision, SAP oder Impress angeboten. Zu den bekannten Beispielen zählen die EC-Systeme von Cisco, Dell und IBM, über die ein Großteil des Geschäfts dieser Unternehmen abgewickelt wird. Weitere Beispiele sind die bereits genannte B2C-Anwendung bei Diamond Multimedia und die in Kapitel 6.3.4 beschriebene B2B-Anwendung bei ETA SA.

Ein weiteres Beispiel ist das Extr@Net von Blaupunkt, einer Tochtergesellschaft der Robert Bosch GmbH in Hildesheim. Das Unternehmen stellt mit ca. 7.000 Mitarbeitern (ca. 2.600 in Deutschland) Kfz-Kommunikationsgeräte wie z.B. Autoradios, Verkehrstelematik und Funktelefone her. Mit ca. fünf Millionen Autoradios pro Jahr ist Blaupunkt Marktführer in Europa [vgl. Blaupunkt 1999]. Seit Juli 1998 können Fachhandel und Ersatzteilkunden ihre Transaktionen über einen Internet-gestützten Elektronikkatalog abwickeln, der analog der Transaktionsphasen folgende Funktionalität besitzt (s. Bild 5-7): Suche nach Produkten, Preisen und Verfügbarkeit in 13 Artikeluntergruppen (von Antennen bis Zubehör), Ablage ausgewählter Artikel in einem Warenkorb mit Spezifikation des gewünschten Liefertermins, Bestellung, Information über Auftragsstatus und Auftragsrückstände. Zu den Vorteilen zählen: keine Auftrags- und Eilzustellungsauslagen, Angaben über Lieferzeiten, verfügbare Produkte und Preisaktionen. Für Blaupunkt ergab sich der größte Nutzen durch die Einsparungen bei der manuellen Auftragserfassung, die jetzt ca. ein Drittel der zuvor benötigten Zeit beansprucht. Seit 1998 nutzten etwa 3000 Kunden den Katalog zur Bestellung von ca. 300'000 Auftragspositionen, die einen mehrstelligen Millionenbetrages repräsentieren.

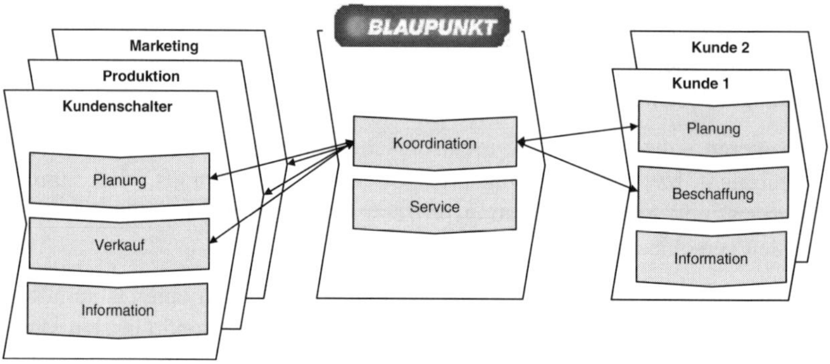


*Bild 5-7: Sell-side EC bei Blaupunkt*

## Buy-side Electronic Commerce – eProcurement

Gewissermaßen als Gegenstück zu den verkaufsseitigen EC-Systemen haben sich seit Mitte der 90er Jahre eProcurement-Systeme etabliert (s. Kap. 3.2.4, 11). Schwerpunkt dieser Systeme ist die Einbindung verschiedener Lieferantenkataloge in einen kundenspezifischen Katalog und eine Workflow-Komponente zur Genehmigung der Bestellungen bei den Anwendern im Einkauf oder den Endanwendern. Systeme des eProcurement haben sich primär auf die Erschließung von Effizienzen im Einkauf indirekter Güter etabliert. Beispielsweise berichtet der Flughafen Frankfurt/Main von einer Reduktion der Prozeßkosten von DEM 279 auf DEM 34,57 [vgl. Fehr 1999, 276].

Verschiedene Dienstleister haben sich im eProcurement etabliert. Standardsoftware wird von Commerce One, Ariba oder SAP angeboten, Kataloge z.B. von W.W. Grainger in Vernon Hills, USA. Wie Bild 5-8 zeigt, konsolidiert Grainger

MRO-Güter von sechs Lieferanten in einem eigenen Katalog.[3] Über OrderZone.com erteilen die Kunden ihren Auftrag und erhalten für mehrere Lieferanten eine einzige Rechnung [vgl. Orderzone 1999]. OrderZone.com leitet die Aufträge an die jeweiligen Lieferanten zur Bearbeitung weiter. Nach Abschluß von Informations- und Vereinbarungsaktivitäten wird ein komplettes Auftragsformular mit allen erforderlichen Informationen (wie Versand, Rechnungsangaben, Gesamtkalkulationen usw.) erstellt und verschiedene Zahlungsmodalitäten zur Wahl gestellt (z.B. Kreditkarte oder Rechnung). Mit OrderZone hat Grainger einen neuen Service geschaffen und ein neues Marktsegment erschlossen. Durch einen standardisierten Beschaffungsprozeß mit den beteiligten Lieferanten konnte Grainger die Einkaufskosten um 10% reduzieren. Ferner findet die gesamte Interaktion mit dem Kunden lediglich über einen Kanal statt.

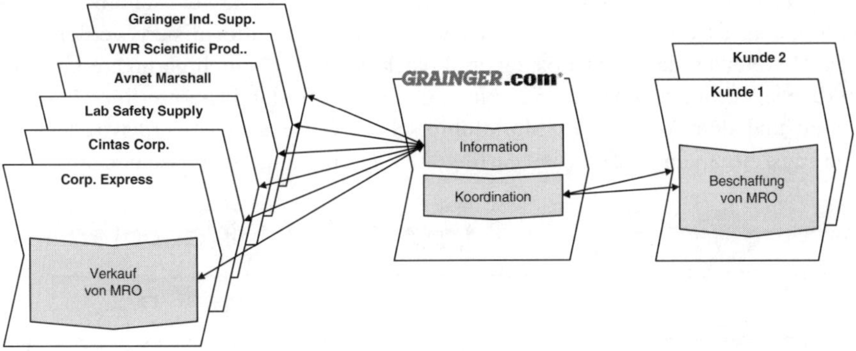


*Bild 5-8: Buy-side EC bei W.W. Grainger*

## 5.3.2 Supply Chain Management – die Flußperspektive

Supply Chain Management (SCM) ist eine Strategie, die sich hauptsächlich aus der Logistik entwickelt hat und sich auf die Optimierung des Güterflusses in einer gesamten Wertschöpfungskette konzentriert [vgl. Handfield/Nichols 1998, 2]. Mit dem Aufkommen der ERP-Systeme gelang es vielen Unternehmen, die interne Supply Chain in hohem Maße zu optimieren. Mittels standardisierter und unternehmensübergreifender Informationssysteme wird gegenwärtig versucht:

- die Koordination von Güter- und Finanzflüssen zu verbessern, um dadurch den Geldumlauf zu verkürzen und

---

[3] Beteiligte Unternehmen: Cintas Corp. (Uniformen), Corporate Express (Büromaterial), Lab Safety Supply (Sicherheitsgeräte), Marshall Industries (elektronische Komponenten, vgl. Kap. 2.3.1 und 3.2.1), VWR Scientific Products (Labormaterial), und Grainger Industrial Supply (MRO-Material).

- die Supply Chain mit Einbezug externer Partner, wie Lieferanten, Groß- und Einzelhändler und letztlich Kunden, zu optimieren.

Ein Beispiel stellt die Taiwan Semiconductor Manufacturing Company (TSMC) in Hsin-chu, Taiwan, dar. TSMC ist der weltweit größte Vertragsfertiger von Platinen mit einem Umsatz von über USD 1,5 Mrd. Zur Verbesserung der Kundenbeziehung und -bindung und zur Verringerung der Auftragsdurchlaufzeit sollen externe Partner den gleichen Informationszugang erhalten wie interne Fertigungseinheiten [vgl. Orths 1995, 29]. Mit Adaptec, einem Hersteller von Netzwerk- und Peripheriegeräten (Umsatz ca. USD 1 Mrd.) wurde daher ein Informationsaustausch für die Prozesse F&E, Planung und operative Logistik eingeführt (s. Bild 5-9), der Prototypenspezifikationen, Bedarfsprognosen und aktuelle Statusinformationen umfaßt. Obgleich die Lösung kundenspezifisch zugeschnitten werden muß, rechnet TSMC damit, daß die Lösung für 80% ihres Kundenstamms wiederverwendbar ist und weitere Kundenbeziehungen damit rationalisiert werden können. Der Nutzen der SCM-Lösung ergibt sich bei TSMC durch geringere kundenbezogene Vorlaufzeiten von 25%, einen geringeren Bestand an unfertigen Erzeugnissen und den Ausbau der Marktführerschaft. Für Adaptec werden reduzierte Auftragszeiten von ca. 50% und verringerte Lagerbestände von 25% genannt.

*Bild 5-9: Supply Chain-Szenario bei TSMC und Adaptec*

Die bei TSMC entstandenen Vorteile beruhen hauptsächlich auf dem Informationsaustausch von Prognose-, Lagerbestands-, Auftragsdaten etc. Dies hat auch seinen Niederschlag in Supply Chain Modellen gefunden, wie z.B. dem SCOR-Modell[4], das Supply Chains aus vier Logistikprozessen (Planung, Beschaffung, Produktion, Distribution) und drei Managementprozessen (Planung, Ausführung, Infrastruktur) konstruiert. Durch die unterschiedliche Gestaltung dieser Elemente ergeben sich verschiedene Supply Chain Strategien:

---

[4] SCOR ist ein Prozeßmodell für Supply Chains und wurde erstmals als Version 1.0 im November 1996 vom Supply Chain Council (SCC) als branchenübergreifender Standard von 73 Fortune-500-Unternehmen veröffentlicht. Hauptziel ist die Schaffung eines Standard zur Kommunikation mit internen und externen Supply Chain-Partnern [Supply Chain Council 1998].

- *Integrierte Logistiklösungen.* Ein Unternehmen bündelt Supply Chain Prozesse verschiedener Anbieter und übernimmt dafür Kontrolle und Verantwortung. Zu den bedeutenden Anbietern zählen Integratoren wie FedEx.
- *Supply Chain Monitoring.* Informationen über die Leistung von Supply Chain Prozessen werden in zentralen Datenbänken erfaßt. Beispielsweise übernimmt inet-logistics das Tracking & Tracing mehrerer Transporteure.
- *Global Sourcing (⇒ Glossar).* Beschaffungsaktivitäten werden unternehmensübergreifend zusammengefaßt und beinhalten das Pooling von Einkaufsvolumen, den Entwurf von Lieferantenverträgen, Bedarfsplanung etc.
- *Vendor-managed Inventory (VMI).* Die Zuständigkeit für den Lagerbestand beim Kunden liegt beim Lieferanten. Diese Strategie beinhaltet Elemente aller vier Prozesse und wird ausführlicher in Kapitel 17.3 behandelt.
- *Quick Response (QR) (⇒ Glossar).* Ein EDI-basiertes Bestellsystem, das schnelles Reagieren auf individuelle Kundenbedürfnisse über die ganze Supply Chain hinweg gestattet [vgl. Walker 1994].
- *Continuous Replenishment (CRP) (⇒ Glossar).* Aus dem Handel bekannte Strategie, bei der Scannerkassen den Abverkauf registrieren und für eine automatische Wiederbevorratung der Regale sorgen [Klaus/Krieger 2000].

Das Ermitteln von Planungsdaten in Echtzeit und die Simulation der Kapazitäten aufgrund von Planungsdaten etc. stellen Anforderungen, die von traditionellen ERP-Systemen nicht geleistet werden können. Üblicherweise erfolgen ERP-Planungszyklen monatlich und beanspruchen mehrere Stunden. Dies hat zur Entwicklung spezifischer SCM-Systeme geführt, bei denen die Ermittlung von Bedarfsstrukturen, die Simulation von Produktionskapazitäten etc. im Mittelpunkt stehen. Eine Übersicht über sog. Advanced Planning-Systeme (APS) (⇒ Glossar) findet sich in Kapitel 10.

### 5.3.3 Customer Relationship Management – die Beziehungsperspektive

Während sich EC auf die Transaktionsabwicklung und SCM auf Planungs- und Produktionsprozessen konzentriert, liegt der Schwerpunkt beim Customer Relationship Management (CRM) auf der Ermittlung, Auswertung und Verwertung von Informationen über Kundenbeziehungen. CRM beschreibt, daß sich Kundenbeziehungen über atomistische Transaktionen hinaus erstrecken und die vor- und nachgelagerten Prozesse von Transaktionen, also Marketing und After-Sales, in hohem Masse über Kundenzufriedenheit und -bindung mitentscheiden. Dies zeigen folgende Beispiele:

- Bei der LGT Bank, Liechtenstein wurden Front- und Backoffice-Prozesse über ein gemeinsames Informationssystem integriert, und damit sämtliche Informationen über Kundenkontakte zentral verfügbar.
- Bei der SAP AG soll im SAPNet eine virtuelle Community geschaffen werden, die dem Kunden spezielle Dienstleistungen bietet und damit einerseits die Kundenbindung und andererseits das Wissen über Kunden erhöht (s. Kapitel 3.2.2).
- Bei Avnet Marshall wurde die gesamte Organisation auf den Kunden ausgerichtet. Mit der sog. ‚Junction Box' wurden die Interaktionen mit dem Kunden zusammengeführt; die Transaktionsfunktionalität (EDI, Web Order Entry) wurde durch das firmeneigene Intranet (MarshallNet), einen elektronischen Katalog, einen 24-stündigen Bestelldienst, kundenspezifische Webseiten (PartnerNet), die Erstellung und laufende Aktualisierung von Kundenprofilen, ein Lagerplanungs- und Bevorratungssystem sowie Schulungs- und Beratungsdienste erweitert [El Sawy et al. 1999] (s. Kapitel 3.2.1).

CRM bedeutet gesteigerten Umsatz und erhöhte Wirtschaftlichkeit durch Abstimmung, Zusammenfassung und Verknüpfung aller Kontaktpunkte, die zwischen Unternehmen und deren Kunden, Mitarbeitern und Geschäftspartnern bestehen [vgl. Österle/Muther 1998, 108]. Im Vordergrund stehen beim CRM [vgl. Bach/Österle 2000, 24]:

- *Marketingprozeß*. CRM unterstützt den Kunden und interne Mitarbeiter mit Informationen über Produkte, Preisaktionen, Kundenprofile etc.
- *Verkaufsprozeß*. CRM unterstützt den Kunden mit Call Center-Aktivitäten, Produktinformationen etc. Hier besteht eine deutliche Überlappung mit EC.
- *Kundendienstprozeß*. CRM unterstützt den Kunden mit Problemanalysen, Online-Support (z.B. Frequently Asked Questions), Garantieabwicklung etc.

Zusammenfassend erweitert CRM die Abwicklung von Einkaufs- und Verkaufstransaktionen (EC in Verbindung mit ERP) und die produktionsnahen Planungs- und Produktionsprozesse (SCM in Verbindung mit ERP) um vor- und nachgelagerte Prozesse. Damit wird der sog. Customer Buying Cycle hin zu einem umfassenden Customer Resource Life Cycle (⇒ Glossar) erweitert [vgl. Ives/Learmonth 1984].

### 5.3.4 Zusammenfassung der Kooperationsprozesse

Die Kooperationsprozesse stellen die zwischenbetriebliche Verknüpfung von Prozessen dar. Aufgrund ihrer unterschiedlichen Schwerpunkte weisen sie folgende Charakteristika auf (s. Tabelle 5-4):

- *Kooperationsintensität.* Typischerweise sind beim EC eine Vielzahl an Partnern beteiligt, die Kooperationstiefe ist gering und die Kooperation von kurzer Dauer. Beim SCM und CRM ist die Kooperationstiefe größer und die Vorgänge langfristiger; anders ausgedrückt, jeder Partner muß dabei einen individuellen Teil der Wertschöpfungskette bilden und jeder Kunde verlangt individuelle Aufmerksamkeit, auch wenn er momentan keine Bestellung tätigt.
- *Flexibilität.* EC und CRM können flexibel auf sich ändernde Anforderungen, d.h. die Generierung von neuen Katalogen, spezifischen Informationen usw. reagieren, während SCM aufgrund der langen für den Beziehungsaufbau erforderlichen Zeit eine verhältnismäßig geringe Flexibilität aufweist.
- *Spezifität.* Wie von [Malone et al. 1987] dargelegt, bestimmt die Ressourcenspezifität weitgehend die Anzahl der Partner und die Leichtigkeit eines Partnerwechsels. Beim EC ergibt sich infolge standardisierter Technologien und geringer Prozeßintegration eine geringere Spezifität als beim SCM. Das SCM erfordert eine Prozeßintegration auf hohem Niveau und beinhaltet häufig proprietäre Lösungen.

| Kooperationsprozeß / Kriterium | EC | SCM | CRM |
|---|---|---|---|
| **Anzahl Partner** | Viele | Wenig | Viele |
| **Kooperationstiefe** | Gering – mittel | Hoch | Mittel - hoch |
| **Kooperationsdauer** | Kurz | Lang | Mittel - lang |
| **Flexibilität** | Hoch | Gering – mittel | Hoch |
| **Spezifität der Investitionen** | Tief | Hoch | Tief - mittel |

*Tabelle 5-4: Profile der Kooperationsprozesse*

## 5.4 Kooperationssysteme

Die bislang betrachteten Kooperationsstrategien und -prozesse fokussieren primär organisatorische und prozessuale Fragestellungen. Die Umsetzung dieser Strategien und Prozesse gelingt jedoch erst durch deren informationstechnische Implementierung. Das bedeutet, es wird nicht mehr gefragt, welche Prozesse zu Kunden und Lieferanten hin optimiert werden, sondern wie diese Prozesse gegenüber Kooperationspartnern kommuniziert werden. Prinzipiell wird dabei zwischen dezentral implementierten Informationssystemen, (internen oder externen) Portalen, (externen) elektronischen Marktplätzen und externen eServices unterschieden.

### 5.4.1 Interne Business Networking-Systeme

Wie in Kapitel 1.1.2 beschrieben, hat eine wesentliche Entwicklung des Business Networking über die Erweiterung interner integrierter Informationssysteme (ERP-Systeme) stattgefunden. Phase 4 kennzeichnet die individuelle 1:1- und 1:n-Integration von Geschäftspartnern. Dazu haben sich Systeme etabliert, die parallel zu den ERP-Systemen im Unternehmen implementiert werden. Dazu zählen:

- *Stammdatensysteme*, die Datenkonsistenz durch Verkettung einzelner Anwendungen herstellen. Beispiele sind EDI-Konverter und proprietäre Systeme wie das Application Link Enabling (ALE) oder intermediäre Dokumente (I-DOCs) von SAP [vgl. Hofmann/Killer 1995].
- *Supply Chain Management-Systeme* oder Advanced Planning-Systeme (APS), die Funktionalitäten für die Netzwerkplanung, Bedarfsplanung etc. (s. Kap. 10) bieten. In der Regel sind sie an ein bestehendes ERP-System angebunden. Zu den Beispielen zählen APO von SAP sowie die Produkte von Manugistics und i2 Technologies.
- *Electronic Commerce-Systeme*, bei denen der Schwerpunkt auf Informations- und Vereinbarungsaktivitäten liegt. Obgleich auch ERP-Systeme um EC-Funktionalitäten erweitert werden, haben sich spezifische Anwendungen (z.B. von Impress, Intershop, Broadvision) und Dienste (z.B. Electronic Malls, Auktionssysteme) etabliert, die mit internen Systemen verknüpft werden müssen. Wie in Kapitel 5.3.1 beschrieben, können einkaufs- und verkaufsseitige EC-Systeme unterschieden werden (eProcurement/eSales).

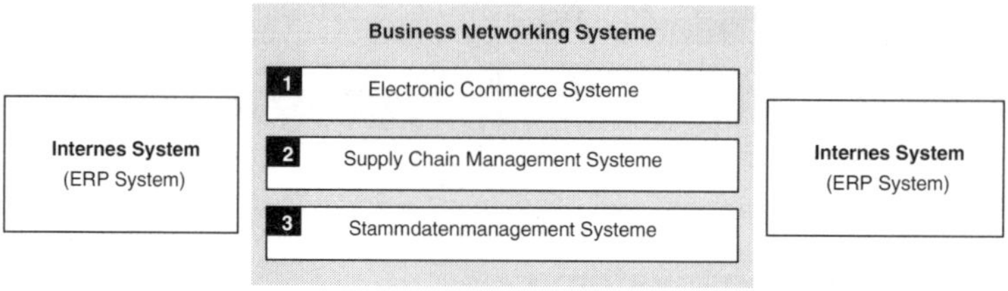


*Bild 5-10: Ausprägungen der Business Networking Systeme*

Neben den beschriebenen transaktionsorientierten Systemen können auch wissensorientierte Systeme im Business Networking eingesetzt werden. Diese Systeme konzentrieren sich auf weniger strukturierte und eher subjektive Informationen und Wissen. Dazu zählen Customer Relationship Management-Systeme (s. Kap. 8), die z.B. Kundenprofile und -historien abbilden oder (Virtual) Community-

Systeme. Bekannte Systeme stammen von Siebel und Finas von NSE [Schmid et al. 2000, 17f.].

### 5.4.2 Portale

Portale können als webbasierte, personalisierbare und integrierte Zugangssysteme zu Content, Applikationen, und Services für einen bestimmten Anwendungszweck verstanden werden. Portale die der ganzheitlichen Unterstützung von Kundenprozessen dienen werden auch Prozeßportale genannt (s. Kap. 2). Abhängig vom Kundensegment unterscheidet man zwischen Portalen für Mitarbeiter eines Unternehmens (Enterprise Information Portals) zur Unterstützung der internen Unternehmensprozesse und Portalen für externe Lieferanten (Lieferantenportale) und Kunden zur Unterstützung zwischenbetrieblicher Geschäftsprozesse (Kundenprozeßportale). Im Mittelpunkt steht dabei der Customer Resource Life Cycle (s. Kap. 2), der Kundenprozesse gesamthaft in Phasen unterteilt. Beispielsweise wird ein Autofahrer über ein Portal während des gesamten Lebenszyklus des Erwerbs, Besitzes und der Entsorgung des Fahrzeuges unterstützt. Dabei werden sowohl eigene Leistungen als auch solche externer Partner wie z.B. Logistikdienstleistern elektronisch integriert.

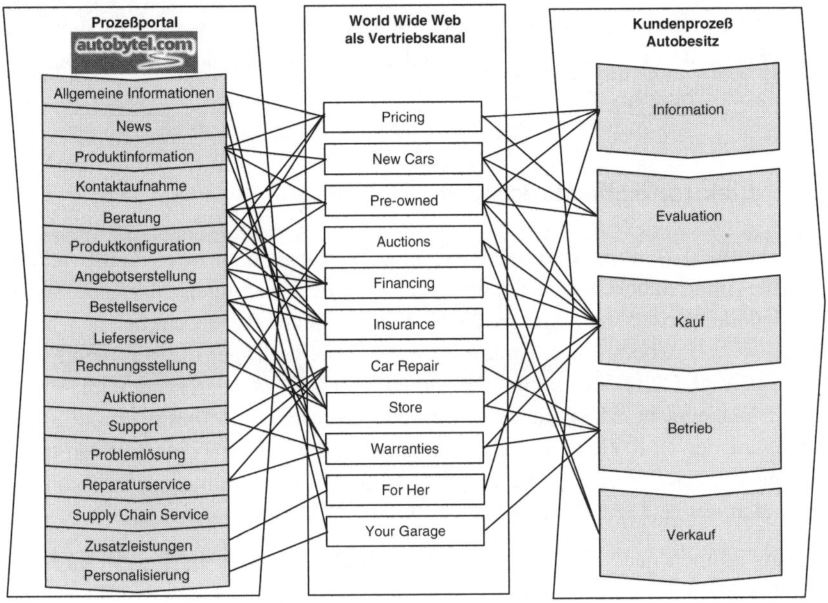


*Bild 5-11: Prozeßportal von Autobytel.com*

Autobytel.com (s. Bild 5-11) fasst in einem Prozeßportal alle Leistungen rund um Autokauf und -besitz zusammen. Der Kunde kann nach neuen oder gebrauchten Autos suchen, zu jedem Modell stehen technische Daten, Testberichte und Preisinformationen zur Verfügung, die Vergleiche einfach machen. Über das Netzwerk von mehr als 3'000 Autohändlern kann der Kunde Angebote für Neuwagen anfordern oder einen passenden Gebrauchtwagen in der Nähe des Wohnortes lokalisieren. Mit Hilfe von Banken und Versicherungen als weitere Partner bietet Autobytel.com dem Kunden Finanzierung, Autoversicherung und Gebrauchtwagengarantie an. Im Auktionsbereich können Autos ver- oder ersteigert werden. Über die Personalisierungsfunktionalität kann sich der Kunde über Zeitpunkte für notwendige Wartungen oder über Rückrufaktionen für sein Modell per eMail informieren lassen. Im ‚Store' können Autozubehör und andere Artikel online gekauft werden. Für den Kunden wird Autokauf- und -besitz deutlich erleichtert. Angeschlossene Händler und andere Partner erreichen über das Prozeßportal eine Vielzahl von zusätzlichen potentiellen Kunden. Autobytel.com verdient an Vermittlungsprovisionen und mit Bannerwerbung.

Autobytel.com wurde 1995 gegründet. Seither wurden über 4 Millionen Kunden beim Autokauf unterstützt. Heute generiert Autobytel.com bei den angeschlossenen Händlern einen Umsatz an Autoverkäufen in Höhe von 1,6 Millionen USD pro Stunde. Das Beispiel Autobytel.com zeigt ein Prozeßportal eines Anbieters, der als reiner Leistungsintegrator fungiert. Dem Kunden von Autobytel.com bietet er Zugang zu Fahrzeugdaten aller namhaften Autohersteller sowie zu einem breiten Spektrum an Händlern. Da Autobytel.com selbst weder Autos herstellt noch verkauft, ist auch die Neutralität gewährleistet.

### 5.4.3 Elektronische Marktplätze

Im Unterschied zu Prozeßportalen wie z.B. Neoforma.com oder Autobytel.com, die sich primär dadurch auszeichnen, daß sie alle Leistungen für einen spezifischen Kundenprozeß auf einer Website bündeln, steht bei elektronischen Marktplätzen wie z.B. Chemplorer, Emaro, Transora oder Grainger die Aggregation von Produkten und Dienstleistungen von einer Vielzahl an Lieferanten im Vordergrund. Elektronische Marktplätze (eMarkets) repräsentieren damit virtuelle Plattformen, auf der eine Vielzahl and Verkäufern und Käufern Transaktionen mittels Marktmechanismen wie z.B. Katalogen und Auktionen Online durchführen (vgl. [Segev et al. 1999, 138], [Schmid 1993, 468]).

eMarkets können nach ihrem Materialfokus und ihrem Beschaffungsfokus differenziert werden (s. Bild 5-12). Während der Materialfokus auf den Typ des zu beschaffenden Produktes (direkt oder indirekt) abhebt, steht beim Beschaffungsfokus die Häufigkeit des zu beschaffenden Produktes im Vordergrund [Kaplan/Sawhney 2000]:

- *MRO-eMarkets* offerieren horizontale Produkte wie z.B. Büroartikel oder Büromöbel in Form von elektronischen Katalogen.
- *Yield-eMarkets* spezialisieren sich auf Ausschreibungen und Auktionen für indirekte Produkte wie z.B. Übertragungskapazitäten für Datenleitungen.
- *Katalog-eMarkets* bieten eine industriespezifische, katalogisierte Produktpalette wie z.B. Reagenzgläser für die Chemiebranche an.
- *Exchange-eMarkets* sind auf die Vermittlung direkter Produkte wie z.B. Rohstahl fokussiert.

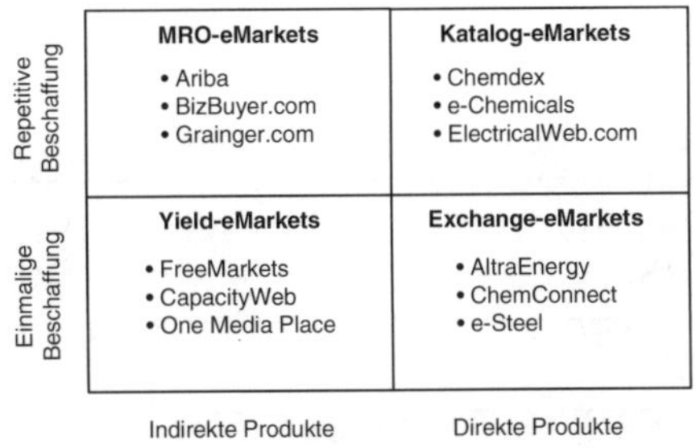


*Bild 5-12: Typen elektronischer Marktplätze*

Jeder dieser Marktplatztypen verwendet unterschiedliche Geschäftsmodelle. Zu nennen sind neben Auktionen vor allem Kataloge und Ausschreibungen. Während im Jahre 2000 eMarkets in großer Zahl entstanden sind, hat sich seit 2001 eine Ernüchterung diesbezüglich eingestellt, daß

- eMarkets häufig nicht die Kerngeschäftsprozesse, sondern Unterstützungsprozesse betreffen,
- nicht über die notwendige kritische Masse an Teilnehmern verfügen, und
- mit den übrigen Applikationen der teilnehmenden Unternehmen nicht integriert waren.

Künftig wird eine starke Konsolidierung der eMarkets auf dominante horizontale und vertikale Spieler erwartet [Weill/Vitale 2001]. Diese Marktplätze werden stärker die Aufgabe von Infrastrukturen für die Abwicklung von Geschäftsprozessen und die Bündelung relevanter eServices übernehmen.

### 5.4.4 Elektronische Services

Wie in Kapitel 2 beschrieben, bedeutet Vernetzung im Internet-Zeitalter n:m-Fähigkeit herzustellen. Über den Business Bus werden neben Lieferanten und Kunden auch verschiedene eServices einbezogen, die spezifische Geschäftsfunktionen erbringen, wie sie von vielen Unternehmen benötigt werden. eServices sind weitgehend standardisiert, elektronisch und werden nutzungsabhängig verrechnet. Über den Business Bus besteht ständig die Zugriffsmöglichkeit auf eine Vielzahl an eServices, die jedoch erst bei Inanspruchnahme zu Kosten führen. eServices lassen sich grundsätzlich in die fünf Gruppen Business Networking Services, Business Support Services, Informationsdienste, Integrationsdienste und Basisdienste einordnen (s. Kap. 2.3.4). Bild 5-13 zeigt exemplarisch die Kommunikation von Zahlungsabwicklungsprozessen eines Verkäufers an seinen Kunden via Internet mittels eines eService-Anbieters für das Electronic Bill Presentment and Payment [Eicker/Schwichtenberg 1999].

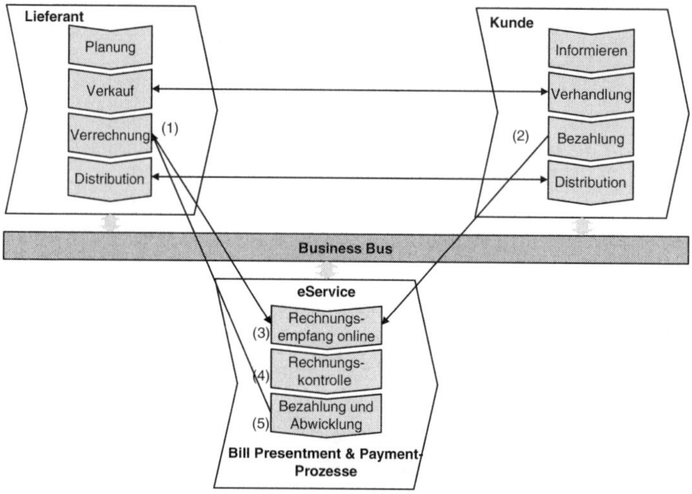


*Bild 5-13: Bill Presentment and Payment-Prozesse über eService-Anbieter*

Nachdem der Kunde im eShop die gewünschten Produkte selektiert und bestellt hat, werden im Zuge der Bestellabwicklung beim Verkäufer die Produkte dem Kunden in (1) Rechnung gestellt und ausgeliefert. Der Kunde erhält eine (2) Zahlungsaufforderung, i.d.R. per Mail, und durchläuft anschließend auf einer Internetseite des Verkäufers den Zahlungsprozeß. Auf dieser, durch Identifikations-ID und Paßwort geschützten, Seite kann der Kunde alle seine (3) offenen Rechnungen einsehen, (4) jede einzelne Rechnung kontrollieren und bei Fragen mit dem Kundendienst Rücksprache halten. Zum Schluß bestätigt er (5) das Zahlungsdatum und den Betrag, wählt eine Zahlungsart, auf Ziel oder Kreditkarte etc., und bestätigt die Rechnung. Der Betrag wird vom eService-Anbieter vom Kundenkonto abgebucht und dem Verkäufer gutgeschrieben.

## 5.5 Zusammenfassung und Ausblick

Dem Konzept der Business Networking-Strategien liegt der Gedanke zugrunde, daß jede Business Networking-Lösung Entscheidungen in drei Dimensionen aufweist, bezüglich Kooperationsstrategie, -prozesse und -systeme. Auf jeder Ebene ergeben sich mehrere Gestaltungsoptionen, wobei zwischen den Ebenen keine zwangsläufige Zuordnung existiert, z.B. bedingt Insourcing nicht zwangsläufig SCM und den Einsatz von eServices etc. Diese Konfiguration einer Business Networking-Lösung ist Aufgabe der strategischen Unternehmensführung und sollte bereits zu Beginn in die Projektkonzeption einfließen.

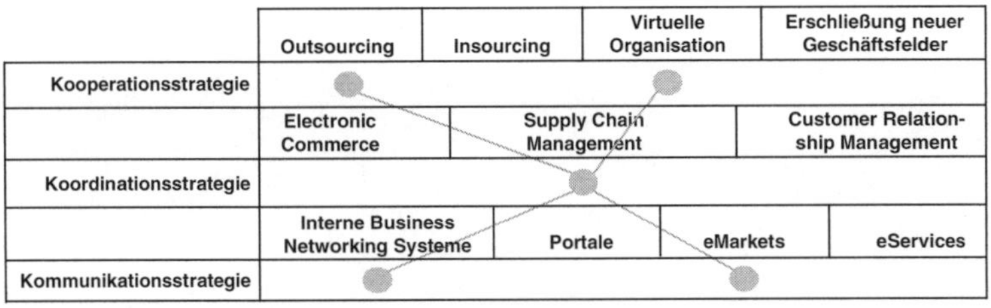


*Bild 5-14: Beispielhafter Entscheidungspfad in den drei Dimensionen*

Kooperationsstrategien sind mit der Wettbewerbsstrategie eines Unternehmens verknüpft und bestimmen, wie die Kompetenzen auf einem bestimmten Gebiet zu organisieren sind. Die Prozesse, die Gegenstand der jeweiligen strategischen Entscheidung sind, werden durch Kooperationsprozesse gelenkt, die unterschiedliche, jedoch sich ergänzende Schwerpunkte aufweisen. Die Umsetzung der Kooperationsstrategien und -prozesse erfolgt mit Hilfe der Kooperationssysteme. Diese bestimmen, wie die Lösung den Kundenprozeß systemtechnisch integriert.

Für die Ausgestaltung der einzelnen Strategien sind unterschiedliche Ansätze möglich. Zur Entwicklung eines klaren Verständnisses der Interaktion der Ebenen in einem konkreten Projekt empfiehlt sich eine sukzessive Vorgehensweise. So ist zum Beispiel folgende Projektvorgehensweise denkbar: Einführung eines elektronischen Katalogs, der dann schrittweise um weitere Vernetzungsmerkmale, wie Versandverfolgung, Diskussionsforum, Auktionsfunktionalitäten und dergleichen erweitert wird.

Da der Schwerpunkt des vorliegenden Buches auf den Prozessen und deren Umsetzung liegt, erfolgt in den folgenden Kapiteln eine ausführlichere Darstellung der Kooperationsprozesse und -systeme. In Kapitel 6 liegt der Schwerpunkt auf EC, SCM, Portalen, eMarkets und eServices, in Kapitel 7 auf EC und SCM und in Kapitel 8 auf CRM, Portalen und eMarkets. Letztlich finden sich sowohl Kooperationsstrategien als auch Kooperationsprozesse in der für das Business Networking entwickelten Methode, die eine konkrete Hilfestellung dafür bietet, wann und wie diese Ebenen einzusetzen sind (s. Kap. 17).

# 6 Electronic Commerce und Supply Chain Management bei der Swatch Group

*Rainer Alt, Christian Reichmayr, Rudolf Zurmühlen*

## 6.1 Einführung

Electronic Commerce (EC) und Supply Chain Management (SCM) sind Kernelemente für die Realisierung elektronischer Transaktionen. Wie in Kapitel 5 dargestellt, konzentriert sich EC auf den elektronischen Verkauf über Kataloge, Marktplätze und Auktionen, SCM hingegen auf die Planung sowie die Abwicklung von Transaktionen in Produktion und Logistik. Für die Abwicklung elektronischer Transaktionen bieten sich im Business Networking durch die Verbindung von EC und SCM zentrale Vorteile:

- *Online Produktauswahl.* EC ermöglicht die elektronische Präsentation, Konfiguration sowie den einfachen Vergleich von Produkten. Für Kunden ergeben sich deutlich geringere Transaktionskosten.
- *Direkte Auftragseingabe.* Mittels EC können Produkte elektronisch direkt beim Anbieter bestellt werden (sog. direct order entry). Bestellungen können ohne manuelle Zwischenschritte unmittelbar in das Auftragsbearbeitungssystem des Anbieters einfließen.
- *Direktbelieferung.* Produkte werden vom Anbieter direkt an den Kunden ausgeliefert (sog. direct delivery), wodurch sich insbesondere Lagerbestände auf Zwischenstufen verringern lassen.

Im Idealfall erfolgt die Realisierung dieser drei Bereiche abgestimmt und integriert, d.h. ohne Medienbrüche und manuelle Eingriffe. [Kalakota/Whinston 1997, 285] stellen entsprechend fest: „The integration of electronic commerce and supply chain management is changing the way businesses work internally and work with each other.“ Derartig integrierte Transaktionen finden sich in der Praxis bisher nur in wenigen Fällen. Dazu zählen die bekannten Beispiele Dell und Cisco, bei denen die Integration von EC und SCM zu signifikanten Einsparungen geführt hat. Für viele Firmen stellt sich dies jedoch immer noch als eine schwer lösbare Aufgabe dar. Gründe dafür sind, daß:

- sich die Lösungen für EC und SCM aus unterschiedlichen Bereichen entwickelt haben: Erstere aus dem Verkauf und dem Marketing und letztere aus der Logistik, Produktion und Materialwirtschaft.
- die Unternehmen vor dem Problem stehen, schnell mit einer EC-Lösung am Markt präsent zu sein, aber die Verwirklichung der Integration von Transaktionsdaten in die Auftragsbearbeitungssysteme zeit- und kostenaufwendig ist.

Im folgenden soll am Beispiel der ETA SA, einem Tochterunternehmen der Swatch Group, gezeigt werden, wie Industrieunternehmen von einem abgestimmten Einsatz von EC und SCM profitieren können und die drei Bereiche ‚online Produktauswahl‘, ‚direkte Auftragseingabe‘ und ‚Direktbelieferung‘ stufenweise umgesetzt werden. Die realisierte Lösung, Hauptvorteile und im Projekt erkannte kritische Erfolgsfaktoren werden dargestellt. Abschließend werden die Konsequenzen erörtert, die sich für das Management ergeben.

## 6.2 Zusammenhang von EC und SCM

In Kapitel 5 wurden EC und SCM nach den unterstützten Prozessen charakterisiert: EC in ‚Information', ‚Vereinbarung' und ‚Abwicklung' und SCM in ‚Planung', ‚Beschaffung', ‚Produktion' und ‚Distribution' (s. Bild 6-1). Zur Implementierung durchgängiger Transaktionen sind die Schnittstellen zwischen EC und SCM relevant. Überschneidungen ergeben sich bei der:

- *Auftragsbearbeitung nach dem Auftragseingang.* Dazu zählen sowohl Bezahlungs-, Bestellbestätigungs-, Rechnungserstellungs- und Zustellungsaktivitäten. Diese Aktivitäten werden bei EC der Abwicklungsphase und bei SCM der Lieferung zugeordnet.
- *Verfügbarkeitsprüfung in der Angebotserstellung.* Zur Ermittlung verfügbarer Mengen und der verbindlichen Zusicherung von Lieferterminen (s. Verfügbarkeitsprüfung in Kapitel 7 & 10), wie sie im Rahmen von Informations- und Vereinbarungsphase bei EC stattfinden, sind Planungs- bzw. Produktionsinformationen aus dem SCM erforderlich.

Die Überschneidung zeigt Bild 6-1 am Beispiel eines Ersatzteils: Ein Kunde (z.B. ein Uhrenhersteller) benötigt ein bestimmtes Ersatzteil (1) und wählt den elektronischen Katalog des Ersatzteil-Lieferanten im Internet an (2). Dort identifiziert er das erforderliche Teil (3), prüft die Verfügbarkeit (4) und erteilt den Auftrag (5). Beim Lieferanten fließt der Auftrag in das ERP-System (6) und eventuell Produktion, Zustellung und Bezahlung werden angestoßen (7).

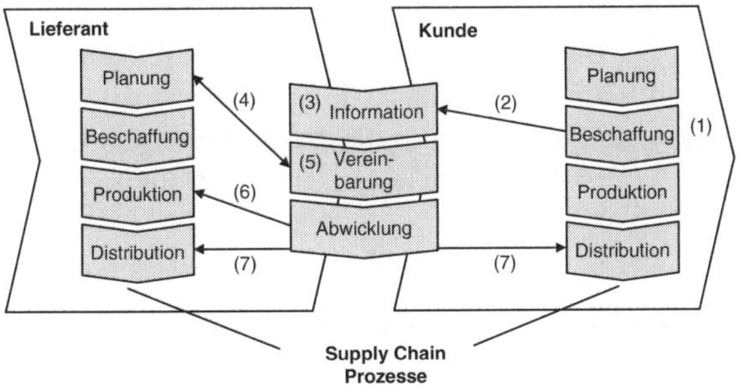


*Bild 6-1: Komplementäre Beziehung zwischen EC und SCM*

Beispiel und Darstellung zeigen, daß trotz der Überschneidungen markante Unterschiede bezüglich des Gestaltungsobjekts bestehen: EC konzentriert sich auf die

Gestaltung von Informations- und Vereinbarungsprozessen innerhalb der Transaktionen und damit auf die Frontend-Gestaltung. Bei SCM steht der zugrundeliegende Güterfluß im Vordergrund (Planung, Lieferung, Zahlung). Zusammenfassend ergibt sich eine komplementäre Beziehung zwischen beiden Strategien mit einigen Überschneidungen. EC fokussiert vor allem auf die Erstellung von (elektronischen) Katalogfunktionalitäten, SCM auf Techniken und Methoden zur effizienten Gestaltung und Durchführung von Abwicklungsprozessen.

## 6.3 Fallstudie: EC und SCM bei der ETA SA

### 6.3.1 Unternehmen ETA SA und Ausgangssituation

Bei der ‚Swatch Group' handelt es sich um einen weltweit tätigen Hersteller von Uhren mit Marken, wie Blancpain, Omega, Rado, Longines, Tissot, Certina oder Swatch. Die Gruppe besteht aus ca. 100 Unternehmen, die sich u.a. mit der Herstellung von Uhrwerken und Komponenten sowie mit Forschung und Entwicklung befassen. Die Fertigmontage der Uhren erfolgt durch verschiedene Unternehmen der Gruppe. Die ETA SA Fabriques d'Ebauches, Grenchen, Schweiz, ist mit mehr als 10'000 Mitarbeiter weltweit das größte Tochterunternehmen und ist verantwortlich für die Herstellung von Uhrwerken für alle Marken der ‚Swatch Group' sowie für andere Marken. Mit einem Umsatz von mehr als CHF 1 Mrd. (1998), über 135 Millionen produzierten Uhrwerken (1998) und mehr als 15 Produktionsstandorten in der Schweiz, Deutschland, Frankreich, Thailand, Malaysia und China, ist ETA SA weltweit der drittgrößte Hersteller von Uhrwerken.

Der Wunsch nach stärkerer Kundenorientierung, verbesserter Kosteneffizienz, schnellerer Auftragsbearbeitung und einem globalen Auftritt war bei ETA SA der Ausgangspunkt für das Business Networking. Die Aktivitäten konzentrieren sich primär auf die Optimierung der (Transaktions-) Prozesse im ETA-Kundendienst (ETA-Customer Service, ETA-CS), der für den Vertrieb von Uhrwerkersatzteilen, die Reparatur von Uhrwerken und die technische Beratung zuständig ist.

### 6.3.2 Distribution von Uhrenersatzteilen beim ETA-CS

Die Ersatzteildistribution bei ETA SA ist ein reines Business-to-Business Geschäft (s. Bild 6-2). Zu den größten Kunden zählen die einzelnen Uhrenmarken der Swatch Group und diverse Großhändler von Uhrenersatzteilen, aber auch Fremdmarken. Diese werden i.d.R. direkt vom zentralen ETA-CS in Grenchen beliefert. Für alle Swatch-Group Marken bestehen weltweit Landesorganisationen, die Auftragsbearbeitung und Kundendienst lokal durchführen. Ersatzteile werden sowohl von den Uhrenmarken, den Landesorganisationen, als auch von Großhändlern außerhalb der Swatch Group an Endkunden, d.h. Uhrmacher oder kleine, lokale Uhrenverkäufer, vertrieben. Insgesamt sind ca. 1‘500 Kunden beim ETA-CS berechtigt, Teile zu bestellen. Zum letzten Glied in der Supply Chain, dem ‚Uhrenträger‘, besitzt der ETA-CS keinen Kontakt. Die bestehende Supply Chain für Uhrenersatzteile wies insbesondere in zwei Punkten Ineffizienzen auf:

- *Ersatzteilbestände* werden auf allen Stufen der Supply Chain gehalten. Die Distribution erfolgt hauptsächlich hierarchisch, d.h. ETA-CS beliefert (1) Uhrenmarken und Landesorganisationen, (2) Großhändler und diese ihre Kunden und (3) einzelne Uhrenhändler und Reparaturzentren.
- *Auftragsbearbeitung* erfolgte auf mehreren Stufen. Aufgrund geringerer Lieferzeiten bestellen bisher viele lokale Kunden bei Großhändlern oder Landesorganisationen, diese wiederum bestellen bei den Uhrenmarken oder direkt beim ETA-CS.

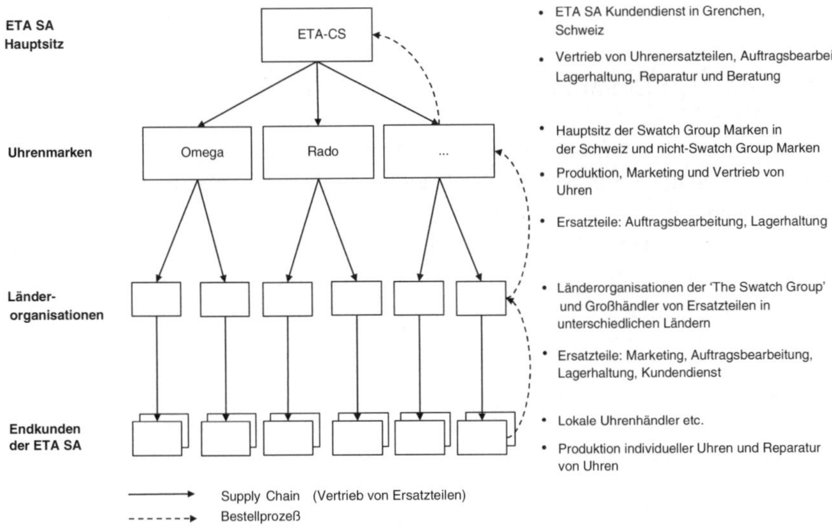


*Bild 6-2: Die Supply Chain in der Ausgangssituation*

Zu Beginn des Projektes ‚Business Network Redesign' im Jahre 1996 wurden eine Reihe von Kundenworkshops und eine Kundenbeziehungsanalyse durchgeführt.[1] Dabei wurden folgende Hauptprobleme ermittelt:

- Den Kunden, d.h. hauptsächlich den Marken der ‚Swatch Group', fehlten Informationen über die Austauschbarkeit der Ersatzteile; d.h. in welchen Uhrwerken kann ein bestimmter Artikel überall verwendet werden. Aktuelle

---

[1] Zur genaueren Erläuterung dieser Aktivitäten vgl. [Benz et al. 1999].

technische Informationen über die Uhrwerke, Montageinformationen, Anleitungen und Zusatzinformationen (z.B. zur erforderlichen Lagerhaltung) waren i.d.R. bei den Kunden nur unzureichend bzw. an falschen Stellen vorhanden. Als Folge wurden eigentlich die selben Artikel mehrmals bestellt, die Bestellungen selber waren häufig falsch, unvollständig oder erforderten zusätzliche Beratung durch den ETA-CS.

- Die Kunden bemängelten lange Lieferzeiten bei der Distribution von Ersatzteilen sowie häufige Falschlieferungen. Als Ursache wurden Mißverständnisse in Bestellungen sowie interne Ineffizienzen beim ETA-CS genannt. Beispielsweise konnten von der Bestellung bis zur Auslieferung aufgrund langer und umständlicher Auftragsbearbeitung mehrere Wochen vergehen.
- Der ETA-CS bemängelte, daß Informationen über Kunden, über bereits durchgeführte Ersatzteillieferungen sowie über spezifische Kundenwünsche nicht vorlagen. Ein systematisches Instrument zur Ermittlung der strategisch wichtigen (Top 10) Kunden fehlte.

### 6.3.3 Schritt 1: Stammdaten und interne Supply Chain

Die Beseitigung dieser Probleme war nur durch eine Reorganisation der Supply Chain und durch die Verbesserung der Kundenschnittstelle beim Ersatzteilverkauf zu lösen. Potentiale und Anwendungsmöglichkeiten von EC- und SCM-Strategien und -Lösungen wurden anhand von Best Practice Beispielen, wie z.B. Amazon, Dell und Avnet Marshall, diskutiert. Durch diese Beispiele wurde schnell klar, daß die interne Umgestaltung der Prozesse vor der Implementierung eines EC-Systems oder einer Direct Delivery-Lösung durchgeführt werden mußte:

- *Konsistente und vollständige Stammdaten.* Für eine erfolgreiche Implementierung einer EC-Lösung sind konsistente und vollständige Stammdaten der Kunden und Verkaufsprodukte unabdingbar. Nur so kann ein vollständiger und jederzeit aktueller elektronischer Katalog erstellt werden, der vollständige und richtige Artikelbeschreibungen und eindeutige Artikelnumerierungen aufweist. Da ein konsistentes Stammdatenmanagement aus historischen Gründen nicht vorlag, wurde beschlossen, eine einheitliche Artikelnummer zu entwerfen und Bestände, Beschreibungen und Austauschbarkeiten etc. genau zu erfassen.[2] Die Überarbeitung und Homogenisierung der Stammdaten der aktuellen Kollektion 1999 (117 Uhrwerke bzw. ca. 5'000 Artikel) wurde im November 1999 abgeschlossen. Die Artikel der neuen Kollektion und der restlichen Werke, für die ETA-CS garantiemäßig noch verantwortlich ist (z.B.

[2] Die Artikel wurden bis dahin in einem Karteikartensystem per Hand geführt, Bestände waren unvollständig gepflegt und es existierte keine durchgängige Artikelnummerierung.

frühere Kollektionen und Altteile), liegen seit Anfang 2001 überarbeitet vor. Ab diesem Zeitpunkt ist auch eine effiziente Lagerführung möglich.

- *Konsolidierung der Lagerbestände beim ETA-CS.* Entlang des gesamten internen Distributionsprozesses hatten sich beim ETA-CS ca. 12 verschiedene Lager von Ersatzteilen etabliert. Eine zentrale Lagerbestandsführung fehlte und erschwerte das schnelle Auffinden benötigter Teile. Zur Abhilfe wurden ein modernes Hochregallager und ein zentrales, effizientes Arbeitslager eingerichtet. Durch die Zusammenfassung der Lagerhaltung verringert sich nicht nur der Gesamtlagerbestand der ETA SA, sondern es ergibt sich auch eine effizientere Lagerführung.

### 6.3.4 Schritt 2: Einführung der EC-Lösung

Eine wesentliche Motivation zur Einführung der EC-Lösung ging vom ineffizienten Auftragserfassungsprozeß (bzw. Informations- und Vereinbarungsprozeß) beim ETA-CS aus. Üblicherweise mußte der Kunde aus vergangenen Bestelldaten schließen, was er bestellen wollte. Ein ständig aktualisierter Katalog an ETA-Teilen war nicht vorhanden und Kunden bestellten weitgehend auf Basis vergangenen Bestellungsdaten. Ausserdem waren die Bestellungen häufig sehr vage formuliert. So war eine Bestellung mit folgendem Wortlaut: ‚Schicken Sie mir ein Zahnrad mit 14 Ecken' durchaus denkbar. Die Bestellungen wurden dann i.d.R. mittels Fax oder Post abgegeben. Zur Interpretation der Bestellungen, d.h. der Ermittlung des gewünschten Artikels, konnten anschließend mehrere Stunden erforderlich sein. Im Anschluß wurde die Bestellung manuell im ERP-System der ETA SA erfaßt.

Eine erste Verbesserung dieser Situation wurde 1996 mit einer CD-ROM versucht, auf der Artikelnummern, Beschreibungen und Bildmaterial erfaßt waren. Die CD konnte aber das eigentliche Kundenproblem nicht lösen, da die Stammdaten nicht überarbeitet und der physische Bestellprozeß nicht verändert worden waren; d.h. der Auftragseingang wurde weiterhin konventionell abgewickelt. Abhilfe sollte deshalb eine EC-Lösung schaffen, die die Informations- und Vereinbarungsaktivitäten in nur einem Medium abbildet (s. Bild 6-3).

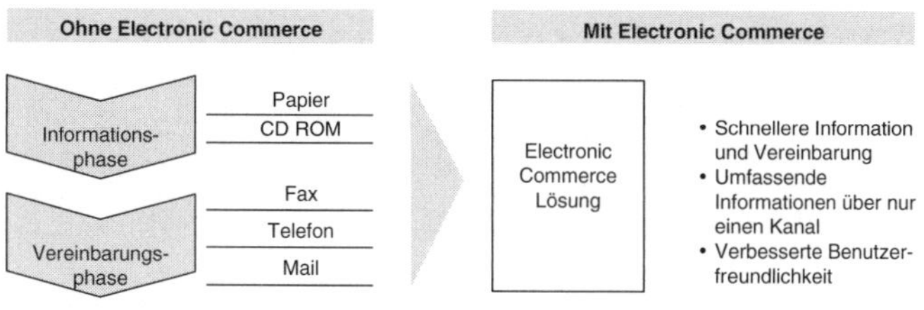


*Bild 6-3: Bestellaktivitäten mit und ohne EC*

Die Programmierung des ETA Online Shop (https://products.eta.ch), ein elektronischer Katalog, der sämtliche ETA-Produkte enthält, wurde von einem Software-Beratungsunternehmen übernommen. Ein typischer Bestellprozeß über den ETA Online Shop weist folgende Schritte auf:

- *Registrierung beim ETA-CS.* Als Business-to-Business Lösung ist der ETA Online Shop nur registrierten Geschäftskunden zugänglich. Nach Beantragung von Kundenname und Paßwort, können sich Kunden über eine sichere Webseite einwählen.
- *Auswahl der Ersatzteile.* Der Katalog bietet verschiedene Suchfunktionalitäten, z.B. nach Artikelnummer, Uhrwerk, Produktfamilie etc. Zu jedem Uhrwerk stehen technische Zeichnungen im PDF-Format zur Verfügung und zu jedem Ersatzteil existiert eine detaillierte Beschreibung, die jeweilige Austauschbarkeit, ein Preis sowie klar formulierte Verkaufsbedingungen inklusive individueller Rabatte etc.
- *Warenkorb.* Die ausgewählten Artikel werden in einem Warenkorb gesammelt, der automatisch immer die Gesamtbestellsumme (ohne Transportkosten) angezeigt. Änderungen können bis zur Erteilung der Bestellung vorgenommen werden.
- *Bestellung.* Schließlich wird die gewünschte Zahlungsweise, entweder per Rechnung oder Kreditkarte, festgelegt und die Bestellung an den ETA-CS übertragen. Der Kunde erhält darauf eine elektronische Auftragsbestätigung.

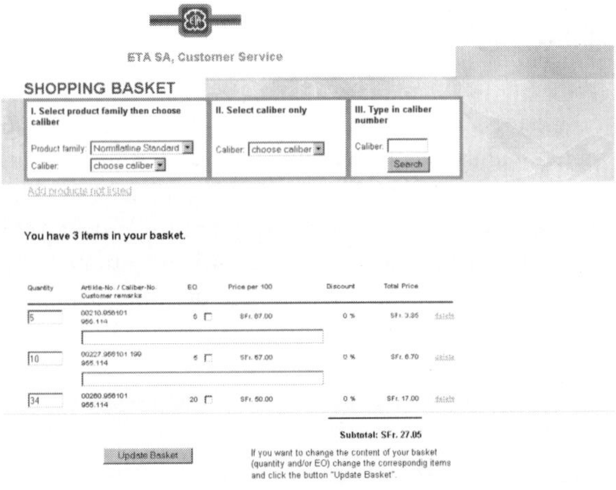


*Bild 6-4: Mustermaske der EC-Lösung bei ETA SA*

Der Prototyp des ETA Online Shops wurde ab April 1999 gemeinsam mit Schweizer Pilotkunden ausgetestet und weiterentwickelt. Am 6. Dezember 1999 wurde schließlich die Version 1.0 allen Ersatzteilkunden weltweit zur Verfügung gestellt. Bereits nach 6 Monaten wurden ca. 40% aller monatlich bestellten Artikel über den ETA Online Shop abgewickelt.

### 6.3.5 Schritt 3: Konzeption Direct Delivery Channel

Parallel zum ‚Going live' des ETA Online Shop wurden Aktivitäten zur Optimierung der (externen) Supply Chain gestartet. Nachdem Uhrenersatzteile aufgrund ihrer geringen Abmessungen leicht mit Expreßdienstleistern, z.B. FedEx, UPS etc., weltweit befördert werden können, wurde mit dem Direktversand der Teile vom ETA-CS in Grenchen begonnen. Dadurch sollen Uhrmarken und vor allem Landesorganisationen ihre Lagerbestände und -kosten signifikant reduzieren können. Insbesondere letztere sollten mit geringeren Logistikkosten weiterhin ihre strategisch wichtige Betreuung lokaler Kunden fortsetzen können. Direct Delivery soll aber auch den direkten Zugriff auf die ‚Endkunden' des ETA-CS, durch die Ausschaltung von Zwischenstufen – Disintermediation [vgl. Zbornik 1996, 107] – ermöglichen. Wesentliche Elemente der Direktbelieferung sind (s. Bild 6-5):

- *Entfallen der Lager bei den Uhrenmarken.* Bei schneller, direkter Belieferung der Kunden werden Lager bei den einzelnen Marken teilweise überflüssig und ihre Abschaffung führt zu verminderten Lagerhaltungskosten und besserer Ausnutzung der übrigen Lagerkapazität.
- *Liefergarantien für Kunden.* Das Entfallen der Lager führt zwangsläufig zu verringerten Pufferbeständen in der gesamten Supply Chain. Als Voraussetzung für den dezentralen Lagerabbau wurden von den Marken Liefergarantien gefordert. Beim ETA-CS wurden daher zwei Distributionskanäle geschaffen: Distribution A für elektronische Bestellungen (24h in der Schweiz und 5 Tage übrige Länder), sowie Distribution B für nicht-Online-Bestellungen (entspricht bisheriger, langsamer Auftragsabwicklung).
- *Disintermediation.* Eine effiziente Lagerbestandsführung sowie Lieferzeiten von wenigen Tagen ermöglichen auch die Erschließung neuer Kundenmärkte durch die Ausschaltung von Zwischenstufen, wie Großhändler und Teilehändler vor Ort. Bisher waren diese Stufen durch ihre Schnelligkeit und Sortimentsgröße für den ETA-CS nicht umgehbar.

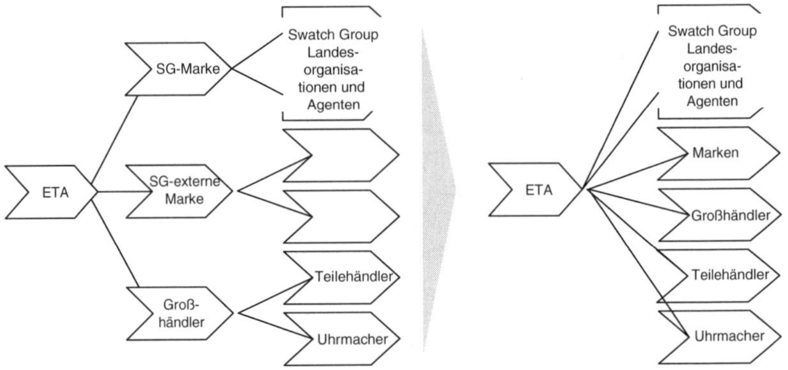


*Bild 6-5: Umgestaltung des Distributionsnetzwerks bei ETA SA*

### 6.3.6 Schritt 4: Kopplung an das ERP-System

Im einführenden Abschnitt wurden Online-Produktauswahl, direkte Auftragseingabe und Direktbelieferung als zentrale Elemente elektronischer Transaktionen genannt. Mit der Reorganisation der internen und externen Supply Chain sowie der Einführung des ETA Online Shop sind diese Elemente bei ETA-CS realisiert worden. Eine integrierte Gestaltung der Transaktionen findet jedoch noch nicht statt: Bestellungen aus dem ETA Online Shop werden manuell in das ERP-System von ETA eingegeben. Eine isolierte Realisierung des ETA Online Shops wurde aus zwei Gründen gewählt:

- *Schnelle Time-to-market.* Durch die isolierte Implementierung konnte der ETA Online Shop in wenigen Wochen (technisch) realisiert werden. Die Kopplung mit dem ERP-System hätte die Einführung signifikant verzögert.
- *Nutzen der isolierten Lösung.* Bereits mit der nicht-integrierten Lösung wird eine hohe Rationalisierung der Informations- und Vereinbarungsaktivitäten erzielt. Angesichts des Transaktionsvolumens beim ETA-CS (ca. 5'000 Bestellpositionen monatlich) wurde die manuelle Wiedereingabe als Übergangslösung beurteilt.

Mit Verfügbarkeit des ETA Online Shop wird nun an der Ablösung des bestehenden Auftragsabwicklungssystems gearbeitet. Dieses wird durch ein ERP-System (Ramco Marshall) ersetzt, das zwei Schnittstellen zum ETA Online Shop besitzen wird: einerseits den automatischen Update der Katalogdaten und andererseits die direkte Auftragseingabe in das ERP-System.

### 6.3.7 Schritt 5: Weiterentwicklung der Business Networking Lösung

Die gute interne und externe Akzeptanz des ETA Online Shop – Mitte 2001 wurden etwa 60 % der Bestellungen elektronisch abgewickelt – hat zu einer konzeptionellen Weiterentwicklung in vier Bereichen motiviert:

- *Ausweitung auf Primärprodukte.* Der bestehende Shop konzentriert sich nur auf die Ersatzteildistribution und nicht auf den Verkauf von Uhrwerken, den Primärprodukten der ETA SA. Die Entwicklung dieser Lösung findet jedoch außerhalb des ETA-CS statt und stellt bereits zu Beginn hohe Integrationsanforderungen an das Projekt. So müssen zwingend Verfügbarkeitsabfragen, Lieferdatumszusagen, Produktkonfigurierbarkeit etc. realisiert werden.

- *Erweiterung durch eServices.* Gegenwärtig erfolgt die Lieferung der Ersatzteile über den vom Kunden gewählten Logistikdienstleister. Die Beauftragung erfolgt einerseits per Fax und Telefon und andererseits nach fix festgelegten Abholungsfrequenzen. Die elektronische Erstellung der Versand- und Zolldokumente sowie die elektronische Verfolgung der Pakete ist heute nicht möglich. Zur elektronischen Erstellung der Transport- und Zollpapiere, Beauftragung des Transportdienstleisters und Paketverfolgung wird die Kooperation mit einem eService (www.inet-logistics.com) aufgebaut.

- *Ausbau des Prozeßportals.* In Kapitel 2 wurden Prozeßportale als zentraler Bestandteil zukünftiger Geschäftsmodelle beschrieben. Der ETA Online Shop enthält mit technischen Informationen und Order-Tracking Funktionalitäten bereits Elemente von Prozeßportalen. Weitere Ausbaumöglichkeiten betreffen den Einbezug komplementärer Ersatzteilanbieter für Uhren, z.B. Armbänder oder Gehäuse. Insbesondere Uhrmachern bietet sich die Möglichkeit ihren gesamten Ersatzteilbedarf über ein Portal abzuwickeln. Ein entsprechendes Uhren Ersatzteilportal befindet sich derzeit in Konzeption.

- *Entwicklung eines Marktplatzes.* Neben der Ankopplung von eServices könnte der ETA Online Shop um Konkurrenzanbieter (z.B. Citizen, Seiko) erweitert werden. Nachdem hier eine klare ‚Kannibalisierung' des eigenen Geschäfts erfolgen würde und eine Übermacht seitens der Konkurrenz nicht besteht, wird diese Option beobachtet, aber gegenwärtig nicht weiter verfolgt.

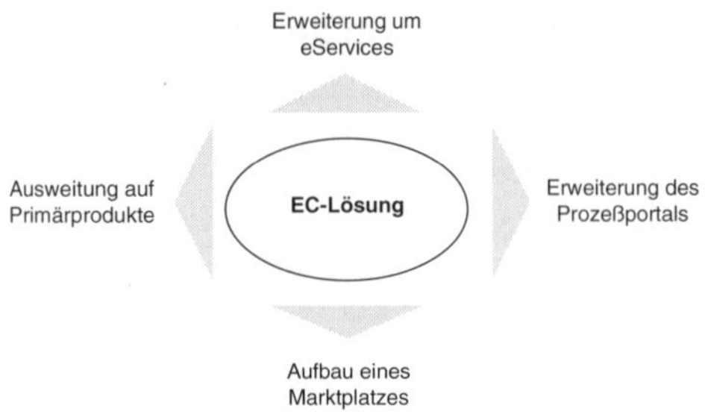


*Bild 6-6: Möglichkeiten zur Weiterentwicklung von EC-Lösungen*

## 6.4 Nutzen und Erkenntnisse aus der Fallstudie

### 6.4.1 Nutzen des Business Networking bei ETA SA

Die Realisierung der EC-Lösung hat zu Nutzeffekten geführt, die sich wie folgt zusammenfassen lassen:

- *Steigerung der Effizienz des Kunden-Informationsprozesses.* Das Zusammenfließen der Informationen in der EC-Lösung (s. Bild 6-3) versetzt die Kunden in die Lage, alle sachdienlichen Angaben über bisherige und neue Produkte (Preise, technische Beschreibungen, Verkaufsbedingungen und Austauschbarkeit) über einen einzigen Kanal abzurufen. Da die Internetlösung zentral geführt wird, ist es für den ETA-CS einfach, die Aktualität der Informationen sicherzustellen und Kosten bei der Erstellung und Verteilung von Katalogen, Preislisten und technischen Unterlagen einzusparen.
- *Verbesserte Kundenpflege.* Die EC-Lösung ermöglicht die Entwicklung eines höheren Standards der Kundenpflege. Dazu gehören eine effiziente Artikelsuch- und -auswahlmöglichkeit, elektronische Zahlungsweise per Kreditkarte, das Herunterladen technischer Unterlagen etc. Weitere Funktionalitäten, die z.Zt. konzipiert werden, sind eine elektronische Auftrags- und Paketverfolgung, ein kundenindividueller Einkaufskorb, Customer Communities, Frequently-Asked-Questions Databases (FAQs), Online-Beschwerdebearbeitung sowie Auktionen für die Versteigerung ‚historischer' Teile.
- *Effizienz der Auftragsbearbeitung bei ETA SA.* Mit der EC-Lösung hat sich die Effizienz der Auftragsbearbeitung deutlich erhöht. Dies läßt sich hauptsächlich auf die verbesserte Qualität der Stammdaten zurückführen, die im elektronischen Katalog dargestellt werden. EC-Bestellungen eliminieren beim ETA-CS Klärungsbedarf und Mißverständnisse, da jede Bestellposition eine

eindeutige Artikelnummer und Bestellmenge aufweist. Dank der erhöhten Effizienz ist der ETA-CS in der Lage, ein größeres Auftragsvolumen zu bewältigen, während das Personal sich vermehrt mit der Intensivierung der Kundenbeziehungen beschäftigen kann, wie z.B. Akquisition von Neukunden oder Beantwortung individueller Fragen.

- *Verbessertes Wissen über Kundengewohnheiten.* Ein sog. ‚Shop Manager' wurde eingerichtet, mit dessen Hilfe es möglich ist, einfache Meßgrößen via Internet direkt vom Webserver auszuwerten. In einem ersten Schritt wurden einige monetäre Meßgrößen installiert, wie z.B. wer kauft wie oft welche Artikel, oder Umsatz pro Zeitperiode etc. Zusätzlich kann jede Bestellung im Detail noch einmal betrachtet werden. Ein weiterer Vorteil des Shop Managers ist die Abfrage via Internet, womit jeder Berechtigte von überall her auf die Kennzahlen zugreifen kann.

- *Transparenz des gesamten Auftragsabwicklungsprozesses.* Bei der Entwicklung der EC-Lösung wurde versucht, den Kundenprozeß eines Ersatzteileinkäufers möglichst vollständig abzubilden. Dabei wurde ein besonderes Augenmerk darauf gelegt, die Verbesserung der Prozeßabläufe dem Kunden gegenüber auch klar zu kommunizieren; dazu gehört vor allem eine integrierte Online-Auftrags- und Paketverfolgung. Somit hat der Kunde immer einen genauen Überblick, in welchem Bearbeitungszustand und wo sich seine Bestellung gerade befindet. Dies ist langfristig aber nicht nur eine optische Transparenz für den Kunden und auch für die ETA-CS Mitarbeiter, sondern kann auch zu einer verbesserten Produktionsplanung auf Seiten der Kunden führen.

### 6.4.2 Erkenntnisse bei der Einführung der Lösung

Bei der Einführung der Lösung wurden mehrere Faktoren identifiziert werden, die als projektkritisch eingestuft wurden:

- *Enge Verbindung von EC und SCM.* Am Anfang der Supply Chain-Aktivitäten stand die Optimierung des Güterflusses von der ETA SA zum Kunden. Dadurch war es erst möglich, die bisherige Durchlaufzeit einer Bestellung signifikant zu reduzieren und in Zukunft garantierte Lieferzeiten anzubieten. Aus der Tatsache, daß kein besonderes Supply Chain-Planungssystem eingesetzt wurde, ist zu erkennen, daß sich die Leistungsfähigkeit einer Supply Chain auch ohne Einsatz komplexer Planungssysteme verbessern läßt.

  Mit der EC-Lösung war es möglich, daß sich die Kunden direkt online über Produkte im EC-Katalog informieren und die gleiche Plattform für die Aufgabe ihrer Bestellungen nutzen können. Die EC-Umsetzung erfolgte über eine, auf den Bedarfsfall zugeschnittene, proprietäre Lösung. Die Verknüpfung des ERP- und des EC-Systems erfolgt zunächst manuell, die Integration beider Systeme ist Gegenstand des nächsten Schrittes.

Die Überschneidung der beiden Konzepte war an verschiedenen Aspekten ablesbar. Zum einen erhöhte sich die Attraktivität der EC-Lösung in dem Maße, wie eine direkte Bestelleingabe *und* direkte Belieferung möglich wurden. Die Gründe dafür lagen hauptsächlich in den erheblich kürzeren Durchlaufzeiten und der geringeren Lieferunsicherheiten. Früher standen komplexe Lagerstrukturen und unzusammenhängende Stammdaten einer schnellen und zuverlässigen Auslieferung im Wege. Ungeachtet einer alteingesessenen Geschäftstradition der ETA SA, ermöglicht der neue elektronische Kanal, Distributionsstrukturen vergleichbar mit denen bei Dell (s. Kap. 3.2.1) und Cisco (s. Kap. 9.1).

- *Stammdatenmanagement als ‚versteckter' Erfolgsfaktor.* Das Beispiel der ETA SA hat die hohe Bedeutung homogenisierter Stammdaten unterstrichen. Der dazu erforderliche Zeitaufwand sollte nicht unterschätzt werden und umfaßt schnell einige Monate. Ohne das Stammdatenmanagement wären die beschriebenen Vorteile nicht möglich gewesen.
- *Sukzessive Implementierung.* Business Networking bei ETA SA wurde sukzessive umgesetzt. Der internen Reorganisation folgend, wurde eine EC-Lösung mit Pilotkunden konzipiert, ausgerollt und schrittweise erweitert. Die Implementierung in klar kommunizierbaren Schritten erscheint aus Gründen verbesserter interner wie externer Durchsetzbarkeit als wesentlicher (politischer) Erfolgsfaktor.

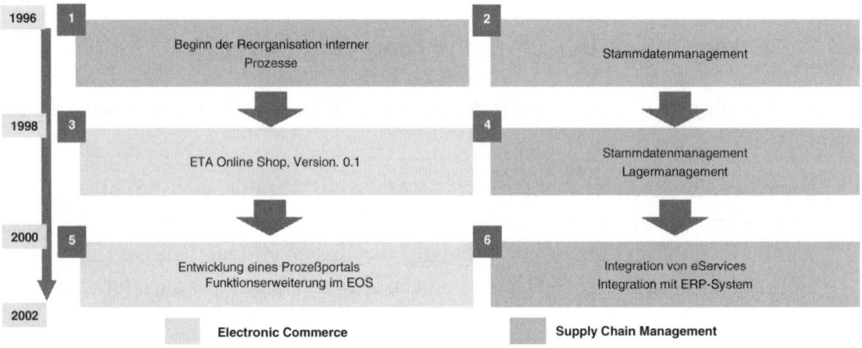


*Bild 6-7: Grobe Projektschritte des Business Networking Projekts*

- *Einbindung der Kunden.* Die Entwicklung des ETA Online Shop erfolgte in enger Abstimmung mit Schweizer Pilotkunden. In verschiedenen Workshops wurden Kundenanforderungen, wie garantierte Lieferzeiten, größere Informationstiefe, transparente Auftragsverfolgungsinformationen, Austauschbarkeitsinformationen, geringere Auftragsabwicklungskosten und Kosteneinsparungspotentiale für die dezentralen Lager, erarbeitet.

- *Relevanz der Supply Chain Effizienz.* Eine strategische Entscheidung seitens des ETA-Managements betraf die Anreize, die Kunden angeboten werden sollten, wenn sie den ETA Online Shop verwenden. Schließlich wurden nicht Preisreduktionen, sondern die Supply Chain Effizienz als Anreiz verwendet: Nur Kunden, die elektronisch bestellen erhalten die Liefergarantien und reduzierten Lieferzeiten.

## 6.5 Zusammenfassung und Ausblick

Bei der Durchsetzung der EC-Lösung erwies sich die Supply Chain als kritisches Element bei der Einrichtung von Direktbelieferungen und direkter Auftragseingabe. Die Leistungsfähigkeit der Supply Chain wurde als Argument und Anreiz zur weitergehenden Durchsetzung der EC-Lösung herangezogen. Gleichzeitig trug das EC-System entscheidend zu einer Verbesserung der Supply Chain-Aktivitäten wie Auftragseingabe und Abrechnung bei. Für den Erfolg des Projekts war die Unterstützung der Geschäftsleitung entscheidend, und dabei vor allem der IT, Finanzierung und Marketing.

Für die Einbeziehung der externen Partner, hauptsächlich die einzelnen Marken der Swatch Group, war die Herausarbeitung der gegenseitigen Win-Win-Situationen von größter Wichtigkeit. Erst die Fokussierung auf und das Verständnis für den Kundenprozeß ermöglichten die Entwicklung einer EC-Lösung in einem sehr traditionellen Umfeld, über die innerhalb eines halben Jahres bereits ca. 40% aller Bestellpositionen des ETA-CS abgewickelt werden (heute ca. 60 %). Der zukünftige Erfolg des ETA Online Shops wird weiterhin maßgeblich davon abhängen, inwiefern es gelingt, den Kunden weitere, zusätzliche Nutzenvorteile durch diesen neuen Verkaufskanal anzubieten. Dazu zählen sicher Funktionalitäten, wie eine integrierte Auftrags- und Paketverfolgung, ein individueller Einkaufskorb, aber auch die Entwicklung eines Prozeßportals mit komplementären Ersatzteilanbietern sowie die Weiterführung der Überlegungen, strategisch wichtige ‚eServices' zu integrieren. Diese könnten Aufgaben übernehmen, wie z.B. neue Formen der elektronischen Zahlungsabwicklung – ‚Bill Presentment'- oder Application Hosting von zusätzlichen IS oder Bündelung wichtiger Brancheninformationen etc.

# 7 Supply Chain Management und Electronic Commerce bei Bayer

*Rainer Alt, Florian Leser, Bernhard Alzer*

## 7.1 Optimierung der Supply Chain direkter Güter

Das Beispiel der Ersatzteildistribution bei ETA SA hat die Verbindung von Electronic Commerce (EC) und Supply Chain Management (SCM) gezeigt: EC gestaltet primär die Front-end-Aktivitäten und SCM eher die Distributions- und Zahlungsaktivitäten. Während die Nachfrage nach Ersatzteilen jedoch diskontinuierlich erfolgt, steht im Produktionsbereich die kontinuierliche Nachfrage im Vordergrund. Hier werden Einkaufsmengen periodisch in Rahmenverträgen verhandelt und dann sukzessive durch Planungen und Lieferabrufe konkretisiert. Gegenwärtig bestehen deutliche Verbesserungspotentiale bei der Unterstützung dieser Prozesse, die zu einer Reduktion der Lagerhaltungskosten und einer Erhöhung der Lieferqualität beitragen sollen. Die Integration von EC und SCM ist dabei eine wichtige Voraussetzung.

Dieses Kapitel beschreibt Möglichkeiten zur verbesserten Planung in Geschäftsnetzwerken anhand einer Fallstudie zwischen der Bayer AG, Leverkusen, und der Robert Bosch GmbH, Stuttgart. In diesem Kontext wurde ein Internet-basierter Demonstrator für einen Informations- und Planungsprozesse entworfen. Ausgehend von einer gemeinsamen Datenbank zur Verwaltung von Rahmenverträgen, wird eine vollständige Unterstützung von Key Account Management und Logistik bei der Bayer AG sowie von Einkauf und Produktion bei Bosch angestrebt. Diese Lösung kann um Marktplatzfunktionalitäten erweitert werden.

## 7.2 Ansätze zur verbesserten Planung

### 7.2.1 Einsatz von MRP I und MRP II Systemen

In den vergangenen Jahren haben sich Reorganisationsprojekte hauptsächlich auf die Optimierung innerbetrieblicher Prozesse mit Hilfe von ERP-Systemen konzentriert. In vielen Unternehmen sind diese Tätigkeiten weitgehend abgeschlossen. Somit können in Zukunft die Potentiale des Business Networking (s. Kap. 10) erschlossen werden [vgl. Österle 1995, 10]:

- ERP-Ansätze wie MRP I und II (s.u.) zielen in erster Linie auf Effizienzsteigerungen in den Produktionsprozessen bei gegebenem Bedarf der Kunden ab. Bei neueren ‚Make-to-forecast'-Produktionsstrategien werden aber zunehmend neue Anforderungen, z.B. an den Lieferservice, wichtiger.
- Material Requirements Planning Systeme (MRP I) (⇒ Glossar) konzentrieren sich auf material- und mengenbezogene Planungen. Management Resource Planning Systeme (MRP II) beinhalten zusätzlich auch noch eine Kapazitätsplanung (vgl. [Luczak/Eversheim 1999, 65], [Pfohl 1994, 254]).

Zur Verbesserung der Planung bestehen zwei grundsätzliche Ansätze, die unabhängig voneinander verfolgt werden können, jedoch erst im Verbund zu deutlich besseren Planungsergebnissen führen - der IS-Ansatz und der Supply Chain Scope-Ansatz (s. Bild 7-1).

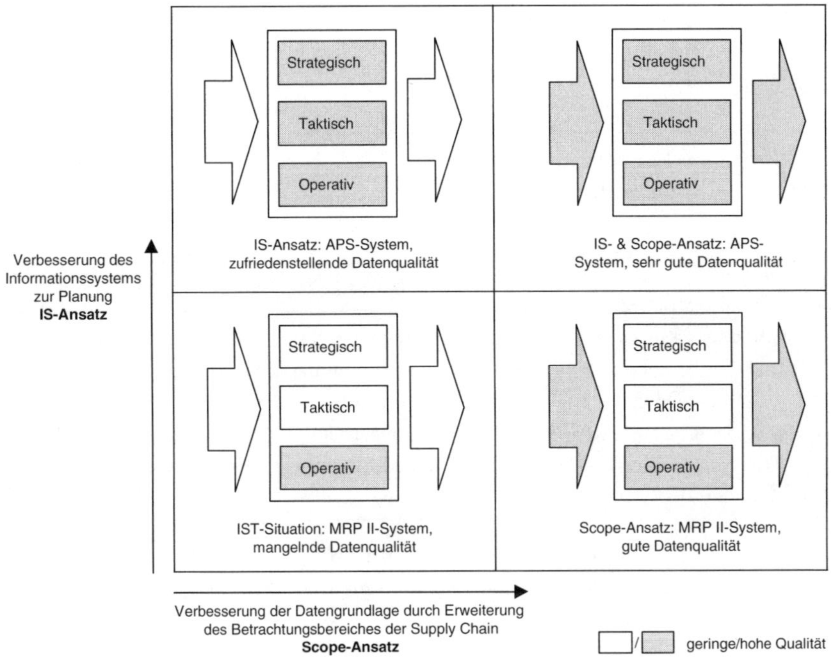


*Bild 7-1: Ansätze zur verbesserten Planung*

## 7.2.2 Einsatz von APS-Systemen - IS-Ansatz

Neben einer Verbesserung der Vorhersagegenauigkeit ermöglicht der Einsatz von APS-Systemen die Durchführung kurzfristiger Planungsläufe, die kapazitätsorientierte Planung und die Simulation. So können Verfügbarkeitsabfragen durch Simulation in Echtzeit beantwortet werden und beschränken sich nicht auf die Wiedergabe des aktuellen Lagerbestands. Tabelle 7-1 zeigt die Unterstützung einzelner Planungsebenen durch MRP II- und APS-Systeme.

| Planungs-ebene | Planungs-horizont | Objekt der Planung | MRP II – Funktio-nalität | APS – Funktio-nalität | Typische Beispiele |
|---|---|---|---|---|---|
| **Strategische Planung** | Jahresbe-trachtung | Unter-nehmen | - | Modellierung und Simula-tion der gesamten Supply Chain | Make or buy – Entschei-dungen |
| **Taktische Planung** | 1 Monat und mehr | Mengen | - | Modellierung und Simula-tion der gesamten Supply Chain | Verfüg-barkeits-abfragen |
| **Operative Planung** | Bis zu einem Monat | Auftrags-größe, Zeitplan | Sequentielle Bestimmung von Auf-tragsgröße und Einpla-nung | Simultane Festlegung von Auftrags-größe und Produktions-aufträgen | Generier-ung zuläs-siger Produk-tionspläne |

*Tabelle 7-1: Vergleich von MRP II und APS-Tools (vgl. [Fleischmann 1998], [Luczak/Eversheim 1999])*

### 7.2.3 Ausweitung der Supply Chain versus Scope-Ansatz

Der Scope-Ansatz konzentriert sich auf die Optimierung des übergreifenden Informationsaustauschs. Eine Optimierung der übergreifenden Supply Chain wird allein durch MRP II Systeme nicht erreicht. Geringe Nachfrageschwankungen der Endkunden führen oft zu extremen Veränderungen der Nachfrage nach Rohstoffen. Dies führt anschließend zu einem schlechteren Lieferservice, da die Schwankungen nur teilweise durch Lager kompensiert werden können, etwa bei Standardprodukten. Deshalb wird versucht, die Nachfrageschwankungen durch Prognosen zu antizipieren. Diese Bedarfsprognosen sind oft inkonsistent, z.B. durch verschiedene Planungshorizonte und basieren weitestgehend auf historischen Daten. Gelingt es aber, die Prognosen der Partner einer Supply Chain in einem Planungssystem zu integrieren, können gemeinsame Planungen durchgeführt, ein höherer Lieferservice erreicht und weitere Kostenvorteile erzielt werden. Das volle Potential der Zusammenarbeit über Unternehmensgrenzen hinweg ergibt sich insbesondere dann, wenn Partnern einer Supply Chain Prognosen zu Point-of-Sales Daten zur Verfügung stehen [vgl. Hoffmann et al. 1999, 77].

## 7.3 Supply Chain Optimierung bei der Bayer AG

### 7.3.1 Ziele der Supply Chain Optimierung

Die Bayer AG, mit Sitz in Leverkusen, erzielte 2000 einen Umsatz von DEM 60 Mrd. in den Arbeitsgebieten Landwirtschaft, Gesundheit, Polymere und Chemie. Im Arbeitsgebiet Polymere erzielte der Geschäftsbereich Kunststoffe (KU) 2000 einen Umsatz von DEM 22,8 Mrd. Zu den Produkten zählen u.a. Granulate, die z.B. in Plastikverschalungen von Elektrowerkzeugen bei Bosch einfließen.

Die Robert Bosch GmbH mit Sitz in Stuttgart erzielte 2000 einen Umsatz von DEM 61,7 Mrd. in den Unternehmensbereichen Kraftfahrzeugtechnik, Industrietechnik, Gebrauchsgüter- und Gebäudetechnik (s. Kap. 13 und 14). Der Unternehmensbereich Gebrauchsgüter enthält den Geschäftsbereich Elektrowerkzeuge und erzielte 1999 einen Umsatz von DEM 14 Mrd. [vgl. Bosch 2001].

Beide genannten Geschäftsbereiche, die eng miteinander kooperieren, sind daran interessiert, die Produktionsplanungen und somit den Lieferservice insgesamt zu verbessern. Zu den Zielen der Supply Chain Optimierung zählen:

- *Transparenz im Einkauf.* Die Verhandlungen zwischen Bayer Key Account Management und dem Einkauf bei Bosch finden häufig aufgrund unterschiedlicher Daten statt, die oft nicht an die aktuellen Mengen angepaßt sind. Dem Einkauf des Kunden (Bosch) und dem Marketing des GB KU sollen daher gleiche Daten in gleicher Repräsentation zur Verfügung stehen.
- *Verbesserte kurzfristige Forecasts.* Planungsdaten sollen frühzeitig von Bosch an Bayer übermittelt werden, um effizientere Produktionsprogramme zu ermöglichen. Im wesentlichen versucht Bayer die großteils auftragsorientierte Fertigung (‚Make-to-order‘) auf eine bedarfsorientierte (‚Make-to-forecast‘) umzustellen, um dadurch den Lieferservice und Flexibilität zu verbessern.
- *Frühzeitig angepaßte Rahmenkontrakte.* Abweichungen der vereinbarten Mengen in Rahmenverträgen sollen einerseits frühzeitig und schnell zu Nachverhandlungen führen und andererseits durch bessere Planungszahlen vermieden werden.
- *Sicherstellung der Servicequalität.* Die Gewährleistung und weitere Verbesserung der Lieferzuverlässigkeit ist zur Stärkung der Wettbewerbsposition erforderlich.

Die Optimierung der Supply Chain für direkte Güter betrifft damit einerseits die Vereinfachung und Verbesserung bestehender Transaktionen im Einkauf und andererseits die Verbesserung von Planung und Produktion.

### 7.3.2 Planungsprozesse zwischen Bayer KU und Scintilla

Eine erste Analyse ergab, daß Supply Chain Abläufe und Problemstellungen für mehrere Geschäftsbereiche sehr ähnlich sind. Daher wurde entschieden, zunächst mit einem Geschäftsbereich, der Scintilla AG in Solothurn, Schweiz, ein Pilotprojekt durchzuführen. Die Scintilla AG ist dem Geschäftsbereich Elektrowerkzeuge innerhalb des Unternehmensbereichs Gebrauchsgüter zugeordnet. Die Werke der Scintilla AG sind Teil des weltweiten Fertigungsverbunds für Elektrowerkzeuge der Robert Bosch Gruppe. Mit 1'800 Mitarbeitern an fünf Standorten in der Schweiz wurde 1999 ein Umsatz von CHF 884 Mio. erzielt [vgl. Scintilla 2000].

Bayer-Granulate werden bei der Scintilla AG zur Herstellung von Gehäusen für Elektrowerkzeuge verwendet. Die Fertigung der Gehäuse erfolgt sowohl bei der Scintilla AG als auch bei Gehäuselieferanten, die ihr Einkaufsvolumen an Granulaten jedoch über die Scintilla AG bestellen. Sie werden als Lohnfertiger direkt von Bayer beliefert.

Mit der Scintilla AG wurde ein Pilotpartner gewonnen, der einen großen Anteil am Gesamtbedarf der Robert Bosch Gruppe hat und daher auf ein großes Potential an Verbesserungen in der gemeinsamen Supply Chain schließen läßt. Die dabei ausgetauschten Leistungen zwischen Bayer und Bosch zeigt Bild 7-2.

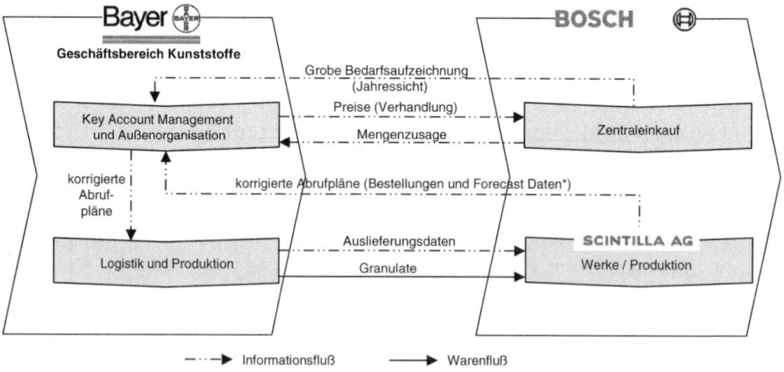


*Bild 7-2: Austausch von Leistungs- und Planungsdaten zwischen Bayer KU und Scintilla*[1]

Die jährlich von Bosch benötigten Mengen werden in Rahmenvertragsverhandlungen gemeinsam von Einkäufern der Werke innerhalb der Geschäftsbereiche und Vertretern des Zentraleinkaufs bestimmt. Rahmenkontrakte werden idealerweise einmal jährlich zwischen dem Zentraleinkauf der Robert Bosch Gruppe und den Zulieferern ausgehandelt.

[1] In der Darstellung sind Finanzflüsse nicht separat dargestellt.

Diese Rahmenkontrakte unterliegen allerdings einer stetigen Anpassung aufgrund von kurzfristigen Bedarfsänderungen. Der Zentraleinkauf bei Bosch ist daher stets gefordert, neue Angebote anzufragen und einzupflegen. Ferner fehlt bei Bestellverträgen häufig die Transparenz über die tatsächlichen Abnahmemengen. Abweichungen von den in Rahmenkontrakten vereinbarten Mengen lassen sich daher nicht vermeiden und führen zu Nachteilen auf beiden Seiten: Der Bosch Zentraleinkauf nimmt bei größerer Abnahme mögliche Preisvorteile nicht in Anspruch. Im Gegenzug kann Bayer bei geringeren Verkaufsmengen die höheren Stückkosten nicht in die Preise einfließen lassen.

### 7.3.3 Anforderungen seitens Bayer und Scintilla

Zur Verbesserung der internen Supply Chain bestehen bei Scintilla bereits Bestrebungen zur Vereinfachung der Abläufe. Es ist zu erwarten, daß dabei die deutliche Trennung zwischen Bedarfsmengenermittlung für Rahmenverträge, Abrufpläne und Bestellung aufgehoben wird und die Transparenz der Bedarfsmengen weiter gesteigert werden kann. Kosten- und Effizienzverbesserungen der Supply Chain Prozesse können auch durch eine engere Kooperation mit Bayer erreicht werden.

Bei gemeinsamen Überlegungen von Scintilla und Bayer entstand die Idee, eine Online-Datenbank zu entwickeln, die von zeitlichen Restriktionen und fehlendem Direktkontakt unabhängig ist. Verantwortliche im Kundendienst und Einkauf bei Scintilla, sowie Produktion und Logistik bei Bayer sollen Rahmenkontrakte, aktuelle Bestellungen und Historie gemeinsam einsehen, aktualisieren und neu verhandeln können. Ebenso soll Bayer über diese Lösung kurzfristig verfügbare Mengen als Spotmenge anbieten können. Für die Datenbank bestehen folgende Anforderungen:

- Schaffung einfacherer und sicherer Abläufe – Effizienzverbesserungen unterstützter Prozesse sollen erreicht werden.
- Kopplung zu SAP R/3 – Aufwand durch redundante und ggf. inkonsistente Führung von Planungs- und Bestelldaten soll vermieden werden.
- Sicherstellung der Servicequalität – Die bestehende Lieferzuverlässigkeit und Verfügbarkeit darf sich auch kurzfristig nicht verschlechtern.
- Gewährleistung der Rechtmäßigkeit des Einkaufs über die Lösung, um bestehende Rechnungslegungsvorschriften zu erfüllen.
- Zusätzliche Funktionalitäten, z.B. Onlineverfügbarkeitsprüfung, Spotmengenangebote, Order Tracking Funktion zur Abfrage aktueller Bestellstati.

### 7.3.4 Ableitung von Kooperationsszenarien

Zur Gewinnung der benötigten Daten sollen die beteiligten Organisationseinheiten ihre Informationen zentral in einem Informations- und Planungssystem (IPS) ablegen. Somit können die Informationen jederzeit abgerufen werden. I.S.e. hohen Netzwerkfähigkeit sollen bei der Anbindung an bestehende Systeme etablierte Standards verwendet werden, um dadurch die Grenzkosten einer Partnerintegration zu senken. Diese Standards sind im Business Bus enthalten. Wie in Bild 7-3 dargestellt, läßt sich die Lösung in die bestehenden Prozesse integrieren. Das IPS ist durch die Bereitstellung der relevanten Informationen gekennzeichnet. In weiterer Folge kann diese Dienstleistung auch an andere Organisationseinheiten der beiden Konzerne als eigenständiger ‚eService' ausgerollt werden.

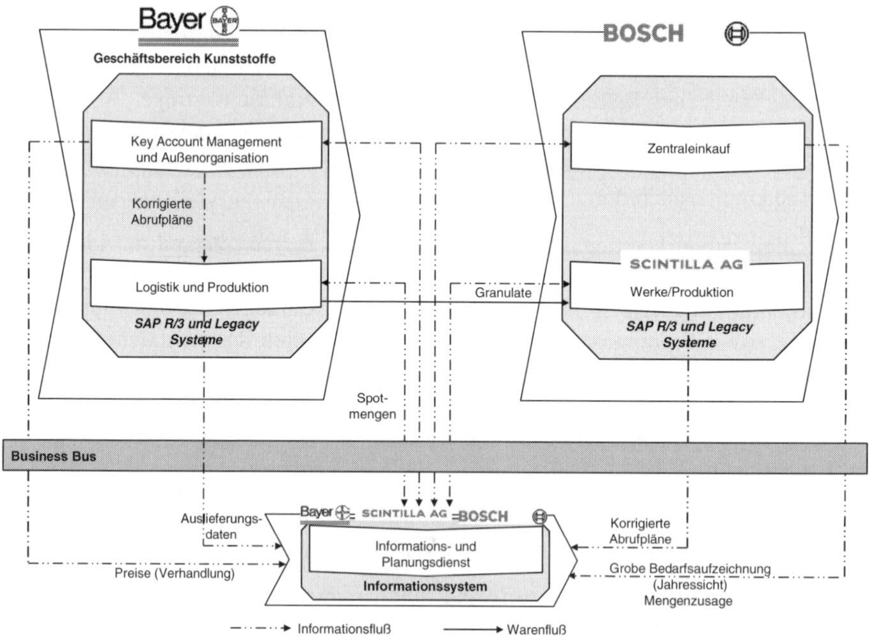


*Bild 7-3: Informations- und Planungsservice zur Unterstützung der Transaktionen zwischen Bayer und Bosch*

Für die Ausgestaltung des IPS wurden ausgehend von den Kooperationsprozessen (s. Kap. 5.3) mehrere, aufeinander aufbauende, Kooperationsszenarien erarbeitet (s. Bild 7-4):

- *Electronic Commerce (Contracting).* Eine EC-Lösung soll die Angebotserstellung, Preisverhandlungen sowie den Abschluß und die Nachbearbeitung von Rahmenverträge unterstützen. Grobe Bedarfsmengen, Preisverhandlungen und Mengenzusagen werden hierzu übermittelt.

- *Supply Chain Management (Collaborative Planning) (⇒ Glossar).* Zum Austausch von Planungsdaten und Bestellungen werden SCM-Funktionalitäten in die EC-Lösung integriert. Bedarfsinformationen von Bosch/Scintilla werden frühzeitig in die Produktionsplanung von Bayer KU übernommen. Abrufpläne und Bestellbestätigungen werden online übermittelt.

- *Electronic Commerce (Marketplace).* Zur Allokation der Spotmengen werden Marktplatzfunktionen in die EC-Lösung integriert. Verfügbare Spotmengen, entsprechende Mengen- und Preisangebote werden für die Kunden dargestellt.

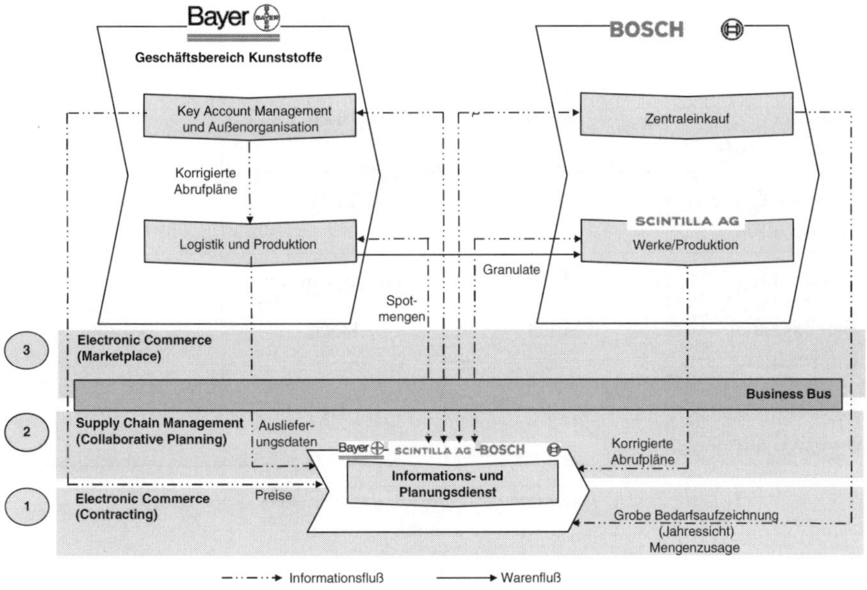


*Bild 7-4: Kooperationsszenarien der Lösung*

Die Bereiche unterscheiden sich in der Tiefe und Dauer der Kooperation sowie der Flexibilität und Spezifität der Investition (s. Tabelle 7-2). Durch eine Umsetzung der Kooperationsszenarien werden folgende Ziele angestrebt:

- *Projekt EC Contracting.* Das Key Account Management von Bayer KU erhofft sich eine Vereinfachung des Verhandlungsprozesses und der Zentraleinkauf der Robert Bosch Gruppe einen direkten Datenfluß.

- *Projekt SCM Collaborative Planning.* Bedarfsmeldungen und Änderungsmeldungen werden automatisch übermittelt. Möglich ist auch die Übermittlung von weiteren Dokumenten wie Abnahmeprüfzeugnissen (APZ) und Sicherheitsdatenblättern.

- *Projekt EC Marketplace.* Spotmengen werden angeboten und schnell verkauft, Kunden können kurzfristig günstige Mengen erwerben.

| Kriterien | Electronic Commerce (Contracting) | Supply Chain Management (Collaborative Planning) | Electronic Commerce (Marketplace) |
|---|---|---|---|
| **Hauptbeteiligte bei Bosch** | Zentraleinkauf, Einkauf Scintilla | Einkauf Scintilla, Disposition Scintilla | Einkauf Scintilla |
| **Hauptbeteiligte bei Bayer** | Key Account Management Bosch | Key Account Management Bosch, Logistik | Key Account Management Bosch, Logistik |
| **Ist-Häufigkeit** | Jährlich | 2-wöchentlich | Mehrmals jährlich |
| **Tiefe der Kooperation** | Mittel | Hoch | Gering |
| **Dauer der Kooperation** | Mittel | Lang | Kurz |
| **Flexibilität** | Mittel | Gering - mittel | Hoch |
| **Erforderliche Interaktion** | Mittel | Hoch | Gering |
| **Kardinalität der Soll-Beziehung** | 1:n | 1:1 | n:m |

*Tabelle 7-2: Vergleich der Kooperationsprozesse (s. Tabelle 5-4)*

### 7.3.5 Unterstützte Aufgaben in den Kooperationsprozessen

Die Lösung soll bereits bestehende Aufgaben unterstützen, die Transparenz und Möglichkeiten zur Bestellung von Spotmengen sicherstellen. Eine Übersicht über die einzelnen Aufgaben zeigt auf, welche Informationen übermittelt werden und wo Restriktionen bestehen.

### Grobe Bedarfsplanung auf Jahressicht

Wie oben beschrieben, bestehen Rahmenkontrakte über Liefermengen und Preise. Seitens Bosch werden die Bedarfszahlen an Granulat aktuell in einer dBase-Datenbank bereitgehalten. Die Datenbank enthält eine Aufstellung von Stoff-Nr., Typ- und Farb-Bezeichnung, Bosch-Werk und voraussichtlicher Bedarfsmenge. Die mit den Zulieferern verhandelten Preise werden dann in diese Datenbank eingefügt werden. Auf Basis dieser Angebote werden Aufträge vergeben und Rahmenkontrakte definiert. Dort vereinbarte Mengen besitzen jedoch keine bindende Wirkung.

Bei Scintilla werden 5-8 der insgesamt 35 eingekauften Produktgruppen über den Zentraleinkauf der Robert Bosch Gruppe bestellt. Auch Granulate werden über den Zentraleinkauf verhandelt. Die Geschäftsbereiche melden ihre konsolidierten Jahresbedarfe und entwickeln gemeinsam mit dem Zentraleinkauf eine bereichsübergreifende Einkaufsstrategie. Verhandlungsführerschaft übernimmt der Zentraleinkauf. Auf einen ersten Preisvorschlag hin, werden Verhandlungen mit dem Marketing von Bayer geführt und im Falle eines erfolgreichen Vertragsabschlusses mit der Mengenzusage abgeschlossen.

### Abrufpläne

Tatsächliche Bestellmengen ergeben sich aus 14-tägig versandten Abrufplänen, die einen Zeithorizont von 6-8 Monaten haben und für 28 Tage fix gelten. Die Abrufpläne werden aus dem ERP-System (SAP R/3) der Scintilla generiert und an das Lager der Bayer (Schweiz) übermittelt. Die Abrufpläne werden via eMail, allerdings in einem elektronisch nicht weiterverarbeitbaren Format gesendet. Da der Bedarf an Granulat kurzfristig stark schwanken kann[2], wird im Lager Bayer Schweiz ein Vorratsbestand für Scintilla gehalten.

### Auslieferungsdaten

Zu den Auslieferungsdaten gehören neben der Bestellbestätigung Abnahmeprüfzeugnisse (APZ), in denen produktionsmengenbezogen (Lot-bezogen) die Spezifikationen anhand von Meßwerten bestätigt werden. Die APZ werden von der Disposition in der Eingangsprüfung der jeweiligen Kunden verwendet und zur Qualitätssicherung und für Produktionsdaten verwaltet. Zu den einzelnen Produkten des Geschäftsbereich KU existieren Sicherheitsdatenblätter, die statische Informationen zu Sicherheitsfragen bezüglich des Produktes beinhalten. Informationen zu APZ werden kundenseitig den Abnehmern der entsprechenden Lots zugestellt. Die individuelle Verfügbarkeit für Abnehmer ist auch zukünftig zu erhalten.

---

[2] Die Bedarfsschwankungen ergeben sich aufgrund des Bestellverhaltens der Distributionszentren (Regionalgesellschaften), bedingt durch die jeweiligen Marktgegebenheiten.

**Spotmengen**

Kurzfristig verfügbare Mengen und Sonderangebote können öffentlich angeboten und bestellt werden. Ein entsprechender Mechanismus ist heute jedoch noch nicht vorhanden.

### 7.3.6 Bewertung der Kooperationsprozesse

Bei einer Bewertung der Kooperationsszenarien gilt es zusammenfassend Kosten und Nutzenaspekte zu erheben, aber auch Schwachstellen, Risiken und Potentiale aufzudecken. Der aktuelle, noch weiter zu konkretisierende Stand der Lösung läßt nur das Aufzeigen von Tendenzen valide erscheinen.

**Nutzenbewertung**

In Kooperationsprojekten stellt die Schaffung einer ausgewogenen Kosten-Nutzen-Verteilung die Grundvoraussetzung für die Akzeptanz der Lösung dar. Derartige Win-Win-Situationen sind auch für das Bayer-Bosch-Projekt von Relevanz, insbesondere, wenn Bayer als Initiator die Partizipation von Bosch sicherstellen möchte.

Nutzeneffekte ergeben sich durch die Realisierung der Kooperationsprozesse einerseits bezüglich Effizienz- (Zeit, Kosten) und Effektivitäts-Verbesserungen (Qualität, Flexibilität) in den Prozessen. Verbesserungen dieser Art lassen sich als eine Erhöhung der Transaktionsfähigkeit zusammenfassen. Andererseits werden Potentiale geschaffen, die es ermöglichen, effizient und effektiv Kooperationen mit Partnern weiterzuentwickeln und eher langfristig wirken. Diese Verbesserungen werden mit der Erhöhung der Netzwerkfähigkeit (s. Kap. 4) beschrieben.

Ziel insgesamt ist es, beidseitig die Transparenz zu erhöhen und Vereinbarungen leichter umzusetzen. Für Bayer bedeutet dies eine langfristigere Planung, eine günstigere Auslastung und eine effizientere Produktion. Für Bosch verbessern sich Liefergenauigkeit und Lieferzeit. Daraus entstehende Vorteile kommen beiden Partnern zugute. Mögliche Auswirkungen der Lösung auf einzelne Transaktionen seitens Bosch/Scintilla zeigt Tabelle 7-3.

| Kooperationsprozesse | Transaktionen | Zustand | Häufigkeit | Kosten | Zeit | Qualität |
|---|---|---|---|---|---|---|
| EC Contracting | **Grobe Bedarfsplanung** | Ist | Einmal jährlich | Hoch durch Medienbruch, durch Telefongespräche, eMail | Langwieriges Zusammenführen von Bedarfen der Geschäftsbereiche, erstellen von Excel Tabelle und Versand via eMail, . | Zunehmende Ungenauigkeit, je größer Planungszeitraum, prinzipiell große Abweichungen möglich, unterschiedliche Daten bei Bayer und Bosch |
| | | Soll | Mehrmals jährlich, korrigierbar | Gering, durch Internetzugang | Schnell Einstellen in Datenbank via Browser, Lieferanten werden Bedarfsmengen mitgeteilt | Flexible Anpassung möglich, identische Daten bei Bayer und Bosch |
| | **Preisverhandlung** | Ist | Einmal jährlich | Hoch durch Medienbruch, durch Telefongespräche, eMail | Langwieriges zusammenführen der Einzelangebote | Preise durch Mengenabweichungen nicht marktgerecht |
| | | Soll | Mehrmals jährlich, leicht korrigierbar | Gering, durch Internetzugang | Schnell, Angebote werden automatisch übersichtlich dargestellt | Preise marktgerecht |
| | **Mengenzusage** | Ist | Einmal jährlich | Hoch durch Medienbruch, durch Telefongespräche, | Langwieriges Bestätigen aus Excel-Tabelle heraus, mit eMail | k.A. |
| | | Soll | Mehrmals jährlich | Gering, durch Internetzugang | Schnell, Freischaltung durch einen Mausklick | Hoch, Übersichtliche Darstellung |
| SCM Collaborative Planning | **Abrufplan** | Ist | 14-tägig | Mittel, Versand via eMail | Langwierig, Abrufplan aus R/3 wird umformatiert, Versand via eMail | Gering, nicht elektronisch weiterverarbeitbares Format |
| | | Soll | Eventgesteuert möglich | Gering, durch Internetzugang | Schnell, eMail kann automatisch versandt werden | Hoch, Elektronisch weiterverarbeitbar |

*Tabelle 7-3: Mögliche Auswirkungen auf Transaktionen der Scintilla AG (1)*

| | | | | | | |
|---|---|---|---|---|---|---|
| SCM Collaborative Planning | **Auslieferungsdaten** | Ist | Ungefähr wöchentlich | Hoch, manuelle Erfassung der Abnahmeprüfzeugnisse (APZ) | Hoch, da manuelle Erfassung von APZ | Gering, Im Nachhinein, oder bei Lieferschwierigkeiten vorher |
| | | Soll | Ungefähr wöchentlich | Gering, automatische Erfassung der APZ, Internetzugang | Schnell, Erfassung von APZ automatisch, Zugang via Webbrowser | Hoch, jederzeit vorher verfügbar, Verwaltung von APZ, Bestellstatus, höhere Planungssicherheit |
| EC Marketplace | **Spotmengen** | Ist | - | - | - | - |
| | | Soll | Mehrmals jährlich | Gering, Internetzugang | Gering, Freischalten durch einen Mausklick | Hoch, Spezifische Bedarfsmengen können bestellt werden |

*Tabelle 7-3: Mögliche Auswirkungen auf Transaktionen der Scintilla AG (2)*

Zusammenfassend tragen folgende Vorteile in den Abläufen der Scintilla AG zu einer höheren Transaktionsfähigkeit bei: Transaktionen können aufgrund der geringen Transaktionskosten nun ereignisgesteuert stattfinden. Zeit- und Kostenersparnisse treten durch vermiedene Medienbrüche, weniger Suchaufwand und weniger Bearbeitungsaufwand (z.B. durch Umformatierungen) auf. Die Qualität der Transaktionen steigt, da Daten in einem Medium dargestellt werden und zusätzliche Funktionen (wie Order Tracking und Verwaltung der Abnahmeprüfzeugnisse) geschaffen werden. Zusätzlich können Vorteile durch Auswirkungen auf die gesamte Supply Chain entstehen, wie eine Steigerung der Flexibilität und kürzere Durchlaufzeiten. Seitens Bayer können Effizienzsteigerungen durch vereinfachte Abläufe und verbesserte Planungsqualität entstehen. Kostenreduktionen werden erreicht und durch eine verbesserte Qualität lassen sich zusätzliche Umsätze erzielen.

## Kostenbewertung

Zur Identifizierung möglicher Anpassungen bei der Scintilla AG dient ein Schema, das beispielhaft mögliche Kostenblöcke enthält, die sich aus den Dimensionen der Netzwerkfähigkeit ergeben. Eine hohe Netzwerkfähigkeit in den Bereichen Strategie, Kultur, Struktur, Prozeß, IS/IT und Human Resources trägt zur erfolgreichen Realisierung von Kooperationsprojekten bei. Ebenso werden diese Bereiche durch eine Realisierung betroffen. So ergeben sich beispielsweise Teilprojekte zur Neudefinition der Strategie, Beeinflussung der Unternehmenskultur und Prozeßreengineering.

## 7.4 Informationstechnische Umsetzung

### 7.4.1 Anforderungen an die IT-Unterstützung

Eine Umsetzung soll in einer ersten Phase den Kernanforderungen der beiden Partner entsprechen. Die Lösung soll daher folgende Elemente umfassen:

- grobe Bedarfsmengen auf Jahressicht von Bosch,
- Angebote von Bayer KU bzw. verhandelte Preise,
- Mengenzusagen, laufende Aufträge und Bestellungen seitens Bosch (Abrufpläne),
- tatsächlichen Liefermengen seitens Bayer (Orderbestätigung).

Seitens der IT sind folgende Anforderungen zu berücksichtigen: Sicherheit, Benutzerfreundlichkeit und Flexibilität, Verfügbarkeit und Kosten. Mit Flexibilität wird gefordert, daß die Lösung ohne große Aufwendungen für weitere Werke der Robert Bosch Gruppe und weitere Kunden übertragbar sein soll.

### 7.4.2 Alternativen bei der IT-Umsetzung

Für die Unterstützung wurden ausgehend von Anforderungen an die IT-Lösung mehrere verschiedene technologische Konzepte betrachtet und verglichen. Nachfolgend beschrieben werden: SAP APO, EDI, Internet-Datenbankanbindung mit ODBC-Schnittstelle sowie mySAP.com.[3] Im Rahmen des Projektes wurde ferner zur Visualisierung der Funktionalität ein Internet-basierter Demonstrator erstellt.

**Advanced Planning System – SAP APO**

Die Einführung eines gemeinsamen Bayer und Bosch Advanced Planning und Scheduling System der SAP AG ist schon bei früheren Überlegungen evaluiert und als Lösung vorgeschlagen worden. Für eine Einführung sprechen hohe Sicherheit, gute Integration mit vorhandenen SAP R/3-Systemen bei Scintilla und Bayer sowie die umfangreichen Planungsfunktionalitäten. Eine lange Einführungszeit, hohe Lizenzgebühren, sowie mangelnde Flexibilität und Benutzerfreundlichkeit zählen zu den Nachteilen. Langfristig ist eine SAP APO Lösung denkbar, und die Umsetzung einer Lagerbewirtschaftungsstrategie durch den Lieferanten (VMI) kann mit dem Supply Network Planning Modul (SNP) verfolgt

---

[3] Aufgrund des Einsatzes von SAP R/3 bei Bayer und Bosch wurden bei APS-Tools und Collaboration Portalen nur SAP-Produkte betrachtet. Gemäß ihren Funktionalitäten sind sie als Stellvertreter für weitere Produkte in diesen Kategorien zu sehen.

werden [SAP 1999c]. Die APO Funktionalität bietet darüber hinaus die Möglichkeit, Verfügbarkeitsabfragen zu stellen, anhand eines Supply Chain Modells Szenarien zu simulieren und die eigentliche Produktionsplanung durch Berücksichtigung der Kapazitäten zu verbessern.

**Electronic Data Interchange (EDI)**

Die Standardisierung der Transaktionen mittels EDI und Anbindung der R/3 Systeme ist als weitere Alternative diskutiert worden. Zu den Vorteilen zählt die hohe Sicherheit aufgrund von proprietären Netzwerken. Mangelnde Flexibilität und hohe Kosten sind die Nachteile dieser Lösung [vgl. Blodget/McCabe 2000, 17]. Zudem müssen für die gemeinsame Repräsentation der Daten eine entsprechende Oberfläche geschaffen und die Informationen in Echtzeit aus verschiedenen Quellen zusammengeführt werden.

**Internet-Datenbankanbindung mit ODBC-Schnittstelle**

Bei dieser Lösung wird eine Datenbank aus den R/3 Systemen oder manuell mit Daten gespeist. Sie ermöglicht den ortsunabhängigen Zugriff via Internet. Zu den Vorteilen der Lösung zählen eine hohe Flexibilität und geringe Kosten, sowie eine schnelle Umsetzungszeit und die Benutzerfreundlichkeit. Als Nachteil stehen Sicherheitsbedenken, sowie Schwierigkeiten bei Schnittstellen zu R/3, die bei Verwendung von XML als Standard jedoch gering sind. Besonders für den kurz- bis mittelfristigen Einsatz ist diese Lösung sinnvoll.

**MySAP.com**

Die Funktionalität der SAP-Portallösung mySAP.com geht über den bisherigen Fokus des Projekts hinaus. Bei einer möglichen Einführung sind besonders die Applikationen zum Collaborative Forecasting von Interesse. Für eine Realisierung des Szenarios mit MySAP.com spricht die Flexibilität hinsichtlich der Erweiterung für weitere Partner und verhältnismäßig geringe Kosten. Als Nachteil sind Sicherheitsaspekte und mangelnde Benutzerfreundlichkeit zu sehen.

**Zusammenfassende Bewertung**

Die Kriterien zur Applikations- und Architekturauswahl sind in Tabelle 7-4 zusammengefaßt. Es zeigt sich, daß die Lösung sehr stark durch Kosten-, Personal und Zeitrestriktionen getrieben wird. Vernachlässigt man die letzten beiden Punkte, ergibt sich ein ausgewogenes Bild zwischen mySAP.com und SAP APO.

Für das weitere Vorgehen wurde die Excel/Access basierte Internet Variante zur Realisierung ausgewählt. Dabei erzielte Ergebnisse und Erkenntnisse lassen sich bei einer Weiterentwicklung auf Basis anderer Systeme verwenden. So erfüllen sie die Rolle eines Prototyps.

| Treiber-Typ | Treiber-Kriterien | Gewichtung | Ausprägung der Lösung | | | |
|---|---|---|---|---|---|---|
| | | gering 1-10 hoch | APO | EDI | ODBC & Internet | mySAP |
| Geschäft | Einbindung anderer Lieferanten | 8 | ● | ●● | ●●●● | ● |
| Geschäft | Security | 5 | ●●●● | ●●● | ● | ●● |
| Funktion | Tracking-Funktion | 6 | ●●●● | ●● | ●●● | ● |
| Funktion | Usability darf nicht komplexer werden als IST | 4 | ● | ●●● | ●●●● | ●● |
| Funktion | Gemeinsamer Zugriff auf konsistente Datenbasis | 10 | ●●●● | ● | ●● | ●●● |
| Funktion | Manuelle Überarbeitung der Plandaten muß möglich sein | 7 | ●●●● | ●●●● | ●●●● | ●●●● |
| Kosten | Einmalige Soft- und Hardwarekosten gegen 0 | 10 | ● | ●● | ●●●● | ●●● |
| Technik | Integration mit R/3 | 10 | ●●●● | ●● | ● | ●●● |
| Politik | Widerstand gegen Veränderungen | 2 | ●● | ●●● | ●●●● | ● |
| Projekt | Personalkapazitäten, Projektlaufzeit | 10 | ● | ●● | ●●●● | ●●● |
| | | | 188 | 159 | 217 | 182 |

*Tabelle 7-4: Kriterien zur Applikations- und Architekturauswahl*

## 7.4.3 Entwicklung eines Collaborative Portal

Um aus den vorangestellten Überlegungen, möglichst schnell Ergebnisse präsentieren zu können und um eine weitere Grundlage für die Diskussion mit dem Kunden zu haben, wurde ein erster Prototyp entwickelt (s. Bild 7-5).

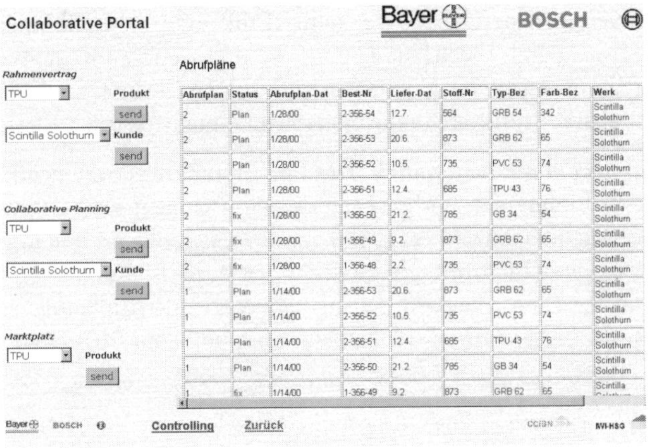


*Bild 7-5: Demonstrator ,Collaborative Portal'*

Als Umsetzung der Internet-Datenbankanbindung ermöglicht der Prototyp den Datenzugriff über das Internet, im Hintergrund steht eine einfache Access Datenbank. Er umfaßt eine Darstellung der Basisfunktionalitäten. Zu diesen Basisfunktionalitäten zählen die Unterstützung der Transaktionen in den Bereichen Rahmenverträge, Collaborative Planning und Marktplatz. Die Navigation zu diesen Funktionalitäten ist von der Titelseite und aus den einzelnen Bereichen über eine

Menüleiste am linken Bildrand möglich. Nach Produkten und Kunden geordnet, können Abrufpläne eingesehen werden, Rahmenkontrakte bearbeitet und über einen einfachen Marktplatz Spotmengen angeboten und nachgefragt werden. Eine weitere Funktion ist das Controlling. Zusammenfassend bietet der Demonstrator eine konzeptuelle Basis zur (schrittweisen) Entwicklung der tatsächlichen Lösung.

## 7.5 Zusammenfassung und Ausblick

Erst der gemeinsame Einsatz von Electronic Commerce und Supply Chain Management Strategien kann die Anforderungen erfüllen. Der entwickelte Demonstrator stellt eine Grundlage dar, anhand deren das weitere Vorgehen der Bayer AG diskutiert werden kann. Offen ist noch, wer die Rolle des Betreibers des Informations- und Planungsdienstes übernehmen wird. Die Weiterentwicklung der Kooperationsszenarien kann durch die CC iBN Methode und ihre Erweiterungen begleitet werden. Durch ein Pilotprojekt wird eine höhere Netzwerkfähigkeit erreicht, die es ermöglicht, weitere Kooperationen anschließend weniger zeit- und kostenaufwendig zu realisieren. Prinzipiell erscheinen drei Kooperationsszenarien als Erweiterung sinnvoll:

- *Integration weiterer Kunden.* Eine Anbindung weiterer Kunden führt zu einer weiteren Standardisierung der Verkaufs-/Einkaufs- und Lieferungs-/ Beschaffungsprozesse durch Electronic Commerce und weiteren Kostenvorteilen. Bei einer Integration weiterer Kunden in eine solche Lösung, sind Möglichkeiten zur Verfügbarkeitsprüfung und Kapazitätsplanung sinnvoll.
- *Integration weiterer Lieferanten.* Die Erweiterung des bestehenden Konzepts um weitere Lieferanten der angeschlossenen Kunden verstärkt den Kundennutzen, da sich die Anzahl der genutzten Kanäle reduziert und über eine Electronic Commerce Plattform ein Großteil der Bestelltransaktionen abgewickelt werden kann. Eine Standardisierung der Verkaufs-/Einkaufs- sowie Lieferungs-/Beschaffungsprozesse führt zu unmittelbaren Kostenvorteilen beim Kunden.
- *Integration weiterer Supply Chain Partner.* Für die Vertriebsgesellschaften und Groß- und Einzelhändler (‚Kunden der Kunden‘) können einerseits durch eine Standardisierung der Verkauf/Einkauf-, Lieferung/Beschaffungsprozesse und Planungsprozesse Supply Chain-übergreifend Kostenvorteile erzielt werden. Andererseits lassen sich durch eine gemeinsame Bestimmung des Forecasts und integrative Planung Lagerbestände reduzieren und die Durchlaufzeiten verringern.

Die Erweiterungen sind Bestandteile für die Schaffung eines Prozeßportals für den Kunden [Österle/Winter 2000, 6]. Der Kunde benötigt Informationen, die ihn bei der Bestimmung seiner Bedürfnisse unterstützen, bei der Beschaffung und im

Einkauf benötigt er Verfügbarkeitsinformationen, einfache Bestell- und Zahlungsmöglichkeiten, sowie Statusabfragen. Nach dem Kauf benötigt er Unterstützung bei der Verwendung und Kontrollmöglichkeiten. Bestehende Portale, wie CheMatch und Cheop unterstützen den Kundenprozeß nur unzureichend. So fehlen weitgehend Informationen zu Verwendungsmöglichkeiten und logistische Informationen. Die Anbieter fokussieren auf die Einkaufsphase, bieten ggf. allgemeine Nachrichten und decken somit nur einen Teil des Kundenprozesses ab.

Der Reifegrad eines Prozeßportals läßt sich über die Nutzung durch den Kunden bestimmen [vgl. Jones/Teige 1999]: In der ersten Stufe nutzt der Kunde das Prozeßportal neben seinen weiteren Quellen für Informations- und Güterbeschaffung. In der nächsten Stufe ist das Prozeßportal die Hauptquelle für Informations- und Güterbeschaffung. Die letzte Stufe besteht in der Nutzung des Prozeßportals als alleinige Quelle für Informations- und Güterbeschaffung. Bestehende Portallösungen lassen sich weitgehend der ersten Stufe zuordnen.

Zur Erreichung eines hohen Reifegrads, ist es notwendig, neben Transaktionen weitere Services zur Abdeckung des Kundenprozesses zu bieten. Diese Services können teilweise aus eigenen Ressourcen erbracht werden, wie z.B. Informationen zu Collaborative Planning. Andererseits ist es vorteilhaft, mit weiteren Anbietern zu kooperieren um zusätzliche Leistungen anzubieten, z.B. durch Kooperationen mit Portalen und eServices für Logistikleistungen, Versicherungen, Lohnfertiger oder Maschinenbau, also branchenspezifischen, vertikalen Leistungen, oder mit horizontalen Portalen und eServices, wie z.B. für die Beschaffung von indirekten Gütern und zur Finanzierung. Diese Kooperationen erfordern, daß Schnittstellen unter Portalen und eServices geschaffen werden.

# 8 Customer Relationship Management in der Pharmaindustrie

*Thomas Puschmann, Rainer Alt, Thomas Huber, Vladimir Barak*

## 8.1 Transformation der Pharmaindustrie

Die Pharmaindustrie befindet sich in einem umfassenden Transformationsprozeß (s. Kap. 9). Steigende Kosten, wachsende Komplexität des pharmazeutischen Produktions- und Dienstleistungsnetzwerkes sowie das Aufkommen neuer Geschäftsmodelle im Internet bewirken einen starken Handlungsdruck im Gesundheitsmarkt. Dieser Markt wird traditionell von einer Vielzahl an Anbietern und Organisationen beherrscht, die bislang klar definierte Rollen im Gesundheitsprozeß einnahmen und sehr eng miteinander verwoben waren (s. Bild 8-1). Das Internet stellt diese Rollen zunehmend in Frage, indem es neue Intermediäre, wie z.B. WebMD, ein US-amerikanisches Healthcare-Portal, hervorbringt, das alle Teilnehmer über eine zentrale Internet-Plattform miteinander verbindet und dadurch den Informationsaustausch zwischen den Teilnehmern vereinfacht.

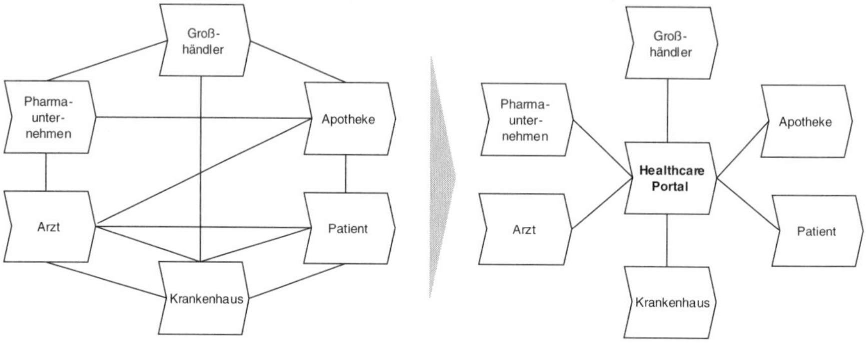


*Bild 8-1: Veränderung der Pharmaindustrie durch Healthcare-Portale*

Healthcare-Portale sind Internet-basierte Informations- und Kommunikationsplattformen im Gesundheitsbereich, die einen Nutzen für Anbieter und Empfänger (Patienten) von Gesundheitsleistungen erzeugen. Pharmaunternehmen, Großhändler, Apotheken, Ärzte und Hospitäler können durch die Nutzung von Healthcare-Portalen Patientenprofile generieren und damit individualisierte Produkte und Dienstleistungen anbieten. Beispielsweise wird derzeit die Herstellung patientenspezifischer Medikamente intensiv unter dem Begriff der Humangenomforschung diskutiert. Durch die Entschlüsselung menschlicher Erbinformationen erhalten die Pharmaunternehmen ein Instrument, das es ihnen ermöglicht, gezielt individualisierte Produkte für den einzelnen Patienten anzubieten.

## 8.2 Customer Relationship Management in der Pharmaindustrie

### 8.2.1 Herausforderungen für Pharmaunternehmen

Trotz einer großen Anzahl an Fusionen ist der Pharmamarkt weltweit immer noch sehr stark fragmentiert: Die größten 10 Pharmahersteller decken zusammen nur knapp über 35 % des Gesamtmarktes ab. Kein Pharmaunternehmen erreicht heute einen Marktanteil, der 5% überschreitet [vgl. Interpharma 1999, 20]. Nachdem über Produktdifferenzierung nur noch in wenigen Fällen ein Wettbewerbsvorteil erzielt werden kann, sind Pharmaunternehmen zu grundlegenden Strategieänderungen gezwungen. Als wesentliche Auslöser hierfür gelten:

- *Kostendruck.* Aufgrund der explodierenden Gesundheitskosten üben Regierungen weltweit zunehmenden Druck auf die Pharmaunternehmen aus, ihre Medikamentenpreise zu senken. Die Ausgaben für die Gesundheitsfürsorge vereinnahmten alleine in den USA im Jahre 1999 ca. USD 1,2 Bio.
- *Regulierung.* Die Pharmabranche ist stark reguliert. So wird z.B. jedes neue Medikament erst nach einer klar definierten klinischen Testphase von staatlicher Seite freigegeben. Zudem untersagt die Richtlinie 92/28/EWG des Rates vom 31. März 1992 über die Werbung für Humanarzneimittel die Bewerbung verschreibungspflichtiger Medikamente bei den Endkunden innerhalb der EU. Es sind allerdings Bestrebungen im Gange, diese Beschränkungen in Europa aufzuheben; in den USA wurde das entsprechende Verbot bereits 1997 aufgehoben.
- *Profitabilität.* Neue Medikamente zu entwickeln wird immer kapital- und zeitintensiver: Die Entwicklung eines marktreifen Produktes dauerte 1990 10-15 Jahre und kostete im Durchschnitt ca. USD 500 Mio. [vgl. PhRMA 1999]. Aus 10‘000 geprüften Grundsubstanzen erreichen nur ein oder zwei Medikamente das Stadium der Marktreife. Von diesen Medikamenten sind weniger als ein Drittel jemals profitabel.
- *Patentschutz.* Ein Patent auf ein pharmazeutisches Produkt bietet in der Regel 20 Jahre Schutz vor Imitationen. Diese Zeitspanne beginnt bereits mit der Anmeldung der Grundsubstanz als Patent und nicht erst, wenn das Medikament marktreif ist. Erlischt der Patentschutz nach 8-10 Jahren [vgl. Interpharma 1999, 43] drängen massiv günstigere Generika auf den Markt. Medikamente müssen daher nicht nur die eigenen Entwicklungskosten innerhalb von ca. 10 Jahren einspielen, sondern auch die Entwicklungskosten der Produkte decken, die in den verschiedenen klinischen Testphasen aufgrund negativer Ergebnisse gestoppt werden mußten.

Eine von PriceWaterhouseCoopers durchgeführte Umfrage mit Verwaltungsräten und Geschäftsleitungsmitgliedern der Pharmaindustrie in Kanada und den USA ergab, daß die steigenden Kosten der Produktentwicklung als wichtigste Einflussgrösse der Branche beurteilt werden. An zweiter Stelle folgten die Interventionen der Regierungen sowie die von diesen erlassenen Preiskontrollen. Die staatlichen Einflüsse kamen auch in allen geführten Interviews wiederholt zur Sprache, was deren Wichtigkeit zusätzlich unterstreicht. An achter Stelle wurde die zunehmende Mitbestimmung der Konsumenten bei Gesundheitsentscheidungen aufgeführt [vgl. PriceWaterhouseCoopers 1999]. In Bild 8-2 sind die wichtigsten Grössen aufgeführt.

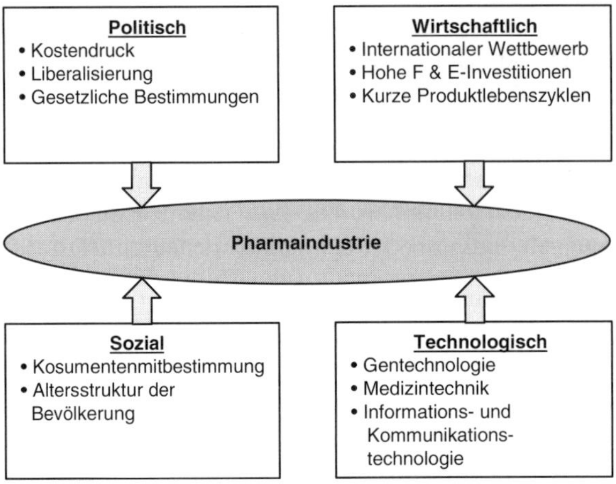


*Bild 8-2: Einflußfaktoren in der Pharmaindustrie*

Mit der Entwicklung von Standard-Pharmazeutika versuchte man in der Vergangenheit über Produkte wie z.B. Aspirin eine breite Masse an Patienten zu erreichen. Da sich die Produkte in ihrer Qualität angleichen, ergeben sich Differenzierungskriterien und Wettbewerbsvorteile heute nur über ein effektives Management der Kundenbeziehung. Die Kundenzentrierung und der Aufbau von Kundenprozeßportalen (s. Kap. 2), erhalten auch in der Pharmaindustrie eine wettbewerbsrelevante Bedeutung.

Obwohl Pharmakunden zumeist zügig und zuvorkommend durch Marketing-, Verkaufs- und Serviceabteilungen bedient werden, treten diese Kanäle gegenüber dem Kunden zumeist isoliert voneinander auf. Der Kunde hat jedoch, basierend auf dem jeweiligen Kundensegment, weitergehende Bedürfnisse, denn er befindet sich typischerweise in einem spezifischen Kundenprozeß wie z.B. der Behandlung einer Krankheit (Patient) oder dem Besitz medizinisch-technischer Geräte. Im Rahmen dieses Prozesses greift er auf eine Vielzahl an Produkten und Dienstleistungen zurück, die er, bedingt durch die hohe Produktzentrierung, von verschiedenen Unternehmen bezieht (s. Bild 8-3).

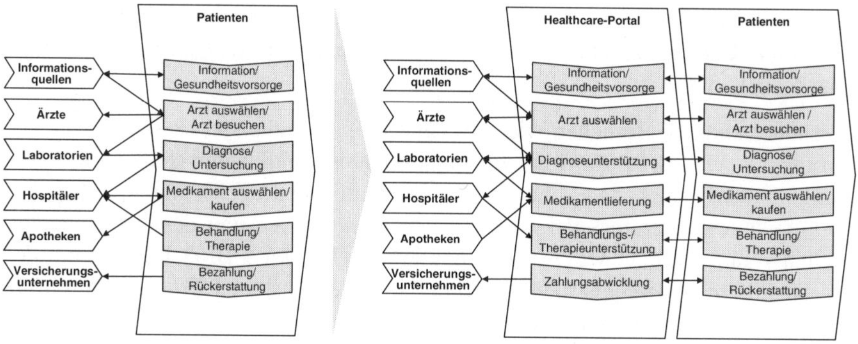


*Bild 8-3: Produkt- versus Kundenzentrierung in der Pharmaindustrie*

Die Integration dieses Kundenprozesses über sämtliche Kundenkontaktpunkte ist das Ziel von CRM. [Schulze et al. 2000] definieren CRM daher als einen kundenorientierten Managementansatz, bei dem Informationssysteme das erforderliche Wissen zur Unterstützung der Frontoffice Prozesse im Marekting, Verkauf und Service sammeln, analysieren und integriert bereitstellen. Unternehmen verwenden dieses Wissen zur Verbesserung der Kundengewinnung, Kundenbindung, zur Erhöhung der Wirtschaftlichkeit sowie zur Verbesserung der Interaktionsmöglichkeiten mit den Kunden.

Auf der anderen Seite können Portale als webbasierte, personalisierte und integrierte Systeme definiert werden, die den Zugang zu Applikationen, Content und Leistungen ermöglichen [Österle/Winter 2000]. Wenn diese Portale spezifische Leistungen für einen Kundenprozeß bündeln, so werden sie als Prozeßportale bezeichnet (s. Kap 2). Diese Sichtweise wird durch das Konzept des Customer Resource Life Cycle (CRLC) unterstützt, der darauf abzielt sämtliche Bedürfnisse eines Kunden in allen Phasen seines Kundenprozesses zu unterstützen [vgl. Ives/Learmonth 1984]. Der CRLC differenziert hierfür die Phasen Information, Evaluation, Kauf, Gebrauch und Entsorgung [vgl. Molenaar 1996]. Die Frontoffice Prozesse Marketing, Verkauf und Service stellen die Leistungen für den jeweiligen Kundenprozeß über Prozeßportale bereit.

## 8.2.2 CRM bei Pharmaunternehmen

Customer Relationship Management (CRM) ist ein Konzept, das sich auf die Knüpfung, Pflege und Nutzung persönlicher Beziehungen zu den wichtigen Kunden konzentriert (s. Kap. 5.3.3). Übertragen auf die Pharmaindustrie bedeutet dies, daß alle Kundenkontaktpunkte auf die gleichen Informationen einer gerade entstehenden oder bereits bestehenden Kundenbeziehung zurückgreifen können. Die heute vorherrschende Verkaufsorganisation eines Pharmaunternehmens basiert auf den Hospitälern, Großhändlern und Apotheken als einem Kundensegment, den

Ärzten als einem weiteren Kundensegment sowie den Patienten als Endkunden. Diese drei Kundensegmente werden heute von einer Vielzahl an Kanälen unterstützt (s. Bild 8-4).

Gegenüber anderen Branchen wie z.B. der Computerindustrie, ist sowohl die Bewerbung als auch der Zugriff auf Informationen der Endkunden (Patienten) in der Pharmaindustrie stark eingeschränkt. Neben staatlicher Regulierung ist dafür auch das komplexe Beziehungsnetzwerk zwischen Endkunden und dem Pharmaunternehmen verantwortlich. Während Computerhersteller wie z.B. Dell direkt mit den Endabnehmern zusammenarbeiten und ein gezieltes Customer Profiling durchführen können, sind Pharmaunternehmen in ein Geflecht von verschreibendem Arzt, Großhändler, Apotheke und Krankenhaus, eingebunden.

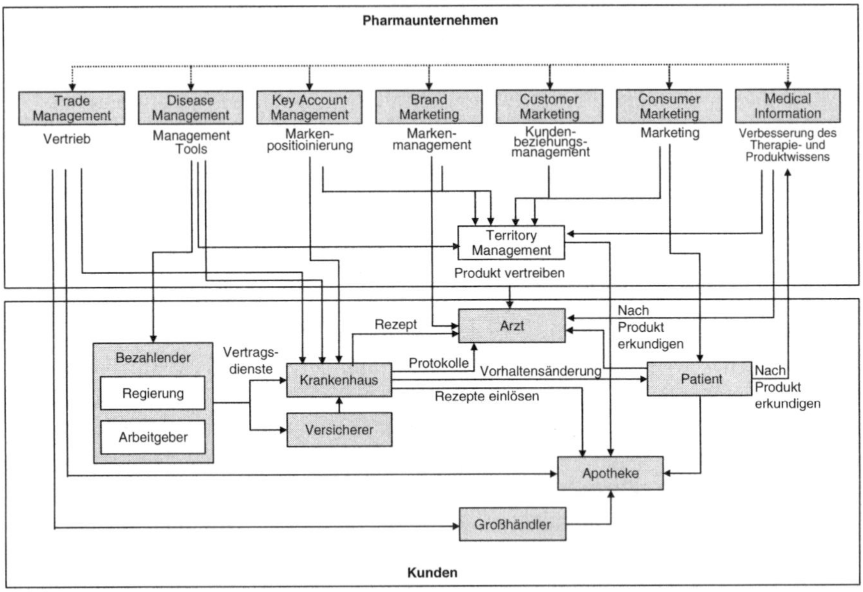


*Bild 8-4: Isolierte Kundenkontaktkanäle in der Pharmaindustrie*

Wie Bild 8-5 zeigt, definieren Pharmaunternehmen dazu verschiedene Kundenkontaktpunkte (oder CRM-Kanäle), z.B. das Key Account Management (KAM), Territory Management (TM) und Portale. Beim KAM betreuen Key Account Manager Schlüsselkunden wie Apotheken, Großhändler und Hospitäler. Da das untergeordnete TM nur Proben an Ärzte verteilen darf, stellt das KAM zugleich auch den einzig echten Distributionskanal dar. Die Pharmareferenten des TM versuchen dagegen, gezielt Verschreibungsentscheidungen durch regelmäßige Besuche der Ärzte zu beeinflussen. Einen neuen Kanal zum Endkunden stellen Internet-Portale dar, die im folgenden auf ihre Bedeutung für das CRM in der Pharmaindustrie detaillierter analysiert werden.

Die nachfolgende Studie zur Kundenprozeßanalyse basiert im Wesentlichen auf Interviews mit je 5 Großhändlern und Krankenhausapotheken aus Österreich, Deutschland und der Schweiz. Die Portalleistungen wurden auf der Grundlage von 15 versendeten Fragebögen bei führenden Portalprovidern in den USA und Europa ermittelt, von denen 5 zurückgeschickt wurden.

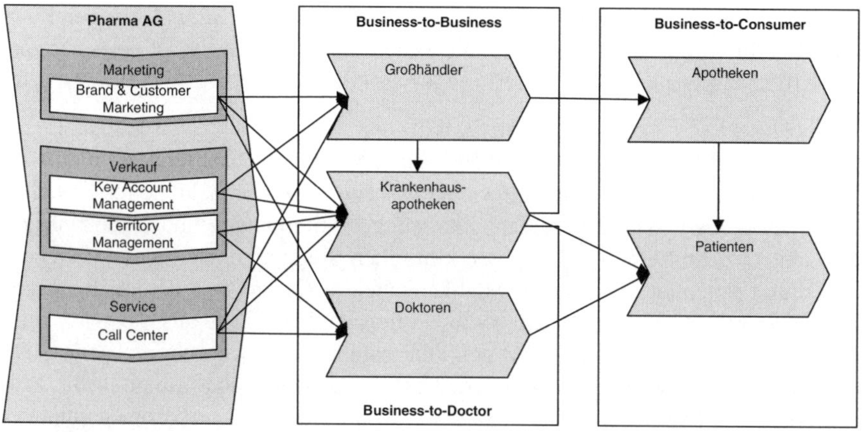


*Bild 8-5: Kundensegmente in der Pharmaindustrie*

## 8.2.3 Kundenprozesse von Krankenhausapotheken

Die Krankenhausapotheken versorgen die verschiedenen Stationen des eigenen Krankenhauses und zum Teil andere Krankenhäuser mit Arzneimitteln. Die Krankenhausapotheken in der Schweiz und in Deutschland kaufen die Arzneimittel von Pharmaherstellern ein oder produzieren diese für die Bedürfnisse der Patienten teilweise sogar selbst. Der Großhandel liefert nur die unregelmäßig benötigten Medikamente, die schnell verfügbar sein müssen. Gegenüber Großhändlern bieten aber Pharmahersteller tiefere Einstandspreise. Während die Arzneimittelpreise zwischen Pharmaunternehmen und Krankenhausapotheken frei ausgehandelt werden können, sind die Preise beim Handel zwischen Großhändlern und Krankenhausapotheken in den meisten Ländern festgeschrieben. Krankenhausapotheken schliessen sich deshalb oft zu Einkaufsgemeinschaften (sog. Hospital Buying Groups) zusammen, um günstigere Lieferkonditionen bei den Herstellern aushandeln zu können.

Die Lagerverwaltung beansprucht einen grossen Teil der Ressourcen bei den Krankenhausapotheken, weshalb hier auch dauernd nach Optimierungsmöglichkeiten gesucht wird. Einerseits wollen die Krankenhausapotheker eine möglichst hohe Lieferfrequenz und eine damit einhergehende niedrige Lagerkapitalbindung, andererseits besteht das Problem der hohen Transaktionskosten der Kleinbestellungen. Die Kosten einer Bestellabwicklung werden auf zwischen 50 und 100 DM, die einer Rechnungsbearbeitung auf 30 DM geschätzt [vgl. Kämmerer 2000, 23]. Die geführten Interviews mit deutschen Krankenhausapothekern haben diese Werte bestätigt. Bei der Krankenhausapotheke des Kantonsspitals St. Gallen wurden die Material- und Zeitkosten in einem internen Arbeitspapier auf 15 CHF berechnet, hinzu kamen noch acht CHF für den Materialdienst, was ein Total von 23 CHF ergibt [vgl. Kläy 1997, 12]. Die Reduktion dieser Kosten ist eines der Ziel von Efficient Consumer Response (⇒ Glossar) und Healthcare Integrationsportalen.

Der CRLC der Krankenhausapotheken beginnt bei der Beobachtung der medizinischen Entwicklungen und der Informationssuche. Die Apothekenleiter brauchen Informationen wie Verkaufszahlen, Zulassungsbestimmungen und Nebenwirkungen von Arzneimitteln. Mit Hilfe von klinischen Studien können Einsatzmöglichkeiten und Potentiale von neuen Medikamenten analysiert und das medizinische Wissen erweitert werden. Reichen diese Informationen nicht aus, so wird beim verantwortlichen Produktmanager des Pharmaunternehmens weitergehende Auskunft und Beratung verlangt. Der Krankenhausapotheker überprüft nun die Produktpreise des Pharmaherstellers. Nach der Kontrolle des Lagerbestandes und der Übereinstimmung mit den Lieferkonditionen, löst er die Bestellung aus. Die Bestellungen werden gebündelt meist per Fax an die einzelnen Hersteller übermittelt. Spediteure bringen die bestellten Waren dann im Auftrag des Pharmaunternehmens in die Krankenhausapotheke. In der Regel gibt es ein bis zwei Lieferungen pro Hersteller im Monat.

Die Mitarbeiter der Warenannahme kontrollieren die angelieferten Produkte und die dazugehörige Rechnung. Anschließend ordnen sie die Waren im Lager ein. Geht bei der Apotheke eine Bestellung von einer Krankenhausstation oder einem anderen Krankenhaus ein, wird die Ware kommissioniert und anschließend verschickt. Die Ärzte auf den einzelnen Stationen verlangen eingehende Beratung über die Wirkungsweisen der Medikamente. Der Prozeß der Entsorgung schließt den CRLC (s. Bild 8-6). In den geführten Interviews wurde klar, daß logistische Aufgaben wie Bestellungen, Lagerkontrollen oder Kommissionierungen weit über 50% der zeitlichen Aufwendungen bei den Krankenhausapotheken beanspruchen.

Die internen Kunden der Krankenhausapotheken – die Krankenhausstationen – geben ihre Bestellungen meist auf Papier ab. Apothekenmitarbeiter geben die einzelnen Bestellzeilen ins Warenwirtschaftssystem ein. Daraufhin überprüft das System, ob die gewünschten Produkte noch in genügender Anzahl vorhanden sind. Wenn noch genügend Arzneimittel im Lager vorhanden sind, werden die Waren kommissioniert, aus dem System abgebucht und an die Stationen geliefert. Falls die Lagerbestandsgrenze unterschritten ist, wird automatisch ein Bestellvorschlag erstellt. Der Apothekenleiter oder ein Stellvertreter prüft diesen auf Plausibilität hin. Danach erfolgt die Übermittlung der gebündelten Bestellungen an die Pharmaunternehmen (i.d.R. via Fax). Ein Sachbearbeiter gibt dieselbe Bestellung wieder manuell ins ERP-System des Pharmaunternehmens ein. Die Pharmaunternehmen verschicken i.d.R. keine Auftragsbestätigungen. Häufig werden diese nur auf Verlangen oder bei außerordentlichen Bestellungen verschickt. Die Pharmaunternehmen stellen die Waren dann bereit und die Spediteur liefern sie an die Krankenhausapotheken aus. Am Wareneingang der Krankenhausapotheke vergleichen die Lageristen die Waren mit den Liefer- und Bestellscheinen. Abweichungen zur Bestellung müssen manuell eingegeben und der Status der bestellten Ware im Warenwirtschaftssystem abgeändert werden. Danach erfolgt die Lagerung der Waren. Ein Sachbearbeiter gibt die Rechnungsdaten in die Finanzbuchhaltung ein, damit die fristgerechte Zahlungsüberweisung erfolgen kann.

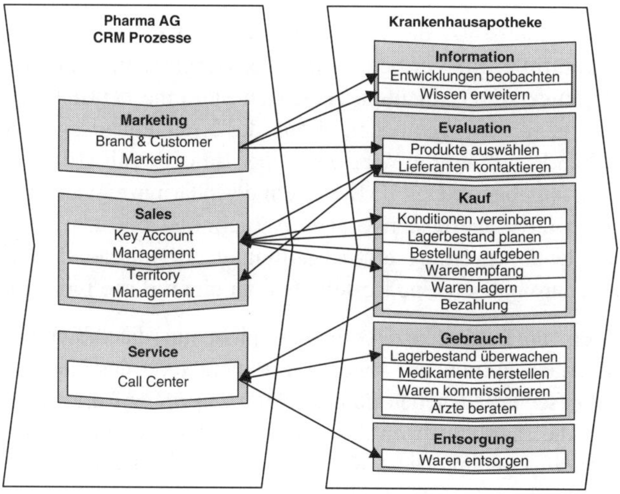


*Bild 8-6: Kundenprozeß von Krankenhausapotheken*

Der verstärkte Einsatz von EDI ermöglicht die effizienter Gestaltung der Bestellvorgänge bei den Krankenhausapotheken. Die Bestellungen der Krankenhausstationen könnten elektronisch an die Krankenhausapotheken übermittelt werden. Dies geschieht in keinem der befragten Krankenhäuser außer im Kantonsspital St. Gallen, wo die Ärzte auf den einzelnen Stationen bereits 80% ihrer Bestellungen direkt ins Warenwirtschaftssystem eingeben. Dadurch kann eine Mehrfacherfassung der bestellten Waren verhindert werden. Dies kann zu einer deutlichen Entlastung für die Krankenhausapotheker als auch später für die Pharmaunternehmen führen, sofern die Krankenhausapotheker ihre Bestellungen auch per EDI an die Pharmahersteller verschicken.

Mit Hilfe von EDI kann neben dem Bestellungsablauf auch die Rechnungsstellung systemunterstützt werden. Dies hat Kosten- und Zeitersparnisse sowohl für die Hersteller als auch für die Kunden zur Folge. Die Krankenhausapotheker können die eingesparte Zeit für ihre Kernaufgaben, die Informationsbeschaffung und die

Ärzteberatung, einsetzen. Die elektronische Übermittlung der Lieferscheine ermöglicht bereits bei der Warenannahme den Vergleich zur hinterlegten Bestellung im eigenen Warenwirtschaftssystem. Allfällige Abweichungen können so sofort abgeglichen werden.

**Vendor Managed Inventory (VMI)**

Ein VMI-Konzept lagert die komplette Lagerbestandsprüfung an einen Großhändler aus. Eine Auslagerung an ein Pharmaunternehmen macht nur beschränkt Sinn, da die Krankenhausapotheken noch unzählige Produkte von anderen Herstellern vorrätig haben müssen. Die befragten Krankenhausapotheker halten Produkte von weit über hundert verschiedenen Herstellern in ihren Sortimenten vor.

Ein VMI-System unterstützt die Krankenhausapotheker in ihrer Lagerbestandesplanung und -kontrolle. Im Vergleich zum klassischen EDI, bei dem die Prozesse lediglich systemunterstützt ablaufen, zeigt sich nun eine deutliche Entlastung im Lagermanagement für die Apotheker. Wenn der Krankenhausapotheker ein Arzneimittel aus dem Regal nimmt, wird dieses per Barcode mit Hilfe eines Scanners aus dem System abgebucht. Das VMI-System des pharmazeutischen Großhändlers überprüft täglich die Lagerbestände aller Arzneimittel bei der Krankenhausapotheke. Bei der Unterschreitung einer bestimmten, definierten kritischen Menge löst das System automatisch eine Bestellung oder einen Bestellvorschlag aus.

Ein VMI-System unterstützt und verbessert nicht nur die Abwicklungsprozesse bei den Krankenhausapotheken, sondern verlagert auch das Lagerrisiko auf die Großhändler. Dieser erhält neben dem direkten Zugriff auf die aktuellen Bestandeszahlen auch die Planungsdaten des Kunden, um so auch die eigene Lagerhaltung optimieren zu können. Die Lagerverwaltung erfolgt effizienter und kostengünstiger, was der gesamten Gesundheitslogistikkette zugute kommt. Die Lagerbestandsreduktion entspricht dem Wunsch der Krankenhausapotheker nach einer geringeren Lagerkapitalbindung. Die Versorgungssicherheit für die Patienten dürfte jedoch aus ethischen Gründen in keiner Weise eingeschränkt werden.

Alle befragten Krankenhausapotheker fordern eine Standardplattform für den gesamten Prozeß, auf welcher Bestellungen bei allen großen Pharmaherstellern und Großhändlern getätigt werden können. Viele individuelle Plattformen der Hersteller bedeuten für die Krankenhausapotheker hingegen sogar einen Mehraufwand, da für jeden Anbieter eine separate Bestellung in einem anderen System erstellen. Eine EDI-Verbindung bringt vor allem den Pharmaunternehmen Vorteile, da die manuelle Erfassung der Bestellungen eliminiert wird. Die Krankenhausapotheker können Vorteile realisieren, z.B. durch den elektronischen Austausch von Stammdaten wie Artikelnummern. Die Kompatibilität und Integration einer Portallösung mit dem internen Warenwirtschaftssystem der Krankenhausapotheken würde daher einen wesentlichen Zusatznutzen darstellen.

### 8.2.4 Kundenprozesse von Großhändlern

Das Distributionsnetzwerk des Großhandels ist in der Regel effizienter als das der Pharmaunternehmen, da die logistischen und administrativen Abläufe stark automatisiert sind. Die Rolle des Großhandels wird sich vom Logistikanbieter zum Anbieter von Informations- und Marketingdienstleistungen verändern [vgl. Kalakota/Robinson 2001, 222]. Großhändler sind in der Lage innerhalb von zwei Stunden die bestellten Waren in die Apotheke zu bringen und teilweise bis zu sechs Lieferungen täglich durchzuführen. Aufgrund dieser Versorgungssicherheit erstaunt es nicht, daß die Lieferfähigkeit der marktführenden Großhändler zwischen 97 und 99% liegt.

Der CRLC beginnt beim Großhandel mit der Suche nach Fachinformationen über Produkte, Neuerscheinungen und Sortimentsdaten von Arzneimitteln wie die Größe von Verpackungseinheiten, Anzahl Tabletten oder Kapseln pro Verpackung. Für produktspezifische Fragen wird der entsprechende Produktmanager des Pharmaunternehmens kontaktiert. Die Sortimentsgestaltung beim Großhandel ist von den Bedürfnissen der Apotheker abhängig. Deren Wunsch nach einem bestimmten Produkt stellt ein wichtiges Kriterium für die Aufnahme ins Sortiment dar. Mit den Pharmaherstellern werden Konditionen wie Zahlungsziele und Liefertermine vereinbart. Dabei sind die örtlichen gesetzlichen Bestimmungen wie Referenzpreise zu beachten. In Deutschland legt z.B. die Arzneimittelpreisverordnung die Preisspanne für den Handel von pharmazeutischen Produkten zwischen den Pharmaunternehmen und dem Großhandel fest. Die beiden Vertragsparteien können nur noch über Skonto, Lieferbedingungen und Zahlungsziele frei verhandeln. In der After-Sales-Phase, wie auch vor dem Kauf, werden den Apothekern Beratungsgespräche und Informationsdienste angeboten, zudem werden Reklamationen entgegengenommen.

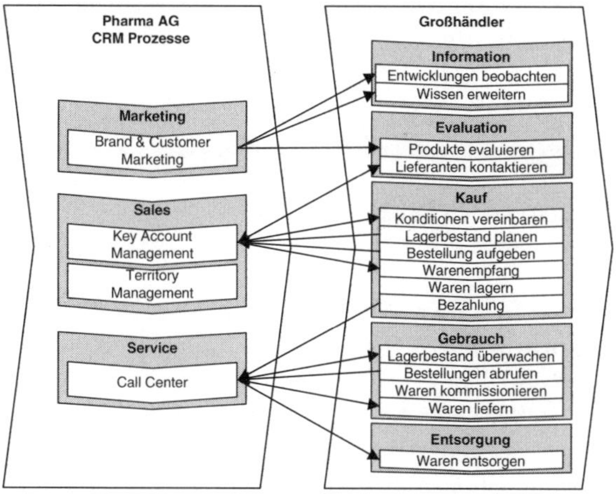


*Bild 8-7: Kundenprozeß von Großhändlern*

Erreicht eine Bestellung einer Apotheke den Großhandel, so kommissionieren Automaten oder Robotersysteme die meist gefragten Produkte automatisch und schicken sie an den Warenausgang, Lagermitarbeiter erledigen Bestellungen selten benötigter Produkte. Bei Unterschreitung einer bestimmten Lagerbestandesgrenze löst das Warenwirtschaftssystem automatisch ein Bestellvorschlag aus. Der zuständige Lagerleiter übernimmt die Plausibilitätsprüfung und verschickt die überprüfte Bestellung mittels EDI an den betreffenden Pharmahersteller. Die Bestellung erhält den Lieferstatus „offen", eine Bestellbestätigung erfolgt in der Regel nicht. Die Pharmahersteller liefern die bestellten Waren an den Großhandel, die Mitarbeiter am Wareneingang nehmen die Waren in Empfang, kontrollieren sie und lagern sie ein. Der Status der Bestellung im Warenwirtschaftssystem wird geändert. Falls die gelieferte nicht exakt der bestellten Ware entspricht, muß ein Mitarbeiter die hinterlegte Bestellung manuell ändern oder ergänzen.

Bild 8-7 zeigt den effizienten und großteils systemunterstützten Kaufprozeß im Großhandel. Nur die Bearbeitung der im System hinterlegten Bestellung bei Abweichungen zur Lieferungen erfolgt manuel. Die Apotheken als Hauptkunden der Großhändler übertragen ihre Bestellungen überwiegend elektronisch; zwischen Pharmahersteller und Großhandel werden EDIFACT-Nachrichten verwendet. Werden hingegen künftig die Lieferscheine und Rechnungen elektronisch verschickt, kann der Lagerist bei Abweichungen in der Warenannahme die hinterlegte Bestellung im System auf Basis des Lieferscheins ändern. Mit einem elektronischen Lieferschein könnte diese Aufgabe sogar – bis auf die Kontrolle der Warenannahme – automatisiert werden.

Neben der automatisierten Rechnungs- und Lieferscheinübermittlung ist ein elektronischer Artikeldatenaustausch sinnvoll. Die Übertragung von Stammdaten wie Gewicht, Volumen oder Versandeinheiten könnte künftig helfen, fehlerhafte Bestellungen als Folge von falschen Stammdaten zu reduzieren. Die marktführenden Großhändler führen alle ein Vollsortiment, d.h. sie verfügen über einen Stamm von ca. 100'000 Artikeln. Ein automatischer Austausch von Stammdaten erleichtert die Datenpflege.

## 8.3 Healthcare-Portale

### 8.3.1 Prozeßportale

Healthcare-Portale stellen eine Ausprägung der in Kapitel 2 beschriebenen Prozeßportale dar. Diese stellen webbasierte, personalisierbare und integrierte Zugangssysteme zu Applikationen, Content und Services dar, die der ganzheitlichen Unterstützung der Kundenprozesse dienen. Healthcare-Portale, als vertikale Ausprägung dieser Prozeßportale, bilden damit den traditionellen Gesundheitsprozeß elektronisch ab. Im Unterschied zu elektronischen Marktplätzen wie z.B. SAP-marketplace, tradematrix und Marketsite.net, bei denen die Integration der Angebote untereinander und die Kundenprozeßbetrachtung im Hintergrund steht, zeichnen sich Prozeßportale dadurch aus, daß sie alle Leistungen für einen spezifischen Kundenprozeß auf einer Website bündeln. Beispielsweise wird ein Arzt für den Besitz medizinisch-technischer Geräte während des gesamten Lebenszyklus des Produktbesitzes, von der Information über den Kauf, den Service bis zum Wiederverkauf, unterstützt. Dabei werden sowohl eigene Leistungen als auch solche von Kooperationspartnern integriert. Vergleicht man die Entwicklung von allgemeinen (horizontalen) Marktplätzen mit kundenprozeßspezifischen (vertikalen) Portalen, so besitzen Kundenprozeßportale wie das von Dell ein deutlich höheres Potential, da Marktplätze wie Börsen verglichen zu Anlageberatern eine schmalere Wertschöpfung haben.

Wie die allgemeine Architektur von Prozeßportalen im Gesundheitsbereich zeigt, treten Pharmaunternehmen lediglich als ein Anbieter in den Prozessen der Kunden auf. Der Kundenprozeß von Patienten umfaßt z.B. Informationssuche, Arztbesuche, Diagnose, Medikamentenkauf, Behandlung etc. (s. Bild 8-8). Dieser Kundenprozeß variiert je nach Kundensegment. Ärzte, denn Hospitäler und Apotheken haben typischerweise andere Bedürfnisse und Prozesse als ein Patient.

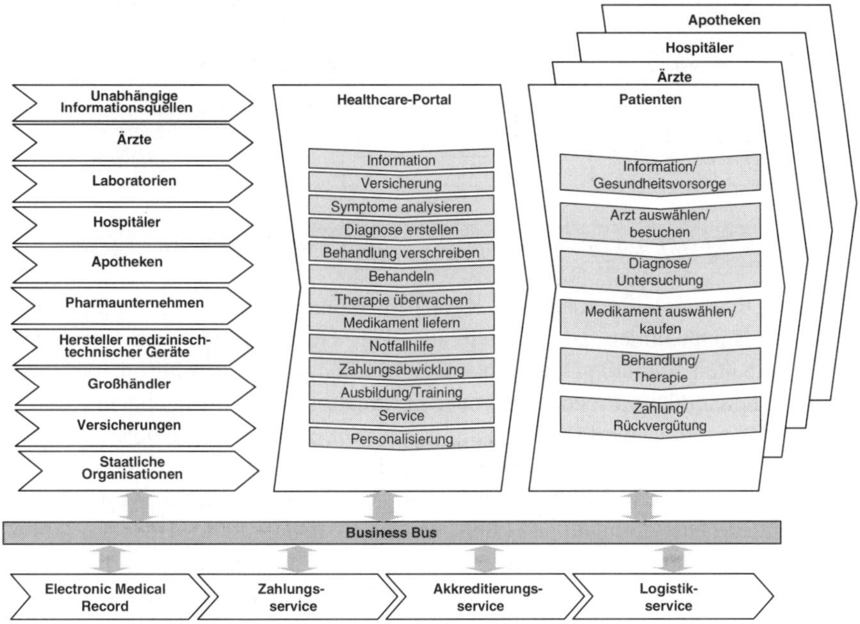


*Bild 8-8: Architektur von Prozeßportalen im Gesundheitsbereich*

### 8.3.2 Prozeßportale im Gesundheitsbereich

Im Gesundheitsbereich sind bereits verschiedene Ansätze für Prozeßportale entstanden, die für Pharmaunternehmen relevant sein können. Bild 8-9 zeigt exemplarisch die Prozesse und Leistungen des Prozeßportals von Neoforma.com, einem US-amerikanischen Unternehmen, das als Anbieter von Produkten und Dienstleistungen für Ärzte, Hospitäler und andere Organisationen der Gesundheitsfürsorge die vier Kernleistungen Resources, Plan, Shop und Auction anbietet, hinter denen sich wiederum eine Vielzahl an Einzelleistungen verbergen.

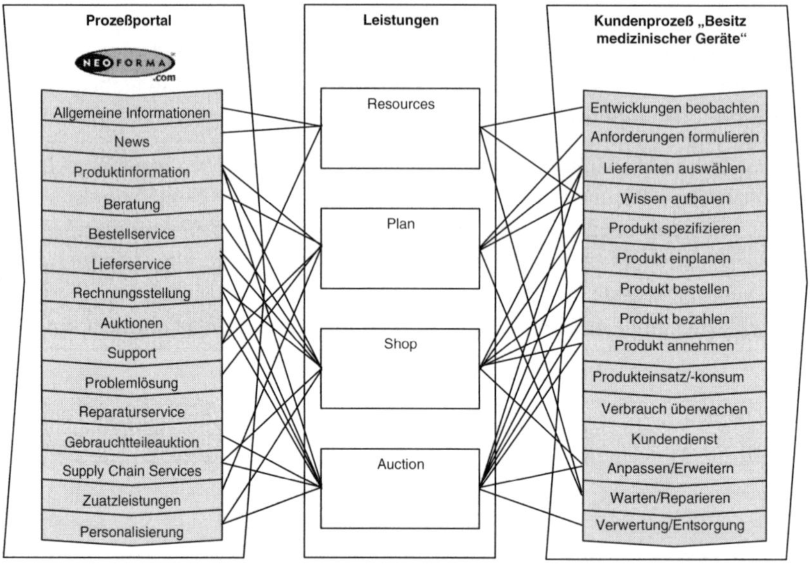


*Bild 8-9: Prozesse und Leistungen des Prozeßportals Neoforma.com*

Über die ‚Resources' werden dem Kunden personalisierbare Informationen und Fortbildungsmaßnahmen zu Themen aus dem Gesundheitsbereich angeboten. Weiter enthalten sind eine Datenbank zu Behandlungsmethoden für unterschiedliche Krankheitsbilder (‚Procedures') oder Informationen zu Jobangeboten (‚Career Center'). Über ‚Plan' wird für Ärzte und Hospitäler ein Dienst angeboten, mit dem Fachabteilungen aufgebaut und erweitert werden können. Über Rubriken wie z.B. für eine neu einzurichtende Abteilung ‚Computer Tomographie' werden alle notwendigen Büroausstattungen und klinischen Produkte aufgeführt. Über den ‚Shop' kann der Kunde dann die Produkte bestellen. Der Auktionsservice schließt den Customer Resource Life Cycle, indem sowohl gebrauchte Produkte er- und versteigert werden können.

Healthcare-Portale unterscheiden sich hinsichtlich der Zielgruppe (Business-to-Business, Business-to-Consumer) und der angebotenen Leistung. Da die Kundenprozesse einzelner Kundensegmente in der Pharmaindustrie stark differieren, bilden sich vermehrt spezialisierte Portale heraus. So zeichnet sich der Kundenprozeß eines Patienten primär durch Informationsprozesse aus, während ein Arzt neben diesen Informationen vor allem Verkaufsleistungen z.B. für medizinisch-technische Geräte und Pharmazeutika nachfragt. Hospitäler sind in erster Linie an Integrationsleistungen interessiert, um administrative und klinische Prozesse mit denen von Versicherungen und Fachärzten zu integrieren. Nach den angebotenen Kundenleistungen werden drei Arten von Healthcare-Portalen unterschieden:

- *Informationsportale* stellen den Kunden Informationen über Krankheiten sowie medizinische Produkte und Dienstleistungen zur Verfügung.
- *Verkaufsportale* portieren traditionelle Verkaufsprozesse für verschreibungspflichtige Medikamente, medizinisch-technische Geräte, etc. auf das Internet.
- *Integrationsportale* verknüpfen die einzelnen Teilnehmer des pharmazeutischen Netzwerkes (Versicherungen, Ärzte, Hospitäler, Patienten, etc.).

Die pharmazeutische Supply Chain umfaßt eine Vielzahl an Teilnehmern, die in ständiger Interaktion miteinander stehen. Die meisten dieser zwischenbetrieblichen Prozesse in den Bereichen Business-to-Business und Business-to-Doctor laufen heute papierbasiert ab. [De Nelsky et al. 1999] sowie [Peters 1999] attestieren dem Gesundheitswesen in den USA Prozeßineffizienzen von ca. 30 %, die durch Redundanzen und unnötige Doppelbehandlungen aufgrund papierbasierter Prozesse und Medienbrüche hervorgerufen werden. Die Gründe hierfür sind papierbasierte administrative Prozesse, Bestell- und Bezahlungsprozesse sowie handgeschriebene Diagnosen. Diese Kosten können nur dann gesenkt werden, wenn die Prozesse der Teilnehmer des Gesundheitswesens durch auf Standards basierenden, elektronisch integrierten Prozessen ersetzt werden. Genau dies ist das Ziel von Healthcare Portalen, die durch Dienstleistungen wie beispielsweise Multi-Lieferanten Kataloge oder elektronische Zahlungsprozesse diesen Integrationsbedarf adressieren.

### 8.3.3 Services von Healthcare Portalen traditioneller Marktteilnehmer

In den letzten beiden Jahren sind viele Healthcare-Portale entstanden. Obwohl sich die Mehrzahl davon auf den Handel mit den Endkunden konzentriert, gibt es auch im zwischenbetrieblichen Bereich viele neue Portalanbieter. Die fragmentierte Natur des Gesundheitswesens ist geradezu prädestiniert, neue innovative Geschäftsmodelle zu fördern. Durch die zahlreichen Marktteilnehmer und die komplexen Rahmenbedingungen sind im zwischenbetrieblichen Bereich noch beträchtliche Kosteneinsparungen entlang der Supply Chain möglich.

Diverse Investmentbanken und Analysten schätzen die Marktpotentiale des zwischenbetrieblichen Electronic Commerce im Gesundheitsbereich unterschiedlich hoch. Forrester Research erwartet, daß der zwischenbetriebliche Electronic-Commerce-Anteil von pharmazeutischen und medizinischen Produkten, der 1998 noch eine Milliarde USD betrug, bis ins Jahre 2003 auf 44 Milliarden USD ansteigt [vgl. Forrester 1999]. Eine Marktstudie der Millennium Research Group prophezeit, daß 64% der Beschaffungen von medizinischen Geräten und Produkten der Krankenhäuser bis im Jahre 2003 online ablaufen werden [vgl. Dunn 2000]. Diese Studien zeigen das beachtliche Potential für zukünftige zwischenbetriebliche Electronic-Commerce-Lösungen wie Healthcare-Portale auf.

**Pharmaunternehmen**

Die grossen Pharmahersteller haben eigene Internetpräsenzen mit unterschiedlich leistungsstarken Informationsdienstleistungen wie Produktinformationen, klinischen Testergebnissen oder Diskussionsforen zu zahlreichen Krankheiten ausgestattet. Diese Informationen richten sich vor allem an Patienten, Ärzte und Apotheker. Bis anhin bietet jedoch noch keiner der zehn umsatzstärksten Medikamentenhersteller ein leistungsfähiges zwischenbetriebliches Internet-Portal an für die Abwicklung von Transaktionen wie den Verkauf von Medikamenten an Krankenhausapotheken oder Supply Chain Services zur Reduktion papierbasierter Prozesse. Dennoch versuchen auch große Unternehmen, wie Novartis am Potential der Healthcare-Portale teilzuhaben, indem sie versuchen Kooperationen mit Internet-Unternehmen zu bilden. Novartis will zusammen mit dem niederländischen Internetdienstanbieter World Online ein pan-europäisches Healthcare-Portal errichten. Dieses soll sich sowohl auf den zwischenbetrieblichen als auch auf den Handel mit dem Endkunden beziehen [Novartis 2000].

**Großhändler**

Der pharmazeutische Großhandel hingegen beteiligt sich verstärkt am Aufbau von neuen Internet-Portalen im zwischenbetrieblichen Bereich, mit den Zielen weitere Effizienzsteigerungen bei den logistischen Prozessen und eine engere Kundenbindung zu erreichen. Die Berner Pharma-Holding Galenica hat mit der Bildung einer Electronic-Commerce-Plattform für Schweizer Krankenhäuser begonnen. Zu diesem Zweck hat sie sich mit 10% an der Medpoint AG beteiligt, die ein Internet-Portal für die professionellen Partner im Gesundheitswesen anbietet. Im Weiteren sind auch Bestrebungen im Gang um eine Plattform für die Endkunden zu errichten.

Die Phoenix AG in Deutschland hat mit ihrem Internet-Gesundheitsportal MyPIN (www.mypin.de) ein leistungsfähiges Portal für Apotheker errichtet. Dieses Portal bietet neben medizinischen, pharmazeutischen und gesundheitspolitischen Informationen auch eine Suchfunktion im umfangreichen Arzneimittelarchiv an. Das Portal offeriert auch diverse Beratungsdienstleistungen. Die Apotheker können ihre Bestellungen mit der integrierten Warenkorbfunktion abgeben. Die automatische Zubuchung in gewisse Warenwirtschaftssysteme verschafft dem Kunden einen erheblichen Zusatznutzen [vgl. Phoenix 2000a, 17]. Die Apotheker schätzen das Portal zunehmend. Dies zeigen die ansteigenden monatlichen Zugriffe auf die Plattform. Im September 1999 hat das Portal rund 80‘000 Zugriffe, im Mai 2000 waren es bereits über 960‘000 Zugriffe pro Monat [Phoenix 2000].

**Apotheken**

Die Großhändler konzipieren Apotheken-Portale im zwischenbetrieblichen Bereich, da sie an zusätzlichen Kosteneinsparungen beim Handel mit den Apotheken interessiert sind. Die Apotheken und Drogerien konzentrieren sich hingegen auf den Handel mit den Endkunden. Der Online-Verkauf von Medikamenten an die Endkunden ist in der Schweiz – im Vergleich zu den USA – erst ganz am Anfang. Denn erst 43 Apotheken und 19 Drogerien in der Deutschschweiz bieten den Online-Verkauf übers Internet an.

Die Gesundheitsberatungsplattform Wellshop.ch der Documed AG treibt den Online-Handel mit den sogenannten OTC-Medikamenten, also nicht-rezeptpflichtigen Medikamenten, voran [vgl. Schlatter 2000, 3]. Ausgebildete Apotheker beantworten online Fragen zur Gesundheitsvorsorge und zu Beschwerdebildern, wodurch die Qualität und Sicherheit der Informationen gewährleistet sein soll. Zudem muß der Patient einen detaillierten Fragebogen beantworten, wenn er ein Medikament mit Nebenwirkungen bestellt. Vor allem die Apothekervereinigungen setzen sich gegen den Vertrieb von Medikamenten übers Internet zur Wehr, sie befürchten einerseits ihre dominierende Marktmacht zu verlieren und andererseits einen Verlust an Beratungsqualität für die Patienten.

### 8.3.4 Services von Healthcare Portalen neuer Intermediäre

**WebMD**

WebMD [www.webmd.com] ist eine an der Technologiebörse NASDAQ notierte US-amerikanische Unternehmung mit geschäftlichem Hauptsitz in Atlanta im Bundesstaat Georgia, der technologische Hauptsitz liegt in Santa Clara im Silicon Valley. Durch den Zusammenschluß von Healtheon, WebMD, MedE America und Medcast entstand im November 1999 mit Healtheon/WebMD der Marktführer unter den Healthcare Portalen. Am 12. September 2000 gab die Unternehmung bekannt, daß die Fusion mit Medical Manager Corporation und CareInsite und die Akquisition von OnHealth Network abgeschlossen seien [vgl. PRNewswire 2000]. WebMD hat damit seine Vormachtsstellung unter den Healthcare Portalen zusätzlich unterstrichen. Zudem hat die Unternehmung auf diesen Zeitpunkt hin auch ihren Namen von Healtheon/WebMD zu WebMD geändert.

Die Strategie des Unternehmens zielt darauf ab, Ärzte, Apotheken, Patienten, Versicherungen, Arbeitgeber und Lieferanten miteinander zu verbinden und so die

Reduktion von administrativen Kosten zu erreichen. WebMD bietet hierfür Integrationsleistungen in primär drei Bereichen an:

- *Klinische Integration.* Ärzte interagieren mit anderen Ärzten, Laboratorien, Apotheken und Versicherungen zum Austausch medizinischer Informationen.
- *Administrative Integration.* Hospitäler und Ärzte interagieren mit Herstellern medizinisch-technischer Geräte, Pharmaproduzenten, etc. zum Austausch administrativer Informationen wie z.B. Überweisungen, Bestellungen, etc.
- *Finanzielle Integration.* Versicherungen kommunizieren mit Ärzten, Hospitälern und Apotheken zur Abrechnung von Leistungen.

Eine Barriere für diese Integrationsleistungen stellt jedoch bislang die unzureichende Sicherheit im Internet dar. Gerade bei individualisierten Produkten im Gesundheitswesen schrecken die meisten Personen davor zurück, ihre medizinischen Informationen in Electronic Medical Records über unsichere Verbindungen im Internet Preis zu geben. Dies erscheint insbesondere dann als kritisch, wenn eine Massenverarbeitung von medizinischen Daten bei der Abwicklung von Arztrechnungen oder ähnlichem über das Internet erfolgt.

**OmniCell Technologies Inc.**

OmniCell Technologies Inc. wurde im September 1992 gegründet und im November 1999 in Omnicell.com umbenannt. Omnicell ist eine privatgehaltene US-amerikanische Aktiengesellschaft mit Hauptsitz in Palo Alto im Bundesstaat Kalifornien. Die Unternehmung hat am 20. April 2000 ein Börsenkotierungsgesuch an die SEC eingereicht und sollte in Kürze am NASDAQ (OMCL) kotiert sein.

Omnicell verfolgt eine andere, fokussiertere Strategie als WebMD. Omnicell hat mit OmniBuyer und OmniSupplier zwei Portale errichtet, die es Pharmaunternehmen, Großhändlern und Krankenhäusern ermöglichen, miteinander Handel zu betreiben und dies mit Kosten- und Zeitersparnissen für beide Seiten. Mit OmniBuyer spricht Omnicell den stark umkämpften Markt der Krankenhäuser an. In den USA gibt es über 6‘000 Krankenhäuser, was ein enormes Marktpotential darstellt [vgl. Cross 2000]. Omnicell hat bereits bei 1‘300 davon automatische Regalverteilungssysteme (automated dispensing cabinets) entwickelt. Die Regale sind via Telefon oder Computer mit dem Warenwirtschaftssystem verbunden, welches den Verbrauch des Lagers erfaßt und automatisch Bestellungen auslöst.

Omnicell will darauf aufbauend die Krankenhäuser und Lieferanten mittels eines Bestellsystems über das Internet verbinden. Omnicell erhebt dafür eine monatliche Gebühr für die Benützung des Systems, diese liegt zwischen 50 und 100 USD. Hinzu kommt noch eine Gebühr von zwei USD für jede Bestellung unabhängig von der Grösse der Bestellung (flat fee) [vgl. Neil 2000]. OmniSupplier verbindet die Pharmaunternehmen und Großhändler mit den Kunden von OmniBuyer und ermöglicht die Abwicklung von Transaktionen.

Ein wesentlicher Vorteil ist dabei, daß die Bestellung der Krankenhausapotheken direkt ins interne System (Back-end-System) des Pharmaunternehmens oder Großhändlers transferiert wird, dabei können die Teilnehmer zwischen verschiedenen Dokumentenformaten wie XML, EDI oder Microsoft Excel auswählen. Durch die direkte Verbindung von Herstellern und Verbrauchern via Portal soll eine drastische Reduktion von Fehlern stattfinden, die bei der traditionellen Bestellungsübertragung via Fax oder Telefon entstehen.

**EumediX**

EumediX wurde im Februar 2000 als privatgehaltene Gesellschaft mit Hauptsitz in Weesp in den Niederlanden gegründet. EumediX.com ist ein unabhängiger Online-Marktplatz für medizinische Ausrüstung, Geräte und Medikamente für Krankenhäuser und Lieferanten. EumediX steht für European Medical Exchange und ist Teil des Netzwerkes der Internet Capital Group (ICG). Am 20. Juni 2000 wurde die erste erfolgreich abgeschlossene Online-Vertragsverhandlung zwischen einem Krankenhaus und einem Lieferanten in Europa über die Handelsplattform von EumediX abgewickelt.

Die meisten Healthcare-Portale sind auf den US-amerikanischen Markt fixiert, in Europa gibt es erst sehr wenige leistungsfähige Portale. Diese Tatsache stellt sicherlich eine Chance für EumediX dar. Die Unternehmung steckt noch im Anfangsstadium ihrer Entwicklung, weshalb noch keine abschliessende Beurteilung vorgenommen werden kann.

Weitere Anbieter von Healthcare-Portalen für den zwischenbetrieblichen Bereich sind beispielsweise Medicforma [www.medicforma.com], Smartmission [www.smartmission.com], Vamedis [www.vamedis.net], Global Healthcare Exchange [www.ghxeurope.com], GloMediX [www.glomedix.com], Praxisline [www.praxisline.de].

| Healthcare-Portal / Kundenprozeß | WebMD (USA) | Omnicell (USA) | Eumedix (NED) |
|---|---|---|---|
| **Information** | Medizinische News<br>Medizinische Bibliotheken<br>Produktinformationen zu rezeptpflichtigen und -freien Medikamenten<br>Klinische Testergebnisse | Medizinische News<br>Medizinische Bibliotheken<br>Produktinformationen und eine 'Recalls Alerts Section', mit Informationen über alle von der Federal Drug Administration kritisch eingestuften Medikamente | Vergleich von Produktinformationen unterschiedlicher Anbieter von medizinisch-technischen Geräten und Medikamenten |
| **Evaluation** | Online-Seminare<br>Online-Videso für therapeutische Gebiete | - | - |

*Tabelle 8-1: Leistungen ausgewählter Healthcare-Portale (1)*

| | | | |
|---|---|---|---|
| **Kauf** | Online-Shop mit über 150'000 medizinischen Produkten und direkten Links zu Großhändlern wie z.B. McKesson HBOC oder medi-buy.com | Elektronischer Marktplatz<br>Online-Verfügbarkeitsprüfung<br>Plausibilitätsprüfung<br>Order Status Tracking<br>Automatische Regalverteilungssysteme überwachen den Lagerbestand am Point of Use bei den Krankenhausapotheken | Eine eContracting-Funktionalität unterstützt die Online-Verhandlung von Lieferanten medizinischer Produkte und Krankenhäuser<br>Volumenbündelung durch Bildung virtueller Hospital Buying Groups |
| **Gebrauch** | Electronic Medical Records<br>Administrative Unterstützung für Krankenhäuser und Doktoren bei der Übermittlung von Leistungsabrechnungen an Versicherungen<br>Benchmarking-Funktion zum Vergleich von Tarifen zwischen Doktoren<br>Personalisierung | - | - |
| **Entsorgung** | - | - | - |

*Tabelle 8-2: Leistungen ausgewählter Healthcare-Portale (2)*

## 8.4 Kundenprozeßunterstützung von Portalen

### 8.4.1 Portale von Pharmaunternehmen versus Kundenprozeß

Der Vergleich zwischen den Leistungen der Portale der Pharmaunternehmen und dem Kundenprozess der Arzneimittelversorgung bei den Krankenhausapotheke zeigt deutlich auf, dass diese Portale praktisch nur informative Dienstleistungen in der Anregungs- und Evaluationsphase anbieten und nicht den ganze Kundenprozeß abdecken. Die Portale der Pharmaunternehmen richten sich nicht an den Kundenprozessen und -bedürfnissen der Krankenhausapotheken aus, sondern bieten lediglich produktzentrierte Informationen. Deshalb können die Portale der Pharmaunternehmen nicht als Prozeßportale – gemäß der hier verwendeten Definition bezeichnet werden.

Die Portale der Pharmaunternehmen bieten unterschiedlich vielfältige Informationen zu ihren Produkten und deren Wirkungen an. Einer zunehmenden Beliebtheit erfreuen sich Diskussionsforen zu verschiedenen Krankheiten wie Alzheimer,

Diabetes oder HIV/Aids. Damit unterstützen die Unternehmen Patienten, Ärzteund Apotheker bei der Suche nach Krankheitsinformationen. Die Kaufprozesse der Krankenhausapotheken werden hingegen durch die Portale zu wenig unterstützt, da keine Möglichkeiten bestehen, Medikamente über die Internet-Plattformen zu bestellen oder die Verfügbarkeit der Produkte abzufragen. Dienstleistungen für die Lagerplanung oder nützliche Lieferinformationen, wie der aktuelle Status der bestellten Waren, sind noch bei keinem Portal eines Pharmaunternehmens vorhanden.

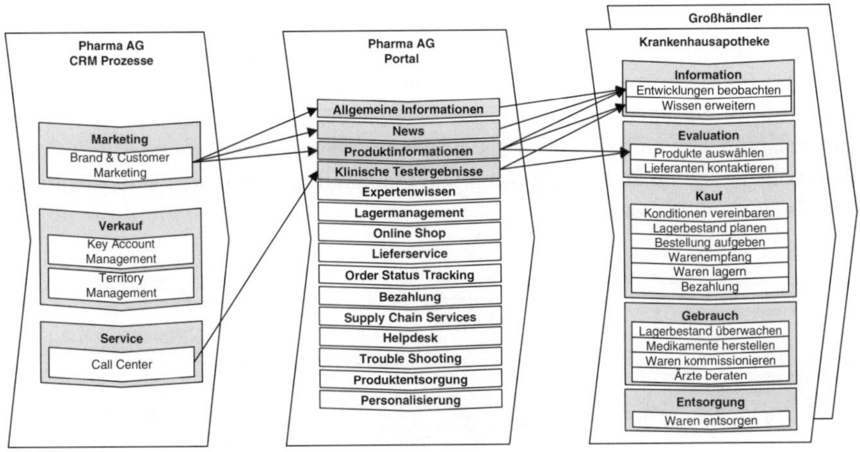


*Bild 8-10: Portal eines Pharmaunternehmen vs. Kundenprozeß*

Die Pharmaunternehmen haben ihre Kernkompetenzen in den Bereichen Forschung und Entwicklung von Medikamenten. Das zeigt sich auch auf deren Internetplattformen. Diese sind mit umfangreichen Produktinformationen und klinischen Testergebnissen ausgestattet. Der Vertrieb und die effiziente Versorgung wird nicht als Kernaufgabe der Hersteller betrachtet. Diese fallen vielmehr in den Bereich der Großhändler. Es erstaunt nicht, daß Großhändler mit ihren Portalen eine bessere Kundenprozeßunterstützung für die Apothekenanbieten können.

### 8.4.2 Portale von Intermediären versus Kundenprozeß

WebMD versucht mit seinem Portal mehrere Kundengruppen anzusprechen und offeriert deshalb Dienstleistungen zu unterschiedlichen Teilprozessen dieser Kunden. Das Portal bietet eine vielfältige Auswahl an Informationen und Integrationsdiensten für Patienten, Ärzte, Apotheker und Krankenversicherungen, welche die Kundenprozesse vereinfachen und effizienter gestalten. Die duale Ausrichtung auf Geschäftskunden (Ärzte, Apotheker und Krankenversicherungen) und Konsumenten (Patienten) erschwert die Trennung der Dienstleistungen dieser beiden Bereiche, da gewisse Informationen sowohl für die Patienten als auch für die Ärzte und Apotheker nützlich sind.

Der folgende Abschnitt vergleicht die Leistungen des Healthcare Portals von Omnicell – stellvertretend für die Portale der Intermediäre – mit den Kundenbedürfnissen der Krankenhausapotheken. Da Omnicell sich auf die Beziehung zwischen den Lieferanten und den Krankenhäusern konzentriert und im Electronic Commerce zu den Endkunden hin nicht tätig ist, ergibt sich eine optimale Vergleichsbasis zu den Kundenprozessen.

Omnicell versucht mit OmniSupplier und OmniBuyer sowohl den Krankenhausapotheken als auch den Pharmaunternehmen und Großhändlern eine Möglichkeit zu bieten, um die Abwicklung von Bestellungstransaktionen effizienter und kostengünstiger zu handhaben. Omnicell unterstützt den Kundenprozeß der Krankenhausapotheken umfangreicher als die Pharmaunternehmen, aber deckt ihn auch nicht vollständig ab. Die Portallösung von Omnicell orientiert sich jedoch stark an den Kundenbedürfnissen.

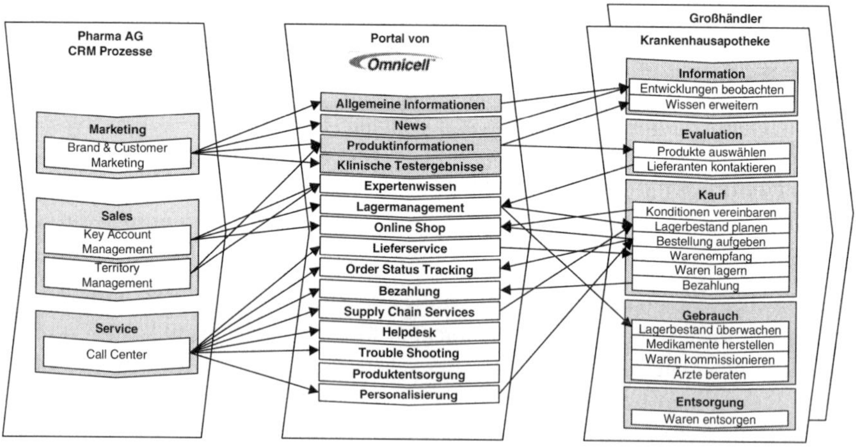


*Bild 8-11: Portal eines Intermediäres vs. Kundenprozeß*

Von der Anregungs- bis hin zur After-Sales-Service-Phase bietet das Portal zahlreiche nützliche Dienstleistungen für die Krankenhausapotheken an. Neben informativen Services kann ein Krankenhausapotheke zum Beispiel jederzeit die Verfügbarkeit eines bestimmten Arzneimittels im Lager des Herstellers abfragen. Die Lagerbestandesüberwachung durch die Pharmaunternehmen oder Großhändler führt zu einer nachhaltigen Entlastung der Krankenhausapotheken. Sie können sich Aufgaben wie der Informationsbeschaffung und Beratung hinwenden. Dennoch gibt es immer noch Lücken im Kundenprozeß, die nicht abgedeckt sind. Die Rechnungsstellung und Zahlungsabwicklung könnten in Zukunft sicherlich über ein Portal laufen. Die elektronische Übermittlung von Rechnungsdaten und deren

Integration ins ERP-System der Kunden könnte eine weitere Effizienzsteigerung bewirken. Zudem fehlt auch eine Unterstützung von Aufgaben wie die Herstellung von Medikamenten, die Annahme und Kommissionierung von Waren. Eine Unterstützung dieser Tätigkeiten ist aber auch nur sehr begrenzt möglich, da diese meist nicht oder nur bedingt systemunterstützt ablaufen.

## 8.5 Zusammenfassung und Ausblick

Healthcare-Portale revolutionieren die Kundenbeziehung in der Pharmaindustrie. Der Kostendruck der öffentlichen Gesundheitsfürsorge drückt auf die Medikamentenpreise und stellt die Effektivität der bisherigen Vertriebsorganisation in der Pharmaindustrie in Frage. Produktivitätsverbesserungen durch Benchmarking von Verkaufsprozessen und bessere Marktforschungsdaten werden durch eine Steigerung der Vertriebsmitarbeiterzahl von Pharmaunternehmen bei konstanter Ärztezahl zu kompensieren versucht. Das Ergebnis sind Schlangen in den Wartezimmern der Ärzte, die sich jedoch aufgrund von Zeitknappheit immer mehr von dieser Form der Direktwerbung durch Pharmareferenten abwenden.

Die aufgezeigte Entwicklung ebnet den Weg für eine neue Art der Leistungsintegration durch Healthcare-Portale, die den Gesundheitsprozeß in der Pharmaindustrie und am Ende auch der pharmazeutischen Vertriebsorganisation nachhaltig verändern wird. Diese Portale etablieren sich als Intermediäre zwischen Pharmaunternehmen, Anbietern von Pharmazeutika, medizinisch-technischen Geräten, Laborleistungen, Informationsanbietern, etc. auf der einen Seite, sowie Patienten, Ärzten, Hospitälern und Apotheken auf der anderen Seite. Die derzeit noch getrennt bestehenden Portale für Information, Verkauf und Integration werden sich, wie das Beispiel von WebMD zeigt, schon in naher Zukunft zu umfassenden Prozeßportalen entwickeln, die vollständige Kundenprozesse für alle Kundensegmente abbilden, da eine kritische Masse an Kunden und Lieferanten letztlich den Erfolg eines Anbieters bestimmt [vgl. Österle 2001, 42].

Den Hauptnutzen für Pharmaunternehmen bieten Healthcare-Portale dadurch, daß sie erstmals eine direkte Interaktion mit dem Endkunden, dem Patienten, ermöglichen und dadurch eine bessere Analyse der Kundenbedürfnisse und deren Umsetzung in individuelle Produkte erlauben. Die Auswirkungen auf die herkömmlichen Vertriebskanäle sind drastisch. In den USA nutzen bereits ca. 175‘000 Ärzte Healthcare-Portale, um personalisierte medizinische Informationen oder Produktbeschreibungen abzurufen. Dieses Instrument erleichtert es den Ärzten, klinische Studien zu analysieren oder Medikamentenproben direkt vom Hersteller zu bestellen. Durch die wachsende Nutzung elektronischer Informationskanäle, läuft der klassische Pharmareferent Gefahr, schon bald durch Healthcare-Portale substituiert zu werden. Die traditionelle Vertriebsorganisation der Pharmaindustrie wird sich daher von einem kostenverzehrenden Push-System zu einem effizienten Pull-

System wandeln müssen, d.h. Ärzte und Apotheker werden ihre Informationsbedürfnisse zunehmend über Healthcare-Portale befriedigen und nur noch diejenigen Produkte bestellen, die optimal auf die Bedürfnisse des Patienten zugeschnitten sind und von diesem nachgefragt werden.

Für Pharmaunternehmen stellt sich durch diese geänderten Rahmenbedingungen die Frage nach der Positionierung im Markt für Healthcare-Portale. Bislang haben nur wenige Pharmaunternehmen reagiert und entsprechende Portalstrategien initiiert. Generell lassen sich zwei Handlungsalternativen unterscheiden: Zum einen der Aufbau eines eigenen Portals und zum anderen die Teilnahme bzw. Übernahme eines Fremdportals. Während zum Beispiel Aventis den Aufbau eines eigenen Portals plant, beteiligt sich Glaxo Wellcome an einem neutralen Portalanbieter. Speziell für Portale, die von Pharmaunternehmen angeboten werden, stellt sich die Frage der Kundenakzeptanz, da sowohl die Patienten als auch die Ärzte einer neutralen Instanz eher Vertrauen schenken werden als einem Hersteller von Pharmazeutika, der Patientenprofile zugunsten wirtschaftlicher Ziele mißbrauchen könnte. Eine Beteiligung von Pharmaunternehmen an neutralen Portalbetreibern ist daher wahrscheinlicher.

# Teil 3

# Applikationskonzepte

Kapitel 1: Business Networking - Chancen und Herausforderungen

| | |
|---|---|
| **Teil 1:** | **Grundlagen** |
| Kapitel 2: | Geschäftsmodell des Informationszeitalters |
| Kapitel 3: | Das Netzwerkunternehmen |
| Kapitel 4: | Netzwerkfähigkeit von Unternehmen |

| | |
|---|---|
| **Teil 2:** | **Geschäftskonzepte** |
| Kapitel 5: | Strategien zum Business Networking |
| Kapitel 6: | Electronic Commerce und Supply Chain Management bei der Swatch Group |
| Kapitel 7: | Supply Chain Management und Electronic Commerce bei Bayer |
| Kapitel 8: | Customer Relationship Management in der Pharmaindustrie |

| | |
|---|---|
| **Teil 3:** | **Applikationskonzepte** |
| Kapitel 9: | Entwurf einer Applikationsarchitektur für die Pharmaindustrie |
| Kapitel 10: | Systeme für das Supply Chain Management |
| Kapitel 11: | eProcurement: Systeme und Erfolgsfaktoren |
| Kapitel 12: | Connected Smart Appliances |

| | |
|---|---|
| **Teil 4:** | **Integrationskonzepte** |
| Kapitel 13: | Templates: Standardisierung beim Business Networking |
| Kapitel 14: | Enterprise Application Integration bei Robert Bosch |
| Kapitel 15: | eServices zur ERP-Integration von eMarkets |

| | |
|---|---|
| **Teil 5:** | **Kritische Erfolgsfaktoren** |
| Kapitel 16: | Kritische Erfolgsfaktoren des Business Networking |
| Kapitel 17: | Entwicklung einer Business Networking-Methode |
| Kapitel 18: | Anwendung der Business Networking-Methode am Beispiel SAP |
| Kapitel 19: | Entwicklung einer Applikationsarchitektur |

Kapitel 20: Business Networking - Zusammenfassung und Ausblick

# 9 Entwurf einer Applikationsarchitektur für die Pharmaindustrie

*Thomas Huber, Rainer Alt, Vladimir Barak, Hubert Österle*

## 9.1 Einleitung

Die Pharma AG[1] hat in den letzten 5 Jahren im ganzen Konzern neue Enterprise Resource Planning Applikationen (⇒ Glossar) installiert. Ausgelöst durch rasante Entwicklungen im Bereich Standardapplikationen, z.B. die neuen Standardapplikationen in den Bereichen Supply Chain Management, Electronic Commerce oder Kundenbeziehungs-Management, stellte sich der Pharma AG Anfang 1998 die Frage nach einer umfassenden Architektur für ihre Applikationen.

Entscheidenden Einfluß auf die Gestaltung dieser Applikationsarchitektur haben grundsätzliche Überlegungen der Pharma AG zu den Prozeßabläufen in einer immer stärker mit Kunden und Lieferanten vernetzten und global agierenden Wirtschaft. Ziel der Pharma AG ist es daher, diejenigen Architekturkomponenten zu identifizieren, welche die geforderte Vernetzung und Globalisierung unterstützen. Aufgabe der neuen Applikationsarchitektur ist es, ein künftiges Geschäftsmodell der pharmazeutischen Industrie auf der Ebene der Informationssysteme und -technologie umzusetzen. Die Definition einer solchen Architektur ist das Hauptziel dieses Kapitels.

### 9.1.1 Problemstellung

An der Schwelle zum Informationszeitalter scheint Veränderung die einzige Konstante zu sein, welche die nähere Zukunft von großen Unternehmen bestimmt. [Bleicher 1996] spricht von „fortschreitender Dynamik der Veränderung unseres Umfeldes" [Bleicher 1996] und [Davis/Meyer 1998] sind überzeugt, daß „every aspect of business and the connected organization operates and changes in real time". Um in einem solchen Umfeld erfolgreich zu bleiben, müssen Unternehmen fähig sein, auf Veränderungen schnell zu reagieren [vgl. Reinhardt et al. 1999]. Die Fähigkeit dazu hängt in besonderem Masse von der Flexibilität der Informationssysteme ab, welche die Geschäftsprozesse unterstützen (vgl. [Winter/Weber 1998], [Hofman/Rockart 1994]). Damit Unternehmen auch zukünftig mit der notwendigen Geschwindigkeit auf Veränderungen reagieren können, ist die Frage nach dem künftigen Prozeßmodell und der Informationssysteme, die dieses umsetzen, zu beantworten.

Die Relevanz dieser zwei Fragen für Forschung und Praxis stützen verschiedene empirische Studien. Beispielsweise werden als Kernfragen des IS-Managements a) die Abstimmung von Geschäfts- und IS-Strategie und b) die Planung und Umsetzung von IS-Architekturen als größte Problemgebiete genannt [vgl. Gottschalk et al. 2000]. Diese Ergebnisse erhärtet auch eine frühere Analyse von [Malhotra 1996]. Die Beantwortung der Frage nach einem zukünftigen Prozeßmodell soll

---

[1] Der Name des Unternehmens ist anonymisiert. Es handelt sich um ein global tätiges Pharmaunternehmen, das zu den 10 größten Wettbewerbern der Branche gehört.

helfen, strategisch relevante Entwicklungen zu erkennen und die IS-Strategie entsprechend abzustimmen. Durch die Herleitung einer betrieblichen Applikationsarchitektur für das Informationszeitalter liefert dieses Kapitel auch einen Beitrag zur Planung und Umsetzung von IS-Architekturen.

### 9.1.2 Entstehung betrieblicher Applikationsarchitekturen

Die Applikationsarchitekturen der Unternehmen haben sich in den letzten dreißig Jahren kontinuierlich weiterentwickelt (s. Bild 1-1 und Bild 9-1)[2]. In den 70er Jahren standen den Unternehmen Informationssysteme zur Verfügung, die auf zentralen Rechnern liefen und deren Applikationen zur Unterstützung der Geschäftsprozesse nicht integriert waren [Stahlknecht 1991]. Spezialisierte Applikationen existierten z.B. im Einkauf, der Produktion oder im Finanzmanagement. In den 80er Jahren lösten die Unternehmen diese heterogenen, oft eigenentwickelten Applikationen vermehrt durch integrierte Standardsoftware-Pakete wie z.B. R/2 von SAP ab. Der Einsatz von Standardsoftware, welche die Unternehmen dann anpassen (‚customizen'), erfolgt v.a. wegen der hohen Kosten bei der Entwicklung von Individualsoftware [Mertens et al. 1996]. Standardsoftware-Pakete haben den Vorteil, daß sie die wichtigen betrieblichen Prozesse in einer Applikation integrieren. Gerade in großen, multinationalen Unternehmen reichte aber ein einzelnes dieser – immer noch zentralen – Systeme oft nicht aus, um die Geschäftsprozesse umfassend zu unterstützen [Schelhas 1999]. In den 90er Jahren ersetzten daher zunehmend verteilte Applikationsarchitekturen, die auf Client-Server-Systemen basieren, die traditionellen zentralen Applikationen [Jenz 1998]. Dies ermöglichte v.a. eine bessere Skalierbarkeit der Informationssysteme.

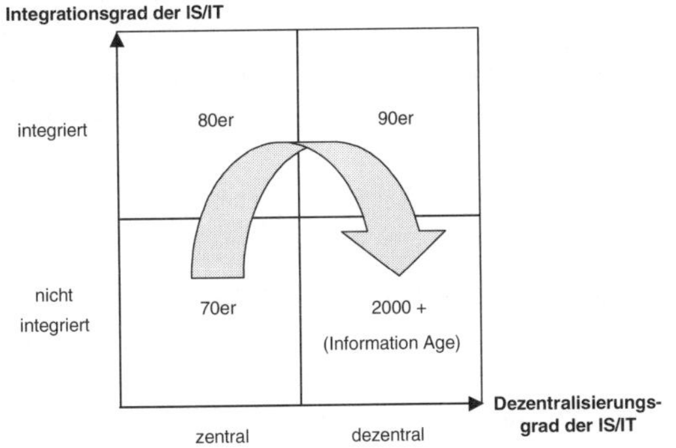


*Bild 9-1: Entwicklung der betrieblichen Applikationsarchitektur*

---

2 Details zu den Entwicklungen betrieblicher Informationssysteme [Somogyi/Galliers 1995]

Ausgelöst durch die Bemühungen der Unternehmungen, enger mit Kunden und Lieferanten zusammenzuarbeiten, ergibt sich heute eine neue Herausforderung für die betriebliche Applikationsarchitektur-Planung: Spezialisierte, dezentrale Informationssysteme (s. Kap. 5.4.1) – oft von unterschiedlichen Herstellern – zur Unterstützung von Supply Chain Management (SCM), Electronic Commerce (EC), Knowledge Management, Customer Relationship Management (CRM) etc., die zudem in unterschiedlichen Unternehmen zu finden sind, müssen eng zusammenarbeiten. Künftig müssen sich die IS/IT-Abteilungen also mit Architekturen auseinandersetzen, in denen neue und spezialisierte Standardapplikationen eine zunehmend wichtigere Rolle spielen [Cole 1999]. Diese Applikationen sind weder untereinander (sie nutzen unterschiedliche Daten- und Prozeßmodelle) noch mit den traditionellen ERP-Systemen integriert. Zudem müssen Unternehmen nicht nur die eigenen Applikationen berücksichtigen, sondern sie müssen mit Blick auf neue Prozeßkonzepte wie ‚Vendor Managed Inventory‘ (s. Kap. 5.3.2, 10, 17.3) (⇒ Glossar), ‚Mass Customizing‘ etc. – auch die vielen dezentralen Applikationen bei Kunden, Lieferanten und weiteren Geschäftspartnern in die Planung mit einbeziehen.

In den Unternehmen der Kompetenzzentren (s. Tabelle 1-1) finden sich typischerweise ERP, SCM, CRM-Applikationen sowie EC-Applikationen. Daneben gibt es spezialisierte Applikationen im Bereich Data Warehouse, Wissensmanagement und Entscheidungsunterstützung. Bei der notwendigen Integration dieser heterogenen Applikationen sehen sich die Unternehmen ähnlichen Herausforderungen gegenübergestellt wie in den 70er Jahren, als es galt, funktionale Applikationen zu integrieren. Im Unterschied sind heute die Applikationen nicht mehr nur zentral im eigenen Unternehmen zu finden, vielmehr sind auch die unterschiedlichen Applikationen entlang einer Wertschöpfungskette zu integrieren. Dies erhöht v.a. den Aufwand für die Koordination der Prozeßabläufe und die Standardisierung der Syntax und Semantik von Daten (s. Kap. 13.2.1). Mit dem Internet stehen nun globale Standards bei Kommunikationsprotokollen, Applikationen und Daten zur Verfügung, die eine Basis für die überbetriebliche Integration schaffen [vgl. Donovan 1997].

### 9.1.3 Nutzen einer Applikationsarchitektur

Bei einem Hausbau koordiniert der Bauplan des Architekten die einzelnen ‚Projekte‘ zur Erstellung von Mauern, des Daches, der Küche, des Gartens etc. so, daß am Ende ein Haus entsteht, welches die Kundenbedürfnisse optimal befriedigt. In gleicher Weise dient die Applikationsarchitektur als Bauplan für die einzelnen IS/IT-Projekte eines Unternehmens. Die Architektur dient dabei als Vorlage oder ‚set of principles‘ [vgl. Metagroup 1998] und richtet Projekte im Bereich ‚Einführung und Weiterentwicklung von Applikationen‘ so aus, daß diese die Geschäftsprozesse in unterschiedlichen Organisationseinheiten (d.h. die ‚Kunden‘ der Applikationen) jederzeit optimal unterstützen. In der Ausrichtung dieser Projekte liegt auch der Nutzen einer Applikationsarchitektur für das Informationszeitalter [vgl. auch Brenner/Pörtig 1998]. Die Architektur soll den Unternehmen helfen:

- Fehlinvestitionen in neue Applikationen zu vermeiden, indem die Architektur die Komponenten vorgibt;
- die Kosten für die nachträgliche Ausrichtung (d.h. Neukonfiguration) der Applikation auf ein gemeinsames Ziel zu minimieren, indem die Architektur die Beziehungen zwischen den Komponenten definiert;
- die Grundlage für die Integration der unterschiedlichen betrieblichen Applikationen – und damit für prozeßorientiertes Arbeiten – zu schaffen [vgl. Barak 1997];
- die einzelnen IS/IT-Projekte im Hinblick auf die Relevanz und die Stellung der Projekte in der geplanten Architektur zu bewerten und damit eine optimale Budgetallokation sicherzustellen.

Wie die Hausbesitzer müssen auch die Unternehmen ihre Applikationsarchitektur nach der Fertigstellung ständig weiter pflegen und bei Bedarf einzelne Teile neu gestalten bzw. erweitern. Erst dadurch stellen die Unternehmen eine jederzeit effektive und effiziente Unterstützung der Geschäftsprozesse sicher.

## 9.2 Prozeßmodell des Informationszeitalters

Das Prozeßmodell des Informationszeitalters (PROMIZ) bildet die Grundlage für die Entwicklung einer Applikationsarchitektur. Nur Unternehmen, die eine Vision ihrer zukünftigen Position in einem Netzwerk und der Prozeßabläufe in einem solchen Netzwerk haben, sind in der Lage, Applikationen zu identifizieren, welche diese Prozesse durchgehend unterstützen. Eine Vorstellung des zukünftigen Prozeßmodells wiederum wird durch die Analyse gegenwärtiger Entwicklungen (Trends) in den Bereichen Management und Technologie gewonnen (s. Bild 9-2).

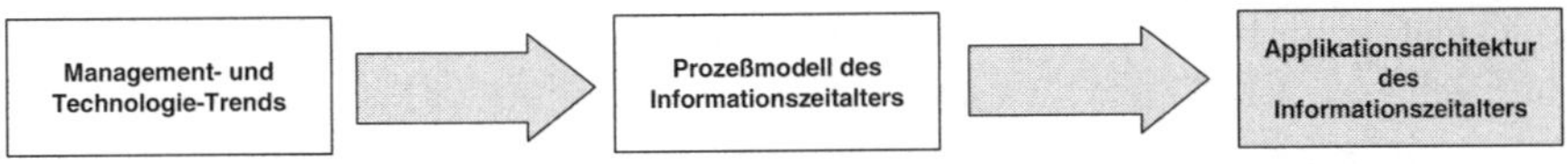


*Bild 9-2: PROMIZ als Voraussetzung für Applikationsarchitekturen*

### 9.2.1 Trends in der Managementliteratur

Eine Analyse aktueller Managementliteratur und -zeitschriften zeigt eine Vielzahl von Trends. Eine der wichtigsten Entwicklungen ist die Globalisierung der gesamten unternehmerischen Tätigkeit [vgl. Naisbitt/Aburdene 1990]. Ein weiterer Trend betrifft die Themengebiete Kernkompetenzfokussierung [vgl. Prahalad/Hamel 1990], Lean Management [vgl. Womack et al. 1991] und Outsourcing (s. 5.2.1). Die drei Ansätze ergänzen sich: Unternehmen, die sich stärker auf ihre eigentlichen Kernkompetenzen konzentrieren, können dadurch auch schlanker im Sinne der Lean Management-Ansätze werden. Nicht zum Kern gehörende Unternehmenseinheiten werden dabei oft ausgelagert.

Auf der Kundenseite zeigt sich ein dritter, für die Applikationsarchitektur relevanter Faktor. Hier spielt der Trend zu einem vermehrten Kundenmarkt [Sjöblom 1998] bzw. zu einer Individualisierung (Mass Customizing) von Produkten und Dienstleistungen [Muther et al. 1998]) eine immer wichtigere Rolle. Auf Lieferantenseite sorgt das integrierte Supply Chain Management [Kalakota/Whinston 1997] für neue Möglichkeiten.

Diese Trends führen vermehrt zu Netzwerkstrukturen bzw. Business Networking, denn sie verlangen zur Umsetzung eine enge Verknüpfung der eigenen Geschäftsabläufe mit denen der Lieferanten, Behörden und weiterer Geschäftspartner. Zudem bedingt ein globaler Wettbewerb ständige Produktivitätssteigerungen, welche die Unternehmen oft nicht mehr nur durch interne Optimierungen erreichen, sondern dadurch, daß sie eng mit ihren Geschäftspartnern zusammenarbeiten. Um umfassende, global verfügbare Leistungsbündel zu wettbewerbsfähigen Preisen anbieten zu können, müssen die Unternehmen also mit unterschiedlichen Partnern eng zusammenarbeiten. Auf der technischen Ebene bedeutet dies, daß die Applikationen in den Unternehmen diese Vernetzung unterstützen müssen.

Globale Geschäftstätigkeiten, Kunden, die möglichst individuell bedient werden möchten, immer komplexere Technologien, das Management von Kernkompetenzen etc. verlangen zudem nach einer möglichst effektiven und effizienten Verteilung von Daten und Informationen im Unternehmen. Dies wird auch als Knowledge Management (Wissensmanagement) oder technischer gesprochen Dokumentenmanagement bezeichnet. Da Wissen in immer stärkerem Masse an zeitlich und physisch verteilten Orten entsteht, ist der Einsatz und die Vernetzung von IT auch im Bereich Knowledge Management ein kritischer Erfolgsfaktor [vgl. Seufert/Seufert 1998]. Bild 9-3 faßt die oben erwähnten Managementkonzepte und -trends zusammen.

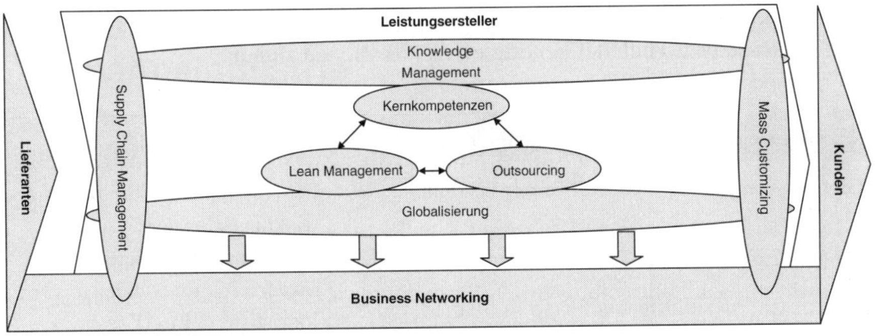


*Bild 9-3: Übersicht Geschäfts-/Managementtrends*

## 9.2.2 Trends in der Pharmaindustrie

Die wichtigsten Entwicklungen, welche die Pharma AG (und wohl auch die ganze Branche) gegenwärtig stark beeinflussen, sind:

- Globalisierung bzw. Regionalisierung bestimmter Geschäftsprozesse: Globalisierung z.B. im Bereich der Finanz-, Controlling-, Planungs- und F&E-Prozesse sowie teilweise der Produktionsprozesse (Grundstoffe); Regionalisierung z.B. im Bereich der Verkaufs- und Distributionsprozesse, aber auch von Produktionsprozessen (Endprodukte),
- Konzentration und Optimierung von Herstellungs- und Administrationsprozessen,
- Verlagerung der Verkaufs- und Marketingaktivitäten von Großabnehmern und Spitälern hin zu den Ärzten und sogar zu den einzelnen Patienten,
- verstärkte Konkurrenz innerhalb der Branche,
- Kostendruck von Seiten der staatlichen Behörden und
- lange und kostenintensive Entwicklungsprozesse bei immer kürzeren Produktlebenszyklen.

Die Trends Richtung Globalisierung, Konzentration und stärkerer Ausrichtung an den Kunden finden sich auch bei der Pharma AG wieder. Die weiteren Entwicklungen führen dazu, daß die einzelnen Geschäftsbereiche die Prozesse weiter optimieren müssen. Einer der wichtigsten Bereiche in der Pharmaindustrie ist dabei die Forschung und Entwicklung (F&E). Zur Unterstützung der Prozesse in der F&E ist u.a. ein effizientes Knowledge Management [vgl. von Krogh/Roos 1992] notwendig. Daneben sind auch Bestrebungen im Gange, mit Hilfe spezieller SCM-Applikationen die Lieferketten zu optimieren. Auch die Trends Knowledge- und SCM finden sich bei der Pharma AG indirekt wieder. Mit Hilfe einer Gegenüberstellung der geschäftlichen und pharmaspezifischen Entwicklungen lassen sich erste Schlüsse bezüglich der benötigten Applikationen ziehen.

| Managementtrends | Pharma-Trends | Benötigte Applikationen |
|---|---|---|
| Globalisierung | Globalisierung bestimmter Geschäftsprozesse | EC-Applikationen für die Abwicklung globaler Geschäfte sowohl zwischen Unternehmen als auch mit Endkunden u. spezialisierte EIS (Executive Information Systems) zur Kontrolle dieser Prozesse |
| Konzentration auf Kernkompetenzen, Lean Management, Outsourcing | Konzentration und Optimierung von Herstellungs- und Administrationsprozessen | ERP-Systeme für die Unterstützung der Kernprozesse und für die weitere innerbetriebliche Optimierung |
| Integriertes Supply Chain Management | Verstärkte Konkurrenz, Kostendruck von Seiten der ‚Healthcare authorities' | Überbetriebliches Supply Chain Management mit Hilfe von APS-Systemen (Advanced Planning and Scheduling) (⇒ Glossar) |
| Individualisierung der Leistung (Kundenmarkt / Mass Customization) | Verlagerung der Verkaufs- und Marketingaktivitäten von Großabnehmern und Spitälern zu Ärzten und Patienten | Einsatz von CRM-Applikationen für die Erfüllung individueller Kundenbedürfnisse |
| Knowledge Management | Lange, kostenintensive Entwicklungsprozesse bei immer kürzeren Produktlebenszyklen | Einsatz von spezialisierten Knowledge Management-Applikationen (Groupware, Workflow) |

*Tabelle 9-1: Auswirkungen der Trends*

### 9.2.3 PROMIZ-Referenzmodell für die Pharma AG

Bild 9-4 zeigt das PROMIZ für die Pharma AG [vgl. Huber 2000]. Diese bezieht darin die unterschiedlichsten Informationen (z.B. neue Forschungs- oder Demographiedaten), Dienstleistungen (z.B. beim Testen und Lizenzieren neuer Produkte) und Produkte (z.B. Substanzen oder Lizenzen) von externen Partnern. Bestehende und v.a. noch kommende eServices (s. Kap. 2 und 5.4.4) unterstützen sowohl die internen (z.B. im Bereich Finanzen) als auch die externen Prozeßabläufe (z.B. in den Bereichen Expertisen und Zulassung von neuen Medikamenten;

NDA: New Drug Administration). Die Pharma AG aber ist immer noch ein horizontal breit abgestütztes Unternehmen. Von F&E über Produktion bis zu Marketing und Verkauf liegen viele Tätigkeiten noch direkt beim Unternehmen.

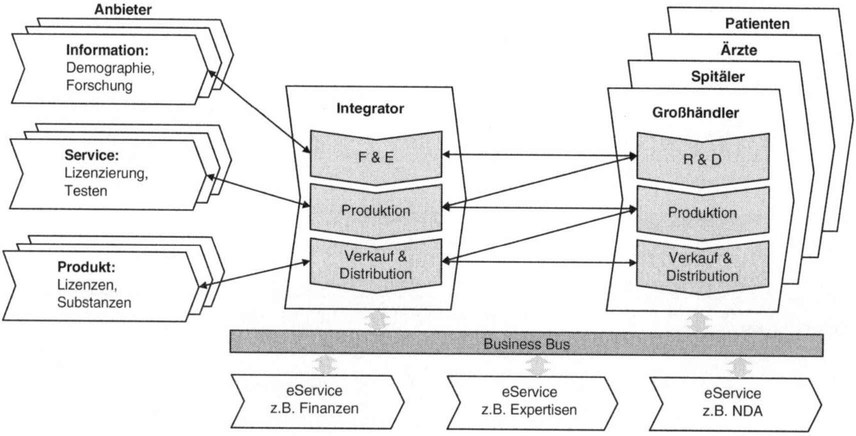


*Bild 9-4: PROMIZ-Referenzmodell für die Pharma AG*

Das Prozeßmodell zeigt, daß die Pharma AG in insgesamt fünf Bereichen Austauschbeziehungen mit externen Partnern besitzt (s. Tabelle 9-2). Welche Potentiale in der weiteren Konzentration auf die Kernprozesse der Pharma AG liegen und welchen Nutzen die neu entstehenden eServices noch erbringen können, ist Gegenstand weiterer Untersuchungen. So stellt sich z.B. die Frage nach der Rolle der Pharma AG in einem zukünftigen Gesundheitsnetzwerk. Mit dem international bekannten Namen könnte das Unternehmen durchaus eine zentrale Rolle in einem solchen Netzwerk einnehmen. Die Pharma AG könnte zum Anbieter des ‚Gesundheits-Prozesses' werden (s. Kap. 8.1). Die Pharma AG denkt daher über die Stellung des Unternehmens in einem Geschäftsnetzwerk nach, das F&E, Produktion oder Distribution umfaßt. Die Grundlage für die Umsetzung solcher Strategien schaffen IS-Projekte in den Bereichen SCM, CRM und EC.

| Bereich | Beziehungen zu/für |
|---|---|
| **Forschung** | Lizenzen/Patente auf Substanzen von externen Forschungspartnern (In-Licensing)<br>Diverse spezifische Informationsdienste<br>Kooperationen mit Forschungspartnern<br>Interdivisionale Netzwerke für neue Produkte |
| **Entwicklung** | In-Licensing: Lizenzen auf Produkten von externen Forschungspartnern<br>Klinische Tests<br>‚Virtual Company' in der Entwicklung<br>Regulatory Authorities (NDA)<br>Expertisen-Netzwerk |
| **Marketing** | Einkauf von Informationen (Konkurrenz und Demographie)<br>Weiterentwicklung von Produkten<br>Kundennetz (für verschiedene Kundentypen)<br>Spitäler, Großhändler, Ärzte (General Practitioners), Patienten<br>Electronic Commerce (Internetpräsenz) |
| **Produktion und Vertrieb** | Outsourcing von bestimmten Prozeßschritten<br>Lieferanten-Netzwerk (für Produktionskomponenten) |
| **Finanzen** | Regionale Shared Services<br>Beziehungen zu Finanzdienstleistern |

*Tabelle 9-2: Netzwerk der Pharma AG*

## 9.3 Applikationsarchitekturen im Informationszeitalter

Wie im einleitenden Kapitel gezeigt, verändern sich die Anforderungen an die Unternehmen - und damit auch an deren Informationssysteme - an der Schwelle zum Informationszeitalter fundamental. Große, traditionelle Konzerne brechen auf, innovative Unternehmen entstehen, und Kunden- und Prozeßorientierung bilden die kritischen Erfolgsfaktoren. Unternehmen wie Wal-Mart oder Amazon.com (s. Kap. 3.2.1) verbessern ihre Wettbewerbsfähigkeit signifikant, indem sie den Güter- und Informationsfluß über alle Instanzen der Wertschöpfungskette hinweg steuern. Informationen wie Planungsdaten, Bestellungen, Controllinginformationen etc. sollten für das ganze Netzwerk möglichst in Echtzeit zur Verfügung stehen.

Trotz signifikanter technologischer Verbesserungen während der letzten zehn Jahre sind die heutigen Informationssysteme noch immer weit von Lösungen entfernt, die allen Partnern einer Wertschöpfungskette die benötigten Informationen in Echtzeit zur Verfügung stellen können. Die Unternehmen müssen bestehende Systeme erweitern, um auch die externen Partner einzubinden. Aus diesem Grund sind eine Reihe von Standardsoftware-Applikationen auf den Markt gekommen, die diesen Anforderungen besser entsprechen als die klassischen ERP-Systeme. Entsprechende SCM-, CRM- und EC-Applikationen werden teilweise von den etablierten ERP-Anbietern auf den Markt gebracht (z.B. SAP Advanced Planning and Optimization (APO), s. Kap. 10.6.2), teilweise aber auch von neuen Firmen (z.B. i2, Manugistics, Siebel oder Intershop). Die Bedeutung solcher Standardsoftware-Applikationen für die Unternehmen und der Markt für solche Applikationen dürfte in den nächsten Jahren weiter wachsen [Cole 1999].

## 9.3.1 Anforderungen an die Architekturkomponenten

Welchen Anforderungen müssen die zukünftigen Komponenten der Applikationsarchitektur genügen, um sowohl die internen als auch die zwischenbetrieblichen Prozesse jederzeit effektiv und effizient zu unterstützen? [Sinz 1997] zeigt, daß an IS-Architekturen Anforderungen zu richten sind, die anhand von Qualitätsmerkmalen beschrieben werden (s. Bild 9-5). Drei Qualitätsmerkmale sind wichtig: Anpaßbarkeit (im Folgenden auch als Flexibilität bezeichnet), Standardisierung und Wiederverwendbarkeit. Da viele Unternehmen heute die Applikationen nicht mehr selbst entwickeln, sichern Standardsoftware-Pakete die Wiederverwendbarkeit der Architekturkomponenten. Verschiedene Organisationseinheiten können solche Pakete einsetzen und individuell konfigurieren. Für diesen speziellen Fall kann gezeigt werden, daß sogenannte Templates die Wiederverwendbarkeit von Applikationen in unterschiedlichen Organisationseinheiten erheblich vereinfachen können. Templates sind Vorlagen und Vorgaben von Funktionen, Prozessen und Daten, welche in einem physischen System abbildbar sind (s. Kap. 13).

Als drittes Qualitätsmerkmal ist die Möglichkeit zur Vernetzung der einzelnen Architekturkomponenten zu nennen, d.h., die Applikationen müssen Schnittstellen anbieten, die es erlauben, die einzelnen Applikationen sowohl intern als auch extern einfach zu vernetzen.

**Qualitätsmerkmale von Applikationsarchitekturen:**
- Flexibilität
- Standardisierung (Wiederverwendbarkeit durch Standardisierung)
- Vernetzung

**Qualitätsmerkmale von IS-Architekturen (nach Sinz):**
- Anpaßbarkeit
- Standardisierung
- Wiederverwendbarkeit

*Bild 9-5: Qualitätsmerkmale von Applikationsarchitekturen*

Die drei Anforderungen Flexibilität, Vernetzung und Standardisierung an zukünftige Architekturkomponenten sind im Folgenden näher beschrieben.

### Flexibilität

Allgemein bezeichnet Flexibilität oder Anpaßbarkeit der Architektur die Merkmale Erweiterbarkeit und Änderbarkeit [Sinz 1997]. Erweiterungen und Änderungen der Architektur sind notwendig, wenn die Rahmenbedingungen für die Architektur an Dynamik gewinnen. Eine Applikationsarchitektur des Informationszeitalters muß flexibel genug sein, um sich rasch veränderten Umweltbedingungen anpassen zu können. Veränderte Umweltbedingungen betreffen in diesem Zusammenhang:

- *Veränderungen der Prozeßabläufe.* Die Applikationsarchitektur eines Unternehmens muß die Informationssysteme so definieren, daß diese in der Lage sind, die sich durch Outsourcing, Akquisitionen, neue Partnerschaften und neue Kundenbedürfnisse ständig verändernden Prozeßabläufe jederzeit effektiv und effizient zu unterstützen.
- *Veränderungen im Bereich IT.* Eine Applikationsarchitektur muß flexibel genug sein, um sich auch den schwer prognostizierbaren technologischen Entwicklungen anzupassen. Die Definition der Architektur muß dabei einerseits präzise genug sein, um als Bebauungsplan für ein Unternehmen anwendbar zu sein, andererseits muß sie offen genug sein, um auch zukünftige IT-Entwicklungen jederzeit berücksichtigen zu können.

Wie kann die Flexibilität der Applikationsarchitektur sichergestellt werden? Bei der Gestaltung der Applikationsarchitektur ist hier zwischen zwei grundsätzlichen Richtungen zu unterscheiden:

- *Eine Applikation für alle Funktionsbereiche des Unternehmens.* Der angestrebte Idealfall eines einzigen integrierten Systems für ein ganzes Unternehmen oder sogar für einen die Unternehmensgrenzen sprengenden Prozeß mußte der Einsicht weichen, daß es unmöglich ist, unternehmensweite Daten- und Funktionsmodelle zu kreieren [Österle 1996]. Eine solche Lösung wäre auch nicht sehr flexibel, denn durch die Integration sämtlicher Funktionen in einer Applikation entstehen komplexe Abhängigkeiten Diese Abhängigkeiten machen sich schon bei heutigen, hoch integrierten Applikationen (z.B. R/3) u.a. in langen Einführungszeiten bemerkbar [vgl. Knolmayer et al. 1997] und verhindern so die rasche Erweiterung oder Anpassung einzelner Bereiche.
- *Eine spezialisierte Applikation für jeden Funktionsbereich des Unternehmens.* Der Vorteil von vielen spezialisierten Applikationen liegt darin, daß sie die einzelnen Funktionen optimal unterstützen. Bei Änderungen der Prozeßabläufe können die Unternehmen einzelne Applikationen einfach ersetzen oder ergänzen. Dies gilt auch für den Fall neuer IT-Entwicklungen. Der Nachteil einer solchen Lösung liegt in der Anzahl der entstehenden Schnittstellen zwischen den einzelnen Applikationen, die ein Unternehmen managen muß. Diese Zahl steigt mit jeder neuen Applikation überproportional an und führt dadurch zu kaum mehr überblickbaren Abhängigkeiten zwischen den Applikationen [vgl. Kappelhoff 2000]. Gefragt ist also eine ‚optimale' Anzahl von

Applikationen für die zukünftige Architektur. Diese erreicht man durch Bündeln einzelner Funktionen (s. Kap. 9.3.2).

### Vernetzung/Integration

Ausgehend von den betriebswirtschaftlichen Anforderungen aus Planung, Produktion, Reporting etc. sind die Informationsflüsse zwischen den Geschäftspartnern zu managen. Dieses Management erfolgt auf den Ebenen Strategie, Prozeß und IS/IT, wie sie im Business Engineering-Modell vorgesehen sind [Österle/Winter 2000, 61]. Auf der strategischen Ebene definieren Unternehmen im neuen Modell ihr Geschäftsnetzwerk. Dazu suchen sie nach neuen, oft erst durch die neusten Entwicklungen in der IT ermöglichten Kooperationsstrategien mit ihren Geschäftspartnern [vgl. Kronen 1994]. Auf der Prozeßebene ist das unternehmerische Prozeßnetzwerk zu definieren. In einem solchen Netzwerk sind die einzelnen Prozesse bzw. Aktivitäten zu koordinieren [vgl. Ludwig 1995]. Das IS-Netzwerk unterstützt das Prozeßnetzwerk durch die Potentiale der IT. Zur Realisierung sind Kommunikationsverbindungen zwischen den beteiligten Systemen einzurichten (s. Bild 9-6).

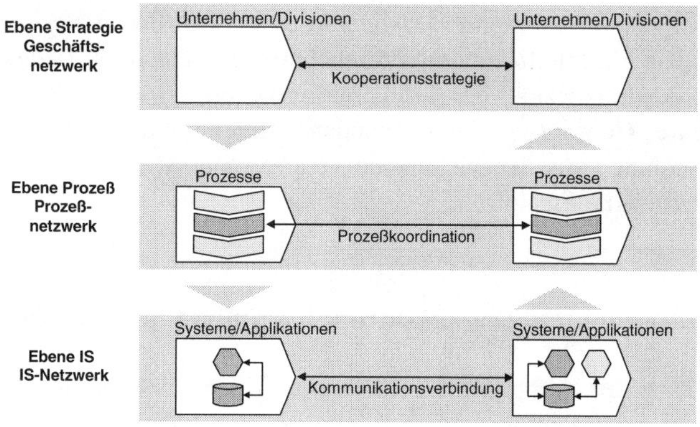


*Bild 9-6: Integration im Business Engineering Modell*

Ein Integrationsmanagement ist nur dann erfolgreich, wenn es alle drei Ebenen und deren Abhängigkeiten gemeinsam betrachtet, denn Entscheidungen auf den einzelnen Ebenen beeinflussen sich gegenseitig. Strategie und Prozesse bestimmen die Anforderungen an die Integration auf der Ebene der Informationssysteme. Wichtig dabei ist zu verstehen, daß umgekehrt auch die IT starken Einfluß auf die Gestaltung von Prozessen und Strategie hat [vgl. Scholl et al. 1993].

### Standardisierung

Business Networking hängt zu einem großen Teil von der Verfügbarkeit akzeptierter Standards ab. Diese reduzieren den Koordinationsaufwand zwischen

Geschäftspartnern und sind gleichzeitig die Basis für integrierte Informationsflüsse. Diese Standards erlauben eine vereinfachte Integration heterogener Partner entlang einer Wertschöpfungskette, indem sie anerkannte Spezifikationen für die Integration von Informationssystemen zur Verfügung stellen. Die daraus resultierenden betriebswirtschaftlichen Vorteile sind: Einsparung von Informationskosten und Erhöhung des Informationswerts [vgl. Buxmann 1996]. Eine vollständige Standardisierung der Systemelemente würde aber die Heterogenität einschränken und somit u.U. zu einer nicht optimalen Unterstützung der Anwender führen. Anders formuliert sind bei einer flächendeckenden Standardisierung Opportunitätskosten zu tragen, die aus einer suboptimalen Unterstützung der Anwender (bzw. Prozesse) resultieren [Buxmann 1996]. Hier zeigt sich das Problem, mit dem die Unternehmen konfrontiert sind, wenn sie sich mit dem Thema Standardisierung befassen. Die Unternehmen müssen sich dem Dilemma von Standardisierung vs. Flexibilität stellen. Kurzfristig hemmen Standardisierungsbestrebungen oft die Flexibilität von Geschäftseinheiten, denn der Prozeß zur Definition der Standards ist politisch meist schwierig und dadurch langsam. Zudem verlieren die betroffenen Bereiche mit jedem neuen Standard einen Teil ihrer Autonomie an zentrale Stellen. Langfristig hat sich aber meist gezeigt, daß im technischen Bereich erst allgemein anerkannte Standards einen wirklichen Fortschritt bei der Integration von Marktteilnehmern ermöglichen. Beispiele dafür finden sich bei der Eisenbahn, der Elektrizität, der Telekommunikation sowie in der Computerhard- und -software. Haben sich solche Standards durchgesetzt, ermöglichen sie einfache Verbindung zwischen vielen sich verändernden Geschäftspartnern, d.h. sie erhöhen letztlich die Flexibilität.

### 9.3.2 Komponenten der zukünftigen Applikationsarchitektur

Die Frage nach den Komponenten einer zukünftigen Applikationsarchitektur wird ausgehend von den betriebswirtschaftlichen Funktionsbereichen eines Unternehmens beantwortet. Interviews mit Vertretern der Partnerunternehmen (s. Tabelle 1-1) und innerhalb des Forschungsteams haben zur Definition von 22 grundlegenden Funktionsbereichen geführt, die in multinationalen Unternehmen durch Applikationen oder Services zu unterstützen sind (s. Bild 9-7). Diese umfassen ähnliche betriebliche Funktionen, wie sie z.B. bei [Mertens et al. 1996] oder [Scheer 1997]) zu finden sind, zusätzlich sind aber auch Bereiche enthalten, die sich aus den Entwicklungen in der IT ergeben (z.B. Datenstandardisierung).

Wie beschrieben, könnte ein Unternehmen für jeden Funktionsbereiche eine spezialisierte Applikation einsetzen, was im Sinne einer möglichst konsistenten Integration aber zu vermeiden ist. Das andere Extrem, alle Bereiche durch eine einzige Applikation zu unterstützen, ist ebenfalls nicht optimal. Den 22 Bereichen wurden daher 8 Architekturkomponenten zur Seite gestellt, die zukünftig zu planen sind (s. Bild 9-7). Diese 8 Komponenten umfassen Applikationen für das Stammdatenmanagement (Master Data Management), die klassischen ERP-Systeme, Data Warehouse-Applikationen, APS-Applikationen für ein integriertes SCM, EC-Applikationen, CRM-Applikationen, Applikationen für das Knowledge Management und schließlich auch EIS-Applikationen. Diese Applikationen bauen alle auf Standards auf, welche die einzelnen Unternehmen definieren müssen. Standards können dabei von Vorgaben für Schnittstellen, welche Applikationen zur Verfügung stellen müssen, über Vorgaben für die Applikationstypen selbst (z.B. Siebel für CRM) bis zu Vorgaben für die Konfiguration der einzelnen Prozesse in den Applikationen reichen.

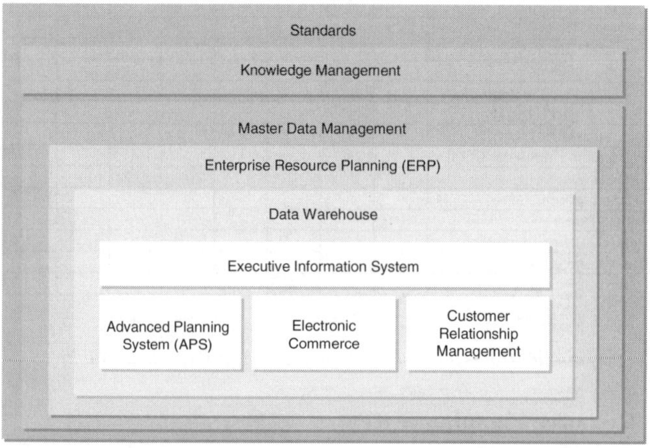


*Bild 9-7: Komponenten der Applikationsarchitektur*

Tabelle 9-3 zeigt, welche Architekturkomponenten die einzelnen Funktionsbereiche zukünftig unterstützen können. Die Tabelle ist für jedes Unternehmen individuell auszufüllen. Bestimmungsfaktoren sind die spezifischen Kunden- und Kernprozesse, das Geschäftsnetzwerk sowie die bestehenden und geplanten Applikationen. Die einzelnen Architekturkomponenten sind im Folgenden detaillierter beschrieben.

### Master Data Management (Stammdatenmanagement)

Die Standardisierung von Prozessen und Daten ist eine Voraussetzung für die Integration von heterogenen Applikationen. Während die Standardisierung der Prozesse v.a. durch Guidelines in Form von schriftlichen Dokumentationen oder System-Templates geschieht, ist bei Stammdaten ein automatisiertes Vorgehen notwendig. Zukünftig setzen die Unternehmen daher vermehrt Applikationen ein, welche speziell für das Anlegen und Verteilen von Stammdaten zuständig sind. Die Rolle einer solchen Applikation kann beispielsweise ein eigens für diesen Zweck konfiguriertes ERP-System einnehmen. Dieses muß Stammdaten anlegen und automatisch an definierte Organisationseinheiten weiterleiten.

| Applikationsbereiche \ Applikationstypen | Master Data Management | ERP | Data Warehouse | SCM/APS | EC | CRM | Knowledge Management | EIS |
|---|---|---|---|---|---|---|---|---|
| Entwicklung | | | | | | | ■ | |
| Forschung | | | | | | | ■ | |
| Nachfrageplanung | | | | ■ | | | | |
| Bedarfsplanung | | | | ■ | | | | |
| Produktionsplanung | | | | ■ | | | | |
| Einkauf | | ■ | | | | | | |
| Lagerhaltung | | ■ | | | | | | |
| Produktion | | ■ | | | | | | |
| Distribution/Transport | | ■ | | | | | | |
| Service | | | | | | ■ | | |
| Personal (HR) | | ■ | | | | | | |
| Lohnbuchhaltung | | ■ | | | | | | |
| Kreditorenbuchhaltung | | ■ | | | | | | |
| Debitorenbuchhaltung | | ■ | | | | | | |
| Interne/Externe FIBU | | ■ | | | | | | |
| Beschaffung indirekter Güter | | ■ | | | | | | |
| Verkauf | | | | | ■ | ■ | | |
| Führungsinformationen | | | | | | | | ■ |
| GroupWare | | | | | | | ■ | |
| Dokumentenmanagement | | | | | | | ■ | |
| Datenstandardisierung | ■ | | | | | | | |
| Datensammlungen | | | ■ | | | | | |

*Tabelle 9-3: Applikationstypen und Applikationsbereiche*

## Enterprise Resource Planning (ERP)

Den Kern der unternehmerischen Applikationsarchitekturen bilden auch zukünftig die ERP-Systeme, die einen Großteil der benötigten Funktionalität (z.B. Vertrieb, Fakturierung, Versand, Produktionsplanung, Fertigungssteuerung, Materialwirtschaft, Lagerverwaltung, Qualitätssicherung, Instandhaltung, Finanzbuchhaltung, Debitoren, Kreditoren, Kostenrechnung, Personalverwaltung etc., zur Verfügung stellen. Bei der Pharma AG bildet SAP R/3 diesen Kern betriebswirtschaftlicher Anwendungen. Die ERP-Systeme sind aber eng mit den neuen APS-, EC- und CRM-Applikationen zu integrieren, um den Anforderungen des Business Networkings auch zukünftig gewachsen zu sein. Die Entwicklungen im Bereich der ERP-Applikationen gehen dahin, den Funktionsumfang dieser Pakete weiter zu erhöhen. Die großen Hersteller wie SAP, PeopleSoft oder Oracle entwickeln Module, um die neu entstehenden Applikationstypen auf dem Gebiet SCM, CRM etc. auch anzubieten. Diese sind aber bisher eher lose mit den bekannten Paketen dieser Hersteller integriert.

## Data Warehouse

Data Warehouse-Applikationen (z.B. von Oracle oder SAP versorgen das Management in einem Unternehmen bei der Entscheidungsfindung mit den benötigten Informationen. Die relevanten Daten aus den unterschiedlichen (oft heterogenen) Produktivsystemen werden dafür gesammelt, gespeichert und für Auswertungen aufbereitet [vgl. Oracle 2000]. In erster Linie ist Data Warehousing kein technisches Produkt, sondern der Prozeß der Zusammenführung und des Managements der Daten aus verschiedenen Quellen [Jung/Winter 2000]. Die Unternehmen versuchen, mit Hilfe von Data Warehouses eine konsistente Datenbasis über unterschiedliche Organisationseinheiten bzw. Applikationstypen hinweg zu schaffen. In der zukünftigen Applikationsarchitektur versorgen die ERP-Applikationen das Data Warehouse mit Daten. Dieses stellt diese Daten sowohl den EIS-Applikationen als auch den EC-, APS- und CRM-Applikationen zur Verfügung (von denen im Gegenzug auch wieder Daten in das Warehouse fließen können).

**Advanced Planning and Scheduling (APS)**

Zur Unterstützung einer integrierten Supply Chain Planung sind in den letzten zwei bis drei Jahren Standardapplikationen von Anbietern wie i2-Technologies, Manugistics, Baan, SAP, Aspentech, SynQuest, Logility oder JD Edwards auf den Markt gekommen [vgl. Schönsleben/Heiber 2000]. Funktionalitäten, die diese Applikationen anbieten, sind u.a. strategische Planung, Bedarfsplanung, Netzwerkplanung, Bestandsplanung, Produktionsplanung, Distributionsplanung, Feinplanung, Transportplanung, ATP (Available to-Promise) (⇒ Glossar) [vgl. Kulow et al. 1999a][3]. Diese Funktionen sind zwar teilweise bereits in ERP-Applikationen verfügbar, in den neuen APS-Applikationen sind die Funktionen jedoch detaillierter und umfassender implementiert. Zudem ist ein einfacher Austausch von Planungs- und Bestandsdaten mit Kunden und Lieferanten oft erst mit Hilfe dieser Applikationen möglich. Ein Überblick findet sich in Kap. 10.

**Electronic Commerce (EC)**

Electronic Commerce Applikationen stellen v.a. Kataloge und Bestellmöglichkeiten für Kunden zur Verfügung. Die meist internetbasierten EC-Applikationen eröffnen den Unternehmen neue Möglichkeiten zur Interaktion mit ihren bestehenden Kunden und erlauben auf einfache Art, neue Kunden anzusprechen. EC-Applikationen stellen gewöhnlich Funktionalitäten für alle Phasen des elektronischen Handels zur Verfügung (s. Kap. 5.3.1), können aber nicht nur für den Verkauf der eigenen Produkte eingesetzt werden. Die gleiche Funktionalität können die Unternehmen auch verwenden, um ihrerseits den Mitarbeitern die Beschaffung v.a. von indirekten Gütern (s. Kap. 11), einfach zu ermöglichen. In solchen Fällen sprechen wir auch von Buyside-, Desktop-Purchasing- oder eProcurement-Applikationen.

**Customer Relationship Management (CRM)**

CRM-Applikationen sind heute in Unternehmen der unterschiedlichsten Branchen implementiert. Solche Applikationen bieten Funktionen für Kundenservice, Marketing, Help Desk, Call Centers, Market Research und für die Interaktion mit den

---

[3] [Kulow et al. 1999a] bieten einen detaillierten Vergleich aktueller, am Markt verfügbarer APS-Applikationen.

Kunden über das Internet (vgl. z.B. [Siebel 2000]). Anbieter solcher Software für die Pharma-Industrie sind z.B. IMS-Health, Siebel oder Update.com. Auch die CRM-Applikationen sind eng mit den ERP-Systemen in einem Unternehmen zu integrieren. Siebel z.B. bietet Schnittstellen, die es einem Unternehmen erlauben, ihre Applikationen mit einer bestehenden SAP-Installation transaktions- und dokumentenorientiert zu verbinden [Schulze et al. 2001]. Diese Integration erlaubt eine durchgängige Unterstützung der Geschäftsprozesse im Verkauf. Indem die CRM-Applikationen integrierte Kundendaten zur Verfügung stellen, bilden diese Systeme auch die Grundlage für den Einsatz von EC-Applikationen. Obwohl sich diese beiden Architekturkomponenten immer mehr annähern (z.B. Siebel), scheint es heute noch gerechtfertigt, für den Verkaufsprozess zwei Architekturkomponenten zu unterscheiden.

**Knowledge Management**

Die Architekturkomponente Knowledge Management umfaßt aus technischer Sicht eine Reihe von Applikationen wie z.B. Datenbanken, Archivierungs- und Imaging-Systeme, Groupware- sowie Workflow-Systeme (vgl. [Burger 1997]). Beispiele für Systeme aus diesem Bereich sind Lotus Notes, Livelink von Opentext, Tibco Portal Builder oder Verity Knowledge Organizer [Jansen et al. 2000]. Diese Applikationen unterstützen die Speicherung, Wiederauffindung und Verteilung von Informationen und sind damit ein wichtiger Bestandteil einer Knowledge Management-Infrastruktur [vgl. Papows/Fielding 1994].

**Executive Information Systems (EIS)**

Executive Information Systems (EIS) unterstützen v.a. die Managementaktivitäten Planung und Kontrolle. Ziel dieser Systeme ist es, aus einer großen Datenmenge, die für Planung und Kontrolle relevanten Informationen zu aggregieren und dem Management in verständlicher Form zu präsentieren. EIS bauen zumeist auf Data Warehouse-Applikationen auf. Funktionen, welche durch EIS zur Verfügung gestellt werden, umfassen z.B. Drill-Down- und Trendanalysen, graphische Aufbereitung von Daten in unterschiedlichen Formen oder die besondere Darstellung von Informationen, die als kritisch angesehen werden. Wichtig ist dabei, daß nicht nur einseitig interne, sondern auch externe Informationen berücksichtigt werden [vgl. Mertens 1999].

## 9.4 Zusammenfassung und Ausblick

Im Management von multinationalen Unternehmen im Allgemeinen und in der Pharmabranche im Speziellen zeigen unterschiedliche Trends in Richtung einer verstärkten Vernetzung aller Geschäftspartner entlang von Wertschöpfungsketten. Die Vernetzung ermöglicht es den Unternehmen, Kundenbedürfnisse besser zu befriedigen und flexibler auf sich ändernde Anforderungen einzugehen. Gleichzeitig erlaubt die Vernetzung eine Optimierung sowohl der eigenen Prozesse als auch der Abläufe im gesamten Netzwerk. Ausgehend von diesen Trends wurde das Prozeßmodell für das Informationszeitalter (PROMIZ) am Beispiel der Pharma AG entwickelt.

Der nächste Schritt analysierte die Anforderungen an zukünftige Applikationsarchitekturen. Als Ergebnis zeigen sich drei konkrete Faktoren, die für den Erfolg einer solchen Architektur entscheidend sind. Die Flexibilität, sich an dynamisch verändernde Bedingungen anzupassen, die Vernetzung mit den Systemen der Geschäftspartner und die Standardisierung als Voraussetzung für eine effiziente Integration sind die Anforderungen, denen die einzelnen Architekturkomponenten bzw. Applikationen entsprechen müssen. Ziel dieses Kapitels war es schließlich, eine betriebliche Applikationsarchitektur für das Informationszeitalter zu definieren, welche das PROMIZ auf der Ebene der IT umsetzt. Aufbauend auf den funktionalen Bereichen eines Unternehmens erfolgte die Definition der eigentlichen Applikationsarchitektur des Informationszeitalters. Als zentrales Ergebnis entstand ein Referenzmodell für eine solche Architektur, welches die Prozesse der Pharma AG durchgehend unterstützt und aus 8 Komponenten besteht.

Es wird spannend sein zu beobachten, welcher Anbieter es schafft, alle Funktionalitäten, die jetzt noch in den acht Komponenten der Applikationsarchitektur verteilt sind, als Erster als durchgängig integriertes Standardsoftware-Paket anzubieten. Die bisherigen Entwicklungen lassen darauf schließen, daß die zunehmende Integration von Funktionalität in einer einzelnen Applikation weiter geht, daß gleichzeitig aber immer neue, spezialisierte Produkte entstehen. Kritisch zu beobachten ist dabei die zunehmende Komplexität einzelner Standardapplikationen. Hier kann die Forschung auch weiterhin einen wichtigen Beitrag leisten, indem sie geeignete Methoden für das Management solcher Projekte erarbeitet.

# 10 Systeme für das Supply Chain Management

*Karl Maria Grünauer, Elgar Fleisch, Hubert Österle*

## 10.1 Einleitung

Der Begriff der Versorgungskette oder der Supply Chain (SC) und des damit verbundenen Konzepts des Supply Chain Management (SCM) ist „[...] Mitte der 90er Jahre fast über Nacht im Feld der Logistik und auch des allgemeinen Managements in den Mittelpunkt des Interesses gerückt“ [Klaus/Krieger 2000, 449]. SCM steht in enger sachlicher Verwandtschaft mit einer Vielzahl von Begriffen aus dem Bereich der Logistik. In der betrieblichen Praxis wird SCM zunehmend mit Logistikmanagement gleichgesetzt, was u.a. dadurch verdeutlicht wird, daß Logistikverantwortliche in letzter Zeit auch als Supply Chain Manager bezeichnet werden. Trotz intensiver Diskussion und Forschung hat sich bis heute in der Logistik selbst kein einheitliches Verständnis etabliert: „Logistik ist in Theorie und Praxis kein bereits festgefügter, in Umfang und Inhalt hinlänglich präzisierter Begriff“ [Weber 1990, 979].

## 10.2 Überblick Supply Chain Management

Aus dem Logistikdenken folgen unterschiedliche Dimensionen des SCM, die heute in ihrer Umsetzung deutliche Nutzenpotentiale besitzen. Bei deren Erschließung werden entsprechende Informationssysteme von zentraler Bedeutung.

### 10.2.1 Dimensionen des Supply Chain Management

Analog zum Begriff der Logistik wird der Begriff SCM sehr unterschiedlich verwendet, Zielsetzungen und Potential bleiben nach [Pillep/von Wrede 1999, 1] oft unklar. Auch [Pfohl 1999, 175] beobachtet, daß sich bislang keine einheitliche Definition von SCM durchsetzen konnte. Aus der Bandbreite der SCM-Definitionen leiten wir die fünf Dimensionen des SCM ab (s. Bild 10-1). Es sind dies (a) der interorganisatorische Aspekt des SCM, (b) die Fokussierung auf Planungs- und Ausführungsprozesse, (c) der Einsatz von IS/IT-Lösungen oder SCM-Werkzeugen, (d) die Zielorientierung des SCM und (e) die Flußorientierung des SCM. Die Dimensionen des SCM wurden in Praxisprojekten bzw. in der Diskussion mit Vertretern der Beratungsindustrie validiert [vgl. IMG 2000].

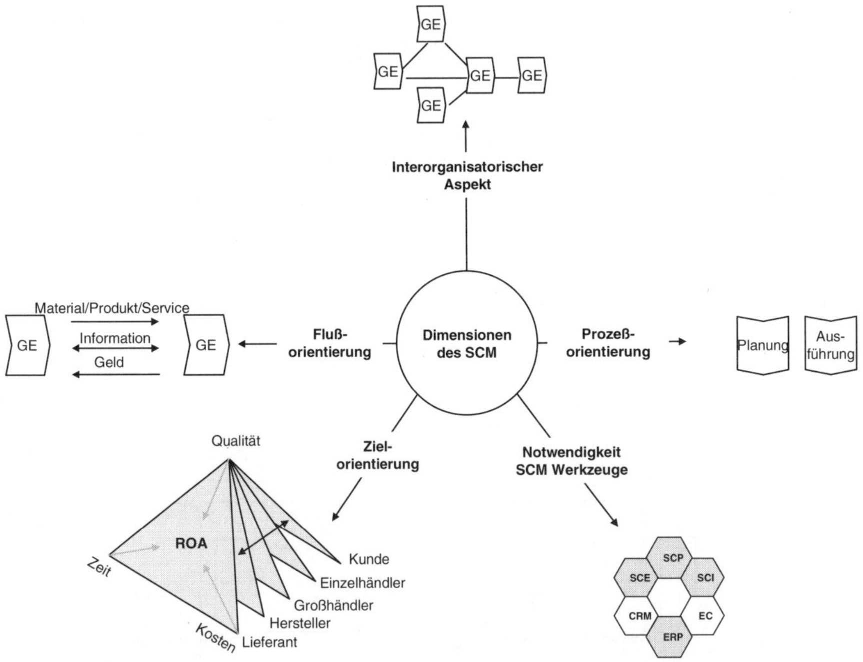


*Bild 10-1: Fünf Dimensionen des SCM*

- *Interorganisatorischer Aspekt.* Hier wird der Geschäftseinheiten (GE)-übergreifende Aspekt der Versorgungskette betont: Die Versorgungskette umfaßt ein Netzwerk bestehend aus der unmittelbar betrachteten GE, beschaffungsseitig aus deren Lieferanten und den Lieferanten dieser Lieferanten sowie absatzseitig aus den Kunden der betrachteten GEs sowie den Kunden dieser Kunden bis hin zum Endverbraucher.

- *Prozeßorientierung.* Auf der Ebene Geschäftsprozesse steht v.a. die Koordination des Leistungsaustauschs von Schlüsselprozessen mit Planungs- und Ausführungscharakter der GEs einer Versorgungskette im Mittelpunkt. Nach [Cooper et al. 1997, 5] zählen zu diesen Schlüsselprozessen die Kundenbetreuung, Bedarfsermittlung, Auftragsabwicklung, Kapazitätsbelegung, Beschaffung, Produktentwicklung und Produktrückführung.

- *SCM-Werkzeuge.* Darunter werden Transaktions- oder Planungssysteme verstanden, welche wie z.B. die Supply Chain Planning-Systeme den Entscheidern den notwendigen Überblick über das Logistiknetzwerk geben und den GE-übergreifenden Austausch von Informationen ermöglichen.

- *Flußorientierung.* Hier liegt das Hauptaugenmerk auf den Prinzipien zur Gestaltung der Güter-, Informations- und Geldflüsse in der Versorgungskette. Flußorientierung [Weber/Kummer 1998] bedeutet (a) Verankerung des Denkens in Stoffflüssen, (b) Beherrschung turbulenzarmer Leistungsprozesse, (c) flußbezogene Zielsysteme, (d) flußorientierte Informationssysteme und (e) flußorientierte Ausrichtung von Anreizsystemen.

- *Zielorientierung.* Primäres Ziel des SCM ist die Schaffung von Kundennutzen, welcher in einem ausbalancierten Verhältnis zu Durchlaufzeiten, Kosten und Qualität steht. Einzelziele der beteiligten Partner wie die Optimierung des lokalen Return on Assets (ROA) werden der Forderung nach Verbesserung der Leistungsfähigkeit der gesamten Kette untergeordnet.

SCM umfaßt die ganzheitliche Planung und Steuerung des Leistungsflusses (Material-, Informations- und Geldfluß) über die unternehmensübergreifende Versorgungskette der Lieferanten, aller Produktions- und Distributionsstufen vom Logistikdienstleister bis hin zum Endverbraucher. Bild 10-2 illustriert dies anhand der Supply Chain von Cisco.

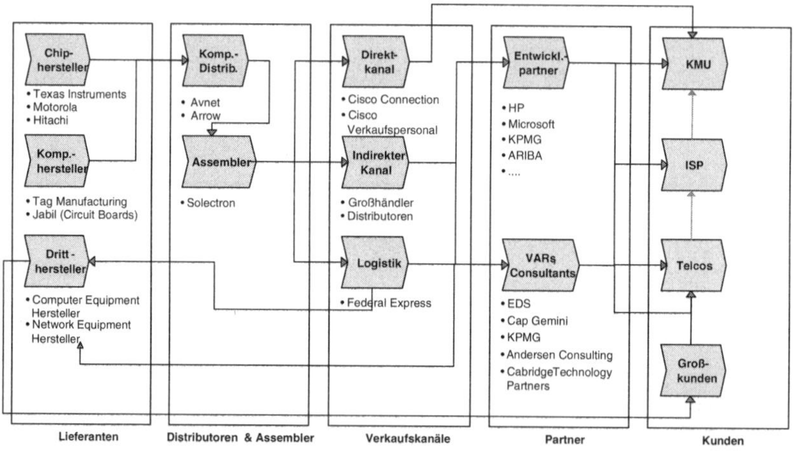


*Bild 10-2: Supply Chain von Cisco [vgl. Hood 1999]*

### 10.2.2 Ziele und Nutzen des Supply Chain Management

Die Ziele des SCM sind höhere Effektivität (z.B. verbesserte Kundenzufriedenheit oder verkürzte Durchlaufzeiten) und verbesserter Effizienz (z.B. verringerte SC-Kosten und reduzierte Bestände). Diese Ziele werden durch die optimale, GE-übergreifende Abstimmung aller Flüsse in der Versorgungskette erreicht. SCM verlangt die Kooperation zwischen internen und externen Geschäftseinheiten sowie der Planungs- und Ausführungsprozesse und eine Kommunikation zwischen den Informationssystemen in einer Versorgungskette. Voraussetzung für SCM ist die Leistungsmessung der SC-Prozesse sowie die Unterstützung der Entscheider und Planer bei ihren Aufgaben durch SCM-Werkzeuge. Anhand der von [Andersen Consulting 1999] entwickelten Prinzipien des SCM (s. Tabelle 10-1) kann ein erster Überblick darüber gewonnen werden, welche Grundsätze bei der Verbesserung geschäftlicher Zielgrößen wie optimale Nutzung des eingesetzten Kapitals, Reduktion der Kosten und Verbesserung des Kundenservice innerhalb der Versorgungskette bestehen.

| **Prinzip** | **Kapital-nutzung** | **Kosten-reduktion** | **Kunden-service** |
|---|---|---|---|
| Segmentiere Kunden auf Basis ihrer Bedürfnisse | ◑ | ◔ | ● |
| Richte die SC an den Kundenbedürfnissen aus | ● | ◔ | ◔ |
| Plane gemäß den Bedarfssignalen aus dem Markt | ● | ◑ | ◑ |
| Kopple Produktentwicklung an Kundenbedürfnisse | ◑ | ◔ | ◑ |
| Steuere den Produktionsprozeß durch Kundensignal | ◑ | ● | ○ |
| Richte strategische Beschaffung ein | ◑ | ● | ○ |
| Entwickle Strategien für SC-Technologien[1] | ● | ◑ | ◑ |
| Messe die Leistungsfähigkeit der SC | ● | ● | ● |

Legende: ● Hohe Möglichkeit der Beeinflussung ◑ Mittlere Möglichkeit der Beeinflussung ○ Geringe Möglichkeit der Beeinflussung

*Tabelle 10-1: Prinzipien des SCM [Andersen Consulting 1999]*

Die Basis für eine erfolgreiche Steuerung der SC ist die Definition geeigneter Metriken zur Messung der Leistungsfähigkeit einer Versorgungskette.[2] Die Verbesserung der Kapitalnutzung läßt sich am Besten durch eine konsequente Ausrichtung der gesamten Versorgungskette an den Kundenbedürfnissen, der Planung gemäß den tatsächlichen Bedarfssignalen sowie der Entwicklung und Nutzung von IS/IT-basierten SCM-Werkzeugen erzielen. Möglichkeiten zur Kostenreduktion bestehen durch die Steuerung des Produktionsprozesses, durch das Kundensignal sowie die Einrichtung eines strategischen Beschaffungsmanagements.

---

2 Für eine detaillierte Diskussion zum Thema Leistungsmessung und Benchmarking vgl. [Boutellier 1996], [Legner 1999], [Muschter 1999], [PRTM 1997], [IMG 1999b].

Schließlich kann man durch eine Kundensegmentierung auf Basis der Kundenbedürfnisse eine Verbesserung des Kundenservice erreichen.

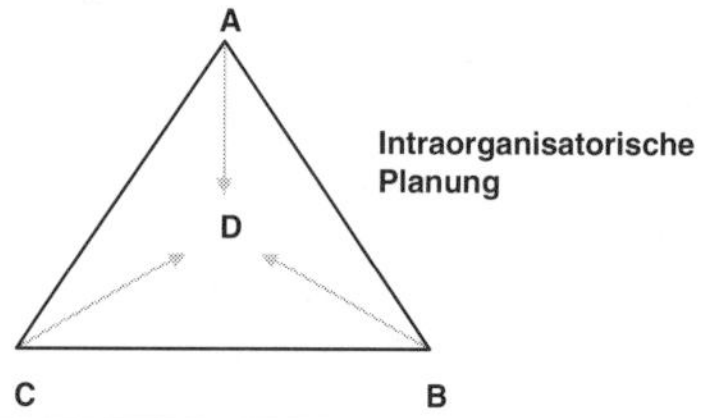


| | [Schary/Skjott-Larsen 1995, 20] | [Christopher 1998, 286] | [Mayer 1999, 12] | [Fleisch 2001, 193] |
|---|---|---|---|---|
| A | Customer Service | Customer Satisfaction | Qualität (Servicefehler) | Servicegrad |
| B | Supply Chain Costs | Logistics Costs | Logistikkosten (in % des Umsatz) | Ressourceneinsatz |
| C | Supply Chain Assets | Asset Level | Zeit | Kosten |
| D | Profits<br>Return on Assets (ROA) | Profits<br>Return on Assets (ROA) | - | Vermögensrentabilität oder Return on Assets (ROA) |

*Tabelle 10-2: SC-Dreieck und Zielgrößen für die intraorganisatorische Planung*

Im wesentlichen weisen die Verbesserungen dank SCM stark interdependenten Charakter auf. Dies gilt zum einen für die einzelne Geschäftseinheit, zum anderen aber auch für die Gesamtheit der Geschäftseinheiten einer Versorgungskette. Um diese Interdependenz herauszustreichen, verwenden klassische Zielsysteme in der Logistikliteratur das Bild eines ‚magischen Dreiecks', welches durch die Spitze A und die im Uhrzeigersinn zu durchlaufenden Ecken B und C aufgespannt wird (vgl. [Schary/Skjott-Larsen 1995, 20], [Christopher 1998, 286], [Mayer 1999, 12]). In Abhängigkeit von A, B und C versucht die einzelne Geschäftseinheit einer Versorgungskette im Rahmen der intraorganisatorischen Planung die Zielgröße D im Zentrum des Dreiecks zu maximieren. Tabelle 10-2 zeigt einige Zielgrößen als möglichen Ausprägungen von A, B, C und D. Beispielhaft wird die Rechte Spalte beschrieben:

- *Servicegrad.* Der Servicegrad beschreibt die Fähigkeit einer Geschäftseinheit, das richtige Leistungsbündel dem Kunden zur Verfügung zu stellen. Er beschreibt somit die Fähigkeit, nachhaltig Umsätze zu generieren. Metriken zur Bestimmung des Servicegrads sind z.B. die Kundenzufriedenheit, die Servicequalität oder die Auftragsdurchlaufzeit.

- *Ressourceneinsatz.* Die Geschäftseinheit erkauft sich die Fähigkeit zur Bereitstellung des Servicegrads mit Aktiva bzw. Ressourceneinsatz, zu welchen Umlaufvermögen wie z.B. Halb- und Fertigproduktlager und Anlagevermögen wie z.B. Produktionskapazitäten und Informationssysteme zählen. Mit dem Ressourceneinsatz verbundene Meßgrößen sind z.B. die Lagerreichweite oder der Vermögensumschlag.
- *Kosten.* Das Bereitstellen von Ressourcen ist für die Geschäftseinheit mit Kosten verbunden. Beispiele für Metriken, die mit diesen Kosten zusammenhängen, sind Kosten für die Aufrechterhaltung des Auftragsabwicklungsprozesses, Kapitalkosten, Produktionskosten sowie Kosten für die Bereitstellung und den laufenden Betrieb von SCM-Werkzeugen.
- *Vermögensrentabilität.* Das Management der Geschäftseinheit versucht, eine Zielgröße wie z.B. die Gesamtvermögensrentabilität oder den Return on Assets (ROA) zu maximieren. Mit Hilfe des Logistikmanagements wird im Rahmen der intraorganisatorischen Planung versucht, unter Vorgabe eines Ziel-ROA den erforderlichen Servicegrad, die dazu notwendigen Ressourcen sowie die erforderlichen Kosten zu bestimmen.

Um dem GE-übergreifenden Charakter des SCM gerecht zu werden, wird der Ansatz des magischen Dreiecks zu einer SCM-Pyramide erweitert (s. Bild 10-3). Die Abstimmung von z.B. Servicegrad, Ressourcen und Kosten zum Zweck der Erreichung eines Ziel-ROA erfolgt nicht mehr in erster Linie im Hinblick auf die einzelne Geschäftseinheit. Vielmehr verdeutlicht die Pyramide den Prozeß der interorganisatorischen Planung. Dies ist die Abstimmung und das Ausbalancieren der Ziele aller Geschäftseinheiten einer Versorgungskette zur optimalen Befriedigung der Kundenbedürfnisse. Die Geschäftseinheiten werden in der nachstehenden Abbildung durch Lieferanten, Hersteller, Großhändler, Einzelhändler und Kunden symbolisiert.

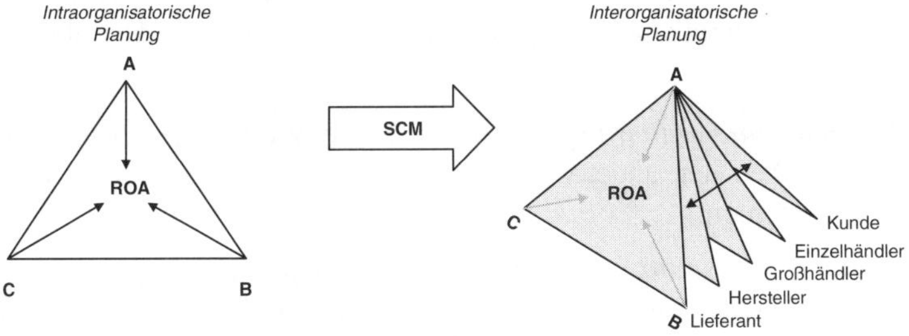


*Bild 10-3: SCM-Pyramide*

## 10.3 Supply Chain Management-Werkzeuge

### 10.3.1 Supply Chain Management-Werkzeuge im Überblick

Im Folgenden wird der aktuelle State-of-the-Art der SCM-Methoden und SCM-Werkzeuge vorgestellt [Grünauer 2001]. Studien zum Einsatz von SCM-Werkzeuge vermitteln ein klares Bild: „Mit [...] IT-Werkzeugen für das SCM sind eine Vielzahl der heutigen Anforderungen an die Planungsaufgaben entlang der Supply Chain erfüllt. Allerdings ist zu beobachten, daß beim Einsatz dieser Werkzeuge noch nicht alle Möglichkeiten, die deren Funktionalität bietet, ausgenutzt werden. Weiterhin finden die SCM-Tools fast ausschließlich Verwendung innerhalb eines Unternehmens und nur selten über mehrere Unternehmen hinweg. Hier gibt es anscheinend Hindernisse in der Zusammenarbeit, die durch den Einsatz von Technologie allein nicht zu lösen sind“ [Kuhn et al. 1998, 8]. Diese bestehenden Herausforderungen beim praktischen Einsatz der SCM-Werkzeuge veranlassen uns dazu, die Werkzeuge im Hinblick auf Schwerpunktsetzungen und Prozeßfokus zu untersuchen. Auf die Beleuchtung der technologischen Aspekte wird daher weitgehend verzichtet. Unterschieden werden vier Werkzeugtypen aus dem Bereich der Standardsoftware (s. Tabelle 10-3):

- *Supply Chain Planning (SCP)-Systeme.* Darunter verstehen wir Entscheidungsunterstützungs- resp. Decision Support-Systeme (DSS) zur Organisation inner- und überbetrieblicher Abhängigkeiten. Der Fokus liegt auf der Abbildung von Planungs- und Steuerungsprozessen. In Kapitel 10.5 werden SCP-Systeme vertieft vorgestellt und dabei auf die Untertypen MRP I, MRP II und APS näher eingegangen.

- *Supply Chain Execution (SCE)-Systeme.* Diese semi-transaktionalen [Richmond et al. 1998] Systeme bestehen zur Organisation inner- und überbetrieblicher Abhängigkeiten mit Fokus auf Steuerungs- und Ausführungsprozessen.

- *Supply Chain Integration (SCI)-Systeme.* Diese Werkzeuge leisten die Integration zwischen den anderen Systemtypen wie beispielsweise SCP-, SCE- und ERP-Systemen.

- *Enterprise Resource Planning (ERP)-Systeme.* Hierunter fallen die ‚klassischen‘ Transaktionssysteme zur Organisation innerbetrieblicher Abhängigkeiten mit Fokus auf Ausführungsprozessen.

| Systemtyp | | Organisation | | Prozeß | |
|---|---|---|---|---|---|
| | | Innerbetrieblich | Überbetrieblich | Ausführung | Planung |
| SCM-Werkzeuge | Supply Chain Planning (SCP)-System | ● | ● | ○ | ● |
| | Supply Chain Execution (SCE)-System | ● | ● | ● | ○ |
| | Supply Chain Integration (SCI)-System | ● | ● | ○ | ○ |
| | Enterprise Resource Planning (ERP)-System | ● | ○ | ● | ◔ |

*Tabelle 10-3: Charakteristik SCM-Werkzeuge nach Organisations- und Prozeßfokus*

## 10.3.2 Supply Chain Planning-Systeme

SCP-Systeme unterstützen den Planer bei der zur Auftragserfüllung erforderlichen Zuordnung von Kapazitäten entlang der Versorgungskette [vgl. Kulow et al. 1999b, 23]. Historisch gesehen haben sich drei Softwarekonzepte für SCP-Systeme entwickelt. In der Reihenfolge des Entstehens sind dies das Material Requirements Planning (MRP I), Manufacturing Resource Planning (MRP II) (⇒ Glossar) sowie die Advanced Planning Systems (APS). Jedes Konzept stellt eine Weiterentwicklung des Vorgängers dar. Die beiden traditionellen Konzepte MRP I und MRP II sind in der Praxis oft integriert mit ERP-Systeme anzutreffen [Thaler 1999] und werden den Produktionsplanungs- und steuerungssystemen (PPS) zugerechnet [Busch 1990][3]. APS-Systeme hingegen sind durchwegs als eigenständige Applikationen ‚On the Top of ERP' [Prockl 2000, 457] zu sehen.

Die möglichen geschäftlichen Nutzenpotentiale von SCM-Werkzeugen, z.B. für APS, liegen nach [Kulow et al. 1999b, 17] in drei Bereichen: (a) In der Erschließung von Kosteneinsparungspotentialen in der Beschaffung: Die Informationstransparenz bezüglich Termine, Bestände und Kapazitäten im Beschaffungsnetzwerk ermöglicht den Abbau von Lagerstufen und Sicherheitsbeständen, eine Verringerung von Liegezeiten für Halb- und Fertigprodukte, eine Senkung der Gesamtdurchlaufzeit sowie eine Verringerung der Kapitalbindung bei gleichzeitig höherer Flexibilität. (b) In der Erhöhung der Prognosegenauigkeit und Berücksichtigung von aktuellen Kundenaufträgen durch Informationstransparenz zwischen Marketing und Verkauf: Hier kann ein APS-Einsatz zu einer verbesserten Pla-

[3] In den 90er Jahren wurden 95% der PPS-Systeme mittels MRP II-Konzepten realisiert [Prockl 2000].

nungsgrundlage und Dimensionierung von Lagern, einer besseren Ausnutzung von Produktionskapazitäten, einer erhöhten Reaktionsfähigkeit in Produktion und Distribution, der Senkung von Produktions- und Distributionskosten bei gleichbleibenden Lieferservice sowie einer erhöhten Flexibilität in der Termin- und Preisgestaltung führen. (c) In der informationstechnischen Kopplung der Verkaufsorganisationen mit den Distributionslagern und der Produktion: Dies kann von den Verkaufsorganisationen zu einem verbesserten Überblick der aktuellen Bestandssituation im Distributionsnetzwerk, einer Reduktion von Sicherheitsbeständen, einer verbindlichen Bekanntgabe von Lieferterminen bzw. einer insgesamt verbesserten Kundenzufriedenheit ohne Verursachung von Mehrkosten über Bestände genutzt werden.

Diesen theoretischen Nutzenpotentialen stehen praktische Erfahrungen, z.B. von SCP-Software-Anbietern gegenüber. Eine Untersuchung des Forschungsinstitut für Rationalisierung (FIR) der technischen Hochschule Aachen mit Herstellern von SCM-Werkzeugen hat ergeben, dass [Stich et al. 1999]:

- Dem überwiegenden Teil (78%) der befragten Softwarehersteller die Potentiale der SCM-Werkzeuge den Anwendern nicht ausreichend bekannt sind.
- Fast dreiviertel der Hersteller (72%) schätzen, daß derzeitige Installationen auf Lieferketten innerhalb der Unternehmensgrenzen beschränkt sind und daß sie bei einem unternehmensübergreifenden Einsatz häufig organisatorischen bzw. kulturellen Vorbehalten gegenüberstehen.
- Derzeit ein Einsatz vorwiegend ergänzend zu den traditionellen Transaktionssystemen erfolgt.

### 10.3.3 Material Requirements Planning (MRP I)

Das erste im Logistikumfeld eingesetzte EDV-System war der Stücklistenprozessor, der im Rahmen der Materialbedarfsplanung die Stücklisten auflöste und zur Bedarfsdeckung Aufträge anlegte [Bartsch/Teufel 2000, 17]. MRP I beschränkt sich auf eine deterministische Nettomaterialbedarfsermittlung[4] mit Stücklistenauflösung. Das typische 4-stufige Verfahren [Thaler 1999, 135] ist in Bild 10-4 dargestellt.

Grundlage sind die bekannten/erwarteten Kundenaufträge, mit denen der periodenbezogene Bedarf für Enderzeugnisse (Primärbedarf) ermittelt wird. Der zweite Schritt besteht in der Stücklistenauflösung und der Bedarfsermittlung für Teile und Rohstoffe (Sekundärbedarf) sowie für nicht in der Stückliste hinterlegte Hilfs-

---

[4] Neben der deterministischen Materialbedarfsermittlung für A- und B-Teile ist die verbrauchsbezogene (stochastische) Bedarfsermittlung für C-Teile und die Bedarfsermittlung durch Schätzung für geringwertige Materialien bekannt [Thaler 1999].

und Betriebsstoffe. Im dritten Schritt erfolgt die Ermittlung des Zusatzbedarfs für Ausschuß-, Ersatz- oder Versuchsteile und eine Bestimmung des Sicherheitszuschlags, womit der Bruttobedarf errechnet werden kann. Der Nettobedarf berücksichtigt neben dem Zugang aus der laufenden Fertigung auch das bereits beim Lieferanten bestellte Material und den durch bestehende Lagervorräte gedeckten Bedarf.

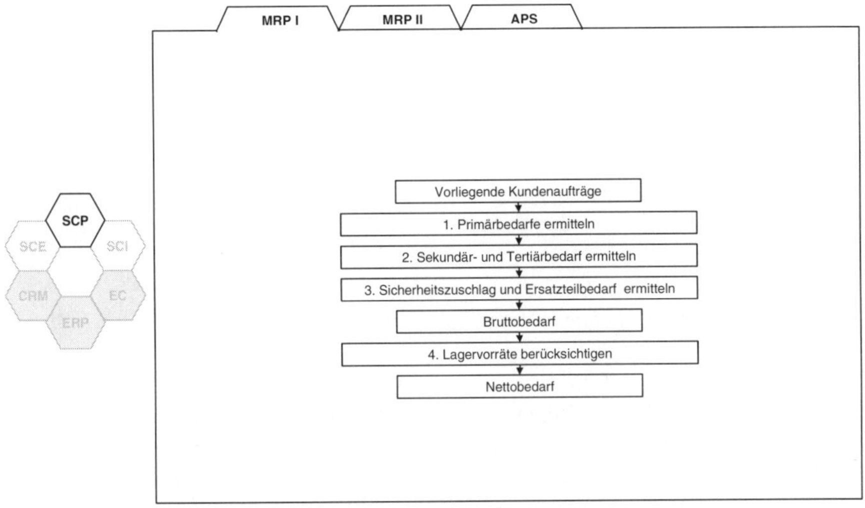


*Bild 10-4: MRP I: Nettomaterialbedarfsermittlung [Thaler 1999]*

Bei MRP I wird die Verfügbarkeit von Ressourcen durch Prüfung von beispielsweise Lager-, Transport- oder Produktionskapazitäten außer acht gelassen. Dadurch kann nicht garantiert werden, daß berechnete Pläne auch ausführbar sind, da z.B. nicht genügend Kapazität vorhanden ist.

### 10.3.4 Manufacturing Resource Planning (MRP II)

Die Nachteile von MRP I werden im Nachfolgekonzept MRP II durch Aufnahme weiterer Planungsmodule (s. Bild 10-5) entschärft. Das MRP II-Konzept umfaßt typischerweise verschiedene Module mit kurz-, mittel und langfristigem Planungshorizont (s. Bild 10-5).

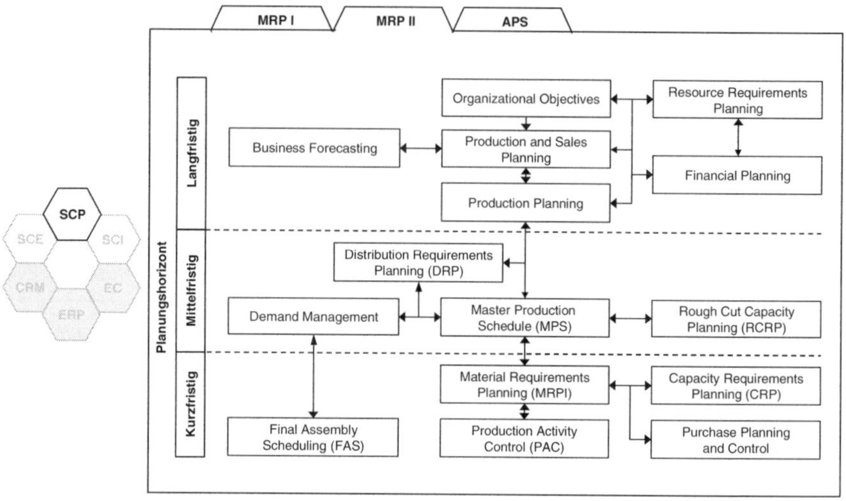


*Bild 10-5: MRP II-Module [Schary/Skjott-Larsen 1995, 144], [Winter 1991, 183]*

Der Aufbau erfolgt stufenweise, d.h. die Ergebnisse der langfristigen Planung (z.B. Production and Sales Planning) und der mittelfristigen Planung (wie Master Production Schedule) fließen in die jeweils nachgelagerte Ebene ein. Bei Undurchführbarkeit eines Plans (z.B. aufgrund von Kapazitätsrestriktionen bei Leitteilen) wird durch Rückkoppelung mit den darübergelegten Planungsebenen ein sukzessiver Lösungsansatz verfolgt [Gronau 1997, 66]. Die deutlichste Verbesserung von MRP II gegenüber dem Vorgängerkonzept besteht in einer Erweiterung der Planung um eine Kapazitätsrechnung wie beispielsweise in Form von RCRP/CRP [vgl. Kilger 1998, 53].

Diesen Vorteilen stehen jedoch eine Reihe von Nachteilen gegenüber. Unsicherheiten bei Bedarfen, Durchlaufzeiten etc. werden nicht berücksichtigt. Bei der Durchlaufzeit wird die Wartezeit aufgrund von Überlastungssituationen (Warten auf Kapazität oder Warten auf Material) nicht im System erfaßt. MRP II-Systeme sind wie MRP I batchorientiert: Beispielsweise wird die Kapazitätsplanung (Capacity Requirements Planning (CRP)) separat von der Materialbedarfsplanung (MRP) durchgeführt. Bei einer Verletzung von Randbedingungen (z.B. zu geringer Kapazität) muß eine Materialbedarfsplanung erneut durchgeführt werden. Lange Durchlaufzeiten bei der Berechnung führen dazu, daß Pläne langwierig zu erstellen und nur schwer an geänderte Situationen angepaßt werden können [Kilger 1998, 54]. Aufträge werden in der Reihenfolge ihres Eintreffen bearbeitet (first come – first served (FIFO)-Prinzip). Der Anwender hat keine Möglichkeit, Zielvorgaben in Echtzeit einzuplanen, Material zu reservieren oder bestehende Planungen zu korrigieren. MRP II-Systeme arbeiten werksorientiert, was die integrierte Planung der Versorgungskette von der Materialbeschaffung über die diversen Stufen des Produktionsprozesses bis hin zur Auslieferung der Produkte an den

Kunden verhindert. MRP II-Systeme optimieren damit zwar lokal die einzelnen Glieder einer Versorgungskette, fehlender Überblick über Abhängigkeiten entlang der Versorgungskette verhindert jedoch das Auffinden einer für die ganze Versorgungskette optimalen Lösung. Auch die Weiterentwicklung von MRP I hin zu MRP II konnte also die strukturellen Planungsdefizite nicht beseitigen [Bartsch/Teufel 2000, 17].

### 10.3.5 Advanced Planning-Systeme

Die Entwicklung von APS ist durch die vorliegenden Mängel der MRP II-Werkzeuge motiviert. Hauptansatzpunkt bei APS ist die gesamthafte Optimierung einer Zielgröße wie z.B. der Auftragsdurchlaufzeit. Dies setzt voraus, daß Sichtbarkeit (Visibility) der Struktur einer Versorgungskette mit ihren verschiedenen Ressourcen und die Berücksichtigung von Randbedingungen wie etwa Kapazitätsbeschränkungen (Capacity Constraints) gegeben ist. APS-Werkzeuge setzen aus diesem Grund auf einem überbetrieblichen Modell der Versorgungskette auf. Die Vorteile von APS liegen in (vgl. [Prockl 2000, 456], [Fritsche 1999, 50], [i2 1997], [AMR 1999], [Kulow et al. 1999a, 20], [Pillep/von Wrede 1999, 37], [Bartsch/Teufel 2000, 18]):

- *Abbildung einer komplexen, unternehmensübergreifenden Versorgungskette.* Die Modellierung realistischer Restriktionen wird durch Verwendung objektorientierter Technologien ermöglicht (sog. ‚Constrain-Based Systems‘).

- *Simultane Planungsphilosophie.* Im Gegensatz zur sequentiellen Planungsphilosophie von MRP II oder MRP I werden bei APS alle Planungsprozesse simultan betrachtet und entstehende Wechselwirkungen bzw. auftretende Restriktionsverletzungen werden geprüft (sog. ‚Concurrent Planning‘).

- *Fähigkeit zur inkrementellen Planung.* Während MRP II-Systeme Pläne von Grund auf neu erstellen (sog. ‚Neuauswurfsprinzip‘), können APS-Systeme geänderte Bedarfs-, Bestandes- und Kapazitätsdaten fortschreiben und deren Auswirkung darstellen.

- *Bidirektionale Weitergabe von Änderungen.* Die Änderungen in Plänen werden sofort sowohl flußauf- als auch flußabwärts in einer Versorgungskette weitergegeben (‚upstream and downstream‘).

- *Positionierung als DSS.* Die Abkehr von starren Planläufen wie bei MRP II führt zur Positionierung von APS als Decision Support Systems (DSS). Zielgruppen wie z.B. Produktmanager, Einkaufsplaner oder Artikeldisponent können die Auswirkungen anhand von ‚What-if‘-Analysen simulieren.

- *Eignung für die Prozeßindustrie.* Im Gegensatz von MRP II eignet sich der APS-Ansatz auch für die Prozeßindustrie. Dort liegt der Fokus der Planung weniger in einer Terminierung komplexer Produkte als vielmehr in der kostenoptimalen Organisation und Steuerung einfacher Artikel über komplexe und verzweigte Fertigungs- und Lagerstrukturen.

- *Hauptspeicherresidente Datenhaltung.* Die Datenhaltung bei den taktisch und operativ ausgelegten Planungsmodulen erfolgt im Hauptspeicher. Dies führt zu einer hohen Verarbeitungsgeschwindigkeit und die guten Antwortzeiten ermöglichen eine Erhöhung der Auskunftsfähigkeit z.B. durch Liefermengen- und Terminzusagen in Echtzeit.
- *Integration mit Transaktionssystemen.* Schnittstellen zur Datenübergabe ermöglichen die Koppelung der APS mit Transaktionssystemen. Dadurch können einerseits operative Daten geladen und andererseits die Planungsergebnisse den Transaktionssystemen zu Verfügung gestellt bzw. die Planausführung kontrolliert werden.

Bei der Charakterisierung der Datengrundlagen für APS lassen sich die Ebenen Konfiguration, Planung und Ausführung unterscheiden:

- *Konfiguration.* Die Daten auf der Konfigurationsebene [vgl. Pillep/von Wrede 1999, 10] stammen in den meisten Fällen aus ERP-Systemen und umfassen beispielsweise Produktstammdaten, Lokationen (z.B. Lieferanten, Produktionswerke, Zwischenlager, Verteilzentren und Endkunden), die zugehörigen Kapazitäten und Transportmittel und -wege, Kostenangaben (z.B. Kosten der Beschaffung, Herstellung, Lagerhaltung, Bestellabwicklung, Lieferung, Kapitalkosten) sowie Verkaufserlöse [Kulow et al. 1999b, 73].
- *Planung.* Darauf aufbauend erfolgt die Übernahme der Transaktionsdaten (z.B. der verschiedenen Auftragsarten), die Festlegung von Randbedingungen sowie die Definition von Metriken und Zielwerten. Damit wird die Planungsebene aufgespannt, deren Zielsetzung die synchronisierte mittel- bis langfristige Programmplanung über die gesamte Lieferkette unter der Berücksichtigung kapazitäts- und terminbedingter Abhängigkeiten sowie prognostizierter und realer Kundenbedarfe ist [Pillep/von Wrede 1999, 11].
- *Ausführung.* Die Umsetzung der Pläne erfolgt auf der Ausführungsebene durch die verschiedenen Partner einer Versorgungskette, z.B. durch die Durchsetzung der erstellten Fertigungsprogramme in den verschiedenen Produktionswerken [Pillep/von Wrede 1999, 11]. Dabei wird in den meisten Fällen auf die bestehende Struktur der IS/IT einer Versorgungskette in Form bereits bestehender, lokaler ERP-Systeme zurückgegriffen.

### 10.3.6 Module von Advanced Planning-Systemen

Zur weiteren funktionalen Erläuterung von APS werden elf generische Module vorgestellt, deren Ziele und Kernfunktionalität festgelegt und die Module vor dem Hintergrund verschiedener Planungshorizonte den strategischen, taktischen und operativen Planungsaufgabestellungen zugeordnet. Bei der Bezeichnung der Module folgen wir dem vom Fraunhofer Institut für Produktionstechnik und Automatisierung (IPA) und dem Fraunhofer Institut für Materialfluß und Logistik (IML) erstellten Aufgabenmodell [vgl. Kulow et al. 1999b]. Des weiteren fließen die in Tabelle 10-4 aufgeführten Quellen ein:

| Literaturübersicht Advanced Planning Systems (APS) | | |
|---|---|---|
| [Bartsch/Teufel 2000] | [Fritsche 1999] | [Layden 1998] |
| [Beckmann 1998] | [Helingrath 1998] | [Philippson et al. 1999] |
| [Bermudez 1998] | [GartnerGroup 1998a] | [Prockl 2000] |
| [Dantzer/Petersen 1999] | [Kansky/Weingarten 1999] | [Scheutwinkel 1999] |
| [Enslow 1999] | [IMG 1999a] | [Richmond et al. 1998] |
| [Deloitte 1998] | [Kuhn et al. 1998] | [Servatius 1998] |
| | [Kuhn/Kloth 1999] | [Simchi-Levi et al. 2000] |

*Tabelle 10-4: Übersicht Literatur SCP-Systeme: APS*

Da mit kürzer werdendem Planungshorizont die Bedarfssicherheit zunimmt und gleichzeitig die Flexibilität sinkt, ergibt sich vor dem Hintergrund der Planungshorizonte ein sog. Planungstrichter [vgl. Kansky/Weingarten 1999, 90]. Darin werden die elf generischen APS-Module positioniert (s. Bild 10-6).

*Strategische Planung.* Ziel ist die Bewertung von Investitionsentscheidungen wie z.B. einer kostenmäßigen Bewertung der Anzahl und Lokation von Werken und Verteillägern bzw. der Festlegung optimaler Produktions- und Lagerkapazitäten. Damit soll es möglich sein, die Auswirkungen von geänderten Topologien einer Versorgungskette abzuschätzen. Planungshorizont sind mehrere Jahre.

*Netzwerkplanung.* Hier erfolgt die optimierte Zuordnung von Kapazitäten zum tatsächlichen oder prognostizierten Bedarf in einer definierten Versorgungskette über einen Zeithorizont von mehreren Wochen bis zu einem Jahr. Kriterien dafür sind z.B. Produktgruppe oder Distributionskanal. Das Ergebnis der Netzwerkplanung ist die Zuordnung von Produktionsaufträgen zu den einzelnen Produktionswerken innerhalb einer Planungsperiode, welche in einem sog. Master Schedule festgeschrieben wird.

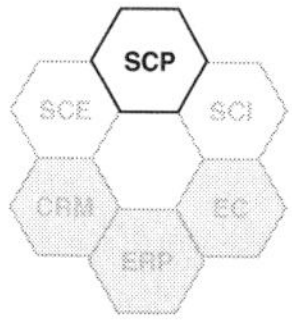


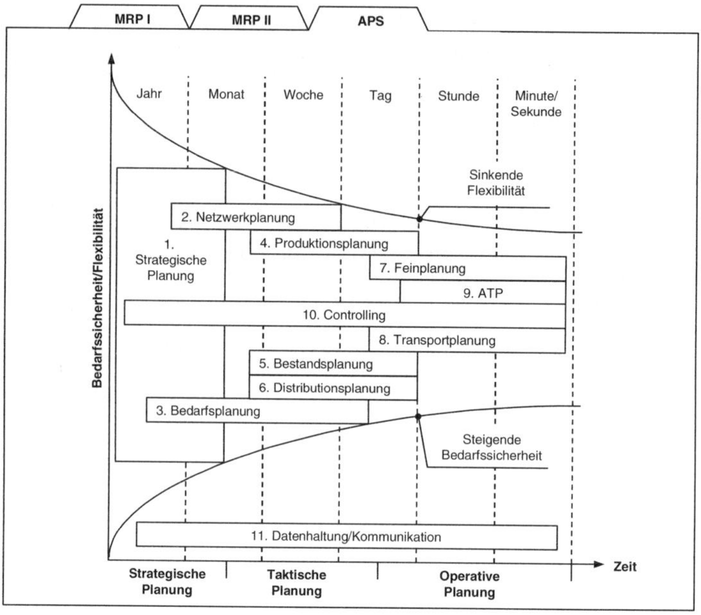


*Bild 10-6: Module von APS nach verschiedenen Zeithorizonten* [5]

*Bedarfsplanung.* Ziel der Bedarfsplanung ist die Schaffung von Transparenz hinsichtlich der tatsächlich vorliegenden kurzfristigen Bedarfe und der Prognose der langfristigen Bedarfe. Bedarfsinformationen sind eine wesentliche Grundlage für die effektive und effiziente Abstimmung von Planungs- und Entscheidungsprozessen entlang der Versorgungskette. Kurzfristige Bedarfe werden aus vorliegenden Bestellungen (z.B. aus ERP-Systemen der verschiedenen Partner) entnommen und verschiedene Prognosemethoden erlauben eine Vorhersage des künftigen Bedarfs. Wesentliche weitere Aspekte sind die Möglichkeit zur Integration von POS-Daten oder die kooperative Erstellung von Vorhersagen.

*Produktionsplanung.* Ziel der Produktionsplanung ist ein hinsichtlich Kapazitätsauslastung und Bestandeskosten optimierter Produktionsplan, dessen Planungshorizont von mehreren Tagen bis Monaten reicht. Der im Netzwerkplanungsmodul verwaltete Master Schedule ist die Basis für Bedarfe an Materialien unter Beachtung von Rahmenbedingungen wie z.B. tatsächlichen Beständen, Produktionskapazitäten vorgelagerter Produktionswerken oder existierenden Rahmenverträgen mit Zulieferern. Gleichzeitig werden bei der Durchlaufterminierung der Produktionsaufträge verschiedene Restriktionen wie Produktionskapazitäten, Fabrikskalender oder Verwendung von Alternativressourcen berücksichtigt. Die Planungen

---

[5] vgl. [Hiemenz 1998], [Pirron et al. 1998], [Kansky/Weingarten 1999], [Kulow et al. 1999a], [SAP 1998b].

sind auch für mehrstufige Produktionsprozesse durchführbar. Resultat der Produktionsplanung ist die Zuordnung von Kapazitäten und benötigtem Material zu Fertigungsaufträgen.

*Produktionsplanung.* Ziel der Produktionsplanung ist ein hinsichtlich Kapazitätsauslastung und Bestandeskosten optimierter Produktionsplan, dessen Planungshorizont von mehreren Tagen bis Monaten reicht. Der im Netzwerkplanungsmodul verwaltete Master Schedule ist die Basis für Bedarfe an Materialien unter Beachtung von Rahmenbedingungen wie z.B. tatsächlichen Beständen, Produktionskapazitäten vorgelagerter Produktionswerken oder existierenden Rahmenverträgen mit Zulieferern. Gleichzeitig werden bei der Durchlaufterminierung der Produktionsaufträge verschiedene Restriktionen wie Produktionskapazitäten, Fabrikskalender oder Verwendung von Alternativressourcen berücksichtigt. Die Planungen sind auch für mehrstufige Produktionsprozesse durchführbar. Resultat der Produktionsplanung ist die Zuordnung von Kapazitäten und benötigtem Material zu Fertigungsaufträgen.

*Bestandesplanung.* Ziel der Bestandesplanung ist es, in einem mehrstufigen Distributionsnetzwerk eine minimale Bestandeshöhe bei gleichzeitiger Deckung der Nachfrage durch ausreichende Bestände an Fertigprodukten zu erreichen. Dazu ist die Sichtbarkeit aller Bestände der Versorgungskette erforderlich, wobei der betrachtete Planungshorizont im taktischen Bereich liegt. Wesentlich ist die Reichweitenfestlegung von Lagern auf Grundlage der Bedarfsplanung, die Kostenoptimierung durch Nutzung verschiedener Strategien zur Lagerhaltung und die Integration von externen Systemen der Partner der Versorgungskette zur Unterstützung kooperativer Lagerbewirtschaftungsstrategien wie z.B. VMI.

*Distributionsplanung.* Aufgabe der Distributionsplanung ist die Beplanung der Distribution zum Endkunden unter Berücksichtigung eines mehrstufigen Distributionsnetzwerkes. Im Gegensatz zur Bestandesplanung liegt hier der Fokus auf Verteilungs- und Abrufaspekten bei grundsätzlich ähnlich gelagerten taktischen Planungshorizonten. Ergebnis ist eine optimierte Planung und eine Kombination der Lieferungen unter Berücksichtigung der Lagerorte und -bestände, Bedarfe, Transportkapazitäten, Kosten von Kombinationsbildungen sowie der Abbildung von Intransit-Beständen.

*Feinplanung.* Die Feinplanung als operative Planungsaufgabe legt einen dem Produktionszeitpunkt zeitnahen, operativen Ablaufplan auf Ressourcenebene fest, welcher die Zuordnung der in der Produktionsplanung ermittelten Lose zu den Produktionsressourcen unter Berücksichtigung von Restriktionen wie Lieferterminen, technologischen Abhängigkeiten, Umrüsten oder Personalqualifikation umfaßt. Optimierungsziele sind Termintreue, Rüstzeiten, Durchlaufzeiten, Kapazitätsauslastungen und der Umlaufbestand.

*Transportplanung.* Ziel dieser ebenfalls operativen Planungsaufgabe ist die optimale Festlegung von Route, Transportmittel und Beladung zur Realisierung einer termingerechten Belieferung. Sie baut auf den Planungsvorgaben der Distributionsplanung auf und trifft weitere Verfeinerungen für einen kurzfristigen Zeithorizont. Die Optimierung erfolgt über den Vergleich verschiedener Szenarios. Die Detailaufgaben bestehen in der Routenplanung, Frachtratenoptimierung und Unterstützung bei Transporten.

*Available-to-Promise (ATP).* Ziel ist die Zusicherung eines Liefertermins für einen Kundenauftrag. ‚Reines'ATP besteht in der Zuordnung der Auftragsmenge zu den vorhandenen Beständen oder bereits bestehenden Produktionsaufträgen. Die Erweiterung von ATP ist Capable-to-Promise (CTP). Hier erfolgt eine Zusage von Liefertermin und -menge für ein Produkt unter Berücksichtigung der verfügbaren Fertigprodukte und Produktionskapazitäten.

*Controlling.* Ziel ist es, alle erforderlichen Funktionen zur Steuerung der strategischen, taktischen und operativen Prozesse in einer Versorgungskette zusammenzufassen. Beispiele sind die Meldung von Abweichungen von Ist- zu Plan-Werten und die Einleitung korrektiver Maßnahmen, z.B. über Initiierung von Workflow-Prozeduren. Zur optimalen Unterstützung des Planers ist die Visualisierung von Beständen, Kapazitäten und Aufträgen erforderlich. Weiteres Ziel ist es, Aussagen über die Performance der gesamten Versorgungskette und der einzelnen Partner wie z.B. Logistikdienstleister, Lieferanten oder Produzenten zu ermöglichen.

*Datenverwaltung und Kommunikation.* Die Funktionen zur Datenverwaltung umfassen Aufbereitung und Pflege der für die Planungsmodule benötigten Grunddaten. Wir unterscheiden zwischen Stamm-, Transaktions- und Planungsdaten. Die Stammdaten sind auftragsneutral und kurzfristig den geringen Änderungen unterworfen, Transaktionsdaten sind auftragsbezogen und ständigen Änderungen unterworfen, die Planungsdaten werden grundsätzlich innerhalb der beschriebenen Module vom APS-System erzeugt. Aufgabe der Kommunikation ist der Datenaustausch zwischen den APS- und den anderen SCM-Werkzeugen.

### 10.3.7 Hersteller von Advanced Planning-Systemen

APS-Hersteller bilden die in Bild 10-6 dargestellten Module mit unterschiedlichen Schwerpunkten ab[6]. In den meisten Fällen haben sich die Produkte (sog. Toolsuites) evolutionär rund um ein Modul entwickelt. Im Fall der APS-Lösung von Manugistics war das ein strategisch/taktisch orientiertes Modul für die Bedarfsplanung, im Fall der APS-Lösung von i2 Technologies war das ein taktisch/operativ orientiertes Modul für Fragestellungen der Produktions- und Feinplanung. Von Grund auf neu gestaltete Lösungen wie das APS-Produkt der SAP zählen eher zu den Ausnahmen. Sukzessiv wird die von den APS-Herstellern benötigte Funktio-

---

[6] Im Fall des APO-Systems der SAP sind das nach [Bartsch/Teufel 2000] die folgenden 'Komponenten': (1) SC Cockpit, (2) Absatzplanung, (3) Supply Network Planning, (4) Deployment, (5) Produktionsplanung/Feinplanung, (6) Globale Verfügbarkeitsprüfung und (7) Collaborative Planning.

nalität durch Aufkauf von oder Kooperation mit spezialisierten Softwarehäusern geliefert und damit die Abdeckung von allen in Bild 10-6 aufgeführten Planungsmodulen angestrebt[7]. Dies führt innerhalb der APS-Werkzeuge zu heterogenen Modullandschaften. Allen APS-Werkzeugen gemeinsam ist die Verwendung von Algorithmen im Bereich der Optimierung oder von Visualisierungswerkzeugen von spezialisierten Herstellern wie der Firma ILOG[8]. Die Liste der APS-Hersteller umfaßt 20 verschiedene Hersteller (s. Tabelle 10-5), wobei nach [vgl. Enslow 1999] i2 Technologies, Manugistics, SAP und Numetrix zu den führenden Anbietern zählen.

Sowohl i2 Technologies als auch Manugistics sind eigenständige, auf APS-Lösungen spezialisierte Softwarehersteller. Gemeinsam konnten sie 1998 mehr als 50% des weltweiten Umsatzes in diesem Marktsegment verbuchen. SAP als Marktführer im Bereich betrieblicher Transaktionssysteme ist mit der seit 1997 laufenden Neuentwicklung von APO in der Lage, Kunden eine Gesamtlösung aus einer Hand anzubieten. Das selbe Ziel verfolgt der ERP-Hersteller J.D. Edwards. Dieser hat jedoch durch Kauf von Numetrix im Sommer 1999 eine Neuentwicklung vermieden. Die Übernahme stellt die Fortsetzung eines Trends dar. In der Vergangenheit haben z.B. Peoplesoft durch den Kauf von Red Pepper sowie Baan durch die Akquisition von CAPS Logistics bzw. der Berclain Group ihre Position als Provider von SCM-Lösungen (Transaktionssystem- und APS-Lösung) gestärkt. Nach Schätzungen von [AMR 1999] wurden im APS-Markt 1997 weltweit ca. 800 Mio. USD und 1998 etwa 1'300 Mio. USD umgesetzt.

| Hersteller | Produkt | Website |
|---|---|---|
| Aspen Tech | MIMI | http://www.aspentech.com |
| Baan | Baan Supply Chain Solutions | http://www.baanscs.baan.com |
| Debis | Logistikbus | http://www.debis.de |
| DMC-KGC | Orion-PI | http://www.dmc-kgc.com |
| DynaSys | SKEP | http://www.dys.com |
| i2 Technologies | RHYTHM | http://www.i2.com |
| ICON | ICON-SCM | http://www.icon-gmbh.de |

7 Beispielhaft sei der Aufkauf von Chesapeak durch Aspen Tech, von Red Pepper durch Peoplesoft oder von CAPS Logistics durch Baan genannt. Bei Kooperationen/Allianzen ist die Beteiligung und Entwicklungs- und Beratungskooperation von SAP mit IDS Scheer oder die Marketing-Allianz von i2 Technologies mit Oracle zu nennen.

8 APS-Hersteller, die Softwarekomponenten von ILOG verwenden, sind z.B. SAP, TCSI, J.D. Edwards, Manugistics, Dynasys, Aspen Technology und Baan.

| | | |
|---|---|---|
| Logility | Logility Supply Chain Solutions | http://www.logility.com |
| Manugistics | Manugistics6 | http://www.manugistics.com |
| Numetrix (J.D. Edwards) | Numetrix/3, Numetrix/xtr@ | http://www.jdedwards.com |
| Oracle | Logistikkette bzw. i2 RHYTHM | http://www.oracle.com |
| Peoplesoft | Peoplesoft Supply Chain Planning | http://www.peoplesoft.com |
| QAD | On/Q | http://www.qad.com |
| SAP | SAP APO | http://www.sap-ag.de |
| SCT | FYGIR | http://www.sctcorp.com |
| SKYVA (früher Camelot IS) | SKYVA | http://www.skyva.com |
| SYMIX | SyteAPS | http://www.symix.de |
| SynQuest | SynQuest | http://www.synquest.com |
| TRW ISCS | Paragon Applications | http://www.paragonms.com |
| Wassermann | WAY | http://www.wassermann.de |

*Tabelle 10-5: APS-Hersteller und ihre Produkte*

Bild 10-7 zeigt die Positionierung der vier führenden Hersteller i2 Technologies, Manugistics, SAP und Numetrix in den 4 Quadranten von Gartner Group [vgl. Enslow 1999]. Zur Einordnung dienen zwei Fähigkeiten eines Software-Vendors: Einerseits die Fähigkeit, den heutigen Marktanforderungen gerecht zu werden (Ability-to-Execute) und andererseits die Fähigkeit, neuen Herausforderungen des Marktes entsprechen zu können (Completeness of Vision). Ein Nischenanbieter wie Numetrix/J.D. Edwards fokussiert auf ein kleines Marktsegment, Visionäre wie Manugistics oder SAP liefern bereits gute Leistungen, zeigen jedoch noch Schwächen, auch den zukünftigen Herausforderungen des Marktes zu entsprechen [vgl. Enslow 1999].

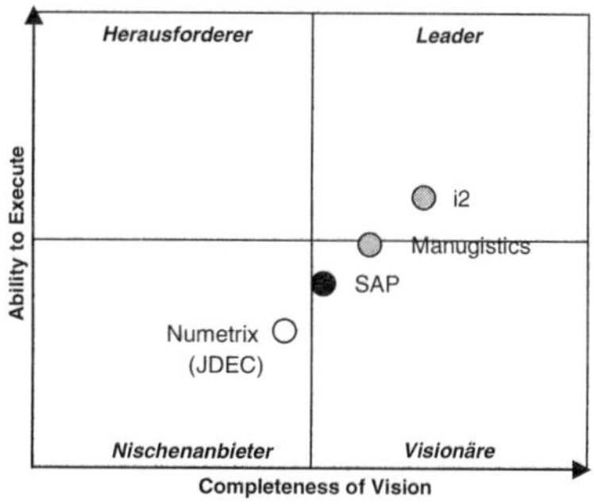


*Bild 10-7: Führende APS-Hersteller [Enslow 1999]*

## 10.4 Zusammenfassung und Ausblick

SCM-Werkzeuge sind ‚Decision Support' und keine ‚Decision Making'-Systeme. Vor diesem Hintergrund betreiben Systemhersteller einen hohen Aufwand[9], um Akzeptanz bei Benutzern im laufenden Betrieb zu gewährleisten. Graphische Benutzeroberflächen und weitreichende, benutzerspezifische Anpassungsmöglichkeiten sind mittlerweile bei den angesprochenen Werkzeugen State-of-the-Art. Problematischer als diese Aspekte ist die Erschließung unternehmensübergreifender Einsatzfelder der APS-Systeme im praktischen, betrieblichen Einsatz. Hier ist in der Literatur (vgl. [Kuhn et al. 1998, 8], [Kulow et al. 1999a, 41], [Pillep/von Wrede 1999, 46]) eine klare Diskrepanz zwischen den theoretischen Konzepten von APS-Systemen zu erkennen: Die für das theoretische Konzept des SCM typischen bi- oder multilateralen Planungsszenarien benötigten Grunddaten. Diese liegen über verschiedene, von unabhängigen Geschäftseinheiten betriebene Transaktionssysteme verteilt. Ohne Kopplung an diese Transaktionssysteme sind APS-Werkzeuge blind und leisten aus Anwendersicht keinen Beitrag zur Entscheidungsunterstützung. Die große Zahl der APS-Systeme ist derzeit noch in hohem Masse auf ein Unternehmen zentriert [Kulow et al. 1999a, 41], erst künftige Implementierungen werden verstärkt auf unternehmensübergreifende Netzwerke ausgerichtet sein. [Stich et al. 1999] fanden in einer 1999 durchgeführten Untersuchung heraus, daß sich mehr als 70% der APS-Installationen auf Lieferketten innerhalb von Unternehmensgrenzen beschränken und daß organisatorische und/oder kulturelle Vorbehalte einer übergreifenden Planung entgegenstehen. Das geschäftliche Potential von APS wird derzeit nur in wenigen Fällen voll ausgeschöpft. Diese unbefriedigende Situation kann nur dann geändert werden, wenn Kommunikationsbarrieren zwischen Geschäftseinheiten einer Versorgungskette

---

[9] [Lapide 1998, 25] nennt das Beispiel eines APS-Herstellers, der 40% der Entwicklungskosten zur Gestaltung der Benutzerschnittstelle ausgibt.

durch Aufbau und Pflege von Kooperationen fallen und die notwendige Vertrauensbasis hergestellt wird. Die Entwicklungstendenz (in APS abgebildete werks- und unternehmensübergreifende Planungsszenarios) zielt auf eine globale Optimierung bei globaler Verfügbarkeit der relevanten Informationen ab (s. Bild 10-8).

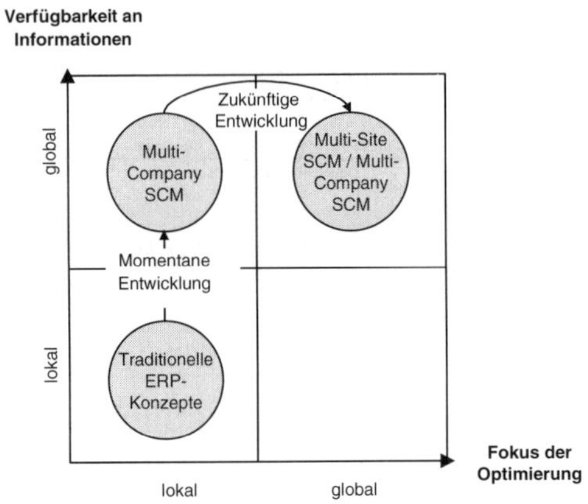


*Bild 10-8: Entwicklungstendenz für den Einsatz von APS-Systeme [Philippson et al. 1999]*

# 11 eProcurement: Systeme und Erfolgsfaktoren

*Thomas Puschmann, Rainer Alt, Ralph Dolmetsch*

## 11.1 Herausforderungen in der indirekten Beschaffung

### 11.1.1 Einleitung

In der Beschaffung sind organisatorische Gestaltungsbemühungen traditionell stark technologisch bestimmt. Im Zusammenhang mit der Einführung von ERP- oder MRP-Systemen gestalteten viele Unternehmen in der Vergangenheit die Beziehung zu den Geschäftspartnern auf Anbieterseite neu. Sie konzentrieren sich dabei vor allem auf den direkten Bereich, also die Beschaffung von Material für die Produktion. Unternehmen gehen dabei oft enge Partnerschaften ein, bei denen die Produktionsplanung bzw. Materialwirtschaft die Beschaffungsaufträge automatisch auslöst und über EDI direkt ins System des Lieferanten sendet.

Anders sieht es bei der Beschaffung von indirekten/MRO-Leistungen (Maintainance, Repair und Operations) aus, also Hilfs- und Betriebsstoffe, die nicht direkt ins Endprodukt eingehen oder weiterverkauft werden. Unternehmen haben die Beziehung zu Anbietern von indirekten/MRO-Leistungen und die damit verbundenen Beschaffungsprozesse im Unternehmen in den letzten Jahren kaum verändert [vgl. Eyholzer/Hunziker 2000]. Genau hier verbergen sich aber große Verbesserungspotentiale durch den Einsatz von Internet-Technologien, die gegenüber ERP-Systemen flexibler und kostengünstiger sind [vgl. Gebauer/Segev 1998].

Die Beschaffungsfunktion in Unternehmen wird traditionell in eine strategische und eine operative Komponente aufgeteilt, da Aufgaben und Prioritäten beider Bereiche völlig unterschiedlich sind [vgl. Kaufmann 1999] (s. Bild 11-1). Lieferantenmanagement, Bündelung von Bedarfen und einkaufsgerechte Produktentwicklung sind Stichworte, die der strategischen Komponente zugeordnet werden. Häufig ist der Einkauf jedoch einen Großteil der Zeit mit administrativen Routinearbeiten belastet anstatt Aufgaben mit höherer Wertschöpfung, wie etwa Lieferanten- und Produktauswahl, durchzuführen. Internet-Technologien im Einkauf, das sog. eProcurement, zielt auf die Realisierung schneller und kostengünstiger operativer Beschaffungsprozesse, die ohne Einschaltung des qualifizierten Einkäufers direkt vom Bedarfsträger ausgehen. eProcurement-Systeme (⇒ Glossar) wie Ariba Buyer oder SAP Business-to-Business Procurement ermöglichen durch die Automatisierung der operativen Beschaffung große Einsparungen. Produkte können über elektronische Produktkataloge bestellt werden. Verträge, die der strategische Einkauf mit Lieferanten abgeschlossen hat, werden elektronisch verfügbar gemacht.

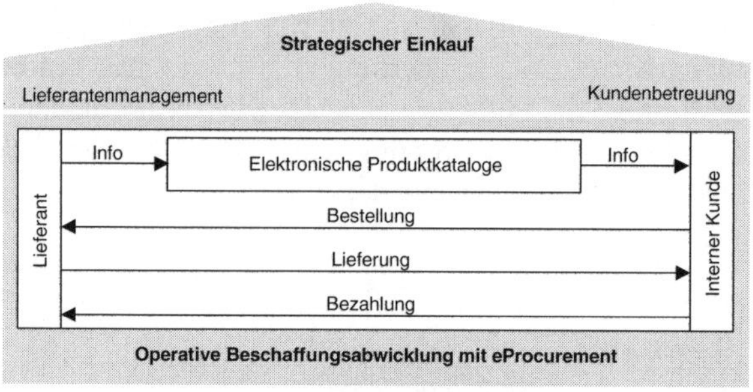


*Bild 11-1: Aufgaben des strategischen und operativen Einkaufs*

## 11.1.2 Heutige Beschaffungsszenarien

### Szenario 1: Dezentrale Beschaffung ohne Koordination

Ein Mitarbeiter in einem großen Unternehmen benötigt ein Mobiltelefon. Er fragt bei der Beschaffungsabteilung an und wird unterrichtet, daß das Unternehmen hierfür keinen bevorzugten Lieferanten hat. Am Wochenende holt er sich daher Angebote von verschiedenen Anbietern ein und fragt am Montag darauf seinen Vorgesetzten, der vor zwei Monaten ebenfalls ein Handy gekauft hat, welches Mobiltelefon er denn nun kaufen solle. Der Vorgesetzte rät ihm, dasselbe Telefon zu kaufen. Der Angestellte kauft das Mobiltelefon, füllt eine Abrechnung aus und schickt diese mit der Hauspost an die Buchhaltung. Die Daten werden dort manuell in das ERP-System eingegeben. Da die Buchhaltung aufgrund einer Vielzahl an Abrechnungen für Mobiltelefone, digitalen Organizern und ähnlichen Geräten, derzeit überlastet ist, dauert dieser Prozeß ca. 2 Wochen. Die manuelle Abwicklung dieses Prozesses ist der Grund für die mangelnde Transparenz der Beschaffungsaktivitäten im betrachteten Unternehmen.

### Szenario 2: Zentrale, bürokratische Beschaffung

Viele Unternehmen verhandeln die Beschaffung von Leistungen an zentraler Stelle, um entsprechende Volumenverträge mit den Anbietern abzuschließen. Benötigt ein Mitarbeiter heute beispielsweise ein neues Notebook, muß er sich erst einmal nach den IT-Standards im Unternehmen erkundigen. Anschließend fragt er beim zentralen Einkauf nach, mit welchem Anbieter Verträge bestehen. Da der Produktkatalog zu den jeweiligen Geräten beim zentralen Einkauf bereits drei Monate alt ist, besorgt der Mitarbeiter bei den Vertragspartnern neue Kataloge. Aufgrund der erhaltenen Unterlagen hat er sich für ein Notebook entschieden, ist aber nicht sicher, ob die gewünschte Konfiguration technisch möglich ist. Er holt sich entsprechende Auskünfte ein und läßt sich direkt ein Angebot zusenden. Nachdem er das Angebot per Fax erhalten hat, gibt er es zusammen mit einem ausgefüllten Beschaffungsantragsformular mit der internen Hauspost an die IT-Abteilung, die als Genehmigungsinstanz den Beschaffungsantrag abzeichnet. Nachdem auch der Vorgesetzte des Mitarbeiters der Beschaffung zugestimmt hat, bearbeitet der zentrale Einkauf den Antrag. Er prüft, ob der ausgewiesene Preis den verhandelten Konditionen entspricht. Ist alles in Ordnung, gibt er den Antrag ins Beschaffungssystem ein, verbucht die Bestellung auf den Rahmenvertrag, druckt eine Bestellung aus und schickt diese dem Anbieter.

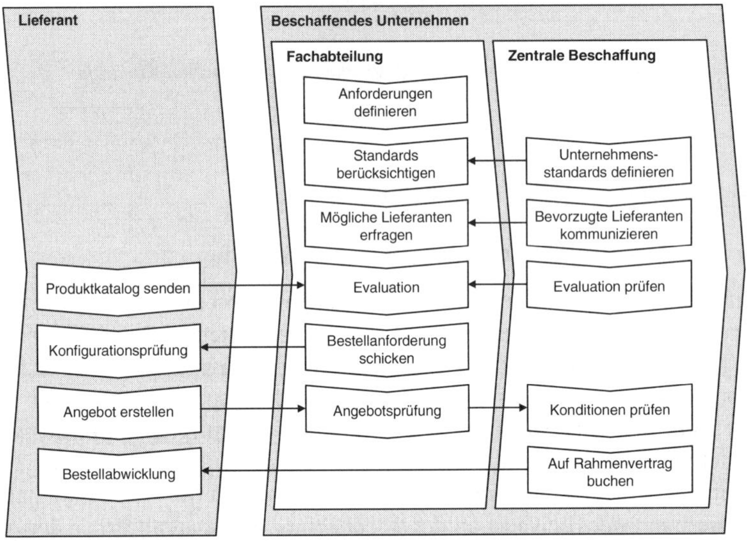


*Bild 11-2: Ausschnitt aus einem zentralisierten Beschaffungsszenario*

## Szenario 3: Gemischtes Modell

Ein Angestellter benötigt einen neuen Locher. Er stellt fest, daß im zentralen Abteilungslager keiner mehr verfügbar ist. Zusätzlich zu der Möglichkeit, sich den Locher eines Kollegen zu leihen, bieten sich dem Mitarbeiter zwei Alternativen an: Eine wäre, einen Locher beim Schweibwarengeschäft um die Ecke zu kaufen und die Abrechnung sodann an die Buchhaltung weiterzuleiten. Die zweite Alternative wäre, eine Bedarfsanforderung an die zentrale Beschaffung zu schicken. In diesem Fall müßte der Bedarfsträger jedoch mindestens 2 Wochen warten bis die Bedarfsanforderung von der Beschaffung bearbeitet und die Lieferung eingetroffen wäre. Tabelle 11-1 faßt die Stärken und Schwächen der drei Szenarien zusammen.

| | Szenario 1 | Szenario 2 | Szenario 3 |
|---|---|---|---|
| **Stärken** | Hohe Flexibilität<br>Geringe Durchlaufzeit<br>Geringe Bürokratie | Potential für Standardisierung<br>Potential für Skaleneffekte | Hohe Flexibilität |
| **Schwächen** | Mangelnde Standardisierung<br>Geringe Skaleneffekte | Hohe Durchlaufzeit<br>Hohe Bürokratie<br>Geringe Flexibilität | Mangelnde Standardisierung<br>Geringe Skaleneffekte |

*Tabelle 11-1: Stärken und Schwächen der einzelnen Beschaffungsszenarien*

### 11.1.3 Relevanz des eProcurement

Nach Angaben von Industrieunternehmen gehen durchschnittlich etwa 80% aller Einkaufstransaktionen auf die Beschaffung sogenannter indirekter/MRO-Leistungen zurück [vgl. Intersearch 1998]. Rechnet man alle Anlagegüter zu den indirekten Leistungen, verursachen diese nach Untersuchungen von [Killen & Associates 1997] bei amerikanischen Unternehmen im Durchschnitt etwa ein Drittel der gesamten externen Kosten eines Unternehmens. Neben den Kosten für direkte Leistungen und Personal stellen indirekte/MRO-Leistungen damit den größten Kostenblock eines Unternehmens dar.

Einsparungen bei der Beschaffung indirekter/MRO-Leistungen wirken sich zu mehr als 50% direkt als Profit [vgl. Killen & Associates 1997]. Angesichts dieser Situation und der Tatsache, daß eine Bestelltransaktion häufig über 100 USD kostet (s. Kap. 11.4.6), gilt die Internet-basierte Beschaffung als eines der heute wohl attraktivsten Gebiete des Electronic Commerce im Business-to-Business Bereich [vgl. Gebauer/Segev 1998].

## 11.2 Systemkomponenten und Funktionalität von eProcurement-Systemen

eProcurement-Systeme sind Systeme für die Beschaffung indirekter Leistungen. Sie basieren grundsätzlich auf einem privaten Multi-Lieferanten Katalog (MLK), der auf dem Intranet des beschaffenden Unternehmens abgelegt ist. Die Systeme sind aber offen, zusätzlich auf externe Kataloge auf dem Internet zuzugreifen. Die Benutzerschnittstellen der Systeme sind in HTML oder Java realisiert und verfügen über in etwa vergleichbare Funktionalität.

eProcurement-Systeme bieten Funktionalität zum Generieren von Bestellanforderungen, den dazugehörigen Genehmigungsworkflows, für die elektronische Bestellung beim Anbieter, die finanzielle Verbuchung der beschafften Leistungen sowie Funktionalität für das Tracking und Reporting von Genehmigungs- und Bestellprozessen (s. Bild 11-3). Typischerweise verwenden Unternehmen diese Systeme für geringwertige Handelsgüter, wie Ersatzteile oder Büromaterial, die von den Mitarbeitern häufig bestellt werden. Der Einsatzbereich der Systeme beschränkt sich damit heute im wesentlichen auf vorverhandelte, nicht dynamisch konfigurierbare Produkte und Dienstleistungen.

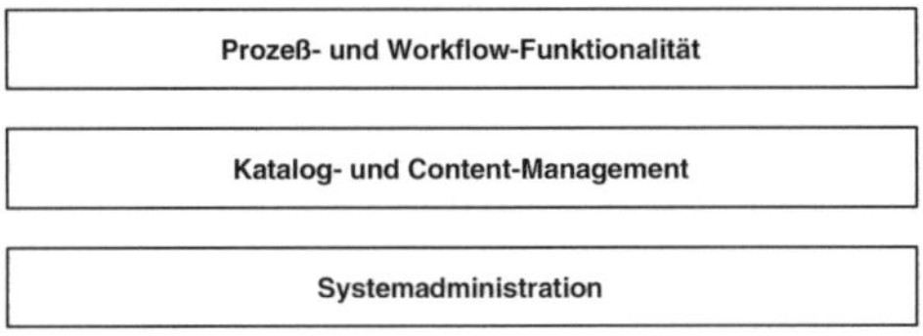


*Bild 11-3: Komponenten von eProcurement-Systemen*

Kritischer Erfolgsfaktor der Akzeptanz eines eProcurement-Systeme ist die Aktualität und Vollständigkeit der Produktinformationen im privaten MLK des Unternehmens. Im privaten MLK sind im Idealfall vollständige und aktuelle Datensätze zu den verhandelten bzw. relevanten Produkten aller Anbieter abgelegt. Der Benutzer im Unternehmen muß sich also nicht die Kataloge verschiedener Anbieter besorgen und durchsehen, sondern lediglich den unternehmensspezifischen (privaten) MLK durchsuchen. Von verschiedenen Anbietern müssen dazu die Daten in einem Katalog konsolidiert und in einer Metastruktur entsprechend geordnet und abgelegt sein. Die Metastruktur ist eine Hierarchie von Produktsegmenten, -kategorien und -gruppen, die sich aus den Anforderungen der unterschiedlichen Beschaffergruppen im Unternehmen ableitet. Die in Bild 11-3 dargestellten Systemkomponenten werden nachfolgend im Detail behandelt.

### 11.2.1 Katalog- und Sourcing-Dienste

*Produktkonfiguration.* Keines der untersuchten Systeme bietet heute die Möglichkeit, komplexe Produkte regelbasiert zu konfigurieren und dynamisch mit Preisen zu versehen. Die meisten der anwendenden Unternehmen definieren aus diesem Grund eine Reihe vorkonfigurierter Produkte, die sie entsprechend den nicht-konfigurierbaren Produkten im MLK ablegen. Im Bereich von Computer-Hardwareprodukten kommt dieses Vorgehen den Standardisierungsbemühungen von Unternehmen entgegen. Durch die vordefinierte, eingeschränkte Auswahl können Mitarbeiter nur Produkte gemäß dem Standard auswählen und beschaffen.

Einige Hersteller planen, in Zukunft Schnittstellen zu optionalen Konfigurationskomponenten von Drittanbietern zu offerieren.

*Produktsuche.* Alle Hersteller bieten komfortable Suchmaschinen für das Browsen im MLK an. Die Systeme unterstützen verschiedene Arten der Suche: Nach Schlüsselwörtern, nach Attributen oder durch Browsen in der Produkthierarchie.

*Sourcing.* Falls ein Produkt von verschiedenen Anbietern verkauft wird, zeigt die Reihenfolge der gefundenen Angebote die Priorisierung entsprechend den Beschaffungsgrundsätzen des Unternehmens an. Für die Reihenfolge kann der niedrigste Preis ebenso wie die bevorzugte Beschaffung bei speziellen Anbietern ausschlaggebend sein. Falls ein Unternehmen ein eigenes Lager unterhält, kann dieses Lager wie ein externer Anbieter im MLK repräsentiert und mit hoher Priorität versehen werden.

*Verfügbarkeitsprüfung.* Das Abfragen von Lagerbeständen und Preisinformationen im ERP/Legacy-System des Anbieters bietet die Möglichkeit über den Zugriff über APIs diese Daten im produktiven ERP/Legacy-System der Anbieters aus der Datenbank auszulesen.

*Ausschreibungen und Auktionen.* eProcurement-Systeme richten sich insbesondere an Besteller von Büro-, Labor- und Industriebedarf. Komplexe Verhandlungsmechanismen auf mehrere Attribute (wie Produktfunktionalität, Preis und Lieferkonditionen), wie sie beispielsweise professionelle Einkaufsdisponenten im direkten Bereich oder bei teuren Anlagegütern verwenden, sind deshalb im Funktionsumfang der eProcurement-Systemen heute nicht abgedeckt.

### 11.2.2 Bestellanforderung und Bestellung

*Bestellanforderung.* Der Besteller wählt Produkte und/oder Dienstleistungen aus dem MLK aus und stellt einen elektronischen Einkaufskorb zusammen, aus dem eine elektronische Bestellanforderung generiert werden kann. Häufig nachgefragte Leistungen können mit Bookmarks gekennzeichnet und zusammengestellte Einkaufskörbe können abgespeichert werden. So kann ein Unternehmen beispielsweise einen Einkaufskorb zur Ausstattung eines gesamten Arbeitsplatzes für neue Mitarbeiter ablegen. Zu diesem Zweck kann eine Bestellanforderung bei den meisten Systemen heute Leistungen von verschiedenen Anbietern umfassen.

*Genehmigungsworkflow.* Abhängig vom Benutzerprofil des Bestellers und von der jeweils bestellten Leistung durchläuft eine Bestellanforderung einen Genehmigungsworkflow, bevor sie das Unternehmen als Bestellung an einen Anbieter schickt. Das System informiert die jeweiligen Genehmigungsinstanzen über e-Mail. Bei den eProcurement-Systemen identifizierten wir verschiedene Arten von Genehmigungsworkflows: Ein Genehmigungsworkflow pro Bestellung, Bestellanforderung oder bestellter Leistung. Bei den untersuchten Systemen bestehen Unterschiede in der Benutzerfreundlichkeit der Workflowkomponenten.

*Bestellungen erstellen und übermitteln.* Nach der Genehmigung der Bestellanforderung erstellt das eProcurement-System die Bestellung für jeden Anbieter automatisch und verbucht diese im ERP/Legacy-System. Aus dem ERP/Legacy-System oder dem eProcurement-System selbst verschickt ein Unternehmen die Bestellungen per eMail, Fax oder EDI.

### 11.2.3 Lieferung und Empfang

*Empfang von Leistungen.* Der Empfang einer bestellten Leistung muß im eProcurement-System erfaßt werden. Es gibt zwei Alternativen für den Warenempfang: Lieferung an den Schreibtisch des Bestellers/Benutzers oder eine zentrale Anlieferung (evtl. mit Zwischenlagerung). eProcurement-Systeme unterstützen beide Alternativen.

Das eProcurement-System zeigt eine Bestelltransaktion als nicht beliefert an, bis der Empfang bestätigt ist. Über Tracking- und Reporting-Funktionalitäten haben der einzelne Benutzer oder der zentrale Beschaffungsbereich jederzeit Kontrollmöglichkeiten über den aktuellen Status einer Bestellung und die zeitliche Abwicklung des Geschäftsvorfalls.

### 11.2.4 Bezahlung und Verbuchung

*Bezahlung.* Die Unternehmen nutzen die bestehenden Zahlungsmechanismen mit ihren Anbietern nach der Einführung eines eProcurement-Systems weiter. Die Anbieter sehen andere elektronische Bezahlungsarten wie Electronic Cash, Checks oder Smart Cards eher im Bereich des Business-to-Consumer Geschäfts als relevant an und unterstützen diese daher nicht.

*Finanzielle Verbuchung.* Ein Besteller muß bei der Bestellanforderung von Leistungen diese auf Kostenstellen verbuchen und ggf. als Anlagegut aktivieren. Bei allen untersuchten Systemen kann der Benutzer für jede Einzelleistung eine Kostenstelle angeben. Einige Hersteller bieten zusätzlich die Möglichkeit, die Kosten für eine Einzelleistung auf verschiedene Kostenstellen zu verteilen.

### 11.2.5 Prozeßführung

*Tracking.* Die Tracking-Funktionalität der eProcurement-Systeme gibt Benutzern einen Überblick sowohl über den Genehmigungsstatus einer Bestellanforderung als auch über den Status einer Bestellung. Einige Anbieter planen für die nächsten

Releases zusätzlich die Integration heute üblicher Tracking-Informationen von Transportintermediären wie beispielsweise FedEx oder UPS.

*Reporting.* eProcurement-Systeme bieten eine detaillierte Reporting-Funktionalität an. Unternehmen können Führungsgrößen der Beschaffung für jeden Mitarbeiter, jedes Produkt oder jede Produktgruppe bzw. jeden Anbieter definieren. In der Vergangenheit hatten Unternehmen nur wenig Möglichkeiten, Beschaffungsmuster und -volumen zu erheben oder Anbieter zu beurteilen.

## 11.3 Benchmarking-Studie eProcurement

### 11.3.1 Benchmarking Methode

Trotz der aufgezeigten Potentiale ist eProcurement noch wenig verbreitet. Eine Studie in der Schweiz von [Eyholzer/Hunziker 2000] zeigt, daß derzeit nur 18 % der befragten Schweizer Unternehmen elektronische Produktkataloge, Auktionen oder Ausschreibungen in der Beschaffung einsetzen. Viele Unternehmen planen jedoch den Einsatz eines entsprechenden Systems. Von Bedeutung sind dabei folgende Fragestellungen:

- *Einführung.* Welche Schritte sind bei der Einführung eines eProcurement Systems maßgebend?
- *Materialgruppen-/Content-Management.* Welche Produkte und Dienstleistungen eignen sich für eine Beschaffung via eProcurement? Wie können diese in einer elektronischen Katalogstruktur abgelegt werden.
- *Katalogmanagement.* Wer übernimmt Hosting und Pflege der Kataloge?
- *Organisation.* Welche organisatorischen Voraussetzungen müssen gegeben sein, um eine eProcurement Lösung zu implementieren?
- *Beschaffungsprozesse und Systemarchitektur.* Welche Teile des Beschaffungsprozesses lassen sich mittels eProcurement optimieren? Welche Systemarchitekturen setzen die neugestalteten Beschaffungsprozesse um?
- *Wirtschaftlichkeit.* Welche Potentiale bietet eProcurement?

Die nachfolgenden Ausführungen sind das Resultat einer Benchmarking Studie, die von einem Konsortium aus 12 Unternehmen aus dem deutschsprachigen Raum getragen wurde und vom Transferzentrum Technologiemanagement (TECTEM) organisatorisch sowie vom Institut für Wirtschaftsinformatik (IWI-HSG) fachlich begleitet wurde. Von diesem Konsortium wurden basierend auf Informationen aus

Fragebögen und Telefoninterviews aus 52 Unternehmen fünf ‚Successful Practice'-Unternehmen im Bereich eProcurement ausgewählt und analysiert.

Das Benchmarking Projekt eProcurement basiert auf dem Modell des Konsortialbenchmarking und fokussiert primär auf den qualitativen Bereich [vgl. Pieske 1995]. Charakteristisches Merkmal des Konsortialbenchmarking ist die Durchführung eines Benchmarking-Projekts durch ein Unternehmenskonsortium. Ein Experten-Team unterstützt das Konsortium fachlich und methodisch. Das Konsortialbenchmarking stellt den branchenübergreifenden Vergleich von Konzepten in den Mittelpunkt mit dem Ziel, sogenannte Successful Practices zu identifizieren. Als Successful Practices werden Konzepte, Methoden und Modelle bezeichnet, die sich bei einem oder mehreren Unternehmen bewährt und deutlich zur Stärkung der Wettbewerbsposition beigetragen haben [vgl. Boutellier et al. 1999a]. Bild 11-4 zeigt die einzelnen Schritte der im eProcurement Benchmarking angewendeten Konsortialbenchmarking-Methode.

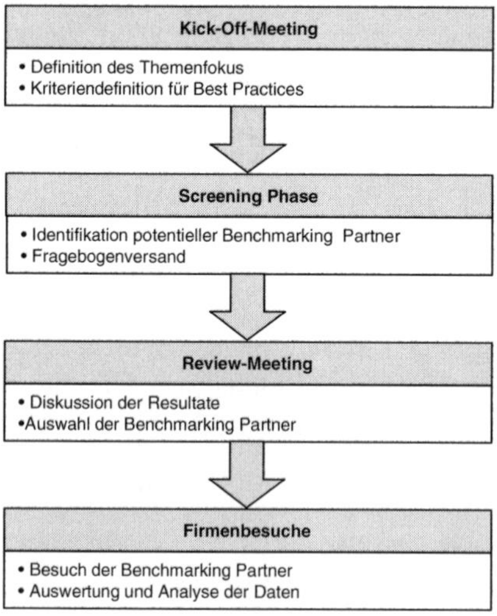


*Bild 11-4: Vorgehen im Benchmarking-Projekt*

### 11.3.2 Meßkriterien

Im Rahmen des Kick-off Meetings identifizierte das Konsortium die Themenbereiche Einführung, Materialgruppen, Organisation, Anbieter und Systeme, Systemarchitektur und Wirtschaftlichkeit als Schwerpunkte des Benchmarking-Projekts. Diese Schwerpunkte bildeten die Grundlage für eine umfassende Screening Phase, in welcher auf internationaler Basis nach Successful-Practice-

Unternehmen gesucht wurde. Insgesamt wurden hierbei 120 potentielle Benchmarking-Partner identifiziert und ausgewählt. Diese Unternehmen zeichnen sich dadurch aus, daß sie über potentielle Successful Practices in den vom Konsortium bestimmten Themenbereichen verfügen (s. Tabelle 11-2). An diese Unternehmen wurden auf Basis der ermittelten Kriterien Fragebögen versandt. Von 120 versendeten Fragebögen wurden 52 zurückgesandt und 10 Unternehmen selektiert, mit denen intensive Telefoninterviews durchgeführt und 10 Fallstudien geschrieben wurden.

| Kriteriengruppe | Kriterien |
|---|---|
| **Materialgruppen** | Kriteriensystem zur Bildung eines Produkt-Portfolios für eProcurement<br>Produkte und Dienstleistungen<br>Unternehmensweites Standard-Material-Klassifizierungssystem (z.B. UN/SPSC) |
| **Organisation** | Konzernstruktur mit großem Beschaffungsvolumen<br>Hoher Umsetzungsgrad<br>Neu gestaltete Prozesse<br>Angewandtes Genehmigungskonzept |
| **Einführung** | Erfolgreiche Einführung<br>Komplettinstallation<br>Produktivbetrieb seit mindestens 6 Monaten<br>Change Management-System |
| **Anbieter und Systeme** | Branchenunabhängige Standardsoftware<br>Konformität zu SAP R/3<br>Unterschiedliche eProcurement Systeme<br>Standardsoftware |
| **Systemarchitektur** | Interne Integration zu ERP- und anderen Systemen<br>Externe Integration zu Marktplätzen, Lieferanten, eServices |
| **Wirtschaftlichkeit** | Kennzahlensystem<br>ROI-Analyse |

*Tabelle 11-2: Kriterien für Successful Practices im eProcurement*

Die im Rahmen dieser Screening-Phase untersuchten Unternehmen bestehen zu 71% aus Großunternehmen (>20‘000 Mitarbeiter), zu 19 % aus mittleren Unternehmen (2‘000-20‘000 Mitarbeiter) sowie zu 10% aus Kleinunternehmen (<2‘000 Mitarbeiter). Die Unternehmen sind, unabhängig von ihrer Größe, mehrheitlich weltweit tätig. Die meisten Mitglieder des Konsortiums sind große, international aktive Unternehmen, damit ist aus dieser Sicht die Vergleichbarkeit mit den Benchmarking-Partnern gewährleistet. Die Wahl der Unternehmen fiel dabei bewußt auf sehr unterschiedliche Branchen. Auf Basis der 10 Fallstudien selektierte das Konsortium letztlich fünf Unternehmen als Successful Practices. Diese fünf Unternehmen wurden vom Experten-Team und dem Konsortium besucht und deren Lösungen mit den Projektverantwortlichen vor Ort diskutiert. Dabei wurden neben deutschsprachigen Unternehmen auch solche aus dem angelsächsischen Raum gewählt (s. Bild 11-5).

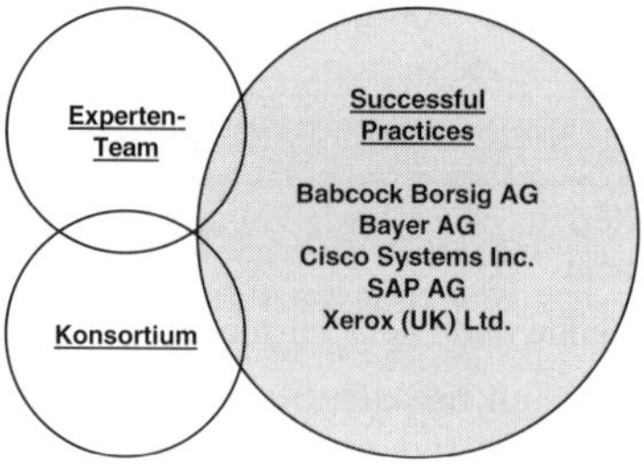


*Bild 11-5: Auswahl Successful Practices*

## 11.4 Ergebnisse des Benchmarking

### 11.4.1 Einführung

Viele der befragten Unternehmen weisen im Bereich eProcurement eine ähnliche Ausgangssituation auf. Die Beziehungen zu MRO-Anbietern wurden wenig beachtet und der Beschaffungsprozeß kaum automatisiert. Nachdem ERP-Systeme für die Beschaffung des (geplanten, regelmäßigen) Produktionsbedarfes optimiert wurden und viele MRO-Güter nicht im ERP-Materialstamm enthalten sind, bestehen einerseits arbeitsintensive und fehleranfällige papierbasierte Beschaffungsprozesse, andererseits erfolgt ein großer Teil der Beschaffungen am Einkauf vorbei. Weitere Probleme, die von der Studie bestätigten wurden, waren [vgl. Dolmetsch 2000]:

- Der operative Einkauf wendet zuviel Zeit für administrative Routinearbeiten auf, anstatt Aufgaben mit höherer Wertschöpfung durchzuführen.
- Die Beschaffung außerhalb verhandelter Kontrakte führt zum Verlust von Synergiepotentialen durch Bündelung von unternehmensweiten Bedarfen.
- Papierbasierte Produktkataloge veralten schnell und weisen lediglich Listenpreise aus.

- Lange und unsichere Lieferzeiten verursachen hohe Lagerbestände.
- Manuelle Abklärungen und Genehmigungen führen zu hohen Prozeßkosten.

Erfolgreiche Einführungsprojekte für eProcurement beginnen mit der Abstimmung der Bereiche Einkauf, Informatik und Finanzbuchhaltung und der Definition gemeinsamer Ziele. Schon früh werden in diese Projekte überdies ausgewählte Lieferanten in das Projekt involviert (s. Bild 11-6).

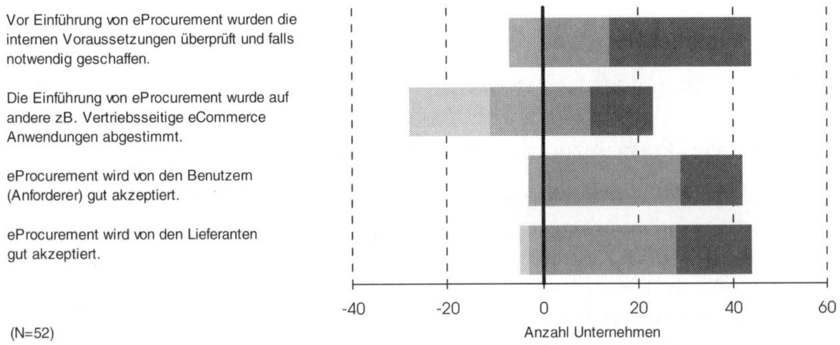


*Bild 11-6 Einführung und Akzeptanz von eProcurement*

Damit eProcurement von den Benutzern akzeptiert wird, sind in den meisten Fällen organisatorische Veränderungen erforderlich. So bringt die Neugestaltung des Einkaufsprozesses tiefgreifende Änderungen mit sich, die sich meist nicht ohne weiteres durchsetzen lassen. Die Hauptprobleme liegen beim Genehmigungsverfahren und der Rechnungsprüfung. Viele Unternehmen nutzen bei der Beschaffung indirekter Materialien mehrstufige Genehmigungsverfahren, die abhängig vom Wert des zu beschaffenden Produktes, bis zu 12 Stufen umfassen. Das eProcurement zielt auf eine drastische Reduktion: Babcock Borsig zum Beispiel hat das Genehmigungsverfahren im Zuge der eProcurement-Einführung vollständig abgeschafft, während die SAP zumindest eine Stufe beibehalten hat. Das analoge Problem zeigt sich auch bei der Rechnungsprüfung. Zur Vereinfachung dieses Prozesses führen alle Benchmarking-Partner den Rechnungsprüfungsprozeß entweder nur noch stichprobenartig durch oder haben diesen durch ein Gutschriftverfahren ersetzt.

Ein zweiter Bereich der Veränderung betrifft das Lieferantenmanagement, das in der Vergangenheit weitgehend für Produktionsmaterialien betrieben wurde. Bei den eProcurement-Projekten wurde auch für den indirekten Bereich ein Lieferantenmanagement aufgebaut, das zunächst die Lieferantenzahl reduziert und dadurch nur mit wenigen Lieferanten Kataloge aufbaut. Häufig wird ein Katalogieferant für eine bestimmte Materialgruppe sogar alleiniger Lieferant.

Die Einführungsprojekte für eProcurement-Systeme benötigen typischerweise eine Laufzeit von ca. 6 Monaten. Alle Benchmarking-Partner pilotierten zunächst die Lösung, um anschließend den Roll-out zu vollziehen. Die Klärung verschiedener nicht-technischer Fragestellungen organisatorischer Art bildete jedoch in allen Fällen den Beginn der Einführung einer eProcurement-Lösung.

### 11.4.2 Materialgruppen / Content Management

Content Management ist neben der Neugestaltung des Einkaufsprozesses der Schlüssel zur erfolgreichen Umsetzung einer eProcurement-Strategie. Grundsätzlich lassen sich die realisierten eProcurement-Lösungen der Benchmarking-Unternehmen vier Formen zuordnen [vgl. Kalakota/Robinson 2001]:

- *Katalog.* Elektronische Produktkataloge im eigenen Intranet zielen auf die Bündelung von unternehmensweiten Bedarfen und die Optimierung des Beschaffungsprozesses.
- *Punchout.* Beim Punchout liegt der Produktkatalog auf der Website des Lieferanten. Diese Variante ist vor allem bei Leistungen zu bevorzugen, die komplexer sind und damit auf einen Produktkonfigurator zurückgreifen.
- *Auktion.* Auktionen zielen auf Produktpreisreduktion durch Wettbewerb. Sie eignen sich primär für Leistungen mit einer geringen Produktkomplexität, welche die Vergleichbarkeit unter verschiedenen Lieferanten sicherstellt.
- *Ausschreibung.* Ausschreibungen unterliegen einer geringen Bestellfrequenz, weisen jedoch eine meist hohe Produktkomplexität auf. Dies macht den Einsatz spezieller Tools wie z.B. der Webango Strategic Sourcing Solution [http://www.webango.com] erforderlich.

Die Identifikation welche eProcurement-Strategie sich für welche Materialgruppen eignet, stellt eine der größten Herausforderungen bei der Aufteilung des beschafften Produkt- und Dienstleistungsportfolios in Unternehmen dar. Beschaffte Produkte, die eine intensive Koordination mit dem Lieferanten erfordern und einer nur geringeren Beschaffungsfrequenz unterliegen, sind grundsätzlich von einer eProcurement Lösung ausgeschlossen, da der Mehraufwand zur vorherigen Abstimmung der Inhalte die erzielbaren Einsparungen über eine Auktion oder Ausschreibung nicht rechtfertigen würde. Beispielsweise hat Bayer eine Anlage über DM 630 Millionen über ihre Webplattform ausgeschrieben und eine Auktion durchgeführt. Der vorherige Abstimmungsaufwand von ca. 3 Monaten an Ressourcen konnte die Einsparungen von ca. 1 % nicht kompensieren.

Tabelle 11-3 zeigt die Kriterien, die für die Auswahl und Zuordnung einzelner Materialgruppen zu eProcurement-Strategien bei den Successful Practice-Unternehmen zur Anwendung kommen. Je nach Ausprägung der einzelnen Kriterien kommen dabei unterschiedliche eProcurement-Strategien zum Einsatz. Während sich interne Kataloge vorwiegend für hoch standardisierte Leistungen mit einer hohen Anzahl an Bestellungen und Bedarfsträgern eigenen, setzen die Unternehmen für weniger standardisierbare Leistungen Punchouts ein. Auktionen und Ausschreibungen dagegen sind zum Teil komplementär zu den anderen beiden Strategien zu sehen, da einzelne Materialgruppen zunächst über Auktionen verhandelt werden und im nächsten Schritt in Kataloge eingebunden werden können.

| Kriterium / eProcurement-Strategie | Katalog | Punchout | Auktion | Ausschreibung |
|---|---|---|---|---|
| Anzahl Bestellungen (Gering/Mittel/Hoch) | Hoch | Mittel | Gering | Gering |
| Wert pro Bestellung (Gering/Mittel/Hoch) | Gering | Gering | Hoch | Hoch |
| Anzahl Bedarfsträger (Gering/Mittel/Hoch) | Hoch | Mittel | Gering | Gering |
| Anzahl Lieferanten (Gering/Hoch) | Gering | Gering | Hoch | Mittel |
| Grad der Standardisierung (Gering/Mittel/Hoch) | Hoch | Mittel | Hoch | Mittel |
| Wettbewerb (Gering/Hoch) | Gering | Gering | Hoch | Mittel |

*Tabelle 11-3: Charakterisierung der eProcurement Strategien*

Die Ergebnisse der Benchmarking-Studie zeigen, daß alle Unternehmen versuchen, einen Großteil des Beschaffungsvolumens in Katalogen abzubilden, da dies die Leistungen sind, die über ein hohes Transaktionsvolumen aber einen geringen Wert verfügen. Dem Content Management der Kataloge kommt daher eine Schlüsselrolle zu. Es umfaßt den Aufbau und die Pflege des Kataloginhalts entsprechend den Bedürfnissen der Benutzer. Im einzelnen sind hierfür folgende Aktivitäten erforderlich:

- *Spezifikation* der identifizierenden Attribute eines jeden Artikels, um diesen eindeutig zu beschreiben.
- *Kategorisierung und Konsolidierung* der Artikeldaten in einer einheitlichen Metastruktur, so daß alle ähnlichen Artikel, wie z.B. Faxrollen, bei einer Abfrage gleichzeitig ausgegeben werden.
- *Rationalisierung und Homogenisierung* der Produktbeschreibungen, so daß ein Kugelschreiber immer mit dem Begriff ‚Kugelschreiber' umschrieben wird und nicht mit jeweils unterschiedlichen Bezeichnungen wie z.B. ‚Schreibzeug' oder ‚Schreibgerät'.
- *Konvertierung* und schließlich Einspielung der Katalogdaten in einen Multi-Lieferanten Produktkatalog.

Die Pflege der Kataloge kann von den Lieferanten oder vom Kunden selbst durchgeführt werden. Babcock Borsig, Cisco und Xerox machen ihren Lieferanten beispielsweise Vorgaben, die Struktur und Inhalt der Kataloge definieren und verlangen die Lieferung der Kataloge in einem einheitlichen Format. SAP und Bayer pflegen ihre Kataloge selbst, da diese beiden Unternehmen ihren MLK als strategisches Instrument für ein neues Geschäftsfeld, den Aufbau des elektronischen Marktplatzes Chemplorer, nutzen.

Neben der Katalogisierung von Produkten werden vermehrt auch Dienstleistungen in den Katalogen abgebildet. Bayer z.B. möchte in Zukunft ein Standardverzeichnis für Instandhaltungsdienstleistungen erstellen, die mittels eProcurement beschafft werden können. Diese ergeben bei Bayer mit ca. 800‘000 Auftragspositionen pro Jahr ein beachtliches Transaktionsvolumen. Eine solche Position würde z.B. ‚einen Meter Netzwerkkabel verlegen‘ beinhalten. Xerox verfügt über einen ähnlichen Ansatz und hat zusammen mit der Firma Manpower einen Katalog für temporäre Arbeitskräfte aufgebaut. Dabei können Funktion, Qualifikationsstufe, Arbeitsort und Dauer der Anstellung in der Bestellanforderung im eProcurement-System vermerkt werden. Der Preis wird umgehend angezeigt und die Bestellung geht nach der Genehmigung via Punchout bei Manpower ein. Ein wesentliches Kriterium für die Katalogisierbarkeit von Dienstleistungen ist deren Standardisierbarkeit. Die Anforderung eines neuen Mitarbeiters ist beispielsweise weit weniger standardisierbar als die Definition eines Druckauftrages für Marketingbroschüren. Xerox nutzt deshalb für die Beschaffung von weniger standardisierbaren Dienstleistungen das Punchout-Verfahren, das den Zugriff, die Konfiguration und schließlich die Übernahme der Leistung in den hausinternen Prozeß erlaubt. Dieses Verfahren erlaubt die Nutzung des vom Lieferanten auf dessen Website zur Verfügung gestellten Konfigurationssystems. Da Katalogbestellungen für Dienstleistungen meist detaillierter sind als papierbasierte, wird es zudem möglich, eingehende Rechnungen exakter mit den Bestellungen zu vergleichen und Abweichungen frühzeitig zu erkennen.

### 11.4.3 Katalog-Management

Ein Unternehmen, das sich für den Einsatz eines eProcurement-Systems entschlossen hat, benötigt aktuelle und vollständige Produktdaten. Im Unterschied zum Content-Management geht es beim Katalog-Management nicht um den Inhalt von Produktkatalogen, sondern um die physische Trägerschaft [vgl. Dolmetsch 2000]. Hierbei lassen sich unterschiedliche Strategien identifizieren. Während sich im Bereich Business-to-Consumer im Internet frei zugänglich Kataloge wie z.B. Amazon.com weitgehend durchgesetzt haben, ist dies für die Beschaffung im B2B-Bereich nur eine teilweise akzeptable Lösung, da die Koordination und Transparenz über den Beschaffungsprozeß und die beschafften Produkte leicht verloren ginge. Generell konnten drei Strategien bei den Benchmarking-Partnern identifiziert werden (s. Bild 11-7).

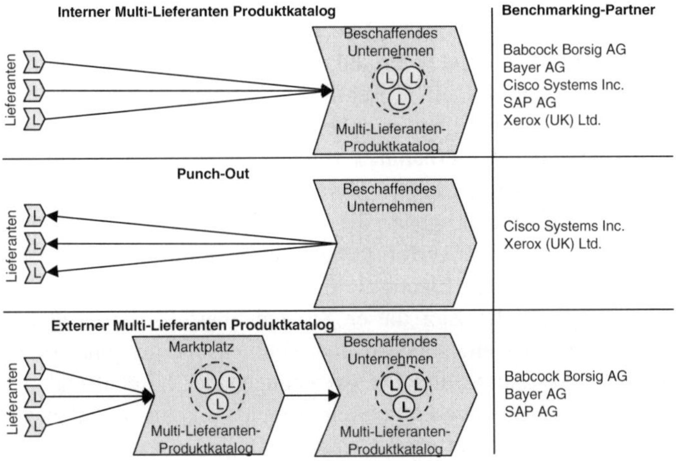


*Bild 11-7: Katalog-Management-Strategien*

Eine erste Strategie ist der Einsatz interner Multi-Lieferanten Produktkataloge. Der Vorteil dieser Strategie ist, daß der Käufer Eigentümer der Inhalte ist und daß alle Änderungen der Kataloge entweder vom Käufer selbst durchgeführt oder von ihm vor der Aktivierung genehmigt werden können. Ein wesentlicher Nachteil dieser Lösung besteht in der Pflege der Katalogdaten. Bayer z.B. hat deshalb die Pflege der Katalog an den Content Management-Provider Harbinger ausgelagert. Die Lieferanten liefern ihre Kataloginhalte direkt an Harbinger, der diese zu einem Multi-Lieferanten Produktkatalog veredelt und diesen an Bayer weiterleitet.

Eine gegenüber dem unkontrollierten Zugriff auf externe, im Internet abgelegte Kataloge transparentere Variante ist das sogenannte Punchout-Verfahren. Über dieses Verfahren können Kataloge von Lieferanten aus dem Internet angesprochen und ausgewählte Produkte in den eigenen, internen Einkaufskorb des eProcurement-Systems abgelegt werden. Dadurch reduziert sich der Pflegeaufwand intern abgelegter Kataloge, während die Vorteile der Prozeßoptimierung und Transparenz weiterhin bestehen bleiben. Bei diesem Verfahren sieht der Bestellanforderer nur die Artikel und Konfigurationen im externen Katalog, die im Unternehmen vorgesehen und vom Einkauf freigegeben sind. Ein weiterer Grund für die Nutzung dieses Szenarios sind Produktkonfiguratoren, die nur mit erheblichem Mehraufwand in die internen Kataloge des beschaffenden Unternehmens integriert werden könnten. Ein solches Konfigurationsverfahren wird zum Beispiel von der Firma Dell angeboten. Hier ermöglicht das Punchout Verfahren einen direkten Zugriff auf den Konfigurator aus dem eigenen Intranet heraus. Bei Xerox wird dieses Verfahren auch zur Bestellung von Druckaufträgen angewendet. Nach der

Konfiguration eines Druckauftrages auf der Website des Lieferanten wird die Bestellanforderung im internen eProcurement-System weiterverarbeitet, d.h. sie durchläuft die klassischen Schritte der Genehmigung, Bestellung und Bezahlung.

Eine letzte Ausprägung des Katalog-Managements stellt schließlich die Nutzung eines externen Multi-Lieferanten Produktkataloges unter Einschaltung eines externen Marktplatzes dar. Da ein wesentlicher Nachteil interner Produktkataloge der hohe Pflegeaufwand ist, liegt es nahe, Kataloge einmal zu pflegen und auch für andere beschaffende Unternehmen zugänglich zu machen. Ein Beispiel für eine solche Strategie ist der Chemie-Marktplatz Chemplorer von Bayer, der seit seinem Start im Oktober 2000 genau die 169'000 Artikel aus dem Bayer-Katalog enthielt. Die gleiche Strategie verfolgen auch die SAP mit ‚emaro' sowie Babcock Borsig mit ihrem Marktplatz ‚Electronic Commerce for Engineering Components' (EC4EC). Das wesentliche Ziel dieser Strategie besteht darin, Synergieeffekte nicht nur unternehmensweit, sondern unternehmensübergreifend zu nutzen. Da sich die indirekten Produkte und Dienstleistungen der beschaffenden Unternehmen meist nicht oder nur unwesentlich unterscheiden, können Skaleneffekte durch die Bündelung von Produkten erzielt werden. Da jedes teilnehmende Unternehmen typischerweise eigene Anforderungen hinsichtlich der zu beschaffenden Produkte und Dienstleistungen hat und in den meisten Fällen auch unterschiedliche Preise und Konditionen verhandelt hat, wird für jeden Kunden eine unternehmensindividuelle Sicht auf den MLK zur Verfügung bereitgestellt.

### 11.4.4 Organisation

Die Zentraleinkäufe großer Unternehmen mit dezentralen Einkaufseinheiten stehen häufig vor dem Problem der Intransparenz was von wem und wo gekauft wurde. Xerox zum Beispiel konsolidierte in der Vergangenheit zweimal jährlich seine Einkaufsdaten und berücksichtigte dabei nur die Gesamtsumme der pro Lieferant bezogenen Warenwerte. Damit konnte Xerox seine Nachfragemacht nur unzureichend ausschöpfen, da die Lieferanten häufig über bessere Daten verfügten als der Einkauf selbst. Für Verhandlungen mit Lieferanten und die Erzielung von Skaleneffekten ist es jedoch vorteilhafter, diese Zahlen bis auf jedes einzelne Produkt herunterzubrechen, um die Verhandlungsmacht gegenüber den Lieferanten zu erhöhen. Mit eProcurement steigt diese Transparenz, da sich nun ein gezieltes Reporting nach einzelnen Materialgruppen erstellen läßt.

Über 30 % aller indirekten Materialien beziehen Mitarbeiter großer Unternehmen bei Lieferanten, mit denen kein Rahmenvertrag abgeschlossen wurde. Die Unternehmen zahlen beim Einkauf nicht verhandelter Produkte durchschnittlich 16 % höhere Preise [vgl. Intersearch 1998]. Dieses sogenannte Maverick Buying verursachte auch bei den analysierten Unternehmen in der Vergangenheit erhebliche Mehrkosten. Da die dezentralen Einkaufseinheiten unabhängig voneinander handelten, waren Vorzugslieferanten und vorhandene Verträge mit Lieferanten, die sich regional oder global nutzen ließen, nicht allen Anforderern bekannt. Da die meisten der befragten Unternehmen über einen dezentralen Einkauf mit zentraler Koordination verfügen, ist dieses Problem weit verbreitet.

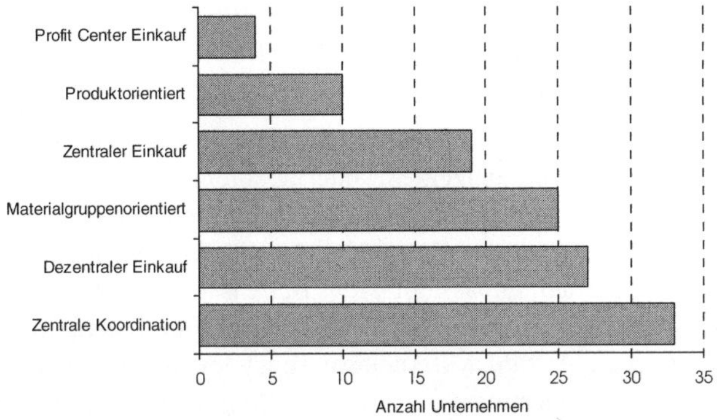


*Bild 11-8: Einkaufsorganisation*

Vor der Einführung eines eProcurement-Systems beschäftigten sich Einkäufer häufig mit der Abwicklung einzelner Bestelltransaktionen. Sie mußten neben ihrer eigentlichen wertschöpfenden Arbeit, die Verhandlung mit Lieferanten, Bestellanforderungen in Bestellungen umwandeln, Rückfragen bearbeiten und sich um die Zuordnung eingehender Rechnungen kümmern. Dabei wurde zumeist der strategische Aspekt des Einkaufs vernachlässigt, d.h. der Einkauf hatte wenig Einfluß auf die Wahl der Lieferanten und die gekauften Produkte. Der Bestellanforderer stand damit im Zentrum aller strategisch relevanten Aktivitäten (s. Bild 11-9).

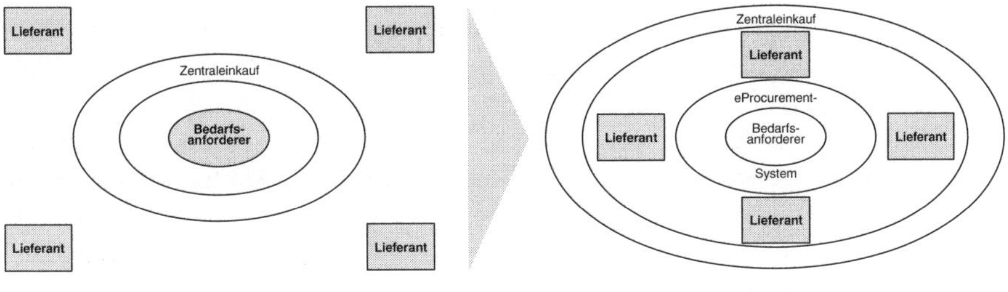


*Bild 11-9: Von der transaktionsbasierten zur strategischen Beschaffung*

eProcurement-Systeme verändern die Rolle des Einkaufs grundlegend. Der Einkäufer ist nicht mehr nur Verhandler und Besteller, sondern seine Aufgabe wandelt sich hin zum Content Manager. Der Einkauf ist mehr für vorbereitende Prozesse zuständig und weniger in die operative Bestellabwicklung involviert. Der Einkauf vereinbart mit den Lieferanten feste Lieferzeiten und Preise und hat dafür zu sorgen, daß der automatisierte Einkaufsprozeß reibungslos abläuft. Hierfür arbeiten die für eProcurement zuständigen Einkäufer mit den einzelnen Materialgruppenmanagementteams und Fachstellen im Unternehmen zusammen. So definiert beispielsweise bei SAP der für IT zuständige Bereich Standards für Desktops und Notebooks und der Einkauf setzt diese Standards mittels Katalogen durch. Der Anforderer steht zwar immer noch im Zentrum aber der Einkauf gibt den Kataloginhalt und den Prozeß für die Abwicklung vor.

Der Wegfall operativer Tätigkeiten führt zu einer zeitlichen Entlastung der Einkäufer. Diese werden jedoch zusehends durch neue strategische Aufgaben wie ein konzernweites Lieferantenmanagement oder Content Management substituiert. Bei Cisco zum Beispiel stellt sich dem Einkauf eine besondere Herausforderung durch das rasante Wachstum des Unternehmens. Strukturen und Prozesse müssen sich deshalb relativ einfach anpassen lassen. Bei Cisco hat sich das Einkaufsvolumen innerhalb von zwei Jahren mehr als verdoppelt und wird trotzdem immer noch mit der gleichen Anzahl Mitarbeitern abgewickelt. Dies war nur möglich, weil Prozesse zentral koordiniert und mittels eProcurement global standardisiert wurden und dadurch bei Bedarf entsprechend angepaßt werden können.

### 11.4.5 Beschaffungsprozesse und Systemarchitektur

Die Erfahrungen aus einer Vielzahl an fehlgeschlagenen ERP-Implementierungsprojekten haben gezeigt, daß die Einführung eines neuen Systems zumeist nur auf der Basis restrukturierter Prozesse möglich ist. Die isolierte Einführung eines eProcurement-Systems ohne Berücksichtigung des gesamten Beschaffungsprozesses und der beteiligten Systeme ist daher wenig zielführend.

Bild 11-10 zeigt einen generischen Beschaffungsprozeß, wie er bei den Benchmarking-Partnern identifiziert wurde. Dabei kann wiederum zwischen einem strategischen und einem operativen Beschaffungsprozeß differenziert werden. Der strategische Beschaffungsprozeß stellt den Ausschnitt des Gesamtprozesses dar, der typischerweise vom Einkäufer wahrgenommen wird, während der operative Prozeß nach der Einführung eines eProcurement-Systems dezentral von den Bedarfsträgern wahrgenommen wird. Es ist daher auch der Einkäufer, der elektronische Ausschreibungen und Auktionen nutzt, wohingegen der Mitarbeiter sich auf die Nutzung elektronischer Produktkataloge und Punchouts zur Beschaffung seines individuellen Bedarfes beschränkt.

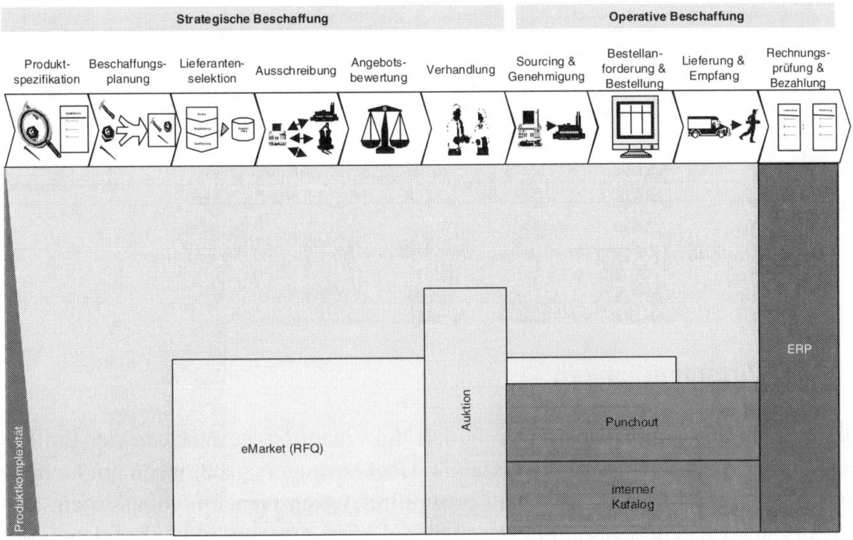


*Bild 11-10: Beschaffungsprozeß und benutzte Systeme*

Der operative Beschaffungsprozeß ist in allen Unternehmen ähnlich implementiert. Unterschiede bestehen hinsichtlich

- Des *Genehmigungsverfahrens*, das je nach Unternehmensphilosophie kein, ein oder mehrere Stufen umfaßt.
- Der *Buchung des Wareneingangs*, der entweder zentral oder dezentral erfolgt.
- Der *Rechnungsprüfung*, die nur stichprobenartig oder exakt bis auf Positionsebene erfolgt.
- Der *Bezahlung*, die entweder mittels Gutschriftverfahren oder auf herkömmlichem Wege erfolgt.

Entscheidend für einen medienbruchlosen Prozeß ist die Integration mit allen involvierten Systemen. Tabelle 11-4 zeigt die verwendeten Systeme und Standards der einzelnen Benchmarking Partner. Cisco zum Beispiel nutzt sein Ariba-System für Katalogartikel und herkömmliche Bedarfsanforderungen. Die Benutzerdaten zur Anmeldung an das System, die Budgetgrenzen und Genehmigungsdaten bezieht der Ariba Buyer aus dem HR-System von Peoplesoft. Der Wareneingang wird mit einem Mausclick automatisch im Oracle ERP-System verbucht. Im Servicebereich ist das Ariba-System zudem mit dem Clarify-CRM-System des Workstationlieferanten verbunden. Bei der Bestellung einer solchen kann der bestellende Ingenieur seine spezifischen Anforderungen eingeben, die dann vom Service-Ingenieur des Workstation-Lieferanten zur Installation des Systems verwendet werden können. Dadurch wird nicht nur der Beschaffungsprozeß an sich, sondern auch der nachfolgende Liefer- und Installationsprozeß optimiert.

| Architekturelement / Unternehmen | eProcurement-System | ERP-System | Katalog-standard | Produktklas-sifikations-standards | Kommunikations-standard | eMarket |
|---|---|---|---|---|---|---|
| Babcock Borsig AG | Lotus Notes | SAP R/3 | BME-Cat | BME-Cat | ASCII | EC4EC |
| Bayer AG | SAP B2B 2.0 | SAP R/3 | Harbinger | eCl@ss | XML | chemplorer |
| Cisco Systems Inc. | Ariba Buyer 6.1 | Oracle, Peoplesoft HR | CIF | UN/SPSC | XML | - |
| SAP AG | SAP B2B 2.0 | SAP R/3 | Requisite | UN/SPSC | XML | emaro |
| Xerox (OK) Ltd. | SAP B2B 2.0 | SAP R/3 | Requisite | UN/SPSC | XML | - |

*Tabelle 11-4: Architekturelemente der Benchmarking Partner*

## 11.4.6 Wirtschaftlichkeit

Die Berechnung von Einsparungen basiert auf einem Ist-Zustand vor der Einführung von eProcurement. Das Potential ist dabei besonders groß, wenn ein komplizierter, papierbasierter Beschaffungsprozeß mit vielen Genehmigungsstufen, vielen Ausnahmeregelungen und Fehlerquellen den Ist-Zustand bildet. Bei den in der Screening Phase kontaktieren 52 Unternehmen wurden die Prozeßeinsparungen am höchsten bewertet (s. Bild 11-11).

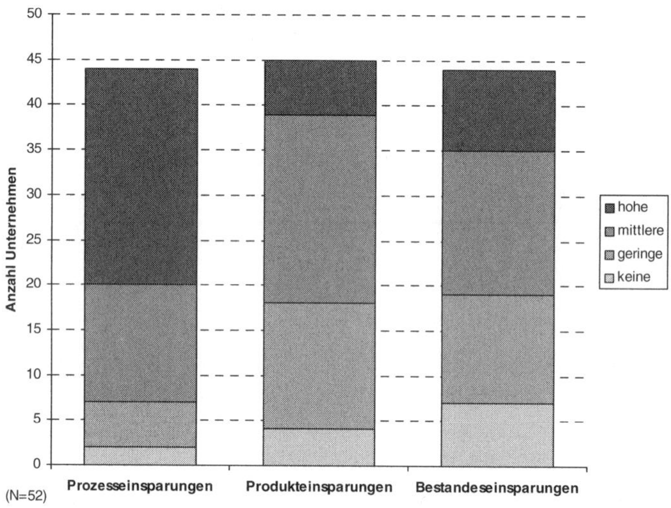


*Bild 11-11: Einsparungspotentiale*

Basierend auf den Erkenntnissen der Benchmarking-Studie teilen wir Einsparungen in drei Bereichen ein:

- *Prozeßeinsparungen.* Die Beschaffungsabwicklung wird automatisiert und bindet weniger Personal.

- *Produkteinsparungen.* eProcurement unterstützt die Kanalisierung des Ausgabevolumens über Volumenkontrakte.
- *Bestandseinsparungen.* Der Beschaffungsprozeß wird schneller und transparenter. Die Senkung der Bestände ist eine logische Folge.

Als Durchschnittswerte für Prozeßkosten pro Bestelltransaktion im Ist-Zustand konnte bei den Benchmarking-Partnern ein Wert von durchschnittlich ca. CHF 100-200 ermittelt werden, vorausgesetzt, daß der Prozeß papierbasiert abläuft. Als Reduktion der Kosten durch die im eProcurement-Projekt erzielten Verbesserungen geben die analysierten Unternehmen ca. 50-80% an (s. Bild 11-12). Dieses Einsparungspotential bildet auch die Grundlage für die Wirtschaftlichkeitsbetrachtungen im Vorfeld eines eProcurement-Projekts.

Etwas geringere, aber dennoch nicht zu unterschätzende Einsparungspotentiale bieten Produkteinsparungen. Verhandlungen mit potentiellen Kataloglieferanten bieten die Gelegenheit, Preisreduktionen auszuhandeln. Die Argumente hierfür sind ein höheres Bestellvolumen durch Single Sourcing (⇒ Glossar), ein automatisierter Bestellprozeß und damit weniger manuelle Eingaben und Fehler bei der Bestellung. Die erzielbaren Preisreduktionen bewegen sich dabei zwischen 1-5 %.

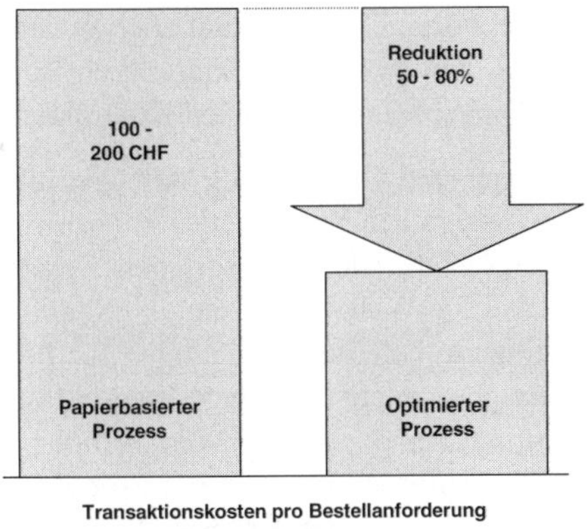


*Bild 11-12: Prozeßkostenreduktion der Benchmarking-Partner*

Der schnellere Einkaufsprozeß erlaubt die Lieferung der gewünschten Artikel an den Bedarfsträger zum Teil innerhalb weniger Stunden bis zu wenigen Tagen. Diese Zeitspanne ist kurz genug, um auf vorhandene interne Lager vollständig zu verzichten. Da es sich allerdings meist um niedrigpreisige Produkte handelt sind diese Einsparungen zumeist gering und bewegen sich häufig unter 1 %.

Neben den quantitativen Einsparungspotentialen bietet eProcurement jedoch auch ein wichtiges qualitatives Kriterium: Die erhöhte Transparenz des Einkaufsprozesses erlaubt eine gezielte Analyse des Einkaufsgeschehens und eine schnelle Reaktion bei auftretenden Unstimmigkeiten. Xerox beispielsweise sieht die Vorteile, die sich durch die globale Transparenz der Beschaffungsaktivitäten ergeben, als einen wesentlichen Vorteil ihrer eProcurement-Lösung. Die hieraus erzielbaren Synergien werden sich in Zukunft wesentlich höher auszahlen, als dies durch die Reduktion der Prozeßkosten heute schon der Fall ist.

## 11.5 Zusammenfassung und Ausblick

Die Optimierung und Standardisierung des Beschaffungsprozesses ist das Hauptkriterium für die Einführung eines eProcurement-Systems. In allen untersuchten Unternehmen gingen der Einführung von eProcurement zunächst organisatorische Veränderungen voraus. Die Schaffung einer zentralen Koordinationsstelle zur Etablierung eines Lieferanten- und Materialgruppenmanagements wurde dabei als ein zentraler Erfolgsfaktor für die Implementierung von eProcurement gesehen. Die Erfahrung der Benchmarking-Partner zeigt übereinstimmend, daß die Transparenz, die sich mit eProcurement schaffen läßt, den größten Teil der traditionellen Kontrollmechanismen entlang des Einkaufsprozesses überflüssig macht. Mißbräuchliche Bestellungen sind unwahrscheinlich, wenn jeder Besteller weiß, daß jede Aktion jederzeit nachvollziehbar ist. Im Sinne eines Knowledge Management-Systems dient die Reporting Funktionalität aber zugleich auch dem strategischen Einkauf zur Nutzung von Synergieeffekten durch Bündelung und zur Verbesserung seiner Verhandlungsposition bei neuen Kontrakten.

Neben der Dezentralisierung und Optimierung des operativen Beschaffungsprozesses konzentrieren sich einige der Benchmarking-Partner schon auf die weitergehende Nutzung des Internet für den strategischen Beschaffungsprozeß. Neue Systeme wie beispielsweise die Webango Strategic eSourcing Solution fokussieren auf die Web-Unterstützung bei Ausschreibungen für Produkte und Dienstleistungen mit hohem Wert aber relativ wenigen Transaktionen. Mit Hilfe dieser Systeme kann der Einkauf auf der Basis eines Web-Templates ein Raster an Kriterien definieren, welche die Anforderungen an ein Produkt hinreichend beschreiben. Durch die Gewichtung der einzelnen Kriterien lassen sich Ausschlußkriterien definieren. Diese Ausschreibung kann der Einkauf sodann als Webseite auf Webango's Network plazieren, auf der die Lieferanten ihre Einträge und Produktspezifikationen elektronisch eintragen können. Mit Hilfe des Webango Navigators lassen sich die einzelnen Angebote sodann elektronisch vergleichen. Über eine graphische Reporting-Funktionalität sieht der Einkauf sofort, welche Lieferanten für diese Ausschreibung in die engere Wahl kommen. Systeme wie das von Webango sind Tools, mit dem die Entscheidungsfindung bei der Lieferantenauswahl durch Standardisierung und höhere Transparenz erleichtert wird. Im Vergleich zum traditionellen papierbasierten Prozeß, bei dem jeder einzelne Lieferant sein Angebot in nicht standardisierter, häufig umfangreicher Dokumentation liefert, ist dieses elektronische Pendant wesentlich effektiver.

Alle ‚Successful Practice-Unternehmen', so konnte gezeigt werden, weisen Stärken in einzelnen Bereichen des eProcurement auf. Jedoch, und dies belegt erneut den nur schwachen Durchdringungsgrad von eProcurement in Unternehmen, weisen alle Unternehmen unterschiedliche Schwerpunkte bei der Gestaltung ihrer Lösungen auf. Während Babcock Borsig, aufgrund der frühen Einführung des Systems 1994, Stärken im Bereich der vollständigen Prozeßunterstützung sowohl im operativen und mit dem neuen Marktplatz auch im strategischen Bereich hat, wartet Bayer mit einer sehr umfassenden Kataloglösung auf, die mit 169'000 Produkten einen Großteil des indirekten Beschaffungsvolumens abdeckt. Die Verwendung des Standards eCl@ss erlaubt dem Unternehmen zudem den Aufbau des Marktplatzes chemplorer als neues Geschäftsfeld.

Die eProcurement Lösung von Cisco zeichnet sich durch ihren hohen Integrationsgrad auf Systemebene aus. Aufgrund der sehr jungen Unternehmensgeschichte kann das Unternehmen Datenredundanzen auf globaler Ebene sicherstellen. Dies erlaubt Cisco einen hohen Grad an Transparenz. Auch die SAP kann aufgrund ihres systemtechnischen Hintergrundes auf langjährige Erfahrungen insbesondere mit elektronischen Marktplätzen zurückblicken. Seit Anfang 2000 bestellte die SAP ihre PCs von Fujitsu Siemens über einen elektronischen Produktkatalog, der auf mySAP.com abgelegt war. Der Marktplatz emaro ist nun der nächste Schritt in Richtung einer m:n Integration mit den Lieferanten. Eine neue Dimension erhält eProcurement bei Xerox durch die Katalogisierung von Dienstleistungen, die einen Großteil des indirekten Bereiches ausmachen. Sehr früh begann das Unternehmen, Dienstleistungen wie z.B. den Bezug temporärer Arbeitskräfte oder Druckaufträge in ihrem elektronischen Katalog abzulegen. Content Management ist daher eine wesentliche Stärke von Xerox.

# 12 Connected Smart Appliances

*Elgar Fleisch, Frédéric Thiesse, Hubert Österle*

## 12.1 Vision

Die Entwicklung von Computerhardware war in den letzten Jahrzehnten von einer dramatisch steigenden Rechenleistung auf kleinstem Raum bei rapide sinkenden Kosten geprägt. Dies und die Verfügbarkeit von Multimedia- und Internet-Technologien hat die enorme Popularisierung von Informationstechnologie über den kommerziellen Einsatz hinaus ermöglicht. Die durch den Eintritt in den Massenmarkt erzielten Stückzahlen haben zusammen mit den extrem kurzen Produktlebenszyklen zu nahezu vernachlässigbaren Kosten für leistungsfähige CPU- und Speicherchips geführt. War in der Vergangenheit Digitaltechnik bereits in anderen Hightech-Produkten zu finden (z.B. Waschmaschinen, Automotoren), so ermöglicht der massive Preisverfall nun auch die Integration mit nahezu beliebigen Betriebsmitteln bzw. Gebrauchsgegenständen.

Die Innovation durch IT steht damit erst am Anfang. Sie löst in wenigen Jahren eine weitere Welle neuer Leistungen, Prozesse und Unternehmen aus. Jeder Gegenstand eines Unternehmens kann zu einem Knoten in einem IT-gestützten Netzwerk werden. Beispielsweise erhalten Holzpaletten einen Chip und können dadurch mit anderen physischen Objekten wie z.B. Lagerplätzen, LKWs, Produktionsmaschinen oder Logistiksystemen ohne menschliche Intervention kommunizieren. IT ermöglicht damit eine zeitnahe und detailgetreue Abbildung der betriebswirtschaftlichen Realität und führt zu neuen, heute kaum vorhersehbaren Lösungsansätzen.

Forschung und Praxis konzentrieren sich bis heute auf die Vernetzung von Unternehmen, Prozessen, Informationssystemen und Menschen. Die Diskussion der direkten Vernetzung von Betriebsmitteln bzw. Gebrauchsgegenständen erscheint demgegenüber unterentwickelt.

Die Konvergenz von Informations- und Kommunikationstechnologie (IuK) und Betriebsmitteln bzw. Gebrauchsgegenständen wie Gebäude, Maschinen, Fahrzeuge, Transporteinrichtungen, Einrichtungsgegenstände, Telefon, Mikrowelle, Videokamera, Kühlschrank usw. führt zu sogenannten ‚Connected Smart Appliances (CSAs)', d.h. Produkten, die Rechenkapazitäten eines PCs besitzen und damit die Funktionalität eines der letztgenannten Geräte erweitern. Mögliche Anwendungsgebiete sind mobile, vernetzte Büros, Haushaltsgeräte mit integriertem Internetanschluß, verschiedenste Informations- und Unterhaltungsangebote die über den Fernseher zugänglich werden, usw.

Die Breite der möglichen Anwendungsgebiete zeigt sich derzeit u.a. auch in der resultierenden Begriffsvielfalt. Einige der hier anzutreffenden Stichworte sind in Tabelle 12-1 aufgeführt.

| | |
|---|---|
| eAutomation | Pervasive Computing |
| Home Networking | Smart Appliances |
| Information Appliances | Ubiquitious Computing |
| Internet Appliances | Wearable Computing |
| Mobile Commerce | Wireless Devices |

*Tabelle 12-1: Anwendungsgebiete von CSAs*

CSAs sind mehr als nur eine neue Generation leistungsfähiger Taschenrechner und unterscheiden sich von diesen insbesondere durch folgende Eigenschaften (vgl. [Kuri 1999], [Norman 1998, 53]):

- *Connected.* CSAs arbeiten nicht von ihrer Umwelt isoliert, sondern verfügen über die Möglichkeit zur Vernetzung. Einerseits können CSAs untereinander Daten austauschen und Funktionalitäten nutzen wie z.B. bei der Verknüpfung einer digitalen Kamera und eines Mobiltelefons zur Übertragung von Fotos vom Urlaubsort aus. Andererseits besteht die Möglichkeit zur Anbindung an externe Dienstleistungen wie z.B. bei der Fernwartung von Haushaltsgeräten über das Internet. Bei fest installierten CSAs kann diese Vernetzung über Telefon- oder Stromleitungen realisiert werden; von weitaus größerer Bedeutung ist in diesem Zusammenhang aber die rapid zunehmende Vernetzung mittels drahtloser Datenübertragung.

- *Smart.* Obwohl CSAs über hohe Rechenkapazitäten verfügen, die bis an die eines PCs heranreichen, wird diese vor dem Benutzer verborgen und genutzt, um das Gerät auf maximale Benutzerfreundlichkeit auszurichten. Während ein PC eine – nach entsprechender Einarbeitungszeit – universell einsetzbare Rechenmaschine darstellt, sind CSAs auf einige wenige Funktionalitäten beschränkt, die dem Benutzer aber mit größtmöglicher Einfachheit und größtmöglichem Komfort zur Verfügung gestellt werden.

- *Appliances.* Das Navigationssystem des Autos (GPS), das Mobiltelefon (GSM), der Pager, die TV-Set-top-Box, Roadpricing-Systeme, internetfähige Wartungscomputer an Maschinen, das elektronische Buch und elektronische Fußfesseln im Strafvollzug sind Beispiele für vernetzte Geräte, die bereits weitverbreitet im Einsatz sind und einfache Betriebsmittel zu intelligenten, vernetzten Betriebsmitteln verwandeln. Videokameras, Fotoapparate sowie Audio- und Videoanlagen sind zunehmend digitalisiert und haben ebenfalls – zum Teil via PC – Anschluß zum Internet gefunden. Eine besondere Form intelligenter Geräte sind Smart Cards in vielfältigen Anwendungsformen, vom Autorisierungsmittel bis zur elektronischen Geldbörse. All diese Geräte ermöglichen zu Hause und unterwegs einen auf das jeweilige Gerät angepaßten Zugriff auf das Internet bzw. Netze einzelner Unternehmen.

> CSAs im Sinne der Connected Smart Assets[1] sind Betriebsmittel bzw. Gegenstände des täglichen Gebrauchs, z.B. Autos, Waschmaschinen, Kleidungsstücke oder Verpackungsmaterial. Es sind sog. ‚hybride Produkte', da sie physische Produkte und informationsverarbeitende Elemente in sich vereinigen. Im Extremfall werden CSAs sogar zu einem Bestandteil des menschlichen Körpers, z.B. zur permanenten Fernüberwachung von Herzschlag oder Blutdruck von Patienten in deren eigener Wohnung.

Unter Verwendung von CSAs könnte der Flug eines Geschäftsreisenden in Zukunft wie folgt aussehen: Der Passagier reserviert via Internet oder Call Center seinen Flug. Ein paar Stunden vor dem Abflug erinnert ihn die elektronische Agenda seines Handys an die Bestätigung des Fluges und leitet diese bei Einverständnis des Passagiers an die Fluggesellschaft weiter. Im Falle einer Verspätung sendet die Fluggesellschaft dem Passagier eine SMS-Nachricht oder eine Voicemail auf sein Handy. Bei der Anfahrt zum Flughafen informiert ihn das GPS über freie Parkplätze im Parkhaus des Flughafens und führt ihn zu diesen. Das Roadpricing-System verrechnet automatisch die Parkgebühr. Der automatische Check-in des Flughafens registriert die Ankunft des Reisenden aufgrund des Eintritts des Handys in den Flughafenbereich. Eine SMS-Nachricht teilt ihm mit, an welchem Gate er einsteigen kann und welchen Sitz er erhalten hat. Beim Boarding identifiziert sich der Passagier über seine Kundenkarte (Smart Card). Da sein Handy und sein PC an Board über einen Internetzugang verfügen, erlauben sie ihm an Board ein Arbeiten wie im Büro.

Grosse Teile dieses Szenarios sind bei Fluggesellschaften bereits in Vorbereitung. Ähnliche Szenarien gibt es für die Pflege von Patienten zu Hause, für Servicemitarbeiter in der Maschinenwartung, für die Unterhaltung mit Audio, Video und Spielen und weitere Bereiche. Die Anwendungsgebiete für CSAs liegen primär in all jenen Bereichen des geschäftlichen und privaten Lebens, die von der derzeitigen Vernetzung durch lokale Netze und das Internet noch nicht erreicht werden, d.h. vor allem im mobilen Einsatz und in Privathaushalten. Dort ermöglichen sie eine ‚Immediacy of Data', d.h. die Beschleunigung und Verkürzung verschiedenster Prozesse durch die Eliminierung manueller Schnittstellen [vgl. Österle 2001].

Forschung und Praxis sind von einer gemeinsamen Vision der Potentiale und einer einheitlichen Terminologie der CSAs noch weit entfernt. Dieses Kapitel liefert einen Überblick über den aktuellen Stand der Entwicklung von CSAs bzgl. der zugrundeliegenden Technologien und ihrer betriebswirtschaftlichen Potentiale.

---

[1] Eine weitere Ausdifferenzierung der Connected Smart Appliances in Connected Smart Appliances im engeren Sinne (=neue kleine Geräte mit dem primären Zweck in Kommunikation, z.B. PDAs, Mobiltelefone und Chipkarten) und Connected Smart Assets (=intelligente Dinge, bei denen die Informationsverarbeitung unsichtbar ist) findet sich bei [Fleisch 2001].

## 12.2 Fallbeispiele

### 12.2.1 Safeway

Die britische Supermarktkette Safeway hat in Zusammenarbeit mit IBM das sog. ‚Easy Order'-System entwickelt, das Kunden zur Verfügung gestellt wird, die Inhaber einer Customer Loyalty Card sind. Easy Order basiert auf einem modifizierten Palmpilot, der mit einem zusätzlichen Barcodeleser ausgestattet ist.

Mit dem Gerät können Kunden zu Hause oder im Büro Einkaufslisten zusammenstellen, indem Produkte manuell eingegeben oder über deren Barcode erfaßt werden. Die fertige Liste wird anschließend über das Internet an den nächsten Safeway Store übertragen. Der Kunde hat die Möglichkeit, die genaue Zeit vorzugeben, zu der er die Waren abholen möchte. Bei seiner Ankunft sind die Waren bereits fertig verpackt und können ohne Wartezeit bezahlt werden.

Durch das System erwartet Safeway eine Zeitersparnis von 60-90 Minuten pro Woche für den durchschnittlichen Kunden. Erreicht wird dies u.a. durch spezielle Easy Pay-Stationen, die die elektronischen Einkaufslisten direkt weiterverarbeiten können. Darüber hinaus erhält der Kunde über das Gerät Einkaufsvorschläge, Rezepte und vorgefertigte Einkaufslisten, die auf Basis früherer Einkäufe zusammengestellt werden und den Einkauf noch weiter vereinfachen sollen.

Safeway erhält durch das System neben der verstärkten Kundenbindung wertvolle Informationen über Einkaufstrends und Kundenprofile. Dies ermöglicht eine stetige Verbesserung des eigenen Sortiments und individualisierten Sonderangeboten. Das Unternehmen plant, Easy Order schrittweise in allen Märkten anzubieten und auch auf andere Endgeräte wie Screenphones oder Internet-TV auszudehnen.

### 12.2.2 U.S. Postal Service

Der U.S. Postal Service setzt seit Mitte des Jahres 1999 im Rahmen des Pilotprojekts ‚Surface 2000' sog. ‚Smart Labels' im Paketversand ein. Die zugrundeliegende Technologie liefert die Firma Motorola und ermöglicht eine ‚Radio Frequency Identification (RFID)', d.h. eine Identifikation von Gegenständen durch drahtlose Datenübertragung.

Smart Labels werden wie herkömmliche Paketaufkleber verwendet und sind mit einem Barcode bedruckt, der mit einem normalen Barcodeleser verarbeitet werden kann. Darüber hinaus befindet sich auf der Rückseite der Smart Labels aber auch ein Transponder, d.h. ein Halbleiter, der ohne eigene Stromversorgung auskommt und von außen über elektromagnetische Felder mit der notwendigen Energie versorgt wird. Über entsprechende Sendestationen, die z.B. in einem Postwagen angebracht sein können, ist es damit möglich, alle Informationen über das Paket aus dem Smart Label abzurufen, die normalerweise manuell erfaßt werden müßten.

Smart Labels erlauben dem Paketversender eine automatisches Verfolgen von Paketen beim Ein- und Ausladen aus dem Lieferwagen. Einerseits ist so der aktuelle Aufenthaltsort eines Pakets jederzeit nachvollziehbar, andererseits wird die Zahl fehlgeleiteter oder verlorener Pakete stark reduziert. Darüber hinaus wird die Automatisierung der Paketlogistik deutlich vereinfacht. Da mit Smart Labels auch weiterhin die herkömmlichen Barcodes eingesetzt werden können, ist eine fließende Migration zum neuen System machbar.

### 12.2.3 Siemens HomeAssistant

Der HomeAssistant von Siemens ist eine Steuersoftware für Haushaltsgeräte, die bereits mehrfach in privaten Häusern installiert wurde. An mehreren Stellen im Haus können Touchscreens aufgestellt werden, die den Zugriff auf alle Funktionen des Systems erlauben. Über seine Steuerungsfunktionen hinaus dient der HomeAssistant gleichzeitig zum Telefonieren, Faxen, Musik hören, Fernsehen, Spielen, als Homebanking-Terminal, Gesundheitsratgeber, hausinterne Notrufsäule usw. (s. Bild 12-1).

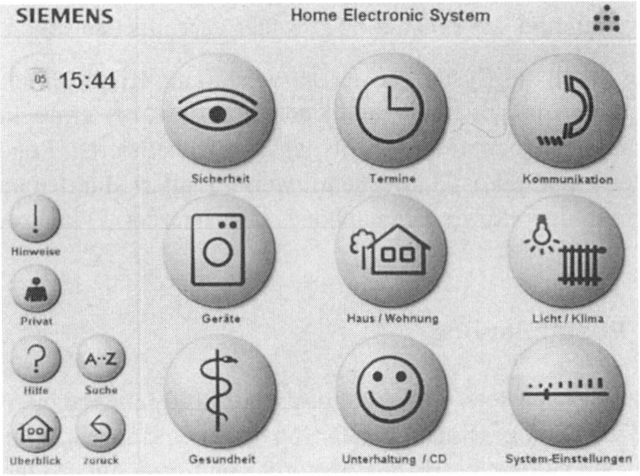


*Bild 12-1: HomeAssistant® von Siemens*

Die Anwendung ‚Überwachung' gibt den Hausbewohnern auf Knopfdruck einen Überblick über den Zustand ihres Hauses bzw. ihrer Wohnung und der sich dort befindlichen Geräte. Vom Übersichtsknopf in der Startmaske des HomeAssistant gelangt der Benutzer direkt in die Maske ‚Überwachungsfunktionen'. Dort findet er Zusatzinformationen wie ‚Fenster offen', ‚Flurlicht brennt', ‚Bewegungsmelder aktiv', aber auch Fehlermeldungen wie ‚Heizung ausgefallen'. Kritische Meldungen werden zusätzlich über Alarme, wie Warnton oder Blinken, am HomeAssistant gemeldet. Die Zustandsinformationen können sowohl am HomeAssistant zu Hause als auch von unterwegs über das Telefon abgefragt werden. Ebenso ist es möglich, die Überwachungsfunktion vor Ort oder über das Telefon zu aktivieren bzw. zu deaktivieren.

## 12.3 Einsatzbereiche von CSAs

Aufgrund des vielfältigen Erscheinungsbilds und der Vielzahl möglicher Funktionalitäten ist der Einsatz von CSAs nicht auf einige wenige Prozesse beschränkt. Das Anwendungsgebiet umfaßt prinzipiell alle Aufgaben des privaten und betrieblichen Alltags, in denen Aktivitäten zum Datenzugriff oder der Datenerfassung enthalten sind (s. Bild 12-2). Dies gilt insbesondere für den mobilen Einsatz, in dem herkömmliche Informationstechnologie nur beschränkt verwendbar ist.

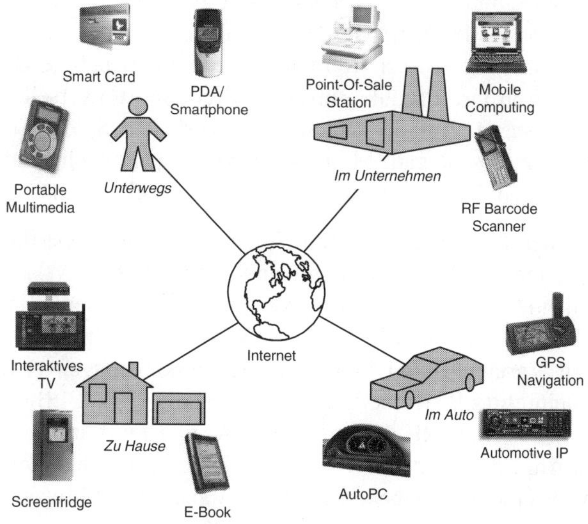


*Bild 12-2: Beispiele für Einsatzbereiche von CSA-Technologien*

Die Anwendung von CSAs läßt sich je nach Einsatzbereich wie folgt klassifizieren [vgl. Powers 1999]:

- *Privatleben* (Business-to-Consumer (B2C)). ‚Intelligente' Haushaltsgeräte unterstützen den Konsumenten bei zahlreichen Aktivitäten der Haushaltsführung, beim Einkaufen, auf Reisen usw. Externe Dienstleister übernehmen die Wartung von Haushaltsgeräten oder den Schutz vor Einbrechern. Darüber hinaus machen Unterhaltungsangebote aus dem Netz (Multiplayer-Spiele, Video-on-Demand) dem traditionellen Fernsehangebot Konkurrenz. Stichworte sind hier Home of the Future, Entertainment off the Net und Automotive IP.

- *Unternehmen (Business-to-Business (B2B)).* Im betrieblichen Umfeld sind CSAs vor allem für den mobilen Einsatz relevant, d.h. in den Prozessen des Vertriebs, Verkaufs oder des Kundendiensts. Darüber hinaus können aber auch viele Datenerfassungsaufgaben innerhalb eines Unternehmens automatisiert werden, z.B. in der Produktion oder der Logistik. Stichworte sind hier Personal Information Management, Field Force Automation, Shop Floor Control sowie Factory and Warehouse Automation.

## 12.4 Technologien von CSAs

Bei den Geräten ist sowohl ein Trend zur Integration von Funktionalitäten als auch zur Spezialisierung zu beobachten (vgl. [Burrows/Reinhardt 1999], [Kuri 1999]). Auf der einen Seite implementieren beispielsweise die Hersteller von Mobiltelefonen immer mehr Funktionen wie Terminkalender, eMail, SMS-Nachrichten, Adreßdatenbank, Internetbrowser, Remote Control für beliebige Geräte und Videokommunikation in ihre Produkte mit dem Ziel eines universellen PDAs (Personal Digital Assistant). Auf der anderen Seite erhalten Spielgeräte, Fernseher, Kühlschränke, Heizungsanlagen, Maschinensteuerungen zunehmend eigene, spezialisierte Prozessoren, Netzanschlüsse und Bedienungseinheiten.

Gleichzeitig ist der Kampf um die einheitliche Bedienungsoberfläche zwischen den Betriebssystemherstellern in vollem Gange: Windows CE vs. Java vs. EPOC. Noch entscheidender für die Vernetzung der intelligenten Geräte ist der Wettbewerb von Middleware wie UPnP, Jini oder WAP sowie alternativer Netzwerke. Die wichtigsten Varianten sind hier spezielle Verkabelungen (z.B. IEEE1394, USB), Telefonleitung (z.B. HomePNA), Stromleitung (z.B. CEBus, X-10), Funk im Nahbereich (z.B. HomeRF, Bluetooth, IrDA) und Funk im Fernbereich (z.B. GSM, UMTS). Am Ende wird sich voraussichtlich eine Kombination von Technologien mit jeweils einem marktbeherrschenden Standard durchsetzen. Wegen ihrer riesigen Volumina wird die Technologie der Konsumentenelektronik auch die Standards für die Unternehmen liefern, wie dies bei den Personal Computern schon der Fall war.

Die zur Realisierung von CSAs notwendigen Informationstechnologien lassen sich in folgende vier Gruppen einteilen (s. auch Bild 12-3):

- *Anwendungsplattform.* Die Anwendungsplattform entspricht dem Betriebssystem eines konventionellen Informationssystems. Sie stellt Funktionalitäten für den Zugriff auf die Hardware der CSAs und das angeschlossene Netzwerk zur Verfügung. Da CSA-Anwendungen häufig auf unterschiedlicher Hardware (z.B. variierende Displaygrößen, Benutzereingabe durch Touchscreen,

Sprache usw.) arbeiten müssen, besteht eine der wichtigsten Eigenschaften der Anwendungsplattform in der Bereitstellung einer hardwareunabhängigen Schnittstelle, auf die die Anwendung zurückgreifen kann.

- *Middleware.* Die Middleware einer CSA dient als logische Schnittstelle zu anderen CSAs und ermöglicht den Datenaustausch bzw. die gegenseitige Nutzung der Funktionalität von CSAs. Die CSA-Middleware liefert einen Überblick über die im jeweiligen Netz vorhandenen CSAs und die von ihnen angebotenen Funktionen. Darüber hinaus regelt sie die Kommunikation zwischen CSAs über klar definierte Schnittstellen.

- *Netzwerkinfrastruktur.* Die Netzwerkinfrastruktur stellt die physische Basis dar, auf der sich ein beliebiger Datenaustausch zwischen mehreren CSAs abspielt. Wie in konventionellen Rechnernetzen auch, kommen hier elektrische, optische sowie drahtlose Übertragungsverfahren zum Einsatz. Im Gegensatz zu unternehmensinternen Netzen werden bei CSAs vor allem Verfahren favorisiert, die bereits bestehende Verkabelungen nutzen, wie z.B. Stromleitungen, oder solche die drahtlos arbeiten.

- *Schnittstelle zu eServices.* Eine weitere Middleware ermöglicht die Kommunikation von CSAs mit Anwendungen außerhalb des jeweiligen Netzwerks, insbesondere des Internets. Beispiele dafür sind u.a. Energiemanagement- oder Überwachungsdienste für Wohnhäuser oder Application Services im Internet.

Die Basis für den Einsatz all dieser Technologien ist die Adressierbarkeit von CSAs, d.h. um die Vernetzung zu ermöglichen benötigt jede CSA eine eigene IP-Adresse. Die Etablierung eines Protokollstandards wie IPv6, der den bisherigen IP-Adressraum erweitert, ist daher die wichtigste Voraussetzung für die Realisierung von CSAs.

Neben den genannten Standards kommen in CSAs auch eine Vielzahl anderer Technologien zum Einsatz wie z.B. biometrische Verfahren zur Erkennung von Gesichtern und Fingerabdrücken sowie Sprachverarbeitung oder Transpondertechnologie zur Herstellung extrem flacher Transistoren, die keine eigene Stromversorgung benötigen.

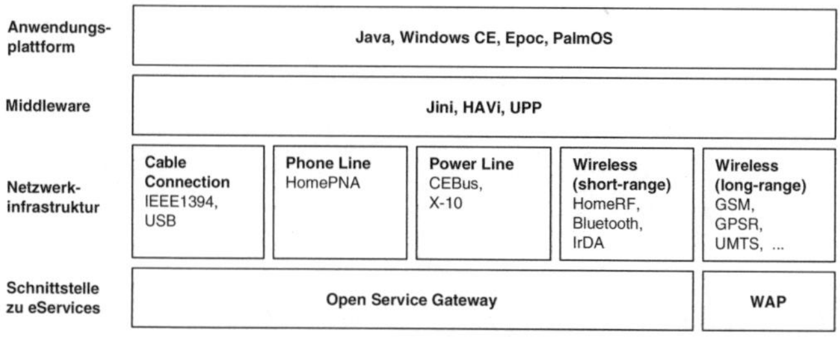


*Bild 12-3: Basistechnologien für CSAs*

## 12.5 Treiber der CSAs

Nahezu alle Anbieter von Hard-/Software, Netzwerkinfrastruktur und Inhalten (Unterhaltung, Wirtschaftsinformationen, usw.) investieren mittlerweile in die Entwicklung von CSAs. Die Vorreiter dieser Entwicklung sind internetfähige Fernseher, Screenphones und Personal Digital Assistants [vgl. Miller 1999]. Ein typisches Beispiel für CSAs, die bereits heute enorm hohe Verkaufszahlen erreichen, ist die Spielkonsole Dreamcast der Firma Sega. Neben herkömmlichen Videospielen erweitert das Gerät den heimischen Fernseher um einen Internetbrowser und erlaubt die Teilnahme an Multiplayer-Spielen über das Internet.

Dem Markt für Heimvernetzung werden hohe Wachstumsraten für die kommenden Jahre vorausgesagt. Während 2001 die eingesetzten Technologien noch aus der konventionellen PC-Technologie stammen und auf meist statische Inhalte zugreifen, wird sich nach und nach die Vernetzung beliebiger Haushaltsgeräte durchsetzen, die mittels Breitbandanschlüssen an hochwertige Dienste angebunden werden (s. Bild 12-4).

Der Markt für mobile Endgeräte wird derzeit vor allem von der Verbreitung Internet-fähiger Mobiltelefone vorangetrieben. Bis zum Jahr 2003 wird beispielsweise erwartet, daß ein Drittel der europäischen Bevölkerung ein WAP-fähiges Handy besitzt und nutzt. Dieses erlaubt dann den Zugang zu nahezu beliebigen Anwendungen bzw. Diensten im Netz.

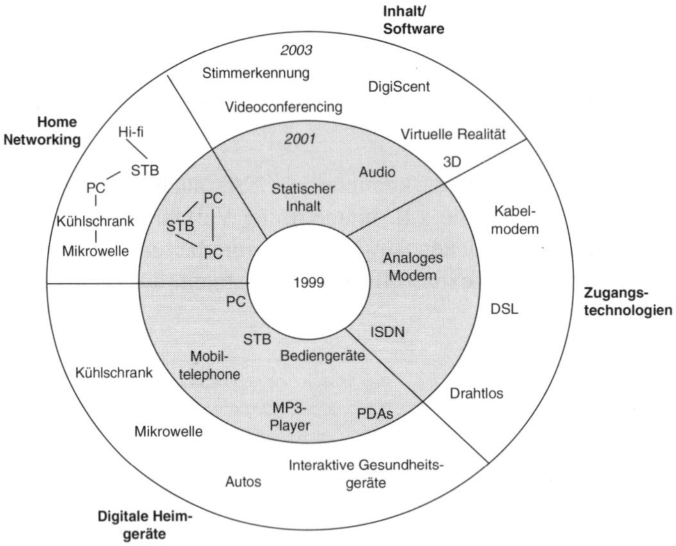


*Bild 12-4: Ausstattung vernetzter Haushalte [vgl. Data Monitor 2000]*

Folgende Entwicklungen unterstützen den CSA-Trend über die nächsten Jahre:[2]

- Bei *gleichzeitig steigender Leistungsfähigkeit* fallen die Herstellungskosten weiter. Die Leistung von Mikroprozessoren verdoppelt sich alle achtzehn Monate wobei sich deren Preise im gleichen Zeitraum halbieren. Nahezu seit ihrer Geburtsstunde im Jahr 1971 folgen die Mikroprozessoren dem Gesetz der parallelen Preisdegression und Leistungsprogression, welches Gordon Moore 1975 im ‚Moor'schen Law' erstmals formulierte (vgl. [Kelly 1998, 52], [Gilder 1997]). Dieses Gesetz faßt auch heute die Preis-/Leistungsentwicklung nach wie vor zutreffend zusammen. Die Kosten für den Einsatz von Mikroprozessortechnologien in den verschiedensten Gebrauchsgegenständen können bzgl. des Preis-/Leistungsverhältnisses mit konventionellen Verfahren wie z.B. Barcodes ohne weiteres konkurrieren.

- *Das Preis-/Leistungsverhältnis der Kommunikation steigt.* Die zur Verfügung stehende Bandbreite in Fest- und Mobilnetzen wird durch innovative Verfahren (z.B. zur Datenkompression) effizient genutzt, so daß auch ressourcenintensive Angebote wie z.B. Video-on-Demand möglich werden. Nach der Regel von Gilder verdreifacht sich die Bandbreite von Kommunikationsnetzwerken in den nächsten 25 Jahren alle zwölf Monate und der Preis pro übertragenes Bit konvergiert gegen Null. „In essence, as frequencies rise and wavelengths drop, digital performance improves exponentially. Bandwidth rises, power usage sinks, antenna size shrinks, interference collapses, error rates plummet" [Gilder 1997].

- *Mit zunehmendem Reifegrad sinkt die Mindestgröße von Technologien.* Dies gilt ebenso für Computer wie für Verbrennungs- oder Elektromotoren sowie Uhrwerke. [Kelly 1998, 19] sagt aus: „As technology becomes ubiquitous it also becomes invisible", und bringt damit zum Ausdruck, daß sich die Informatisierung erst dann durchgesetzt hat, wenn Computer nicht mehr als solche zu erkennen sind und Teil nahezu aller Objekte des täglichen Lebens geworden sind [vgl. Gershenfeld 1999]. Ein Beispiel in der IT sind ‚Embedded Networked Processors', sog. ‚Jelly Beans'. Jelly Bean ist ein Sammelbegriff für sehr kleine, kommunikationsfähige und typischerweise sehr einfach strukturierte Informations- und Kommunikationstechnologie, die in Zukunft in Massen produziert wird und deren Stückkosten gegen Null gehen werden (vgl. [Davis/Meyer 1998], [Kelly 1998, 11]).

- *Der Energieverbrauch von Mikroprozessoren sinkt.* Technologien zur Energieversorgung von Mikroprozessoren entwickeln sich laufend weiter.

- *Permanenter Netzzugang wird auch für Privatpersonen erschwinglich.* Konsumenten und Mitarbeiter haben ohne Verzögerung real-time und überall

---

[2] Vgl. dazu [Boriello/Want, 2000], [Gershenfeld 1999], [Hansmann et al. 2001], [Jahnke 1998], [Mattern 2000], [Mattern 2000], [Mattern 2001], [Norman 1998], [Tennenhouse 2000], [Weiser 1991], [Weiser 1993] und [Weiser/Brown, 1995]

Zugriff auf alle privaten und geschäftlichen Informationen. Sie benutzen dazu das jeweils geeignetste Gerät (‚Multi-mode Access').

- *Unterscheidung zwischen Festnetz und Mobilfunk wird irrelevant.* CSAs erfassen die Daten direkt am Ort des Geschehens, wo auch immer dies ist. Smart Cards und Point-of-Sales-Kassen erfassen den Zahlungsvorgang, die gekauften Artikel, die Uhrzeit und den Ort. Die Bank, das Kaufhaus und die Lieferanten des Kaufhauses haben real-time Zugang zu diesen Daten.

- *Standards breiten sich in Reichweite und Inhalt aus.* Wie in zahlreichen anderen Fachgebieten sind Standards auch in der Informationsverarbeitung eine Voraussetzung zur Nutzung der Effekte der Economies of Scale bei gleichzeitiger Individualisierung von Leistungen. Aufwärtskompatible bzw. erweiterbare Informations- und Kommunikationsstandards mit breiter Akzeptanz sind Grundlage der Informatisierung der Wirtschaft. Der eigentliche Wert des Internets liegt in der Schaffung eines nahezu weltweit akzeptierten Kommunikationsstandards (TCP/IP) und eines Standards zur Präsentation von Dokumenten (HTML) [Malkin 1995]. Über das Internet könnte jeder Computer oder jedes CSA Zugriff zu allen Informationen bekommen, die irgendein anderer Computer oder ein anderes CSA auf dem Netz hält. Das Navigationssystem GPS beispielsweise hat also Zugriff auf Straßenkarten, Staumeldungen, Wetterberichte, Hotels, Restaurants, Kfz-Werkstätten, usw.

- *Technologien zur Sprach- und Texterkennung sind ausgereift.* Die Benutzerfreundlichkeit von Informationssystemen hat sich weiter verbessert. Automatische Erkennung von Sprache und Schrift hat in vielen Bereichen die manuelle Eingabe ersetzt.

- *Einheitliche, dauerhafte Netzadressen für jedermann und jedes Ding.* Jedes Gerät resp. jede Person erhält eine eindeutige und langfristige Identifikationsnummer und wird so zum dauerhaften Bestandteil des globalen Informationsuniversums.

- *Anbieter offerieren eine breite Palette von Inhalten und Anwendungen.* Es etabliert sich ein umfassendes Angebot an Diensten auf dem Netz, das für Privatpersonen und Unternehmen einen attraktiven Nutzen bietet.

## 12.6 Betriebswirtschaftliche Effekte von CSAs

### 12.6.1 Neue Prozesse

CSAs automatisieren die Dateneingabe. Sie verhindern damit Medienbrüche und führen zu neuen inner- und überbetrieblichen Prozessen. Wie oben bereits angedeutet konzentrieren sich Forschung und Praxis heute primär auf die Vernetzung von Unternehmen, Prozessen, Informationssystemen und Menschen. Sie verwenden dabei die Vermeidung von Medienbrüchen als zentrales Argument zur Steigerung der Effizienz in Netzwerken. Ein häufig genanntes Beispiel für einen Medienbruch ist die mehrfache Erfassung eines Auftrags in unterschiedliche betriebliche Informationssysteme innerhalb einer Wertschöpfungskette. Ein Medienbruch ist vergleichbar mit einem fehlenden Glied in einer Informationskette und ist Mitursache für Langsamkeit, Intransparenz, Fehleranfälligkeit, etc. inner- und überbetrieblicher Prozesse.

Die neue Vernetzungsebene adressiert das zur Zeit größte Problem der Informationsverarbeitung: die Dateneingabe. Ihr Ziel ist es, die physische Welt (Menschen, Produkte, Betriebsmittel, etc.) mit der Informationssystemwelt (z.B. ERP-, EC-, und SCP-Systeme sowie lokale, regionale und globale Informationsnetzwerke) zeitnah und kostengünstig zu vernetzen und damit die Lücke zwischen der physischen betrieblichen Realität und deren informationstechnologischem Abbild zu schließen (s. Bild 12-5). Dies gelingt erst dann, wenn es den Menschen als Mediator zwischen physischer und informatischer Welt nicht mehr braucht, d.h. wenn physische Ressourcen ohne menschliche Intervention automatisch mit den Rechnernetzwerken (oder unter sich) kommunizieren.

Mit den heute in der Praxis eingesetzten Technologien zur Vernetzung von physischen Ressourcen mit Informationssystemen wie z.B. der Dateneingabe von Hand über die Tastatur, die Spracheingabe oder das Scannen von Barcodes, ist dies noch nicht möglich. Aktuelle Entwicklungen im Bereich von passiven und aktiven Tags, die auf der Radio Frequency Identification (RFID)-Technologie aufbauen, zeigen jedoch einen möglichen Entwicklungspfad auf. Sie führen zu neuen Szenarien, in welchen Unternehmen ihre ‚Assets' mit (a) Intelligenz ausstatten (‚smart' machen), indem diese z.B. ihren Ziellagerort kennen oder laufend ihre Umgebungstemperatur aufzeichnen, und (b) diese ‚Assets' automatisch mit den hausinternen Informationssystemen verknüpfen (‚connected'). Diese CSAs ermöglichen eine neue Qualität an zentral und dezentral gesteuerten Prozessen, die von der dynamischen Preisbildung für einen Salatkopf (nach der Differenz zwischen der aktuellen Zeit und dem Erntezeitpunkt, der Temperatur in der Auslage und der Qualität der um den Verkauf konkurrierenden anderen Salatköpfe) bis zur inner- und überbetrieblichen Logistik reichen.

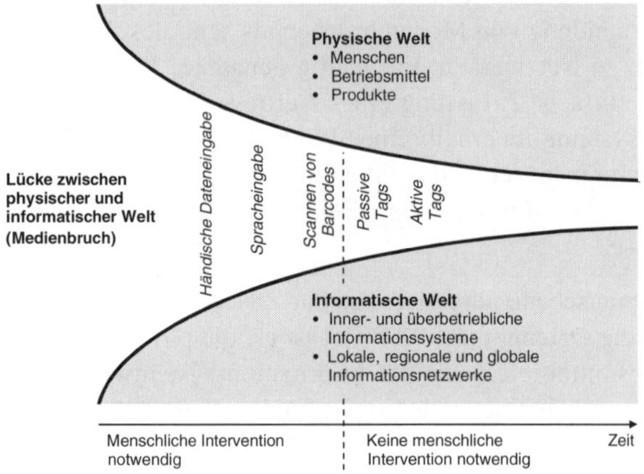


*Bild 12-5: Lücke zwischen physischer und informatischer Welt*[3]

## 12.6.2 Management von komplexen Systemen

CSAs sind hybride Produkte, die sich aus physischen Leistungen und Informationsleistungen zusammensetzen. Sie besitzen neben den klassischen Dimensionen von Produkten auch Dimensionen der Datenverarbeitung und sind Empfänger, Sender, Träger, Sammler und Verarbeiter von Daten. Diese Dimensionen geben CSAs neue Eigenschaften (s. Tabelle 12-2). Beispielsweise können CSAs:

- Wissen, z.B. über sich selbst, lokal, d.h. direkt in sich selber, speichern,
- das Wissen berührungslos und global, d.h. z.B. einer Gemeinschaft von weiteren CSAs oder einem Rechnernetzwerk wie dem Internet, zur Verfügung stellen,
- globales Wissen empfangen,
- selbständig Umgebungswissen wie z.B. Temperatur, Erschütterung, Wassergehalt sammeln und
- schließlich all dieses Wissen lokal verarbeiten.

[3] Gemeinsam mit Intellion AG entwickelt

| CSA-Dimension | CSA-Eigenschaft |
|---|---|
| Datenempfänger | Automatisches berührungsloses Aufnehmen von ‚globalem' Wissen |
| Datensender | Automatisches berührungsloses Übermitteln von lokalem Wissen |
| Datenträger | Lokales Wissen über ‚Asset' immer bei ‚Asset' |
| Datensammler | Automatische lokale Wissenserweiterung, wie z.B. Temperaturaufzeichnung |
| Datenverarbeiter | Lokale Wissensverarbeitung |

*Tabelle 12-2: Verteilte Intelligenz durch CSAs*

CSAs eignen sich damit zur Verteilung von Wissen bzw. Intelligenz an den Ort, an dem das Wissen verwendet bzw. erzeugt wird. Dies kann beispielsweise das lokale CSA sein, eine lokale Gruppe von CSAs oder ein globales Informationssystem. Den Erkenntnissen der Komplexitätstheorie folgend (‚Distribute Being', ‚Control from Bottom-up' [Kelly 1995]) öffnen CSAs damit eine neue Tür zur Steuerung komplexer Systeme.

## 12.7 Zusammenfassung und Ausblick

Die Konsequenzen von CSAs sind noch schwer abschätzbar. Wer hätte z.B. vor drei Jahren erwartet, daß das vom Fraunhofer-Institut in Erlangen entwickelte MP3-Format, das die komprimierte, digitale Speicherung von Musik erlaubt, zusammen mit dem Internet innerhalb weniger Jahre die gesamte Musikbranche restrukturieren würde [vgl. Gomes 1999]. Dennoch lassen sich einige Herausforderungen jetzt schon feststellen:

- *Geräte- und Softwarehersteller.* Die größte Herausforderung betrifft die Hersteller der Geräte und der Software. Das reicht von der elektronisch überwachten Etikettendruckmaschine über die Rolltreppe bis zur Büro-Kaffeemaschine, die den Kaffeeverbrauch für die Nachbevorratung an die Servicefirma weiterleitet. MP3 und andere Multimedia-Standards bringen eine neue Generation von Geräten zur Audio/Video-Speicherung und -wiedergabe hervor.
- *Dienstleistungsanbieter.* Vernetzte intelligente Geräte sind gewöhnlich nur zusammen mit einem speziellen Service sinnvoll. Im Reisebeispiel ist dies der Check-in und das Boarding, bei LifeShirt die Datenauswertung, bei MP3 der

Musikverteilungsservice und bei einer Spielkonsole wie Dreamcast die Multiplayer-Spiele.

- *Anbieter klassischer Produkte und Dienstleistungen.* Intelligente Geräte verändern das Business an vielen Stellen. Unternehmer müssen sich die Frage stellen: Welche Informationen und elektronischen Dienstleistungen schaffen den Konsumenten, Mitarbeitern oder Maschinen am Ort des Geschehens Zusatznutzen (z.B. ein persönliches Telefonverzeichnis auf dem Netz, eine regionale Wettervorhersage über das Handy)? Welche Informationen können intelligente Geräte vom Ort des Geschehens liefern (z.B. Abverkaufsdaten von Point-of-Sales-Kassen)? Welche Marktteilnehmer sind in der Lage, unsere Produkte und Dienstleistungen besser oder billiger anzubieten (z.B. Wirtschaftsnachrichten aus Sicht einer Tageszeitung)?

Obwohl diese Technologie – verglichen etwa zu ERP-Systemen – noch sehr unreif ist, läßt sie gravierende Veränderungen in Geschäftsprozessen und im privaten Bereich erahnen. Dies löst – zumindest in einigen Ländern – massive Ängste vor der Technisierung und der Überwachung aus. CSA-Anwendungsbeispiele mit einer schwerwiegenden gesellschaftspolitischen Dimension sind etwa das Monitoring von gebrechlichen oder geistig verwirrten Mitmenschen, von Kindern oder von Sträflingen. Hier vermischen sich Fragen der Ethik mit jenen der Datensicherheit und verlangen nach einer Diskussion, in welcher der technologische und damit betriebswirtschaftliche Fortschritt eine sekundäre Rolle einnimmt.

# Teil 4

# Integrationskonzepte

Kapitel 1: Business Networking - Chancen und Herausforderungen

| | |
|---|---|
| **Teil 1:** | **Grundlagen** |
| Kapitel 2: | Geschäftsmodell des Informationszeitalters |
| Kapitel 3: | Das Netzwerkunternehmen |
| Kapitel 4: | Netzwerkfähigkeit von Unternehmen |

| | |
|---|---|
| **Teil 2:** | **Geschäftskonzepte** |
| Kapitel 5: | Strategien zum Business Networking |
| Kapitel 6: | Electronic Commerce und Supply Chain Management bei der Swatch Group |
| Kapitel 7: | Supply Chain Management und Electronic Commerce bei Bayer |
| Kapitel 8: | Customer Relationship Management in der Pharmaindustrie |

| | |
|---|---|
| **Teil 3:** | **Applikationskonzepte** |
| Kapitel 9: | Entwurf einer Applikationsarchitektur für die Pharmaindustrie |
| Kapitel 10: | Systeme für das Supply Chain Management |
| Kapitel 11: | eProcurement: Systeme und Erfolgsfaktoren |
| Kapitel 12: | Connected Smart Appliances |

| | |
|---|---|
| **Teil 4:** | **Integrationskonzepte** |
| Kapitel 13: | Templates: Standardisierung beim Business Networking |
| Kapitel 14: | Enterprise Application Integration bei Robert Bosch |
| Kapitel 15: | eServices zur ERP-Integration von eMarkets |

| | |
|---|---|
| **Teil 5:** | **Kritische Erfolgsfaktoren** |
| Kapitel 16: | Kritische Erfolgsfaktoren des Business Networking |
| Kapitel 17: | Entwicklung einer Business Networking-Methode |
| Kapitel 18: | Anwendung der Business Networking-Methode am Beispiel SAP |
| Kapitel 19: | Entwicklung einer Applikationsarchitektur |

Kapitel 20: Business Networking - Zusammenfassung und Ausblick

# 13 Templates: Standardisierung beim Business Networking

*Thomas Huber, Rainer Alt, Günter Lehmann*

## 13.1 Einführung

Geschäft im Informationszeitalter hängt in hohem Maße von der Verfügbarkeit allgemein akzeptierter Standards ab [vgl. OECD 1996]. Durch sie reduziert sich der Koordinationsaufwand zwischen Wirtschaftspartnern beträchtlich, und Standards bilden die Grundlage für den Aufbau integrierter Informationsflüsse. Die Verfügbarkeit der Internet-Standards wie HTML oder TCP/IP war eine der Hauptvoraussetzungen für die Entwicklung des Electronic Commerce (EC) seit Anfang der 90er Jahre. Durch ihren system- und anwendungsübergreifenden Charakter ermöglichen sie die Integration heterogener Felder in einer Wirtschaft. Grundsätzlich lassen sich zwei Hauptanstöße für die Standardisierung erkennen: die wirtschaftlichen Randbedingungen und die technologische Integration [vgl. Venkatraman 1991].

Bei ersteren erfordern z.B. Prozeß- und Kundenorientierung integrierte Informationsflüsse zwischen mehreren Partnern. Dies bedeutet, daß Planungs-, Auftrags- und Kontrollinformationen innerhalb des gesamten Geschäftsnetzwerkes in real-time, d.h. ohne Verzögerung, sichtbar sein müssen.

Obgleich die letzten Jahrzehnte bedeutende technologische Verbesserungen gebracht haben, sind die heutigen Informationssysteme immer noch weit entfernt von einer netzwerkweiten real-time-Sichtbarkeit der Informationen. Die Verbreitung der Enterprise Resource Planning-Systeme haben zu einem höheren Grad an interner Integration geführt. Betrachtet man jedoch den Status quo der internen Integration etwas näher, ist festzustellen, daß ERP-Systeme insbesondere bei großen, multinationalen Unternehmen bruchstückhaft und verteilt zum Einsatz kommen. Der Grund liegt in der hohen Komplexität jedes einzelnen ERP-Implementierungsprojektes und dem erforderlichen Zeit-, Kapital- und Personalaufwand. Deshalb entstanden einzelne ERP-Systeme für verschiedene Produktionsstandorte, Verkaufsstellen usw. Obwohl die verteilten Systeme die gleichen Softwareprodukte (z.B. R/3) verwenden können, werden sie üblicherweise einzeln mit unterschiedlich definierten Prozessen und Stammdaten konfiguriert. Aus diesem Grunde ist der Austausch von Informationen zwischen den Systemen schwierig und es sind besondere Schnittstellen erforderlich, um einen integrierten Informationsfluß für das (interne) Business Networking aufzubauen.

Standards für die Konfiguration der einzelnen Systeme bieten erhebliche Vorteile in zweierlei Richtung. Erstens führt die Standardisierung der Daten, Funktionen und Prozesse zu integrierten Informationsflüssen und ermöglicht verbesserte Prozesse, z.B. globale Bonitätsprüfungen, Supply Chain Management (⇒ Glossar) und verbesserte Rückverfolgbarkeit bei der Bilanzierung. Zweitens ermöglichen Größenvorteile bei der Durchsetzung von ERP-Systemen Einsparungen beim Kosten- und Zeitaufwand zur Konfiguration eines ERP-Systems.

## 13.2 Definition und Ansätze zur Standardisierung

### 13.2.1 Definition und Dimensionen der Standardisierung

Auf dem Gebiet der Informationstechnik hat sich eine Vielfalt an Standards herausgebildet. Standards gibt es auf verschiedenen Ebenen, und sie gehen auf verschiedene Standardisierungsgremien zurück. Obwohl es vom technologischen Gesichtspunkt her wünschenswert wäre, daß ein einheitlicher Standard weltweit übernommen wird, zeigen sich an der Vielfalt auch die Heterogenität der einzelnen Wirtschaftsbranchen und die unterschiedlichen Machtkonstellationen in den Branchen [vgl. Brousseau 1994]. Im nachfolgenden sollen Standards definiert werden als *Objekte, die innerhalb eines bestimmten Anwenderkreises akzeptiert und gemeinsam genutzt werden.*[1] Aus dieser Sicht haben Standards drei wichtige Dimensionen (s. Bild 13-1):

- Die *Objekte* der Standardisierung sind Hardware- oder Softwarekomponenten, wobei letztere Standards für Daten, Funktionen und Prozesse umfassen.
- *Anwenderkreise* sind der Natur nach organisatorisch und geographisch gegliedert. Standards können innerhalb einer Einzelorganisation oder zwischen mehreren Organisationen akzeptiert werden. Aus geographischer Sicht werden nationale, internationale und globale Standards unterschieden [vgl. Cannon 1993].
- *Standardisierungsgremien* stehen in engem Zusammenhang mit dem Anwenderkreis, und es gehören dazu private Unternehmen (z.B. Microsoft, IBM), Industrieorganisationen (z.B. eCl@ss, OASIS), nationale (DIN, BSI), internationale (ETSI, EWOS) und globale (JTC1, ITU, IETF) Gremien.

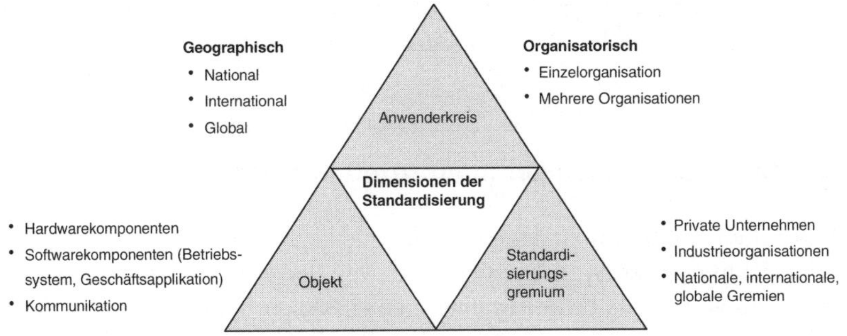


*Bild 13-1: Dimensionen der Standardisierung*

[1] Bei dieser Definition werden Elemente von [Cargill 1989] und [Buxmann 1996] verwendet.

Mit Hilfe der Standardisierungsdimensionen lassen sich die bereits auf dem Markt befindlichen Standards sinnvoll analysieren. Standards, die sich bereits auf dem Markt durchgesetzt haben, betreffen proprietäre bzw. ‚de facto'-Standards für Systemplattformen wie PC oder DEC VAX, für Betriebssysteme wie DOS oder Windows, für Kommunikation wie TCP/IP oder IBM SNA oder für Geschäftsanwendungen wie SAP oder Baan. Offene Standards sind solche, die nicht einem einzelnen Unternehmen oder Anbieter gehören; darunter fallen Standards wie X/Open, das OSI-Modell und die Internetstandards [vgl. Chesher/Kaura 1998]. Seit Ende der 80er Jahre hat sich die Einstellung der Unternehmen zur Standardisierung mit wachsender Verbreitung der offenen Standards zu den oberen Schichten hin (d.h. Schicht 4 bis 7) im ISO/OSI-Modell (s. Tabelle 13-1) verändert. Die Bewegung zu den höheren Schichten hin bedeutete in erster Linie, daß die Zwischenverbindungen unter den Systemen inzwischen als selbstverständlich angesehen werden und daß nunmehr die Anwendungen und die ausgetauschten Inhalte die kritischen Punkte darstellen.

| ISO/OSI-Schicht | Beispiele |
|---|---|
| 7. Anwendungsschicht | X.400, SMTP, DCA/DIA |
| 6. Darstellungsschicht | X.400, ASN.1, FTP |
| 5. Sitzungsschicht | X.225, X.224, ISO 8326/27 |
| 4. Transportschicht | X.225, X.224, TCP, ISO 8072/73 |
| 3. Netzwerkschicht | X.25, IP |
| 2. Sicherungsschicht | X.25, ISO 8802, Arpanet, Ethernet, Token Ring |
| 1. Bitübertragungsschicht | X.25, ISO 8802, Arpanet, Ethernet, Token Ring |

*Tabelle 13-1: Standards beim ISO/OSI-Modell*

### 13.2.2 Voraussetzungen der Interprozeß-Integration

Die Integration von Informationssystemen bedeutet, daß zwischen diesen Systemen eine Kommunikation aufgebaut wird. Aus der Perspektive des bekannten Kommunikationsmodells bedarf es einer gemeinsamen Sprache, die vier Schichten aufweist (s. Bild 13-2). Solange die Kommunikation von Mensch-zu-Mensch stattfindet, besteht bei der Interpretation dessen, was gemeint ist, ein breiter Spielraum. In Verbindung mit ERP, bei dem produktive Daten in großer Menge manuell in das System wieder eingegeben werden müssen, ist diese Form der Integration kaum effizient. Daher wird in der folgenden Diskussion die Interprozeß-

Integration, d.h. die direkte Kopplung der Anwendungen, in den Mittelpunkt gestellt. Ein gutes Beispiel für Interprozeß-Kommunikation ist EDI. Die Informationen werden nicht nur elektronisch übermittelt, sondern auch automatisch im Empfängersystem verarbeitet. Andere Formen der Kommunikation, wie z.B. die interaktive Mensch-Computer-Kommunikation, fallen nicht in den Rahmen dieses Kapitels.

Zur Interprozeß-Integration ist es erforderlich, daß alle Aspekte der Kommunikation bei beiden Systemen identisch sind. Wie von [Kubicek 1992] dargelegt, muß das ISO/OSI-Modell noch erweitert werden, um alle erforderlichen Aspekte zu berücksichtigen. Außer den Kommunikationsdiensten, die noch von ISO/OSI abgedeckt werden, sind weitere drei Schichten erforderlich, die sich im wesentlichen aus der Kommunikationstheorie [vgl. Zbornik 1996, 96] ableiten. In erster Linie ist eine gemeinsame Syntax erforderlich, welche die Reihenfolge, Länge und Art der ausgetauschten Daten definiert. Durch die Semantik erhalten die einzelnen Datenfelder konkrete Bedeutung, z.B. wird durch die EAN-Codes nicht nur die Syntax mit 13 Zeichen festgelegt, sondern auch sichergestellt, daß jeder Artikel eine eineindeutige Identifikationsnummer hat, die immer auf die gleiche Artikelbezeichnung verweist. Das pragmatische Element ist optional und Merkmal fortschrittlicher Workflow-Systeme. Es wird damit sichergestellt, daß die übertragenen Daten nicht nur verstanden, sondern daß auch nachfolgende Aktionen ausgelöst werden. Beispielsweise wird automatisch nach Auslieferung eines Produktes vom ERP-System eine Rechnung ausgestellt.

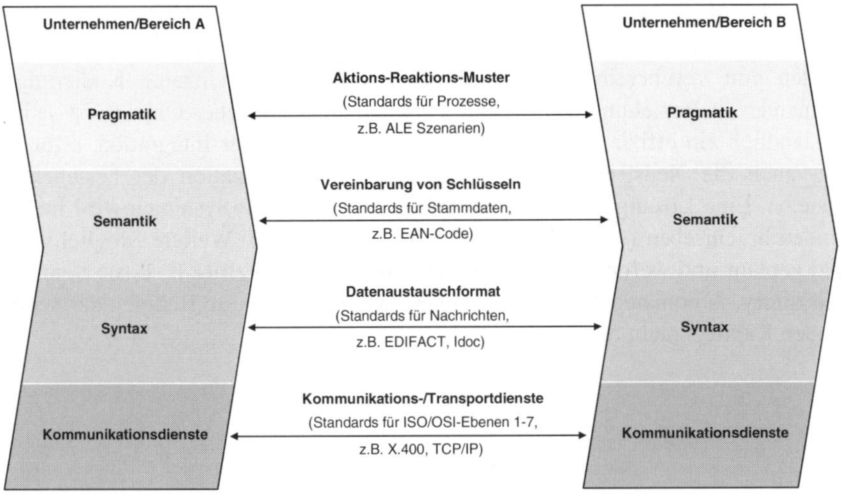


*Bild 13-2: Standards beim Kommunikationsmodell*

### 13.2.3 Ansätze zur Schließung der ‚Organisationslücke'

Standards sind der Schlüssel zur Interprozeß-Integration. In einer früheren Untersuchung wurde berichtet, daß die unzureichende Verfügbarkeit von Standards für die interorganisatorische Integration das größte Hemmnis darstelle [Benjamin et al. 1990]. Bisher standen Standards meistens für Kommunikationsdienste und auf der syntaktischen Ebene (s. Bild 13-2) zur Verfügung. Eine Standardisierung auf der semantischen Ebene wurde in einigen Branchen durch Wirtschaftsverbände (z.B. die EAN-Codes in der Nahrungsmittelindustrie oder die ISBN-Nummern im Medienbereich) oder durch unabhängige Anbieter (z.B. die Dun & Bradstreet (D&B) Company Numbers) eingeführt[2]. Standards auf pragmatischer Ebene gibt es heute nur innerhalb von Unternehmen. Lösungen, die mehrere Organisationen einbeziehen, müssen noch aufgebaut werden.

Die Nichtbeachtung semantischer und pragmatischer Probleme bei Standards wie EDIFACT ist als ‚Organisationslücke' bezeichnet worden [vgl. Kubicek 1992], da vor dem elektronischen Austausch der Daten eine Abstimmung der ausgetauschten Inhalte erforderlich war. Bei Versuchen, die ‚Organisationslücke' von Interprozeß-Kommunikationen zu schließen, sind grundsätzlich zwei Aspekte zu beachten (s. Tabelle 13-2): Zunächst ist die Anzahl und die Art der betroffenen Systeme relevant. Normalerweise sind gemeinsame Semantik und Pragmatik innerhalb eines einzelnen ERP-Systems kein Problem. Bei weiteren Systemen kann es sich um weitere interne ERP-Systeme oder externe Systeme, z.B. das ERP-System eines Lieferanten, handeln. Bei der zweiten Dimension werden zwei Möglichkeiten der Standardisierung der Semantik unterschieden [vgl. Scheckenbach 1997]: Entweder werden die gleichen Kodierungen und Stammdaten verwendet oder es werden von vornherein Matching-Tabellen erstellt, die einzelne Kodierungen zueinander in Beziehung setzen. Die Verwendung identischer Objekte ist selbstverständlich ein effizienterer und durchgängigerer Weg der Integration, erfordert aber auch die Neustrukturierung bzw. das Re-Customization der bestehenden Systeme. Eine Lösung für eine enge Integration von ERP-Systemen wird im folgenden beschrieben (schraffierte Fläche in Tabelle 13-2). Weitere Möglichkeiten sind geplant und werden in der EDI-Community entwickelt (z.B. Basic Semantic Repository, Automated Negotiation). Diese werden jedoch im Rahmen des vorliegenden Kapitels nicht behandelt [vgl. Lehmann 1996].

---

[2] Informationen über D&B-Nummern (DUNS) sind unter http://www.dnb.com abrufbar.

| | Matching-Tabellen | Gleiche Objekte |
|---|---|---|
| **Einzelnes ERP-System** | — | Konsolidierte Stammdaten |
| **Mehrere ERP-Systeme** | Konverter | Netzwerkcode |
| **Externe Systeme** | Matching Service (z.B. der Konverter von GEIS) | Industriecode (z.B. D&B-Nummern) |

*Tabelle 13-2: Möglichkeiten zum Schließen der,Organisationslücke'*

## 13.3 Entwicklung eines Template-Handbuchs

Eine Lösung zur Erstellung standardisierter Objekte bei mehreren ERP-Systemen wird im folgenden vorgestellt. Mit diesem Template-Handbuch soll eine Methode zur semantischen Integration einzelner ERP-Systeme an die Hand gegeben werden, die geeignet ist, die Umsetzung betriebswirtschaftlicher Vorgänge zu vereinfachen und deren Leistungsfähigkeit zu verbessern. Das Template-Handbuch wurde in regelmäßig abgehaltenen Workshops entwickelt und stellt ein Pilotprojekt bei der Robert Bosch GmbH dar. Im Rahmen dieses Projekts fanden zahlreiche Befragungen und Workshops mit Vertretern sowohl von der IS- als auch der Anwenderseite statt.

### 13.3.1 Idee eines Template-Handbuchs

Wie beschrieben benötigen multinationale Unternehmen viele unterschiedliche ERP-Systeme, z.B. R/3-Systeme für Werksanlagen und für Vertriebsfunktionen. Angesichts der Komplexität jedes einzelnen Implementierungsprojekts sind unterschiedliche ERP-Systeme mit gegenseitig nicht kompatiblen Prozessen und/oder Stammdaten entstanden. Daher ist jeder Geschäftsprozeß auf bestimmte Geschäftseinheiten/bereiche beschränkt.

Die aus verschiedenen Praxis Projekten gewonnenen Erkenntnisse zeigen, daß die semantische Standardisierung bei der ERP-Einführung in multinationalen Unternehmen eine der wichtigsten Aufgabenstellungen darstellt. Mit Hilfe semantischer Standards ist ein automatisierter Informationsaustausch zwischen vielen unterschiedlichen ERP-Systemen möglich. Das eigentliche Problem besteht darin, daß es verschiedene Methoden gibt, die zwar die Umsetzung der ERP-Systeme (z.B. die ASAP-Methode von SAP), nicht aber deren Standardisierung unterstützen. Auch in dieser Hinsicht ist also eine organisatorische Lücke zu schliessen.

System-Templates bieten eine Lösung zur Festlegung semantischer Standards für verschiedene Anwendungen. Mit Hilfe solcher Templates wird sichergestellt, daß alle Anwendungen ein einheitliches Customizing und einen einheitlichen Stammdatensatz erhalten. Dies wird erreicht, wenn die Templates zentral entwickelt und dann zu den verschiedenen Systemen ausgerollt werden.

### 13.3.2 Komponenten eines Template-Handbuchs

Templates sind als Dokumentvorlagen bei Office-Programmen wie Excel oder Word bekannt und bezeichnen einmal als Muster erstellte Dokumente, die feststehende Formate, Schriftarten oder Formeln enthalten. Außer den Office-Anwendungen gibt es Templates auf zwei weiteren Gebieten. Erstens bei Programmiersprachen, z.B. C++, die Bibliotheken verwenden, die häufig benutzte Funktionen, z.B. Pull-down-Menüs, bieten. Zweitens gibt es Systeme, die mit Hilfe von CASE-Tools aufgebaut werden und die als Applikations-Templates bezeichnet werden [vgl. Hofman/Rockart 1994]. Letztere dienen jedoch nur der Entwicklung neuer Systeme und eignen sich daher nicht dazu, die Organisationslücke zu schließen. Die Standardisierung von Daten, insbesondere von Customizing- und Stammdaten bei ERP-Systemen, ist deshalb nach wie vor Gegenstand der Forschung.

Templates können sowohl in großen multinationalen Unternehmen als auch in kleineren Firmen zum Einsatz kommen. Der Entwicklungsprozeß ist jedoch sehr unterschiedlich. Bei größeren Unternehmen werden Templates eingesetzt, um Mindeststandards für die Konfigurationseinstellungen in ihren ERP-Systemen zu gewährleisten. Die Entwicklung einer Template-Methode (bzw. eines Template-Handbuchs) ist zunächst vornehmlich ein IT-getriebenes Projekt, wogegen es zur Entwicklung eines spezifischen Template (z.B. für die ‚make-to-stock'-Prozesse in Industriewerken) eines gründlichen Verständnisses der Geschäftsabläufe im Unternehmen und des ERP-Systems, das diese Abläufe unterstützt, bedarf. Daher ist es erforderlich, daß Mitarbeiter aus den verschiedenen Geschäftseinheiten (für die ein Template zu gestalten ist) und der IT-Abteilung eines Unternehmens eng zusammenarbeiten, um die Inhalte eines Template festzulegen.

In kleineren Unternehmen werden Templates auf eine davon stark abweichende Weise eingesetzt. Solche Unternehmen brauchen Templates zur schnelleren – und daher billigeren – Implementierung komplexer ERP-Softwareprodukte. In diesen Fällen ist der Begriff ‚Branchen-Templates' vorzuziehen. Solche Templates stellen vorkonfigurierte ERP-Systeme dar, die bei unterschiedlichen Unternehmen in einer bestimmten Branche eingesetzt werden können. Die Entwicklung eines Templates erfolgt in diesen Fällen normalerweise nicht beim Unternehmen, das ein Template verwenden will, sondern durch eine Beraterfirma oder den Hersteller der ERP-Software.

### 13.3.3 Entwicklung des Template-Handbuchs bei Bosch

Ein entsprechendes Template wurde gemeinsam mit der Robert Bosch Gruppe entwickelt. Der Robert Bosch Konzern hat seinen Sitz in Stuttgart und ist in über 130 Ländern weltweit tätig. In seinen drei Geschäftsbereichen Kraftfahrzeugtechnik, Industrietechnik, Gebrauchsgüter- und Gebäudetechnik erzielt Bosch einen Umsatz von ca. DEM 61,7 Mrd. und beschäftigt ca. 200‘000 Mitarbeiter (Zahlen 2000). Bei Bosch werden die Geschäftsabläufe von vielen unterschiedlichen ERP-Systemen unterstützt. Davon verwenden die meisten, und zwar mehr als 30, das R/3 von SAP. ERP-Systeme sind in verschiedenen Geschäftseinheiten verfügbar, wie Fertigungsanlagen, Vertriebsstellen, Finanzabteilungen sowie für die verschiedenen geographischen Regionen (z.B. Deutschland, USA und Asien). Um neue Geschäftsabläufe zu ermöglichen und Kosten für ERP-Implementierungsprojekte einzusparen, entschied man sich bei Bosch für den Einsatz von Templates zur:

- Implementierung neuer ERP-Systeme und zur
- Einführung neuer Prozesse in bestehenden ERP-Systemen

Bezüglich des Umfangs der Standardisierung (s. Tabelle 13-1) wurde festgelegt, daß die Bosch-Templates die globalen Abläufe im Bosch-Konzern (Standardisierungs-Community) unterstützen sollten. Das Standardisierungsgremium war QI (Querschnittsbereich Informatik), bei dem es sich um die zentrale IT-Abteilung des Unternehmens handelt, die alle Geschäftsbereiche betreut. Gegenstand der Standardisierung waren Konfigurationen der ERP-Systeme sowie Datenstrukturen und Codes.

Aufgrund der ERP-Erfahrungen bei Bosch war man sich über die bei Templates bestehende Komplexität im klaren. Es bestand daher kein Zweifel, daß eine Methode, auch den Template-Entwicklungsprozeß unterstützen mußte. Die Entwicklung des ‚Template-Handbuchs‘ (diese Bezeichnung wurde auch für die Methode gewählt) war Gegenstand eines Gemeinschaftsprojektes, an dem Mitarbeiter des CC iBN (s. Kap. 1.3.2) und bis zu sieben Mitarbeiter von Bosch beteiligt waren. Letztere kamen aus dem Bosch QI-Bereich und brachten gute Kenntnisse von ERP-Systemen und den internen Geschäftsabläufen bei Bosch ein. Der Aufbau des Template-Handbuchs orientierte sich am Ansatz des Method-Engineering und bestand daher aus Aktivitäten, Ergebnisdokumenten, Techniken und Rollen (s. Kap. 17.1.3).

### 13.3.4 Übersicht und Erfahrungen

Für Bosch sollten die ERP-Systeme in der Lage sein, die erforderliche Geschäftsvernetzung zu unterstützen. Schlüssel zur Erfüllung dieser betriebswirtschaftlichen Forderung war ein integrierter Informationsfluß zwischen den einzelnen ERP-

Systemen. Andererseits sollte der für die Implementierung von R/3 erforderliche Zeitaufwand durch Mehrfachverwendung des Know-hows reduziert werden.

In diesem Sinne wurden von der Projektgruppe die ERP-Templates definiert als *Konzepte bzw. Modelle zur Standardisierung von Prozessen, Funktionen und Daten, die in einem physischen (ERP)-System implementiert werden könnten.* Templates können dabei sowohl ‚ein Stück Software', das automatisch auf unterschiedliche Systeme verteilt werden kann, als auch Papierunterlagen, z.B. Handbücher, darstellen, die manuell implementiert werden müssen. Die Hauptbestandteile der ERP-Templates sind:

- Rahmenbedingungen für die Erstellung der ERP-Konfigurationseinstellungen (z.B. die Einstellungen in der Implementierungsanleitung SAP R/3),
- Rahmenbedingungen und Empfehlungen für die einheitliche Definition von Stammdaten,
- Testverfahren, Demos, Schulungsunterlagen,
- Maintenance-Vorgaben und
- evtl. externe Vorgaben von Behörden, Kunden, ISO 9000 usw.

Um eine Mehrfachverwendung der Templates durch verschiedene Geschäftseinheiten zu ermöglichen bzw. sicherzustellen, ist eine Dokumentation notwendig, die folgende Gesichtspunkte abdeckt:

- ‚Marketing'-Dokumentation (was kann das Template?),
- Funktionsbeschreibung für das Implementierungsteam (Dokumentation der einzelnen Template-Komponenten; wie funktioniert das Template?),
- Implementierungsanleitung (für den Roll-out und die Lokalisierung; wie installiere ich das Template?),
- Anwendungsanleitung für die Anwender (wie wende ich das Template an?)

In Tabelle 13-3 ist der Inhalt des Template-Handbuchs im einzelnen aufgegliedert. In Abschnitt A sind alle Aktivitäten, Techniken und Ergebnisdokumente aufgeführt, die zur Entwicklung eines Template erforderlich waren. In Abschnitt B sind alle Aktivitäten, Techniken und Ergebnisdokumente zusammengestellt, die für das Roll-out eines bestimmten Templates an die verschiedenen ERP-Systeme benötigt werden.

| Aktivität | Technik | Ergebnisdokument |
|---|---|---|
| **A. Template-Entwicklung** | | |
| 1. Template-Entwicklung organisieren | Organisation Template-Entwicklung | Überblick Organisation Template-Entwicklung |
| 2. Rahmenbedingungen für den Template-Einsatz dokumentieren | Rahmenbedingungen Template-Einsatz | Liste der Rahmenbedingungen für den Template-Einsatz |
| 3. Template-Prozeß(e) dokumentieren | Aufgabenkette(n) Template-Prozeß(e) | Aufgabenkettendiagramm(e) |
| 4. Leistungsaustausch des Template-Prozesses analysieren | Kontextdiagramm Template-Prozeß(e) | Kontextdiagramm(e) des Template-Prozesses |
| 5. Konfigurationseinstellungen definieren | Konfigurationseinstellungen (Übersicht) und Berechtigungen | Vorgaben Konfiguration (Übersicht) |
| 6. Berechtigungskonzept für den Template-Einsatz erstellen | | Berechtigungskonzept |
| 7. Konfigurationseinstellungen komplettieren | Konfigurationseinstellungen (Detail) | Vorgaben Konfiguration (Detail) |
| 8. Template-Zusätze dokumentieren | | Übersicht Template-Zusätze |
| 9. Richtlinien der Datenarchivierung festlegen | | Archivierungskonzept |
| 10. Template testen | Test der Konfigurationseinstellungen | Template Testbericht |
| 11. Funktionsbeschreibung erstellen | Funktionsbeschreibung | Dokumentation Template-Funktionen |
| 12. Maintenance-Verfahren festlegen | Maintenance-Verfahren | Dokumentation Maintenance-Verfahren |
| 13. Anwenderdokumentation erstellen | Anwenderdokumentation | Dokumentation für Endbenutzer |
| 14. Installationsbeschreibung erstellen | Installationsbeschreibung | Checkliste Rahmenbedingungen für den Template-Einsatz |
| | | Liste Template-Bestandteile |
| | | Liste der Einstellungen zum lokalisieren |
| | | Änderungsliste von Originalobjekten |

| B. Template-Roll-Out | | | |
|---|---|---|---|
| 1. | Templates für den lokalen Einsatz auswählen | Lokale Template-Auswahl | Liste ausgewählter Templates |
| 2. | Template lokal implementieren | Lokale Template-Installation | Erfahrungsbericht |
| 3. | Template lokal anpassen | Lokalisierung | Dokumentation der Lokalisierungen |
| 4. | Lokale Tests durchführen | Lokale Tests | Lokaler Testbericht |
| 5. | Lokale Abnahme und Freigabe des Templates | Abnahme und Freigabe | Konfigurationseinstellungen (definiert, getestet, freigegeben) |

*Tabelle 13-3: Übersicht Template-Handbuch*

Der gesamte Entwicklungsprozeß für das Template-Handbuch nahm etwa 7 Monate in Anspruch und befindet sich seit Mitte 1999 im Einsatz, wobei die Prozesse, die auf unterschiedlichen ERP-Systemen innerhalb Bosch laufen sollten, unter Verwendung des Template-Handbuchs definiert und dokumentiert werden. Die Hauptaufgabe bestand dabei darin, alle Facetten eines Template, die in irgendeiner Art als Ergebnisdokument dokumentiert werden müssen, festzulegen. Ziel war dabei, den gesamten Template Life Cycle zu dokumentieren und dabei Entwicklung, Roll-out und Verteilung, Maintenance, Release Management und Mehrfachverwendung zu erfassen. Die zweite Herausforderung bestand darin, alle für die Erstellung der Ergebnisdokumente erforderlichen Aktivitäten zu harmonisieren. Es waren etwa zehn Gruppenmeetings erforderlich, um den Inhalt der Ergebnisdokumente und der Aktivitäten, die zur Erstellung dieser Dokumente erforderlich waren, festzulegen.

### 13.3.5 Beispieldokumente

Wie bereits erwähnt, spezifiziert das Template-Handbuch für jede Aktivität ein Ergebnisdokument und eine Technik. Beide werden nun anhand der ersten Aktivität der Methode (‚Template-Erstellung organisieren', s. Tabelle 13-3) erläutert. Das Dokument ‚Überblick Organisation Template-Entwicklung' ist in Tabelle 13-5 wiedergegeben. Die für das Ausfüllen der Ergebnisdokumentfelder erforderlichen Anleitungen sind in der Technik gegeben, die analog zur Aktivität mit ‚Organisation Template-Entwicklung' bezeichnet wird (s. Tabelle 13-4). In den folgenden Abschnitten werden die Bestandteile dieser Technik aufgezeigt. Alle anderen Aktivitäten, Ergebnisdokumente und Techniken der Methode werden gemäß dem in diesem Kapitel besprochenen Beispiel dokumentiert. Insgesamt besteht das Template-Handbuch nunmehr aus ca. 70 Seiten.

| |
|---|
| **Technik**: ‚Organisation Template-Entwicklung' |
| Der erste Schritt der Methode erfordert die Identifikation der Rahmenbedingungen zur Erstellung eines Templates. Hierbei sind insbesondere folgende Informationen wichtig: |
| • *Template Name*: Vergabe eines eindeutigen Namens für das zu erstellende Template. Der Name sollte die zukünftige Funktion und den Rahmen des Templates[3] wiedergeben. |
| • *Kernelsystem*: Definition des Einsatzbereiches für das Template. Hier wird festgelegt, für welchen Systemtyp das Template entwickelt wird (z.B. Vertriebssystem). |
| • *Applikationstyp*: Genaue Angabe des Typs (Hersteller bzw. Applikationsname) der Applikation, für die das Template entwickelt wird (z.B. SAP R/3). |
| • *Release*: Wichtig ist sowohl die Angabe der genauen Releasenummer des Herstellers des Applikationstypen (z.B. 3.1. h), als auch der firmeninternen Releasenummer. |
| • *Prozeß-/Funktionsnummer*: Falls vorhanden soll die Prozeß-/Funktionsidentifikationsnummer des Herstellers verwendet werden (z.B. SAP-Prozeß-Nr.). |
| • *Entwicklungsgremium*: In dieser Zeile werden die für die Entwicklung des Templates zuständigen Personen (Namen sowie zugehörige Organisationseinheit) aufgelistet. |
| • *Reviewgremium*: Hier werden die für den Review verantwortlichen Personen (Namen sowie zugehörige Organisationseinheit) spezifiziert. Das Reviewgremium ist für den Quervergleich der Template-Inhalte mit den allgemein gültigen Konventionen, welche im Unternehmen existieren (z.B. Programmier-Konventionen), zuständig. |
| • *Autorisierungsgremium*: In dieser Zeile werden die Verantwortlichkeiten für die offizielle Abnahme (entgültige Annahme) des Templates festgelegt. Auch hier wird sowohl der Name des Mitarbeiters als auch dessen Organisationseinheit festgehalten. |
| • *Pilotkunde(n)*: Definition des Pilotkunden (Namen des verantwortlichen Mitarbeiters sowie zugehörige Organisationseinheit) für das Template. |
| • *Template-Roll-out*: Definition der Organisationseinheiten, welche das Template verwenden können. Dabei wird unterschieden, ob die einzelnen Organisationseinheiten das Template lokal einsetzen müssen (Eintrag ‚M' für Muß) oder einsetzen können, falls dies gewünscht wird (Eintrag ‚K' für Kann). |
| • *Lokalisierung*: Für jede Organisationseinheit, die das Template einsetzen muß/kann, wird grundsätzlich festgelegt, ob eine Lokalisierung der Vorgaben vorgenommen werden darf (Eintrag ‚J' für ja) oder nicht (Eintrag ‚N' für nein). |
| • *Kopiervorlage*: In einem nächsten Schritt wird für jede Organisationseinheit festgelegt, ob das Template als Kopiervorlage verwendet werden kann (Eintrag ‚J' für ja) oder nicht (Eintrag ‚N' für nein). In diesem Kontext bedeutet Kopiervorlage, daß der Empfänger das Template zwar als initiale Systemvorgabe nutzt, daß es jedoch verändert werden kann. |
| • *Abnahmedatum*: Am Schluß des Template-Entwicklungsprozesses muß das Template offiziell abgenommen (*genehmigt*) werden. Ist dies geschehen, wird der Ort und das Datum der Abnahme eingetragen und das Dokument vom Autorisierungsgremium unterzeichnet, womit das Template freigegeben wird. |

*Tabelle 13-4: Technik ‚Organisation Template-Entwicklung'*

[3] Ein Template kann entweder für ein ganzes System (z.B. ein System für ein Fertigungswerk) oder für einen einzelnen Prozess (z.B. Fakturierung) erstellt werden. Die Begriffe ‚System' und ‚Prozess' sind in diesem Sinne als identisch zu betrachten.

**Dokument:** Überblick – Organisation Template-Entwicklung **Datum:** 12.12.99
**Status:** Komplett **Autor:** THU
**Aktivität:** Template-Entwicklung organisieren **Seite:** 1

| **Template-Name: Bestellanforderungsfreigabe** | | |
|---|---|---|
| Kernelsystem | • Werksysteme (alle Werke innerhalb Europas)<br>• Vertriebssysteme (multidivisionale Vertriebssysteme) | |
| Applikationstyp | SAP R/3 | |
| Release | 3.1. h (und höher) | |
| Prozeß-/Funktionsnummer | BANF | |
| Template-Gremien | Organisationseinheit | Namen |
| Entwicklungsgremium | • Abteilung IS<br>• Werksvertreter<br>• Verkaufsvertreter | • A. Miller, F. Smith, C. Barns<br>• H. Wilson, W. Walters<br>• S. May, K. Muller |
| Reviewgremium | • Abteilung IS<br>• Werksvertreter<br>• Verkaufsvertreter | • H. Hansen<br>• K. William<br>• P. Klein |
| Autorisierungsgremium | • CIO<br>• Vizepräsident, Werksmanagement | • U. Lee<br>• P. Guinness |
| Pilotkunden | Werk Strassburg (F) | J. Bartoli |
| | Werk Philadelphia (USA) | W. Clark |
| | Verkaufsbüro München (D) | B. Gross |
| | Verkaufsbüro Hong Kong (VR China) | E. Wu |

| | | | | | | | | | | | | |
|---|---|---|---|---|---|---|---|---|---|---|---|---|
| Template-Roll-Out (M = Muß, K = Kann) | Org.-Einh. 1 | Org.-Einh. 2 | Org.-Einh. 3 | Org.-Einh. 4 | ... | ... | | | | | | |
| | M | K | M | M | | | | | | | | |
| Lokalisierung (ja/nein) | J | J | N | N | | | | | | | | |
| Kopiervorlage (ja/nein) | N | N | N | N | | | | | | | | |
| Abnahmedatum | Frankfurt, 24. Januar 2000 | | | | | | | | | | | |

*Tabelle 13-5: Beispiel für ein Ergebnisdokument*

### 13.3.6 Aktivitäten bei Template-Gestaltung und -Roll-out

Das Template-Handbuch beinhaltet eine Methode zur Entwicklung und zum Roll-out von Templates. Die Hauptaktivitäten der Methode sind aus Tabelle 13-6 ersichtlich. Für jede Aktivität wird ein Ergebnisdokument erstellt, das bei Projekten eingesetzt werden kann; dazu werden auch Techniken angegeben, die als Hilfe beim Ausfüllen eines Ergebnisdokumentes gedacht sind.

| Template-Entwicklung | Template-Roll-out |
|---|---|
| 1. Template-Entwicklung organisieren<br>2. Rahmenbedingungen für den Template-Einsatz dokumentieren<br>3. Template-Prozeß(e) dokumentieren<br>4. Leistungsaustausch des Template-Prozesses analysieren<br>5. Konfigurationseinstellungen definieren<br>6. Berechtigungskonzept für den Template-Einsatz erstellen<br>7. Konfigurationseinstellungen komplettieren<br>8. Template-Zusätze dokumentieren<br>9. Richtlinien der Datenarchivierung festlegen<br>10. Template testen<br>11. Funktionsbeschreibung erstellen<br>12. Maintenance-Verfahren festlegen<br>13. Anwender-Dokumentation erstellen<br>14. Installationsbeschreibung erstellen | 1. Templates für den lokalen Einsatz auswählen<br>2. Template lokal implementieren<br>3. Template lokal anpassen<br>4. Lokale Template-Tests durchführen<br>5. Lokale Abnahme und Freigabe des Templates |

*Tabelle 13-6: Hauptaktivitäten bei der Template-Methode*

## 13.4 Nutzen von Templates bei einem Pharmaunternehmen

Ein weiteres Beispiel für den Einsatz von Templates in multinationalen Unternehmen stammt aus der Pharmabranche. Im Falle dieses Unternehmens kam der Anstoß zur Entwicklung von Templates unmittelbar aus der wachsenden Globalisierung seines Geschäfts. Das Unternehmen gliedert sich in mehrere Divisionen, deren Standorte sich in verschiedenen Teilen der Welt befinden. Um die divisionalen Unternehmensteile besser führen zu können, wurde von der Unternehmensführung eine Abkehr von den bisherigen historisch gewachsenen lokalen zu globalen Systemen beschlossen. Im Gegensatz zum früheren cross-divisionalen Aufbau sind letztere jetzt auf globale Informationsströme in der jeweiligen Division ausgelegt. Die Hauptziele dieser Strategie bestanden darin:

- Einheitlichkeit und Integrität der Konzernberichterstattung durchzusetzen,
- Einheitlichkeit der divisionalen Geschäftsstrategien (Process View, Integration, Globalisierung) sicherzustellen,
- die Projektflexibilität zu erhöhen (Verbesserungen bei Zeitaufwand, Kosten und Risiken) und
- die Möglichkeiten zur gemeinsamen und mehrfachen Nutzung von Wissen zu fördern.

Um diese Ergebnisse zu erreichen, war Voraussetzung, daß Standards für Abläufe, Daten und Systemkonfigurationseinstellungen geschaffen wurden. Die erforderlichen Templates wurden von divisionalen Kompetenzzentren für zwei Bereiche entwickelt. Zunächst wurde vom Unternehmen ein Unternehmenskern entwickelt, der die gemeinsamen Elemente für alle SAP R/3-Implementierungen über geographische Standorte und Divisionen hinweg, z.B. Konzernstammdaten, Kontenrahmen, Organisationselemente usw., definiert. Dieser Kern gewährleistet den Support der Konzernbilanzierungsregeln, Definitionen und Buchführungsgrundsätze und sichert eine einheitliche und effiziente Berichterstattung. Eindeutigkeit der Daten wird dadurch erreicht, daß den Divisionen verschiedene Nummernbereiche zugeteilt werden.

Ausgehend von diesem Kern wurden vom Unternehmen weitere Templates für jede Division entwickelt, die als ‚divisional kernels', d.h. Divisionskerne, bezeichnet wurden (s. Bild 13-3). Diese Templates sind vorkonfigurierte ERP-Systeme (vornehmlich R/3 von SAP) und stellen gemeinsame Prozesse in einer Division, basierend auf Best Practice dar. Sie werden zur Implementierung von Systemen in den verschiedenen regionalen und lokalen Betrieben einer Division eingesetzt. Ziel der divisionalen Templates ist es:

- globale/regionale homogene Systeme sicherzustellen, welche die verschiedenen globalen/regionalen Prozesse vereinfachen,
- lokale Prozeßverbesserungen zu unterstützen und
- Implementierungszeit- und Kostenaufwand zu reduzieren.

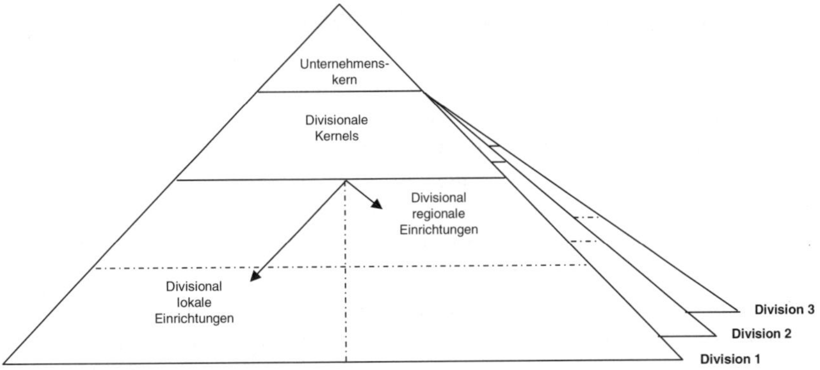


*Bild 13-3: Verteilung des Unternehmenskerns und divisionale Kernels*

Wie aus Bild 13-4 ersichtlich, werden zwischen 40% und 80% der Konfiguration eines lokalen Systems durch Templates definiert (FI: Financials, SD: Sales and Distribution, MM: Material Management, PP: Production Planning; FI, SD, MM und PP sind Module des R/3-Systems). Somit bildeten Templates das wichtige Instrumentarium, um eine globale Standardisierung unter den verschiedenen ERP-Systemen herbeizuführen. Mit der Einführung einheitlicher, standardisierter Systeme läßt sich die Effizienz von Geschäftsabläufen erhöhen und die strategische Lenkung und die Prozesse nachhaltig stärken. Einheitliche Systeme und standardisierte Implementierungen bewirken außerdem eine schnellere Implementierung und folglich geringere Implementierungskosten.

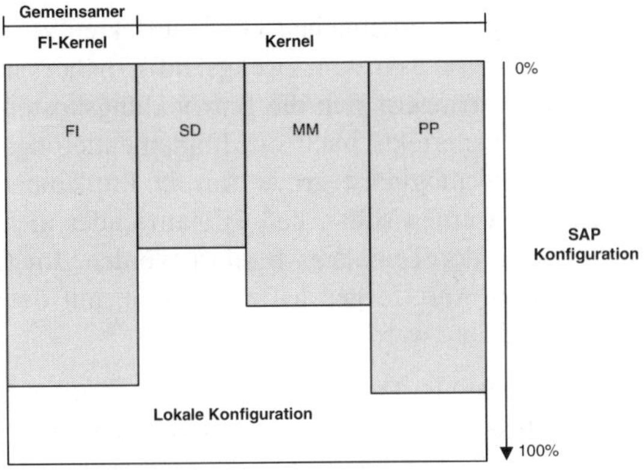


*Bild 13-4: Vorkonfigurationsanteile der Templates (in % des Gesamtsystems)*

## 13.5 Zusammenfassung und Ausblick

Im vorliegenden Kapitel wurde die Rolle der Standardisierung im Business Networking hervorgehoben und Templates als Instrument zur Durchsetzung einer Standardisierung bei verteilten (internen) ERP-Systemen vorgestellt. Templates sind geeignet, entscheidende Vorteile auf zwei Gebieten zu erbringen: Erstens unterstützen Templates integrierte Informationsströme und eröffnen neue Prozeßperspektiven, wie z.B. die des ‚one face to the customer', sowie die Möglichkeit eines durchgängigen Controlling und einer strafferen Berichterstattung. Zweitens bieten Templates ein Instrumentarium zur Kosteneinsparung bei der Implementierung und Koordination verteilter ERP-Systeme innerhalb großer multinationaler Unternehmen. Die Einführung, Bewertung und das Roll-out von Templates sind jedoch komplexe Prozesse, die ein systematisches Vorgehen erfordern. Für diese Methode wurde der Begriff ‚Template-Handbuch' gewählt.

Außer der Komplexität der Template-Entwicklung wurden auch andere für die Realisierung wesentliche Einflußfaktoren festgestellt. Erstens setzen Templates das Vorhandensein einer Applikationsarchitekturplanung voraus. So bedarf es einer Entscheidung der Geschäftsführung darüber, ob lokale divisionsübergreifende oder globale divisionale Systeme implementiert werden sollen. Dieser Grad der (De-)Zentralisierung bestimmt die Gestaltung der Templates. Templates mit ausgeprägten divisionsübergreifenden Komponenten können z.B. anders gestaltet sein als divisionale Templates. Der Grund dafür dürfte darin liegen, daß die Wahrscheinlichkeit, daß verschiedene Produktionsstrategien (make-to-order, make-to-stock usw.) zur Anwendung kommen, bei divisionsübergreifenden Produktionsstrukturen größer ist als bei divisionalen.

Zweitens ist bei Templates mit erheblichen Größeneffekten zu rechnen, da bei Pilotkunden die Standardisierungskosten zwangsläufig höher sind. Mit jedem weiteren Anwendungsfall verringern sich die Entwicklungskosten der Templates und aufgrund des Lernkurveneffekts auch die Implementierungskosten. Daraus ergibt sich, daß immer eine möglichst große Anzahl Implementierungen angestrebt und darauf geachtet werden sollte, daß Pilotanwender nicht für ihre Teilnahme an der Entwicklung der Templates bestraft werden. Im Gegenteil ist es sinnvoll, daß für Templates Anreize geschaffen werden, mit denen die Pilotanwender für ihren Einsatz belohnt werden.

Drittens haben Templates wie alle Standards eine ausgeprägte politische Komponente. Wie bereits von [Brousseau 1994] gezeigt, besteht bei Standards immer der Zwiespalt, ob Universalität oder Individualität Vorrang haben sollen. Einerseits liefern einheitliche universelle Standards eine höhere Effizienz, andererseits benötigen aber die verschiedenen Betriebe innerhalb eines Unternehmens individuell zugeschnittene Systeme, um ihnen größtmögliche Flexibilität zu verleihen. Die Finanzmanager und Prognoseabteilungen zum Beispiel geben in der Regel standardisierten und zentralisierten Systemen den Vorzug. Verkaufs- und Produktionsvertreter neigen gewöhnlich mehr zu dezentralisierten und individuell zugeschnittenen Prozessen. Jedenfalls hängt der Umfang der in ein Template aufzunehmenden individuellen Felder und Codes weitgehend von der politischen Macht der einzelnen Geschäftseinheiten ab.

Die politische Macht zur Durchsetzung von Standards und eine Strategie zur Entwicklung und Mehrfachverwendung vorausgesetzt, haben die bereits gestalteten Templates und die dabei angewandte systematische Methode einen gangbaren Weg aufgezeigt, wie die Organisationslücke geschlossen werden kann. Gleichzeitig wurde dadurch die Möglichkeit geschaffen, die Zielrichtung für die weitere Forschung festzulegen. Als erstes wird im Mittelpunkt der weiteren Forschung stehen, wie die künftigen mit dem Business Networking verzahnten (ERP)-Anwendungsarchitekturen aussehen werden. Ein besonders interessanter Gesichtspunkt wird sein festzustellen, welche Teile dieser Architekturen sich für den Einsatz von Templates eignen. Als zweites wird daran gedacht, die Methode dahingehend auszubauen, daß sie Hilfestellung bei der Beantwortung der Frage bietet, welches optimale Maß an Standardisierung ein bestimmtes Template liefern sollte. Letztlich ist angesichts der wachsenden Autonomie und gegenseitigen Abhängigkeit der Geschäftseinheiten zu bedenken, daß die Möglichkeiten eines hierarchisch erzwungenen Roll-out von Templates immer geringer werden dürften. Statt dessen wird es darauf ankommen, die Anwender durch Überzeugungskunst zur Entwicklung und zum Einsatz von Templates zu bewegen. Dies wiederum bedingt nicht nur eine Abschätzung der Kosten, sondern auch eine transparente Demonstration der Nutzeffekte, die sich durch den Einstieg in Templates erzielen lassen.

# 14 Enterprise Application Integration bei Robert Bosch

*Thomas Puschmann, Rainer Alt, Dirk Sassmannshausen*

## 14.1 Einleitung

Unternehmen im Informationszeitalter sind keine monolithischen Gebilde, sondern sind einer ständigen Dynamik ausgesetzt. Applikationsarchitekturen müssen diesen Anforderungen Rechnung tragen und ebenfalls über ein hohes Maß an Flexibilität und Integrationsfähigkeit verfügen. In Analogie zu systemtheoretischen Ansätzen ist die Flexibilität lose gekoppelter Systeme höher als die fest integrierter Systeme. Die IT-Landschaft von Unternehmen ist jedoch traditionell dadurch gekennzeichnet, daß betriebswirtschaftliche Informationssysteme (IS) im Einkauf, der Produktion im Vertrieb und anderen Bereichen aus isolierten, funktionalen Anforderungen heraus, als individuelle Insellösungen entwickelt wurden. Diese funktionsorientierten Ansätze zementierten ebenso funktional orientierte Organisationsstrukturen und beherbergten eine kaum zu beherrschende Komplexität, da sie eine Integration der Teilsysteme aufgrund der Vielzahl proprietärer Schnittstellen behinderten. Vor dem Hintergrund dieser Defizite und rasant ansteigender Entwicklungs- und Wartungskosten, haben sich deshalb heute integrierte, prozeßorientierte betriebswirtschaftliche Standardsysteme wie z.B. SAP R/3 weitgehend durchgesetzt. Auf der Grundlage einer logischen Datenbasis erlauben sie eine durchgängige und automatisierte Abwicklung von Geschäftsprozessen über Funktions- und mit dem Internet nun auch über Organisationsgrenzen hinweg.

Die Integration bestehender Individualsysteme sowie neuer EC, SCM und CRM Systeme stellt derzeit eine große Herausforderung für viele Unternehmen dar. Denn eine effiziente Koordination intra- und interorganisationalen Geschäftsprozesse kann nur durch den Einsatz integrierter Informationssysteme, welche jedem Teilnehmer der Wertschöpfungskette zeitnahe und richtige Informationen zur Verfügung stellen, erreicht werden [vgl. Kalakota/Robinson 2001, 103]. Zahlreiche Unternehmen versuchten dieses Problem in der Vergangenheit durch die Konzentration auf einen Softwareanbieter einzudämmen. Die Ergebnisse waren in den meisten Fällen nicht zufriedenstellend. Die ausschlaggebenden Gründe sind neben finanziellen Treibern auch die Notwendigkeit flexibler Geschäftsprozesse [vgl. Connelly 1999, 497].

In dieser komplexen und dynamischen Umwelt sind Applikationsarchitekturen, die sich ihre Homogenität ausschließlich durch die Konzentration auf einen einzigen Softwarehersteller erkaufen, nicht mehr praktikabel. Vielmehr ändern viele Unternehmen ihre Single Sourcing-Strategie hin zu einer proaktiven Strategie, die in den Aufbau einer standardisierten Integrationsarchitektur, welche eine flexible Komponentisierung von Geschäftsprozessen und den dazugehörigen Informationssystemen erlaubt, mündet.

## 14.2 Integrationsansätze

So lange Menschen in einen Kommunikationsprozeß involviert sind, besteht ein hoher Grad an Flexibilität bei der Interpretation der Bedeutung von Nachrichten. Diese Form der Integration ist jedoch im Kontext von Softwaresystemen, bei denen große Datenmengen zur Weiterverarbeitung manuell eingegeben werden müssen, äußerst ineffizient. Deshalb fokussieren die folgenden Ausführungen ausschließlich auf die intra- und interorganisationale Prozeßintegration zwischen Applikationen (s. Kap. 13.2.2). Ein sehr bekanntes Beispiel für diese Art der Integration ist EDI, bei dem die auszutauschenden Informationen nicht nur elektronisch übermittelt werden, sondern automatisch bestimmte Aktionen beim empfangenden System auslösen. Hinsichtlich der zu integrierenden Applikationen kann man grundsätzlich zwischen drei unterschiedlichen Typen differenzieren [vgl. Österle 1996, 13]:

- *Homogen mit einer Instanz.* Wird ein spezifischer Prozeß durch nur eine Applikation und eine einzige Datenstruktur unterstützt, spricht man von einer Integration über eine homogene Applikation. Diese Integrationsvariante vermeidet die Probleme aus redundanter Datenhaltung und aus der zeitlichen Verzögerung eines Datenaustausches zwischen separierten Anwendungen. Zugleich ist sichergestellt, daß jede Transaktion dieselbe Bedeutung mit den darunterliegenden Daten verbindet.
- *Homogen mit mehreren Instanzen.* Wird eine Applikation und die zugehörige Datenstruktur in der gleichen Form auf verschiedenen Rechnern mit logisch getrennten Datenbeständen betrieben und die darüberliegenden, gleichen aber verteilten Prozesse nutzen die Applikation in der gleichen Form, so bedeutet dies, daß mehrere Instanzen einer Applikation im Einsatz sind. Ein Beispiel für diese Art der Integration ist das Application Link Enabling (ALE) von SAP R/3, das einen Mechanismus zur Koordination von Stamm- und Bewegungsdaten physisch verteilter R/3-Systeme bereitstellt.
- *Heterogen.* Kommunizieren unterschiedliche Applikationen mit unterschiedlichen Datenstrukturen, welche auf unterschiedlichen Prozessen basieren, miteinander, so spricht man von einer Integration über heterogene Applikationen. Im Gegensatz zur Integration einer homogenen Applikation mit mehreren Instanzen, entsteht hier zusätzlich das Problem divergierender Datenmodelle, also unterschiedlicher Semantik der auszutauschenden Daten.

Dem Modell der Informationsübertragung von [Reichwald 1993, 451] folgend, teilt sich demnach das Problem der Integration in die drei Ebenen Pragmatik, Semantik und Syntax auf. Gemäß [Kubicek 1992] muß das ISO/OSI Modell daher um drei Ebenen erweitert werden, um einer intra- und interorganisationalen Prozeßintegration gerecht zu werden:

- *Syntax.* Die Syntax beschreibt das Vokabular von Datentypen wie z.B. die Reihenfolge, Länge oder Datenart einzelner Segmente (Datenintegration).

- *Semantik.* Die Semantik ordnet den zu übertragenden Daten reale Tatbestände oder Begriffe zu, wie dies z.B. bei der Beschreibung von Produkten durch die European Article Number (EAN) der Fall ist (Objektintegration).
- *Pragmatik.* Die Pragmatik dient schließlich auf Prozeßebene der Definition bestimmter Aktivitäten in Abhängigkeit vom Inhalt auszutauschender Nachrichten (Prozeßintegration).

## 14.3 Enterprise Application Integration

### 14.3.1 Überblick zur Enterprise Application Integration

Systeme, die zur intra- und interorganisationalen Prozeßintegration eingesetzt werden, wurden bislang mit dem Begriff Middleware bezeichnet. Middleware adressiert primär die Belange einer einheitlichen Syntax, d.h. der Integration auf Datenebene, es mangelt ihr jedoch an Funktionalität für höhere Ebenen der Integration wie der Objekt- und der Prozeßintegration (vgl. [Riehm/Vogler 1996], [Bernstein 1996]). Während der Einsatz von Middleware auf der Basis standardisierter Schnittstellen und Protokolle Dienste für eine transparente, technische Kommunikation verteilter, heterogener Anwendungen bereitstellt, umfassen Enterprise Application Integration (EAI)-Systeme die Gesamtheit der Technologien (z.B. Adapter, Transformationsdienste aber auch Dienste zur technischen Kommunikation) als auch die Funktionalität zur Definition, der Überwachung und der Ausführung von Geschäftsprozessen über verteilte Anwendungen hinweg, um den Austausch von Informationen zwischen heterogenen Applikationen auf semantischer und pragmatischer Ebene zu ermöglichen [vgl. Linthicum 2000, 5]. Diese EAI-Systeme bieten eine Vielzahl an Diensten, die komplementär zu traditioneller Middleware sind, jedoch autonom betrachtet keine neuen Produkte repräsentieren, sondern erst durch ihr gegenseitiges Zusammenspiel einen Mehrwert gegenüber klassischen Middleware-Produkten schaffen:

- *Schnittstellendienste.* EAI-Systeme bieten vorgefertigte Adapter oder Konnektoren, welche den Aufwand zur Entwicklung individueller Schnittstellen reduzieren. Das Adapterkonzept ist nicht neu, denn es basiert auf dem gleichen Konzept wie DBMS-Treiber für die Datenintegration.
- *Transformationsdienste.* Transformationsdienste erleichtern die Entwicklung von Dekodierungsregeln zur Übersetzung von Datenformaten basierend auf ihrem Inhalt, wie z.B. der Semantik einer Bestellung. Diese Dienste dienen der Definition und dem Mapping von Geschäftsobjekten. Auch dieses Konzept wird bereits seit den frühen neunziger Jahren in Message Broker-Systemen wie dem Mercator von Mercator Software eingesetzt.

- *Prozeßmanagementdienste.* Diese Art von Diensten erlauben es, Daten unterschiedlicher Systeme zu sammeln und zu transformieren und dabei sicherzustellen, daß der Informationsfluß stets den definierten Geschäftsprozeßregeln folgt. Prozeßmanagementfunktionalität wird schon seit jeher in klassischen Workflow-Systemen zur Ablaufsteuerung genutzt. Allerdings beschränkte sich deren Einsatzbereich bisher primär auf den Frontendbereich und die Funktionalität war zudem in Workflow- oder Dokumentenmanagement-Systemen zementiert.

Im einzelnen können EAI-Systeme anhand von sechs generischen Komponenten beschrieben werden, deren Referenzarchitektur in Bild 14-1 dargestellt ist [vgl. auch Ranadivé 1999, 85]. Die unterschiedlichen Dienste adressieren zugleich auch verschiedene Integrationsebenen. Während Integrations- und Schnittstellendienste die Voraussetzung zur Datenintegration bilden, ermöglichen Transformationsdienste eine Integration über Geschäftsobjekte und Prozeßmanagementdienste eine Prozeßintegration sowohl innerhalb von Unternehmen als auch über Unternehmensgrenzen hinweg. Dagegen stellen Entwicklungs- und Laufzeitdienste Leistungen bereit, die auf allen Ebenen erforderlich sind und der Anpassung eines EAI Systems an die individuellen Anforderungen eines bzw. mehrerer kooperierender Unternehmen dienen.

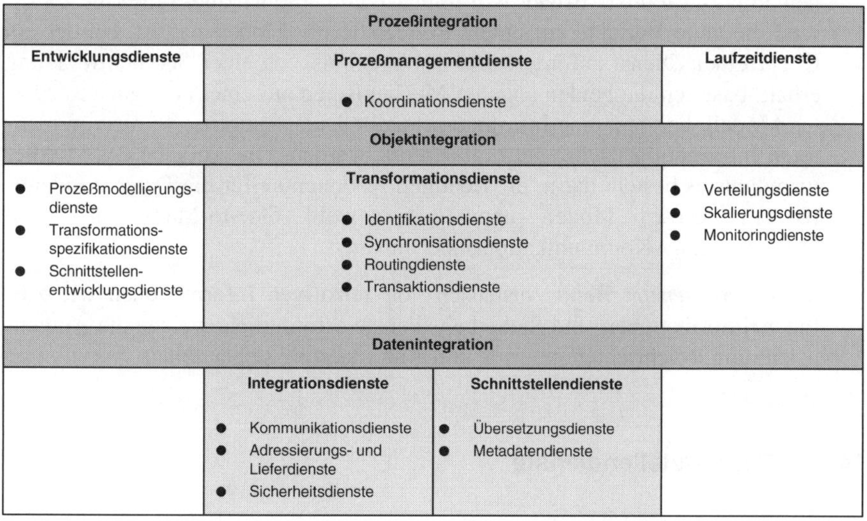


*Bild 14-1: Integrationsebenen und Funktionalität von EAI-Systemen*

### 14.3.2 Integrationsdienste

Integrationsdienste ermöglichen zusammen mit den Schnittstellendiensten eine Integration auf Datenebene. Dabei können die auszutauschenden Daten auf unterschiedlichen Systemen, Betriebssystemen und Hardwareplattformen implementiert sein. Um eine Konnektion solcher Systeme auf Datenebene sicherzustellen, greifen EAI-Systeme meist auf klassische Middleware-Systeme wie IBMs MQ Series oder BEAs Tuxedo zurück. Diese Middlewaredienste stellen Funktionalitäten zur Verfügung, um die technische Ebene von der Applikationslogik zu trennen:

- *Kommunikationsdienste.* Die Kommunikationsfunktionalität ist verantwortlich für die den physischen Transport von Daten zwischen verteilten Anwendungen. Eine synchrone Kopplung von Systemen erfolgt, wenn Daten von einem System aus einem anderen in Echtzeit extrahiert und ohne Zeitverzögerung zurückgeschrieben werden (enge Kopplung). Dagegen basiert der nachrichtenbasierte Datenaustausch auf dem Prinzip der asynchronen Kommunikation (lose Kopplung).
- *Adressierungs- und Lieferdienste.* Diese Art von Diensten bietet die Möglichkeit, unterschiedliche Adressierungsmuster zwischen den zu integrierenden Systemen zu implementieren. Dabei bestehen prinzipiell die drei Ausprägungen Punkt-zu-Punkt, Broadcast/Multicast und Publish-and-Subscribe. Während die erste Variante auf einem Request/Reply-Modell basiert, bei der ein Client einen Dienst anfordert und das Ergebnis von einer Serveranwendung erhält, basieren die beiden anderen Mechanismen auf einem ereignisgesteuerten Modell, bei dem eine Informationsquelle Daten ‚publiziert', die von mehreren Informationsnachfragern ‚abonniert' werden. Die Aufgabe des Middlewaredienstes besteht darin, die richtigen Abonnenten für die Daten zu identifizieren. Dieses Modell unterstützt sowohl One-to-Many- als auch Many-to-Many-Kommunikationsmechanismen.
- *Sicherheitsdienste.* Beim Austausch von sensitiven Informationen wie z.B. Finanzinformationen sind Sicherheitsdienste erforderlich, welche die Authentifizierung, Nachrichtenintegrität und Autorisierung sicherstellen.

### 14.3.3 Schnittstellendienste

Individual- und Standardsoftwaresysteme verwenden zur Kommunikation mit anderen Systemen zumeist unterschiedliche Schnittstellentechnologien. Der einzige Weg besteht daher oftmals darin, sich einer Zwischenschicht wie z.B. einer Datenbank oder einer Textdatei zu Integrationszwecken zu bedienen. Die Aufgabe von Schnittstellendiensten ist es daher, Integrations-, Transformations- und Prozeßmanagementdienste so zu harmonisieren, daß eine Interaktion zwischen all diesen Komponenten und deren Schnittstellen möglich wird. Hierfür stellen sie folgende Dienste bereit:

- *Übersetzungsdienste.* Diese Dienste unterstützen die Datenintegration durch die Übersetzung der EAI-eigenen APIs (Application Programming Interface) und der zu integrierenden Ressourcen. Während die APIs von Standardsystemen wie z.B. SAP R/3 auf Standardschnittstellen wie IDOCS oder BAPIs aufbauen, die Nachrichten senden und empfangen können, ist die Integration von Individualsystemen wesentlich schwieriger zu realisieren. In vielen Fällen sind die Systeme so gekapselt, daß sie von Fremdsystemen weder Daten empfangen noch an diese Daten senden können. Grundsätzlich bestehen zwei Möglichkeiten einer Integration solcher Systeme: die Erweiterung der Anwendung um eine programmierte Zwei-Wege-Schnittstelle oder, sofern vorhanden, der Zugriff auf das von der Applikation genutzte persistente Speichersystem (Datei- oder Datenbanksystem), welches die Möglichkeit zur Interaktion bietet.

- *Metadatendienste.* Metadatendienste unterstützen die Objekt- und Prozeßintegration, indem sie zum einen Daten, welche die Struktur einer auszutauschenden Nachricht abbilden, erkennen, speichern und präsentieren und zum anderen Informationen speichern, die bestimmte definierte Bedingungen oder Regeln beim Eingang und beim Austritt einer Transformation enthalten.

### 14.3.4 Transformationsdienste

Die Transformationstechnologie bildet das Herzstück eines EAI-Systems. Sie ermöglicht die Integration über Objekte. Transformationsdienste nehmen die von der Quellapplikation gesendeten Informationen über die Schnittstellendienste auf und transformieren diese mittels der im Metadatenmodell abgelegten Objektmodelle in von der Zielapplikation verarbeitbare Daten. Dies setzt zwei Informationsquellen voraus: ein Metadatenobjektmodell aller zu integrierenden Systeme sowie eine Transformationsbibliothek, welche Informationen über die Datenstrukturen der auszutauschenden Nachrichten enthält. Darüber hinaus bietet die Transformationstechnologie die folgenden Funktionen:

- *Identifikationsdienste.* Mit Hilfe eines Metadatenidentifikations- und Speicherdienstes, in dem die Datenstrukturen der integrierten Applikationen abgelegt sind, werden eingehende Nachrichten identifiziert und validiert.

- *Synchronisationsdienste.* In vielen Integrationsszenarien erfordern Transaktionen Input von mehr als einer Applikation, die evtl. sogar zu unterschiedlichen Zeitpunkten eintreffen. Beispielsweise wird die Summe von Preisen, die durch mehrere Bestellungen aus unterschiedlichen Systemen im Laufe eines Tages generiert wird und sodann das Umsatzvolumen eines Tages an verschiedene Managementinformationssysteme weiterleitet, erst dann durch Synchronisationsdienste transformiert, wenn die Daten von allen Systemen gesendet wurden.

- *Routingdienste.* Oftmals muß eine Transformation mehr als ein Ergebnis produzieren oder ein bestimmtes Ergebnis einer Nachricht bestimmt zugleich das anzusteuernde Zielsystem. Dies ist vor allem bei der Anwendung von Geschäftsregeln der Fall. So wird z.B. in zahlreichen Rechnungsprüfungsverfahren automatisch die Lieferantenidentität geprüft, sobald eine eingehende Rechnung einen bestimmten Betrag übersteigt. Ein EAI-System benötigt daher entsprechende Dienste, die in der Lage sind Prozeduren auszuführen, Zugriff auf den Inhalt eingehender Daten zu gewährleisten und ein dynamisches Routing an verschiedene Zielsysteme je nach Ergebnis zu unterstützen.
- *Transaktionsdienste.* Der Zweck eines Transaktionsdienstes besteht darin, sicherzustellen, daß in einer verteilten Umgebung Many-to-Many-Transformationen, die den Zustand eines Systems ändern, innerhalb einer Transaktion gemäß dem ACID-Paradigma[1] vollzogen werden. Dies ist insbesondere in verteilten, heterogenen Umgebungen problematisch, da, das Fehlschlagen einer Transformation sowohl das Quell- als auch das Zielsystem in einem inkonsistenten Zustand beläßt, weil keines der Systeme wissen kann, ob eine Transaktion im anderen System erfolgreich verlaufen ist.

### 14.3.5 Prozeßmanagementdienste

In der gleichen Weise, wie Transformationsdienste Strukturen von Daten koordinieren, koordinieren Prozeßmanagementdienste Strukturen von Transformationen. Sie führen Transformationsroutinen aus, die zuvor in einem Prozeßmodell definiert wurden (s. Bild 14-2). Theoretisch lassen sich dadurch verteilte Anwendungen integrieren, um aus deren Prozeduren neue Anwendungen zu realisieren.

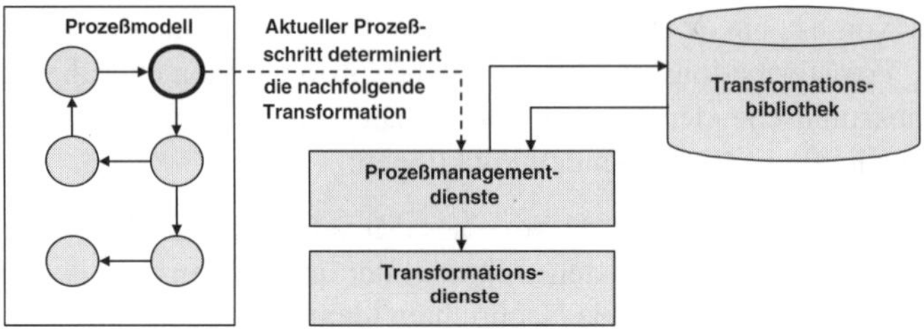


*Bild 14-2: Funktionsweise von Prozeßmanagementdiensten*

[1] Eine Transaktion kann durch vier Regeln hinreichend beschrieben werden: Sie muss erstens als unteilbare Einheit betrachtet werden (Atomic), zweitens alle Konsistenzbedingungen einhalten (Consistent), drittens während der Durchführung gegnüber anderen Transaktionen/Benutzern abgeschirmt sein (Isolated) und viertens dauerhaft sein (Durable).

### 14.3.6 Laufzeitdienste

Da EAI-Systeme eine weitere Softwareschicht zwischen den zu integrierenden Applikationen repräsentieren, sind zur besseren Performance, Skalierbarkeit, Verfügbarkeit und Zuverlässigkeit folgende Funktionalitäten von Bedeutung:

- *Verteilungsdienste.* Zur Steigerung der Performance bestehen grundsätzlich zwei Optionen hinsichtlich der Implementierung eines EAI-Systems. Einmal können die Integrations- und Schnittstellendienste lokal bei jedem Quell- und Zielsystem und die Integrations-, Transformations- und Prozeßmanagementdienste zentral implementiert werden (zentrale Architektur). Zum anderen besteht die Möglichkeit, Dienste dort zu installieren, wo es am sinnvollsten ist (verteilte Architektur). Eine verteilte Architektur ist vor allem bei der Verwendung zahlreicher Real-time-Integrationen von Vorteil, allerdings muß auch die Ablage der Metadaten dezentral erfolgen, was wiederum erweiterte Replikationsdienste erfordert (s. Bild 14-3).
- *Skalierungsdienste.* Zu den Skalierungsdiensten gehören vor allem Verfahren zum Load Balancing und Failover, welche die Arbeitslast auf mehrere Server verteilen. Load Balancing verbessert die Skalierbarkeit, indem es die Transformationslast entweder statisch oder dynamisch auf mehrere Server verteilt. Das Failover-Verfahren hingegen verbessert die Verfügbarkeit des Systems durch ein automatisches Routing von Anfragen an Backup-Server. Beide Verfahren können statisch oder dynamisch erfolgen.
- *Monitoringdienste.* Genau wie klassische Middleware bieten die meisten EAI-Systeme die Möglichkeit eines Monitoring, um die Verfügbarkeit und Performance des Systems zu überwachen. Die wenigsten Anbieter bieten allerdings eine Unterstützung für gängige Monitoring-Systeme, sondern bieten hierfür Produkte von Drittherstellern an.

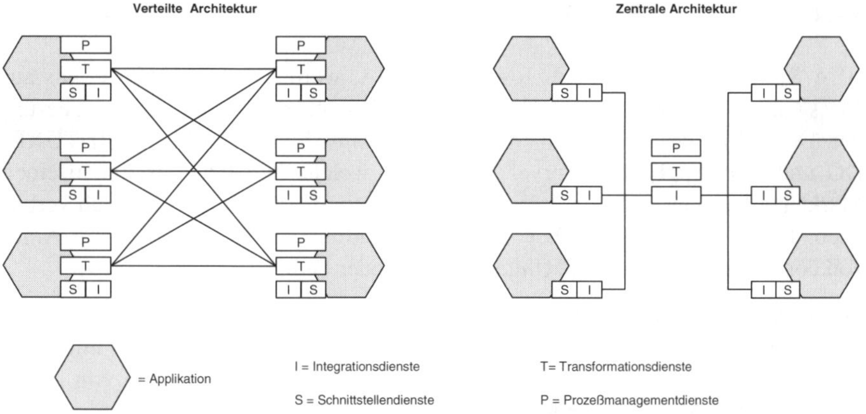


*Bild 14-3: Dezentrale versus zentrale EAI-Architektur*

### 14.3.7 Entwicklungsdienste

Zur Unterstützung bei der Anpassung sowie der Entwicklung neuer Adapter (z.B. zur Integration von Individualsystemen), Transformationen und Prozeßmodelle stellen EAI-Systeme eine Reihe von Diensten zur Verfügung:

- *Prozeßmodellierungsdienste.* bieten eine grafische Prozeßmodellierungsumgebung zur Modellierung der Prozeßdiagramme (z.B. State-Transition-Diagramme). Hilfreich sind insbesondere Simulationsumgebungen zur Durchführung gezielter Validitätstests.
- *Transformationsspezifikationsdienste.* dienen der Entwicklung von Mappingmechanismen. Für einfache Transformationen genügt zumeist eine Drag-and-Drop-Umgebung, die aus einem Repository- Browser zum Auffinden von Quell- und Zielsystemen und einer Arbeitsfläche, auf denen der Entwickler Quell- und Zielstrukturen zusammenbringt, besteht. Komplexere Strukturen werden mittels Skripts definiert werden, die durch Programmbibliotheken erstellt werden können.
- *Schnittstellenentwicklungsdienste.* Schnittstellenentwicklungsdienste statten den Entwickler mit Methoden und Hilfsmitteln aus, um vorgefertigte Adapter für Standardsoftwaresysteme auf modifizierte Systeme anzupassen und neue Adapter zu entwickeln. Einige Hersteller bieten hierfür sogar eigene Workbenches an.

## 14.4 Systeme zur Enterprise Application Integration

### 14.4.1 eLink von BEA Systems

BEA Systems mit Sitz in San Jose (CA), USA, wurde 1995 mit dem Fokus auf Messaging-Middleware von Bill Coleman, Ed Scott und Alfred Chuang gegründet. Der Erfolg des Unternehmens basiert wesentlich auf dem Flagschiff TUXEDO und dem Application Server WebLogic, welche laut IDC zusammen einen Marktanteil von ca. 46% des gesamten Transaktionsservermarktes für sich verbuchen. Ein nicht unwesentlicher Teil davon entfällt auf Großkunden wie Amazon.com, Kaiser Permanente, United Airlines oder FedEx.

Das Unternehmen erzielte 1999 mit ca. 2500 Mitarbeitern und etwa 2500 Kunden einen Umsatz von USD 464 Mio. Durch eine strategische Partnerschaft mit Hewlett Packard, die eine finanzielle Unterstützung von BEA im Umfang von insgesamt USD 100 Mio. innerhalb der nächsten drei Jahre vorsieht, will man die Produktpalette um ein Out-of-the-box EAI-System erweitern. Darüber hinaus bestehen Partnerschaften mit Systemintegratoren wie Andersen Consulting, Cap Gemini, EDS und IBM Global Services.

BEAs EAI-Lösung eLink ist ein Produktmix aus BEAs TUXEDO, MessageQ und WebLogic Server. Während eLink für die Datentransformation den Mercator von Mercator Software verwendet, steht für die Prozeßmodellierungs- und Ausführungsfunktionalität sowohl InConcerts Prozeßmodellierungstool als auch HPs ChangeEngine zur Verfügung.

| Vorteile | Nachteile |
|---|---|
| Basiert auf ausgereiften und weltweit verbreiteten Middleware-Produkten<br>Globale Unterstützung und Erreichbarkeit<br>Standardsoftware und Mainframe-Adapter | BEAs Produktweiterentwicklungen konzentrieren sich derzeit noch sehr stark auf die Lösungen WebLogic und TUXEDO<br>Die bisherige Mix-and-Match-Strategie verhindert eine durchgängige Funktionalität des Systems<br>Bislang noch keine Referenzkunden mit einer Komplettinstallation des Systems |

*Tabelle 14-1: Vor- und Nachteile von eLink*

In Zukunft sollen eLink und die zugehörigen Komponenten stärker mit HPs Management-, Sicherheits-, Verfügbarkeits- und Prozeßmodellierungstools, wie HP OpenView, HP Praesidium, HP MC/Service Guard, HP WebQoS und HP ChangeEngine, integriert werden.

BEAs primärer Anspruch liegt im Bereich der Datenintegration. eLink besteht im wesentlichen aus zwei Komponenten: dem Application Adapters Framework und dem EAI Options Framework. Das Application Adapters Framework beinhaltet die Konnektoren für Standardsoftware aus den Bereichen ERP und CRM. Ein Schwerpunkt liegt jedoch auch in der Verfügbarkeit standardisierter Adapter für Mainframe-Systeme wie IBMs CICS oder IMS (s. Tabelle 14-2).

| Standardsoftware | Mainframe | Datenbanken | Middleware | Electronic Commerce | Code |
|---|---|---|---|---|---|
| SAP R/3, Oracle Applications, PeopleSopft, Vantive, Siebel, Clarify | CICS, IMS, SNA peer, Unisys OS 2200, Unisys MCP/AS | Alle | IBM MQ Series, BEA TUXEDO, BEA MessageQ | BroadVision, XML | C, C++, COBOL |

*Tabelle 14-2: eLink Standardadapter*

Zur Entwicklung bzw. für das Customizing vordefinierter Adapter steht mit dem Adapter Development Kit ein Tool zur Verfügung, welches die individuelle Erstellung von Transformationen über eine grafische Benutzeroberfläche unterstützt. Das EAI Options Framework setzt sich aus den beiden Komponenten Data Integration Option und Business Process Option zusammen (s. Bild 14-4). Die Data Integration Option besteht aus einem Mapping Tool und Repositories, um Transformationen zwischen Anwendungen auf semantischer Ebene zu realisieren. Ein grafischer Editors ersteellt sogenannte Transformation Maps zur Integration zweier Anwendungen via Drag and Drop. Dabei kann zwischen mehr als 100 verschiedenen regelbasierten Transformationstypen ausgewählt werden. So kann eine eingehende Nachricht z.B. zunächst auf Validität überprüft werden bevor die Transformation vollzogen wird. Zur Definition anwendungsunabhängiger Workflows bietet das EAI Options Framework mit der Business Process Option ein Prozeßmodellierungstool an. Mit Hilfe dieses grafischen Tools läßt sich darüber hinaus auch die Performance einzelner Prozesse messen.

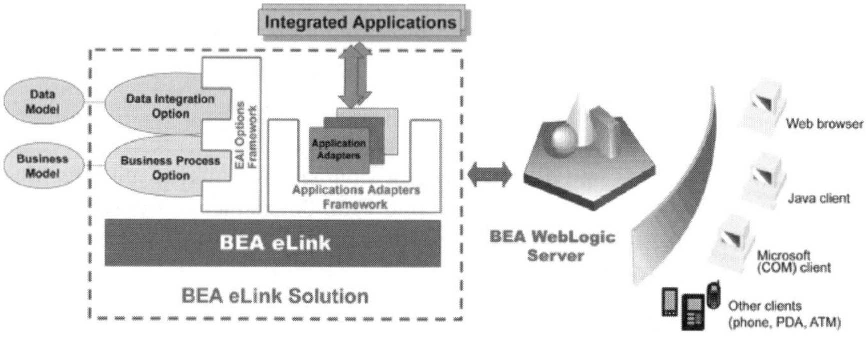


*Bild 14-4: eLink Architektur*

### 14.4.2 United Applications Architecture von CrossWorlds

CrossWorlds mit Sitz in Burlingame (CA), USA, wurde 1996 von Katrina Garnett, ehemals im Management Board von Sybase, gegründet. Seit Oktober 1999 wird das Unternehmen von Fred J. Amoroso, ehemals IBM, geleitet. Mit Kapitalaufstockungen von über USD 80 Mio. von Investoren wie Compaq, IMI, Intel, J.D. Edwards, Kanematsu, Manugistics, OMRON, and SAP erreichte das Unternehmen 1999 mit ca. 330 Mitarbeitern einen Umsatz von USD 10 Mio. mit insgesamt 32 Referenzkunden. Davon entfielen ca. 56% auf Lizenzeinnahmen und 44% auf Implementierungs- und Wartungsdienstleistungen.

CrossWorlds hat sich in den letzten 3 Jahren einen breiten Kundenstamm aufgebaut, zu dem u.a. Unternehmen wie Delphi, Dupont, Hercules, MCI/Avantel,

Nortel Networks, Orange, Roche Diagnostic, Siemens ZF, Siemens A&D, Sony, Whirlpool und Vorwerk gehören.

CrossWorlds EAI-Lösung United Applications Architecture ist eine neu entwikkelte Produkt Suite, die auf der Basis von Standardprozeßszenarien eine Vielzahl an Connectoren für Standardsoftware aus den Bereichen ERP und CRM anbietet. Die Philosophie des Produktes ist es, eine möglichst hohe Anzahl an Standardadaptern bereitzustellen. Allein hierfür werden bislang ca. USD 40 Mio. aufgewendet.

| Vorteile | Nachteile |
|---|---|
| Out-of-the-box-, hochintegrierte Paketlösung<br>Hohe Zahl an Standardadaptern<br>Vorgefertigte Prozeßszenarien für intraorganisatorische Prozesse, EC, SCM, CRM und Telekom | Die Komponenten der Lösung sind nicht durch evtl. bestehende Lösungen substituierbar<br>Die Implementierung des Systems und insbesondere die Anpassung/Veränderung der Prozeßszenarien ist relativ komplex |

*Tabelle 14-3: Vor- und Nachteile der United Applications Architecture*

CrossWorlds löst das Problem unterschiedlicher Datenmodelle durch Generic Business Objects (GBOs). Dieses generische Objektmodell repräsentiert kumulierte Metaobjekte (z.B. Kunde, Vertrag, Lieferposition, etc.) unterschiedlicher Standardanwendungssysteme wie z.B. SAP R/3, Siebel 1999 oder Vantive Enterprise.

Der InterChange Server und der System Manager dienen als Laufzeit- und Ausführungsumgebung für den cross-applikatorischen Datenaustausch (s. Bild 14-5). Im derzeitigen Release des InterChange Server wird neben einem Messaging-System MQ Series von IBM, der Object Request Broker von Visigenic Software sowie das Mapping-Tool von Mercator genutzt. Der Server bietet wesentliche Dienste wie z.B.:

- *Registry Service.* Dieser Service dient zur Registrierung und Speicherung aller Objekte.
- *Transportsicherheit.* Dieser Messaging Service auf der Basis von MQ Series, RVPro oder MSMQ garantiert fehlerfreie und vollständige Transaktionen.

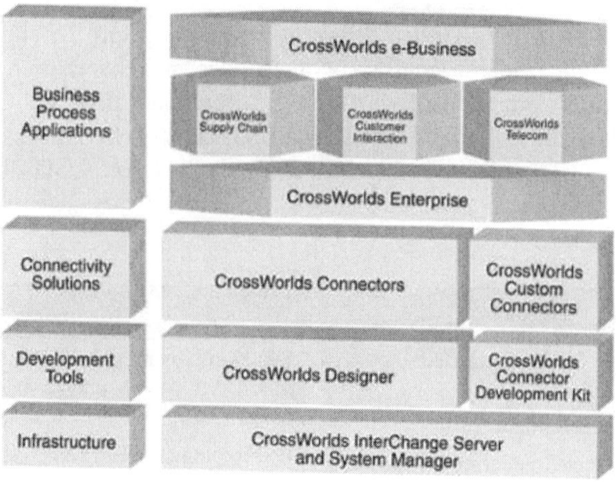


*Bild 14-5: CrossWorlds Architektur*

Zur Integration von Anwendungen dienen die Konnektoren. Sie setzen sich aus zwei Teilen zusammen:

- Dem *Connector Controller*, der anwendungsspezifische Geschäftsobjekte in für den InterChange Server verarbeitbare, generische Geschäftsobjekte umwandelt bzw. generische Geschäftsobjekte in anwendungsspezifische.
- Dem *Connector Agent*, der über API-Aufrufe entweder die anwendungsspezifischen Geschäftsobjekte aus der Anwendung heraus liest oder über API-Aufrufe diese in die Anwendung zurückschreibt. Er überwacht ferner, ob eine Aktion, die durch ihn angestoßen wurde, erfolgreich abgeschlossen wurde.

Crossworlds bietet Connectoren für eine Vielzahl von Standardsystemen an (s. Tabelle 14-4). Für die Integration von Individualsystemen dient das Connector Development Kit. Dieses Tool stellt Funktionsbibliotheken zu Verfügung, welche die Anpassung und Entwicklung von individuellen Konnektoren ermöglichen.

Zur Definition und Ausführung cross-applikatorischer Geschäftsprozesse bietet CrossWorlds schließlich den Process Designer, welcher eine visualisierte Workflow-Modellierung, die Anpassung bzw. Erstellung von Mapping-Mechanismen und Geschäftsobjekten erlaubt. Der Process Designer bietet bereits vorgefertigte Prozeßszenarien, sogenannte Collaborations.

| Standardsoftware | Main-frame | Daten-banken | Middle-ware | EC | Code |
|---|---|---|---|---|---|
| SAP R/3, SAP APO, Oracle Applications, PeopleSopft, JDE, Vantive, Siebel, Clarify, Manugistics, JDE Numetrix, Kenan, Metasolv, Portal Saville, SAP B2B, Ariba, CommerceOne, BroadVision, net.commerce, Harbinger | - | Oracle, Microsoft SQL Server, ODBC | IBM MQ Series, Microsoft MSMQ | XML | proprietär |

*Tabelle 14-4: CrossWorlds Standardadapter*

### 14.4.3 eBusiness Broker Suite von Mercator Software

Mercator Software mit Sitz in Wilton (CT), USA, wurde 1985 als Spin-off von Dun&Bradstreet gegründet. Am 18.01.2000 wurde das Unternehmen mit dem ehemaligen Namen TSI Software, Inc. umgetauft und wird seit 07.02.2000 als Mercator Software, Inc. an der NASDAQ geführt. Mit einem Kundenstamm von mehr als 5000 Unternehmen, wobei mehr als die Hälfte der Fortune 50 Unternehmen bedient werden, konnte das Unternehmen 1999 seinen Umsatz im Vergleich zum Vorjahr auf USD 99 Mio. nahezu verdoppeln. In 2000 waren es ca. USD 137 Mio. Zu den Referenzkunden von Mercator gehören u.a. IBM, General Motors, Hoechst, Lucent Technologies, Nestle und Pratt & Whitney. Mercator besitzt vier Standorte im nordamerikanischen, vier im asiatischen und drei im europäischen Raum mit insgesamt 635 Mitarbeitern.

Das Unternehmen startete 1985 zunächst als Integrator von EDI- und Backend-Systemen. Als Mercator Software 1996 mit seiner EAI-Lösung auf den Markt kam, konzentrierte sich das Unternehmen zunächst auf SAP-Kunden. Mit strategischen Partnerschaften zu Oracle und PeopleSoft versucht man nun gezielt auch dieses Kundenklientel zu gewinnen. Mercator Software pflegt darüber hinaus Partnerschaften mit über 100 Softwareherstellern und Systemintegratoren, wie z.B. BEA Systems, Hewlett Packard, Andersen Consulting, EDS, Deloitte Consulting, Ernst & Young sowie PricewaterhouseCoopers.

Die Mercator E-Business Broker Suite besteht aus drei Hauptkomponenten:

- *Mercator Enterprise Broker* stellt alle Funktionalitäten zur Verfügung, um CRM-, ERP- SCM-, und Legacysysteme sowie Datenbanken innerhalb eines Unternehmens zu integrieren.
- *Mercator Commerce Broker* bietet die Möglichkeit, Datentransformationen zwischen EC-Anwendungen und Backend-Systemen abzuwickeln.

- Mittels *Mercator Web Broker* lassen sich die Schnittstellen in EC-Umgebungen managen. Der Mercator Web Broker erweitert hierfür Standard Web Server wie z.B. Allaires ColdFusion und IBMs WebSphere, indem er Daten von Backend-Systemen auf Web Frontends projiziert.

| Vorteile | Nachteile |
|---|---|
| Marktführer im SAP R/3-Umfeld, hohes Wachstum<br>Starke Präsenz in Europa<br>ca. 300 Referenzkunden | Nur Datentransformation<br>Nur SAP- and Peoplesoft-Adapter<br>keine synchronen request/reply-Szenarios (keine enge Kopplung) |

*Tabelle 14-5: Vor- und Nachteile von Mercator*

Mercator hat seine Stärken eindeutig bei der Integration von SAP R/3 mit Legacy-Anwendungen (s. Tabelle 14-6). Der Zugriff auf die bereits komplett installierten IDOC-, BAPI- und EDI-Strukturen von SAP R/3 reduziert den Mapping-Aufwand in erheblichem Masse. Mittels der Data Transfer Workbench lassen sich diese Batch Data Communciations (BDC) mit Legacy-Anwendungen sehr leicht initiieren und ausführen. Im Umfeld von R/3-Transformationen ist der Mercator daher derzeit weltweit führend.

| Standard-software | Main-frame | Daten-banken | Middleware | Electronic Commerce | Code |
|---|---|---|---|---|---|
| SAP R/2 & R/3, Peo-pleSoft | IDT progra-ms, BDC | Microsoft SQL Server, Sybase, DB2, Oracle 7 & 8, ODBC | BEA MessageQ und Tuxedo, Candle Roma, IBM MQ Series, Microsoft MSMQ, TIBCO Rendezvous, Oracle AQ | HTML, XML, EDI, Java, EJB, JSP, CORBA IIOP, X12, UN/EDIFACT, Odette, Tradacoms, UCS, HL7, S.W.I.F.T. | - |

*Tabelle 14-6: Mercator Standardadapter*

Der Mercator Enterprise Broker bildet das Herzstück der Mercator Suite und besteht aus zwei Basiskomponenten: dem Design Client und dem Integration Server:

- Der *Design Client* besteht aus einem grafischen Worklflow-Modellierungstool, einem Editor zur Erstellung von Geschäftsobjekten, einem Tool zur Definition von Transformations- und Routingregeln, einer Anwendung für den Import von Metadaten zu Tabellen und Stored Procedures aus relationalen Datenbanken sowie einer Management Console zur Generierung von Fehler- und Logging-Reports.

- Der *Integration Server* stellt schließlich die Adapter für Standardanwendungen sowie die Laufzeitumgebung für die Ausführung der Transformationen bereit. Weiterhin dient er der Koordination der darüberliegenden Geschäftsprozesse. Mittels eines Event Handlers lassen sich benutzerspezifische Abläufe von Transformationen definieren.

### 14.4.4 Enterprise Integration Template von Level 8 Systems

Level 8 Systems mit Sitz in Cary (NC), USA, wurde 1988 gegründet und übernahm am 24.12.1999 das Unternehmen Template Software, dessen Produktpalette ebenfalls im EAI-Bereich angesiedelt war. Level 8 Systems erzielte 1999 mit ca. 400 Mitarbeitern und etwa 700 Kunden einen Umsatz von USD 52,9 Mio., was einer Steigerung von USD 42,2 Mio. oder 395% gegenüber dem Vorjahr bedeutet. Im Jahr 2000 waren es USD 83 Mio.

Zu den Kunden zählen ABN AMRO, Fidelity Investments, Prudential Insurance, Borders Books, Credit Suisse, Montgomery Wards, SunTrust, CS First Boston, Nasdaq, Telecom Italia, drugstore.com, National Bank of Greece und Telenor 4tel AS, Bell Atlantic und Siemens.

| Vorteile | Nachteile |
|---|---|
| Starker Background aus der Objekttechnologie | Proprietäre Schnittstellenentwicklungstechnologie |
| Vertikales Branchen Know-how aus dem Telekom- und Verwaltungsbereich | Der stark objektorientierte Ansatz birgt Nachteile im Messaging-Bereich |
| Sehr gutes Runtime-Management | Aufwendigere Individualsystemintegration |

*Tabelle 14-7: Vor- und Nachteile von Enterprise Integration Template*

Das Produkt Enterprise Integration Template (EIT) von Level 8 Systems wird in Verbindung mit zwei Hauptkomponenten benutzt: dem Workflow Template (WFT) für die Automatisierung verteilter Geschäftsprozesse und dem Business Process Template (BPT) für die Automatisierung lokaler Geschäftsprozesse. Während das BPT primär der Definition applikationsübergreifender Prozesse dient, agiert das WFT als Workflowengine zur Koordination der auszuführenden Aufgaben auf Client-Ebene. Der EAI-Ansatz von EIT variiert dahingehend von anderen EAI-Herstellern, als daß der Datentransport mit EIT ähnlich einem COM- oder CORBA-ORB durchgeführt wird (s. Bild 14-6). Der EIT basiert daher auf einem speicherresidenten virtuellen Objektmodell (Operational Object Model – OOM), das eine einheitliche Geschäftslogik auf verschiedene Entitäten wie z.B. Kunden oder Produkte, herstellt. Dazu werden diese Kernentitäten mit Hilfe der objektorientierten Sprache SNAP Objects modelliert.

Mittels des Object Modelers lassen sich kumulierte Objekte aus mehreren Anwendungen heraus erstellen. Der EIT beherrscht allerdings nicht nur das Routing von Messages von einer Anwendung zur anderen, sondern ist durch sein aktives Bussystem in der Lage, ereignisgesteuert Applikationen oder gesamte Prozesse anzusteuern. Dadurch unterstützt der EIT zugleich auch sämtliche Messaging-Modelle wie RPC, Message Passing, Message Queuing und Publish/Subscribe und kann mit Message Brokern, ORBs sowie Transaktionsmonitoren interagieren und garantiert damit auch Transaktionssicherheit.

Das Mapping zwischen einzelnen Objekten geschieht mit Hilfe des Data Mapping Editor. Dieser erlaubt mittels einer grafischen Benutzeroberfläche die individuelle Zuordnung einzelner Felder von Nachrichten verschiedener Anwendungen. Das Tool unterstützt sowohl One-to-One-, One-to-Many- als auch Many-to-Many-Mappingmechanismen.

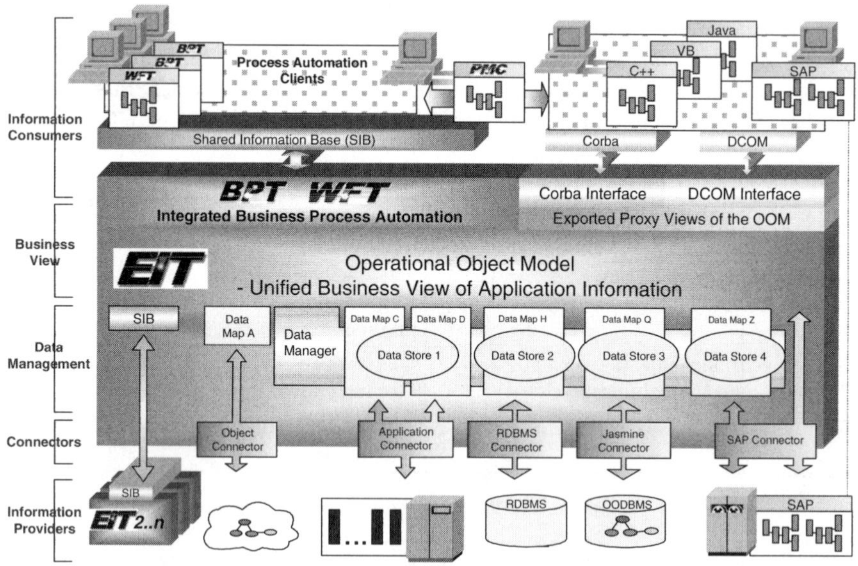


*Bild 14-6: Enterprise Integration Template Architektur [Level 8 2000]*

Um die Anbindung von heterogenen Applikationen zu ermöglichen, bedient sich der EIT des Enterprise Integration Template Connectors, der die Adapter für die zu integrierenden Anwendungen bereitstellt (s. Tabelle 14-8).

| Standard-software | Mainframe | Datenbanken | Middleware | EC | Code |
|---|---|---|---|---|---|
| SAP R/3, Oracle, PeopleSoft | CICS, OS/400 – RPG | DB2, Microsoft SQL Server, Sybase | IMS/TM, IBM MQ Series, BEA TUXEDO | XML | - |

*Tabelle 14-8: Enterprise Integration Template Standardadapter*

## 14.5 Enterprise Application Integration bei der Robert Bosch GmbH

### 14.5.1 Ziele und Bereiche der Integration bei Bosch

Die Robert Bosch GmbH ist eine international ausgerichtete Unternehmung mit über 200‘000 Mitarbeitern in 132 Ländern und einem Umsatzvolumen, welches 2000 DEM 61,7 Mrd. betrug. Die gesamte Bosch-Gruppe setzt sich heute aus etwa 250 Tochtergesellschaften in 48 Ländern zusammen. Bosch betreibt 185 Produktionsstätten, von denen sich 142 außerhalb Deutschlands in Europa, Nord- und Südamerika, Afrika, Asien und Australien befinden. Die weltweiten Aktivitäten der Bosch-Gruppe sind in die drei Geschäftsbereiche Kraftfahrzeugtechnik, Industrietechnik, Gebrauchsgüter- und Gebäudetechnik gegliedert.

Ein wesentlicher Erfolgsfaktor für ein stark diversifiziertes Unternehmen wie Bosch besteht in der Unterstützung der intra- und interorganisationalen Geschäftsprozesse innerhalb einer homogenen Informationssystemarchitektur. Die europäischen IT-Aktivitäten wurden deshalb bereits 1995 im Querschnittsbereich Informationsverarbeitung (QI) gebündelt. Als interner Dienstleister unterstützt dieser die Automatisierung von Abläufen, die Gestaltung von Geschäftsprozessen sowie die Bereitstellung von Informationen in kaufmännischen und technischen Bereichen. Da Bosch eine historisch gewachsene Unternehmung ist, zeichnet sich auch die zugrundeliegende Informationssystemarchitektur durch ein hohes Maß an Heterogenität aus. Im Zuge einer Homogenisierung migriert QI derzeit einen Großteil der Altsysteme auf SAP R/3 und integriert Individual-, EC-, CRM- SCM-Systeme in diese neue Landschaft. Die wesentlichen Auslöser hierfür sind:

- *Software Treiber*. Die Migration der Altsysteme auf SAP R/3, die Integration bestehender Individualsysteme in die neue entstehende Systemarchitektur sowie Boschs Best-of-Breed-Ansatz2 erfordern das Management hunderter neuer Schnittstellen.

- *Finanzielle Treiber.* Die Kosten der neu entstehenden Schnittstellen sind enorm. Boschs Erfahrungen haben gezeigt, daß der Programmieraufwand, um eine einzige Schnittstelle ca. 15-20 Personentage beansprucht. Hierzu addiert sich zusätzlich der Aufwand für die Wartung, wenn neue Systeme implementiert oder bestehende Geschäftsprozesse verändert werden.
- *Interne Treiber.* Boschs diversifizierte Organisationsstruktur erfordert ein hohes Maß an Flexibilität geschäftsbereichsübergreifender Prozesse. Entwicklung, Controlling, Verkauf, Qualitätsmanagement, Finanzwesen und Reporting müssen auf einer homogenen IT-Infrastruktur basieren, die je nach Bedarf einfach rekonfiguriert werden kann.
- *Externe Treiber.* Die hohen Anforderungen der verschiedenen Geschäftsbereiche zur Implementierung zwischenbetrieblicher Geschäftsprozesse erfordern die Integration ständig neuer Informationssysteme in die bestehende Systemarchitektur. Zur Optimierung der Geschäftsprozesse mit seinen Lieferanten verwendet Bosch daher eSales-, eProcurement- und SCM-Systeme.

QI schätzt die Anzahl an neuen Schnittstellen, die sich durch die schrittweise Migration der Applikationsarchitektur hin zu neuen ERP-, EC-, SCM- und CRM-Systemen ergibt, auf ca. 700. Zur Lösung dieses Problems implementiert Bosch daher eine standardisierte Integrationsinfrastruktur, den sogenannten ‚Business Bus' (s. Kap. 1.1.2). EAI-Systeme bilden als Instrument zur Realisierung dieses Business Bus eine wesentliche Voraussetzung.

### 14.5.2 Integration von ERP-Systemen

Wie die meisten historisch gewachsenen Unternehmen sieht sich auch Bosch mit der Herausforderung konfrontiert, seine Applikationsarchitektur zentral zu koordinieren, um eine flexiblere und standardisiertere Architektur innerhalb des Unternehmens sicherzustellen. Die meisten der 250 Tochtergesellschaften und 185 Produktionsstätten entwickelten in der Vergangenheit individuelle Informationssysteme, die auf die jeweiligen Anforderungen zugeschnitten waren. Aufgrund mangelnder Flexibilität auf sich ändernde Geschäftsprozesse ergibt sich die Forderung, die Applikationsarchitektur durch die Migration auf SAP R/3 zu harmonisieren, um so ein konzernweites Finanzwesen und Reporting implementieren zu können. Ein wesentliches Problem bei dieser Migration sind die regionalen Tochtergesellschaften, die wiederum unterschiedliche Anforderungen für die Konfiguration ihrer R/3-Systeme für sich erheben und dadurch erneut eine heterogene

---

[2] Best-of-Breed bezeichnet eine Softwarestrategie, die auf den Einsatz der jeweils besten Systeme verschiedener Hersteller ausgelegt ist.

Landschaft hervorrufen. Obwohl für die einzelnen Geschäftsbereiche und deren regionale Gesellschaften unterschiedliche Konfigurationen implementiert werden, können nun zumindest die Kernprozesse konzernweit integriert werden.

Bosch folgt bei der Einführung seiner neuen SAP R/3-Architektur einem schrittweisen Ansatz. Bild 14-7 zeigt die Vielzahl der Schnittstellen, die bei dieser Migration implementiert werden müssen. Bosch schätzt, daß allein mit der Implementierung von SAP R/3 ca. 300 neue Schnittstellen zu bestehenden Systemen entstehen und gewartet werden müssen.

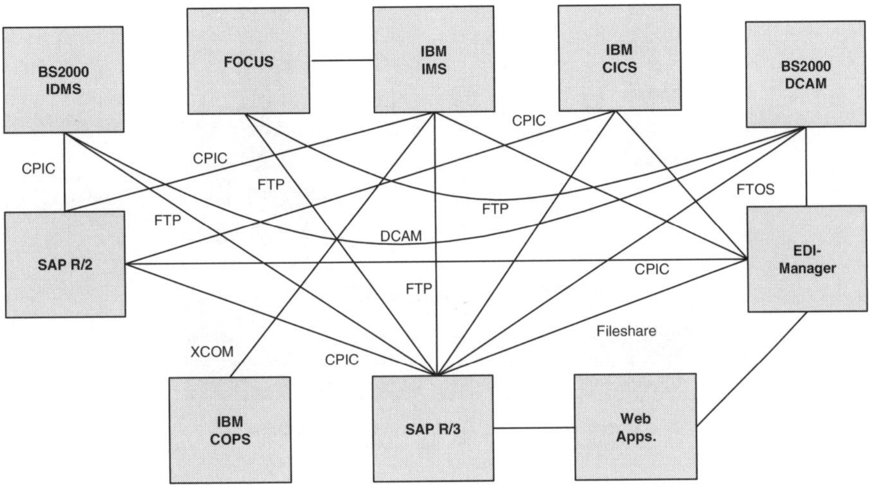


*Bild 14-7: Entstehende Schnittstellen bei Bosch*

## 14.5.3 Integration von EC-Systemen

Da Bosch seine Produkte vorwiegend über Handelspartner vertreibt, setzt das Unternehmen ausschließlich Business-to-Business Systeme für die Beschaffung und den Verkauf ein. Bosch sieht die Integration seiner internen Prozesse und die Harmonisierung seiner Applikationsarchitektur mit SAP R/3 als eine Voraussetzung für die Integration zwischenbetrieblicher Geschäftsprozesse mit Lieferanten und Kunden über EC-Systeme. Erst eine intern konsistente Datenhaltung ermöglicht ein einheitliches Auftreten gegenüber Kunden und Lieferanten.

Eines der ersten EC-Systeme bei Bosch war das Blaupunkt Extr@Net (s. Kapitel 5.3.1). Um die Corporate Identity gegenüber seinen Kunden zu wahren, plant Bosch, die Internet-Verkaufsaktivitäten des gesamten Bosch-Konzerns unter einen einheitlichen Dach, dem Bosch Portal, zu integrieren und dadurch sowohl zwischenbetriebliche als auch geschäftsbereichsübergreifende Prozesse im Business-to-Business Bereich zu bündeln (s. Bild 14-8). Durch diese unternehmensweite Homogenisierung ergibt sich auch die Forderung nach der Integration der zugrundeliegenden ERP- und Individualsysteme. Der Business Bus soll helfen, die Komplexität dieses Integrationsvorhabens zu reduzieren.

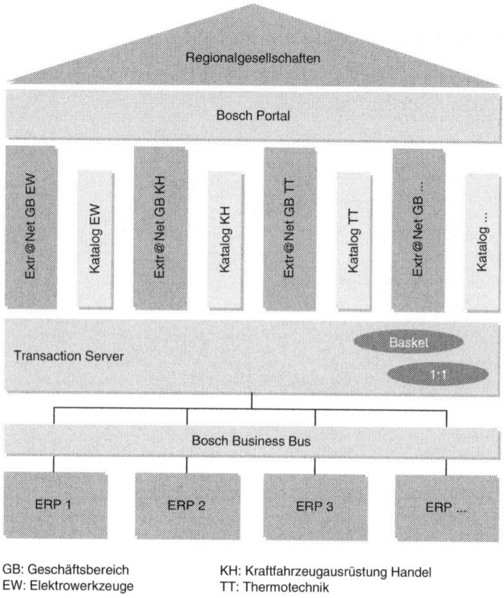


*Bild 14-8: Bosch Portalarchitektur*

Neben verbesserter Corporate Identity möchte Bosch vor allem die Integration zum Kunden verbessern. Beispielsweise bezieht das Do-it-Yourself Unternehmen OBI mit Sitz in Wermelskirchen vom Geschäftsbereich Blaupunkt Autoradios und Zubehör, Bohrmaschinen vom Bereich Elektrowerkzeuge sowie Scheibenwischer und Zündkerzen vom Geschäftsbereich Kraftfahrzeugausrüstung Handel. Zur höheren Kundenzentrierung strebt Bosch eine Shop-in-the-Shop Portallösung an, die transparentere und schlankere Prozesse auf der Grundlage individualisierter EC-Anwendungen ermöglicht. Da die Kunden in unterschiedlichen Regionen verschiedenartige Preis- und Absatzstrukturen aufweisen, besteht das Ziel darin, regionalspezifische Sub-Portale sowohl für den Handel als auch für den Endkunden anzubieten. Da bei den Konsumenten andere Preisstrukturen wie beim Handel zugrunde gelegt werden, besteht der nächste Integrationsschritt darin, die Bosch-Kataloge mit spezifischen Konditionen in die Portallösung von OBI einzubinden.

### 14.5.4 Integration von SCM-Systemen

Als eng mit EC zusammenhängende Business Networking Strategie wurde in Kapitel 5.3.2 das SCM beschrieben. Bosch setzt schon seit geraumer Zeit SCM-Systeme für die Koordination und Optimierung der internen Supply Chain (⇒ Glossar) ein. Die Anforderungen, welche sich aus der Implementierung von EC-Systemen wie z.B. reduzierte Lieferzeiten und Verfügbarkeitsabfragen, ergeben, verstärken jedoch den Zwang zur engeren Integration der Produktionsstätten, zentraler und regionaler Lager und nicht zuletzt auch externer Lieferanten.

Die Verfügbarkeit einer neuen Generation von SCM-Systemen (s. Kap. 10) ermöglichen Bosch zudem ein interoganisationales Modell der Supply Chain zur engeren Integration seiner Geschäftsprozesse mit denen seiner Kunden zu modellieren. Aus diesem Grund wird derzeit für den Geschäftsbereich Kraftfahrzeugausrüstung Handel ein SAP Advanced Planner and Optimizer (APO) projektiert. Mit der Implementierung dieses Systems müssen zahlreiche Individualsysteme, SAP R/2- und R/3-Systeme zur Nutzung operativer Daten eingebunden werden. Als Folge entstehen ca. 200 neue Schnittstellen.

### 14.5.5 Implementierung des Business Bus

Die Analyse der verschiedenartigen Integrationsansätze in Kapitel 14.2 zeigte, daß heute verfügbare EAI-Systeme unterschiedliche Integrationsebenen wie Daten-, Objekt- und Prozeßintegration adressieren. Die Evaluation der unterschiedlichen Herstelleransätze im Rahmen des Integrationsprojekts bei Bosch ergab, daß der Einsatz eines einzigen EAI-Systems nicht alle Belange einer spezifischen, historisch gewachsenen Applikationsarchitektur eines Unternehmen befriedigen kann. Um eine Entscheidung für die richtige Kombination unterschiedlicher EAI-Systeme für den Bosch Business Bus treffen zu können, evaluierte das Unternehmen fünf Systeme von BEA Systems, CrossWorlds, IBM, Level 8 Systems und Mercator Software durch die Anwendung von vier Kriterien (s. Tabelle 14-9):

- *Applikationstyp*. Die Implementierung von SAP R/3 erfordert die Integration einer Vielzahl an Mainframe- und Individualsystemen, für die keine Standardadapter verfügbar sind. Zusätzlich nutzt Bosch bereits IBMs MQ Series für den physischen Datenaustausch zwischen verschiedenen Applikationen. Das hierfür erforderliche EAI-System muß daher im Bereich der Entwicklungsdienste im Sinne einer Toolkit Applikation ausgestattet sein, welches dem Entwickler zum einen Unterstützung bei der Programmierung individueller Adapter für Individual- und Altsysteme bietet und zum anderen bereits existierende Middleware wie MQ Series unterstützt.
- *Integrationstiefe*. EAI-Systeme zur engen Kopplung von Systemen unterstützten Unternehmen bei der synchronen Integration während Systeme, die pri-

mär die lose Kopplung zwischen Applikationen adressieren Unternehmen bei der Implementierung asynchroner Integrationsmechanismen unterstützen. Wie in den meisten Unternehmen sind bei Bosch beide Varianten im Einsatz. Ein bekanntes Beispiel für asynchrone Integration bietet der Austausch von Bewegungs- und Stammdaten zwischen verteilten ERP-Systemen. Auf der anderen Seite finden synchrone Szenarien Mechanismen ihren Einsatz vor allem bei EC-Systemen im Rahmen von Verfügbarkeitsabfragen aus ERP-Systemen oder bei ERP-Abfragen von SCM-Systemen für Constraint-basierte Produktionsplanungsläufe.

- *Altsystemintegration.* Die meisten EAI-Hersteller wie z.B. CrossWorlds oder Level 8 Systems konzentrieren sich auf die Unterstützung von Standardsoftwaresystemen wie SAP R/3, Oracle oder Baan. Einige wenige, wie z.B. BEA Systems oder Mercator Software, die vormals traditionelle Middleware offerierten, bieten EAI-Systeme an, die den Anwender bei der Integration von Altsystemen wie IBM CICS oder Siemens BS2000 unterstützen. Besonders für historisch gewachsene, multinationale Unternehmungen wie Bosch, bei denen eine Substituierung dieser Systeme oftmals nicht profitabel oder aus Wettbewerbsgründen nicht sinnvoll ist, bildet die Unterstützung dieser Systeme eine zentrale Anforderung.

| Kriterium / System | Integrierte vs. Toolkit Applikation | Enge vs. lose Kopplung | Individual- vs. Standardsoftware-integration | Intra- vs. Interorganisationale Integration |
|---|---|---|---|---|
| **BEA Systems** eLink | Toolkit Applikation | Enge und lose Kopplung | Individualsoftware-integration | Intraorganisationale Integration |
| **CrossWorlds** United Applications Architecture | Integrierte Applikation | Enge Kopplung | Standardsoftware-integration | Intraorganisationale und interorganisationale Integration |
| **IBM** MQ Series Integrator | Toolkit Applikation | Lose Kopplung | Individualsoftware-integration | Intraorganisationale Integration |
| **Mercator Software** Mercator | Toolkit Applikation | Lose Kopplung | Individualsoftware-integration und SAP R/3 | Intraorganisationale und interorganisationale Integration |
| **Level 8 Systems** Enterprise Integration Template | Toolkit Applikation | Enge und lose Kopplung | Standardsoftware-integration | Intraorganisationale Integration |

*Tabelle 14-9: Differenzierungskriterien für EAI-Systeme*

- *Integrationsreichweite.* BEA Systems und Level 8 Systems haben ihre Wurzeln in der Entwicklung klassischer Middleware (intraorganisationale Integration), wohingegen sich CrossWorlds als relativ junger Anbieter primär auf die Integration zwischenbetrieblicher Prozesse konzentriert. CrossWorlds bietet z.B. Standardprozeßkonfigurationen für EC an, die sehr leicht mittels eines grafischen Prozeßmodellierungssystems an individuelle Anforderungen angepaßt werden kann. Andererseits hat Mercator Software traditionell einen sehr starken Fokus auf der Integration von ERP-Systemen via EDI. Dies ist auch der Grund, weshalb Mercator Software eine Vielzahl an EDI-Szenarien und -Standards wie z.B. UN/EDIFACT und Odette in seine Produkt-architektur integriert hat.
- *Integrationsarchitektur.* Einzelne EAI-Systeme bilden nur autonome Komponenten eines ganzheitlichen Integrationsansatzes ab. Entscheidend ist deren Kombination zu einer Integrationsarchitektur, welche alle Belange einer spezifischen Applikationsarchitektur berücksichtigt. Einen ähnlichen Ansatz verfolgt auch die Open Applications Group mit ihrem ‚Integration Backbone'. Bild 14-9 appliziert die Metapher des Business Bus auf die konkreten Anforderungen der Robert Bosch GmbH. Jeder Geschäftsbereich, wie z.B. die Handelsbereiche oder der Bereich KFZ-Erstausrüstung verwendet hierbei spezifisch auf seine individuellen Bedürfnisse angepaßte Implementierungen des SAP R/3-Systems. Zur Integration intra- und interorganisationaler Geschäftsprozesse verwendet Bosch SCM- und EC-Systeme von SAP und anderen Herstellern wie z.B. Intershop. Bosch konsolidiert sein konzernweites Finanz- und Berichtswesen über ein weltweites SAP R/3-System. Alle diese Systeme sollen in die existierende Landschaft über den Bosch Business Bus integriert werden

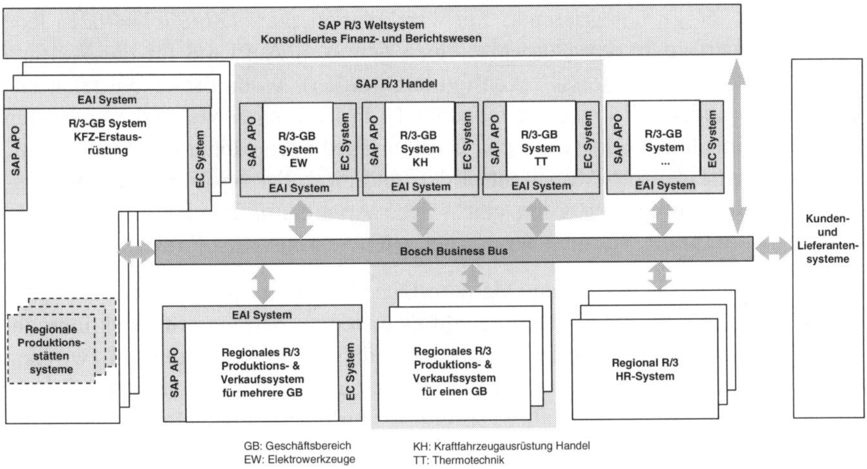


*Bild 14-9: Applikationsarchitektur der Robert Bosch GmbH*

### 14.5.6 Nutzen des EAI-Einsatzes

Bosch erachtet das Konzept des Business Bus als geeignet zur Organisation und Kontrolle der Interaktion zwischen unterschiedlichen internen und externen Informationssystemen, so daß einheitliche Geschäftsziele unternehmensweit sichergestellt sind. Die Vorteile der Bosch Business Bus-Architektur sind:

- Unterstützung eines Best-of-Breed-Ansatzes
- Mehr Flexibilität bei der Integration geschäftsbereichsübergreifender Geschäftsprozesse sowie deren Unterstützung durch ERP- und andere, heterogene Informationssysteme
- Flexible Integration von Lieferanten und Kunden mittels CRM-, EC- und SCM-Systemen
- Aufwandsreduktion bei der Implementierung neuer und der Wartung bestehender Applikationen

Da Investitionen in neue Informationssysteme immer auch einer detaillierten Kosten-/Nutzenrechnung unterliegen, gilt dieses für EAI-Systeme um so mehr, da sie ‚nur' Funktionalität vorhalten, um bereits bestehende Systeme zu integrieren. Eine mathematische Betrachtung dieses Kosten-/Nutzenproblems gibt dabei Aufschluß über die Vorteile einer standardisierten Integrationsinfrastruktur gegenüber klassischen Punkt-zu-Punkt-Verbindungen. Unterstellt man ein interaktives Integrationsverfahren im Sinne einer Zwei-Wege-Kommunikation, so wächst die Anzahl möglicher Integrationspunkte zwischen zwei Applikationen (n) im Verhältnis $n \cdot (n-1)$. Das bedeutet, daß die minimale Anzahl an Verbindungen zwischen zwei Softwarekomponenten gleich zwei ist. Wendet man diesen Ansatz auf ein Projekt wie dem bei Bosch an, bei dem ca. 700 Schnittstellen betroffen sind, so ergeben sich bis zu 27 zu integrierende Softwarekomponenten [$27 \cdot (27-1)=702$]. Jede Schnittstelle erfordert typischerweise einen gewissen Aufwand für die Wartung (z.B. wenn Geschäftsprozesse rekonfiguriert werden). Wenn dieser Wartungsaufwand neben anderen Tätigkeiten maximal 10 Prozent einer vollzeitbeschäftigten Person vereinnahmen darf (was etwa 2 vollen Tagen pro Monat bei durchschnittlich 20 Arbeitstagen pro Monat entspricht) und diese Person 27 Softwarekomponenten warten muß, so erfordert eine solche Applikationsarchitektur 70,2 Vollzeitangestellte für die Wartung der existierenden Schnittstellen [$702 \cdot 0{,}10=70{,}2$].

Da der Business Bus auf einem ‚Many-to-One' Integrationskonzept basiert, reduziert sich die oben betrachtete Formel auf eine weitaus geringere Konnektionszahl von $n \cdot 2$. Damit ergibt sich eine minimale Anzahl von 54 Verbindungen zwischen maximal 27 Softwarekomponenten [$27 \cdot 2=54$]. Unterstellt man dieselben Kosten für die Wartung der Schnittstellen, so ergibt sich ein ständiger Personalaufwand von 5,4 Vollzeitbeschäftigten [$54 \cdot 0{,}10=5{,}4$].

Noch einsichtiger wird die Kosten-/Nutzenbetrachtung, wenn man die Gesamtkosten für die Erstellung und die Wartung der Schnittstellen für die zugrundeliegenden 27 Softwarekomponenten betrachtet. Legt man das Gehalt eines Sofwareingenieurs mit DEM 100‘000 (einschließlich aller Sozialkosten wie Krankenversicherung, etc.) pro Jahr fest, lassen sich die Einsparungen bei der Integration über einen Business Bus gegenüber klassischen Punkt-zu-Punkt-Integrationsansätzen direkt monetär vergleichen. Legt man den bei Bosch ermittelten, minimalen Wert von ca. 15 Personentagen für die Implementierung neuer Schnittstellen für eine Punkt-Punkt-Verbindung zugrunde, so ergibt sich bei 702 Schnittstellen ein Aufwand in Höhe von knapp DEM 2,9 Mio. (s. Tabelle 14-10). Legt man für die Wartung den oben ermittelten Wert von 70,2 Personentagen zugrunde, resultiert daraus ein jährlicher Betrag von ca. DEM 7 Mio. Bei der Integration über den Business Bus reduziert sich, wie die Erfahrungen bei Bosch gezeigt haben, der Aufwand bei der Integration neuer Applikationen auf etwa 5 Personentage. Damit ergibt sich eine einmalige Einsparung in Höhe von knapp DEM 2 Mio. für die Implementierung neuer Systeme und eine zusätzliche, jährliche Einsparung von knapp DEM 6,5 Mio. für die Wartung der bestehenden Schnittstellen.

| **Integrationsansatz** | **Implementierung neuer Systeme/Schnittstellen** | **Wartung existierender Systeme/Schnittstellen** |
|---|---|---|
| Punkt-zu-Punkt | [(100‘000 : 365) · 15] · 702 = DEM 2‘884‘932 | 70,2 · 100‘000 = DEM 7‘020‘000 |
| Business Bus | [(100‘000 : 365) · 5] · 702 = DEM 961‘644 | 5,4 · 100‘000 = DEM 540‘000 |
| **Einsparungen** | **DEM 1‘923‘288** | **DEM 6‘480‘000** |

*Tabelle 14-10: Kostenvergleich zwischen Punkt-zu-Punkt- und Business Bus-Integration*

## 14.6 Zusammenfassung und Ausblick

EAI-Systeme ermöglichen die Realisierung einer Integrationsinfrastruktur im Business Networking. Während die Bedeutung dieser Systeme seit Mitte der neunziger Jahre stetig zugenommen hat, bleibt die Migration für die meisten Unternehmen eine große Herausforderung. Ein Grund dafür sind nicht zuletzt historisch gewachsene Applikationsarchitekturen, deren Heterogenität und Autonomie der in ihr enthaltenen Komponenten oftmals kaum mehr zu beherrschen ist. Mit der Entstehung von EAI-Systemen gehört die Isolation dieser Applikationen der Vergangenheit an.

Wie das Projekt bei der Robert Bosch GmbH gezeigt hat, generieren EAI-Systeme Nutzen in primär zwei Bereichen: Zum einen ermöglichen und unterstützen sie integrierte Informationsflüsse und erhöhen damit zugleich die Flexibilität von Geschäftsprozessen innerhalb und zwischen Unternehmen. Zum zweiten sind

EAI-Systeme Instrumente, um die Implementierungs- und Wartungskosten bei der Einführung neuer und Einbindung alter Informationssysteme innerhalb großer multinationaler Unternehmen drastisch zu reduzieren. Gerade deshalb ist zur Bewertung, Auswahl und Einführung dieser Systeme ein systematischer und homogenen Ansatz mit geeigneten Kriterien erforderlich.

Neben der Komplexität, die der Definition eines Business Bus inhärent ist, lassen sich weitere nicht-technische Erfolgsfaktoren identifizieren. So wird erstens die Legitimität von EAI-Systemen unterwandert, wenn z.B. autonome Geschäftsbereiche bei Bosch neue Informationssysteme einführen, die nicht mit dem Business Bus kompatibel sind. Deshalb erfordert die Implementierung neuer Informationssysteme in dezentralisierten Organisationsstrukturen immer auch eine zentrale Koordinationsstelle, welche die Gesetze einer homogenen Applikationsarchitektur wahrt und keine neue Inseln entstehen läßt.

Zweitens sind EAI-Systeme immer auch mit Skaleneffekten verbunden. Jede Implementierung eines neuen Informationssystems sowie der ständige Wartungsaufwand innerhalb der Applikationsarchitektur wird die anfänglichen Implementierungskosten des EAI-Systems reduzieren und dem Projekt zu einem schnellen ROI verhelfen. Unternehmen sollten daher einen hohen Wiederverwendungsgrad solcher Bussysteme bei der Integration neuer Systeme anstreben.

Drittens erfordern die unterschiedlichen Integrationsansätze der EAI-Hersteller eine sinnvolle Kombination dieser Systeme innerhalb eines Unternehmens. So bietet z.B. CrossWorlds ein hochintegriertes EAI-System für die intra- und interorganisationale Integration von Standardsoftware, während das System von Mercator Software derzeit eine der besten Lösungen zur Transformation unterschiedlicher Objektmodelle von Individual- und Altsystemen bietet. Da sich alle EAI-Systeme zum Teil erheblich hinsichtlich Flexibilität, Funktionalität, Performance und Komplexität unterscheiden, sind Unternehmen auf einen Best-of-Breed-Ansatz auch bei der Auswahl und dem Einsatz ihrer EAI-Systeme für den Business Bus angewiesen.

Sieht man die Anforderungen für eine optimale Kombination von EAI-Systemen durch die Anwendung systematischer Differenzierungskriterien als gegeben, erweist sich eine standardisierte Integrationsinfrastruktur in Form eines Business Bus als ein kosteneffektiver Weg, um das Integrationsproblem, das aus Software, finanziellen, internen und externen Treibern resultiert, zu lösen.

# 15 eServices zur ERP-Integration von eMarkets

*Norbert Kaltenmorgen, Roland Klüber, Florian Leser, Rainer Alt*

## 15.1 Business Networking und ERP-Integration

Integration ist ein Schlüsselelement von Business Networking-Applikationen. Einerseits bestehen in vielen Unternehmen Initiativen zur Neugestaltung interner Prozesse und der Verschmelzung einzelner Teilprozesse in integrierten Informationssystemen, wie eProcurement-Systeme. Die rasante Entwicklung von neuen elektronischen Geschäftsmodellen wie Märkten, z.B. Covisint in der Automobilbranche, ChemConnect in der Chemieindustrie, oder eService-Providern, z.B. inet-logistics in der Logistik oder Deutsche Merchant im Factoring, erfordert andererseits eine Integration mit externen Partnern. In diesen neuen Geschäftsmodellen übernehmen die Partner Teilprozesse oder ersetzen herkömmliche Unternehmensprozesse durch neue, qualitativ hochwertige IT-gestützte Prozesse, die idealerweise eine nahtlose Erweiterung der Unternehmensprozesse sind. Dies erfordert eine Integration der ERP-Systeme der Unternehmen und der IS-Architekturen der eMarkets und eServices.

Den Herstellern von ERP-Systemen ist es noch nicht gelungen, nach außen gerichtete eBusiness-Aktivitäten wie elektronische Märkte oder elektronische Beschaffung vollkommen mit internen Prozessen zu integrieren. Die Integration mit neuen Partnern über elektronische Medien und Lösungen wie z.B. mySAP.com von SAP, hat erst begonnen, und bekommt durch Initiativen wie E-Services und E-Speak von Hewlett-Packard oder tpaML von IBM weiteren Auftrieb. eServices werden demzufolge als die nächste Revolution gesehen [vgl. Plummer/Smith 2000]. Die Integration von eServices in eine vorhandene Organisation bringt neue Herausforderungen mit sich, da Prozeß-, Daten-, Protokoll- und Schnittstellenstandards für den dynamischen eService-Zugang noch in der Entwicklung oder Einführungsphase stecken. Dies ist z.T. dadurch begründet, daß die große Mehrheit der IT-Infrastrukturen der neuen elektronischen Geschäftsmodelle komplette Eigenentwicklungen sind. Laut einer Prognose der Gartner Group wird der Markt für Integrationsleistungen jedoch bis zum Jahre 2004 USD 100 Mrd. bei einem jährlichen Wachstum von über 50 % erreichen [GartnerGroup 2000].

Da das Wissen und die Kompetenzen, die zur Problemlösung benötigt werden zur Zeit innerhalb der Unternehmen noch schwer zu finden sind, wird das Outsourcing dieser Aktivitäten an Dritte immer attraktiver. Verstärkt wird diese Tendenz durch die Tatsache, daß Unternehmen die technisch limitierten und auch teuren 1:1-Lösungen zwischen Geschäftspartnern vermeiden wollen, die früher durch beziehungsspezifische Schnittstellen und Anwendungen bei EDI- oder CAD-Systemen entstanden sind. Der Fall Triaton zeigt, wie ein eService-Geschäftsmodell eines Outsourcingdienstleisters für die Integration von eMarkets an ERP-Systeme entwickelt wird und wie die technische Realisierung erfolgt.

## 15.2 eMarkets und eServices im Business Networking

### 15.2.1 Entwicklung und Marktpotential

Elektronische Märkte sind ein fester Bestandteil von Business Networking-Strategien in allen Branchen. Bekannte Beispiele sind Covisint, ein Joint-Venture von General Motors, Ford, DaimlerChrysler, Nissan, Renault und weiteren oder ChemConnect, ein Joint-Venture von Bayer, BASF, BP Amoco, Eastman Chemicals, Celanese, Dow, ICI und weiteren. Das Volumen elektronischer Transaktionen wird nach Erwartung von Analysten von gegenwärtig knapp USD 1‘200 Mrd. bis ins Jahr 2004 auf knapp USD 4‘800 Mrd. wachsen [vgl. Andrew et al. 2000]. Optimistische Schätzungen gehen gar von einem Wert von knapp USD 6‘000 Mrd. aus [vgl. Bermudez et al. 2000]. Der Anteil der über eMarkets abgewickelten Transaktionen wird nach Schätzungen von Analysten 10–20 % des gesamten Volumens ausmachen [vgl. Blodget/McCabe 2000]. Optimistische Schätzungen sprechen hier von einem Anteil von über 30-50% [vgl. Andrew et al. 2000]

Zu beobachten ist gegenwärtig eine starke Konsolidierung elektronischer Märkte [vgl. Hof 2000]. Diese Tendenz wird sich bis zur Erreichung von kritischen Massen weiter verstärken. Solange Unternehmen Nutzen aus der Teilnahme an elektronischen Märkten ziehen können, werden eMarkets jedoch weiter bestehen.

### 15.2.2 Nutzen von eMarkets

Gegenüber den traditionellen Beschaffungs- und Vertriebskanälen bieten internetbasierte eMarkets den Vorteil geringerer Transaktionskosten. Suchkosten (z.B. in Katalogen oder physischen Ausstellungen) werden reduziert und die Erreichung weiterer Kunden wird erleichtert. Kataloge von elektronischen Marktplätzen fassen Angebote mehrerer Anbieter einer Branche (vertikale Integration) oder branchenübergreifend (horizontale Integration) zusammen. Beispielsweise enthält der Katalog des eMarkets Chemplorer über 180‘000 verschiedene Produkte für die Chemieindustrie (s. Kap. 11).

Verschiedene Mechanismen stehen für die Koordination in eMarkets zur Verfügung. Einerseits helfen Auktionen, Börsen und das elektronische Einholen von Angeboten (Request for Bid, RFB) Markttransparenz und eine höhere Markteffizienz zu erreichen. Zusätzlich wird das Risiko verringert, bei Beschaffungsengpässen keine Ersatzlieferanten zu finden und für Restbestände keine Abnehmer zu finden [vgl. Kuper/Billington 2000, 33]. Unternehmen gelingt es, an eMarkets signifikante Einsparungen in der Beschaffung durch Preisreduktionen zu erzielen (s. Kap. 11.4.6). Die Bayer AG konnte bei der Beschaffung von Verpackungsmaterialien den Preis durch eine Auktion um 15% unter das bisherige Preisniveau senken [vgl. Hübner 2000]. Durch vorgefertigte Musterverträge werden auch die Kosten der Vertragsvereinbarung gesenkt [vgl. Merz 1996, 12].

### 15.2.3 Nutzen der Prozeßintegration

Weitere Effizienzsteigerungen sind zu erreichen, wenn die internen Prozesse mit den Prozessen des eMarkets und weiterer Lieferanten integriert werden. Insbesondere in der Beschaffung indirekter Güter (eProcurement) lassen sich so 80% der Beschaffungskosten einsparen.

eMarkets sind bemüht, sich durch weitere Dienste von Ihren Konkurrenten zu differenzieren, um so die Konsolidierungsphase zu überstehen und weitere Kunden zu gewinnen [vgl. Hof 2000]. Dienste wie News und Monitoring lassen sich leicht auf Basis der bestehenden eMarket IT-Infrastruktur und des zugehörigen Know-hows anbieten. Für die Integration mit den Prozessen der Markplatzkunden ist aber zusätzliches Know-how an ERP-Systemen und Integrationstools erforderlich.

Gegenwärtig verfügen gemäß einer Befragung von Forrester Research nur 6% der eMarkets über eine Backend Integration. Im Jahre 2002 planen 42% der eMarkets, ihren Kunden diese Leistung anzubieten. Mit den hohen Anforderungen an ERP-, Integrations- und eMarketinfrastruktur-Know-how sowie einer steigenden Nachfrage an Lösungen ergibt sich eine Marktchance für spezialisierte Dienstleister. Viele eMarkets haben bereits Kooperationen mit IT-Partnern geschlossen, um sich nicht den Risiken mangelhafter IT auszusetzen. Zunehmend werden jedoch komplexere Outsourcingszenarien notwendig, um den Anforderungen von Kunden an Logistik, Finanzierung und Prozeßintegration gerecht zu werden.

### 15.2.4 Integrationsanforderungen

Vorraussetzung für die Integration ist ein geeignetes Modell, in dem die technische Umsetzung einer Integrationslösung dargestellt wird. Dieses Modell wurde vom Business Networking-Modell abgeleitet (s. Kap. 2.2) und fokussiert auf die Integrationsaspekte zwischen Intermediären, eMarkets und eServices. Schlüssel der Integration ist die Standardisierung (vgl. [Hartman et al. 2000], [Berners-Lee 1999]) auf allen Ebenen des Kommunikationsmodells (s. Kap. 13.2.2): Pragmatik (Standardisierte Prozesse), Semantik (Standardisierte Inhalte), und Syntax (Standardisierte Datenfelder). Gegenwärtige Standards fokussieren in erster Linie auf die Syntaxebene (z.B. EDIFACT), weitere Aktivitäten bestehen zur semantischen Standardisierung (z.B. EAN, eCl@ss). Aus Implementierungssicht sind drei Elemente des Business Networking Modells relevant:

- *Business Bus.* Eine Reihe von Standards, die den Austausch von Informationen, Produkten und Dienstleistungen unter Geschäftspartnern unterstützen. Es handelt sich um einen logischen Raum, in dem (komplexe) Dienstleistungen und Produkte auf flexible und effiziente Art auf der Basis von vorher vereinbarten Standards ausgetauscht werden. Ziel und Zweck ist die Definition von Standards, die ‚Plug & Play'-Anschlüsse ermöglichen. Beispiele sind Standards für Kataloge (z.B. BMEcat, eClass, cXML) oder Prozesse (z.B. CPFR, RosettaNet).[1] Die standardisierte Infrastruktur des Internets wird auf den Austausch von Geschäftsinformationen, Services und Wissen auf der semantischen Ebene ausgedehnt. Das Konzept baut auf der zunehmenden Verfügbarkeit von modularen eServices und Standards für Prozesse, Daten und Schnittstellen auf.

- *Business Port.* Informationssysteme oder eServices die es einem Unternehmen ermöglichen, Schnittstellen zu einer großen Anzahl von Partnern zu schaffen. Die erste Generation von Business Ports sind schon auf dem Markt (z.B. SAP Business Connector oder Tools für Enterprise Application Integration [vgl. Linthicum 2000]) und werden sich mit der Verbreitung von XML-bezogenen Standards sicherlich weiterentwickeln. Diese Informationssysteme oder externen Services bilden die Ebene, die unterschiedliche Syntax und Semantik auf der Basis von Standards verwaltet, die durch den Business Bus definiert werden. Sie kann als individualisierte Ebene gesehen werden, welche die interne mit der externen IT-Welt verbindet und hohe Anforderungen an Sicherheit, Leistungs- und Serviceniveau aufweist.

- *Standardsoftware.* Zunehmend wird Standardsoftware für einzelne Business Networking-Strategien verfügbar. Standardkomponenten (z.B. für CRM und EC) unterstützen die Verbreitung von Prozessen und Schnittstellen. Eine weitere Auswirkung von Standardkomponenten ist, daß sie leicht an eServices ausgelagert werden können.

---

[1] cXML steht für Commerce Extended Markup Language und CPFR für Collaborative Planning, Forecasting, and Replenishment (www.cpfr.org).

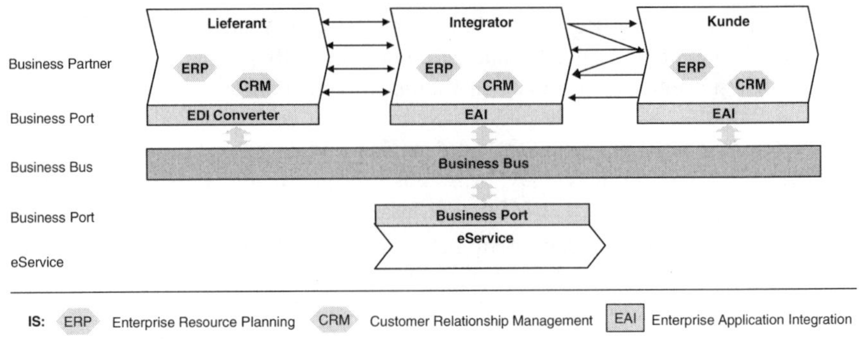


*Bild 15-1: Elemente des Business Networking-Modells*

Bild 15-1 stellt das Beispiel eines Intermediäres dar, der sein IS mit einem eService und seinen Partnern über den Business Bus vernetzt hat. Alle Teilnehmer verwenden die gleichen Standards und müssen zur Abbildung ihrer internen Prozesse und Datenstandards Business Ports implementieren.

## 15.3 eServices zur Integration - der Fall Triaton

### 15.3.1 newtron und Triaton – eMarket und Systemhaus

Die newtron AG ist ein typischer Vertreter der sogenannten ‚New Economy'. Die Kerngeschäftsbereiche umfassen die Entwicklung von eMarket-Software sowie der Betrieb von eMarkets im Rahmen eigener Betreibergesellschaften (www.newtron.net). Im Herbst 2000 wurden ca. 60 Mitarbeiter an 4 Standorten beschäftigt. Die von newtron entwickelte eMarket-Software stellt eine Handelsplattform zur Unterstützung der Geschäftsprozesse im Einkauf und Verkauf dar. Im wesentlichen werden die Prozesse Ausschreibungen und verschiedene Auktionsformen über die Handelsplattform den Marktplatzteilnehmern zur Verfügung gestellt (s. Bild 15-2). Die Plattform ist in der Lage, flexibel auf verschiedenen Produkt-Lieferanten-Verzeichnissen zu operieren.

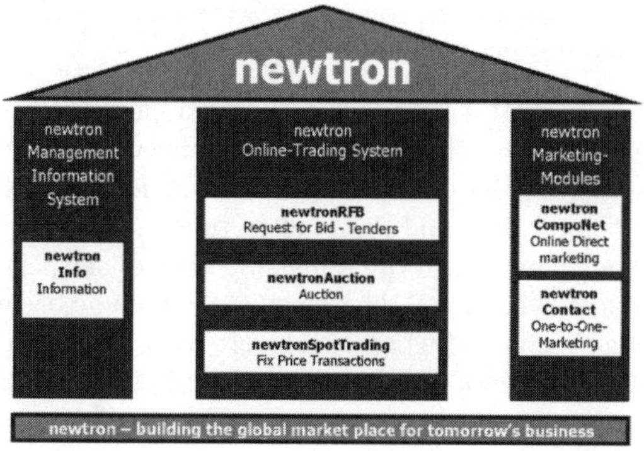


*Bild 15-2: Unterstützte Prozesse des Newtron-Systems [Newtron AG 2000]*

Die Triaton GmbH (www.triaton.com) ist ein neues Systemhaus der Thyssen-Krupp Information Services Gruppe das im Herbst 2000 gegründet wurde. Das Unternehmen ist aus der Verschmelzung der ThyssenKrupp Information Systems und HiServ, dem ehemaligen IT-Systemhaus der Aventis hervorgegangen. Insgesamt beschäftigt die ThyssenKrupp Information Services Gruppe über 3'000 Mitarbeiter mit einem geplanten Umsatz von knapp DEM 1 Mrd. für 2001. Die Triaton ist positioniert als global agierendes, umfassendes Systemhaus. Branchenschwerpunkte sind die Automobilbranche, Agrarwirtschaft, Chemie, Engineering, Industriehandel, Logistik, Maschinenbau, Metallindustrie, Pharma, Stahl und andere Prozeß-Industrien.

### 15.3.2 Überlegungen zum Potential von eMarket-Integration

Zu den Kompetenzen der Triaton gehört die Bereitstellung von Lösungen zur Integration von Anwendungssystemen zwischen Unternehmen mit Middleware- und Enterprise Application Integration-Systemen. Die Idee, Services und Lösungen für die Anbindung von eMarkets und ERP-Systemen von Marktteilnehmern zu entwickeln, geht zurück auf das Jahr 1999. Sie wurde durch die folgenden Überlegungen und Integrationserfordernisse geformt:

- eMarkets müssen bis spätestens 2001 eine ERP-Integration für ihre Marktplatzteilnehmer anbieten. Ohne die nahtlose Integration der internen Geschäftsprozesse (Bedarfsermittlung, Bestellung, etc.) mit den Prozessen von Handelsplattformen (Ausschreibungen, Auktionen, etc.) werden sich nicht die notwendigen Wachstumsraten für Marktplatztransaktionen erreichen lassen.
- Angesichts der Vielzahl existierender vertikaler eMarkets werden sich viele Unternehmen der Aufgabe ‚Multi-eMarket-Integration' stellen müssen, Prozesse und Applikationen müssen mit mehreren eMarkets integriert werden. Selbst wenn die erwartete Konsolidierung der eMarkets schneller als allge-

mein erwartet voranschreitet, werden in 2003 mehrere eMarkets mit signifikanter Geschäftsrelevanz existieren.

- Zwar werden sich XML/Internet-basierte Lösungen durchsetzen, diese werden aber zunächst nicht die Integrationsaufgabe wesentlich erleichtern. Die vertikale Orientierung der eMarkets wird tendenziell zu einer Vielzahl unterschiedlicher Schnittstellen und Protokollen führen. Zusätzlich wird der Wettbewerb zwischen den Plattform-Anbietern marktplatzspezifische Lösungen fördern. Standards, welche z.B. überhaupt die Rolle von eMarkets berücksichtigen, sind heute nicht verfügbar. Erschwert wird dies auch durch die unterschiedlichen Geschäftsmodelle der eMarkets selbst. Eine Standardisierung der Geschäftsprozesse von eMarkets wäre aber Vorraussetzung für die Standardisierung der Schnittstellen.
- Selbst wenn abgestimmte Lösungen der Standardsoftwareanbieter und Marktplatzbetreiber zur Verfügung stünden, würde es 1 bis 2 Jahre dauern, bis diese Softwareversionen bei einer größeren Zahl von Firmen im Einsatz wären.

### 15.3.3 Triaton eService ‚A2A e-Link for eMarkets'

Auf Basis der obigen Überlegungen entwickelte Triaton den eService ‚A2A e-Link for eMarkets'. Dieser eService mußte folgende Anforderungen erfüllen:

- *Kunden.* Der eService sollte sich auf zwei Zielgruppen fokussieren: (1) Betreiber von eMarkets, die über keine eigene Integrationsinfrastruktur verfügen oder diese aus strategischen Gründen an einen Partner auslagern möchten. Zu dieser Gruppe gehören auch die Unternehmen, die einen eigenen eMarket ausschließlich für eigene Zwecke aufbauen möchten. (2) Kleine und mittelgroße Unternehmen als Marktplatzteilnehmer.
- *Flexibilität.* Je nach Strategie des eService-Kunden muß der eService flexibel konfigurierbar sein, von einem einfachen ‚Core Business Port' auf Kundenseite und einem entsprechend mächtigen Business Port auf e-Link-Seite bis hin zum anderen Verteilungsextrem: ein mächtiger Kunden Business Port, der nur mit einfachen ‚Core Business Ports' von eMarkets kommuniziert.
- *Micro-Erweiterungen.* Obwohl Frameworks und Tools im Prinzip zur Verfügung stehen, verspricht eine klassische Softwarelösung nicht den gewünschten Erfolg. Was fehlt, sind die mit diesen Tools implementierten Protokolle und ‚Micro-Erweiterungen' der Anwendungssysteme (Add-Ons). Hier steht die abgestimmte Kombination von Education/Knowledge Services, Beratungs- und Implementierungs-Services, Betrieb und Wartung der Business Ports von Kunden und Marktplatzbetreibern inklusive eines vollintegrierten Help Desk und die Entwicklung von eMarket- und ERP-spezifischen Adaptern mit Hilfe von Middleware- und EAI-Tools im Vordergrund.

Schließlich muß der eService einige weitere Anforderungen hinsichtlich Zeitrahmen, technologischer und wirtschaftlicher Restriktionen erfüllen.

- Schnelle Verfügbarkeit in einer ersten Version für erste Kundenprojekte,
- Implementierbarkeit (5 Personentage je Kunde),
- Multi-Protokoll-Fähigkeit,
- Anpassbarkeit von Preisen und Services.

Unter diesen Randbedingungen wird in einer ersten Entwicklungsphase zunächst das ERP-System SAP R/3 MM/SD[2] auf Kundenseite sowie eine eMarkets-Plattform unterstützt werden. Die Entwicklung der grundlegenden Services sowie der Markteintritt selbst wird in dieser Phase stattfinden. Im Frühjahr 2000 wurde die Kooperation mit newtron vereinbart, um die Handelsplattform von newtron innerhalb von 3 Monaten zu unterstützen.

### 15.3.4 Kooperation von newtron und Triaton

Die newtron Plattform wird mittlerweile in mehreren eMarkets eingesetzt und newtron betreibt momentan drei eMarkets: (1) Technische Komponenten, inklusive Maschinenbau und Elektrotechnik, Elektronik und Anlagenbau, Meß- und Steuerungstechnik (www.newtronComponNET.com), (2) Maintenance, Repair und Operations (⇒ Glossar) (www.newtronMRO.com), sowie (3) Telekommunikation und Multimedia (www.telbiz.com). Die Plattform wird weiterhin europaweit in der Kunststoffindustrie in einem eMarket der ClickPlastics AG für Rohstoffe (www.clickplastics.com) genutzt.

Die unterstützten Geschäftsprozesse sind Ausschreibungen (Request for Bid (RFB)), Auktionen und der Verkauf mittels Multi-Lieferanten-Katalogen. newtron startete seinen Web-Auftritt 1999 auf der Basis des CompoNET-Katalogs, der zu einem Marktplatz ausgebaut wurde (s. Bild 15-3). Dieser bietet Käufern und Verkäufern eine Plattform mit Informationen über Produkte, Hersteller und Standort. Der Austausch von Produktspezifikationen und CAD-Dateien ist ebenfalls möglich.

---

[2] MM und SD sind Bezeichnungen der SAP R/3 Module für Materialwirtschaft und Verkauf und Vertrieb (Sales and Distribution).

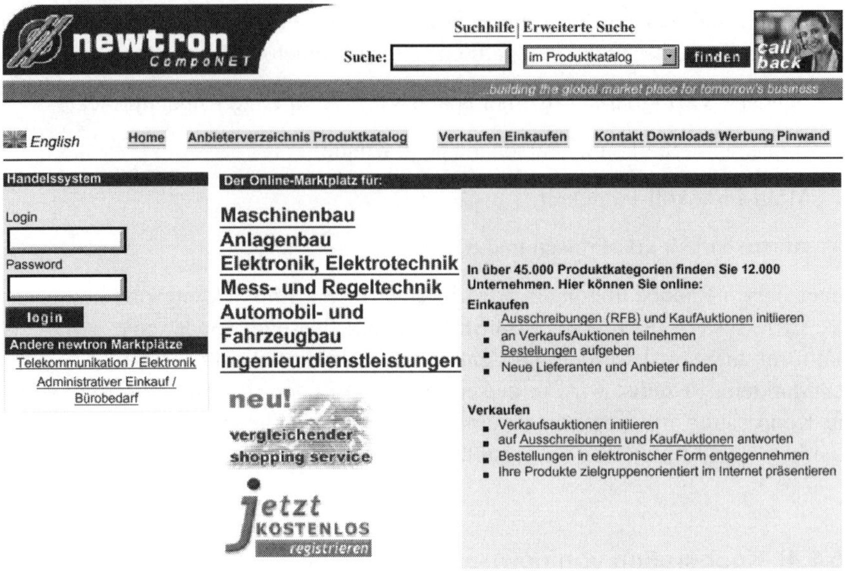


*Bild 15-3: Beispiel für einen newtron eMarket: CompoNet*

In der Kooperation nutzt newtron seine IT-Kompetenzen, kombiniert mit dem Inhalt weiterer Partner (Catalogic, Konradin, etc.), um einen funktionierenden Markt aufzubauen. Dieses eMarket-Angebot wurde mit Hilfe von Triaton erweitert und bietet den Kunden von newtron nun auch die ERP-Integration. Das trägt zur Erhöhung der Kundenbindung bei und verbessert das Angebot, um Effizienzsteigerungen an der Käuferseite zu realisieren. newtron profitiert von der frühen Verfügbarkeit des eService für seine Marktplatzteilnehmer und hat als Entwicklungspartner der ersten Stunde entsprechenden Einfluß auf die Gestaltung des eService. Triaton konnte durch die Wahl des Partners newtron in kurzer Zeit seinen eService entwickeln und profitierte dabei von der Dynamik und Flexibilität des Start-up‘s. Der faire Umgang der Partner untereinander, sowie das Erkennen der Win-Win-Situation war der Grundstein für die schnelle Umsetzung, von der Geschäftsidee bis zur Realisierung. Die folgende Übersicht zeigt die Kooperation anhand des Business Networking-Modells.

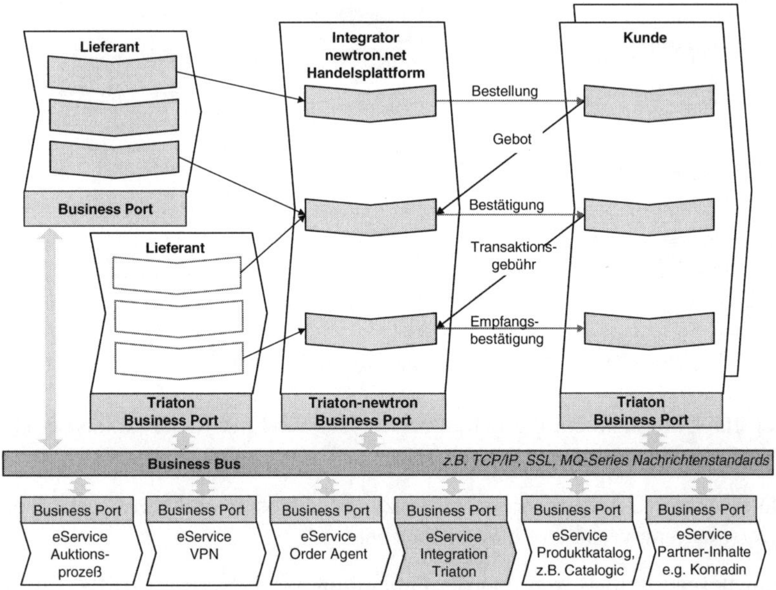


*Bild 15-4: Business Networking-Modell der Partnerschaftsbeziehung zwischen newtron und Triaton*

## 15.3.5 Geschäftsprozeßunterstützung und Nutzen

Auf der Basis der Business Ports will newtron seinen Kunden eine umfassendere Lösung inklusive einer nahtlosen elektronischen Integration des Ausschreibungsprozesses, der Auktionsprozesse sowie der Auftragsvergabe anbieten können. Die Prozeßunterstützung durch einen Intermediär (eMarket) ist noch nicht in der Standardsoftware SAP R/3 enthalten. Die elektronische Integration wird dann alle Transaktionsphasen beinhalten (s. Kap. 5.3.1). Die Informations- und Vereinbarungsphase wird mit den EC-Lösungen von newtron implementiert. Die Abwicklungsphase wird im SAP R/3-System auf der Basis der Daten aus den EC-Transaktionen implementiert, die durch den von Triaton angebotenen eService zur Verfügung gestellt werden. Der Kunde hat bei der Nutzung mehrerer Marktplätze in seinem ERP-System die Übersicht über alle laufenden Geschäftsprozesse der Marktplätze, an denen er beteiligt ist, sowohl in der Rolle eines Einkäufers als auch eines Verkäufers (s. Bild 15-5).

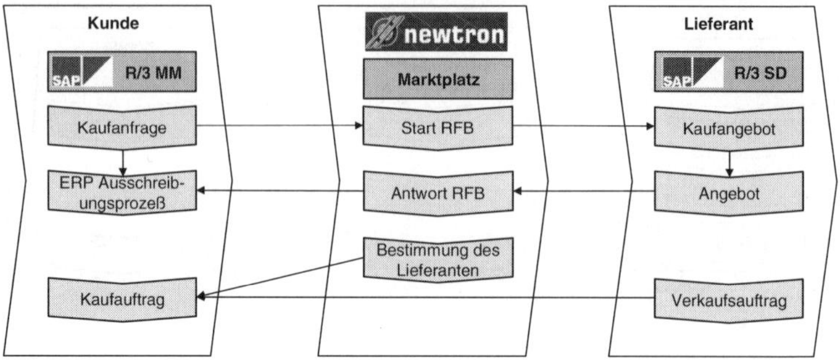


*Bild 15-5: Prozeßablauf über die einzelnen Systeme und die Triaton Business Ports*

Nutzen für Unternehmen, die den eService ‚A2A e-Link for eMarkets' einsetzen kann in folgenden Bereichen entstehen:

- Durchgängige Arbeitsvorgänge senken Prozeßkosten und verringerte doppelte Datenhaltung vermeidet Inkonsistenzen,
- ungelesene Mail-Boxen und die Fehlleitung (mail-basierte) RFBs, Einladungen zu Auktionen werden vermieden und Umsatzchancen wahrgenommen,
- der eService ermöglicht eine schnelle und wirtschaftliche Verfügbarkeit einer eBusiness Infrastruktur,
- angeschlossenen eMarkets erreichen eine höhere Akzeptanz und kritische Masse.

## 15.4 Umsetzung und Architektur des ‚A2A e-Link for eMarkets'

Bild 15-6 zeigt die Architektur des ‚A2A e-Link for eMarkets'. Die notwendigen Prozeßerweiterungen für das ERP-System SAP R/3 SD/MM sind in den Anwendungskomponenten SellerPort und BuyerPort zusammengefaßt. Es handelt sich hierbei nicht um neue Anwendungspakete, sondern um kleinere Erweiterungen der MM Anfrage/Bestell-Abwicklung sowie des SD Anfrage/Auftragseingang. Zentrale Komponente der technischen Infrastruktur ist die e-Link Engine. Sie übernimmt die Kommunikation zwischen den ERP-Adaptern auf Kundenseite sowie den eMarket-Adaptern. Wesentlich ist, daß die e-Link Engine voll integriert ist mit einem Service und Help Desk. Administratoren können über ein entsprechendes Serviceportal jederzeit den Status der eigenen Geschäftsprozesse überprüfen, sowie Wartungsleistungen anstoßen und abrufen. Die Flexibilität, mit der Komponenten in diese Service- und Betriebs-Infrastruktur auf Kundenseite (z.B. SAP Business Connector) oder Marktplatzseite eingebunden werden können, ist entscheidend. Ein eigener Prototyp, der e-Link Configurator, wurde für das Management dieser Konfigurationsmöglichkeiten entwickelt.

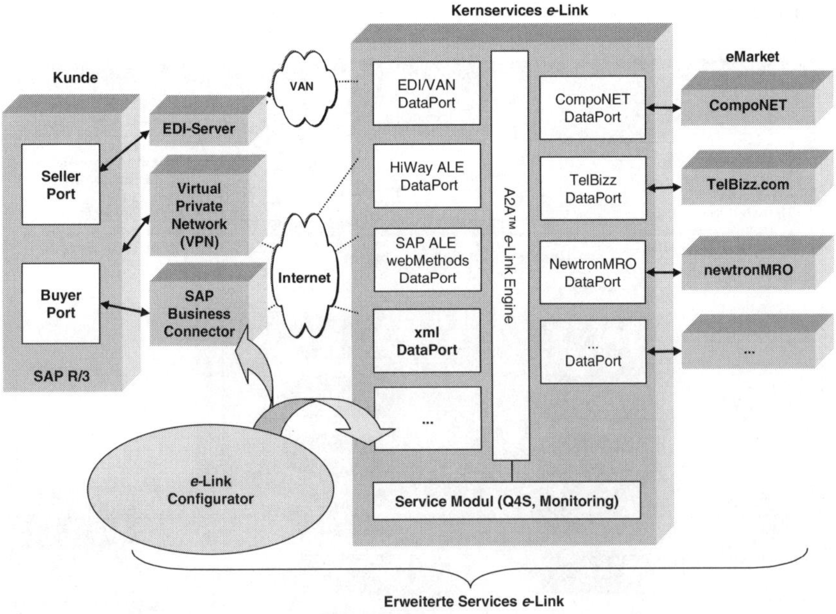


*Bild 15-6: A2A e-Link Systemarchitektur (Quelle: Triaton)*

Der A2A e-Link Configurator ist ein Tool auf Basis einer graphischen Bedienoberfläche, das zur Implementierung einer nahtlosen Integration zwischen multiplen Geschäftssystemen und IT-Plattformen von Triaton entwickelt wurde. Er verwaltet und steuert alle Schnittstellenanforderungen und erlaubt die Einbindung von Daten-Transformations- und Übersetzungsdiensten. Bild 15-7 zeigt die Verknüpfung des SAP R/3 MM (Quelle) mit dem newtron-eMarket (Ziel). Mit dem Configurator wird die gesamte technische Konfiguration erstellt, von der Auswahl der anwendungsspezifischen Dataports (ERP Adapter, eMarket Adapter), der Kommunikations-Middleware (Messaging, ...), der notwendigen Datentransformationen und Verschlüsselung bis hin zur Verteilung der Komponenten auf die beteiligten Server.

Im ersten Schritt werden die Dataports definiert; dies geschieht durch eine Auswahl aus den, im Pop-up-Fenster, zur Verfügung stehenden Ports (s. Bild 15-7). Der Dataport beinhaltet das Kommunikationsprotokoll mit der jeweiligen Anwendung, eMarket oder ERP-System. Der Configurator braucht einen Transport- sowie einen Filteradapter, um die Laufzeitkodierung für die jeweilige Verbindung zu generieren. Der Transportadapter konfiguriert den Datentransport zwischen den Servern. Über den Filteradapter werden zusätzlich benötigte Transformations- und

Verschlüsselungsregeln zugesteuert. In einem nächsten Schritt werden die zu verwendenden Netzwerkprotokolle, Sicherheitsanforderungen und Nachrichten-Middleware bestimmt, um die Verbindung zum NewtronCompoNET-Marktplatz herzustellen.

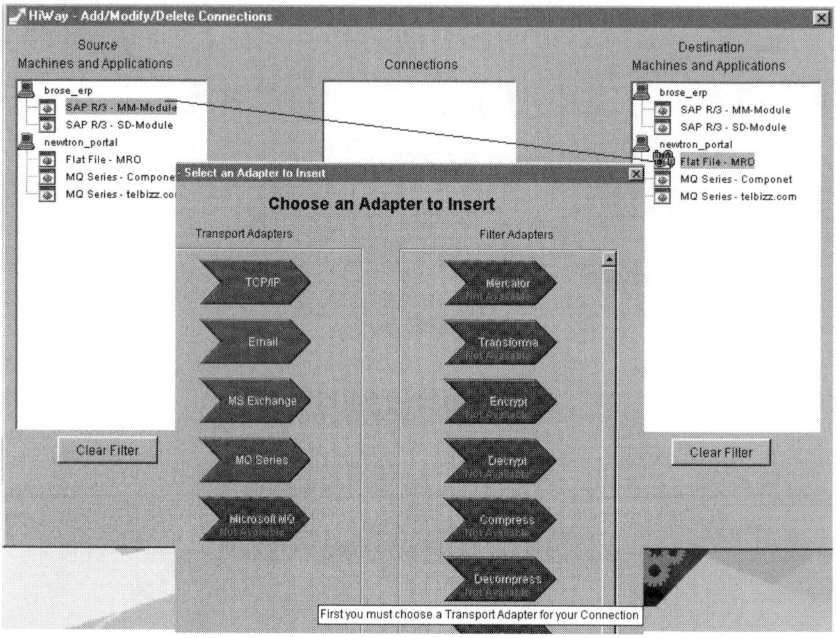


*Bild 15-7: Bildschirmaufnahme des A2A-e-Link Configurators*

Als Nächstes wird Code generiert, der den spezifizierten Business Port implementiert. Weitere eMarket Dataports sowie verstärkt XML-basierte Standards wie cXML, Common Business Library (CBL) oder RosettaNet[3] werden in der nächsten Ausbauphase implementiert. Ebenso werden synchrone Verbindungen, die Echtzeit-Kommunikation ermöglichen, verstärkt eingesetzt. Wichtige Anbieter für diese Art von Dataports sind webMethods (www.webmethods.com) und SAP mit dem Business Connector.

[3] Siehe www.ariba.com für cXML, http://www.commerceone.com/xml/cbl/index.html für CBL und www.rosettanet.org.

## 15.5 Zusammenfassung und Ausblick

Die Integration von Prozessen mit neuen Kooperationspartnern wie eMarkets und eServices stellt eine große Herausforderung für Marktplatzbetreiber, Marktteilnehmer und Integrationsdienstleister dar. Ein Modell wird für die Kommunikation innerhalb und zwischen den beteiligten Partnern und Kunden benötigt. Anforderungen an das Modell sind, daß es eServices abbildet und die Voraussetzungen für deren Integration wie die Verwendung von Standards (Business Bus), standardisierte Schnittstellen, Softwarekomponenten und Services (Business Port) sowie deren Zwischenspiel verdeutlicht. Diese Voraussetzungen müssen erfüllt werden, um ein komplettes Angebot im eBusiness entwickeln und anbieten zu können. Das allgemeine Modell wurde auf den Fall eines spezifischen eService-Angebots von Triaton angewandt, hinsichtlich Einsetzbarkeit und erforderlichen Verfeinerung in einer reellen Umgebung geprüft.

Triaton bietet einen eService zur Erstellung von Business Ports für die Integration von ERP-Systemen mit der eBusiness-Lösung von eMarkets. Potentiale bestehen langfristig darin, das beschriebene Szenario durch den Einsatz von Standards wie tpaML auf der semantischen und pragmatischen Ebene zu erweitern. Für Unternehmen erfordern diese kontinuierlichen Veränderungen in den Standards stets einmalige, risikoreiche Investitionen in Know-how und neue Schnittstellen. Mit Outsourcingpartnern können bei Integrationsfragestellungen Synergiepotentiale genutzt werden.

# Teil 5

# Kritische Erfolgsfaktoren

# 16 Kritische Erfolgsfaktoren des Business Networking

*Rainer Alt, Elgar Fleisch*

## 16.1 Herausforderungen im Business Networking

Die Beispiele in den vorausgehenden Kapiteln haben gezeigt, daß Business Networking Prozeßeffizienzen, wie kürzere Durchlaufzeiten und geringere Prozeßkosten, verbesserten Kundenservice sowie neue Distributionskanäle bewirken kann. In keinem Falle *müssen* diese Effekte eintreten und es existieren mannigfaltige Berichte über gescheiterte Vernetzungsprojekte (vgl. [Christiaanse et al. 1996], [Alt/Klein 1999], [Ante/Weintraub 2000]) – noch höher liegt die Anzahl nicht allgemein kommunizierter ‚Failures'. Eine wesentliche Hypothese des Business Networking ist es, daß gemeinsam verwendete Systeme nur dann erfolgreich sind, wenn sie (1) allen Beteiligten einen Nutzen stiften und wenn sie (2) mit der Geschäftsstrategie abgestimmt und damit ein integraler Bestandteil des Unternehmens sind.

**Nutzen und Nutzung von Business Networking-Systemen**

Die historische Betrachtung zeigt, daß Business Networking-Systeme in der Vergangenheit mit mangelnder Nutzung und Akzeptanz konfrontiert waren. Obwohl Technologien wie Electronic Data Interchange bzw. Electronic Commerce-Anwendungen schon seit den 80er Jahren zur Verfügung standen, erfahren diese erst heute eine größere Resonanz in der Wirtschaft [vgl. De Covny 1998]. Zu den beeinflussenden Faktoren zählen, daß (vgl. [Jimenez-Martinez/Polo-Redondo 1998], [Kalakota/Whinston 1997, 379]):

- Unternehmen mit der Einführung (interner) integrierter (ERP)-Systeme beschäftigt waren und Systeme für die extended Supply Chain ‚nur' als konsequente Erweiterungen betrachteten,
- EDI-Systeme mit hohen Kosten, starren Prozessen und Routinen, geringer Verfügbarkeit sowie partiellen und proprietären Lösungen verbunden waren,
- Elektronische Märkte mit zu hohen Kosten, mangelnder Funktionalität und fehlenden Netzwerkexternalitäten auf Infrastruktur- und Anwendungsebene [Alt 1997, 207] konfrontiert waren.

**Integration von Geschäfts- und Systemstrategie**

Obwohl Business Networking von der IT ‚enabled' wird, ist es kein technologisches Konzept. In vielen Fällen werden strategische Aspekte bei Konzeption und Einführung der Systeme vergessen. Einer Analyse der Internetweek [Booker 1999] zufolge haben 65 % der befragten Unternehmen keine Electronic Commerce-Strategie und 25 % keine Implementierungsstrategie. Weitere Beispiele finden sich bei [Saban 2001].

Die Verbindung von Geschäfts- und Systemstrategie stand auch im Mittelpunkt einer Querschnittsstudie[1] unter Führungskräften und Chief Information Officers von 700 Großunternehmen in Europa und USA. 90% aller Befragten hielten darin fest, daß sich ihre IT-Organisation im Umbruch befindet. Nur 2% (der europäischen Unternehmen) nahmen für sich in Anspruch, daß sie ein klares Bild ihrer künftigen IT- und Unternehmensvision besitzen. Die Abstimmung von IT- und Geschäftsstrategie war seit 1995 ein vorrangiges Anliegen, das andere Themen wie strategische IT-Planung, das Y2K/Euro-Problem oder das Management der verteilten Informationsverarbeitung sogar verdrängte.

## 16.2 Charakterisierung von Business Networking-Systemen

Erfolg im Business Networking setzt voraus, daß die Informationssysteme die spezifischen Eigenschaften von Netzwerken berücksichtigen. Als Ausgangspunkt werden zunächst drei Typen von Business Networking-Systemen beschrieben und aufbauend auf dem Business Engineering die Elementarziele, die Business Networking-Systeme insbesondere gegenüber traditionellen innerbetrieblichen Systemen verfolgen müssen.

### 16.2.1 Ausprägungen von Business Networking-Systemen

Allgemein können alle Informationssysteme, welche die Koordination zwischen Geschäftseinheiten unterstützen als Business Networking-Systeme bezeichnet werden [vgl. Alt/Fleisch 1999]. In Kapitel 1.1 und 5.4 wurden verschiedene Ausprägungen von Systemen im Business Networking unterschieden:

- *Portale* als webbasierte, personalisierbare und integrierte Zugangssysteme, die der ganzheitlichen Unterstützung von Kundenprozessen dienen,
- *Elektronische Marktplätze* als Plattformen für die Transaktionsabwicklung zwischen mehreren Anbietern und Nachfragern (n:m-Systeme),
- *Elektronische Services*, die Bestandteile einer standardisierten elektronischen Infrastruktur für das Business Networking bereitstellen, und
- *Intern betriebene BNS*, als jene Elemente, die direkt bei Käufern und Verkäufern im Business Networking implementiert sind (1:1 oder 1:n-Systeme).

---

[1] Dies wurde auch durch eine empirische Forschungsstudie der Gartner Group (vgl. [GartnerGroup 1998b] und [GartnerGroup 1998c]) bestätigt.

Nachdem sich die Fallbeispiele des Buches hauptsächlich auf intern betriebene BNS konzentrieren, sollen diese auch für die Identifikation der kritischen Erfolgsfaktoren verwendet werden. In Kapitel 5.4.1 wurden drei Kategorien interner Business Networking-Systeme unterschieden:

- *Stammdatensysteme*, die eine einheitliche Datensyntax und -semantik (s. Kap. 13.2.2) in verteilten Systemen herstellen,
- *Supply Management-Systeme (⇒ Glossar)*, die logistische Funktionalitäten, z.B. die Bedarfs-, Netzwerkplanung oder die Feinterminierung erfüllen und
- *Electronic Commerce-Systeme*, die Einkaufs- und Verkaufsfunktionalitäten, z.B. Kataloge, Warenkörbe und Genehmigungsworkflows unterstützen. Unterschieden werden hier eProcurement- und eSales-Systeme.

In vielen Fällen erweitern diese Systeme bestehende interne (ERP)-Systeme und unterstützen Transaktionen mit Geschäftspartnern. Diese konsequente Anbindung an ERP-Systeme unterscheidet heute BNS von vielen klassischen Interorganisationssystemen und elektronischen Märkten (z.B. Reservierungssysteme im Tourismusbereich, Frachtenbörsen im Logistikbereich), die nur selten mit den internen Systemen verbunden waren. Als Vorläufer (integrierter) BNS kann der elektronische Datenaustausch (EDI) interpretiert werden, der sich aber auf die Datenübertragung konzentrierte und keine Geschäftslogik implementiert hatte.

BNS etablieren sich heute als eigenständige Module und tragen dadurch zu einer höheren Netzwerkfähigkeit (s. Kap. 4) bei. Die Anbindung anderer Geschäftseinheiten im gleichen System bietet nur ein geringes Maß an Flexibilität und stößt zwangsläufig schnell an Kapazitätsgrenzen.

### 16.2.2 Elementarziele der Vernetzung

Das Business Engineering unterscheidet bei der Gestaltung von Informationssystemen die drei Dimensionen Organisation, Daten und Funktionen auf den Ebenen Geschäftsstrategie, Prozeß und Informationssystem [vgl. Österle 1995, 30]. Aus diesen drei Dimensionen lassen sich die Elementarziele von BNS ableiten.

In der Dimension *Organisation* unterstützt das Business Networking zunächst Beziehungen zwischen mehreren (internen oder externen) Geschäftseinheiten. Obwohl es angesichts sich verwischender Organisationsgrenzen schwierig ist, eine klare Unterscheidung zwischen den Qualitäten interner und externer Geschäftsnetzwerke zu treffen, können externe Partner in der Regel weniger hierarchisch beeinflußt werden. Die Partnerstruktur stellt in erster Linie Anforderungen an das Partnermanagement, z.B. das Konfliktmanagement, die Verteilung von Kooperationsgewinnen oder die Vertragsgestaltung.

In der Dimension *Daten* (s. Bild 16-1) besitzen Vernetzungsprozesse bestimmte Anforderungen. Beispielsweise benötigt das Collaborative Forecasting einheitliche und homogene Signale, da diese für Entscheidungen und Aktionen mehrerer Partner erforderlich sind. Im Finanzsektor verschlechtern zeitverzögert übertragene Aktienkurse die darauf getroffenen Investitionsentscheide. Ein anderes Beispiel ist der aus dem Produktionsbereich bekannte Bullwhip- (Peitschenschlag-) Effekt (vgl. [Lee et al. 1997], [Fine 1998]), bei dem sich ungenaue Daten entlang der Supply Chain ‚stromaufwärts' verstärken. Weil Geschäftspartner ihre Planungen auf Daten stützen, ist Zuverlässigkeit eine zweite Forderung. Ferner muß die Datenerhebung nicht nur nachvollziehbar, sondern auch für alle relevanten Partner transparent sein.

Bezüglich der Dimension *Funktion* erfordert das Business Networking, daß Geschäftspartner in Echtzeit vernetzt sind, damit Prozesse ohne Unterbrechung ablaufen können und konsistente Datenhaltung stattfindet (vgl. [Bradley/Nolan 1998], [Kelly 1998]). Die Ausführung in Echtzeit erfordert die Integration von Business Networking- und ERP-Systemen. Insbesondere Kooperationssysteme und Marktplätze (s. Kap. 5.4) erfordern eine n:m-Konnektivität und damit Daten- und Prozeßstandards, die im ganzen Geschäftsnetzwerk akzeptiert sind. Insbesondere Koordinationsprozesse und -techniken [Riehm 1997] müssen gegenüber klassischen internen Systemen leistungsfähiger sein. Hier wird die Forschung zu intelligenten Optimierungsalgorithmen, z.B. für die gleichzeitige Abstimmung mehrerer Aufgabenträger, weiterhin Lösungen liefern müssen, die dann in entsprechende IT-Tools für kooperative Prozesse einfließen [vgl. SAP 1998b]. Das Maß schließlich, in dem die Forderungen hinsichtlich Logik und Kapazität erfüllt werden, wird als Leistungsfähigkeit bezeichnet [vgl. Fleisch 2001, 51].

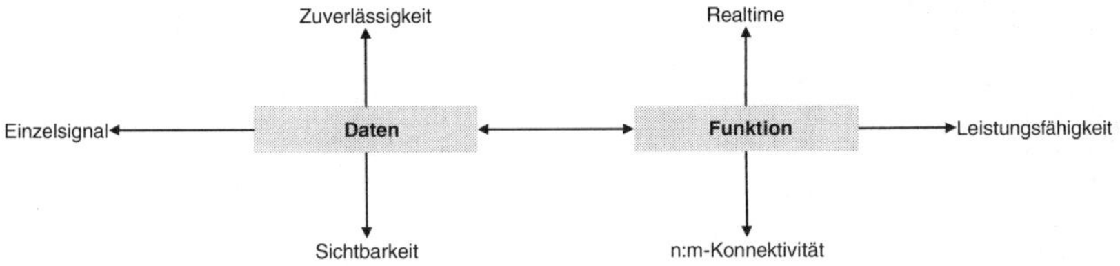


*Bild 16-1: Elementarziele der Vernetzung nach Daten und Funktionen*

## 16.2.3 Fallbeispiele CommTech, ETA und Riverwood

Erfolgsfaktoren, die eine verbesserte Nutzung und strategische Einbindung der BNS unterstützen, lassen sich aus drei konkreten Praxisprojekten ableiten. Da die Beispiele bereits in anderen Kapiteln beschrieben wurden, erfolgt an dieser Stelle nur eine Kurzzusammenfassung:

- *CommTech* (s. Kap. 3.2.6) ist ein weltweit tätiges Kommunikationsunternehmen, das Shared Service Centers für eine Reihe unternehmensweiter Prozesse einführte, um Größenvorteile zu nutzen. Es wurden dazu einheitliche Stammdaten, Prozeßstandards und Integrationsszenarios festgelegt, um die Abstimmung zwischen den beteiligten Einheiten sicherzustellen.

| | **CommTech** | **ETA SA** | **Riverwood Int.** |
|---|---|---|---|
| **Ziel:** Verbesserung von | Verfügbarkeit interner Prozeßinformationen | Informationsmanagement im Kundenprozeß | Organisation der Kundenbeziehung |
| **Organisation** | | | |
| Partnerstruktur | Intern/wenige Partner (5) | Gemischt/wenige Partner (auf 15 entfällt der größte Anteil am Umsatz); viele kleine Partner (ca. 1'000) | Extern/viele Partner (ca. 2'000) |
| **Daten** | | | |
| Zuverlässigkeit | Material, Lieferant, Kunde etc. | Material | Material, Prognosen, Pläne |
| Transparenz | Kreditrahmen, Personalstärke, Kosten, Steuern etc. | Bestand, Auftragsstatus | Produktionspläne, Absatzprognosen, Bestand |
| Einheitlichkeit | Stammdaten | Bestand | Bedarf |
| **Funktionen** | | | |
| Echtzeit | Kreditrahmenprüfung, eine Rechnung zum Kunden, globale Verträge, Rückverfolgbarkeit der Abgaben | Liefertermine, Auftragsstatus | ATP, Vendor Managed Inventory |
| n:m-Konnektivität | Stammdatenmanagement | Liefertermine | ATP |
| Leistungsfähigkeit | Leistungsfähigkeit der verteilten Transaktionen | Schnittstellen zu ERP-Systemen | Leistungsfähigkeit des ATP Servers |

*Tabelle 16-1: Elementarziele in den drei Fallbeispielen*

- *Riverwood International* (s. Kap.17.3) ist eine Hersteller von Kartonagen und Verpackungen mit Sitz in Atlanta, USA. Ziel des Unternehmens war es, den Kundenservice durch Optimierung des Informationsflusses zum Kunden zu verbessern. Es sollten dabei Kleinkunden in die Lage versetzt werden, Aufträge einzugeben und laufend den Stand der Auftragsbearbeitung abzurufen, während Großkunden globale Logistikstrategien wie beispielsweise Vendor Managed Inventory (VMI) angeboten wurden (s. Kap. 5.3.2).

- *ETA SA* (s. Kap. 6.3) gehört zur ‚Swatch Group' und fertigt Uhrwerke. Hauptziel des Projekts war die Verbesserung der Kundenbeziehung, vor allem mit Kunden innerhalb der Swatch Group. Dazu wurde von ETA die Distribution reorganisiert und ein eSales-System, der ETA Online Shop, eingeführt.

In Tabelle 16-1 werden die Elementarziele zur Charakterisierung dieser Fälle verwendet. Sie zeigen beispielsweise die Unterschiede bezüglich der beteiligten Geschäftspartner, der ausgetauschten Daten und unterstützten Funktionalitäten.

## 16.3 Kritische Erfolgsfaktoren für Business Networking-Systeme

### 16.3.1 Kritische Masse als übergeordneter Erfolgsfaktor

Das Erreichen einer kritischen Masse an aktiven Teilnehmern steht im Mittelpunkt erfolgreicher Systeme im Business Networking. Die kritische Masse ist ein Merkmal von Netzwerkprodukten (z.B. Telefonnetz, Computerbetriebssystem), deren Nutzen davon abhängt, ob und wie das Gut von anderen Teilnehmern verwendet wird [Kubicek/Reimers 1996]. Das Konzept der kritische Masse besagt, daß mit Erreichen einer bestimmten Anzahl von Teilnehmern und Transaktionen, positive Effekte entstehen. Zunächst erlaubt die kritische Masse das Umwälzen von Einmalinvestitionen auf mehrere Transaktionen und die günstige Gestaltung von Transaktions- bzw. Teilnahmegebühren. Dadurch werden diese Systeme attraktiver für neue Geschäftspartner, die Investitionssicherheit aller Teilnehmer steigt. Die Erfahrungen in unseren Fallbeispielen bestätigen den Stellenwert der kritischen Masse:

- Bei CommTech konnten die Kosten des Stammdatensystems mit der Anzahl teilnehmender Geschäftseinheiten gesenkt werden. Der Nutzen für CommTech stieg je mehr Geschäftseinheiten das System eingesetzt haben.

- Bei Riverwood wurde versucht, die in das Vendor Managed Inventory (VMI) Konzept getätigten Investitionen auf mehrere Partner zu verteilen.

- Bei ETA konnten bedeutende Einsparungen realisiert werden, da innerhalb kurzer Zeit über 40% der Transaktionen elektronisch abgewickelt wurden.

In allen Beispielen wurde die kritische Masse an Anwendern bzw. Transaktionen in einem verhältnismäßig kurzen Zeitraum erreicht. Die Einhaltung folgender kritischer Erfolgsfaktoren hat dies ermöglicht:

### 16.3.2 Erfolgsfaktor 1: Vernetzungsprojekte sind Geschäftsprojekte

In erster Linie erlauben und unterstützen BNS neue Geschäftsprozesse und - strategien. Ihr richtiger Einsatz setzt voraus, daß die Geschäftsseite das Wesen der technischen Vernetzungspotentiale und das Informationsmanagement die Geschäftsanforderungen versteht. Zunächst besteht eine interne Vernetzung verschiedener Strategien und Prozesse, z.B. hatte bei Riverwood die Neuorganisation des Distributionsprozesses Auswirkungen auf die Prozesse Materialwirtschaft, Produktionsplanung, Produktion, Wartung, Beschaffung Controlling und Kreditorenbuchhaltung. Bei ETA wurde parallel zum EC-Projekt ein internes Stammdatenhomogenisierungs- und Prozeßreorganisationsprojekt durchgeführt.

Auf die Integration dieser Prozesse und die dafür eingesetzten Strategien, Organisationsstrukturen, wie z.B. Abteilungen, und vor allem das Personal entfällt ein erheblicher Anteil des Managementzeitaufwands. Beispiele sind die Festlegung neuer Prozesse (Beschaffung oder Verkauf) und/oder strategische Geschäftsgebiete (Produkt/Marktmix), die Koordination der Marketing-, Vertriebs-, Produktions- und Lagerhaltungsstrategien bzw. die Vermittlung der Lösung an die davon betroffenen Partner. Obwohl das Informationsmanagement Business Networking-Projekte fördern und maßgeblich zu deren Erfolg beitragen kann, müssen die wichtigsten Elemente von der Geschäfts- für die Geschäftsseite entwickelt werden.

### 16.3.3 Erfolgsfaktor 2: Standards als ‚Conditio Sine Qua Non'

BNS unterstützen betriebliche Prozesse und benötigen den Austausch zwischen Geschäftspartnern. Beispielsweise können Produktinformationen, Lagerbestände, Liefertermine, Sonderlieferbedingungen oder der Stand der Auftragsbearbeitung von externen Partnern abgerufen werden. Zur Herstellung einer adäquaten Netzwerkfähigkeit (s. Kap. 4) war in allen Fallbeispielen die Standardisierung (s. Kap. 13.2) von großer Bedeutung (s. Tabelle 16-2). BNS sind c.p. dann erfolgreicher, wenn sie eine angemessene Standardisierung (s. Kap. 4.1.3) bei Daten und Prozessen herstellen:

- *Daten.* Ausgetauschte Informationen müssen in gleicher Syntax und Semantik zwischen den Geschäftspartnern übertragen werden, damit diese leicht interpretiert und elektronisch weiterverarbeitet werden können. Bei vielen Unternehmen liegt der Schwerpunkt auf Daten für Produkte, Kunden und Rahmenvereinbarungen. Weiter relevant sind Standards für Produktkataloge (z.B. UN/SPSC), Katalogaustauschformate (z.B. CIF), Zugangsprotokolle (z.B. Lightweight Directory Access), Autorisierung (RSA Procedures), Zahlungstransaktionen (OTP), Sicherheit (SSL, IPSec, PPTP, Socks5, RSA, X.509), Methodenaufrufe (API), Protokolle (HTTP) und Formate (XML) (s. Kap. 10, [Scheller et al. 1994, 20], [Neuburger 1994, 22]).

- *Prozesse.* BNS geben überbetrieblichen Prozeßstandards ein neues und ungleich höheres Gewicht, denn n:m-Vernetzung fordert die Synchronisation mehrerer Prozesse bei mehreren unabhängigen Geschäftseinheiten. Ein Einkaufsprozeß muß sich beispielsweise mit dem Verkaufsprozeß des Lieferanten, dem Prozeß Zahlungsverkehr des Kreditkarteninstituts, dem Prozeß Authentifizierung der ‚Trusted 3rd Party' und diversen Prozessen der eigenen Geschäftseinheit (Autorisierung, Buchhaltung, etc.) koordinieren. Bei den Fallbeispielen wurde umfangreiche Prozeßstandardisierung im intraorganisatorischen Umfeld (CommTech) realisiert, während mit externen Geschäftspartnern (ETA und Riverwood) nur bestimmte Prozesse standardisiert wurden.

| | **CommTech** | **ETA SA** | **Riverwood Int.** |
|---|---|---|---|
| **Umfang standardisierter Daten** | Groß (mehrere Stammdaten) | Gering (nur Materialdaten) | Mittel (Material-, Prognose- und Planungsdaten) |
| **Grad der Datenstandardisierung** | Hoch (gleiche Syntax, gleiche Semantik) | Gering (unterschiedliche Syntax, gleiche Semantik) | Mittel (hoch für Material, gering für Prognosen und Pläne) |
| **Standardisierungstool** | Homogenisierung | Mapping | Gemischt (Homogenisierung von Material und Mapping von Prognose- und Planungsdaten) |
| **Standardisierung der Prozesse** | Hoch (globale Prozesse) | Gering (nur Auftragsprozesse) | Mittel (nur Supply Chain Prozesse) |

*Tabelle 16-2: Standardisierung in den drei Fallbeispielen*

Zur Standardisierung wurden in den Fallbeispielen zwei unterschiedliche Tools eingesetzt: Mapping und Datenhomogenisierung. Während die Homogenisierung ein einheitliche Datensyntax und -semantik bei den Partnern herstellt, bestehen beim Mapping unterschiedliche Formate, die abgeglichen werden. Homogenisierung läßt auf ein engere Kopplung der Geschäftspartner schließen.

### 16.3.4 Erfolgsfaktor 3: Partnerprofile

Die Erreichung einer angemessenen Netzwerkfähigkeit konnte in einigen Fallbeispielen mittels Partnerprofilen unterstützt werden. Insbesondere bei einer großen Anzahl an Partnern (ETA und Riverwood) dienten diese zur Partnerklassifizierung, während sich bei einer kleinen Anzahl Partner (CommTech) auch eine qualitative Beschreibung bewährte. Partnerprofile reduzierten Transaktions- und Investitionskosten und erzeugten quantifizierbaren Vernetzungsnutzen.

In Partnerprofilen werden Standardstrukturen auf die jeweiligen Partneranforderungen zugeschnitten, wobei jedes Einzelprofil die erwarteten Anforderungen in den Dimensionen Organisation, Funktion und Daten enthält. Partnerprofile können als Tabellen mit vier Komponenten dargestellt werden (s. Bild 16-2):

- *Geschäftstreiber* sind generische Faktoren, welche die Gestaltung der Geschäftsbeziehungen beeinflussen. Bild 16-2 zeigt ein Kundenprofil bei Riverwood: für einzelne identifizierte Treiber wurden Kunden bzw. das Vertriebspersonal aufgefordert, anzugeben, ob diese zutreffen oder nicht.

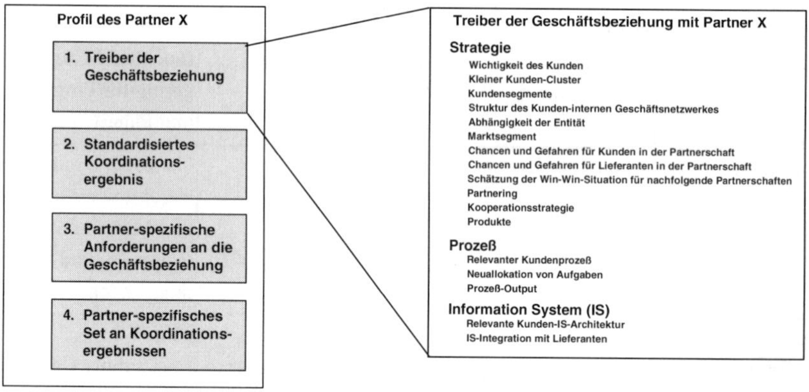


*Bild 16-2: Komponenten eines Partnerprofils*

- Da Geschäftsprozesse über ihre Outputs kommunizieren [vgl. Österle 1995, 135], legen Partnerprofile standardisierte Ergebnisse fest. Beispiele sind ‚Versandanzeige' oder ‚Auftragsbestätigung'. Ein Katalog standardisierter Koordinationsergebnisse zeigt die möglichen Komponenten einer Geschäftsbeziehung auf den Ebenen Strategie, Prozeß und System. Im Katalog kann z.B. eine Reihe technischer Integrationsformen aufgelistet sein [vgl. Riehm 1997], etwa ein Partner, der über das Internet auf interne ERP-Daten zugreift.

- *Partnerspezifische Geschäftsbeziehungsanforderungen* enthalten die besonderen Bedürfnisse der jeweiligen Partner hinsichtlich ihrer Beziehung und dienen als Grundlage für eine partnerspezifische Koordination. Bei ETA und Riverwood wurden modulare und standardisierte Ausprägungen der Kundenbeziehungen für verschiedene Kundensegmente festgelegt.

- Ein *partnerspezifisches Set an Koordinationsergebnissen* entsteht, wenn beide Partner die erforderlichen Prozesse und Systeme implementieren, um den partnerspezifischen Satz an Koordinationsergebnissen zu erhalten. Im Falle von Riverwood und ETA waren dies z.B. Versandanzeige, Vendor Replenishment, Auftragserteilung und Auftragsverfolgung über das Internet.

### 16.3.5 Erfolgsfaktor 4: Wechselseitiger Nutzen

Ein wesentlicher Faktor für die Nutzung eines Systems ist der für die Teilnehmer entstehende Nutzen. Jedes Unternehmen handelt als individueller Nutzenmaximierer, d.h. die Teilnahme kann nicht hierarchisch angeordnet werden, sondern erfordert Reziprozität bzw. den Ausgleich der Interessen (vgl. [Klein 1996], [Vahrenkamp 1996], [Alstyne 1997]). Bei einer erfolgreichen Vernetzung profitieren beide Seiten (Win-Win-Situation) – erst wenn Lieferant und Kunde z.B. ihren ROI steigern können, ist Reziprozität erreicht. Besteht zwischen den Partnern eine Unausgewogenheit der Kosten bzw. des Nutzens, schwinden die Aussichten auf das Erreichen einer kritischen Masse. Reziprozität zeichnet sich dadurch aus, daß nicht der einzelne Partner, sondern mindestens zwei Partner von einer neuen Lösung profitieren [Kelly 1998, 65]. In allen drei Fallbeispielen war Überzeugungsarbeit notwendig, um die Partner zur Teilnahme zu motivieren.

**Einführungs- und Betriebskosten**

Als erster Schritt wurden die Auswirkungen auf *Einführungs- und Betriebskosten* sowie der Nutzen für die Netzwerkpartner untersucht. Ausgehend vom Konzept der Life-Cycle-Kosten [vgl. Schelle 1989] wurde zwischen Einführungs- und Betriebskosten/Nutzen unterschieden. Die Einführungskosten eines Partners umfassen:

- Die gesamten Projektkosten, z.B. Kosten für das Prozeß (Re)Design, Change Management, Mitarbeiterschulung und Datenstandardisierung.

- Die Kosten infolge von Integrationseffekten zwischen Vernetzungsprojekten und internen Projekten. Hier entstehen häufig Verzögerungen.

Die Kosten des neuen Prozesses, insbesondere die Kosten für die Gestaltung und Implementierung der neuen Koordinationsaufgaben sind Bestandteil der laufenden Kosten (zu den einzelnen Prozeßkostentreibern [vgl. Braun 1996]). Die laufenden

Kosten werden großteils vom sog. Revenue-Modell bestimmt, das die Gebühren (transaktionsbezogen oder fix) für die Teilnehmer festlegt.

**Incentives und Ausgleichszahlungen**

Die zum Business Networking notwendigen Standardisierungsaufgaben (Erfolgsfaktor 2) ziehen meist wirtschaftlich kurzfristig nur schwer argumentierbare Zusatzaufwendungen nach sich und bedeuten zudem einen Eingriff in die Gestaltungsautonomie der Unternehmen darstellen. Ein Ausgleich für Investitionskosten, Kosten infolge wechselseitiger Abhängigkeiten mit anderen Projekten und Schutz gegen Opportunismus wurde in den Fallbeispielen dadurch erreicht, daß Ausgleichszahlungen vorgesehen wurden, die nicht zwingend monetären Charakter besitzen müssen:

- Beim intraorganisatorischen Projekt CommTech erwiesen sich Zusatzbudgets und terminliche Zugeständnisse bei anderen Projekten als wirksam, um den zusätzlichen Stellenwert der Vernetzungsprojekte beizubehalten.
- Bei ETA wurden Anreize zur Nutzung des Online Shop mit der Zusicherung kürzerer und zuverlässigerer Lieferzeiten geschaffen.
- Bei Riverwood wurden Preisnachlässe für elektronisch bestellte Produkte sowie die kostenfreie Abgabe von Hardware und Software diskutiert.

**Kommunikation von Win-Win-Situationen**

Reziprozität muß in Geschäftsmodellen neuer Lösungen festgehalten und an die Partner kommuniziert werden. Win-Win-Situationen sind leicht zu vermitteln, wenn sie anhand von praktischen Beispielen, z.B. einem bereits durchgeführten Pilotprojekt, veranschaulicht werden können. Durch Partnerprofile lassen sich Win-Win-Situationen partnerspezifisch erstellen, erfordern aber, daß im Voraus die Auswirkungen bzw. der Nutzen für die einzelnen Partnersegmente bestimmt werden.

### 16.3.6 Erfolgsfaktor 5: Schnelle Ausbreitung und Systemintegration

Das Erreichen einer kritischen Masse bedeutet, daß eine große Anzahl der Teilnehmer eines bestimmten Zielsegmentes das System aktiv nutzt [Shapiro/Varian 1999, 173]. Beispiele für Verfahren zur schnellen Ausbreitung liefern Netscape, Hotmail oder Compaq. Sie stellten in einer Anfangsphase ihre Software, Services oder Hardware kostenlos zur Verfügung und generierten damit eine schnell wachsende Kundenbasis [Kelly 1998, 50]. Um das Wachstum zu beschleunigen, entwerfen sie Leistungen, die nach den Regeln der wachsenden Skaleneffekte arbeiten [Arthur 1990], d.h. Grenzertrag und Kundennutzen nehmen mit dem Umfang der Kundenbasis zu.[2]

Neben abgestimmten Geschäftsstrategien (Erfolgsfaktor 1) und gegebener Reziprozität (Erfolgsfaktor 4) unterstützt der Nukleus-Ansatz die schnelle Ausbreitung. Dieser befaßt sich mit der Gestaltung von ‚Zellkernen' und folgt der Regel ‚Wachse über funktionierende Einheiten'.[3] Nach einer Prüfung auf Eignung als Nukleus eines neuen BNS, wird der höchstbewertete Nukleus als Pilot implementiert, der gemeinsam mit den ersten Partnern bis zur Marktreife getestet, verfeinert und schließlich auf weitere Partner und Leistungen ausgedehnt wird. Mit diesem Vorgehen werden die wichtigsten Stakeholder in die Gestaltung der Lösung einbezogen, die Bildung eines Geschäftsmodells nach dem Prinzip der Reziprozität gefördert und das Entwicklungsprinzip des Internet-Zeitalters ‚Geschwindigkeit vor Perfektion' berücksichtigt.

Eng mit der schnellen Ausbreitung verbunden sind Fragen der *Systemintegration* (s. Bild 16-3). Viele Unternehmen versuchen bereits in der Anfangsphase eine vollständige Integration mit ihren internen Systemen herzustellen. Die Entwicklung und Abstimmung einer entsprechenden Lösung ist zeitintensiv und verzögert die ‚time-to-market'. Hier ist ein Abwägen erforderlich, das in den Fallbeispielen wie folgt gelöst war:

Bei CommTech und Riverwood war bereits im Anfangsstadium eine Integration mit dem ERP-System vorgesehen. Zu den Gründen zählten die schnelle Reaktion auf externe Anfragen mit aktuellen Daten sowie ein hohes zu erwartendes Transaktionsvolumen.

Der ETA Online Shop wurde als Stand-alone System realisiert, der eine manuelle Wiedereingabe der Bestellungen in das ERP-System erfordert. Als Gründe wurden die schnelle ‚time-to-market', ein handhabbares tägliches Transaktionsvolumen und die parallele ERP Implementierung genannt. An der ERP-Kopplung des Online Shop wird jedoch gegenwärtig gearbeitet.

Einer Untersuchung von PricewaterhouseCoopers zufolge waren Ende 1999 93% aller Unternehmens-Webseiten nicht mit den Backoffice-Funktionalitäten verbunden [Fortune 1999]. Dies deutet darauf hin, daß in der Praxis die Relevanz der schnellen Ausbreitung gegenüber der Systemintegration höher eingeschätzt wird. Der Erfolgsfaktor liegt jedoch in der Verbindung von Time-to-market und Systemintegration, da Systemintegration über Leistungs- und Real-time Fähigkeit (s. Kap. 16.2.2) sowie Prozeßeffizienz entscheidet.

---

[2] Weitere Hinweise zur schnellen Ausbreitung von EC Lösungen beschreibt [Kelly 1998]. Die wichtigsten Orientierungshilfen lauten "Touch as many nets as you can", "Maximize the opportunities of others", "Don't pamper with commodities; let them flow" und "Avoid proprietary systems".

[3] "Wachse über funktionierende Einheiten" ist eine der neun Regeln von [Kelly 1995] zum Management komplexer adaptiver Systeme.

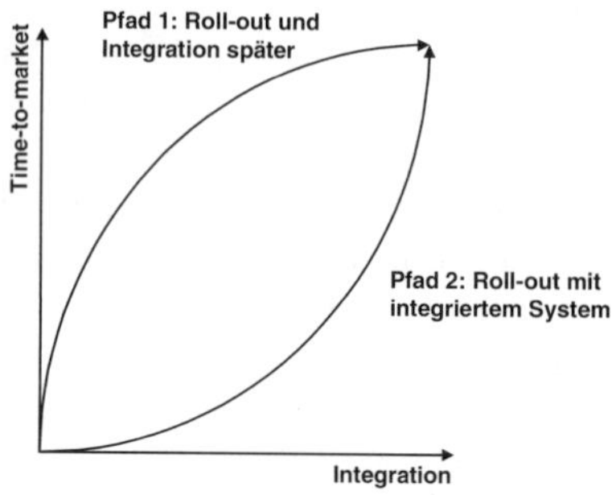


*Bild 16-3: Ausbreitung und Systemintegration*

### 16.3.7 Erfolgsfaktor 6: Menschen initiieren Netzwerke

*„Yet, too often, top executives devote more time to screening potential partners in financial terms than to managing partnership in human terms." [Moss-Kanter 1994, 96]*

Die Faktoren Mensch und Kultur zählen zu Elementen der Netzwerkfähigkeit (s. Kap. 4.1.1) und sind bislang nur wenig diskutiert worden. Der Erfolg des Business Networking hängt allerdings in hohem Masse von der Leistungsfähigkeit (Können) und der Leistungsbereitschaft (Wollen) seiner Arbeitskräfte ab. Der Mensch spielt hier eine zentrale und unersetzliche Rolle:

- Geschäftliche Netzwerke basieren auf persönlichen Netzwerken. Brechen die persönlichen Netzwerke ab, ist die Wahrscheinlichkeit hoch, daß sich die auf den persönlichen Netzwerken aufbauenden geschäftlichen Netzwerke auflösen [Pinchot/Pinchot 1993, 282].
- Vertrauen spielt in Netzwerken eine wesentlich größere Rolle als in Märkten oder Hierarchien. Vertrauen schenken ist eine ausschließlich menschliche Fähigkeit, die Organisationen oder Maschinen nicht besitzen werden.

Die Fähigkeit zur Koordination ist eng mit der Motivation zur Kooperation verknüpft (vgl. [Milgrom/Roberts 1992, 29], [Wolff 1995]). Um Fähigkeiten und Motivation seiner Arbeitnehmer zur fördern, sind folgende Anregungen aus den Fallbeispielen hervorgegangen:

- *Wandel am Arbeitsplatz.* In der Regel führt Business Networking zu Einsparungseffekten bei operativen Prozessen. Dies führt zu Entlastungen bei den Arbeitnehmern und bietet die Möglichkeit deren Tätigkeiten neu zu strukturieren. Beispielsweise erlaubt die effizientere Auftragsbearbeitung bei ETA eine verbesserte und gezieltere Betreuung der Kunden.

- *Interaktion mit Partnern.* Zur Erzeugung und zur Erhaltung von Kontakten zwischen den Geschäftseinheiten dienen gemeinsame Workshops und Veranstaltungen. Dies beginnt bereits in der Pilotphase, in welcher die Partner ihre Anforderungen in die Systemkonzeption einbringen und dabei ein wertvolles Netzwerk zukünftiger Partner aufbauen. Regelmäßige Informationsveranstaltungen, Mailing Listen etc. unterstützen den laufenden Kontakt.

## 16.4 Zusammenfassung und Ausblick

Business Networking bedeutet neue Herausforderungen für die Entwicklung und die Nutzung der zugrundeliegenden Informationssysteme. Zunächst besitzen diese Systeme bestimmte Eigenschaften bezüglich Organisation, Daten und Funktionen, die sie gegenüber klassischen internen Systemen unterscheiden. Je besser Business Networking-Systeme diese Eigenschaften erfüllen, desto höher werden Nutzen und Geschäftsrelevanz sein. Anhand von drei Fallbeispielen wurde die Relevanz der Elementarziele in diesem Kapitel gezeigt.

Letztlich äußert sich der Erfolg eines BNS im schnellen Erreichen einer kritischen Masse an aktiven Geschäftpartnern. Insgesamt sechs Erfolgsfaktoren wurden formuliert, die dies unterstützen können. Im Vordergrund standen dabei dezentral implementierte BNS. Portale, elektronische Marktplätze und elektronische Services waren nicht explizit berücksichtigt. Erfolgsfaktoren, die diese Systeme explizit mit einschließen werden aus derzeitigen Projekten abgeleitet.

# 17 Entwicklung einer Business Networking-Methode

*Rainer Alt, Robert Betts, Karl Maria Grünauer, Roland Klüber, Thomas Puschmann, Christian Reichmayr, Karl-Heinz Schelhas*

## 17.1 Herausforderungen bei Business Networking-Projekten

### 17.1.1 Relevanz einer Methode für das Business Networking

Die Umsetzung der kritischen Erfolgsfaktoren aus Kapitel 16 stellt eine große Herausforderung dar. Um die Ziele des Business Networking, wie bessere Kundenpflege oder verminderte Lagerhaltung, zu verwirklichen, ist es erforderlich, ein strategisches Geschäftsmodell zu entwickeln, die Geschäftspartner zu motivieren, die Geschäftsprozesse zwischen den Partnern abzustimmen und in IT-Anwendungen umzusetzen. Diese Aspekte zeigen sich auch in einigen der in den vorausgegangen Kapiteln behandelten Fallstudien:

- Welche Vorgehensweise hat sich bei Business Networking-Projekten bewährt? Welches sind die wichtigsten Schritte und geeigneten Techniken, um eine schnelle und erfolgreiche Implementierung sicherzustellen?
- Welche Business Networking-Strategie (s. Kap. 5) erfüllt die Unternehmensziele am besten? Wie hoch ist die Rentabilität dieser Lösung?
- Sind für die Realisierung Partner erforderlich? Wie werden die Partnerbeziehungen gestaltet und wie wird das Erreichen der kritischen Masse gesichert?
- Welche Applikationen werden eingesetzt und wie können diese in die bestehende Systemlandschaft integriert werden? Welche Konsequenzen hat die Business Networking-Lösung für die Applikationsarchitektur?

Methoden dienen der systematischen Beantwortung dieser Fragen, dem Erfahrungstransfer aus anderen Projekten sowie der Dokumentation der Projektaktivitäten. Bestehende Methoden von Beratern, Software-Anbietern und der Literatur decken nur spezifische Bereiche ab. Eine durchgängige Methode, die alle relevanten Implementierungsaspekte – von der Wahl der Business Networking-Strategie bis zur Ausführung lokaler Projekte – behandelt, fehlt. Eine entsprechende Methode wurde im Rahmen des Kompetenzzentrums inter-Business Networking (CC iBN) gemeinsam mit seinen Partnerunternehmen (s. Tabelle 1-1) entwickelt. Nachfolgend wird diese Methode im Überblick vorgestellt. Kapitel 18 zeigt anhand eines durchgängigen Referenzbeispiels Anwendungspotentiale und Ergebnisse der Methode auf, die u.a. in den ‚Strategic Blueprint' des ‚Accelerated SAP for APO 2.0a' der SAP AG eingeflossen sind.

### 17.1.2 Bisherige Ansätze und Anforderungen

Zunächst sind bei einer Methode für das Business Networking die Besonderheiten der unternehmensübergreifenden Beziehungen zu berücksichtigen. Die Schwerpunkte liegen dabei auf allen Aspekten, die mit Kooperation, der Extended Supply Chain und neuen elektronischen Services zusammenhängen. Die bisherigen Methoden fokussieren hauptsächlich auf die drei in Tabelle 17-1 dargestellten Bereiche: Kooperationsmanagement, Prozeßoptimierung und Implementierung von Business Networking-Systemen. Diese Methoden weisen jedoch Mängel in dreierlei Hinsicht auf:

- Sie fokussieren nur auf eine bestimmte Ebene des Business Engineering-Modells, d.h. entweder auf die Ebene Strategie, Prozeß oder Informationssystem. Sie bieten keine Hilfestellungen für den Schritt von der Business Networking-Strategie zur Implementierung eines Business Networking-Systems. Beispielsweise liefern die Methoden des Kooperationsmanagements wertvolle Beiträge zum Aufbau und dem Management von Kooperationen; sie befassen sich jedoch nicht mit der Wahl, Konfiguration und Implementierung der eingesetzten IS.
- Häufig weisen bestehende Methoden eine geringe Formalisierung auf. Systematische Methoden lassen sich charakterisieren durch Metamodell, Vorgehensmodell, Techniken, Rollenmodell sowie Ergebnisdokumente. Viele Methoden, insbesondere der Strategieentwicklung und des Kooperationsmanagements, beinhalten nur ein Vorgehensmodell und wenige Techniken. Häufig fehlt eine strukturierte Ergebnisdokumentation, die jedoch einen wichtigen Input für die Systemimplementierung darstellt.
- Sie bieten wenig Unterstützung für Prozesse des Business Networking. Wie in den Kapiteln 3 und 5 beschrieben, unterstützen die Strategien EC, SCM und CRM verschiedene Unternehmensprozesse. Die bisherigen Methoden sind entweder allgemein gültig (z.B. BPR-Methoden) oder beschränken sich auf die Gestaltung bestimmter Vernetzungsprozesse (z.B. Supply Chain-Methoden).

Daraus lassen sich einige zentrale Anforderungen an eine Business Networking-Methode ableiten. Dazu zählen:

- Spezifische Ausrichtung auf kooperationsintensive Projekte und Unterstützung bei Gestaltung, Messung und Umsetzung von Kooperationsprozessen,
- Einbezug neuer Geschäftsmodelle (s. Kap. 2), technologischer Prozeßunterstützung (z.B. EC, SCM), sowie IS und eServices, und
- Einbezug der Erkenntnisse bestehender Methoden und Erfüllung der Grundsätze des Methoden Engineering [vgl. Gutzwiller 1994].

| Stärken | Schwächen | Beispiele |
|---|---|---|
| **Methoden für Kooperationsmanagement** | | |
| Angabe von Beispielen zu Modellen zum Aufbau und Management von Kooperationen | Mangelnde Anleitung zu bestimmten Kooperationsarten und der Rolle der IT | [Doz/Hamel 1998], [Gomes-Casseres 1996], [Håkansson/Snehota 1995], |
| Häufig sind politische und soziale Aspekte mitenthalten | Unzureichende Informationen zu konkreten Geschäftsprozessen | [Chisholm 1998], [Sydow 1992] |
| **Methoden für Business Process (Re-)Design** | | |
| Allgemein gültig und anwendbar auf ver-schiedene Branchen | Unzureichender Extended Supply Chain-Fokus und mangelndes Wissen über Kooperationen | [Davenport 1993], vgl. Übersicht in [Hess/Brecht 1995] |
| SCM-Methoden be-inhalten spezifisches Supply Chain Wissen | SCM-Methoden vernachlässigen andere Prozesse, z.B. Kundenbeziehungsprozesse | [Bowersox/Closs 1996, 523], [Christopher 1998, 48] |
| **Methoden für IS-Implementierung** | | |
| Enthalten Besonderheiten zur Implementierung von Business Networking-Systemen, z.B. SCM- oder EC-Systemen) | Methoden sind lieferanten- und/oder applikationsspezifisch und auf den Ebenen Strategie und Prozeß schwach | [SAP 1999a], [IMG 1998], [Manugistics 1998], [i2 1997a], [Syncra 1998] |

*Tabelle 17-1: Übersicht über bisherige Methoden des Business Networking*

### 17.1.3 Vorteile eines Engineering-Ansatzes

Das Methoden Engineering ist ein von Gutzwiller/Heym (vgl. [Gutzwiller 1994], [Heym/Österle 1993]) entwickelter Ansatz zur systematischen Entwicklung von Methoden. Er hat sich bei der Erstellung verschiedener Methoden und deren Anwendung in der Praxis bereits vielfach bewährt [vgl. IMG 1999b]. Methoden, die auf den Grundsätzen des Method Engineering basieren, bestehen aus fünf Bausteinen (s. Bild 17-1):

- Das *Vorgehensmodell* umfaßt auf oberster Ebene die empfohlene Reihenfolge aller Aktivitäten. Eine Methode für Business Process Redesign (BPR) kann z.B. mit einer vorläufigen Analyse beginnen, anschließend folgen Makro- und Mikro-Design [vgl. IMG 1999b].
- *Techniken* beschreiben, wie ein oder mehrere Ergebnisse erzielt werden können. Eine Technik zur Messung der Supply Chain-Leistungsfähigkeit beinhaltet z.B. die nötigen Schritte, die verschiedenen Metriken und gibt Hinweise

zur Erstellung der Ergebnisdokumente. Werkzeuge, wie das ARIS Toolset [vgl. Scheer 1995] können dabei den Einsatz der Techniken unterstützen.

- *Ergebnisdokumente* werden zur Dokumentation von Ergebnissen erstellt und bilden einen wichtigen Input für die Festlegung der IT-Anforderungen. Ein Ergebnisdokument zur Analyse von Ist-Prozessen stellt beispielsweise eine Prozeßarchitektur (s. Kap. 18) dar.
- *Rollen* beschreiben, wer in einer bestimmten Phase an einem Projekt beteiligt ist. Sie sind von den Entscheidungskompetenzen und dem Wissen, die zur Erstellung der Ergebnisdokumente erforderlich sind, bestimmt.
- Das *Metamodell* beinhaltet die Hauptobjekte der Gestaltung und die zwischen diesen Objekten bestehenden Beziehungen. Eine Methode für das Business Process Redesign würde z.B. angeben, daß Prozesse Outputs erzeugen und aus Aktivitäten bestehen.

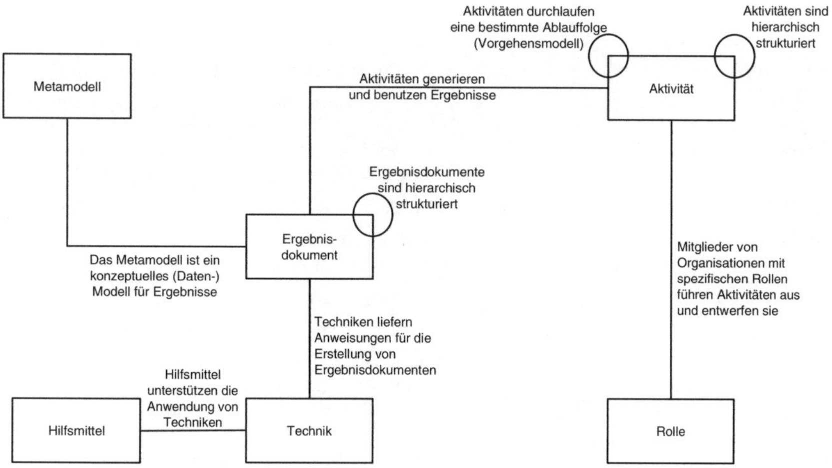


*Bild 17-1: Elemente des Methoden Engineering [vgl. Gutzwiller 1994, 13]*

Methoden werden nicht nur als Hilfsmittel bei der Strukturierung eines Projekts eingesetzt, sondern auch zur Schulung und interner Kommunikation. Sie schaffen eine gemeinsame Sprache und verbessern dadurch die Kommunikation zwischen Menschen mit heterogenen Voraussetzungen. Ein weiterer Vorteil besteht darin, daß eine Formalisierung einen Wissenstransfer ermöglicht. Dies bedeutet, daß die Ergebnisdokumente aus einem Projekt durchaus als Vorlage in einem ähnlichen Projekt wiederverwendet werden können. Die Erfahrung hat gezeigt, daß sich die Nutzeffekte sowohl bezüglich ‚harter' (Zeit, Kosten, Qualität) als auch ‚weicher' (Flexibilität und Wissen) Faktoren ergeben können.

### 17.1.4 Schwerpunkt und Vorgehen der Methode

Bevor eine Methode konkret entwickelt bzw. angewendet wird, ist ihr Gültigkeitsbereich bzw. der Schwerpunkt klar zu bestimmen. Zunächst konzentriert sich die Methode – den durchgeführten Business Networking-Projekten aus dem CC iBN (s. Kap. 1) folgend – auf Kooperationsprojekte. Wie die Eigenschaften in Tabelle 17-2 zeigen, werden Kooperationen in der Literatur als Zwischenform zwischen Hierarchien und Märkten beschrieben (vgl. [Williamson 1985], [Klein 1996, 123]) und bezeichnen einen Verbund von Geschäftseinheiten, die Aktivitäten koordiniert durchführen und dabei ein gemeinsames Ziel verfolgen [vgl. Grochla 1972, 3]. Die Methode soll sich daher für Projekte eignen, die:

- den Aufbau einer längerfristigen Beziehung zu einer anderen GE umfassen,
- tendenziell Beziehungen zu Schlüsselkunden bzw. -lieferanten darstellen, und
- Transaktionen mittlerer Häufigkeit und Informationsbreite[1] betreffen.

| Attribut | Hierarchie | Kooperation/ Netzwerk | Markt |
|---|---|---|---|
| **Zweck** | Zentrale Planung und Steuerung | Verfolgen gemeinsamer Ziele | Markttransparenz und Preisbildung |
| **Vertikale Integration** | Hoch - Produktionsfaktoren gehören einem Unternehmen | Variabel - Gegenseitige Beteiligung der Geschäftspartner | Keine - Eigentum an Produktionsfaktoren ist völlig dezentral |
| **Spezifität der Ressourcen (z.B. IS)** | Hoch - Investitionen in Ressourcen sind unternehmensspezifisch und lassen sich kaum auf andere Partner übertragen | Mittel - Investitionen sind partnerspezifisch, und lassen sich mit mittlerem Aufwand an weitere Partner anpassen | Gering - Ressourcen sind nicht partnerspezifisch und können für beliebige Partner verwendet werden |
| **Erforderliches Vertrauen** | Gering | Mittel bis hoch | Gering |
| **Transaktionen** | Lange Beziehung mit hoher Wiederholung und Informationsbreite | Mittel bis lange Beziehung bei mittlerer Wiederholung und Informationsbreite | Kurze Beziehung bei geringer Wiederholung und Informationsbreite |
| **Rechtlicher Rahmen** | Hierarchische Regelungsmechanismen und langfristige Arbeitsverträge | Gegenseitige Beteiligungen auf Basis lang- bis mittelfristiger Kooperationsverträge | Rein transaktionsgebundene Verträge |

*Tabelle 17-2: Kooperationen im Vergleich (vgl. [Alstyne 1997], [Fleisch 2001, 93])*

[1] Informationsbreite bezeichnet die Vielzahl ausgetauschter Informationen, z.B. neben Transaktionsdaten wie Preis, Menge und Artikel, auch Planungsdaten etc.

Die Business Networking-Methode geht davon aus, daß für Kooperationsprojekte eine ähnliche Vorgehensweise sinnvoll und zielführend ist. Projektspezifische Angleichungen können im Rahmen der Techniken stattfinden. Die allgemeine Vorgehensweise lehnt sich an die Aktivitäten, Analyse, Gestaltung, Planung/Implementierung und Fortführung an (s. Bild 17-2):

- *Analyse der Kooperationspotentiale.* Zunächst werden in einer auf 2-3 Wochen begrenzten Analyse die Bereiche mit den höchsten Nutzenpotentialen ermittelt. Am Ende der Phase erstellt der Initiator ein Kooperationskonzept, das die Grundlage einer ‚Go/no-go'-Entscheidung des Top-Managements darstellt.

- *Entwurf und Auswahl der Umsetzungsalternativen.* Ausgehend vom Kooperationskonzept erfolgt die konkrete Ausgestaltung der Lösung auf Prozeß- und IS-Ebene. Dies erfolgt gemeinsam mit dem Projektpartner. Ergebnis ist der ausgearbeitete Kooperationsvertrag.

- *Planung und Implementierung der Pilotprojekte.* Auf Basis des Kooperationsvertrags werden Einzelprojekte (z.B. Prozeß-Reengineering, EC- oder APS-Projekte) zur Realisierung erfolgreicher Pilotprojekte durchgeführt.

- *Fortführung.* Abhängig vom Erfolg der Pilotprojekte und gegebenenfalls weiterer Faktoren erfolgt der Roll-Out an weitere Partner, das Einstellen der Lösung und/oder das Verfolgen weiterer Kooperationsprojekte, welche das Erreichen strategischer Kooperationsziele unterstützen.

Im folgenden soll exemplarisch das Vorgehen in zwei Kooperationsprojekten dargestellt werden. Zunächst die Einführung eines eProcurement-Systems bei der Deutschen Telekom AG und im Anschluß daran die Einführung einer Supply Chain-Lösung bei Riverwood International.

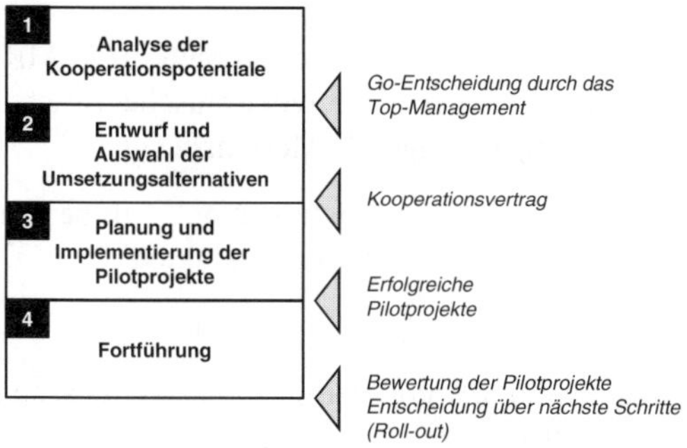


*Bild 17-2: Vorgehensmodell der Business Networking-Methode*

## 17.2 Projekt I: eProcurement bei der Deutschen Telekom

### 17.2.1 Geschäftsumfeld der Deutschen Telekom AG

Die Deutsche Telekom AG (Telekom) ist ein ehemals staatseigenes Telekommunikationsunternehmen, das am 1. Januar 1995 in eine Aktiengesellschaft umgewandelt wurde und im November 1996 in Deutschland an die Börse ging. Die Deutsche Telekom AG (Telekom) erzielte 2000 einen Umsatz von 40,9 Mrd. EUR. Der Umsatz stammt großteils aus dem in- und ausländischen Telekommunikationsgeschäft mit 226.000 Beschäftigten. Telekom ist damit die Nummer eins unter Europas Telekommunikationsanbietern und drittgrößter Carrier weltweit. Ende 2000 bestanden 49,4 Mio. Telefonanschlüsse im Festnetz. Außerdem zählt die Telekom zu den größten Mobiltelefonanbietern mit ca. 31,1 Mio. Kunden (inkl. One 2 One, max.mobil, West) und ist der national größte Online- und Internet-Dienstleister mit 7,9 Mio. Kunden (Ende 2000) [vgl. Telekom 2000].

Die Restrukturierung vom vertikal integrierten Monopolisten zum global tätigen Wettbewerbsunternehmen bedeutet große Veränderungen, die durch die Deregulierung des europäischen Telekommunikationsmarkts und die Konvergenz der Medien bedingt waren. Beide Entwicklungen besitzen signifikante Auswirkungen bezüglich künftiger Kernkompetenzen der Telekom, bestehender Prozeßeffizienzen sowie der internen und externen Partnerbeziehungen. Ausgehend von der neuen Unternehmensstrategie sollte 1998 die Beschaffung indirekter Güter mit den Möglichkeiten des Business Networking optimiert werden.

### 17.2.2 Möglichkeiten zur Organisation der Beschaffung

Wie bereits in Kapitel 11 erläutert, bestehen indirekte bzw. MRO-Güter aus Büromaterialien und anderen C-Teilen. Der elektronische Beschaffungsprozeß für diese Güter (eProcurement) weist folgende Merkmale auf:

- Bei den Gütern handelt es sich um nicht geplante, große Stückzahlen an vorwiegend standardisierten, geringwertigen Produkten,
- ein großer Anwenderkreis ist zu berücksichtigen und
- katalogbasierte Käufer- und Autorisierungsprozesse müssen integriert werden [vgl. Killen & Associates 1997].

Grundsätzlich besteht der Beschaffungsprozeß für indirekte Güter aus einer strategischen und einer operativen Komponente (s. Bild 17-3). Die strategische Beschaffung beinhaltet Kunden- und Lieferantenmanagement und befaßt sich mit der Auswahl, Vereinbarung und Auswertung von Lieferanten indirekter Güter, sowie Content- und Katalogmanagement-Services. Informationen über das Leistungsprofil der Partner dienen z.B. als Basis für Preisverhandlungen sowie für die Vermittlung von Win-Win-Situationen. Die operative Beschaffung besteht aus:

- Elektronischen Produktkatalogen der Anbieter indirekter Produkte.
- eProcurement-Systemen, die es ermöglichen, die elektronischen Produktkataloge unter einer einheitlichen Benutzeroberfläche nach den Vorgaben des strategischen Einkaufs zu integrieren und diese Funktionalität dem Bedarfsträger zur Verfügung zu stellen. eProcurement-Systeme bieten Prozeß- und Ablauffunktionalitäten, Systemadministration und die Integration in ERP-Systeme.
- Dienstleistungen für Content- und Katalogmanagement, die Katalogpflege und -hosting für das beschaffende Unternehmen übernehmen. Das Content Management führt mehrere (Lieferanten-)Kataloge zusammen, während das Katalogmanagement die Plattform für Kataloge bildet. Beide sind in Bild 17-3 gesondert aufgeführt, da sie eigene Geschäftsfelder darstellen.
- Dienstleistungen für Logistik und Zahlungsabwicklung, welche die Abwicklung der Transaktionen erledigen (s. Kap. 2 und 5).
- Jedes Segment beim eProcurement stellt einen eigenen Bereich dar, für den die Unternehmen eine Entscheidung zu treffen haben, ob und wie sie die erforderlichen Ressourcen selbst schaffen oder Zugang dazu erhalten können. Dazu sind strategische Entscheidungen erforderlich, welche Aktivitäten zugekauft bzw. ausgelagert werden sollen sowie in welchen Fällen eine engere Kooperation mit Partnern erforderlich ist. Beispielsweise könnte das Content- und Katalogmanagement ausgelagert werden, wogegen Beziehungen zu Anbietern eine engere Kooperation bedingen. Die Gestaltung der Abläufe und der ERP-Integration erfolgt intern. Unternehmen können sich allerdings auch für eine aktivere Strategie entscheiden und Content- und Katalogmanagement-Services selbst auf dem Markt anbieten.

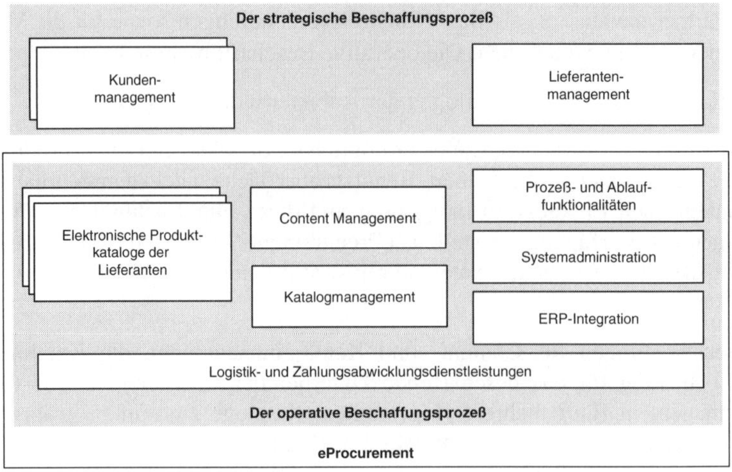


*Bild 17-3: Elemente des eProcurement-Prozesses*

### 17.2.3 Vorgehen bei der Deutschen Telekom

#### 1. Analyse der Kooperationspotentiale

Zu Beginn des Telekom-Projekts stand die Ermittlung der potentiellen Einsatzbereiche des Business Networking im Vordergrund. Die strategischen Alternativen wurden im Rahmen von Workshops anhand von Best Practice-Fallbeispielen diskutiert. Einer der näher untersuchten Bereiche war der Beschaffungsprozeß für indirekte Güter und Dienstleistungen. Die Entscheidung dazu basierte auf einem Scoringmodell, das aufgrund einer Markt-, Ressourcen- und Strategieanalyse erstellt wurde und sowohl weiche als auch harte Faktoren berücksichtigte. Die Bewertung der Kooperationspotentiale ergab, daß der bisherige Prozeß durch zeitaufwendige individuelle Anforderungen auf Papier, viele Ausnahmeregelungen und nur geringen IT-Support gekennzeichnet war. Daraus resultierte ein Prozeß mit hohem Kostenaufwand und geringer Transparenz, der deshalb ein großes Potential für die Einführung einer eProcurement-Lösung aufwies.

#### 2. Entwurf und Auswahl der Umsetzungsalternativen

Nachdem die Entscheidung der Geschäftsführung für ein eProcurement-Projekt gefallen war, wurde ein gemeinsames Projektteam unter Beteiligung der IT- und Beschaffungsabteilungen zusammengestellt. Ein Projektportfolio ergab, daß ähnliche Projekte in der Telekom-Gruppe bereits bestanden. Nach Auswertung dieser Projekte und unter Berücksichtigung von Best Practices aus US-Unternehmen wurden detaillierte Szenarien zur Organisation des eProcurement erstellt. Die wichtigsten Optionen waren:

- Beschaffung über einen externen Dienstleister, d.h. Auslagerung des eProcurement-Prozesses an einen Serviceprovider wie etwa GE TPN.
- Aufbau eines internen Service, d.h. eines internen Shared Service für eProcurement, der allen Telekom-Tochterunternehmen angeboten wird.
- Aufbau eines eService, d.h. den internen Service auf die externen Geschäftspartner auszudehnen und damit ein neues Geschäftsfeld zu erschließen.

Eine Entscheidung für ein oder mehrere machbare Szenarien sollte unter Berücksichtigung verschiedener Auswertungskriterien wie Strategiekompatibilität, strategische Flexibilität, Wissen und Risiko, Anlaufinvestitionen und betriebliche Vorteile getroffen werden. Da es laut einer Markterhebung in Deutschland keine Anbieter fertiger Lösungen für Content- und Katalogmanagement gab, wurde die zweite Option, der Aufbau eines internen Service, gewählt.

Die Szenariogestaltung beinhaltet die Beschreibung der Prozeßarchitektur für das gewählte Szenario sowie die Entscheidung über externe Partner. Es wurden Gespräche mit Softwareanbietern geführt, die zu unterschiedlichen eProcurement-Systeme und eService-Lösungen führten, von denen zwei eingehender für Pilotimplementierungen betrachtet wurden. Basierend auf verschiedenen Kriterien (z.B. Customizing-Aufwand an Telekom-Abläufe und Integration in bestehende R/2-Systeme), wurde Commerce One als Systemanbieter ausgewählt.

**3. Planung und Implementierung der Pilotprojekte**

Nachdem die Entscheidungen zugunsten einer Softwarelösung und einer speziellen Prozeß- und Applikationsarchitektur gefallen sind, erfolgt nun die Feinplanung der einzelnen Implementierungsaspekte. Dazu gehören die Applikationsarchitektur, Standards für Daten- und Kommunikationsprotokolle sowie Koordinationsaufgaben bei den Implementierungsprojekten.

**4. Fortführung bestehendes / Gewinnung neues Projekt**

Nach dem Aufbau des internen Beschaffungsservice könnte dieser in einem zweiten Schritt erweitert werden. Eine im Gespräch befindliche Strategie sieht vor, daß eine Telekom-Tochter als externer eService-Anbieter für Content- und Katalogmanagement auftritt (s. Bild 17-4). Dadurch eröffnen sich neue Umsatzpotentiale durch die Nutzung der Einkaufsmacht, der großen Anzahl an Transaktionen, des Markennamens, der kritischen Masse sowie der IT-Infrastruktur der Telekom. Gleichzeitig bedeutet die Erweiterung des bestehenden Dienstes die Weiterführung der Business Networking-Aktivitäten bei der Telekom.

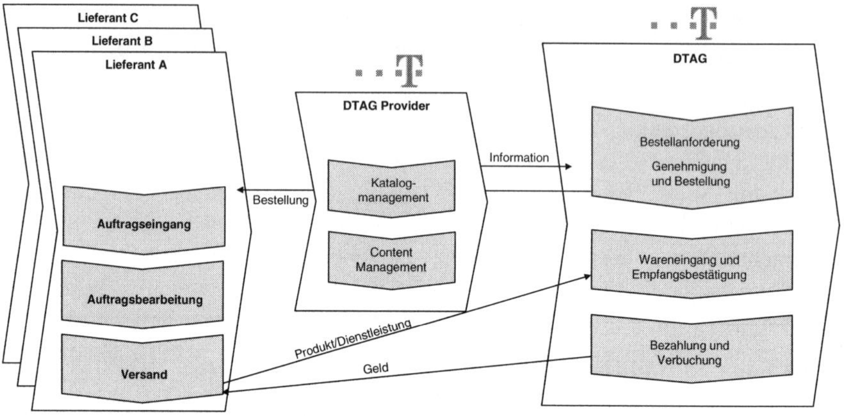


*Bild 17-4: eProcurement-Szenario bei der Deutschen Telekom*

## 17.3 Projekt II: Supply Chain Management bei Riverwood International

### 17.3.1 Geschäftsumfeld von Riverwood International

Bei Riverwood International (RWI) handelt es sich um einen Marktführer von Kartonagen und Verpackungen. Das Management setzte sich 1996 zum Ziel, einen neuen Kundenservice-Standard in der Branche zu definieren. Mit einem verbesserten Informationsfluß von und zum Kunden wollte RWI eine erhöhte Kundenbindung und somit eine bessere Wettbewerbssituation erreichen. Zu jedem Kunden sollte eine individuelle Kundenbeziehung entwickelt werden. Kleine Kunden sollten ihre Bestellungen und Statusanfragen direkt über eine Internetlösung abwickeln können, großen Kunden sollten weitergehende Dienste angeboten werden.

Riverwood International sah sich dabei vor allem mit folgenden Fragen konfrontiert: Wie kann ich meinen Kunden von den neuen Konzepten überzeugen? Wie kann eine Win-Win-Situation erreicht werden? Welche Kooperationsstrategien kommen in Frage? Wie errechne ich den Return on Investment (ROI) dieses überbetrieblichen Projektes? Welches sind die kritischen Erfolgsfaktoren? Welche Aktivitäten müssen im Projektplan enthalten sein? Welche Geschäftsprozesse setzen die Strategien um? Welche neuen aufbauorganisatorischen Änderungen sind notwendig? Welche Informationssysteme und Standards sollen eingesetzt werden? Welche Services können bzw. sollen erstellt bzw. fremdbezogen werden?

Aus verschiedenen Möglichkeiten zur Optimierung der Supply Chain wurden sechs Kooperationsszenarien anhand von vier Zielen analysiert (s. Bild 17-5). Auf dieser Grundlage wurde die Entscheidung für ein Vendor Managed Inventory (VMI) getroffen.

| **Potentieller Nutzen der Kooperationsstrategien** | • Lagerumschlag<br>• Alter der Vorräte<br>• Rücknahmen<br>• Unnötige Vorräte | • Zu planende Arbeitsstunden<br>• Ausmaß der Nachbesserung<br>• Anzahl der ‚Notfälle'<br>• Fehler in der Planung<br>• Verfügbarkeit des Systems | • Kapazitätsausnutzung<br>• Lagerbestandsgenauigkeit<br>• Verpackungsmaschine - Einheiten pro Tag/Produkt | • Reaktionszeit für Promotionen<br>• Reaktionszeit für Volumenänderungen |
|---|---|---|---|---|
| Consignment Inventory | - | - | - | - |
| Vendor Managed Inventory | - | ++ | + | + |
| Automated Vendor Replenishment | - | ++ | + | - |
| Global Inventory Visibility | ++ | ++ | ++ | ++ |
| Rückwirkungen des Vertriebsplans | - | - | - | - |
| Collaborative Production Planning | + | ++ | - | - |

*Bild 17-5: Beurteilung der Supply Chain-Strategien bei Riverwood*

### 17.3.2 Supply Chain-Szenario bei Riverwood International

Das Projekt wurde während der noch laufenden SAP R/3-Implementierung entwickelt. Mit dem ERP-System wurden Legacy-Anwendungen ersetzt und damit eine verbesserte Informationsbasis zu Supply Chain-Prozessen geschaffen. Um eine größere Flexibilität im Planungs- und Fertigungsprozeß zu erzielen, sollte das SCM-System Advanced Planner and Optimizer (APO) von SAP eingesetzt werden. Wie in Bild 17-5 gezeigt, ist VMI eine SCM-Strategie bei der Absatzprognosen, Produktionspläne und Lagerbestände des Kunden direkt in die Produktionsplanung des Lieferanten einfließen. Auf dieser Basis führt der Hersteller die Lagerbevorratung beim Kunden durch. Ein VMI-Pilotprojekt wurde mit einem Kunden, Universal Packaging in Brittmoore (TX), USA, unter Beteiligung von fünf Riverwood-Werken sowie zehn Universal-Standorten in New England 1999 aufgesetzt.

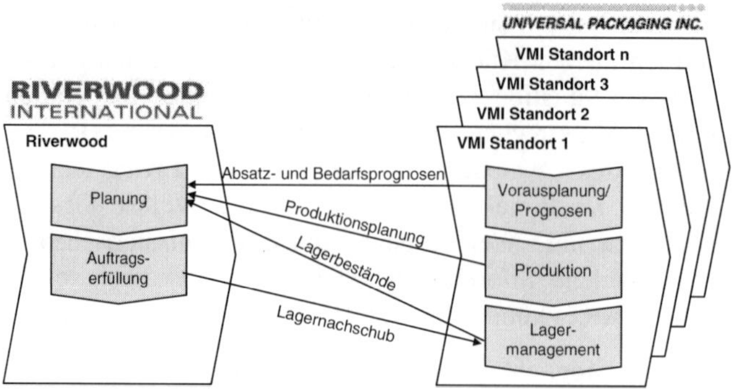


*Bild 17-6: VMI zwischen Riverwood und Universal*

Im Gegenzug für das genaue Bedarfssignal übernimmt Riverwood im Sinne von Insourcing Lagerbewirtschaftungsaufgaben, die bisher traditionell von Universal wahrgenommen wurden (s. Bild 17-6). So werden die Lager in den Werken und Distributionszentren von Universal automatisch von Riverwood bevorratet. Das VMI-Szenario baut auf folgenden Schlüsselaktivitäten auf:

- *Datenzusammenstellung.* Die zentralen Daten bei VMI-Programmen sind die Lagerentnahmedaten an den zehn Universal-Standorten.
- *Prognose.* Die Planung des Auftragsvolumens wird von Riverwood auf der Basis vereinbarter Sollbestände und Transportkostenvorgaben durchgeführt.
- *Auftragsgenerierung.* Lagerentnahmen generieren Auffüllanforderungen, die vom R/3-System von Riverwood direkt in Bestellungen umgewandelt werden.
- *Bestellabwicklung.* Die Bevorratung erfolgt primär aus Lagerbeständen (make-to-stock), nur in Ausnahmefällen auftragsspezifisch (make-to-order).

Durch das VMI-Szenarios entsteht für beide Parteien eine Win-Win-Situation mit den in Tabelle 17-3 dargestellten Nutzenkategorien.

| Vorteile für Riverwood (Lieferant) | Vorteile für Universal (Kunde) |
|---|---|
| Besserer Überblick über Bestände und Supply Chain-Aktivitäten<br>Bessere Informationen für Lagerdispositionen und Produktion | Verlagerung des Verwaltungsaufwands für die Lagerbevorratung bei bestimmten Produkten (VMI-Produkte) vom eigenen Lager zurück zu Riverwood |
| Größere Flexibilität bei Planung und Fertigungsprozessen | Verringerung der Supply Chain-Kosten durch Outsourcing der Auftragsbearbeitung<br>Geringerer Betriebsmittelaufwand durch spätere Eigentumsübergang |
| Individuellere und genauere Planung | Gesicherte Bedarfserfüllung und ‚Available-to-Promise'-Service für VMI-Produkte |
| **Vorteile für beide Parteien** | |
| Kürzere Durchlaufzeiten für den gesamten Lagerauffüllungsprozeß<br>Verbesserung des Kapitaleinsatzes durch Verringerung des Lagervorlaufs | |

*Tabelle 17-3: Nutzen des VMI für Riverwood und Universal*

### 17.3.3 Vorgehen bei Riverwood International

**1. Analyse der Kooperationspotentiale**

Zu Projektbeginn zeigte die Supply Chain signifikante Potentiale für ein Business Networking-Projekt. Insbesondere mit verbesserter Supply Chain-Transparenz sollten Bestände an allen Lagerstandorten reduziert werden können. Wichtige Elemente dieser Phase waren eine Groberfassung der bestehenden Supply Chain-Prozesse und der IS-Architektur sowie die Festlegung des Projektumfangs nach Produkten, Supply Chain-Partnern und geographischen Standorten. Dies führte zu einem ersten Kooperationskonzept, das auch detaillierte und gegenseitig vereinbarte Leistungsziele für die künftige Zusammenarbeit zwischen Universal und Riverwood beinhaltete. Zum Abschluß der ersten Phase wurde ein unternehmensübergreifendes Team gebildet.

**2. Entwurf und Auswahl der Umsetzungsalternativen**

Von Riverwood wurden zwei Kooperationsszenarien für die VMI-Realisierung festgelegt, denen zwei unterschiedliche Architekturalternativen zugrunde lagen:

- Aufbau und Pflege eines eigenen VMI-Moduls (z.B. SAP APO) mit Schnittstellen zum SAP R/3-System bei Riverwood und der ERP Legacy-Applikation bei Universal.
- Einsatz eines bestehenden, von einem externen Dienstleister beigestellten, VMI-Service [vgl. Durlacher 1999], wie etwa dem Continuous Replenishment-Service von IBM [vgl. IBM 1998].

Aufgrund der höheren Flexibilität bei der Anpassung der VMI-Lösung an Kundenbedürfnisse und der besseren Berücksichtigung spezifischer Bedürfnisse von Riverwood bei Fertigungs- und Terminplanung sollte ein eigenes VMI implementiert werden.

**3. Planung und Implementierung der Pilotprojekte**

Für das ausgewählte Szenario wurde ein konkretes Bild des Prozeßnetzwerks ausgearbeitet und in seinen Auswirkungen auf Ressourcen und Betriebsabläufe abgeschätzt. Ein Beispiel für die Mikroprozeßgestaltung zeigt Bild 17-7. Unterschieden wird dabei zwischen VMI-Planung und -Ausführung.

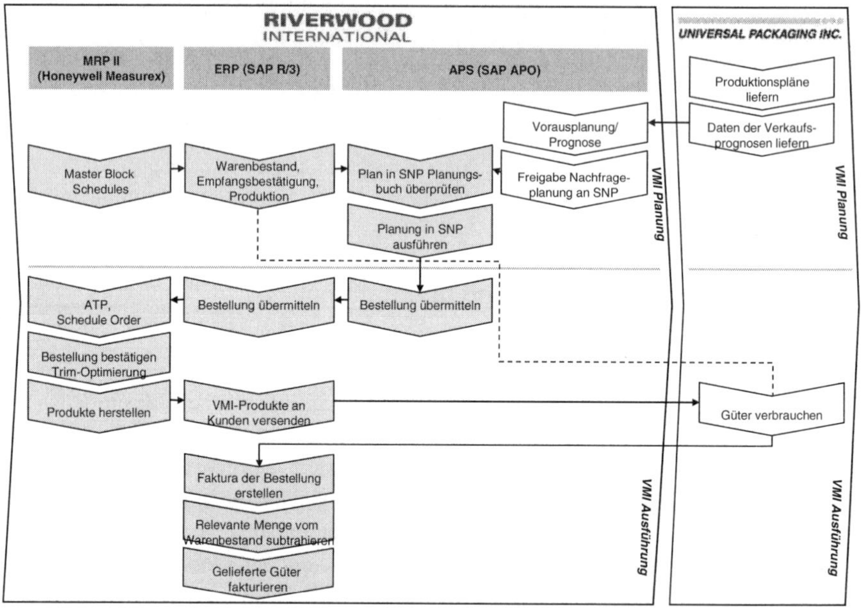


*Bild 17-7: Prozeßgestaltung für VMI bei Riverwood*

Die *VMI-Planung* beginnt mit der wöchentlichen Übergabe der Produktionspläne und Verkaufsprognosen von Universal an Riverwood. Diese Daten stammen aus dem ERP-System[2] von Universal und fließen zur Generierung von Bedarfsplänen in das Demand Planning-Modul des APS von Riverwood ein. Nach Freigabe des Bedarfsplans an das Supply Network Planning (SNP)-Modul werden die Produk-

[2] Gegenwärtig ist eine elektronische Kopplung des Universal-ERP und des Riverwood-APS nicht geplant. Statt dessen verwendet der VMI-Planner von Universal ein Web Gateway zum sogenannten 'Bedarfsplanungsbuch' im Rahmen des APS von Riverwood für die manuelle Dateneingabe.

tionspläne vom APS unter Einbezug von Randbedingungen im Produktions- und Distributionsnetzwerk[3] über das ERP dem MRP II-Planungssystem übergeben.

Die *VMI-Ausführung* beginnt mit der Verfügbarkeitsprüfung (ATP) und Feinplanung im MRP II-System. Der Auftrag wird bestätigt, eine Feinabstimmung durchgeführt und das Produkt gefertigt. Bei Universal werden die angelieferten Güter mittels Barcode wieder erfaßt. Diese Informationen werden vom Riverwood-ERP zur Verfolgung der Produktentnahmen verwendet und danach der Ist-Lagerbestand im Universal-Lager ermittelt. Falls die Vorräte einen bestimmten Wert unterschreiten, wird automatisch durch das ERP von Riverwood eine Bestellung generiert, die VMI-Produkte zum Versand gebracht und eine Rechnung gestellt.

| **Projektportfolio Teil A: Interne Riverwood Projekte** |
|---|
| APS-Projekt zum Aufbau und Customizing der Bedarfs- und Liefernetzwerkplanungsmodule bei der APO-Anwendung von SAP |
| Stammdatenprojekt zum Aufbau der unidirektionalen Übergabe von ERP-Stammdaten (z.B. Produktstämme, Stücklisten, Kundenstandorte, Maßeinheiten) an das APS. |
| Core Interface-Projekt zur Sicherung des bilateralen Austausches von Transaktionsdaten (Aufträge) zwischen ERP- und APS-System. Auftragsarten beinhalten Produktions-, Transport-, Nachschub- und Konsignationsaufträge. |
| Ein Projekt für die Entwicklung der Kunden-Service-Paketmodule. |
| **Projektportfolio Teil B: Module des Kunden-Service-Pakets** |
| Business Process Redesign (BPR)-Modul, um Kunden die Unterstützung des VMI-Prozeßstandards von Riverwood zu ermöglichen. |
| Infrastrukturmodul, das schlüsselfertige Zugangsanwendungen für die Eingabe von Prognosedaten ins Bedarfsplanungsbuch und Strichcodescanner zur Verfolgung der Lagerentnahmen enthält. |
| Internet Service Provider (ISP)-Module zur Sicherung der Datenübergabe von örtlichen VMI-Standorten gemäß den Sicherheitsstandards von RWI. |
| Vor-Ort-Schulungskurse. |

*Tabelle 17-4: Riverwood-Projektportfolio*

Um eine erfolgreiche Einführung des VMI zu gewährleisten, wurde von Riverwood ein Projektportfolio entworfen, das acht verschiedene lokale Projekte vorsieht (s. Tabelle 17-4). Teil A des Projektportfolios befaßt sich mit vier internen Riverwood-Projekten. Teil B umfaßt kundenbezogene Projekte und konkretisiert die geplante Unterstützung der VMI-Kunden mittels eines Servicepakets, das insgesamt die Auslagerung der Lagerwirtschaft für bestimmte VMI-Produkte

[3] Beispiele sind Master Block Schedules für Produktionskapazität, Lagerbestände, Transportkapazität und Auftragsdurchlaufzeit.

ermöglicht. Das Paket enthält kundenspezifische Module, d.h. Riverwood führt interne Kundenprojekte durch bzw. koordiniert diese.

**4. Fortführung bestehendes/Gewinnung neues Projekt**

Mögliche Bereiche für den erweiterten Einsatz des Business Networking wurden diskutiert, um die ERP- und APS-Investitionen von Riverwood verstärkt zu nutzen. RWI plant, als eigenständiger eService-Dienstleister aufzutreten und kollaborative Planungs-Szenarien für die Papierindustrie in den USA anzubieten (s. Bild 17-8). Dabei sollen Portale wie mySAP.com für die Kunden als Plattform verwendet werden. Diese Weiterführung der VMI-Lösung soll nach der erfolgreichen Implementierung des VMI-Pilotprojekts umgesetzt werden.

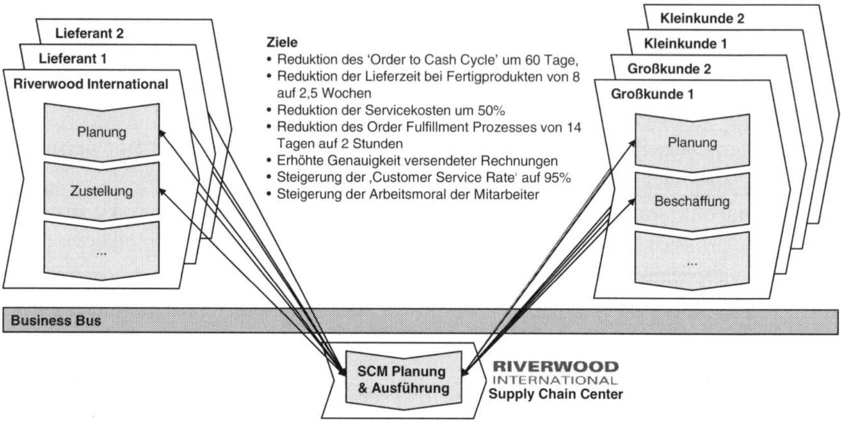


*Bild 17-8: Supply Chain-Service von Riverwood International*

## 17.4 Erarbeitung der Business Networking-Methode

Den beiden oben beschriebenen Fallbeispielen liegen unterschiedliche Szenarien des Business Networking zugrunde. Bei der Telekom lag der Schwerpunkt auf eProcurement und bei Riverwood International auf SCM. Im folgenden Abschnitt wird die Struktur der Business Networking-Methode erläutert und die spezifischen Techniken erklärt, die bei allen Business Networking-Strategien Anwendung finden können (s. Kap. 5). Die Methode basiert auf den Projekten, die im CC iBN (s. Kap. 1) durchgeführt worden sind. Sie zeichnet sich durch zwei Punkte aus:

- Die durchgängige Verwendung kooperationsrelevanter Gestaltungsdimensionen auf den Ebenen Strategie, Prozeß und IS.

- Die Anwendung des Methoden Engineering, das Vorgehensmodell, Rollenmodell, Techniken, Meta-Modell und Ergebnisdokumente umfaßt.

### 17.4.1 Kooperationsrelevante Dimensionen der Methode

Die Methode zum Business Networking kann auf existierenden Ansätzen aufbauen. Sie wurde daher als Erweiterung einer bestehenden und erprobten Methode zum Business Engineering konzipiert. Wie in Bild 17-9 auf der linken Seite aufgezeigt, gestaltet das Business Engineering die Dimensionen Organisation, Daten und Funktionen auf den Ebenen Geschäftsstrategie, Prozeß und Informationssystem [Österle 1995, 30]. Mit der Business Networking-Methode werden Erweiterungen in drei Dimensionen vorgenommen:

- *Metriken.* Anknüpfend an die Netzwerkfähigkeit umfaßt die Business Networking-Methode neben der Messung von Transaktionsprozessen (z.B. Dauer einer EC-Transaktion) auch die Messung von Kooperationsprozessen (z.B. Aufbau einer Beziehung zu einem neuen Geschäftspartner, Einrichten eines EDI-Link zu einem neuen Geschäftpartner, etc.).

- *Kooperationsmanagement.* Kooperationsprojekte sind in erster Linie keine Informatikprojekte und erfordern ausgeprägtes Kooperationsmanagement. Dies umfaßt die Auswahl und Gewinnung der Kooperationspartner, das Schaffen von Vertrauen und Win-Win-Situationen, die Definition des Kooperationsvertrags, das Konfliktmanagement, die Initiierung eines Pilotprojekts, das Aufsetzen eines interorganisatorischen Projektteams, Verfahren zur Aufteilung gemeinsamer Nutzeffekte sowie ein Kooperationscontrolling.

- *Vernetzung.* Business Networking baut auf dem Geschäftsmodell des Informationszeitalters auf (s. Kap. 2) und umfaßt auf Ebene der Geschäftsstrategie die Diskussion innovativer Kooperationsmodelle, auf Prozeßebene den Einsatz innovativer (elektronischer) Koordinationsmechanismen (z.B. Multi Vendor-Kataloge, Supply Chain-Szenarien) und auf IS-Ebene den Einsatz von eServices sowie die Gestaltung des Business Bus.

Die Systematik der Methode sieht vor, daß die Inhalte der drei Dimensionen jeweils sukzessive erarbeitet bzw. verfeinert werden. Beispielsweise wird beim Kooperationsmanagement die Struktur des initialen Kooperationskonzepts bei der Erstellung des Kooperationsvertrags beibehalten und lediglich um die zusätzlichen Details ergänzt. Der Kooperationsvertrag wiederum bildet die Grundlage für das Kooperationscontrolling. Ebenso werden anfängliche Abschätzungen zur Netzwerkfähigkeit sukzessive zu konkreten und quantitativen Größen verfeinert.

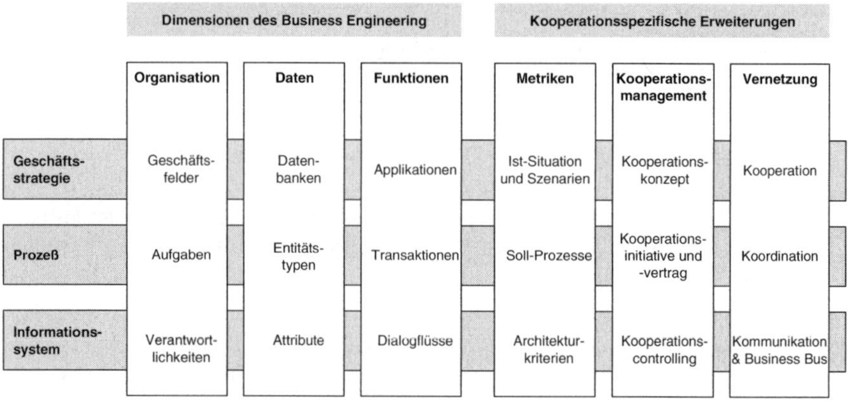


*Bild 17-9: Business Engineering-Dimensionen mit kooperationsspezifischen Erweiterungen*

### 17.4.2 Elemente der Business Networking-Methode

Dem Methoden Engineering folgend [Gutzwiller 1994, 24], besitzen Methoden fünf Elemente: Metamodell, Vorgehensmodell und Techniken, Rollenmodell und Dokumentationsmodell.

### 17.4.3 Metamodell

Ein Metamodell ist nach [Brenner 1995, 11] das konzeptionelle Datenmodell der Ergebnisse einer Methode und stellt die Bestandteile der wesentlichen Entwurfsergebnisse einer Methode dar. Es dient der Konsistenzsicherung und verschafft einen schnellen Überblick der Beschreibungs- und Gestaltungsbereiche und die verwendete Terminologie. Für jede Ebene (Geschäftsstrategie, Prozeß, IS) werden die Begriff mit ihren Zusammenhängen geklärt. Bild 17-10 zeigt das Metamodell auf Strategieebene.

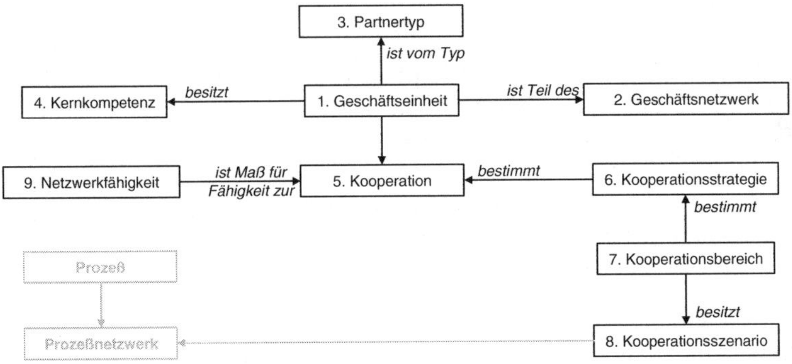


*Bild 17-10: Metamodell auf Strategieebene*

### 17.4.4 Vorgehensmodell und Techniken

Vorgehensmodelle definieren nach [Heinen 1991, 311] die zeitlich logische Folge von Schritten in einem Problemlösungsprozeß. Die vier Phasen der Business Networking-Methode (s. Kap. 17.1.4) wurden bereits in den Fallstudien verwendet. Die Ziele und Ergebnisse jeder Phase werden mittels Techniken erzielt, die ein detailliertes Vorgehen sowie Ergebnisdokumente beinhalten. Die insgesamt 11 Techniken (s. Bild 17-11) werden nachfolgend erläutert.

| method CCiBN | |
|---|---|
| Phase 1 Analyse Kooperationspotentiale | 1.1 Auswahl Kooperationsbereich und Projektumfang |
| | 1.2 Bestehende Prozeß- und IS-Architektur |
| | 1.3 Kooperationsszenarien und Metriken |
| | 1.4 Kooperationskonzept |
| Phase 2 Entwurf und Auswahl Umsetzungsalternativen | 2.1 Auswahl Pilotpartner |
| | 2.2 Prozeßanalyse |
| | 2.3 Entwurf der IS-Architektur |
| | 2.4 Kooperationsinitiative |
| Phase 3 Planung und Implementierung Pilotprojekt | 3.1 Management Projektportfolio |
| | (Durchführung internes Projekt) |
| Phase 4 Fortführung | 4.1 Operatives Kooperationsmanagement |
| | 4.2 Fortführung |

*Bild 17-11: Vorgehensmodell und Techniken der Business Networking-Methode [ccibn.iwi.unisg.ch]*

**Phase 1: Analyse Kooperationspotentiale**

- Auswahl von Kooperationsbereich und Projektumfang. Die Bereiche, in denen eine Kooperation angestrebt wird, werden spezifiziert. Ausgangspunkt bilden die Kooperationsziele und die Kooperationslandkarte, die mögliche Kooperationsbereiche aufgezeigt. Zur Beurteilung wird eine Leistungsanalyse durchgeführt und die relevanten Projektdimensionen sowie die Zusammensetzung des Projektteams bestimmt.

- *Bestehende Prozeß- und IS-Architektur.* Unter Berücksichtigung des definierten Projektumfanges wird die aktuelle Geschäfts-, Prozeß-, und IS-Architektur evaluiert. Die Ist-Analyse bildet dabei die Voraussetzung für das Design und die Implementierung optimierter Strukturen und Prozesse.

- *Kooperationsszenarien und Metriken.* Zukünftige Kooperationsszenarien, bestehend aus Geschäfts-, Prozeß-, und IS-Architektur, werden entwickelt und anhand der Erfüllung von Vorgaben bewertet.

- *Kooperationskonzept.* Zentrales Ergebnisdokument ist das Kooperationskonzept, das im Sinne einer Absichtserklärung zu Beginn der zweiten Phase (Technik 2.1) den möglichen Pilotpartnern vorgelegt wird. Dazu werden Partnerprofile definiert, Nutzenkategorien grob abgeschätzt (Win-Win-Situation) und eine Auswahl des präferierten Partnertyps vorgenommen.

**Phase 2: Entwurf und Auswahl Umsetzungsalternativen**

- *Auswahl Pilotpartner.* Es werden Partner für das definierte Pilotprojekt ausgewählt. Ziel ist es, den bzw. die Partner auszuwählen, die ein großes Interesse an einer frühzeitigen Realisierung haben (Win-Win) und die die Umsetzung gewährleisten. Neben der Auswahl und ersten Gesprächen ist auch eine gemeinsame Teambildung auf Basis der Kooperationsgrundsätze erforderlich.

- *Prozeßanalyse.* Im Mittelpunkt steht die Festlegung der zukünftigen Prozeßarchitektur. Ziel dabei ist die Entwicklung des geeignetsten Prozeß-Szenarios, für das auch eine Standardsoftwareapplikation existiert; d.h., es soll nicht ein ‚Best Case-Szenario', sondern das am besten in Applikationen abbildbare Szenario entwickelt werden.

- *Entwurf der IS-Architektur.* Es wird eine definitive Auswahl von IS und eServices vorgenommen. Dabei wird analysiert, welche Mängel das Szenario bezüglich der modellierten Prozesse aufweist und wie diese IS-technisch behoben werden können.

- *Kooperationsinitiative.* Diese Technik vervollständigt den Kooperationsvertrag hinsichtlich gemeinsamer Ziele, Verpflichtungen und Ressourceneinsatz. Ziel ist es, vor der Umsetzung die erstellten Ergebnisse zusammenzuführen und insbesondere die Kosten- und Nutzenelemente zu überprüfen.

**Phase 3: Planung und Implementierung Pilotprojekt**

- *Management Projektportfolios.* Die unternehmensübergreifenden Tätigkeiten, die zur Einhaltung der Vorgaben bzgl. der Termine, Kosten und Zielerreichungsgrade notwendig sind, müssen koordiniert werden. Die methodische Begleitung der Realisierung ist nicht Bestandteil der Business Networking-Methode, hier kann auf die spezifischen Ansätze des Projektinitiators, der Pilotpartner und der Softwarehersteller (z.B. ASAP für APO) zurückgegriffen werden.

  (*Ausführung interner Partnerprojekte.* Führt konkrete Implementierungsprojekte aus und ist nicht Bestandteil der Business Networking-Methode.)

**Phase 4: Fortführung bestehendes/ Gewinnung neues Projekt**

- *Operatives Kooperationsmanagement etablieren.* Ziel ist der reibungslose Betrieb der Kooperation und die eigentliche Erfüllung der Kooperationsziele.
- *Fortführung.* Eine abschließende Beurteilung des Pilotprojekts wird vorgenommen und der Projekterfolg an die Entscheider kommuniziert. Ferner wird ein ‚Business Case' zur Gewinnung von (Roll-out-)Partnern erstellt und ein unternehmensübergreifendes Marketing des Kooperationserfolges durchgeführt. Zum Schluß wird eine Entscheidung über die weitere Vorgehensweise getroffen, d.h. entweder ein Roll-out an andere Partner oder das Aufsetzen eines neuen Kooperationsprojekts.

Obgleich die Methode eine ideale Abfolge der Aktivitäten vorschlägt, sind bei bestimmten Projekten Modifizierungen erforderlich. Aus diesem Grunde beinhaltet jede Technik eine klare Beschreibung der erforderlichen Inputs. Damit sind niedrigere Einstiegspunkte, Parallelaktivitäten, etc. möglich.

### 17.4.5 Rollenmodell

Die Zuordnung von Aktivitäten zu Aufgabenträgern wird als Rollenmodell bezeichnet. Rollen werden von einer Geschäftseinheit oder einzelnen Mitarbeitern wahrgenommen und sind mit Aufgaben, Kompetenzen und Verantwortungen verbunden. Das Rollenmodell unterscheidet einerseits die bekannten Rollen der involvierten Mitarbeiter: Moderator, Entscheider, Verantwortlicher und Unterstützer.

Zusätzlich zu unternehmensintern ausgerichteten BPR-Methoden erfordern Kooperationsprojekte ein Rollenmodell, das die Rollen der Kooperationspartner miteinbezieht. Die Methode nimmt an, daß ein Initiator eine Kooperationsidee besitzt und diese sukzessive konkretisiert (s. Bild 17-12). Die erste Konkretisierung erfolgt im eigenen Unternehmen, indem Kooperationsidee (bzw. -vision), Kooperationsbereich sowie Nutzen und Folgen für den Initiator abgeschätzt werden. Auf dieser Basis erfolgt die Entscheidung für ein konkretes Kooperationsprojekt, das gemeinsam mit einem oder mehreren Pilotpartnern durchgeführt wird. Die systematisch aufbereiteten Erfahrungen aus dem Pilotpartnerprojekt bilden die Voraussetzung für die Gewinnung mehrerer Partner bzw. für einen Roll-out.

| | **Rollen Ebene Geschäftseinheit** | | |
|---|---|---|---|
| **Rollen Ebene Mitarbeiter** | Projektinitiator (PI) | Pilotpartner (PP) | Partner (P) |
| Moderator (M) | Interner oder externer Berater | | |
| Entscheider (E) | Führungsebene | | |
| Verantwortlicher (V) | Fachbereich | | |
| Unterstützer (U) | IS-/IT-Abteilung | | |

*Bild 17-12: Rollenmodell der Business Networking-Methode*

## 17.5 Zusammenfassung und Ausblick

Business Networking bzw. Kooperationsprojekte besitzen spezifische Eigenschaften, die sich auch in Projektarbeit und -vorgehen niederschlagen. Wichtige Aspekte sind jedoch in bestehende Methoden nicht enthalten. Entweder legen sie ihren Schwerpunkt nur auf strategische Gesichtspunkte, berücksichtigen Wissen über Vernetzungsprozesse nicht oder weisen nur eine geringe Formalisierung auf. Die Vorteile der Business Networking-Methode liegen darin, daß:

- ein *integrativer Rahmen* geschaffen wird. Die Methode bietet ein strukturiertes Vorgehen von der (strategischen) Analyse und Konzeptualisierung bis zur Implementierung. Stärken bisheriger Methoden sind mit integriert.
- sich das *interorganisatorische Projektmanagement* durch ein gemeinsames Verfahrensmodell vereinfachen läßt. Es bietet Hilfestellung bei der Strukturierung eines gemeinsamen Projektplans, bei der Ermittlung, welche Aufgaben zu erfüllen sind und bei der Entscheidung darüber, wer in welchem Stadium des Projekts einbezogen werden sollte. Probleme, die sich aus unterschiedlichen Unternehmenskulturen, -sprachen und -systemen ergeben, können so vermieden werden.
- *kritische Erfolgsfaktoren* im Vorgehen enthalten sind. Wie bereits in Kapitel 12 dargelegt wurde, ist der Erfolg bei Business Networking-Projekten häufig von nicht-technischen, d.h. organisatorischen und politischen Faktoren abhängig. Beispiele dafür sind die Schaffung von Win-Win-Situationen, die Homogenisierung von Stammdaten, etc.

- das *Knowledge Management* durch den Transfer von Wissen aus früheren und laufenden Projekten unterstützt wird. Dazu zählen wichtige Erfolgsfaktoren und bewährte Praktiken sowie kritisches Konfigurations- und Implementierungs-Know-how. Neben der Hilfestellung, die dem Projektmanagement direkt nützt, verhilft die Methode auch zu einer besseren Mitarbeiterschulung.

Wie in Kapitel 2 ausgeführt, bedeutet das Informationszeitalter eine Vielfalt von neuen Herausforderungen an das Management. Die Auswirkungen und Chancen sind dynamisch und gerade die Business Networking-Methode bietet eine solide Ausgangsbasis, um diesen Herausforderungen mit System entgegenzutreten. Es sind drei Bereiche, in denen die Methode weiterentwickelt wird:

- *Interaktion mit Wissensmanagement.* Der wachsende Umfang an elektronischen Transaktionen, die über Business Networking-Systeme laufen, bildet eine wichtige Bezugsquelle für Informationen über Kunden. Gerade die Integration transaktions- und beziehungsorientierter Business Networking-Systeme wird neue Perspektiven für die Schaffung individueller und effizienter Leistungen für den Kunden eröffnen.

- *Entwicklung von eServices.* Elektronische Dienste (s. Kap. 2.3.4) werden künftig beim Business Networking eine wichtige Rolle spielen. Wie eServices entwickelt werden können und wie sie auf den Ebenen Strategie, Prozeß und Informationssystem integriert werden können, sind Fragen, die im Laufe der Weiterentwicklung der Methode beantwortet werden müssen.

- *Elektronische Marktplätze.* Gegenüber langfristigen Supply Chain-Projekten ist die Kooperation mit Geschäftspartnern über elektronische Marktplätze (s. Kap. 5.4.3) häufig kurzfristiger Natur. Die Erweiterung der Methode um Techniken, die auch derartige Systeme abdecken, stellt eine weitere Entwicklungsrichtung der Methode dar.

# 18 Anwendung der Business Networking-Methode am Beispiel SAP

*Christian Reichmayr, Rainer Alt, Thomas Reiss, Andreas Pfadenhauer*

## 18.1 Abgrenzung von Business Networking-Strategien

### 18.1.1 Überblick

In Kapitel 5 wurden ausgehend von den drei Ebenen des Business Engineering-Modells verschiedene Strategieoptionen im Business Networking beschrieben, die naturgemäß in der Realität weniger trennscharf auftreten. Sie werden miteinander vermischt, durch bereits bestehende Unternehmensstrategien, Informationssysteme und deren Funktionalitäten. Beispiele dafür sind Unternehmen, die:

- Outsourcing, Insourcing und virtuelle Organisation abhängig vom unterstützten Prozeß parallel anwenden. Beispielsweise besteht im Einkauf eine virtuelle (Einkaufs-)Organisation mit Wettbewerbern, im Verkauf Insourcing durch Aufkauf eines Marktplatzes und Outsourcing für die gesamten Abwicklungs- bzw. Fulfillment-Aktivitäten.
- integrierte elektronische Transaktionen realisieren. Es ist langfristig wenig sinnvoll, wenn sich Kunden über Produkte, deren Preise, Konditionen oder Verfügbarkeiten etc. informieren können, ohne diese im Anschluß auch bestellen zu können. Andererseits müssen Produkte selektiert und eine Bestellung aufgegeben werden, bevor eine physische Supply Chain angestoßen werden kann.
- verschiedene Business Networking-Systeme gleichzeitig einsetzen. Beispielsweise werden dezentrale eProcurement-Applikationen parallel zur Nutzung von Marktplätzen im Einkauf und/oder zur Unterstützung der Kundenprozesse im Verkauf ein Prozeßportal eingesetzt.

Bei vielen Unternehmen werden daher mehrere Strategien gleichzeitig relevant sein. Ein strukturiertes Vorgehen, wie es im vorangegangenen Kapitel mit der Business Networking-Methode dargestellt wurde, kann daher die Projektarbeit beschleunigen und Abhängigkeiten zwischen mehreren Projekten unterstützen. Nachfolgend wird anhand der Strategien EC und SCM gezeigt, wie in einem Musterprojekt und mit Standard-Softwarekomponenten die Methode eingesetzt werden kann.

### 18.1.2 Die Interaktion der Strategien aus Kundenperspektive

Electronic Commerce (EC), Supply Chain Management (SCM) und Customer Relationship Management (CRM) sind komplementäre Ansätze, die unterschiedliche Schwerpunkte bei der Unterstützung des Kundenprozesses besitzen. Erfolgreiche Lösungen versuchen die Strategien derart zu kombinieren, daß der Kunde sämtliche Bedürfnisse über einen einzelnen Kanal befriedigen kann. Als

Beispiele sind in den vorangegangenen Kapiteln Amazon.com (s. Kap. 3.2.1) oder der ETA Online Shop (s. Kap. 6) beschrieben worden. Die Entwicklung solcher Lösungen erfordert eine klare Trennung der Prozesse. Dies hilft bei der Definition:

- welche Applikationen und/oder Funktionalitäten für welche Zwecke benötigt werden,
- wo welche Stammdaten abgelegt werden,
- welche Schnittstellen zwischen den Applikationen benötigt und welche Daten ausgetauscht werden etc.

Wie bereits in Kapitel 5 beschrieben, fokussieren die einzelnen Strategien auf unterschiedliche Kernprozesse: EC auf ‚Information', ‚Vereinbarung' und ‚Abwicklung', SCM auf ‚Planung', ‚Beschaffung', ‚Herstellung' und ‚Lieferung' und CRM auf ‚Marketing', ‚Verkauf' sowie ‚Service'. Aus der Sicht des Kunden ist aber einzig und allein die optimale Unterstützung seines gesamten Kundenprozesses relevant (s. Kap. 2.3.1). Deshalb werden Systeme benötigt und eingesetzt, die den individuellen Kundenprozeß abbilden bzw. unterstützen – Portale[1]. Portale unterstützen den Kunden beginnend bei der Erfassung relevanter Kundenprofile, Aufbereitung bzw. Bündelung individueller Informationen bis zu Unterstützung bei der Entsorgung gebrauchter Güter (s. Bild 18-1).

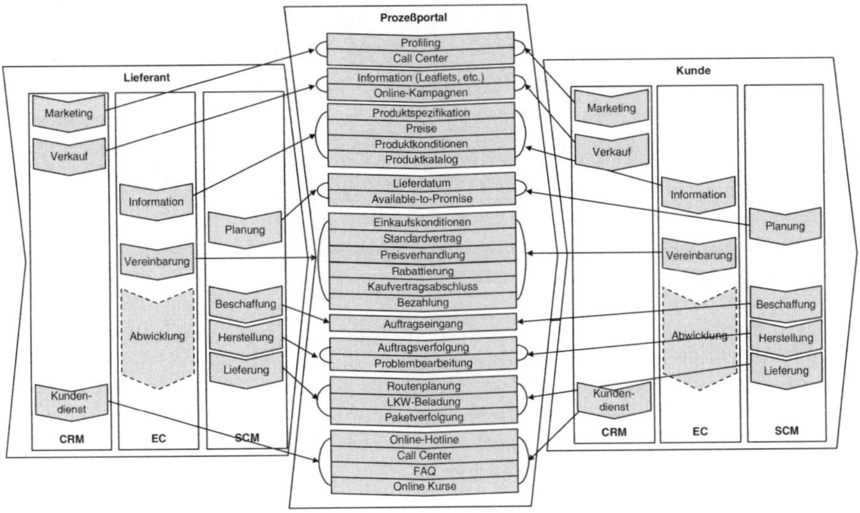


*Bild 18-1: Prozeßportal und Business Networking-Prozesse*

[1] Portale sind internet-basierte Systeme, die Informationen, Dienstleistungen und Funktionalitäten integrieren und dem Kunden eine individuelle Sicht auf die Elemente ermöglichen.

Damit all diese Leistungen erbracht werden können, wird ein methodisches Vorgehen benötigt, welches hilft die relevanten Kundensegmente, die Elemente des Kundenprozesses, die Funktionalitäten und weitere Eigenschaften zu identifizieren. Methoden von Software-Anbietern wie z.B. die der SAP AG, dürfen sich deshalb nicht nur auf die Implementierung der Applikationen und die Konfiguration der Prozesse konzentrieren, sondern müssen auch strategische Elemente mit berücksichtigen.

## 18.2 Eine Methode für die Implementierung von Supply Chain-Modulen

### 18.2.1 Ziele der Methode

Damit Business Networking-Ziele wie die einfache und schnelle Abwicklung von Transaktionen, Verringerung von Lagerbeständen in der Supply Chain oder Verbesserung des Kundendienstes erreicht werden, sind unternehmensübergreifende Prozesse mit den Geschäftspartnern auszugestalten. Für eine erfolgreiche Implementierung von Informationssystemen sind umfangreiche Entscheidungen im Vorfeld zu treffen, auf der Strategie-, der Prozeß- und der IS-Ebene. Bei Business Networking-Projekten wird ein Vorgehen benötigt, das sich von der traditionellen ERP-Implementierung unterscheidet, da:

- die Ziele aller Geschäftspartner in die Lösung einfließen müssen, damit Win-Win-Situationen und kritische Massen auf der Lieferanten oder Kundenseite (s. Kap. 10 und 16) erreicht werden. Ziele sind dabei z.B. die Erhöhung des Service-Levels um 30% oder die Reduktion der gesamten Durchlaufzeit oder der Lagerbestände um 60%,
- verschiedene Szenarien zur Konfiguration der Business Networking-Lösung, z.B. VMI oder Continuous Replenishment, zu evaluieren sind,
- eine Lösung, die den gesamten Kundenprozeß unterstützt, verschiedenste Module integrieren muß, z.B. eProcurement (s. Kap. 11), Advanced Planning-Systeme (s. Kap. 10) und eServices (s. Kap. 2.3.4 und 5.4.4), die noch dazu von unterschiedlichen Herstellern stammen können.
- ausgetauschte Informationen und Prozesse direkt zwischen den Partnern abzustimmen sind.

Diese Elemente sind heute nicht in den Implementierungsmethoden der Software-Anbieter oder Beratungsunternehmen enthalten. Sie bilden jedoch die Voraussetzung für die Ausschöpfung der Potentiale von Business Networking-Systemen.

### 18.2.2 Business Networking-Systeme und Methoden der SAP

Ein Beispiel der erfolgreichen Umsetzung der obigen Punkte ist die SAP AG, mit Sitz in Walldorf, Deutschland. Die SAP AG erwirtschaftete 2000 einen Umsatz von EUR 6'264 Mio. mit 24'177 Mitarbeitern weltweit (davon 10'432 allein in Deutschland). Die SAP AG stellt einerseits Lösungen für alle Strategien und Komponenten des Business Networking – von den traditionellen ERP-Bereichen wie Finanz-, Personal- Produktlebenszyklusmanagement, über neuere Bereiche, wie Business Intelligence, SCM, CRM und EC, bis hin zum mySAP.com Workplace und mySAP.com Marktplatz – und andererseits Einführungsmethoden für diese Produkte zur Verfügung. Diese Methoden werden unter dem Sammelbegriff ASAP (Accelerated SAP) zusammengefaßt und bestehen aus einer methodischen Vorgehensweise, projektspezifischem Wissensmanagement, wie z.B. Projektmanagement und Risikoanalysen, und Tools, wie z.B. dem Implementationsassistenten, der Q&A Datenbank. Die Methoden werden noch um weitere Dienstleistungen, wie Schulungen, Dokumentationen, Unterstützungsleistungen etc., ergänzt.

Durch die vermehrte Vernetzung von Komponenten und Geschäftspartnern müssen die herkömmlichen Methoden um neue, zwischenbetriebliche Elemente ergänzt werden. Als einen ersten Schritt in diese Richtung hat die SAP die ‚Global ASAP'-Methode entwickelt, eine Methode zur Implementierung multipler SAP Systeme innerhalb einer Unternehmung. Darauf aufbauend bestehen mySAP.com-komponentenspezifische ASAP-Lösungen entwickelt für ‚Advanced Planner and Optimizer' (APO), ‚Business-to-Business Procurement' (BBP) und ‚Customer Relationship Management' (CRM). Diese haben ihren Fokus vor allem auf unternehmensübergreifenden Prozessen und der Entwicklung von eBusiness Strategien.

### 18.2.3 Accelerated SAP (ASAP)

Traditionellerweise haben sich die ASAP-Methoden bisher auf ERP-Lösungen der SAP konzentriert. Mit der Entwicklung neuer mySAP.com-Komponenten, wie dem APO für SCM, dem BBP für eProcurement und dem CRM für alle Aspekte der Kundenbeziehung, wie Marketing, Verkauf und Kundendienst, werden die ASAP-Methoden sukzessive um die angesprochenen Business-Networking Aspekte erweitert. Der Zweck der ASAP-Methode ist es, in einfachen Schritten zu erklären, wie ein SAP-System implementiert und konfiguriert werden muß. Dabei wird versucht, nicht nur die IS-Seite, sondern das gesamte Geschäftsproblemfeld zu betrachten. Die Vorgehensweise, die sog. ‚Roadmap' besteht aus fünf generischen Schritten (s. Bild 18-2):

- *Projektvorbereitung.* Festlegen klarer Projektziele und effizienter Vorgehensweise zur Entscheidungsfindung, Erstellung eines Projektauftrag und Definition der Einführungsstrategie und des Projektteams

- *Business Blueprint.* Dokumentation und Definition des Projektumfangs und der Unternehmensanforderungen wie Organisationsstruktur, Unternehmensbereiche, Geschäftsszenarien und -prozesse etc.
- *Realisierung.* Baselinekonfiguration – Geschäftstransaktionen, Stammdaten sowie Unternehmensstruktur – und Detailkonfiguration des Systems
- *Produktionsvorbereitung.* Tests, Benutzerschulungen, Systemverwaltung, Cutover-Aktivitäten und Klärung aller noch offenen Fragen von entscheidender Bedeutung
- *Go Live & Support.* Benutzerunterstützung und Schulung sowie Betreuung und Optimierung des Systems

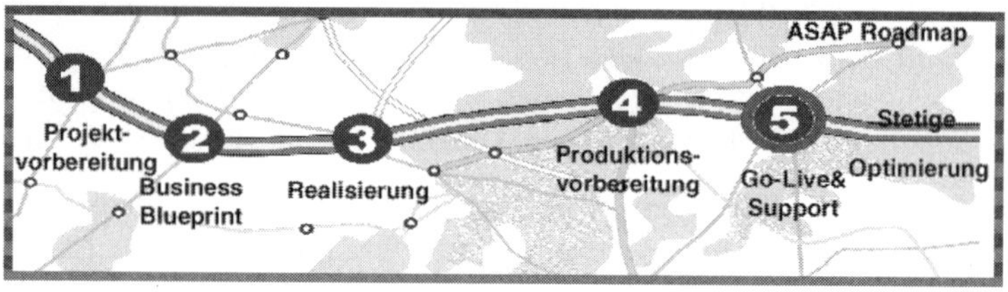


*Bild 18-2: Die ‚Roadmap' der ASAP-Methode*

Im zweiten Schritt, dem Business Blueprint, wird die Business Networking-Strategie der Kunden definiert und derart ausgestaltet, daß sie mit den SAP Komponenten umsetzbar ist; z.B. die Analyse und der Entwurf einer eBusiness-Strategie für ‚Collaborative Planning' unter Einbezug der mySAP.com-Komponente APO. Dieser spezifische Teil des Business Blueprint heißt Strategic Blueprint und ist Gegenstand dieses Kapitels.

### 18.2.4 Strategic Blueprint in ASAP für APO

Der ‚Strategic Blueprint' ist ein Teilabschnitt des Business Blueprints der ‚ASAP for APO 2.0a', die hauptsächlich Supply Chain Kooperationsszenarios im Fokus hat. Er besteht aus den folgenden Phasen und Arbeitspaketen:

- *Enterprise Vision Definition.* Eine Vision ist die Ausgangsbasis für die Definition und Abgrenzung des gesamten Business Networking-Projekts. Die Probleme der IST-Situation bilden die Ausgangsbasis, um die Wettbewerbssituation, Best Practices im Markt, Stakeholder etc. zu analysieren. Das Oberziel dieser Phase ist, das eigentliche Problem herauszufinden und eine Vision zu generieren, um das Projekt aufzusetzen.
- *Supply Chain-Goals and Performance.* Es werden detaillierte Ziele für die benötigten Supply Chain-Prozesse entwickelt. Dazu gehört auch die Festle-

gung der korrespondierenden Metriken, damit die Veränderung zur Ausgangssituation auch gemessen werden kann.

- *Identify Supply Chain-Partners.* Zur erfolgreichen Kooperation zwischen Geschäftspartnern, werden Ziele definiert wie die Kooperation aufgesetzt, gemeinsam definiert und organisiert werden kann. In einem weiteren Schritt werden Szenarien für die Zusammenarbeit entwickelt. Anschließend werden Partner zur Umsetzung dieser Szenarien im Markt ausgewählt.
- *Elaborate Win-Win Situation with Supply Chain-Partners.* Ziel ist es, die vorab entwickelten Szenarien gemeinsam mit den Partnern abzuklären. Das Hauptaugenmerk muß dabei auf der Entwicklung von klar kommunizierbaren Win-Win-Situationen für alle Beteiligten liegen.
- *Supply Chain-Landscape Considerations.* Basierend auf den gemeinsam definierten strategischen Zielen und einem klaren Verständnis der spezifischen Erfolgsfaktoren und Potentiale werden die zukünftige Geschäftsarchitektur und die Supply Chain-Prozesse definiert. In einem nächsten Schritt erfolgt die Umsetzung der Teilprojekte und die Messung der Zielerreichung.

Die Kapitel, Überschriften etc. der iBN-Methode (s. Kap. 17) wurden an die ASAP Terminologie angepaßt bzw. teilweise umgereiht. Grob kann aber festgehalten werden, daß die ersten drei Phasen der ASAP der ersten Phase der BN-Methode und die beiden letzten Phasen der ASAP der zweiten Phase der BN-Methode entsprechen.

## 18.3 Referenzbeispiel für den Strategic Blueprint

Das Referenzbeispiel der Woodbridge, Inc. ist fiktiv und wurde als ein durchgängiges, neutrales Beispiel für die Anwendung der Business Networking-Methode entwickelt. Das nachfolgend beschriebene Referenzbeispiel ist eine Weiterentwicklung, die insbesondere bei der Integration von EC-Bestandteilen über die Inhalte von ASAP für APO 2.0a hinausgeht.

Woodbridge, Int. in Seattle (WA), ist ein traditionsreicher Erzeuger von Karton-, Aluminium- und Plastikverpackungsmaterialien. Der Hauptkunde in den USA ist Walters Best in Richmond (KY). Walters Best erzeugt unterschiedlichste Sorten Nudeln, die mit Plastikmaterialien von Woodbridge verpackt werden. Anschließend werden die Nudeln an die Endkunden von Walters Best, z.B. Supermärkte, Großhändler etc. verkauft. Woodbridge besitzt einen eigenen Fuhrpark, um die Verpackungsmaterialien zum Distributionszentrum von Walters Best zu transportieren.

**Enterprise Vision Definition**

Während der letzten beiden Jahre mußte Woodbridge zum ersten Mal in der Firmengeschichte deutliche finanzielle Einbussen hinnehmen. Die Gründe dafür lagen, so zeigten interne Analysen, in der neuen Wettbewerbssituation und den neuen Qualitätsansprüchen der Kunden. Das Management ließ daher in einem ersten Schritt unterschiedlichste weitere interne Analysen durchführen, wie z.B. Potential-, Risiko-, Stakeholder-, Kunden-, Markt- und Portfolioanalysen. Mit Hilfe dieser Ergebnisse wurde anschließend die Entscheidung getroffen, neue Kooperationskonzepte zu entwerfen, einen neuen Markt in Südamerika zu erschließen und massiv die Qualität des Kundendienstes zu erhöhen.

Ein Hauptproblem, das die Analysen aufzeigten, war die unzufriedenstellende Vorhersagemöglichkeit des zukünftigen Bedarfs an Verpackungsmaterialien. Es gab weder einen IT-gestützten Austausch der zukünftigen Bedarfe, noch ein integriertes Planungssystem für die Rechnung unterschiedlicher Planungsszenarien. Die Kundenbedarfe wurden via Telefon einmal pro Monat ausgetauscht. Die Probleme, die sich aus dieser Situation ergaben, waren vor allem:

- eine schlechte Produktionskapazitätsauslastung,
- hohe Lagerbestände, sowohl bei Woodbridge als auch bei Walters Best, und
- keine rasche Reaktionsmöglichkeit auf kurzfristige Nachfrageänderungen, wie z.B. Spezialangebote, Verschiebungen etc.

Das Gesamtergebnis aller Analysen zeigte Mängel in der Logistik und Lagerführung auf. Es wurden drei Ergebnisdokumente erstellt, um die IST-Situation zu beschreiben: die Geschäfts-, die Prozeß- und die IS-Architektur. Die IST-Geschäftsarchitektur zeigt dabei in einer graphischen Übersicht die wichtigsten, mit Woodbridge vernetzten Geschäftseinheiten, wie z.B. Lagerhäuser, Distributionszentren, Zwischenhändler, Großhändler und Endkunden (s. Bild 18-3).

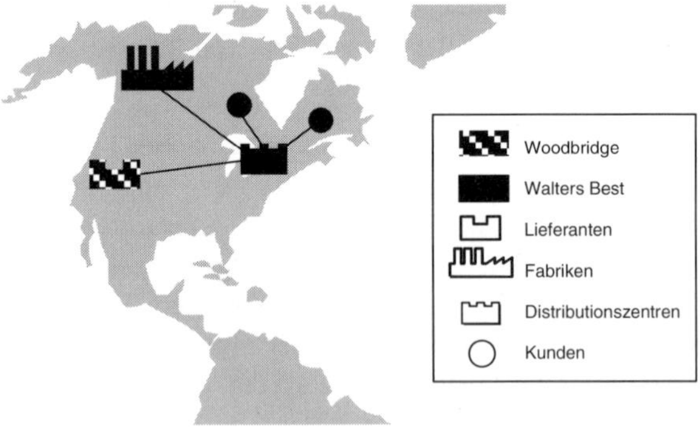


*Bild 18-3: IST-Geschäftsarchitektur*

Die Prozeßarchitektur unterteilt sich analog der Methoden zum Business Process Redesign (BPR) in eine Makro- und eine Mikro-Ebene [vgl. Österle 1995, 49]. Die IST-Prozeßarchitektur-Makro beschreibt sämtliche Güter-, Informations- und Finanzflüsse die zwischen den Geschäftseinheiten ausgetauscht werden (s. Bild 18-4). In der IST-Prozeßarchitektur-Mikro werden die Hauptprozesse der Geschäftseinheiten mit deren In- und Outputs in Aufgabenkettendiagrammen [vgl. Österle 1995, 95] detailliert beschrieben (s. Bild 18-5).

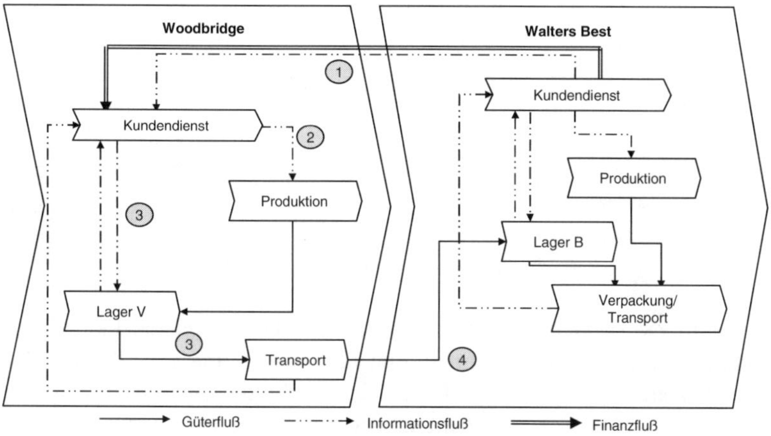


*Bild 18-4: IST-Prozeßarchitektur-Makro*

Zu Beginn des Projekts bestellte der Kundendienst von Walters Best die benötigten Plastikmaterialien beim Kundendienst von Woodbridge via Telefon (1). Woodbridge produzierte basierend auf diesen Bestellungen und langjährigen Trends (2). Die Verpackungen wurden vom Lager V ins Lager B transportiert (3 & 4).

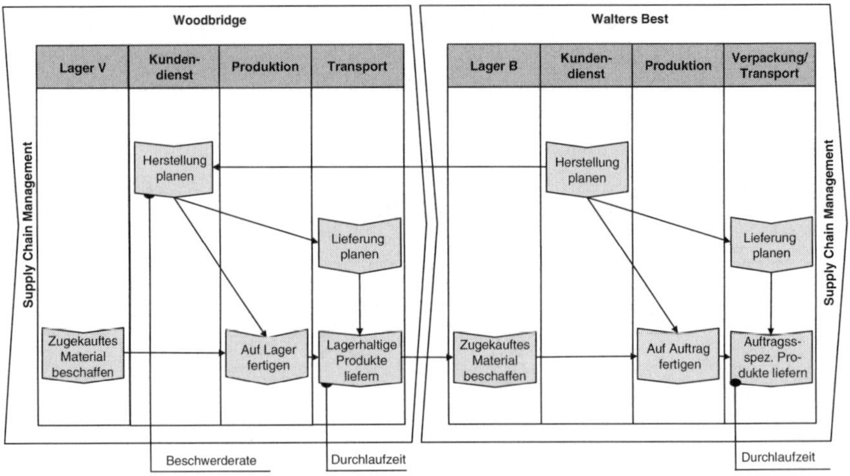


*Bild 18-5: IST-Prozeßarchitektur-Mikro*

Wie aus Bild 18-5 ersichtlich ist, gab es keinen übergeordneten Planungsprozeß innerhalb der gesamten Supply Chain und fehlte auch eine EC-Lösung für einen einfacheren Datenaustausch bzw. Bestellprozeß. Beide Unternehmen hatten ‚lediglich' ERP-Systeme für die Planung der internen Produktions- (‚Herstellung planen') und Lieferprozesse (‚Lieferung planen') etc. im Einsatz (s. Bild 18-6).

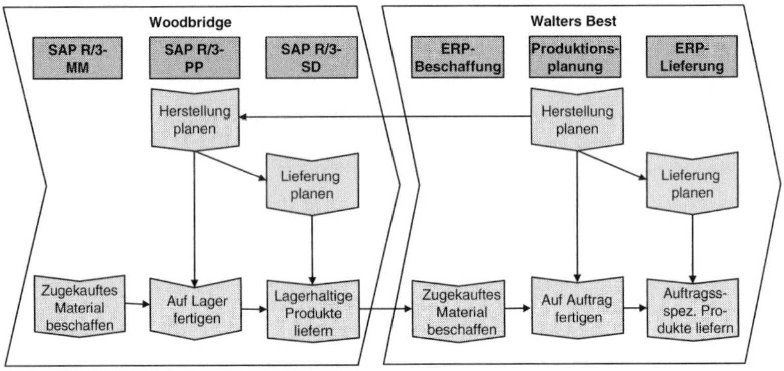


*Bild 18-6: IST-IS-Architektur*

## Supply Chain Goals

Bei der Entwicklung der neuen Kooperationsszenarien entschied sich Woodbridge für Benchmarking Datenbanken und Best Practice Fallstudien, wie z.B. Riverwood, Int., zu verwenden (s. Bild 18-7). Als Ergebnis der Entwurfsphase entschied man sich einerseits für ein Vendor Managed Inventory-(VMI) Szenario für das Produktions- und Lagerhaltungsproblem und für ein eService-Szenario für das Transportproblem der Waren zwischen den Lagerhäusern. Das VMI-Szenario sollte dabei helfen, die Kosten der Lagerhaltung um mind. 40% zu reduzieren und das eService-Szenario sollte einerseits helfen, den Transportabwicklungsprozeß zu vereinfachen und transparent zu machen und andererseits die variablen Kosten um 20% zu reduzieren.

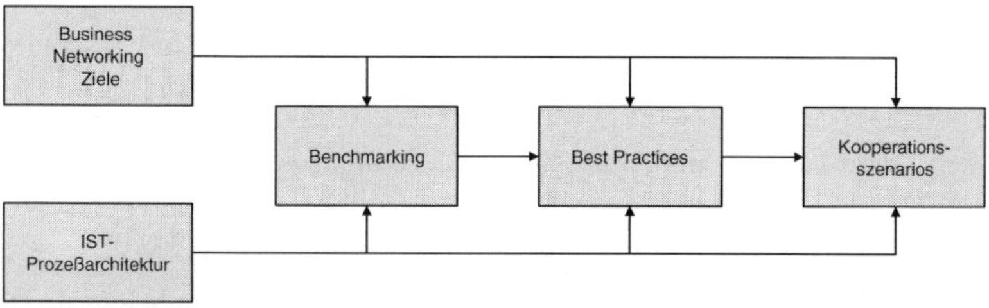


*Bild 18-7: Entwicklungsmöglichkeiten für Kooperationsszenarios*

## Identify Supply Chain Partners

Woodbridge untersuchte den südamerikanischen Markt nach möglichen Partnern. Drei Unternehmen wurden dabei in die engere Wahl genommen, mit denen obige Kooperationsszenarien Sinn zu machen schienen: Wheat, Ind., Brewers Finest und Delta Choc[2]. Gemeinsam mit diesen drei Unternehmen und Walters Best wurde schlußendlich ein Vor-Kooperationsvertrag unterzeichnet. Walters Best war der definierte Pilotpartner in der ersten Phase. Die so entwickelte Lösung sollte in der ‚Fortführungs'-Phase an die drei anderen ausgerollt werden.

## Elaborate Win-Win Situation with Supply Chain Partners

Woodbridge und seine Partner hielten eine Vielzahl von Workshops ab, um zu einer gemeinsamen Vorstellung zu kommen, wie die Vorteile gerecht untereinander aufgeteilt werden sollten. Ziel war die Schaffung einer klar kommunizierbaren Win-win Situation für alle beteiligten Partner. Das Ergebnis enthielt darüber hinaus auch noch grundlegende Kooperationsprinzipien, wie bei Konflikten zu verfahren sei, wie Vertrauen geschaffen und aufrechterhalten wird etc. Die Vorgehensweisen waren jeweils in Abhängigkeit bzw. in bezug auf die Verhaltensweisen der Mitarbeiter respektive der Kooperationsprozesse abgestimmt. Zum Schluß einigte man sich noch auf die Basis-Meßgrößen der Szenarien (s. Tabelle 18-1).

---

[2] Wheat, Ind. erzeugt Getreideprodukte, Brewers Finest ist eine grosse Brauerei und Delta Choc stellt Süßwaren aller Art her.

| Szenario | Prozeß | Metrik | IST-Wert |
|---|---|---|---|
| VMI | Auf Lager fertigen | Lagerauslastung | 40% |
| VMI | Auf Lager fertigen | Kapitalbindung im Monatsschnitt | USD 1 Mio. |
| eService | Lagerhaltige Produkte liefern | Lieferzeit | 5 Tage |
| eService | Lieferung planen | Gesamte Logistikkosten pro Tonne Plastik | USD 15‘000 |

*Tabelle 18-1: Meßgrößen der Szenarios zu Beginn des Projekts*

## Supply Chain Landscape Considerations

Die Soll-Geschäftsarchitektur zeigt die wichtigsten Geschäftseinheiten des Pilot- und der Fortführungspartner (s. Bild 18-8).

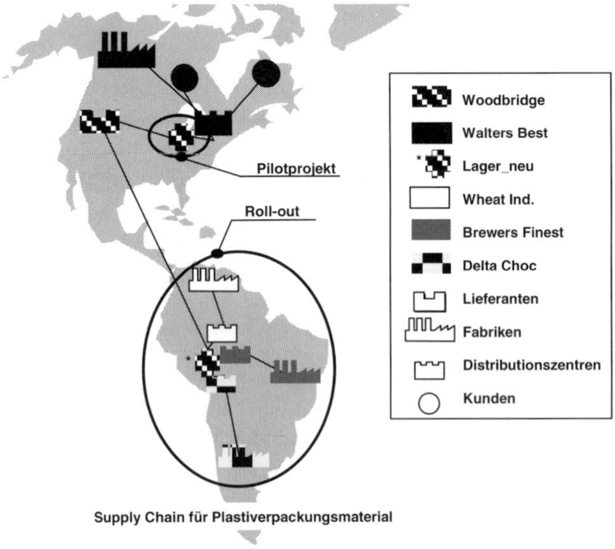


*Bild 18-8: SOLL-Geschäftsarchitektur*

Das Soll-Szenario sah zwar einerseits vor, die Verantwortlichkeiten der verschiedenen Kundendienste nicht zu verändern, aber das Lager V und das Lager B sollten in Zukunft von Woodbridge betreut werden. Woodbridge sollte damit also verantwortlich sein für die Optimierung der Verfügbarkeiten und Lagerbestände der Artikel. Die Transportabteilung von Woodbridge sollte vollständig an einen neuen, zusätzlichen Partner ausgelagert werden, eLogistics (s. Bild 18-9).

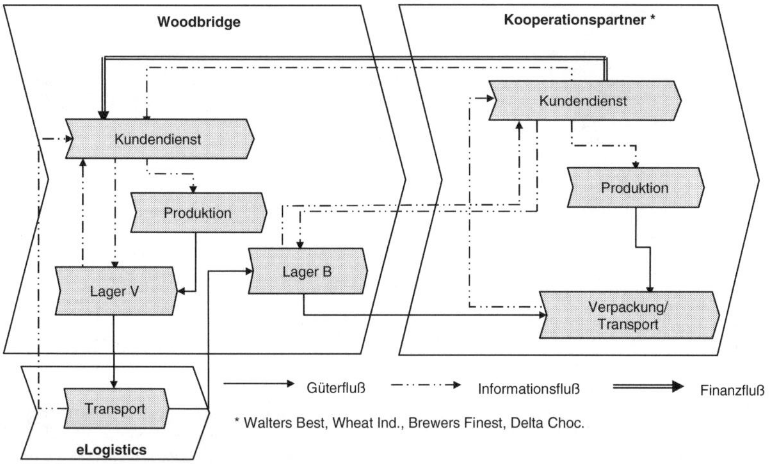


*Bild 18-9: Soll-Prozeßarchitektur-Makro*

Diese Veränderungen im Vergleich zum IST sind in Bild 18-10 noch detaillierter dargestellt. Der Prozeß ‚Zugekauftes Material beschaffen‘[3] gehört in Zukunft in die Zuständigkeit von Woodbridge wohingegen ‚Lieferung planen‘ und ‚Lagerhaltige Produkte Liefern‘ zur eLogistics ausgelagert sind. Für die Interaktion mit eLogistics sollte eine EC-Lösung entwickelt werden, mittels derer die benötigten Transportkapazitäten einfach und schnell eingetragen, Verfügbarkeiten aufgezeigt und Transportstatusinformationen bereitgestellt werden sollten. Dafür müssen zwei neue EC-Prozesse eingerichtet werden: ‚Informieren auftragsspezifische Dienstleistungen‘ und ‚Verhandeln auftragsspezifischer Dienstleistungen‘[4].

[3] Die folgenden Prozeßbezeichnungen stammen aus der deutschen Version von SCOR aus dem Jahre 1998.

[4] Die EC-Prozeßbezeichnungen sind Eigenbezeichnungen. SCOR kennt keine EC-Prozesse.

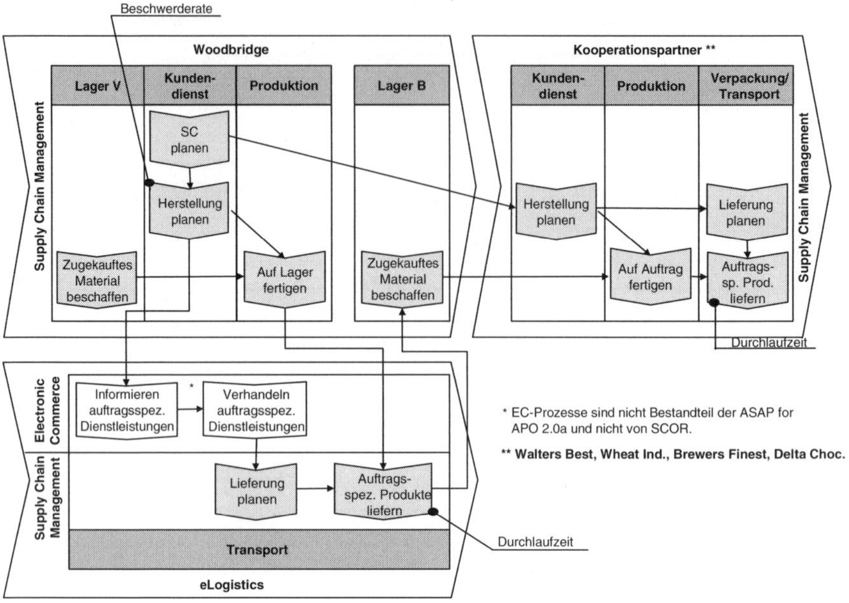


*Bild 18-10: SOLL-Prozeßarchitektur-Mikro*

Um die Lager und die kontinuierliche Bedarfsübermittlung handhaben zu können, implementierte Woodbridge ein ‚Advanced Planning System' (APS). Dieses weist Schnittstellen sowohl zum eigenen ERP-System, als auch zu denen der Partner auf. Für die Er- und Übermittlung der Transportbedarfe wird ein EC-System der eLogistics verwendet, das die Verfügbarkeiten und Konditionen etc. der Transportdienstleister zeigt (s. Bild 18-11). Die Lieferstati können von Woodbridge und den Kooperationspartnern via Internet eingesehen werden.

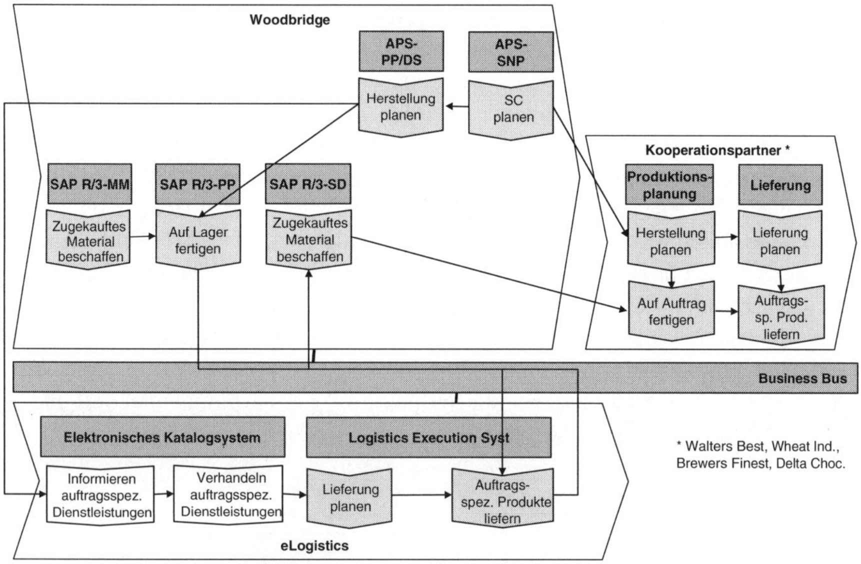


*Bild 18-11: SOLL-IS-Architektur*

Zum Abschluß des Projekts wurden die Meßgrößen noch einmal ausgewertet. Tabelle 18-2 zeigt die signifikanten Einsparungen, die erzielt wurden.

| Szenario | Prozeß | Metrik | IST-Wert |
|---|---|---|---|
| **VMI** | Auf Lager fertigen | Lagerauslastung | 85% |
| **VMI** | Auf Lager fertigen | Kapitalbindung im Monatsschnitt | USD 560‘000 |
| **eService** | Lagerhaltige Produkte liefern | Lieferzeit | 1,5 Tage |
| **eService** | Lieferung planen | Gesamte Logistikkosten pro Tonne Plastik | USD 8‘500 |

*Tabelle 18-2: Meßgrößen der Szenarios am Ende des Projekts*

## 18.4 Zusammenfassung und Ausblick

Kundenorientierte Lösungen integrieren verschiedenste Business Networking-Strategien und -Systeme. In vielen Fällen werden z.B. eProcurement- oder EC-Systeme implementiert und gleichzeitig (1) wichtige Probleme auf der Strategie und Prozeßebene und (2) die Beziehungen zwischen den einzelnen Strategien nicht betrachtet. Wir gehen davon aus, daß in Zukunft die Unterschiede der Implementierung von Prozessen oder Systemen innerhalb oder zwischen Unternehmungen mehr und mehr verschwinden werden. Davon abgeleitet ergeben sich aber wichtige Implikationen gerade für Software-Anbieter, wie die SAP AG. Wie Bild 18-12 zeigt, werden die dargestellten Systemkomponenten der SAP in einigen Fällen innerhalb eines Unternehmens, in anderen Fällen aber einzelne Komponenten in unterschiedlichen Unternehmen implementiert sein. Die Möglichkeiten, die sich durch neue Formen von Kooperationen ergeben, werden die Schaffung virtueller Unternehmen stark vereinfachen. So wird in Zukunft zum Beispiel ein Händler im Internet ein eigenes CRM-System besitzen, das HR ausgelagert haben und Partner für eine gemeinsame Produktion und Logistik suchen. Mit anderen Worten, es werden Kooperationsszenarios definiert, mit Partnern implementiert und so virtuelle Unternehmen geschaffen.

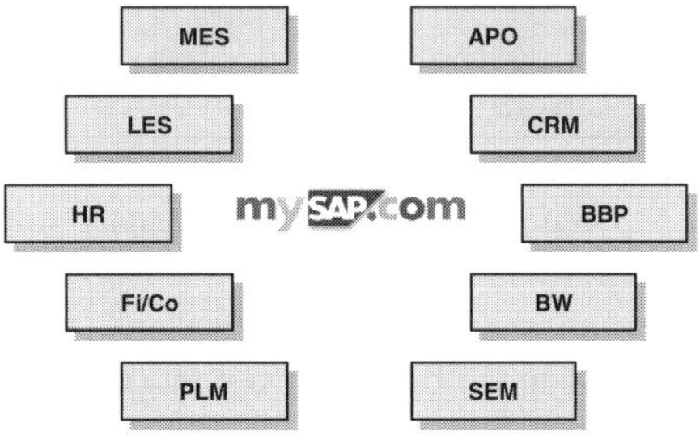


*Bild 18-12: Komponenten des mySAP.com*[5]

Um eine Methode für die Implementation des mySAP.com zu entwickeln, wird eine gemeinsame Sprache zur Beschreibung der unternehmensübergreifenden Prozesse benötigt. Mittels einer gemeinsamen Sprache können die Global ASAP Methoden um eBusiness-Methoden für APO, BBP und CRM erweitert werden, um letztlich eine Methode für die Implementierung von eBusiness-Lösungen zu erhalten, unabhängig davon welche SAP Komponenten betroffen sind und wem diese gehören.

[5] Sämtliche Komponenten des mySAP.com können einerseits einzeln innerhalb einer Unternehmung oder organisationsübergreifend zwischen Geschäftspartnern installiert sein. MES bedeutet Manufacturing Execution System, *LES* steht dabei für Logistics Execution System (Transport und Vertrieb), *HR* für Human Resource, *Fi/Co* für Financial Accounting and Controlling, *PLM* für Product Lifecycle Management, *APO:* Advanced Planner and Optimizer, *CRM:* Customer Relationship Management, *BBP:* Business to Business Procurement, *BW:* Business Information Warehouse und *SEM* für Strategic Enterprise Management

# 19 Entwicklung einer Applikationsarchitektur

*Sven Pohland, Elgar Fleisch*

## 19.1 Einleitung

### 19.1.1 Problemstellung

Während Kapitel 17 und 18 den Aufbau und die Anwendung einer Methode zur Gestaltung unternehmensübergreifenden Netzwerke beschreiben, formuliert dieser Abschnitt die methodische Gestaltung von unternehmensinternen Netzwerken. Ein weltweit tätiger Chemiekonzern hat sich entschlossen, konzernweit die Standardsoftware SAP R/3 einzuführen. Von dieser Entscheidung sind acht Konzernbereiche, 200 rechtlich eigenständige Gesellschaften sowie etwa 150 verschiedene Länder betroffen. Erste Implementierungen gingen von einzelnen Gesellschaften im Konzern aus. Eine Untersuchung der globalen Supply Chain zeigte aber eine fehlende Durchgängigkeit der Kernprozesse. Diese Untersuchung verdeutlichte den Bedarf nach einer konzernweiten Abstimmung zukünftiger Implementierungen. Dabei stellte sich zunächst die Frage, welche Bedeutung rechtliche Einheiten, Unternehmensbereiche und Regionen zukünftig im Konzern haben sollen und welche Abhängigkeiten daraus entstehen. Aus dieser Analyse der betriebswirtschaftlichen Zusammenhänge lassen sich dann Integrationsanforderungen herleiten.

Ein anderes Beispiel sind Allianzen in der Flugbranche. Zwischen den beteiligten Unternehmen besteht eine gemeinsame Strategie: Der Kunde soll einheitlich bedient werden. Doch sobald der Kunde mit einer der Fluggesellschaften Kontakt aufnimmt, stößt er an die Grenzen der Zusammenarbeit: Doppelter Check-In bei Anschlußflügen oder keine Möglichkeit der Platzreservierung über die Partnerfluggesellschaft. Die Prozesse sind teilweise abgestimmt, so z.B. durch die Anwesenheit von Angestellten beider Fluglinien beim Check-In. Nicht abgestimmt ist jedoch die Architektur der Informationssysteme. Abhängig von Kooperationstiefe und bestehenden Applikationen stellt sich die Frage, ob eine Parallelnutzung von Check-In-Systemen sinnvoll oder die Nutzung einer gemeinsamen Applikation erforderlich ist.

Die genannten Beispiele zeigen typische Fragestellungen in Grossunternehmen. Geschäftsstrategien werden ausgearbeitet und teilweise in Prozesse umgesetzt. Ein Bezug zur Architektur der Informationssysteme besteht jedoch nicht. Dabei ist eine geeignete Architektur Basis für massive Kosteneinsparungen. In einer Studie für einen weltweit tätigen Elektronikkonzern konnte man bis zu 1,1 Mrd. USD Einsparungen durch die Nutzung von Synergien nachweisen [vgl. Fleisch/Martin 1998]. Auch in der Literatur unterstreichen Autoren den notwendigen Abgleich zwischen Organisation und Informationssystem: „Das Informationssystem ist so zu konstruieren, daß die Informationssystem-Architektur[1] homolog zur Organisationsstruktur ist" [Wall 1996, 76]. Auch [Jagoda 1999] betont die Integration von Geschäftsstrategie und Informationssystemen: „Zum einen, weil zu erwarten ist, daß mittels der DV neue Geschäftsfelder entstehen. Zum anderen aber auch, weil bestimmte geschäftsstrategische Neuausrichtungen den effizienten und effektiven Einsatz von informations- und kommunikationstechnischen Systemen zwingend voraussetzen".

Unternehmen dezentralisieren sich zunehmend [vgl. Picot et al. 1996, 199]. Mit einer geographischen Aufteilung und organisatorischen Aufsplittung von Unternehmen wird versucht, dieser Entwicklung Rechnung zu tragen [Österle 1996]. Vorteile kleiner Unternehmen sollen mit denjenigen von Großbetrieben verbunden werden. Diese Veränderungen implizieren neue unternehmensübergreifende Geschäftsprozesse und damit neue Anforderungen an die Informationssysteme. Betriebswirtschaftliche Software muß einerseits die Verteilung des Unternehmens in kleinere Einheiten ermöglichen und andererseits die Integration verteilter Unternehmen sicherstellen. Schwerpunkt des Beitrages ist die Betrachtung von Strukturen innerhalb von Grossunternehmen und dabei insbesondere der verteilte Einsatz betriebswirtschaftlicher, transaktionsorientierter Standardsoftware. Im folgenden verwenden wir für betriebliche, transaktionsorientierte Standardsoftware den Begriff Enterprise Ressource Planning (ERP)- Systeme. Die Inhalte basieren auf Ergebnissen des Kompetenzzentrums electronic Business Networking (CC eBN) das mit seinen Partnerunternehmen Deutsche Telekom AG, SAP AG, Hewlett-Packard GmbH und Henkel KGaA die Verteilung von logischen SAP-Systemen untersuchte. Aus den Arbeiten des CC eBN wurden folgende erfolgskritische Faktoren abgeleitet:

- Planung der Applikationsarchitektur auf strategischer Ebene,
- Transparenz der bereichsübergreifenden betriebswirtschaftlichen Zusammenhänge bei der Architekturplanung,
- Übereinstimmung von Geschäftsarchitektur und Applikationsarchitektur sowie
- Koordination bei verteilter Konzeption und Implementierung betriebswirtschaftlicher Standardsoftware.

---

[1] Im folgenden bezeichnet eine Soll-Applikationsarchitektur in Anlehnung an ([Schwarze 1998], [Brenner 1996]) die Gesamtheit aller Applikationen, Vorgaben und Konzepte, die ein Unternehmen in drei bis fünf Jahren besitzen soll.

### 19.1.2 Nutzen der Architekturplanung

Der bisherige Ansatz der Hersteller integrierter Anwendungssoftware ist die Abbildung eines Unternehmens in genau einem System. Ein koordinierter Zusammenschluß von Systemen zu einem Netzwerk von Systemen (sog. ‚Verteilte Systeme') verbessert die Unterstützung von Unternehmensnetzwerken. Es stellt sich die Frage einer geeigneten Applikationsarchitektur. Heute ist die Applikationslandschaft Abbild einer funktionalen, formalen Aufbauorganisation. Verantwortlich für Implementierungen ist der ‚Bauherr', meist ein Fachbereich. Es fehlt der Blick auf übergreifende Fragestellungen wie z.B. die Zentralisierung, Vereinheitlichung oder zumindest Abstimmung der Kundeninformationen, eines der Kernprobleme in den einleitend genannten Fällen. Es fehlt an Transparenz über die Konsequenzen fehlender oder nicht angemessener Integration bei Prozessen, die über einen einzelnen Fachbereich hinaus gehen. Folgen sind u.a.:

- Es kommt zu hohen Kosten bei der Reintegration beispielsweise durch Schnittstellenaufwand zur Integration von Insellösungen.
- Durch Doppelarbeit im Konzern entstehen vermeidbare Kosten z.B. bei ähnlichen Implementierungsaufgaben.
- Die fehlende Strukturierung der Architektur hat eine hohe Komplexität der Applikationen zur Folge. Dadurch entsteht z.B. hoher Schnittstellenaufwand bei der Migration von Teilen der Architektur.
- In den Konzepten integrierter Standardsoftware bestehen ungenutzte Potentiale, so kann z.B. eine systemübergreifende Reportingmöglichkeit bei weltweiter Produktverantwortung fehlen.

Die folgende Darstellung zeigt mögliche Kosteneinsparungen durch eine betriebswirtschaftlich getriebene Planung der Applikationsarchitektur. Dabei gehen wir von dem Ansatz der sog. ‚Total Cost of Ownership (TCO)'[2] aus: Betrachtet werden sämtliche anfallenden Kosten im Lebenszyklus eines ERP-Systems.

Zwar entstehen durch ein Verteilungsprojekt zunächst höhere Kosten für Planung und Koordination der Implementierungen. In den folgenden Phasen des ERP-Lebenszykluses (Einführung, Produktivbetrieb sowie Änderungen und Übernahme) lassen sich hingegen wesentliche Kosteneinsparungen realisieren. Als wichtigste Einsparungsquelle steht die Nutzung von Synergien bei Planung und Umsetzung im Mittelpunkt. Daneben lassen sich verringerte Investitionen in Schnittstellenprogrammierung und Systempflege nennen.

---

[2] Zum Zusammenhang zwischen TCO und anderen Ansätzen der Kostenanalyse [Pottholf 1998].

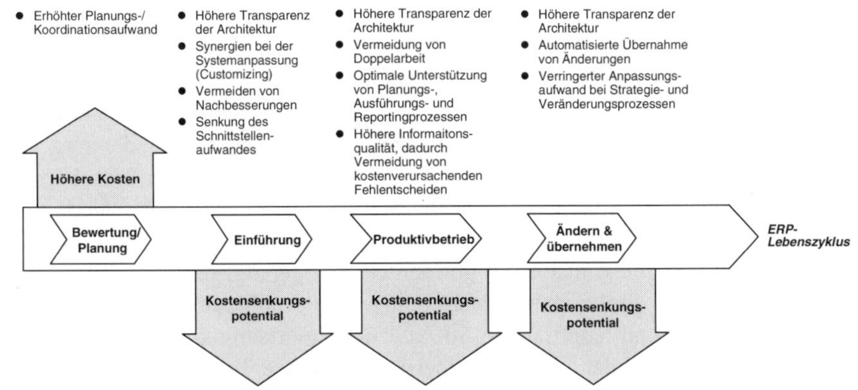


*Bild 19-1: Kosteneinsparungen im ERP-Lebenszyklus*

Bei der Planung von Applikationsarchitekturen steht neben Kosteneinsparungen auch der nicht direkt quantifizierbare Nutzen wie beispielsweise die Erhöhung des Servicegrades im Mittelpunkt der Betrachtung. Zum Nutzen lassen sich folgende Aussagen anführen [QED 1985]:

- Optimale Nutzung der in der Software hinterlegten Konzepte,
- Reduktion der Komplexität einer Applikationsarchitektur,
- Gewährleisten einer Beteiligung von Top-Management und Anwendern im Gestaltungsprozeß,
- Ermöglichen eines Einsatzes systemübergreifender Prozesse,
- Herstellen von Transparenz über die globale Supply Chain.

## 19.2 Geschäftsarchitektur

Ziel bei der Betrachtung des Geschäftsnetzwerkes ist das Identifizieren von Unternehmensbereichen mit einem hohen Integrationsbedarf aus betriebswirtschaftlicher Sicht. Dazu dokumentieren wir Subsysteme im Unternehmen, die wir als ‚Geschäftscluster' bezeichnen. Die Betriebswirtschaftslehre kennt bereits umfangreiche Konzepte: Unter Begriffen wie Bildung von Subsystemen [Schmidt 1991, 70], Modularisierung [Picot et al. 1996] oder Bildung von Fertigungssegmenten [Wildemann 1994] werden Integrationsbereiche identifiziert. Bestehende Ansätze lassen sich mit Einschränkungen auf die Frage der Unternehmensarchitektur anwenden [vgl. Rolf 1998].

### 19.2.1 Organisationsprofil

Ausgangspunkt von Architekturüberlegungen ist meist die formale Gliederung der Aufbauorganisation, wo bereits Grundsätze der organisatorischen Verteilung sichtbar werden. Produktverantwortung, funktionale Trennung, Bedeutung verschiedener Kundengruppen oder regionale Gliederung helfen bei der Einschätzung von Unternehmensstrukturen. Es ergeben sich aber deutliche Unterschiede zwischen formaler Aufbauorganisation und architekturrelevanter Struktur. Eine Aufbauorganisation ist meist historisch gewachsen und geprägt durch Tradition, Bereichsdenken sowie funktionaler Ausrichtung. Die Applikationsarchitektur muß sich an der mittel- und langfristigen Struktur der Unternehmung ausrichten, nicht an der heute bestehenden. Durch zumeist recht lange Implementierungszeiten entsteht ansonsten eine Abweichung von Geschäfts- und Applikationsarchitektur. Wir führen zur Einordnung des Unternehmens ein sog. ‚Organisationsprofil' ein. Dieses umfaßt drei Aspekte: Dimensionen zeigen mögliche Strukturierungskriterien auf und Dauerhaftigkeit sowie Topologie des Unternehmens stellen Rahmenbedingungen der Architekturgestaltung dar.

**Dimensionen**

Zur Abgrenzung der Integrationsbereiche werden die in Bild 19-2 dargestellten Dimensionen der Clusterung verwendet. Die einzelnen Dimensionen sind idealtypische Ausprägungen, die nicht überschneidungsfrei sind. So stellt eine organisatorische Einheit in den meisten Fällen zugleich einen eigenen Verantwortungsbereich dar. Umgekehrt muß aber nicht jeder Verantwortungsbereich eine organisatorische Abbildung finden.

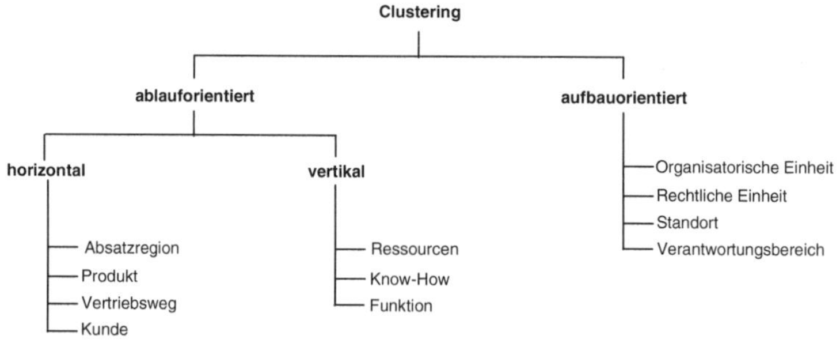


*Bild 19-2: Dimensionenbaum*

Die Dimensionen kommen zum Einsatz, um entlang der Dimensionen Bereiche zu identifizieren, die weitgehend unabhängig voneinander sind. Es bestehen also entlang dieser Dimension wenig Abhängigkeiten, wir sprechen von ‚Sollbruchstellen'. Beispiel ist die Dimension ‚Produkt' bei Konzernen mit stark heterogener Produktpalette, wie etwa die Firma Mitsubishi, die sowohl Videorecorder als auch Autos herstellt. Ein anderes Beispiel ist das Konzept einer reinen Finanzholding, bei der einzelne Gesellschaften (Dimension ‚rechtliche Einheit') eine hohe Bedeutung haben.

Ein weiteres Beispiel ist die Firma Henkel: Der Konzern ist traditionell eher dezentral organisiert. Bei der Entwicklung des Unternehmens – vielfach durch Aufkäufe - hatten die verbundenen Unternehmen im Konzern weitgehende Freiräume. Jetzt soll die Verantwortung für Unternehmensbereiche gestärkt werden. Damit verlagert der Konzern seinen Fokus von den verbundenen Unternehmen (Dimension ‚Rechtliche Einheit') auf nach Produktbereichen gegliederten Unternehmensbereiche (Dimension ‚Produkt', bei Henkel als ‚Geschäft' bezeichnet). Ein anderes Beispiel ist die Firma IBM: Diese gab ihre regionale Orientierung (Dimension ‚Region') zugunsten eines globalen Auftrittes mit Vertriebs- bzw. Produktverantwortung (Dimensionen ‚Vertriebsweg' und ‚Produkt') auf. Ziel ist eine weltweit einheitliche Kundenbetreuung.

## Dauerhaftigkeit

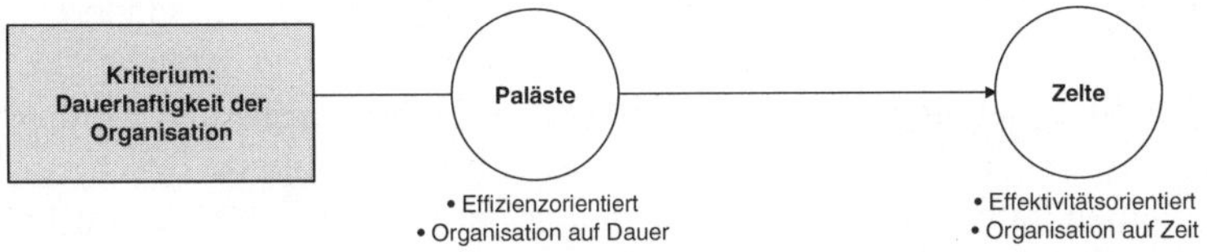


*Bild 19-3: Dauerhaftigkeit der Organisation*

Beim Kriterium der Dauerhaftigkeit der Organisation bestehen in Anlehnung an [Gomez/Zimmermann 1993] die Ausprägungen ‚Paläste' und ‚Zelte'. Eine effizienzorientierte Organisation strebt eine strikte Arbeitsteilung zur Realisierung von Rationalisierungs- und Kostensenkungspotentialen an, während die auf Effektivität ausgerichtete Organisation flexible Strukturen zur schlagkräftigen Umsetzung von Strategien realisiert. Auch führen wir den Zeithorizont ein: Einer präsituativ gestalteten Organisation ohne zeitliche Befristung stehen Strukturen zur Erfüllung von Aufgaben mit zeitlichem Ende gegenüber. Anwendungsbeispiel ist die Telekommunikationsbranche: Hier hat sich seit der Liberalisierung des Marktes eine Neuorientierung der ehemaligen Behörden (‚Paläste') hin zu flexiblen, kurzfristig reagierenden Unternehmen gezeigt (‚Zelte').

## Topologie

Beim Kriterium der Topologie werden die Ausprägungen ‚Hierarchien' und ‚Netze' in Anlehnung an [Gomez/Zimmermann 1993] genannt. Die Topologie drückt den Zentralisierungsgrad eines Unternehmens aus: Traditionelle Unternehmen mit einer starken Hierarchie und einer Führungsspitze stellen ‚Hierarchien' dar, der Gegenpol sind ‚Netze', die sich durch wenige Hierarchiestufen sowie stark dezentrale Elemente auszeichnen. Extreme Ausprägungen zeigen sich in der chemischen Industrie: Einige Konzerne setzen auf starke Unabhängigkeit der Unternehmensbereiche (z.B. Hoechst-Konzern), andere treten konzernweit als eine Einheit auf (z.B. Bayer-Konzern).

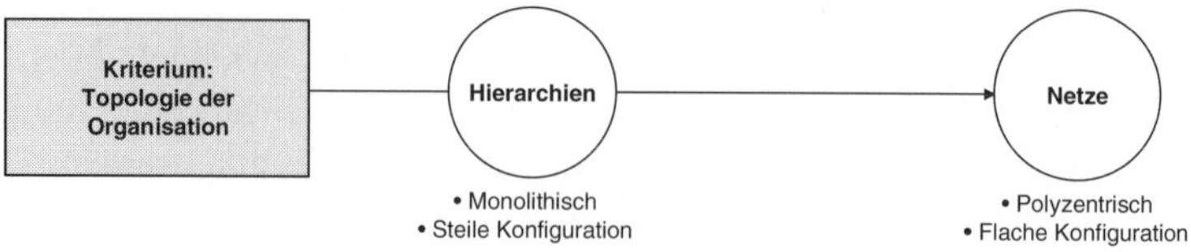


*Bild 19-4: Topologie der Organisation*

### 19.2.2 Prozeßarchitektur

Die Analyse und Darstellung des Geschäftsnetzwerkes bezieht sich auf bewährte Techniken. So eignen sich zur Darstellung von Prozessen besonders Ablaufdiagramme [vgl. Hess 1996] und zur Dokumentation von Abhängigkeiten Kommunikationsschaubilder [vgl. Grochla 1982, 313]. Die Größe und Komplexität der hier betrachteten Unternehmen läßt zumeist keine detaillierte Beschreibung aller Abläufen zu. Schwerpunkt der Betrachtung müssen Kernprozesse auf hoher Granularität sowie bereichsübergreifende Prozeßabhängigkeiten sein. Aufbauend auf strategischen Aussagen leiten entsteht eine Prozeßarchitektur. Die Erkenntnisse werden in ablauforganisatorischen Regeln abgebildet. Bei der Dokumentation der Prozeßarchitektur finden die folgenden Aspekte Beachtung: Die Zuordnung der Prozesse zu organisatorischen Bereichen, das Aufzeigen der Abhängigkeiten zwischen Prozessen sowie eine Kategorisierung der Prozesse.

Als Basis können Referenzprozesse wie beispielsweise R/3-Referenzprozesse oder unternehmensindividuelle Prozesse dienen. Die Prozesse werden organisatorischen Einheiten bzw. Unternehmensbereichen zugeordnet. Wichtig ist, an dieser Stelle Prozesse zu verwenden, die im gesamten Unternehmen resp. Konzern anwendbar sind. Die Kategorisierung von Prozessen beschreibt Abhängigkeiten zwischen Prozessen verschiedener Unternehmensbereiche (s. Bild 19-5). Die vorgenommene Charakterisierung hat einen wesentlichen Einfluß auf die Systemverteilung.

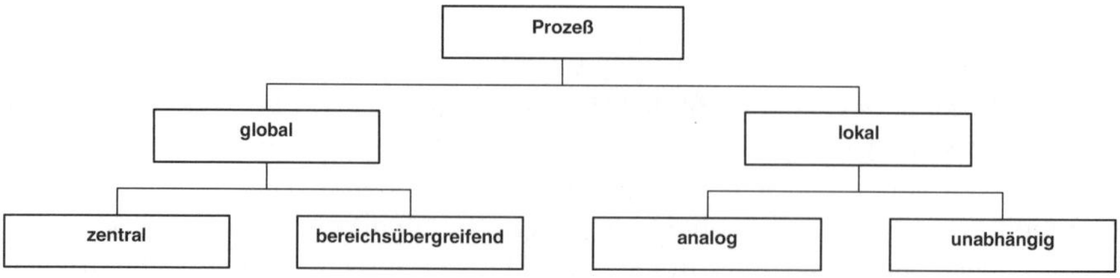


*Bild 19-5: Prozeßkategorien*

Die Kategorien sagen aus, ob ein Prozeß ‚global' oder ‚lokal' ist. Von einem globalen Prozeß sind immer mehrere Unternehmensbereiche betroffen. Dabei unterscheiden wir global bereichsübergreifende (der Prozeß läuft in mehreren Unternehmensbereichen ab) und global zentrale Prozesse (Prozeß wird an einer Stelle im Unternehmen für verschiedene Unternehmensbereiche ausgeführt). Lokale Prozesse laufen innerhalb eines Unternehmensbereiches ab und führen zu keinen direkten Abhängigkeiten mit anderen Unternehmensbereichen. Dabei laufen lokal analoge Prozesse in verschiedenen Unternehmensbereichen auf ähnliche Art und Weise ab, während lokal unabhängige Prozesse nicht abgestimmt innerhalb eines Unternehmensbereiches ablaufen.

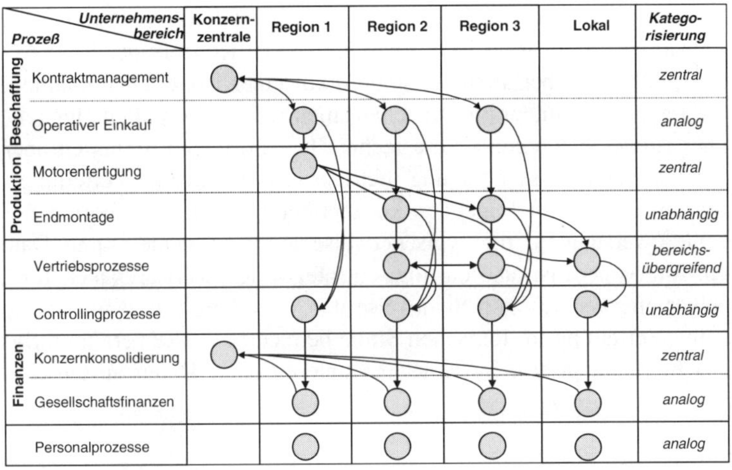


*Bild 19-6: Beispiel einer Prozeßverteilung (vereinfachte Darstellung eines weltweit tätigen Automobilherstellers)*

Charakteristisch sind einige wenige zentrale Prozesse, meist Konzernkonsolidierung und Konzerneinkauf. Unter dem Begriff ‚Shared Services' werden vielfach zentrale Prozesse subsumiert [vgl. Schuurmans/Stoller 1998]. Im Rahmen des Konzerneinkaufs sind auch die operativen Einkäufe in den Bereichen meist standardisiert, laufen also analog ab. Aufgrund heterogener Produktstrukturen sind Produktionsprozesse meist lokal unabhängig ausgeprägt, Vertriebsprozesse unterscheiden sich nach Region und nach Vertriebsweg, selten aber nach Produkten.

## 19.3 Applikationsarchitektur

### 19.3.1 Verteilungskonzepte in Standardsoftware

Die Modellierung von verteilten Unternehmen erfolgt im Spannungsfeld von verteilten und integrierten Informationssystemen. Integrierte Systeme bilden konzeptionell das ganze Unternehmen in genau einem Informationssystem ab. Wesentliche Fragestellungen betreffen die von der Software unterstützten Verteilungskonzepte. Untersuchungen am Institut für Wirtschaftsinformatik [vgl. Kranz 1997] haben ergeben, daß es zwar Ansätze zur Verteilung von Standardsoftware gibt, so etwa das Application Link Enabling (ALE)-Konzept der SAP AG, doch der Schwerpunkt liegt bei allen Herstellern auf einer isolierten Implementierung von Softwarepaketen. Integrationsmechanismen werden von allen Herstellern auf technischer Ebene angeboten. Diese technischen Lösungen umfassen aber meist keine konzeptionelle Unterstützung betriebswirtschaftlicher Verteilung. Unter einem System werden im folgenden konzeptionell zusammengehörige Softwarekomponenten verstanden, die typischerweise auf eine gemeinsame Datenbasis zugreifen. Ein System ist also ein logisch integriertes Softwarepaket. Im Gegensatz zu einer eher technischen Sichtweise der Verteilung[3], wird im vorliegenden Beitrag eine Verteilung im logischen Sinne betrachtet: Unter verteilten Systemen werden mehrere integrierte Systeme, die untereinander Daten austauschen, verstanden.

### 19.3.2 Integrationsbereiche auf Applikationsebene

Verteilte Unternehmen können nicht in beliebiger Größe und Komplexität in einem integriertem System abgebildet werden. Es ergeben sich eine Vielzahl an Restriktionen auf technischer Ebene. Typische Restriktionen sind dabei Mehrsprachigkeit, Währungsvielfalt, Performance oder Ausfallsicherheit. Daneben bestehen weiterhin organisatorische Restriktionen wie beispielsweise die Durchsetzbarkeit einer integrierten Lösung oder eine zu hohe Projektkomplexität.

Aufgrund solcher Einschränkungen der Verteilung ist ein Abgleich von betriebswirtschaftlich gewünschter und applikatorisch machbarer Verteilung nötig. Applikationscluster sind ‚machbare Geschäftscluster'. Aus der Intensität der betriebswirtschaftlichen Abhängigkeiten läßt sich der Bedarf an Integration auf Informationssystemebene ableiten. Eine starke Intensität der Kooperation spricht für

---

[3] Zwar wird in der Literatur zumeist ein einheitliches Verständnis vorausgesetzt, doch bei weiterer Lektüre stösst man auf Widersprüche. [Turrowski 1997] gibt einen Überblick über verschiedene Interpretationen von Systemverteilung im technischen Sinne.

eine starke Verflechtung auf technischer Ebene. Umgekehrt kann bei geringem Austausch auch eine Lösung ohne Systemunterstützung sinnvoll sein. Bild 19-7 ordnet verschiedene Möglichkeiten der Integration ihrer jeweiligen Integrationstiefe zu. Im Extremfall kann man von einer ‚Integration by User' (geringe Integrationstiefe) oder einem integrierten System (mit hoher Integrationstiefe) sprechen.

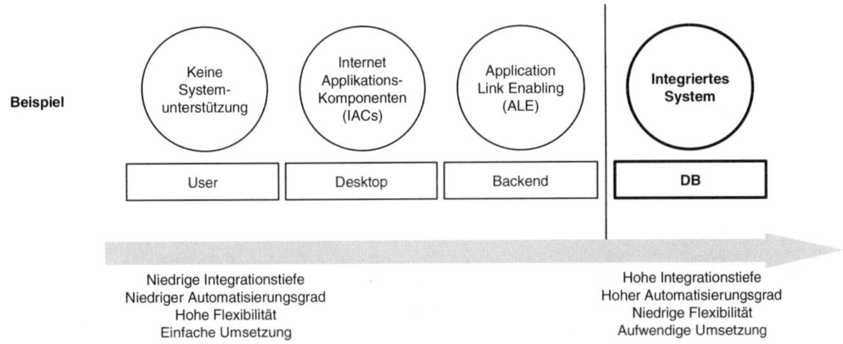


*Bild 19-7: Integrationstiefe*

Wir gehen zunächst von einer höchstmöglichen Integration aus. In einem sog. ‚virtuellen Megaserver' bilden wir gedanklich alle Funktionen des Unternehmens in genau einem System ab. Aus der betriebswirtschaftlichen Konstellation können sich auch andere Anforderungen an die Integrationstiefe ergeben. Bei projektähnlicher Zusammenarbeit kann es sinnvoll sein, lediglich eine Desktop-Integration anzustreben. Andere Integrationsmöglichkeiten werden durch betriebswirtschaftliche Rahmenbedingungen ausgeschlossen. So ist eine Integration mit dem ALE-Konzept der SAP AG aufgrund des hohen Koordinationsaufwandes nur bei einer engen und langfristigen Bindung der Partner realistisch. Anhand der betriebswirtschaftlich gewünschten Integrationstiefe und der oben genannten applikatorischer und technischer Einflußfaktoren auf die Applikationsarchitektur werden die Geschäftscluster auf ihre Machbarkeit hin überprüft und bei Bedarf angepaßt.

### 19.3.3 Struktur der Applikationsarchitektur

In Bild 19-8 ist exemplarisch eine Applikationsarchitektur dargestellt. Es handelt sich um den weltweiten Einsatz von SAP R/3 bei dem in Abschnitt 19.2.2 eingeführten Automobilhersteller. Je nach Modellierungsmöglichkeiten der Applikationstypen unterscheiden sich die Darstellungen. Grundsätzlich findet aber eine Zuordnung von Funktionalität und Daten zu Unternehmensbereichen statt.

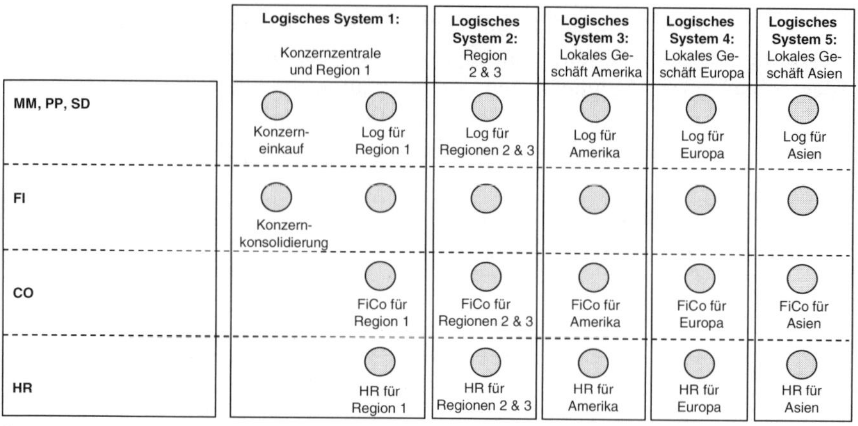


Schlüssel:
MM: Materials Management, PP: Production Management, SD: Sales and Distribution, FI: Financials, CO: Controlling, HR: Human Resources, HQ: Headquarters, Log: Logistics, FiCo: Financials and Controlling

*Bild 19-8: Exemplarische Darstellung einer Applikationsarchitektur (vereinfachte Darstellung ohne Integrationsbeziehungen)*

Typisch ist die Bildung eines zentralen Clusters bzw. Systems, dem zentrale oder bereichsübergreifende Funktionalität und zentrale Daten zugeordnet werden. Im vorliegenden Beispiel ist auf Konzernebene die Funktionalität zur Umsetzung von Konzerneinkauf und Konzernkonsolidierung abgebildet. Um dies zu ermöglichen, müssen bestimmte Geschäftsobjekte wie beispielsweise Material, Kunde, Lieferant, Kontenrahmen oder Kontrakt im gesamten Unternehmen standardisiert und zentral koordiniert werden. In den meisten Fällen wird ein zentraler Stammdatenserver die Lösung sein, doch auch ein zentrales Verzeichnis mit verteilter Datenablage ist denkbar. Werden nicht komplette Datensätze, sondern nur bestimmte Elemente zwischen Systemen ausgetauscht, so wird von einer ‚Reduktion' gesprochen. Des weiteren muß dargestellt werden, welche Datensätze für das gesamte Unternehmen gelten und welche nur für bestimmte Unternehmensteile relevant sind (sog. ‚Filter'). So ist es beispielsweise denkbar, daß für jeden Produktbereich nur bestimmte Beschaffungsmaterialien relevant ist und daher auch nur bestimmte Datensätze übertragen werden.

# 19.4 Methodisches Vorgehen

## 19.4.1 Bestehende Ansätze

In der Organisationslehre finden sich Ansätze zur Analyse und Gestaltung von Organisationen. Die Ansätze zur Bildung von Subsystemen gestalten trotz abweichender Begrifflichkeit organisatorische Integrationsbereiche im Unternehmen. Ein weiterer methodischer Schwerpunkt liegt auf der Umsetzung von Prozessen in Informationssysteme. Einige Ansätze gehen von Aussagen zur Geschäftsstrategie über die Prozesse bis zur Applikationsarchitektur, diese findet man z.B. bei der Strategischen Informationssystemplanung (SISP) [Riedl 1991] oder im St. Galler Informationssystem-Management [Österle et al. 1992]. Die folgende Tabelle nennt Aspekte bestehender methodischer Ansätze, die für die Entwicklung der Methode PROMET eBN[4] von besonderer Relevanz sind.

| Ansatz | Für eine Verteilungsmethode relevante Aspekte |
|---|---|
| **Subsystembildung**<br>(vgl. [Wildemann 1994], [Osterloh/Frost 1998, 139], [Picot et al. 1996]) | Identifikation betriebswirtschaftlicher Integrationsbereiche im Rahmen der Segmentierung/Modularisierung von Unternehmen. |
| **Einführungsmethoden**<br>(vgl. [Lozinsky 1998, 70], [Arnold 1998], [Scheruhn 1997], [Buck-Emden 1998, 305ff.], [Ullmann 1997]) | Konventionelle Projekte zur Einführung von Standardsoftware (SSW) gehen von der Annahme aus, daß sämtliche Abläufe in genau einem integrierten Anwendungssystem abbildbar sind. Dennoch handelt es sich um weitergehende Methoden, die auf das Konzept der jeweiligen Software aufbauen. |
| **Abgleich von Geschäfts- und Informationsstrategie**<br>(vgl. [Kreikebaum 1997, 208], [Norman 1992], [Parker et al. 1988, 79], [Wall 1996], [QED 1985], [Wexelblat/Srinivasan 1999, 266]) | Durch einen Angleichungsprozeß zwischen Geschäfts- und Informationssystem-Strategie soll es zu einem besseren Verständnis der Geschäftsanforderungen sowie einer geschäftsgetriebenen Planung von Applikationsarchitekturen kommen.<br>Es besteht die Idee, durch sog. ‚Konstruktionsempfehlungen' dem Methodenanwender beim Herleiten einer Architektur zu helfen.<br>Positiv ist die Ausarbeitung des Zusammenspiels zwischen langfristiger und operativer Planung. So versucht das Konzept ‚Business/IS Plans Linkage' verschiedene Ansätze der Informationssystemplanung zusammenzufassen und bedient sich dabei bewährter Methoden. Verbindungsaktivitäten (Linkage Activities) ermöglichen einen Abgleich der Planung von Geschäft und IS. |

*Tabelle 19-1: Bestehende Ansätze zur Architekturplanung (1)*

[4] PROMET ist die Abkürzung für Projektmethode und ist eingetragenes Warenzeichen der IMG AG.

| | |
|---|---|
| **Strategische Planung von Informationssystemen (SISP)**<br><br>(vgl. [Pruijm 1990], [Kruse 1987], [Martin 1989], [Nüttgens 1995, 30]) | Bei den vorgestellten Ansätzen zur strategischen Informationssystemplanung handelt es sich meist um umfassende Konzepte, die auf einem geschäftsgetriebenen Ansatz beruhen. Es finden sich in diesen Ansätzen verschiedene Ebenen und Sichten auf die jeweilige Fragestellung.<br><br>Positiv sind grundsätzlich Versuche, Geschäftsstrategie- und Informationssystemplanung zu verbinden. Das vorgeschlagene Vorgehen läßt sich in Grossunternehmen jedoch nicht einsetzen, da es keine gemeinsame Planung gibt, sondern vielmehr eine Koordination von verteilten Aktivitäten im Vordergrund steht. |
| **St. Galler Informationssystem-Management**<br><br>(vgl. [Österle et al. 1992], [Hilbers 1989]) | Der Ansatz des St. Galler Informationssystem-Management-Konzeptes geht grundsätzlich von einem dezentralisierten Grossunternehmen aus. Dieser Ansatz entspricht in den meisten Grossunternehmen der Realität. Wichtiger Gedanke ist, daß es keine unternehmensweite, detaillierte Informationssystem-Architektur in einem dezentral organisierten Unternehmen gibt.<br><br>Die Bildung von Integrationsbereichen zur Strukturierung solcher Unternehmen ist als positiv herauszuheben, ebenso die Strukturierung verschiedener Realisierungsformen. |
| **Business System Planning (BSP)**<br><br>(vgl. [Pruijm 1990, 64], [Martiny/Klotz 1990, 94], [Heinrich 1992, 290], [Brenner 1994, 101]) | Es handelt sich um eine weitgehende, bewährte Vorgehensweise, bei der unternehmensweite Informationssysteme top-down geplant und dann bottom-up implementiert werden sollten.<br><br>In einem bereichsübergreifenden Team aus Managern, Vertretern der Fachbereiche sowie Informatikern strukturiert man Aussagen zu Geschäftsstrategie und -prozessen.<br><br>Zusammenfassung von Unternehmensprozessen und Datenklassen zu größeren Systembereichen in Matrizen. Dabei werden Ursprung und Verwendung von Daten dokumentiert und Abhängigkeiten dargestellt. |
| **Information System Study (ISS)**<br><br>(vgl. [Neu 1991], [Pruijm 1990, 64]) | Kennzeichnend ist eine starke Einbindung qualifizierter Führungskräfte bzw. Entscheidungsträger.<br><br>Die Orientierung an einem optimalen Datenfluß unter Berücksichtigung von Datenverwendung steht im Mittelpunkt. |
| **Systementwicklung**<br><br>(vgl. [Becker 1998], [Gutzwiller 1994], [Scheer 1990, 403], [Nüttgens 1995, 19], [Lehner et al. 1991], [Winter/Weber 1998, 6ff.]) | Im Rahmen der Systementwicklung wurde die Bedeutung eines flexiblen Vorgehensmodells im Vordergrund, ebenso hat sich der Top-down-Ansatz als vorteilhaft für die Fragestellung der Verteilung herausgestellt.<br><br>Zentral ist außerdem ein klar definierter Phasenabschluß, insbesondere beim Wasserfallmodell.<br><br>Die Granularität der Betrachtung unterscheidet sich bei neueren Überlegungen – basierend auf Standardsoftware – allerdings erheblich: „Bisher hatten wir es in der Software mit Mikro-Strukturen zu tun; jetzt kommen die Makro-Strukturen, die sich auf ganze Applikationsteile ausdehnen können" [Bues 1994, 185]. |

*Tabelle 19-1: Bestehende Ansätze zur Architekturplanung (2)*

### 19.4.2 Defizite bestehender Methoden

Derzeit gibt es keine Vorgehensweise, welche die Frage der Verteilung konsequent von der Ebene der Unternehmensstrategie bis zur Applikationsarchitektur abdeckt Nicht eine aufwendige Planung der Architektur ist gefordert, sondern ein Koordinationsrahmen für Implementierungsprojekte in einzelnen Unternehmensbereichen.

Bei allen vorgestellten Ansätzen – mit Ausnahme der Einführungsmethoden – spielt ERP-Standardsoftware eine untergeordnete Rolle. Die Fragestellung der Verteilung verlagert sich zunehmend weg von einer detaillierten Applikationsentwicklung hin zu einer konzeptionellen Verteilung, also einer Verteilung integrierter Systeme. Ansätze wie das SISP analysieren und verteilen Funktionalität und Daten auf detaillierter Ebene. Da die Verteilung heute aber weitgehend auf integrierter Standardsoftware basiert, steht nicht die technische Lösung im Mittelpunkt sondern der optimale Einsatz bestehender IS-Konzepte.

Deutlich wird dies beispielsweise bei der ‚Information System Study'. Vor dem Hintergrund eines eher quantitativen Ansatzes mit maschineller Verarbeitung der Informationen treten die eigentlichen Herausforderungen in den Hintergrund. Die Analyse vernachlässigt eine geschäftsgetriebene, revolutionäre Sicht zugunsten der Wünsche von Entscheidern bzw. Anwendern. Politische Aspekte, die insbesondere bei Veränderungsprozessen in Grossunternehmen bedeutend sind, können in die Bewertung ohne kritisches Hinterfragen eingebracht werden und verhindern so massive Neuorientierungen. Die Analyse erscheint vor dem Hintergrund von ERP-Standardlösungen zu detailliert und geht somit an den eigentlichen Fragestellungen wie Zentralisierungsgrad oder Strukturierungsdimensionen vorbei.

Der Schwerpunkt bisheriger Methoden liegt auf der isolierten Betrachtung einzelner Unternehmensbereiche [Schwarzer 1994, 363]. Ein Defizit besteht in der Betrachtung der Koordination zwischen Unternehmensbereichen. Dies wird besonders deutlich beim klassischen Ansatz des Business Process Redesign im Umfeld von Einführungsmethoden: Schwerpunkt der Gestaltung ist der optimierte Ablauf eines Prozesses, wie beispielsweise der Auftragsbearbeitung. Kaum Beachtung finden hingegen die Abhängigkeiten zwischen Prozessen, wie dies aber bei Gesamtoptimierung eines großen Bereiches der Fall sein müßte.

### 19.4.3 Methodenvorschlag

Die Methode PROMET eBN dient der Umsetzung von Strategien in einer verteilten Prozeß- und Systemwelt. Dazu werden die Anforderungen auf organisatorischer Ebene mit möglichen Lösungen auf technischer Ebene abgeglichen: Bereichsübergreifende Geschäftsprozesse führen zu einem verteilten Bedarf an Funktionalität und Daten. Durch eine methodisch fundierte Entscheidung wird festgelegt, ob die Bereitstellung der geforderten Funktionalität und Daten durch ein oder mehrere Systeme erfolgt. Die Umsetzung von Geschäftsnetzwerken erfordert ein abgestimmtes Instrumentarium, welches:

- die Abbildung globaler, regionaler und lokaler Prozesse sowie Berichtsstrukturen in Systemen sicherstellt und damit Transparenz in der globalen Supply Chain gewährleistet,

- die konzeptionellen Schritte zum Entwurf einer langfristig tragfähigen Applikationsarchitektur vorgibt,

- die Standardisierung von Prozessen und deren zugrunde liegenden Daten unterstützt,

- zur Auswahl der richtigen Integrationstechnologien und -konzepte führt und

- eine umsetzbare Migrationsplanung inkl. Projektportfolio zum Ergebnis hat.

Ziel der Methode ist es:

- ein gemeinsames Verständnis der Strategie und globaler Prozesse zu erarbeiten,
- eine geeignete Prozeß- und Applikationsarchitektur zu finden,
- die konsequente Planung der Implementierung der gefunden Architekturlösungen zu unterstützen sowie
- die Koordination der sich ergebenden, verteilten Projekte sicherzustellen.

Der Aufbau von PROMET eBN orientiert sich am Ansatz des Methoden-Engineering [Gutzwiller 1994, 11]. Das Methoden-Engineering unterscheidet zwischen Aktivitäten, Ergebnissen, Techniken und Rollen (s. Kap. 17.1.3). Das Vorgehen entspricht dem Grundgedanken des Business System Planning: Wir gehen von einem geschäftsgetriebenen top-down-Ansatz aus, der dann bottom-up von einem oder mehreren Implementierungsprojekten umgesetzt wird. Bild 19-9 zeigt das Vorgehensmodell, welches wir je nach konkreter Ausgangssituation und Aufgabe projektspezifisch ausgeprägt wird. Wir unterscheiden bei PROMET eBN die vier Phasen ‚Set-up', ‚Geschäftsarchitektur', ‚Applikationsarchitektur' und ‚Verteilte Implementierung'. Die Set-up-Phase stellt sicher, daß das Architekturprojekt in geeigneter Weise im Konzern angesiedelt ist und gleichzeitig personell richtig besetzt ist. Die Analyse der Geschäftsarchitektur sowie das Ableiten der Anforderungen an die Applikationsarchitektur (sog. ‚Architekturtreiber') werden in der zweiten Phase (Geschäftsarchitektur) abgedeckt. Das Herleiten von technischen Applikationstreibern und die Umsetzung in eine Applikationsarchitektur erfolgt in der dritten Phase (Applikationsarchitektur). Zuletzt wird die Umsetzung der Architektur in einer abschließenden Phase (Verteilte Implementierung) vorbereitet. Im folgenden werden einige Kerntechniken der Methode umrissen.

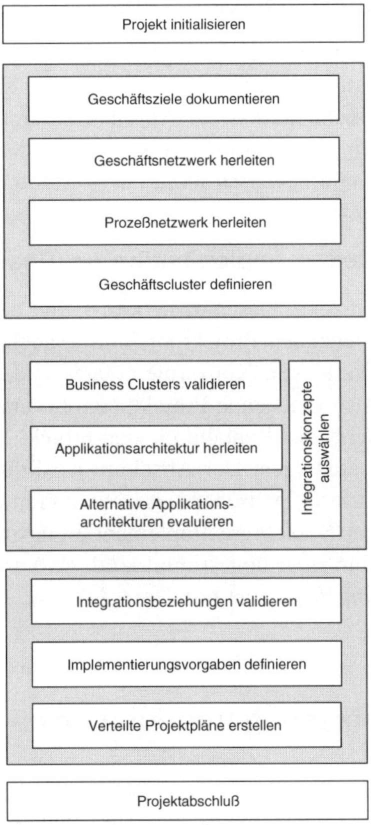


*Bild 19-9: Vorgehensmodell PROMET eBN V2.0*

## Analyse des Geschäftsnetzwerkes (Phase 2)

Aus den Geschäftsstrategien leitet sich die Prozeßarchitektur ab. Der Prozeßentwurf erfolgt dabei auf globaler, regionaler oder lokaler Ebene. Die Clusterung von Prozessen, die Erhebung von Reportinganforderungen und die Einordnung von bestehenden aufbauorganisatorischen Einheiten stellen Einflußfaktoren der Applikationsarchitektur dar.

## Ableiten der Architekturanforderungen (Phase 2)

Eine erste Verteilungshypothese wird durch die Geschäftsclusterung dokumentiert. Diese Geschäftscluster lassen sich anhand verschiedener Dimensionen bilden. Wir dokumentieren Anforderungen an die Applikationsarchitektur aus betriebswirtschaftlicher Sicht. Eine erste Verteilungshypothese bildet den Abschluß der zweiten Phase und ist zugleich Ausgangspunkt der dritten Phase.

### Entwurf der Applikationsarchitektur (Phase 3)

Neben den Anforderungen aus Geschäftsnetzwerk und applikatorischen Restriktionen haben die Integrationskonzepte den wichtigsten Einfluß auf die Applikationsarchitektur. Die Dokumentation der Applikationsarchitektur erfolgt in Form logischer Systeme, deren Integrationsbeziehungen sowie einer Migrationsstrategie. Wir dokumentieren und bewerten mögliche Verteilungen anhand der in Phase 2 erfaßten Geschäftstreiber.

### Management der verteilten Implementierung (Phase 4)

Die Migrationsobjekte aus dem Geschäftsnetzwerk und der Applikationsarchitektur werden mit dem bestehenden Projektportfolio abgeglichen. Die Standardisierungsaktivitäten, der Einsatz von Konzerntemplates und die Systementwicklung werden festgelegt. Das sich ergebende Projektportfolio umfaßt auch eine Kosten-/ Nutzenbetrachtung, welche die Rentabilität der projekt- bzw. bereichsübergreifenden Vorgehensweise aufzeigen. Der Abschluß wird durch klare Vorgaben für zukünftige Projekte skizziert. Typischerweise resultieren aus einem Architekturprojekt nach PROMET eBN mehrere Implementierungsprojekte, die aber durch geeignete Vorgaben aufeinander abgestimmt sind. So wird Doppelarbeit vermieden und die Voraussetzungen für eine hohe Integrationstiefe geschaffen.

## 19.5 Zusammenfassung und Ausblick

Die vorgestellte Methode unterstützt die anfangs skizzierten kritischen Erfolgsfaktoren: Die Aufnahme von strategischen Aussagen, die Darstellung des Geschäftsnetzwerkes sowie die Analyse des Prozeßnetzwerkes machen bereichsübergreifende betriebswirtschaftliche Zusammenhänge deutlich. Das klare Formulieren der Anforderungen aus betriebswirtschaftlicher Sicht an die Applikationsarchitektur hilft in der Folge beim Abgleich von Geschäfts- und Applikationsarchitektur.

Eine methodische Planung der Applikationsarchitektur sowie daraus abgeleitete Vorgaben an Implementierungsprojekte unterstützen die koordinierte Einführung von verteilten Systemen. Diese Planung der Applikationsarchitektur muß vom Top-Management des Unternehmens getragen sein. Bei der Architekturplanung kann die Dokumentation von Ergebnissen und die Transparenz der Fragestellung hilfreich sein. Erst eine Planung der Applikationsarchitektur auf strategischer Ebene stellt das Zusammenspiel von Geschäftsnetzwerk und Applikationsarchitektur sicher.

Eine zentrale Fragestellung kann allerdings durch ein methodisches Vorgehen nicht gelöst werden: Der Umgang mit ‚Soft Facts', also Restriktionen auf politischer und persönlicher Ebene, kann zwar methodisch unterstützt werden. Eine solche Unterstützung ersetzt aber den persönlichen Einsatz des Projektteams und massive Unterstützung des Top-Managements eines Unternehmens nicht. Ebenso bedeutend ist das Schaffen von Architekturteams, die sowohl Informatik als auch Fachbereiche integrieren. Für die Umsetzbarkeit von geschäftsgetriebenen Architekturen muß ein ‚Business Sponsor' auf Konzernebene gefunden werden. Neben diesem Sponsor müssen auch dezentral Verantwortliche für den Prozeß gewonnen werden.

Im vorliegenden Beitrag wurde das Potential bereichsübergreifender Planung verdeutlicht. Es besteht jedoch umgekehrt die Gefahr einer Überregulierung. Zu starke Vorgaben engen die Flexibilität der Unternehmensbereiche unnötig ein und erschweren die Durchsetzbarkeit innovativer Lösungen. Hier muß also eine Rahmenplanung angeboten werden, die das Prinzip „so viel wie nötig, so wenig wie möglich" berücksichtigt.

# 20 Business Networking – Zusammenfassung und Ausblick

*Rainer Alt, Elgar Fleisch, Hubert Österle*

## 20.1 Fazit zum Business Networking

### 20.1.1 Effizienzsteigerung und neue Geschäftsmodelle

Die Vernetzung von Unternehmen wurde im vorliegenden Buch als eine der wesentlichen gegenwärtigen Entwicklungen in der Wirtschaft beschrieben. Die Projekte vieler Unternehmen zeigen die hohe Relevanz, die dem Business Networking zugemessen wird. Viele sog. ‚Brick and Mortar'- oder ‚Old Economy'-Unternehmen wie z.B. DaimlerChrysler, Siemens, Deutsche Telekom oder Bayer schaffen eBusiness-Organisationen und verfolgen unternehmensweite Business Networking-Initiativen, die zahlreiche Bereiche der Wirtschaft verändern. Traditionelle Beschaffungs- und Vertriebsprozesse werden neu gestaltet und neue Unternehmen in Kooperation mit Wettbewerbern gegründet. Beispiele dafür sind Covisint von DaimlerChrysler, General Motors und Ford, Chemplorer von Bayer, Deutscher Telekom und Infraserv oder emaro von Deutscher Bank, Deutscher Telekom und SAP. Click and Mortar-Unternehmen wird künftig daher ein hoher Stellenwert zukommen. Hinter diesen Entwicklungen stehen zwei grundsätzliche Ziele:

- *Effiziente Prozesse zwischen Unternehmen.* Business Networking ermöglicht die verbesserte Zusammenarbeit mit Kunden und Lieferanten. Eine große Anzahl an eMarkets (z.B. e2open, Covisint, Globalnetexchange, Chemconnect) wurden gegründet, um über gemeinsame Prozesse die Beschaffungskosten zu reduzieren. Bei den Prozeßkosten können Einsparungspotentiale von bis zu 80% erzielt werden. Vertriebsseitig zeigt die EC-Lösung der ETA SA (s. Kap. 6), daß in der Auftragsverarbeitung Einsparungen um den Faktor zehn möglich sind.

- *Neue Geschäftsmodelle.* Business Networking ermöglicht die Entwicklung innovativer Geschäftsmodelle, die neue Perspektiven im Markt eröffnen. Betroffen sind hauptsächlich neue Intermediäre wie etwa Amazon, Dell, Marketsite.net, Covisint (s. Kap. 3) oder Chemplorer. Diese neuen Möglichkeiten entstehen auch aus internen Business Networking-Lösungen, wie die Beispiele von Riverwood (Supply Chain Integration Center) und Deutsche Telekom (Einkaufsservice) in Kapitel 17 zeigen. Sie stehen nicht neben den bestehenden Geschäftsaktivitäten und -prozessen, sondern ergänzen diese (sog. Click and Mortar).

Beide Bereiche haben direkte Auswirkungen auf die Wettbewerbsfähigkeit von Unternehmen. IBM konnte in 1999 1 Mrd. USD durch die verstärkte Verwendung elektronischer Verkaufskanäle einsparen. Der Wettbewerber Dell wickelt sogar 50% seines Umsatzes elektronisch ab [vgl. Sager 2000]. Die Auswirkungen auf Möglichkeiten hinsichtlich erhöhter Marge bzw. flexibler Preisfestsetzung im Wettbewerb seitens Dell sind offensichtlich.

### 20.1.2 Zielsetzungen des Business Networking

Ziel des Buches war es darzustellen, daß Business Networking über die Implementierung einer einfachen EC- oder SCM-Strategie oder eines bestimmten Internet-Systems hinausgeht. Drei Aspekte standen dabei im Vordergrund:

- *Business Networking unterstützt die Geschäftsziele.* Prozeßverbesserungen und neue Geschäftsmodelle sind eng mit Unternehmensstrategie und künftiger Wettbewerbsfähigkeit verknüpft. Die Beurteilung der Netzwerkfähigkeit und die Entwicklung von Business Networking-Strategien ist daher eine Aufgabe des Top Managements und mit den Kernkompetenzen des Unternehmens abzustimmen. Sie kann daher nicht an Fachbereiche, die IT-Abteilung oder Berater delegiert werden.
- *Business Networking integriert bestehende Lösungen.* Die bekannten Konzepte EC, SCM und CRM betreffen kooperative Prozesse zwischen Unternehmen (s. Kap. 5). Business Networking gestaltet das Zusammenspiel dieser Strategien und erkennt z.B., daß jede EC-Lösung auch eine SCM- und CRM-Lösung benötigt. Business Networking geht damit über die isolierte Betrachtung einzelner Strategien hinaus und stellt einen Rahmen für deren gezielte Weiterentwicklung (z.B. eines elektronischen Kataloges) hin zu integrierten Lösungen bereit.
- *Business Networking bedeutet Organisation und Veränderung.* Zu den wichtigen Erfolgsfaktoren, die in diesem Buch für das Business Networking identifiziert wurden (s. Kap. 6), zählen organisatorische (z.B. homogenisierte Stammdaten, Abgleich mit Marketingstrategie) und politische (z.B. Schaffung von Win-Win-Situationen) Faktoren. Sie unterstreichen, daß Business Networking zwar von der Technologie ermöglicht wird, aber eine unternehmerische Aufgabe darstellt. Für eine erfolgreiche Umsetzung wurden verschiedene Methoden geschildert (s. Kap. 13 bis 19), die auf den Ebenen des Business Engineering (Strategie, Prozeß, System) aufbauen.

Alle drei Aspekte bestimmen das Wesen des Business Networking. Obgleich diese nicht vollständig neu sind, ist es die Stärke des Business Networking, einen logisch konsistenten Rahmen zur Entwicklung kooperativer Prozesse bereitzustellen, der diese Aspekte konsequent berücksichtigt.

### 20.1.3 Veränderung der Business Networking-Lösungen

Das in diesem Buch vorgestellte Modell des Business Networking ist auf den wesentlichen gegenwärtigen Entwicklungen im eBusiness aufgebaut. Wir sind uns im klaren darüber, daß dies nur eine Momentaufnahme einer bestimmten Evolution für die Zusammenarbeit zwischen Unternehmen sein kann. Business Networking verändert die Wirtschaft. Als hauptsächliche Treiber erkennen wir:

- *Verstärkte Standardisierung.* Verschiedene Initiativen verfolgen das Ziel, Daten (z.B. cXML, RosettaNet, Uddi, Bolero) und Prozesse (z.B. CPFR, OBI) für das Business Networking zu standardisieren (s. Kap. 13). Diese Standards werden die interorganisatorische Konnektivität erhöhen und Transaktionskosten bei der Vernetzung reduzieren.
- *Interaktion der Vernetzungsstrategien.* Die Business Networking-Lösungen vieler Unternehmen konzentrieren sich noch stark auf eine bestimmte Vernetzungsstrategie, z.B. einer EC-Lösung zum Verkauf ihrer Produkte (s. Kap. 4.3). In den kommenden Jahren ist damit zu rechnen, daß diese Ansätze mit Elementen anderer Vernetzungsstrategien (z.B. CRM, SCM) erweitert und abgestimmte Lösungen entstehen werden.
- *Erhöhtes Geschäftsvolumen.* Den Prognosen zufolge ist in den nächsten Jahren mit einem beträchtlichen Anstieg des elektronischen Geschäftsvolumens zu rechnen, das die Umsätze über traditionelle Verkaufskanäle ergänzen und partiell ersetzen wird. Beispielsweise wird erwartet, daß der Wert elektronisch beschaffter Güter bis 2004 um durchschnittlich 41% zunimmt. Dies entspricht einem elektronischen Anteil von 12,5% (USD 1,2 Bio.) in 2000 bzw. 40% (USD 4,8 Bio.) in 2004. Gleichzeitig sollen öffentliche elektronische Marktplätze im Jahre 2004 (Transaktions-) Umsätze zwischen USD 6 und 9 Mrd. generieren [vgl. Andrew et al. 2000].
- *1:n entwickelt sich zu n:m.* Angesichts des wachsenden Internet-Geschäftsvolumens sowie der zahlreichen entstehenden elektronischen Marktplätze und elektronischen Services ist zu erwarten, daß sich viele der bestehenden Business Networking-Lösungen von 1:n- zu n:m-Systemen weiterentwickeln. Elektronische Plattformen, die kooperative Prozesse unterstützen, werden in vielen Fällen als zentrale unternehmensinterne (oder private) Plattformen die Zusammenarbeit zwischen verschiedenen Unternehmenseinheiten und Zulieferanten und Kunden unterstützen.

### 20.1.4 Modell des Business Networking

Das vorgestellte Modell des Business Networking bildet die wichtigsten Prinzipien vernetzter Unternehmen ab. Unabhängig von der Größe und dem industriellen Umfeld, in dem ein Unternehmen tätig ist, werden Netzwerkunternehmen die Organisationsform im Informationszeitalter bilden. Gemäß dem Modell besitzen diese Unternehmen folgende Bausteine:

- *Kooperationsprozesse.* Kern jeder Business Networking-Lösung sind die Geschäftsprozesse (z.B. Einkauf, Verkauf), an denen mehrere Geschäftspartner teilnehmen. Im vorliegenden Buch wurden Koordinationsbereiche (s. Kap. 3.3) bzw. -strategien (s. Kap. 5.3) diskutiert. Idealerweise sind diese Prozesse in einer bestimmten Branche standardisiert (z.B. Chemie- oder Automobilindustrie). Die Standardisierung selbst kann durch große Anwender (z.B. General Motors, Ford und DaimlerChrysler), dominante Marktplätze oder Standardsoftware-Anbieter (z.B. die Collaborative Szenarien von SAP) erfolgen.

- *Business Bus.* Die Verfügbarkeit einer standardisierten und effizienten Infrastruktur für das Business Networking ist eine kritische Voraussetzung. Wie in Kapitel 15.2 beschrieben, stellt der Business Bus die ‚Collaboration Infrastructure' dar und besteht aus Standards und Middleware-Funktionalitäten. Wichtige Akteure, die den Business Bus gestalten, sind marktführende Anbieter (z.B. SAP, Microsoft) und Standardisierungs-Organisationen/-Konsortien (z.B. RosettaNet, Uddi, Bolero).
- *Elektronische Services (eServices).* Ebenso wie der Ethernet-Bus Zugang zu Druck- oder Datenservices im Netz gewährleistet, ermöglicht der Business Bus die Anbindung von eServices. Diese standardisierten eServices werden in Portale und elektronische Marktplätze integriert und erfüllen z.B. Zahlungs-, Logistik-, oder Verzeichnisfunktionen (s. Kap. 2.3.4 und 3.4.2).
- *Leistungsintegratoren.* Ebenso wie eService-Anbieter als neue Spieler im Business Networking auftreten, wird die Kundenorientierung zu neuen Intermediären führen. Sie leiten ihren Mehrwert aus der Unterstützung vom Kundenprozeß (z.B. Avnet Marshall, s. Kap. 2.3 und 3.2.1), und dem Management von Kundeninformationen (s. Kap. 8), etc. ab. Einerseits integrieren Kundenprozeßportale sämtliche vom Kunden nachgefragten Leistungen und andererseits werden die virtuellen Leistungen um physische Leistungen (Logistik, Fulfillment, etc.) ergänzt.

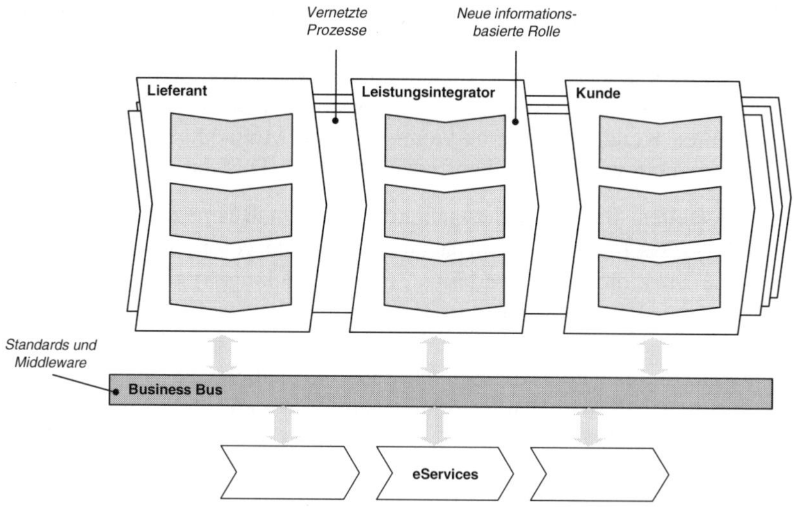


*Bild 20-1: Bausteine des Business Networking-Modells*

## 20.2 Nächste Schritte im Business Networking

### 20.2.1 Evolution von Prozeßportalen und eServices

Die Entwicklung hin zu n:m-Systemen bedeutet, daß Business Networking-Lösungen nicht nur erhöhte Effizienz, sondern auch neue Geschäftsfelder ermöglichen. Das beste Beispiel dafür ist bereits ein Klassiker und stammt von American Airlines (AA): Das Sabre-Reservierungssystem wurde zunächst zur internen Sitzverwaltung implementiert. Dann wurde das System schrittweise hin zum globalen elektronischen Marktplatz für Dienstleistungen in der Touristik ausgebaut, wobei Flugtickets von AA nur mehr ein Produkt unter vielen waren. Sabre wurde zu einem eigenständigen Unternehmen, das u.a. die Travelocity-Webseite (s. Kap. 2.3.2) betreibt. Vergleichbare Entwicklungen lassen sich heute in vielen anderen Branchen beobachten. Angesichts dessen müssen sich Unternehmen bezüglich ihrer heutigen und ihrer künftigen Kernkompetenzen (s. Kap. 4.2) zwei kritische Fragen stellen:

- *Positionierung als eService.* Unternehmen müssen entscheiden, ob ihre Lösungen das Potential besitzen, als eigene eServices am Markt angeboten werden zu können. Potentielle Kunden sind Portale und elektronische Marktplätze, da schließlich viele eServices nicht branchenspezifisch sind, und mit jeder abgewickelten Transaktion Gebühren berechnet werden können.
- *Positionierung als Prozeßportal.* Heute besteht nur geringer Zweifel darüber, daß Kundenbindung und -orientierung über den Erfolg der Vernetzung entscheiden werden (s. Kap. 2.3.2.). Viele Lösungen sind heute jedoch immer noch produkt- und nicht kundenorientiert. Wir erwarten die Entstehung von Prozeßportalen, die verschiedene Marktplätze und Portale gemäß einem bestimmten Kundenbedarf integrieren werden. Multi-Markt- und Multi-Portal-Management werden sich künftig zu wichtigen Themen entwickeln.

eServices stellen die fünfte Entwicklungsphase im Business Networking dar (s. Kap. 1.1.2). Das Informationsmanagement ist heute gefordert, Lösungen zu erarbeiten, die über die dritte (verteilte ERP-Anwendungen) und vierte (EC- oder SCM-Systeme) Phase des Business Networking hinausgehen und die verschiedenen (Evolutions-)Welten verbinden. Dabei bleiben die Grundlagen wichtig: Verteilung der Stammdaten - zukünftig als eServcice angeboten – und Aufteilung der Funktionalität zwischen den verschiedenen Systemen zählen weiterhin zu den zentralen Fragestellungen.

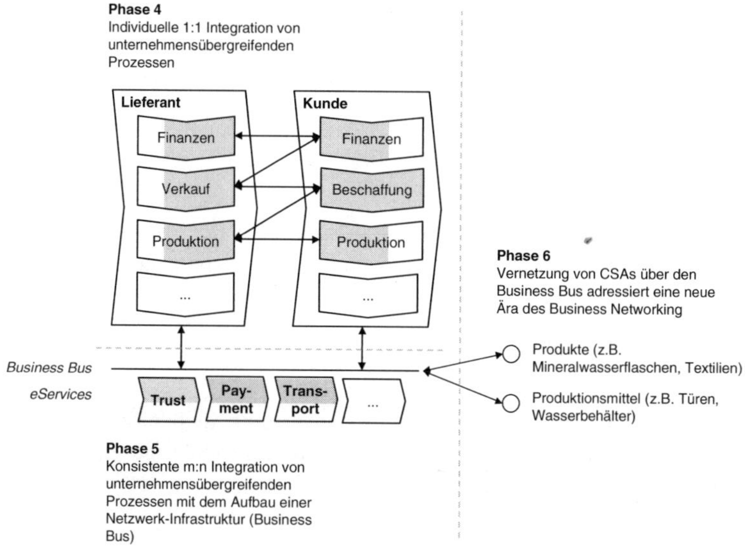


*Bild 20-2: Nächste Schritte im Business Networking*

### 20.2.2 Vernetzung intelligenter Geräte und Dinge

Die zunehmende Miniaturisierung von Informationsverarbeitungs- und Kommunikationsgeräten wurde in Kapitel 12 als einer der richtungsweisenden Trends beschrieben. Künftig ist damit zu rechnen, daß intelligente Geräte (Connected Smart Appliances, CSA) und intelligente Dinge (Connected Smart Assets, CSA) eine wichtige Rolle im Business Networking spielen werden (s. Phase 6 in Bild 20-2). CSAs wie Verbrauchsgüter (z.B. Mineralwasserflaschen, Textilien), Industriegüter (z.B. Türen, Wasserbehälter), Rohstoffe (z.B. Boden, Wasser, Holz) und Produktionsmittel (z.B. Container, Paletten, Werkzeugmaschinen) eröffnen neue Perspektiven in der Vernetzung. Dabei bauen sie auf eServices wie z.B. GPS oder SMS auf. Eine Vorstellung über Art und Ausmaß der Entwicklungen, die für die nächsten 5 bis 10 Jahre im Business Networking kennzeichnend sein werden, vermitteln folgende Szenarien [Fleisch 2001]:

- Das Regal löst eine Nachbevorratung von Produkten aus. Es bestimmt den Preis der Produkte aufgrund der Nachfrage, Verderblichkeit, Uhrzeit etc.
- Vernetzte Preisschilder und Werbeflächen weisen in Echtzeit auf neue Preise und Sonderangebote hin.
- Der Einkaufswagen stellt die Rechnung während seiner Bestückung zusammen. Am Ausgang erhält der Kunde einen Beleg, die Summe wird vom Konto des Kunden abgezogen.

- Beim Rindfleisch läßt sich bei Bedarf der gesamte Lebenszyklus zurückverfolgen – von der Erbsubstanz über Zucht- und Schlachthof bis zum Einzelhandel.
- Die Blutkonserve erkennt, daß sie laufend wärmer wird oder daß ihr Ablaufdatum kurz bevorsteht, und alarmiert selbständig die verantwortlichen Personen wie Arzt oder Logistikdienstleister.
- Ventile einer Ölraffinerie führen lokal Buch über die gesetzlich vorgeschriebenen jährlichen Rezertifizierungen und stellen sicher, daß sie am richtigen Ort wieder eingebaut werden.
- Das Halbfertigprodukt im Lager meldet sich selbständig zur Inventur. Es kennt sein Alter und seine Haltbarkeit.
- Das Autoersatzteil kann fälschungssicher und lückenlos seine gesamte Lebensgeschichte wiedergeben – von der Produktion über Transport, Lagerung und Einbau bis zur Entsorgung.

Nach der Vernetzung der Menschen über Telefon oder Fax sowie der Informationssysteme über EDI oder das Internet findet nun die Vernetzung von Prozessen und Organisationen statt. Die weitere Entwicklung wird zu einer Vernetzung der CSAs mit Menschen, Prozessen, Informationssystemen und anderen CSAs führen. Wissenschaft und Wirtschaft arbeiten an diesem Thema unter dem Titel Ubiquitous (= Pervasive = Calm = Invisible = Embedded) Computing (s. Kap. 12). Mit Ubiquitous Computing entsteht eine neue Generation der Vernetzung, bei der die Möglichkeiten und Potentiale der Netzwerke weit über das heute Vorstellbare hinausgehen.

# Abkürzungsverzeichnis

| | |
|---|---|
| ALE | Application Link Enabling |
| API | Application Programming Interface |
| APO | Advanced Planner and Optimizer |
| APS | Advanced Planning and Scheduling |
| ASAP | Accelerated SAP |
| ATP | Available-To-Promise |
| BAPI | Business Application Programming Interface |
| BN | Business Networking |
| BNS | Business Networking-System |
| BPR | Business Process Redesign |
| CAD | Computer Aided Design |
| CDMA | Code Division Multiple Access |
| CIO | Chief Information Officer |
| c.p. | Ceteris Paribus |
| CPFR | Collaborative Planning, Forecasting, and Replenishment |
| CRLC | Customer Resource Life Cycle |
| CRM | Customer Relationship Management |
| CXML | Commerce Extended Markup Language |
| DVD | Digital Versatile Disk |
| DW | Data Warehouse |
| EAI | Enterprise Application Integration |
| EAN | European Article Number |
| EC | Electronic Commerce |
| ECR | Efficient Consumer Response |
| EDI | Electronic Data Interchange |
| EDIFACT | Electronic Data Interchange for Administration, Commerce and Trade |
| ER | Efficient Replenishment |
| ERP | Enterprise Resource Planning |

| | |
|---|---|
| ETSI | European Telecommunications Standards Institute |
| EU | European Union |
| EWOS | European Workshop for Open Standards |
| GPS | Global Positioning System |
| GSM | Global System for Mobile Communication |
| HSG | University of St. Gallen |
| HTML | Hypertext Markup Language |
| HTTP | Hypertext Transfer Protocol |
| IBN | Inter-Business Networking |
| ICS | Information and Communication System |
| IETF | Internet Engineering Task Force |
| ISO/OSI | International Organization for Standardization / Open Systems Interconnection |
| IS | Information System |
| IT | Information Technology |
| ITU | Information and Telecommunication Union |
| IWI-HSG | Institut für Wirtschaftsinformatik, Universität St. Gallen |
| JIT | Just in Time |
| LAN | Local Area Network |
| MLK | Multi-Lieferanten Katalog |
| MPEG | Motion Picture Expert Group |
| MRO | Maintenance, Repair and Operations |
| MRP I | Material Requirements Planning |
| MRP II | Manufacturing Resource Planning |
| OASIS | Organization for the Advancement of Structured Information Standards |
| OBI | Open Buying on the Internet |
| PDA | Personal Digital Assistant |
| POS | Point of Sale |
| PND | Process Network Design |
| PPC | Production Planning and Control |

| | |
|---|---|
| PROMET | Projektmethode |
| QR | Quick Response |
| R&D | Research and Development |
| RWI | Riverwood International Corporation |
| SC | Supply Chain |
| SCM | Supply Chain Management |
| SCOR | Supply Chain Operations Reference-model |
| SGML | Standard Generalized Markup Language |
| SMTP | Simple Mail Transfer Protocol |
| TCP/IP | Transmission Control Protocol / Internet Protocol |
| TQM | Total Quality Management |
| UDDI | Universal Description Discovery and Integration |
| UPnP | Universal Plug and Play |
| UMTS | Universal Mobile Telecommunication System |
| VMI | Vendor Managed Inventory |
| VR | Vendor Replenishment |
| WAN | Wide Area Network |
| WAP | Wireless Access Protocol |
| WFMS | Workflow Management System |
| WWW | World Wide Web |
| XML | Extended Markup Language |
| Y2K | Year 2000 |

# Glossar

| | |
|---|---|
| **Advanced Planning and Scheduling (APS)** | Der Prozeß zur Abgleichung von Material- und Distributionsmittelressourcen, um Kundenbedürfnisse optimal zu befriedigen bei gleichzeitiger Erreichung der Geschäftsziele [AMR 1999].<br><br>Advanced Scheduling ist das Verfahren der präzisen Reihenfolgeplanung aller Material- und Betriebsmittelressourcen auf betrieblicher Ebene für die Kurzfristplanung (üblicherweise unter einem Monat), um die Kundenbedürfnisse am besten zu befriedigen. [AMR 1999] |
| **Advanced Planning and Scheduling-System (APS-System)** | Advanced Planning und Scheduling-Systeme sind Realtime-Systeme zur Produktionsplanung und Ablaufplanung (⇒ *Advanced Planning und Scheduling*). Im Gegensatz zu MRP II (⇒ *Manufacturing Resource Planning*) dienen die APS-Systeme zur zeitlichen Abstimmung der Material- und Kapazitätsplanung unter Berücksichtigung einer beschränkt verfügbaren Kapazität. |
| **Applikationsarchitektur** | Eine Applikations- bzw. Anwendungsarchitektur besteht aus einzelnen technischen Komponenten (Anwendungen) eines unternehmensweiten Informationssystems sowie die Verbindungen (Schnittstellen) zwischen diesen Komponenten [Huber 2000]. |
| **Assemble-to-Order** | Assemble-to-Order ist ein Logistikkonzept, das eine kundenindividuelle Anpassung aus Standardkomponenten betrifft. Es orientiert sich am sog. Order Penetration Point orientiert, einem in Raum und Zeit beschreibbaren Punkt einer Wertschöpfungskette, jenseits dessen ein zuvor anonym gefertigtes Produkt auftragsspezifisch weiterverarbeitet wird [Klaus/ Krieger 2000, 8]. |
| **Available-to-Promise (ATP)** | Available-to-Promise ist ein Supply Chain Management-Konzept (⇒ *Supply Chain Management*) mit dem Ziel, Kunden bereits zum Zeitpunkt der Auftragsvergabe zuverlässige Aussagen über Produktverfügbarkeit und Lieferzeit geben zu können [Klaus/Krieger 2000, 32]. |

| | |
|---|---|
| **Business Model** | Ein Geschäftsmodell erlaubt Managern, reale Wahlmöglichkeiten zu identifizieren und Konsequenzen ihrer Entscheidungen abzuschätzen. Es liefert ein klares Konzept für Mission, Struktur, Prozesse, Erträge sowie rechtliche und technologische Entscheidungen. |
| **Business Networking** | Business Networking bedeutet Management von Beziehungen zwischen internen und externen Geschäftseinheiten. Dazu gehören die Optimierung und Entwicklung neuer Kooperationsprozesse. |
| **Business Networking-Systeme (BNS)** | Business Networking-Systeme sind Informations- und Kommunikationssysteme, welche die Koordination (⇒ *Koordination*) zwischen Geschäftseinheiten unterstützen. Es gehören dazu immer mehr als eine Organisationseinheit und häufig werden externe Geschäftspartner (Kunden, Lieferanten etc.) in die IT Infrastruktur eines Unternehmens integriert. Bekannte Beispiele sind EC- (⇒ *Electronic Commerce-Systeme*) und SCM-Systeme (⇒ *Supply Chain Management-Systeme*) (s. Kap. 16.2.1). |
| **Category Management (CM)** | Category Management ist ein kooperatives, kundenorientiertes Managementkonzept aus dem Handel, das Bestandteil des ECR (⇒ *Efficient Consumer Response*) ist. CM bedeutet die Planung und Steuerung von Warengruppen als strategische Geschäftseinheiten anstelle der traditionellen Unterteilung nach Marken (Herstellern) und Abteilungen (Einzelhändler) [Klaus/Krieger 2000, 63]. |
| **Collaborative Planning Forecasting and Replenishment (CPFR)** | Die kooperative Planung, Bedarfsprognose und Lagerbevorratung ist ein Konzept, das Kooperationsprozesse über die Wertschöpfungskette hinweg durch dynamische, gemeinsame Nutzung von Informationen zwischen verschiedenen Partnerunternehmen oder Geschäftseinheiten ermöglicht [CPFR 1998]. |
| **Continuous Replenishment (CRP)** | Continuous Replenishment ist eine spezielle Form des ER (⇒ *Efficient Replenishment*) mit dem Ziel, den Lagerbestand durch eine Verstetigung des Warenflusses zwischen Hersteller und Händler zu reduzieren. Grundlage ist der EDI-Einsatz (⇒ *Electronic Data Interchange)* [Klaus/Krieger 2000, 74]. |

| | |
|---|---|
| **Crossdocking** | Crossdocking ist eine Distributionsstrategie, die dem Zweck dient, den Umschlag von Sendungen (zumeist Fertiggüter auf Paletten) unter Umgehung der Lagerhaltung zu vereinfachen [Klaus/Krieger 2000, 77]. |
| **Customer Relationship Management (CRM)** | Das Kundenbeziehungsmanagement bedeutet Umsätze und Rentabilität durch Koordinierung, Konsolidierung und Integration aller Kontaktpunkte zu steigern, die zwischen Unternehmen und deren Kunden, Mitarbeitern, Partnern und Lieferanten bestehen, um Marketing, Vertrieb, Kundenpflege und Produktionsplanung abzustimmen [ECCS 1999]. |
| **Customer Resource Life Cycle (CRLC)** | Der Lebenszyklus einer Kundenbeziehung ist die Abfolge von Aufgaben dar, für die der Kunde die Leistungen eines Lieferanten benötigt [Ives/Learmonth 1984]. |
| **eProcurement-System** | Ein eProcurement-System ist ein nachfrageseitiges EC-System (⇒ *Electronic Commerce-System*), das den Beschaffungsprozeß für indirekte Güter und Dienstleistungen unterstützt (s. Kap. 11). |
| **Durchlaufzeit** | Die Durchlaufzeit (Cycle Time) ist die Zeitspanne von der Bestellung eines Produktes oder einer Dienstleistung bis zur Übergabe an den Kunden. [SCC 2000] |
| **Efficient Consumer Response (ECR)** | ECR bedeutet effizient auf die Kundennachfrage zu reagieren und bezeichnet ein strategisches Managementkonzept aus dem Handel, bei dem die Produktion von den aktuellen Verbrauchen gesteuert wird. Es zielt auf die Optimierung der Supply Chain zwischen Hersteller und Händler mittels Bedarfs (retrograd)-orientierter Steuerung ab [Klaus/Krieger 2000, 104], [ECR 1999]. |
| **Efficient Replenishment (ER)** | ER bezeichnet im Sinne eines effizienten Nachschubs ein allgemeines Logistikkonzept, beim dem Hersteller und Händler zur Effizienzsteigerung des Warenflusses zusammenarbeiten [Klaus/Krieger 2000, 109]. |

| | |
|---|---|
| **Electronic Commerce (EC)** | EC oder elektronischer Handel bezeichnet die elektronische Unterstützung sämtlicher ökonomischer Wertschöpfungsaktivitäten, d.h. Beschaffung, Produktion und Distribution. EC umfaßt Informations-, Vereinbarungs- und Abwicklungsaktivitäten, wobei die Informationsphase und elektronische Auftragseingabe die Kernelemente darstellen – sowie Auftragseingabeaktivitäten (s. Kap. 6.2). |
| **Electronic Commerce-Systeme** | EC-Systeme unterstützen die EC-Phasen von Information, Vereinbarung und Abwicklung (⇒ *Electronic Commerce*). Sie lassen sich in drei Kategorien einteilen: Anbieterseitige resp. eSales-Systeme (1:n), nachfrageseitige resp. eProcurement-Systeme (n:1), und Handelssysteme (n:m). |
| **Electronic Data Interchange (EDI)** | Elektronischer Datenaustausch bedeutet die elektronische Übertragung strukturierter Geschäftsinformationen direkt zwischen Computern. Benötigt werden Vereinbarungen über Geschäftsprozesse, Kodierungen und Formaten. [Keen/Ballance 1997] |
| **Electronic Market (eMarket)** | Ein elektronischer Marktplatz ist ein virtueller Ort, wo mehrere Käufer und Verkäufer über einen Marktkoordinationsmechanismus Transaktionen tätigen. [Segev et al. 1999, S. 138], [Schmid 1993, S. 468]). |
| **Electronic Procurement (eProcurement)** | Elektronische Beschaffung bedeutet die Beschaffung indirekter/MRO-Güter *(⇒ Maintenance, Repair and Operations*) über EC-Systeme (⇒ *Electronic Commerce-Systeme*). [Dolmetsch et al. 1999] |
| **Electronic Service (eService)** | Elektronische Services sind Internet-basierte Anwendungen, die Kunden als individuelle Produkte angeboten werden. Ihr Wert leitet sich aus Informationen ab; sie können physische Elemente und/oder andere eServices enthalten. [Alt/Österle 2000] |
| **Enterprise Resource Planning- System (ERP-System)** | ERP-Systeme sind unternehmensinterne Anwendungen, die möglichst alle Funktionen eines Unternehmens, d.h. Personal, Wirtschaft, Finanzen, Fertigung, Vertrieb usw. auf Basis eines integrierten Datenmodells verknüpfen. ERP-Systeme umfassen auch Funktionen zur Analyse der Daten für Planung, Fertigung, Verkaufsprognosen, Qualitätsanalyse etc. [Peoplesoft 1999] |

| | |
|---|---|
| **Extended Markup Language (XML)** | XML ist eine Beschreibungssprache für Dokumente, die strukturierte Informationen enthalten. Strukturierte Informationen beinhalten sowohl Inhalte (Wörter, Bilder usw.) als auch einen Hinweis auf die Rolle, die der Inhalt spielt (z.B. Inhalt in einer Abschnittsüberschrift unterscheidet sich in der Bedeutung vom Inhalt einer Fußnote, der etwas anderes bedeutet als der Inhalt bei einer Abbildung). Die XML-Spezifikation definiert ein Standardvorgehen, um Dokumenten eine Bezeichnung hinzuzufügen. |
| **Global Sourcing** | Global Sourcing ist eine Beschaffungsstrategie, die darauf abzielt, ein bestimmtes Beschaffungsobjekt weltweit von einem Lieferanten zu beziehen (⇒ *Single Sourcing*). [Klaus/Krieger 2000, 166] |
| **Informationssystem (IS)** | Ein IS besteht aus einem koordinierten Gebilde aus Personal, organisatorischen und technischen Elementen, die dazu dienen, den Austausch gebrauchter und neu geschaffener Waren im Wertschöpfungsprozeß mit Lieferanten und Kunden zu koordinieren sowie die Wertaktivitäten mit nachfrageorientierten Informationen zu beliefern. [Pfohl 1997, S. 7] |
| **Informationstechnologie (IT)** | IT beinhaltet die Gesamtheit aller Hard- und Software, die zur Unterstützung von Informationsverarbeitung und -kommunikation dient. [Stickel et al. 1997, S. 351] |
| **Insourcing** | Insourcing ist eine Strategie, die sich eigener und/oder fremder Ressourcen bedient, um neue Aktivitäten und Dienstleistungen, die Bezug zu den bestehenden Kernkompetenzen eines Unternehmens haben, durchzuführen. (⇒ *Kernkompetenz*). |
| **Integration** | Integration bedeutet die Vernetzung von Personal, deren Aufgaben und der eingesetzten Informations- und Kommunikationstechnik. Dabei kann unterschieden werden zwischen dem Objekt der Integration (z.B. Daten-, Funktionen-, Prozeßintegration usw.), der Richtung der Integration (horizontal oder vertikal) und dem Bereich der Integration (innerbetrieblich und überbetrieblich). [Mertens 1997, S. 2] |

| | |
|---|---|
| **Just-in-Time (JIT)** | JIT ist ein Logistikkonzept mit dem Ziel, die Produktion und die Beschaffung der für den Produktionsprozeß benötigten Güter synchron ablaufen zu lassen. Dem JIT-Prinzip werden auch weitere Konzepte zugeordnet wie TQM *(⇒ Total Quality Management)*, Production Smoothing (Glättung des Materialflusses und der Auslastung), Standardisierung von Produkten und Prozessen, Automation von Prozessen (z.B. Qualitätsüberwachung), Kaizen, etc. [Klaus/ Krieger 2000, 219]. |
| **Kernkompetenz** | Kernkompetenzen sind spezifische Fähigkeiten eines Unternehmens mit der besten Performance; sie weisen vier Eigenschaften auf: (1) Sie verschaffen dem Unternehmen einen potentiellen Zugang zu unterschiedlichsten Märkten. (2) Sie sollten einen wesentlichen Beitrag zu den erkannten Kundenvorteilen leisten. (3) Sie sollten für Konkurrenten schwer imitierbar sein, und (4) Sie sollten sich nicht erschöpfen. [Hamel/Prahalad 1990] |
| **Kooperation** | Kooperationen sind Verbunde von Unternehmen oder Geschäftseinheiten, die ähnliche Aktivitäten koordiniert durchführen und dabei ein gemeinsames Ziel verfolgen. [Grochla 1972, 3] |
| **Koordination** | Koordination bedeutet das Management von Abhängigkeiten zwischen Aufgaben. [Malone/Crowston 1994, 90] |
| **Logistik** | Die ganzheitliche, flußoptimale und marktorientierte Organisation und Durchführung primärer Transferprozesse. [Bowersox/Closs 1996, S. 3] |
| **Maintenance, Repair and Operations (MRO) Güter** | Produkte für MRO (Wartung, Reparatur und Betrieb) sind Güter, die nicht direkt in das Endprodukt eingehen bzw., im Falle des Handels, nicht direkt an den Endverbraucher verkauft werden. [Grieco 1997, 1] |
| **Manufacturing Resource Planning (MRP II)** | MRP II ist ein Konzept zur computergestützten Produktionsplanung und -steuerung (PPS). MRP II geht von einer Planungshierarchie mit vier Ebenen aus: Programmplanung, Grobterminierung, Feinterminierung und Steuerung. Die Ergebnisse gehen jeweils in die nachgelagerte Ebene ein. [Klaus/ Krieger 2000, 357] |

| | |
|---|---|
| **Mass Customization** | Mass Customization steht für die Bemühungen vieler Unternehmen, individualisierte, spezifischen Kundenwünschen angepaßte Produkte oder Dienstleistungen anzubieten, ohne auf die Effizienz der industriellen Massenfertigung zu verzichten. [Klaus/Krieger 2000, 358] |
| **Material Requirements Planning (MRP I)** | MRP I ist ein Konzept zur computergestützten Bedarfsermittlung, Beschaffung, Lagerung und Bereitstellung der zur Fertigung erforderlichen Materialien. Im Gegensatz zu MRP II (⇒ *Manufacturing Resource Planning*) basiert es auf der Annahme einer unbegrenzten Anlagenkapazität. [Klaus/Krieger 2000, 360] |
| **Methode** | Eine Methode ist eine strukturierte Vorgehensweise, die aus den Elementen Gestaltungsaktivitäten, Techniken, Werkzeuge, Ergebnisse, Rollen und Meta-Modell besteht. [Gutzwiller 1994, S. 13] |
| **Netzwerkfähigkeit** | Netzwerkfähigkeit (Networkability) ist die Fähigkeit zur Kooperation mit internen sowie externen Partnern. Sie zielt darauf ab, Partnerbeziehungen angemessen schnell und effizient aufbauen, unterhalten und beenden zu können. (s. Kap. 4) |
| **Outsourcing** | Outsourcing bzw. Fremdvergabe ist eine Managementstrategie, bei der eine Organisation größere, Nicht-Kernfunktionen an spezialisierte, effiziente Dienstleister extern vergibt. [Outsourcing Institute 1999] |
| **Portal** | Ein Portal ist ein Internet-basiertes, personalisiertes und integriertes System welches Zugang zu Applikationen, Inhalten und Services anbietet (s. Kap. 2). |
| **Postponement** | Postponement ist ein Logistikkonzept zur Optimierung der Lagerhaltung durch Hinauszögern kundenspezifischer Veränderungen. Dabei kann unterschieden werden zwischen Value-adding Postponement (Assembly oder Form Postponement) und logistischem Postponement. Der erstere Begriff bezieht sich auf Entscheidungen über die Spezifizierung des Produkts (z.B. kundenspezifische Montage), der zweite Begriff auf die Distributionslogistik. [Klaus/Krieger 2000, 394] |

| | |
|---|---|
| **Prozeßportal** | Prozeßportale sind Portale (⇒ *Portal*) welche den gesamten Lebenszyklus einer Kundenbeziehung (⇒ *Customer Resource Life Cycle*) unterstützen und eine personalisierte Sicht auf spezifische Kundensegmente bieten (s. Kap. 2). |
| **Quick Response (QR)** | Quick Response (wörtl.: schnelle Reaktion) steht für ein Kooperationskonzept, das auf EDI-Auf-tragssystemen und Barcoding (z.B. EAN) basiert. Mittels einer höheren Reaktionsfähigkeit der Unternehmen soll die generelle Verfügbarkeit der Produkte gesteigert werden [Klaus/Krieger 2000, 411] |
| **Single Sourcing** | Single Sourcing ist eine Beschaffungsstrategie, bei der alle Rohstoffe und Waren von einem einzigen Lieferanten bezogen werden (⇒ *Global Sourcing*). [Klaus/Krieger 2000, 428] |
| **Supply Chain** | Eine Supply Chain bezeichnet eine Versorgungs- oder Wertschöpfungskette, die mehrere Organisationseinheiten umfaßt und vor- und nachgelagerte Prozesse bzw. Aktivitäten verknüpft, die Wertschöpfung im Form von Produkten und Dienstleistungen für den Kunden bereitstellen. [Christopher 1998, S. 15] |
| **Supply Chain Management (SCM)** | Das Management der Versorgungsketten bedeutet die Bereitstellung erhöhter Kunden- und ökonomischer Werte durch das synchronisierte Management der Flüsse von physischen Gütern mit den zugehörigen und finanziellen Informationen von der Beschaffung bis zum Endverbrauch. [Klaus/Krieger 2000, 449] |
| **Supply Chain Management-System** | ⇒ *Advanced Planning and Scheduling-System* |
| **Template** | Templates sind Konzepte bzw. Modelle für die Standardisierung von Prozessen, Funktionen und Daten, die sich in einem physischen Informationssystem implementieren lassen. Zweck eines Template ist es, verschiedene Informationssysteme auf semantischer Ebene zu integrieren. (s. Kap. 13) |

| | |
|---|---|
| **Total Quality Management (TQM)** | TQM ist eine Führungsstrategie, bei der die Qualitätsorientierung konsequent in den gesamten Aufbau und Ablauf eines Unternehmens unter Anwendung der Methoden und Techniken des Qualitätsmanagements integriert wird. [Klaus/Krieger 2000, 468] |
| **Value Chain** | Die Wertkette ist ein Modell, bei dem ein Unternehmen als Abfolge von wertschöpfenden Aktivitäten (Primäraktivitäten) wie z.B. Eingangslogistik, Operations, Distributionslogistik und Kundenservice und diese primären Aktivitäten unterstützende Aktivitäten (Sekundäraktivitäten) wie z.B. Firmeninfrastruktur, Personalwirtschaft, Technologieentwicklung und Beschaffung, beschrieben wird. [Porter 1985, S. 37] |
| **Vendor Managed Inventory (VMI)** | VMI bezeichnet einen vom Lieferanten gesteuerten Warenbestand beim Kunden. Das Management des in den Geschäftsräumen eines Unternehmens befindlichen Material- bzw. Warenbestands bzgl. Mengen- und Lieferbereitschaft wird vom Lieferanten übernommen. [Klaus/Krieger 2000, 499] |
| **Virtual Community** | Eine virtuelle ‚Handelsgemeinde' ist eine IT-basierte Plattform, die sich auf bestimmte Themen konzentriert, die Fähigkeit besitzt, Inhalte und Kommunikation zu integrieren, Verständnis Inhalte der Teilnehmer zeigt, Zugang zu konkurrierenden Verlagen und Lieferanten bietet und kommerziell orientiert ist. [Hagel/Armstrong 1997, 8] |
| **Virtual Organizing** | Virtuelle Organisation ist eine Organisationsstrategie, bei der sich ein Verbund rechtlich selbständiger Entitäten, Institutionen oder Einzelpersonen für einen begrenzten Zeitraum zur Erfüllung einer bestimmten Aufgabe zusammenschließt. Jeder Teilnehmer trägt dabei seine für die Aufgabe relevante Kernkompetenz (⇒ *Kernkompetenz*) bei und alle Partner treten einem Dritten gegenüber als einheitliches Unternehmen auf. I.d.R. wird kein formeller Managementapparat aufgebaut; statt dessen wird die Koordination (⇒ *Koordination*) über Informations- und Kommunikationssysteme realisiert. [Arnold et al. 1995, S. 10] |

# Literatur

[Aberdeen 1999]
Aberdeen, Internet Procurement Automation Looks Like a Winner, Market Viewpoint, 12 (1999) 1, Aberdeen Group, Boston

[Andersen Consulting 1999]
Andersen Consulting, Supply Chain Value Assessment (SCVA), Andersen Consulting, München, 1999

[Alpar et al. 1998]
Alpar, P., Grob, H.L., Weimann, P., Winter, R., Unternehmensorientierte Wirtschaftsinformatik: eine Einführung in die Strategie und Realisation erfolgreicher IuK-Systeme, Vieweg, Braunschweig/Wiesbaden, 1998

[Alstyne 1997]
Alstyne, M.V., The State of Network Organization. A Survey in Three Frameworks, in: Journal of Organizational Computing, 7 (1997) 3, http://web.mit.edu/marshall/www/papers/NWOrg.pdf

[Alt 1997]
Alt, R., Interorganisationssysteme in der Logistik, Deutscher Universitäts-Verlag, Wiesbaden, 1997

[Alt/Fleisch 1999]
Alt, R., Fleisch, E., Key Success Factors in Designing and Implementing Business Networking Systems, in: Proceedings of the 12th Bled Electronic Commerce Conference, 1999, Moderna organizacija, Kranj, Bled, Slovenien, 1999, S. 219-235

[Alt et al. 1999]
Alt, R., Grünauer, K.M., Reichmayr, C., Zurmühlen, R., Electronic Commerce and Supply Chain Management at 'The Swatch Group', in: Österle, H., Fleisch, E.,Alt, R., Business Networking: Shaping Enterprise Relationships on the Internet, Springer, Berlin et al., 1999, S. 128-142

[Alt/Klein 1999]
Alt, R., Klein, S., Lessons in Electronic Commerce: The Case of Electronic Transportation Markets, in: Failure & Lessons Learned in Information Technology Management, 3 (1999) 3, S. 81-93

[Alt/Österle 2000]
Alt, R., Österle, H., E-Services als neue Herausforderung im Business Networking, in: Information Management & Consulting, 15 (2000) 2, S. 63-67

[Alt/Schmid 2000]
Alt, R., Schmid, B., Electronic Commerce und Logistik: Perspektiven durch zwei sich wechselseitig ergänzende Konzepte, in: Zeitschrift für Betriebswirtschaft, 70 (2000) 1, S. 75-99

[Amazon.com 1999]
Amazon.com, About Amazon.com: Company Information, 1999

[AMR 1999]
AMR, Supply Chain Strategies Outlook, in: AMR Research SCS Report, Januar 1999

[Andrade/Chapman 1998]
Andrade, K., Chapman, R.B., Insourcing After the Outsourcing: MIS Survival Guide, Amacom, New York (NY), 1998

[Andrew et al. 2000]
Andrew, J.P., Blackburn, A., Sirkin, H.L., The B2B Opportunity: Creating Advantage through E-Marketplaces, Boston Consulting Group, Boston, 2000

[Ante/Weintraub 2000]
Ante, S.E., Weintraub, A., Why B2B Is a Scary Place to Be, in: Business Week, 11.9.2000 (2000) S. 36-37

[Arnold 1998]
Arnold, B., Projektbeschleuniger haben noch Lücken, in: Computerwoche Focus, (1998) 4, S. 16-19

[Arnold et al. 1995]
Arnold, O., Faisst, W., Härtling, M., Sieber, P., Virtuelle Unternehmen als Unternehmenstyp der Zukunft?, in: HMD, 32 (1995) 185, S. 8-23

[Arthur 1989]
Arthur, W.B., Competing Technologies, Increasing Returns, and Lock-In by Historical Small Events, in: Economic Journal, 99 (1989) S. 116-131

[Arthur 1990]
Arthur, W.B., Positive Feedback in the Economy, in: Scientific American, (1990) S. 92-99

[Austin et al. 1997]
Austin, T.A., Lee, H.L., Kopczak, L., Unlocking the Supply Chain's Hidden Value: A Lesson from the PC Industry, Stanford University, Northwestern University, San Francisco, 1997

[Bach/Österle 2000]
Bach, V., Österle, H., Customer Relationship Management in der Praxis: Erfolgreiche Wege zu kundenzentrierten Lösungen, Springer, Berlin etc., 2000

[Barak 1997]
Barak, V., Systemintegration. Strategien für die Informatik, Deutscher Universitäts-Verlag, Wiesbaden, 1997

[Bartsch/Teufel 2000]
Bartsch, H., Teufel, T., Supply Chain Management mit SAP APO, Supply-Chain-Modelle mit dem Advanced Planner and Optimizer, Galileo, Bonn, 2000

[Becker 1998]
Becker, M., Umsetzung betrieblicher Prozesse, Gabler, Wiesbaden, 1998

[Beckmann 1998]
Beckmann, H., Supply Chain Managment - Strategien der Kooperation: Integrale Logistik als Wachstumskonzept, in: Hossner, R. (Hrsg.), Jahrbuch der Logistik 1998, Handelblatt, Düsseldorf, 1998, S. 23-29

[Belz et al. 1997]
Belz, C., Schuh, G., Gross, S.A., Reinecke, S., Erfolgreiche Leistungssysteme in der Industrie, Thexis, St. Gallen, 1997

[Benjamin et al. 1990]
Benjamin, R.J., DeLong, D.W., Scott Morton, M.S., Electronic Data Interchange: How Much Competitive Advantage?, in: Long Range Planning, 23 (1990) 1, S. 29-40

[Benz 2000]
Benz, R., Entwurf geschäftseinheitsübergreifender Prozeßnetzwerke, Dissertation, Universität St. Gallen, St. Gallen, 2000

[Benz et al. 1999]
Benz, R., Fleisch, E., Grünauer, K.M., Österle, H., Zurmühlen, R., Entwurf von Prozessnetzwerken am Beispiel von zwei Business Networking-Projekten der Swatch Group, in: Scheer, A.-W., Nüttgens, M. (Hrsg.), Electronic Business Engineering, Physica-Verlag, Heidelberg, 1999, S. 309-329

[Bermudez 1998]
Bermudez, J., Advanced Planning and Scheduling: Is It as Goods as it Sounds?, in: The AMR Report on Supply Chain Management, (1998) März 1998, S. 3 - 18

[Bermudez et al. 2000]
Bermudez, J., Kraus, B., O'Brien, D., Parker, B., Lapide, L., The Report on E-Commerce Applications, AMR Research, Boston, 2000

[Berners-Lee 1999]
Berners-Lee, T., Weaving the Web: The Original Design and Ultimate Destiny of the World Wide Web by Its Inventor, HarperCollins, San Francisco, 1999

[Bernstein 1996]
Bernstein, P., Middleware: A Model for Distributed System Services, in: Communications of the ACM, 39 (1996) 2, S. 86-98

[Blaupunkt 1999]
Blaupunkt, Das Blaupunkt Extr@Net, Produktbeschreibung, 1999

[Bleicher 1996]
Bleicher, K., Das Konzept Integriertes Management, Campus Verlag, Frankfurt a.M. etc., 1996

[Bliemel et al. 1999]
Bliemel, F., Fassott, G., Theobald, A., Das Phänomen Electronic Commerce, in: Bliemel, F., Fassott, G., Theobald, A. (Hrsg.), Electronic Commerce: Herausforderungen - Anwendungen - Perspektiven, Gabler, Wiesbaden, 1999, S. 1-7

[Blodget/McCabe 2000]
Blodget, H., McCabe, E., The B2B Market Maker Book, Merill Lynch, New York, 2000

[Booker 1999]
Booker, E., Middleware Apps Scale Firewalls, in: Internet Week, Reprint (1999) 17.5.1999

[Bosch 2000]
Robert Bosch GmbH, Geschäftsbericht 1999, http://www.bosch.com/de/download/GESCHBER_D.pdf, 14.9.2000

[Boutellier et al. 1999a]
Boutellier, R., Baumbach, M., Bodmer, C., Successful-Practices im After-Sales-Management, in: io management, 68 (1999a) 1/2, S. 23-27

[Boutellier/Gabriel 1999]
Boutellier, R., Gabriel, C., Supply Chain Management: Konkurrenz der Logistikketten, in: Logistik heute, 21 (1999) 5, S. 66-69

[Boutellier et al. 1999b]
Boutellier, R., Gassmann, O., Zedtwitz, M.v., Managing Global Innovation: Uncovering the Secrets of Future Competiveness, Springer, Berlin/Heidelberg, 1999b

[Bowersox/Closs 1996]
Bowersox, D.J., Closs, D.J., Logistical Management: The Integrated Supply Chain Process, McGraw-Hill, New York etc., 1996

[Bradley/Nolan 1998]
Bradley, S.P., Nolan, R.L., Capturing the Value in the Network Era, in: Bradley, S.P., Nolan, R.L. (Hrsg.), Sense & Respond: Capturing Value in the Network Era, Harvard Business School Press, Boston, MA, 1998, S. 3-29

[Braun 1996]
Braun, S., Die Prozeßkostenrechnung: Ein fortschrittliches Kostenrechnungssystem?, Verlag Wissenschaft & Praxis, Sternenfels/Berlin, 1996

[Brenner 1995]
Brenner, C., Techniken und Metamodell des Business Engineering, Dissertation Universität St. Gallen, 1995

[Brenner 1994]
Brenner, W., Grundzüge des Informationsmanagements, Springer, Berlin etc., 1994

[Brenner 1996]
Brenner, W., Informationsmanagement, in: Thommen J.-P. (Hrsg.), Betriebswirtschaftslehre, Versus, Zürich, 1996

[Brenner/Pörtig 1998]
Brenner, W., Pörtig, F., Informationsmanagement, eine ungeliebte unternehmerische Aufgabe, in: io management, 67 (1998) 9, S. 28-37

[Brousseau 1994]
Brousseau, E., EDI and Inter-firm Relationships: Toward a Standardization of Coordination Processes?, in: Information Economics and Policy, 6 (1994) S. 319-347

[Buck-Emden 1998]
Buck-Emden, Die Technologie des SAP-Systems: Basis für betriebswirtschaftliche Anwendungen, Addison Wesley Longman, Bonn etc., 1998

[Bues 1994]
Bues, M., Offene Systeme: Strategien, Konzepte und Techniken für das Informationsmanagement, Springer, Berlin etc., 1994

[Burger 1997]
Burger, C., Groupware: Kooperationsunterstützung für verteilte Anwendungen, dpunkt-Verlag, Heidelberg, 1997

[Burrows/Reinhardt 1999]
Burrows, P., Reinhardt, A., Beyond the PC, in: BusinessWeek, 8. März (1999) S. 36-42

[Busch 1990]
Busch, U., Entwicklung eines PPS-Systems, Schmidt, Berlin et al., 1990

[Buxmann 1996]
Buxmann, P., Standardisierung betrieblicher Informationssysteme, Gabler, Wiesbaden, 1996

[Byrne 1998]
Byrne, J.A., The Corporation of the Future, McGraw-Hill, New York (NY), 1998

[Cannon 1993]
Cannon, E., EDI Guide: A Step by Step Approach, Van Nostrand Reinhold, New York, 1993

[Cargill 1989]
Cargill, C.F., Information Technology Standardization: Theory, Process, and Organization, Digital Press, Bedford, 1989

[Checkland/Holwell 1998]
Checkland, P., Holwell, S., Action Research: Its Nature and Validity, in: Systemic Practice and Action Research, 11 (1998) 1, S. 9-21

[Chesher/Kaura 1998]
Chesher, M., Kaura, R., Electronic Commerce and Business Communications, Springer, Berlin etc., 1998

[Chisholm 1998]
Chisholm, R.F., Developing Network Organizations: Learning from Practice and Theory, Addison Wesley Longman, Bonn etc., 1998

[Choi et al. 1997]
Choi, S.Y., Stahl, D.O., Whinston, A.B., The Economics of Electronic Commerce: The Essential Economics of Doing Business in the Electronic Marketplace, Macmillan Technical Publ., Indianapolis, 1997

[Christiaanse et al. 1996]
Christiaanse, E., Been, J., Van Diepen, T., Factors Determining the Failure of Global Systems in the Air Cargo Community, in: Shriver, B.D., Sprague, R.H., (Hrsg.), Proceedings of the 24th HICSS, IEEE Press, Los Alamitos, CA, 1996, S. 418-429

[Christopher 1998]
Christopher, M., Logistics and Supply Chain Management: Strategies for Reducing Costs and Improving Services, Financial Times/Pitman Publishing, London, 1998

[CISCO 1999]
CISCO, Aubout Cisco Systems, Cisco Systems, http://www.cisco.com/public/corp_about.shtml, 27.3.2000

[Clarke 1999]
Clarke, R., The Willingness of Net-Consumers to Pay: A Lack-of-Progress Report, in: Klein, S., Gricar, J., Pucihar, A. (Hrsg.), Proceedings of the 12th Bled Electronic Commerce Conference, Moderna organizacija, Kranj, Bled, Slovenien, 1999, S. 418-429

[Clemons/Reddi 1993]
Clemons, E.K., Reddi, S.P., Some Propositions Regarding the Role of Information Technology in the Organization of Economic Activity, in: Nunamaker, J.F., Sprague, R.H. (Hrsg.), Proceedings of the 26th HICSS, IEEE Press, Los Alamitos, CA, 1993, S. 809-818

[Cole 1999]
Cole, S.J., The Apps Market 1998-2003, The Forrester Report, April 1999, Forrester Research Inc., Cambridge, MA, 1999

[CommerceOne 1999]
CommerceOne, Enabling the Business-to-Business Trading Web Using MarketSite 3.0 Open Marketplace Platform, Whitepaper, Commerce One, Inc., 1999

[Connelly 1999]
Connelly, D., Best Practices in Business Software Integration an the Open Applications Group, in: Wirtschaftsinformatik, 41 (1999) 6, S. 497-505

[Cooper et al. 1997]
Cooper, M.C., Lambert, D.M., Pagh, J.D., Supply Chain Management. More Than a New Name for Logistics, in: The International Journal of Logistics Management, 8 (1997) 1, S. 1-14

[CPFR 1998]
CPFR, Introduction of CPFR, Voluntary Interindustry Commerce Standards (VICS) Association, http://www.cpfr.org/Intro.html, 21.02.2001

[Cross 2000]
Cross, M., Online Supply Arena is Crowded With Competition, Omnicell, http://www.omnicell.com/news/pf-internet-hc.asp, 17.2.2001

[Crowston 1994]
Crowston, K., A Taxonomy of Organizational Dependencies and Coordination Mechanisms, Technical Report 174, Massachusetts Institute of Technology, Center for Coordination Science, 1994

[Dantzer/Petersen 1999]
Dantzer, U., Petersen, U., Supply Chain Management: Die Basis für Kooperation, in: Logistik heute, 21 (1999) 5, S. 63-65

[Data Monitor 2000]
Data Monitor, Digital Home in Europe: Perspective 2003, Data Monitor, New York (NY), 2000

[Davenport 1993]
Davenport, T.H., Process Innovation: Reengineering Work Through Information Technology, Harvard Business School Press, Boston, 1993

[Davidow/Malone 1992]
Davidow, W.H., Malone, M.S., The Virtual Corporation: Structuring and Revitalizing the Corporation for the 21st Century, Harper Business, New York (NY), 1992

[Davis/Meyer 1998]
Davis, S., Meyer, C., Blur: The Speed of Change in the Connected Economy, Perseus Press, Reading (MA), 1998a

[De Covny 1998]
De Covny, S., Electronic Commerce Comes of Age, in: Journal of Business Strategy, 19 (1998) 6, S. 38-44

[De Nelsky et al. 1999]
De Nelsky, S., Haspel, M.B., Lam, E., E-Health II: Beyond the Business Plan, Credit Suisse First Boston, 1999

[Dell/Fredman 1999]
Dell, M., Fredman, C., Direct from Dell. Strategies that Revolutionized the Industry, HarperBusiness, New York, 1999

[Deloitte 1998]
Deloitte, Advanced Planning and Scheduling: Enabling Technology for Supply Chain Management, Deloitte Consulting Group, 1998

[Deutsche Post 1999]
Deutsche Post, Deutsche Post und Danzas übernehmen Paket- und Logistik-Sparte von Nedlloyd: Meilenstein bei der Internationalisierung des Deutschen Post Konzerns, Deutsche Post AG, http://www.postag.de/index.html?inhalt=/postag/news/new9903/ne990308.html, 25.6.1999

[Diamond 1999]
Diamond, Diamond Multimedia Systems, Inc., http://www.diamondmm.com, 25.6.2000

[Dolmetsch 2000]
Dolmetsch, R., eProcurement: Einsparungspotentiale im Einkauf, Addison-Wesley, München, 2000

[Dolmetsch et al. 1999]
Dolmetsch, R., Fleisch, E., Österle, H., Desktop-Purchasing: I-Net-Technologien in der Beschaffung, in: HMD: Make und Buy in der IT, 36 (1999) 206, S. 1-141

[Donovan 1997]
Donovan, J.J., The Second Industrial Revolution: Reinventing Your Business on the Web, Prentice Hall Inc., Upper Saddle River (NJ), 1997

[Downes/Mui 1998]
Downes, L., Mui, C., Unleashing the Killer App: Digital Strategies For Market Dominances, Harvard Business School Press, Boston, 1998

[Doz/Hamel 1998]
Doz, Y.L., Hamel, G., Alliance Advantage: The Art of Creating Value through Partnering, Harvard Business School Press, Boston, 1998

[Dunn 2000]
Dunn, P., E-commerce is e-ubiquitous, http://www.medcentercity.com/ecomm_spec11.html, 17.2.2001

[Durlacher 1999]
Durlacher, Application Service Providers, Durlacher Research, London, 1999

[ECCS 1999]
ECCS, CRM Definitions - Defining Customer Relationship Marketing and Management, http://www.eccs.uk.com/crmdefinitions/define.asp, 27.7.1999

[ECR 1999]
ECR, What Is ECR?, Efficient Consumer Response Initiative Canada, http://www.ecr.ca/en/index.html, 30.6.1999

[El Sawy et al. 1999]
El Sawy, O.A., Malhotra, A., Gosain, S., Young, K.M., IT-Intensive Value Innovation in the Electronic Economy: Insights from Marshall Industries, in: MIS Quarterly, 23 (1999) 3, S. 305-336

[Enslow 1999]
Enslow, B., Supply Chain Planning Magic Quadrant Update 2Q99, Gartner Group, 1999

[Eyholzer/Hunziker 2000]
Eyholzer, K., Hunziker, D., The Use of the Internet in Procurement, in: Hansen, H.-R. (Hrsg.), Proceedings of the 8th European Conference of Information Systems, Wien, 2000, S. 335-342

[Fehr 1999]
Fehr, B., Pioniere im Netz, in: Manager Magazin, Volume (1999) 10, S. 274-283

[Fine 1998]
Fine, C.H., Clockspeed - Winning Industry Control in the Age of Temporary Advantage, Perseus Books, New York, 1998

[Fleisch 2001]
Fleisch, E., Das Netzwerkunternehmen - Strategien und Prozesse zur Steigerung der Wettbewerbsfähigkeit in der "Networked Economy", Springer, Berlin etc., 2001

[Fleisch/Martin 1998]
Fleisch, E., Martin, E., Business Network Redesign. Reorganization of Distributed Processes in Medium-Sized and Large Companies, Schweizer Nationalfonds zur Förderung der wissenschaftlichen Forschung, Zürich, 1998c

[Fleischmann 1998]
Fleischmann, Der Unterschied zwischen MRP und Planung, in: it.av, (1998) 2, S. 52-55

[Forrester 1999]
Forrester, Sizing Healthcare eCommerce, Forrester Research, 1999

[Fortune 1999]
Fortune, Pricewaterhouse Coopers Studie, in: Fortune, 11 (1999) 11,

[Fritsche 1999]
Fritsche, B., Advanced Planning and Scheduling (APS): Die Zukunft von PPS und Supply Chain, in: Logistik heute, 21 (1999) 5, S. 50-56

[GartnerGroup 1998a]
GartnerGroup, Advanced Technologies: Key to Supply Chain Excellence, Monthly Research Review, Gartner Group, 1998

[GartnerGroup 1998b]
GartnerGroup, IT Spending: A Barometer of Transition Pace and Direction, Gartner Group, 1998

[GartnerGroup 1998c]
GartnerGroup, The Industry Trends Scenario: Delivering Business Value Through IT, Gartner Group, 1998

[GartnerGroup 2000]
GartnerGroup, E-Business Resource Center, Gartner Group, http://gartner6.gartnerweb.com/public/static/home/ggebiz.html, 13.03.2000

[Gebauer/Segev 1998]
Gebauer, J., Segev, A., Assessing Internet-based Procurement to Support the Virtual Enterprise, in: Electronic Journal of Organizational Virtualness, 2 (1998) 3, S. 30-43

[Gershenfeld 1999]
Gershenfeld, N., Wenn die Dinge denken lernen, Econ, München etc., 1999

[Giaglis et al. 1999]
Giaglis, G.M., Paul, R.J., Hlupic, V., Integrating Simulation in Organizational Design Studies, in: International Journal of Information Management, 19 (1999) S. 219-236

[Gilder 1997]
Gilder, G., Fiber Keeps Its Promise, http://www.forbes.com/asap/97/04 07/090.htm, 7.4.2000

[Ginsburg et al. 1999]
Ginsburg, M., Gebauer, J., Segev, A., Multi-Vendor Electronic Catalogs to Support Procurement: Current Practice and Future Directions, in: Klein, S., Gricar, J., Pucihar, A. (Hrsg.), Proceedings of the 12th Bled Electronic Commerce Conference, Moderna organizacija, Kranj, Bled, Slovenien, 1999, S. 331-345

[Glassmann 1973]
Glassmann, R.B., Persistence and Loose Coupling in Living Systems, in: Behavioral Science, 18 (1973) 5, S. 83-98

[Gomes 1999]
Gomes, L., Linking Your PC to a Stereo Is a Ticket to CD Carousel, in: Wall Street Journal Europe, July 30-31 (1999), S. 5

[Gomes-Casseres 1996]
Gomes-Casseres, B., The Alliance Revolution: The New Shape of Business Rivalry, Harvard University Press, Cambridge, 1996

[Gomez/Zimmermann 1993]
Gomez, P., Zimmermann, T.P., Unternehmensorganisation: Profile, Dynamik, Methodik, Campus, Frankfurt a.M., 1993

[Gottschalk et al. 2000]
Gottschalk, P., Watson, R.T., Christensen, B.H., Global Comparison of Key Issues in IS Management: Extending Key Issues Selection Procedure and Survey Approach, in: Sprague, R.H. (Hrsg.), Proceedings of the 33rd HICSS, IEEE Press, Los Alamitos, 2000

[GPS 1997]
GPS, GPS SoftwareAtlas: Generalplan Industrieunternehmen, GPS Gesellschaft zur Prüfung von Software, Ulm, 1997

[Grieco 1997]
Grieco, P., MRO-Purchasing, PT Publications, West Palm Beach, 1997

[Grochla 1972]
Grochla, E., Die Kooperation von Unternehmungen aus organisationstheoretischer Sicht, Tübingen, 1972

[Grochla 1982]
Grochla, E., Grundlagen der organisatorischen Gestaltung, Poeschel, Stuttgart, 1982

[Gronau 1997]
Gronau, N., Management von Produktion und Logistik mit SAP R/3, Oldenbourg, München/Wien, 1997

[Grünauer 2001]
Grünauer, K.-M., Supply Chain Management - Architektur, Werkzeuge und Methode, Dissertation, Universität St. Gallen, 2001

[Gutzwiller 1994]
Gutzwiller, T.A., Das CC RIM-Referenzmodell für den Entwurf von betrieblichen, transaktionsorientierten Informationssystemen, Physica, Heidelberg, 1994

[Hagel/Armstrong 1997]
Hagel, J., Armstrong, A.G., Net Gain: Expanding Markets Through Virtual Communities, Harvard Business School Press, Boston (MA), 1997

[Hagel/Singer 1998]
Hagel, J., Singer, M., Net Worth: Shaping Markets When Customers Make the Rules, Harvard Business School Press, Boston, 1998

[Håkansson/Snehota 1995]
Håkansson, H., Snehota, I., Developing Relationships in Business Networks, Routledge, London etc., 1995

[Hamel/Prahalad 1990]
Hamel, G., Prahalad, C.K., The Core Competence of the Corporation, in: Havard Business Review, (1990) 2, S. 79-91

[Handfield/Nichols 1998]
Handfield, R.B., Nichols, E.L.J., Introduction to Supply Chain Management, Prentice Hall, Upper Saddle River (NJ), 1998

[Hartman et al. 2000]
Hartman, A., Sifonis, J., Kador, J., Net Ready - Strategies for Success in the E-conomy, McGraw-Hill, New York, 2000

[Heinen 1991]
Heinen, E., Industriebetriebslehre: Entscheidungen im Industriebetrieb, Gabler, Wiesbaden, 1991

[Heinrich 1992]
Heinrich, L.J., Informationsmanagement, Oldenburg, München/Wien, 1992

[Helingrath 1998]
Helingrath, B., Supply Chain Management: PPS-Anbieter auf SCM Kurs, in: Logistik heute, 20 (1998) 9, S. 88-90

[Hess 1996]
Hess, T., Entwurf betrieblicher Prozesse, Deutscher Universitätsverlag, Wiesbaden, 1996

[Hess/Brecht 1995]
Hess, T., Brecht, L., State of the Art des Business Process Redesign, Gabler, Wiesbaden, 1995

[Hess/Schumann 1999]
Hess, T., Schumann, M., Medienunternehmen im digitalen Zeitalter: Neue Technologien - Neue Märkte - Neue Beschäftsansätze, Gabler, Wiesbaden, 1999

[Heym/Österle 1993]
Heym, M., Österle, H., Computer-aided Methodology Engineering, in: Information and Software Technology, 35 (1993) 6, S. 345-354

[Hiemenz 1998]
Hiemenz, C., Potentiale nutzen - Durchgängiges Supply Chain Management erhöht die Wertschöpfung, in: Information, Management & Consulting, 13 (1998) 3, S. 56-59

[Hilb 1997]
Hilb, M., Management der Human-Ressourcen in virtuellen Organisationen, Schäffer-Poeschel Verlag und Verlag NZZ, Zürich, 1997

[Hilbers 1989]
Hilbers, K., Informationssystem-Architekturen: Zielsetzung, Bestandteile, Erfolgsfaktoren, Arbeitsbericht, Institut für Wirtschaftsinformatik, Universität St. Gallen, 1989

[Hinterhuber 1992]
Hinterhuber, H.H., Strategische Unternehmensführung, Part 1: Strategisches Denken, De Gruyter, New York (NY), 1992

[Hof 2000]
Hof, R.D., E-Marketplaces Face a Bloodbath, in: Business Week, e.biz, April 3 (2000) S. 72

[Hoffmann et al. 1999]
Hoffmann, C.P., Gerbode, A., Hunziker, A., Klose, M., Pötzl, J., Logistics and Electronic Commerce - Potentiale für einen Logistics Service Provider im Bereich der Business Media, Projektbericht LogEC II, Institut für Medien und Kommunikationsmanagement, Universität St. Gallen, St. Gallen, 1999

[Hofman/Rockart 1994]
Hofman, J.D., Rockart, J.F., Application Templates: Faster, Better, and Cheaper Systems, in: Sloan Management Review, 36 (1994) 1, S. 49-60

[Hofmann/Killer 1995]
Hofmann, M., Killer, B., Interoperability Between and Within Enterprises, SAP, Walldorf, 1995

[Hood 1999]
Hood, P., Lighthouse '99 Case Studies: Cisco Systems (The Network is the Company), Alliance for Converging Technologies, Toronto, 1999

[Hoovers 2001]
Hoovers, Kennzahlen Amazon.com, www.hoovers.com, 15.7.2001

[HP 1998]
HP, Trust Bank Trusts HP NetServers to Support Expansion, Hewlett-Packard Company, http://www.microsoft.hp.com/trustbank.htm, 30.07.1999

[HP 2000]
HP, Understanding e-Services, Hewlett-Packard Company, http://www.hp.com/e-services/understanding/index.html, 24.03.2000

[Huber 2000]
Huber, T., Business Networking Architekturen, Dissertation, Universität St. Gallen, 2000

[Hübner 2000]
Hübner, K., Virtueller Marktplatz der Möglichkeiten, Bayer Report April 2000, Bayer AG, Leverkusen, 2000

[i2 1997]
i2, Rhythm-Ein Kurzüberblick, i2 Technologies, Grasbrunn/München, 1997

[i2 1997a]
i2, Rhythm - An Overview, i2 Technologies, Irving, 1997

[IBM 1998]
IBM, Continous Replenishment Service, IBM Corporation, http://www.disu.ibm.com/discrp.htm, 5.8.1998

[IMG 1999a]
IMG, Comparison of APS Tools, Januar 1999, The Information Management Group (IMG), St. Gallen, 1999

[IMG 1999b]
IMG, Methoden, Information Management Group, http://www.img.ch/jscript/S_300.htm, 01.10.1999

[IMG 2000]
IMG, eSCM Supply Chain Management - Build the Trust!, The Information Management Group (IMG), St. Gallen, 2000

[IMG 1998]
IMG, A., PROMET SSW: Method for the Implementation of Standard Application Software Packages, Release 3.0, IMG AG, St. Gallen, 1998b

[Interpharma 1999]
Interpharma, Pharma Information Pressemitteilung vom 22. September 1999, http://www.interpharma.ch/info/wissen/pharmamarkt/GelbB99.pdf, 22.6.2000

[Intersearch 1998]
Intersearch, National Purchasing Organisations User Group Survey, Intersearch Corp., Palo Alto, 1998

[Ives/Learmonth 1984]
Ives, B., Learmonth, G.P., The Information System as a Competitive Weapon, in: Communications of the ACM, 27 (1984) 12, S. 1193-1201

[Jagoda 1999]
Jagoda, F., Business und IT integriert betrachten, in: Computerwoche 1/99, (1999) 1, S. 6-9

[Jansen et al. 2000]
Jansen, C., Thiesse, F., Bach, V., Wissensportale aus Systemsicht, in: Bach, V., Österle, H.,Vogler, P. (Hrsg.), Business Knowledge Management in der Praxis: Prozessorientierte Lösungen zwischen Knowledge Portal und Kompetenzmanagement, Springer, Berlin etc., 2000, S. 121-189

[Jenz 1998]
Jenz, Komponentenbasierte Anwendungssysteme, Jenz & Partner, Erlensee, 1998

[Jimenez-Martinez/Polo-Redondo 1998]
Jimenez-Martinez, J., Polo-Redondo, Y., International Diffusion of a New Tool: The Case of Electronic Data Interchange (EDI) in the Retailing Sector, in: Research Policy, 26 (1998) S. 811-827

[Jones/Teige 1999]
Jones, K., Teige, P., Analysts Describe Conditions, Evolution of Net Market Models, Net Market Makers Newsletter, www.netmarketmakers.com, 17.12.1999

[Jung/Winter 2000]
Jung, R., Winter, R., Data Warehousing: Nutzungsaspekte, Referenzarchitektur und Vorgehensmodell, in: Jung, R., Winter, R., Data Warehousing Strategie, Berlin, 2000, S. 3-41

[Kalakota/Robinson 2001]
Kalakota, R., Robinson, M., e-Business 2.0: Roadmap for Success, Addison Wesley Longman, Boston, 2001

[Kalakota/Whinston 1997]
Kalakota, R., Whinston, A.B., Electronic Commerce: A Manager's Guide, Addison-Wesley Longman, Reading (MA) etc., 1997

[Kämmerer 2000]
Kämmerer, W., Der Logistik-Dialog: Ein Werkzeug zur Verbesserung logistischer Abläufe, in: Krankenhauspharmazie, 21 (2000) 1

[Kansky/Weingarten 1999]
Kansky, D., Weingarten, U., Supply Chain: Fertigen, was der Kunde verlangt, in: Harvard Business Manager, 21 (1999) 4, S. 87-95

[Kaplan/Sawhney 2000]
Kaplan, S., Sawhney, M., E- Hubs: The New B2B Marketplaces, in: Harvard Business Review, 78 (2000) 3, S. 97-103

[Kappelhoff 2000]
Kappelhoff, R.P.E., Integration of ERP to the Final Control Elements, http://www.wbf.org/Publications/Kappelhoff/Article.htm, 16.2.2000

[Kaufmann 1999]
Kaufmann, L., Purchasing and Supply Management - A Conceptual Framework, in: Kaufmann, L.,Hahn, D. (Hrsg.), Handbuch industrielles Beschaffungsmanagement: Internationale Konzepte - innovative Instrumente - aktuelle Praxisbeispiele, Gabler, Wiesbaden, 1999, S. 3-32

[Keen/Ballance 1997]
Keen, P., Ballance, C., On-Line Profits: A Managers Guide to Electronic Commerce, Harvard Business School Press, Boston (MA), 1997

[Kelly 1995]
Kelly, K., Out of Control: The New Biology of Machines, Social Systems and the Economic World, Addison-Wesley, Reading (MA), 1995

[Kelly 1998]
Kelly, K., New Rules for the New Economy: 10 Radical Strategies for a Connected World, Viking Penguin, New York, 1998

[Kilger 1998]
Kilger, C., Optimierung der Supply Chain durch Advanced Planning Systems, in: Information, Management & Consulting, 13 (1998) 3, S. 49-55

[Killen & Associates 1997]
Killen & Associates, Operating Resources Management: How Enterprises Can Make Money by Reducing ORM Costs, White Paper, Killen & Associates, Palo Alto, 1997

[Klaus/Krieger 2000]
Klaus, P., Krieger, W., Gabler Lexikon Logistik, Gabler, Wiesbaden, 2000

[Kläy 1997]
Kläy, W., EDI-Lösungskonzept für das Kantonsspital St. Gallen, Orbadat, St. Gallen, 1997

[Klein 1994]
Klein, S., Virtuelle Organisation, in: Wirtschaftswissenschaftliches Studium, 23 (1994) 6, S. 309-311

[Klein 1996]
Klein, S., Interorganisationssysteme und Unternehmensnetzwerke: Wechselwirkung zwischen organisatorischer und informationstechnischer Entwicklung, Deutscher Universitätsverlag, Wiesbaden, 1996

[Knolmayer et al. 1997]
Knolmayer, G., von Arb, R., Zimmerli, C., Erfahrungen mit der Einführung von SAP R/3 in Schweizer Unternehmen, Institut für Wirtschaftsinformatik der Universität Bern, Bern, 1997

[Koppelmann 1996]
Koppelmann, U., Outsourcing, Schäffer-Poeschel, Stuttgart, 1996

[Kranz 1997]
Kranz, P., Verteilungskonzepte von Standardsoftware, Universität St. Gallen, St. Gallen, 1997

[Kreikebaum 1997]
Kreikebaum, H., Strategische Unternehmensplanung, Kohlhammer, Stuttgart etc., 1997

[Kris 1998]
Kris, A., The Global Connection to Shared Services, 1998

[Kronen 1994]
Kronen, J., Computergestützte Unternehmenskooperation: Potentiale - Strategien - Planungsmodelle, Deutscher Universitäts-Verlag, Wiesbaden, 1994

[Kruse 1987]
Kruse, H.F., Die Gestaltung und Durchführung der strategischen Informationssystemplanung: Systematische Entwicklung und Begründung eines proaktiv-operativen SISP-Vorgehens für Grossunternehmen auf der Basis einer Auswertung von Literaturvorschlägen und einer explorativen Studie bei 16 Grossanwendern, Universität Freiburg, Freiburg, 1987

[Kubicek 1992]
Kubicek, H., The Organization Gap in Large-Scale EDI Systems, in: Streng, R.J., Ekering, C.F., van Heck, E.,Schultz, J.F.H. (Hrsg.), Scientific Research on EDI "Bringing Worlds Together", Samsom, Amsterdam, 1992, S. 11-41

[Kubicek/Reimers 1996]
Kubicek, H., Reimers, K., Hauptdeterminanten der Nachfrage nach Datenkommunikationsdiensten, in: Marketing - Zeitschrift für Forschung und Praxis, 18 (1996) 1, S. 55-67

[Kuhn et al. 1998]
Kuhn, A., Hellingrath, B., Kloth, M., Anforderungen an das Supply Chain Management der Zukunft, in: Information, Management & Consulting, 13 (1998) 3, S. 7-13

[Kuhn/Kloth 1999]
Kuhn, A., Kloth, M., Zukunftstrategien und Veränderungstreiber der Logistik, in: Hossner, R. (Hrsg.), Jahrbuch der Logistik 1999, Handelblatt, Düsseldorf, 1999, S. 160-165

[Kulow et al. 1999a]
Kulow, B., Palm, D., Laakmann, F., Witthaut, M., Marktstudie Supply Chain Management Software: Planungssysteme im Überblick, Fraunhofer IPA und IML, Stuttgart, Dortmund, 1999a

[Kulow et al. 1999b]
Kulow, B., Palm, D., Laakmann, F., Witthaut, M., Marktstudie Supply Chain Management Software, Planungssysteme im Überblick, Ergebnisse einer Gemeinschaftsaktivität der Frauenhofer Institute Produktionstechnik und Automatisierung (IPA), Stuttgart und Materialfluss und Logistik (IML), Dortmund, 1999b

[Kuper/Billington 2000]
Kuper, A., Billington, C., Real Options for Doing Business at Internet Speed, Mountainview, 2000

[Kuri 1999]
Kuri, J., Soft Machine, in: c´t, (1999) 6, S. 154

[Laaper 1998]
Laaper, B., Procurement Reengineering, PT Publications, West Palm Beach, 1998

[Lacity/Hirschheim 1995]
Lacity, M.C., Hirschheim, R., Beyond the Information Systems Outsourcing Bandwagon: The Insourcing Response, Wiley, Chichester etc., 1995

[Lane 1998]
Lane, R.J., The Computing Model for the Information Age, McGraw-Hill, New York, 1998

[Lapide 1998]
Lapide, L., Supply Chain Planning Optimization: Just the Facts, in: The AMR Report on Supply Chain Management, 1998

[Layden 1998]
Layden, J., The Reality of APS: Understanding the Basics, in: APICS - The Performance Advantage, 8 (1998) 9, S. 132-140

[Lee et al. 1997]
Lee, H., Padmanabhan, V., Whang, S., The Bullwhip Effect in Supply Chains, in: Sloan Management Review, 38 (1997) 3, S. 93-103

[Legner 1999]
Legner, C., Benchmarking informationssystemgestützter Geschäftsprozesse, Deutscher Universitäts-Verlag, Wiesbaden, 1999

[Lehmann 1996]
Lehmann, F., Machine-negotiated, Ontology-based EDI (Electronic Data Interchange), in: Adam, N.R.,Yesha, Y. (Hrsg.), Electronic Commerce: Current Research Issues and Applications, Springer, Berlin etc., 1996, S. 27-45

[Lehner et al. 1991]
Lehner, F., Auer-Rizzi, W., Bauer, R., Breit, R., Lehner, J.M., Reber, G., Organisationslehre für Wirtschaftsinformatiker, Hanser, München/Wien, 1991

[Linthicum 2000]
Linthicum, D.S., Enterprise Application Integration, Addison Wesley Longman, Reading (MA) etc., 2000

[Lozinsky 1998]
Lozinsky, S., Enterprise-wide Software Solutions: Integration Strategies and Practices, Addison Wesley Longman, Reading, 1998

[Luczak/Eversheim 1999]
Luczak, H., Eversheim, W., Produktionsplanung und -steuerung: Grundlagen, Gestaltung und Konzepte, Springer, Berlin etc., 1999

[Ludwig 1995]
Ludwig, H., Vorüberlegungen zu einem Modellierungsansatz für Koordinationsprozesse von artefaktzentrierten Kooperationen, Bamberger Beiträge zur Wirtschaftsinformatik, Nr. 32, Bamberg, 1995

[Malhotra 1996]
Malhotra, Y., Enterprise Architecture: An Overview, University of Pittsburgh, Katz School of Business, Pittsburgh (PA), 1996

[Malkin 1995]
Malkin, G.S., Comprehensive Networking Glossary and Acronym Guide, Manning Publications, Greenwich, 1995

[Malone 1987]
Malone, T.W., Modeling Coordination in Organizations and Markets, in: Management Science, 33 (1987) S. 1317-1332

[Malone 1988]
Malone, T.W., What is Coordination Theory?, Arbeitsbericht: Management in the 1990s, MIT, Sloan School of Management, Cambridge (MA), 1988

[Malone/Crowston 1994]
Malone, T.W., Crowston, K., The Interdisciplinary Study of Coordination, in: ACM Computing Surveys, 26 (1994) 1, S. 87-119

[Malone/Rockart 1991]
Malone, T.W., Rockart, J.F., Computers, Networks and the Corporation, in: Scientific American, 256 (1991) 3, S. 128-136

[Malone et al. 1987]
Malone, T.W., Yates, J., Benjamin, R.I., Electronic Markets and Electronic Hierarchies, in: Communication of the ACM, 30 (1987) 6, S. 484-497

[Manugistics 1998]
Manugistics, Manugistics Announces Results Delivery Process: New Methodology Uniquely Focuses on Delivering Client Results, Press Release 1.6., http://www.manugistics.com/852566c0005c3957/c7b37b9b52 71fba7852566b20067179f/852566c0005c39578525661300504efe?Open Document, 11.08.1999

[Margherito 1998]
Margherito, The Emerging Digital Economy, in: Business America, 119 (1998) 5, S. 15

[Marks 1996]
Marks, S., EDI-Purchasing. The Electronic Gateway to the Future, PT Publications, West Palm Beach, 1996

[Martin 1989]
Martin, J., Information Engineering Vol. 1: Introduction, Prentice-Hall, Englewood Cliffs, 1989

[Martiny/Klotz 1990]
Martiny, L., Klotz, M., Strategisches Informationsmanagement: Bedeutung und organisatorische Umsetzung, Oldenburg, München/Wien, 1990

[Mauch 1990]
Mauch, W., Bessere Kundenkontakte dank Sales Cycle, in: THEXIS, 7 (1990) 1, S. 15-18

[Mayer 1999]
Mayer, S., Erfolgsfaktoren für das Supply Chain Management nach der Jahrtausendwende, Ergebnisse einer Studie von A.T. Kearney in Zusammenarbeit mit der ELA (European Logistics Association), in: Pfohl, H.-C. (Hrsg.), Logistik 2000plus: Visionen-Märkte-Ressourcen, Schmidt, Berlin etc., 1999, S. 1-20

[Mertens 1997]
Mertens, P., Integrierte Informationsverarbeitung, Band 1: Administrations- und Dispositionssysteme in der Industrie, 9.Auflage, Gabler, Wiesbaden, 1997

[Mertens 1999]
Mertens, P., Integration interner, externer, qualitativer und quantitativer Daten auf dem Weg zum aktiven MIS, in: Wirtschaftsinformatik, 41 (1999) 5, S. 405-415

[Mertens et al. 1996]
Mertens, P., Bodendorf, F., König, W., Picot, A., Schumann, M., Grundzüge der Wirtschaftsinformatik, Springer, Berlin etc., 1996

[Mertens et al. 1998]
Mertens, P., Griese, J., Ehrenberg, D., Virtuelle Unternehmen und Informationsverarbeitung, Springer, Berlin etc., 1998

[Merz 1996]
Merz, M., Elektronische Märkte im Internet, Thomson Publishing, Bonn, 1996

[Metagroup 1998]
Metagroup, Enterprise Architecture Strategies: Adaptive Systems, the Role of Enterprisewide Technical Architecture, META Group Inc., Stanford (CT), 1998

[Migros 2001]
Migros, Geschäftsbericht, Zürich, 2001

[Milgrom/Roberts 1992]
Milgrom, P., Roberts, J., Economics, Organization and Management, Prentice Hall, Englewood Cliffs, NJ, 1992

[Miller 1999]
Miller, T., Mandate for Net Appliances: Demand Trends for Internet Appliance Users, Cyber Dialogue, New York (NY), http://www.in3.org/iw/AppStatsSIW.PDF, 18.08.2000

[Moss-Kanter 1989]
Moss-Kanter, R., Becoming PALs: Pooling, Allying, and Linking Across Companies, in: The Academy of Management Executive, 3 (1989) 3, S. 183-193

[Moss-Kanter 1994]
Moss-Kanter, R., Collaborative Advantage: The Art of Alliances, in: Harvard Business Review, 72 (1994) 4, S. 96-108

[Müller-Hagedorn 1998]
Müller-Hagedorn, L., Der Handel, Kohlhammer, Stuttgart, 1998

[Müller-Stewens 1997]
Müller-Stewens, G., Virtualisierung von Organisationen, Verlag NZZ/ Schäffer-Poeschel, Zürich/Stuttgart, 1997

[Müller-Stewens/Lechner 2001]
Müller-Stewens, G., Lechner, C. Strategisches Management - Wie strategische Initiativen wirksam werden, Schäffer-Poeschel, Stuttgart, 2001

[Muschter 1999]
Muschter, S., IS-gestütztes Prozessmanagement, Dissertation an der Universität St. Gallen, Gabler, Wiesbaden, 1999

[Muther 1999]
Muther, A., Electronic Customer Care: Die Anbieter-Kundenbeziehung im Informationszeitalter, Springer, Berlin/Heidelberg, 1999

[Muther et al. 1998]
Muther, A., Österle, H., Tomczak, T., Electronic Customer Care - IT in der Anbieter-Kunden-Kundenbeziehung, in: Papmehl, A. (Hrsg.), Absolute Customer Care, Signum Verlag, Wien, 1998, S. 77-91

[Naisbitt/Aburdene 1990]
Naisbitt, J., Aburdene, P., Megatrends 2000. Zehn Perspektiven für den Weg ins nächste Jahrtausend, ECON, Düsseldorf et al., 1990

[Negroponte 1995]
Negroponte, N.P., Being Digital, Alfred A. Knopf, New York, 1995

[Neil 2000]
Neil, R., Omnicell Offers New Supply Chain Strategy, Omnicell, http://www.omnicell.com/news/medcover.asp, 17.2.2001

[Neu 1991]
Neu, P., Strategische Informationssystem-Planung, Springer, Berlin etc., 1991

[Neuburger 1994]
Neuburger, R., Electronic Data Interchange: Einsatzmöglichkeiten und ökonomische Auswirkungen, Gabler, Wiesbaden, 1994

[Nolan/Croson 1995]
Nolan, R.C., Croson, D.C., Creative Destruction: A Six Stage Process for Transforming the Organization, Harvard Business School Press, Boston, MA, 1995

[Norman 1992]
Norman, D., Why Information Strategies Fail, in: Brown, E., Craeting a Business-based IT Strategy, Chapman & Hall, London, 1992, S.

[Norman 1998]
Norman, D., The Invisible Computer, MIT Press, Cambridge (MA), 1998

[Novartis 2000]
Novartis, World Online and Novartis Plan Strategic e-Business Alliances, Novartis, 2000

[Nüttgens 1995]
Nüttgens, M., Koordiniert-dezentrales Informationsmanagement: Rahmenkonzept - Koordinationsmodelle - Werkzeug-Shell, Schriften zur EDV-orientierten Betriebswirtschaft, Gabler, Wiesbaden, 1995

[OECD 1996]
OECD, ICT Standardization in the New Global Context, OECD, Paris, 1996

[Oracle 2000]
Oracle, Warehouse Overview, Oracle Corp., http://oracle.com/datawarehouse/resources/concepts/index.html, 19.02.2000

[OrderZone 1999]
OrderZone, About Us: What We Offer, http://www.orderzone.com/7972620944/sim/about/get/AboutFS.html, 15.07.1999

[Orths 1995]
Orths, H., Von der Kundenorientierung zum Supply Management, Gabler, Wiesbaden, 1995

[Österle 1995]
Österle, H., Business Engineering: Prozess- und Systementwicklung, Band 1: Entwurfstechniken, Springer, Berlin etc., 1995

[Österle 1996]
Österle, H., Integration: Schlüssel zur Informationsgesellschaft, in: Österle, H., Riehm, R., Vogler, P. (Hrsg.), Middleware: Grundlagen, Produkte und Anwendungsbeispiele für die Integration heterogener Welten, Vieweg, Braunschweig, Wiesbaden, 1996, S. 1-23

[Österle 2001]
Österle, H., Enterprise in the Information Age, in: Österle, H., Fleisch, E., Alt, R., Business Networking: Shaping Collaboration Between Enterprises, Springer, Berlin etc., 2001, S. 17-54

[Österle et al. 1992]
Österle, H., Brenner, W., Hilbers, K., Unternehmensführung und Informationssystem: Der Ansatz des St. Galler Informationssystem-Managements, Teubner, Stuttgart, 1992

[Österle/Muther 2000]
Radikale Kundenzentrierung im Informationszeitalter: Wie moderne Informationstechniken die Gesetze der Anbieter-Kunden-Beziehung verändern und wie Manager darauf reagieren müssen, in: HMD, 211 (2000), S. 36-41

[Österle/Winter 2000]
Österle, H., Winter, R., Business Engineering: Auf dem Weg zum Unternehmen des Informationszeitalters, Springer, Berlin, etc., 2000

[Osterloh/Frost 1998]
Osterloh, M., Frost, J., Prozessmanagement als Kernkompetenz: Wie Sie Business Reengineering strategisch nutzen können, Gabler, Wiesbaden, 1998

[Outsourcing Institute 1997]
Outsourcing Institute, The Outsourcing Index, The Outsorucing Institute, http://www.outsourcing.com/BuyerSite/howandwhy/research/osindex/index.htm, 11.10.2000

[Outsourcing Institute 1999]
Outsourcing Institute, Survey of Current and Potential Outsourcing, The Outsourcing Institute, http://www.outsourcing.com/howandwhy/surveyresults/index.hat, 10.7.1999

[Papows/Fielding 1994]
Papows, J., Fielding, J., The Future of Groupware, in: Lloyd, P., Groupware in the 21st Century: Computer Supported Cooperative Working Toward the Millenium, Adamantine Press, London, 1994, S. 101-105

[Parker et al. 1988]
Parker, M.M., Benson, R.J., Trainor, H.E., Information Economics: Linking Business Performance to Information Technology, Prentice-Hall, Englewood Cliffs, 1988

[Peoplesoft 1999]
Peoplesoft, Peoplesoft Glossary, Peoplesoft Inc., http://www.people soft.com/en/utilities/glossary/glossary_e_en.html, 13.12.1999

[Peppers/Rogers 1997]
Peppers, D., Rogers, M., Enterprise One to One: Tools for Competing in the Interactive Age, Currency/Doubleday, New York (NY), 1997

[Peters 1999]
Peters, J., The Internet's Role In Healthcare: Realizing The Power Of eCommunication, Dain Rauscher Wessels, Austin etc., 1999

[Pfohl 1999]
Pfohl, H.C., Konzept des Supply Chain Managements und das Berufsbild des Logistikmanagers, in: Pfohl, H.C. (Hrsg.), Logistikforschung: Entwicklungszüge und Gestaltungsansätze, Schmidt, Berlin et al., 1999, S. 175-228

[Pfohl 1994]
Pfohl, H.-C., Logistikmanagement: Funktionen und Instrumente: Implementierung der Logistikkonzeption in und zwischen Unternehmen, Springer, Berlin etc., 1994

[Pfohl 1997]
Pfohl, H.-C., Gestaltung von Informationen und Informationssystemen in der Logistikkette, in: Pfohl, H.-C. (Hrsg.), Informationsfluß in der Logistikkette - EDI - Prozeßgestaltung - Vernetzung, Erich Schmidt Verlag, Berlin, 1997b, S. 5-45

[Phifer 1999]
Phifer, G., Enterprise Portals, Conference Presentation, GartnerGroup, 1999

[Philippson et al. 1999]
Philippson, C., Pillep, R., von Wrede, P., Röder, A., Marktspiegel Supply Chain Management Software, 1, Forschungsinstitut für Rationalisierung e.V. (FIR), Aachen, 1999

[Phoenix 2000]
Phoenix, Phoenix International Network: PIN Zugriffe im Zeitablauf, Mannheim, 2000

[Phoenix 2000a]
Phoenix, Geschäftsbericht 1999/2000, Phoenix, Mannheim, 2000a

[PhRMA 1999]
PhRMA, Pharma Industry Profile, Pharmaceutical Research and Manufacturers of America (PhRMA), http://www.phrma.org/publications/industry/profile99/chap2.html#development, 22.6.2000

[Picot 1991]
Picot, A., Marktorientierte Gestaltung der Leistungstiefe, Manuskript zum Vortrag auf dem Sächsischen Wirtschaftskolloquium "Wettbewerbsfähigkeit durch marktnahe Produktionskonzepte", Bergakademie Freiberg i.S., 1991

[Picot et al. 1996]
Picot, A., Reichwald, R., Wigand, R.T., Die grenzenlose Unternehmung: Information, Organisation und Management, Gabler, Wiesbaden, 1996

[Pieske 1995]
Pieske, R., Benchmarking in der Praxis: Erfolgreiches Lernen von führenden Unternehmen, Verlag Moderne Industrie, Landsberg/Lech, 1995

[Pillep/von Wrede 1999]
Pillep, R., von Wrede, P., Grundlagen des Supply Chain Management, in: Luczak, H., Eversheim, W., Stich, V. (Hrsg.), Marktspiegel Supply Chain Management Software, Forschungsinstitut für Rationalisierung e.V. (FIR), Aachen, 1999, S. 1-50

[Pinchot/Pinchot 1993]
Pinchot, G., Pinchot, E., The End of Bureaucracy and the Rise of the Intelligent Organization, Berrett-Koehler, San Francisco, 1993

[Pirron et al. 1998]
Pirron, J., Reisch, O., Kulow, B., Hezel, H., Werkzeuge der Zukunft, in: Logistik heute, 20 (1998) 11, S. 60-69

[Plummer/Smith 2000]
Plummer, D., Smith, D., E-Services: Are They Really the Next 'E'?, Gartner Group, http://gartner6.gartnerweb.com/public/static/hotc/hc0086767.html, 14.3.2000

[Porter 1985]
Porter, M.E., Competitive Advantage: Creating and Sustaining Superior Performance, Campus, New York, 1985

[Porter 1996]
Porter, M.E., What Is Strategy?, in: Harvard Business Review, 74 (1996) 6, S. 61-78

[Porter 2001]
Porter, M.E., Strategy and the Internet, in: Harvard Business Review, 79 (2001) 3, S. 63-78

[Pottholf 1998]
Pottholf, I., Kosten und Nutzen der Informationsverarbeitung: Analyse und Beurteilung von Investitionsentscheidungen, Gabler, Wiesbaden, 1998

[Powers 1999]
Powers, J., Internet Devices and Appliances Landscape, IN3, New York (NY), http://www.in3.org/iw/idasiw99.ppt, 18.8.2000

[Prahalad/Hamel 1990]
Prahalad, C.K., Hamel, G., The Core Competence of the Corporation, in: Harvard Business Review, 68 (1990) 3, S. 79-91

[Preisig 1999]
Preisig, A., $10 Mio per Day in Less then 2 Years, Präsentation, Institut für Wirtschaftsinformatik, Universität St. Gallen, St. Gallen, 1999

[PriceWaterhouseCoopers 1999]
PriceWaterhouseCoopers, E-Business E-Xplosion, PriceWaterhouse Coopers, 28.10.1999

[PRNewswire 2000]
PRNewswire, WebMD announces completion of medical manager, Care-Insite and OnHealth Network Transactions, 17.2.2001

[Prockl 2000]
Prockl, G., Supply Chain Software, in: Klaus, P., Krieger, W. (Hrsg.), Gabler-Lexikon Logistik: Management logistischer Netzwerke und Flüsse, Gabler, Wiesbaden, 2000, S. 456-460

[PRTM 1997]
PRTM, Integrated Supply-Chain Benchmarking Study, 1997

[Pruijm 1990]
Pruijm, R.A.M., Corporate Strategy and Strategic Information Systems, Erasmus Universiteit Rotterdam, Rotterdam, 1990

[QED 1985]
QED, Strategic and Operational Planning for Information Systems, QED Information Sciences, Wellesley, 1985

[Raffee 1993]
Raffee, H., Gegenstand, Methoden und Konzepte der Betriebswirtschaftslehre, 3, Vahlen, München, 1993

[Ranadivé 1999]
Ranadivé, V., The Power of Now, McGraw-Hill, New York, 1999

[Reichwald 1993]
Reichwald, R., Die Wirtschaftlichkeit im Spannungsfeld von betriebswirtschaftlicher Theorie und Praxis, Arbeitsberichte des Lehrstuhls für Allgemeine und Industrielle Betriebswirtschaftslehre, Bd. 1, München, 1993

[Reichwald et al. 1998]
Reichwald, R., Moeslein, K., Sachenbacher, H., Englberger, H., Oldenburg, S., Telekooperation: Verteilte Arbeits- und Organisationsformen, Springer, Berlin etc., 1998

[Reinhardt et al. 1999]
Reinhardt, A., Kunii, I., Einhorn, B., Malkin, E., Dialing for Pennies, in: BusinessWeek, (1999) S. 82-85

[Reve 1990]
Reve, T., The Firm As a Nexus of Internal and External Contracts, in: Aoki, M., Gustafsson, B.,Williamson, O. (Hrsg.), The Firm As a Nexus of Treaties, Sage, London, 1990, S. 133-161

[Richmond et al. 1998]
Richmond, B., Burns, A., Mabe, J., Nuthall, L., Toole, R., Supply chain management tools, Minimizing the risks: maximizing the benefits, in: Gattorna, J., Jones, T., Danks, A., Dhillon, Y., Holdforth, L. (Hrsg.), Strategic Supply Chain Alignment: Best Practice in Supply Chain Management, Gower, Aldershot, Hamshire, 1998, S. 507-520

[Riedl 1991]
Riedl, R., Strategische Planung von Informationssystemen: Methode zur Entwicklung von langfristigen Konzepten für die Informationsverarbeitung, Physica-Verlag, Heidelberg, 1991

[Riehm 1997]
Riehm, R., Integration von heterogenen Applikationen, Difo-Druck, Bamberg, 1997

[Riehm/Vogler 1996]
Riehm, R., Vogler, P., Middleware: Infrastruktur für die Integration, in: Österle, H., Riehm, R., Vogler, P. (Hrsg.), Middleware: Grundlagen, Produkte und Anwendungsbeispiele für die Integration heterogener Welten, Vieweg, Braunschweig etc., 1996, S. 25-135

[Rodin 1999]
Rodin, R., Free, Perfect, and Now: Connecting to the Three Insatiable Customer Demands: A CEO's True Story, Simon & Schuster, New York, 1999

[Rolf 1998]
Rolf, A., Grundlagen der Organisations- und Wirtschaftsinformatik, Springer, Berlin etc., 1998

[Ruigrok 1999]
Ruigrok, W., Corporate Restructuring and New Forms of Organizing: Evidence From Europe, in: Journal of International Business: Special Issue, 39 (1999) 2, S. 41-64

[Saban 2001]
Saban, K.A., Strategic Prepardness: A Critical Requirement to Maximizing E-Commerce Investments, in: EM - Electronic Markets, 11 (2001) 1, S. 26-36

[Sager 2000]
Sager, I., Big Blue Gets Wired, in: Business Week, e-biz, (2000) 3.4.2000, S. 56-58

[Sägesser 1999]
Sägesser, R., Outsourcing-Partnerschaften und unternehmensweite Business Excellence, in: HMD, 36 (1999) 206, S. 19-26

[SAP 1998a]
SAP, SAP APO within the SCOPE Initiative, SAP AG, Walldorf, 1998

[SAP 1998b]
SAP, Advanced Planner & Optimizer, Whitepaper, SAP AG, Walldorf, 1998a

[SAP 1999a]
SAP, Global ASAP, Version 1.0, CD-ROM, 1999a

[SAP 1999b]
SAP, Selected Financial Highlights, SAP AG, http://www.sap.com/investor/, 01.07.1999

[SAP 1999c]
SAP, SAP - Advanced Planner and Optimizer, Release 2.0, SAP AG, https://wwwp02.sapnet.sap.com/~sapidb/011000358700001072151999E, 01.07.1999

[SAP 2000]
SAP, mySAP.com Marketplace - One-Step Business, SAP AG, http://www.sap.com/solution/marketplace/index.htm, 24.03.2000

[SCC 2000]
SCC, SCOR Metrics Level 1 Primer, White Paper, Supply Chain Council (SCC), http://www.supply-chain.org/members/html/wpaper.cfm, 18.10.2000

[Schary/Skjott-Larsen 1995]
Schary, P., Skjott-Larsen, T., Managing the Global Supply Chain, Copenhagen Studies in Economies and Management, Handelshojskolens Forlag, Kopenhagen, 1995

[Scheckenbach 1997]
Scheckenbach, R., Semantische Geschäftsprozessintegration, Deutscher Universitäts-Verlag, Wiesbaden, 1997

[Scheer 1990]
Scheer, A.-W., EDV-orientierte Betriebswirtschaftslehre. Grundlagen für ein effizientes Informationsmanagement, Springer, Berlin etc., 1990

[Scheer 1995]
Scheer, A.-W., ARIS - Business Process Frameworks, Springer, Berlin etc., 1995

[Scheer 1997]
Scheer, A.-W., Wirtschaftsinformatik: Referenzmodelle für industrielle Geschäftsprozesse, Springer, Berlin etc., 1997

[Schelhas 1999]
Schelhas, K.-H., SAP-R/2 und SAP-R/3 bei der Deutschen Telekom, in: Unterrichtsblätter, 52 (1999) 6, S. 354-365

[Schelle 1989]
Schelle, H., Kostenplanung und -kontrolle: ein Überblick, Verlag TÜV Rheinland, Köln, 1989

[Scheller et al. 1994]
Scheller, M., Boden, K.P., Geenen, A., Kampermann, J., Internet: Werkzeuge und Dienste, Springer, Berlin, 1994

[Scheruhn 1997]
Scheruhn, H.-J., Einführung betrieblicher Anwendungssysteme, in: Klockhaus, E.,Scheruhn, H.-J. (Hrsg.), Modellbasierte Einführung betrieblicher Anwendungssysteme, Gabler, Wiesbaden, 1997

[Scheutwinkel 1999]
Scheutwinkel, W., SCM-Marktübersicht: Anspruch und Wirklichkeit, in: Logistik heute, 21 (1999) 5, S. 60-62

[Schlatter 2000]
Schlatter, R., Well Let's Shop, in: Handelszeitung, 139 (2000) 37, S. 23

[Schmid 1993]
Schmid, B., Elektronische Märkte, in: Wirtschaftsinformatik, 35 (1993) 5, S. 465-480

[Schmid 1997]
Schmid, B., IKT als Träger einer neuen industriellen Revolution, in: Schuh, G.,Wiendahl, H.P. (Hrsg.), Komplexität und Agilität, Springer, Berling etc., 1997, S. 103-117

[Schmid/Lindemann 1998]
Schmid, B., Lindemann, M., Elements of a Reference Model for Electronic Markets, in: Blanning, R.W., King, D.R. (Hrsg.), Proceedings of the 31st HICSS, Hawaii, 1998, S. 193-201

[Schmid et al. 2000]
Schmid, R.E., Bach, V., Österle, H., Mit Customer Relationship Management zum Prozeßportal, in: Bach, V., Österle, H.,(Hrsg.), Customer Relationship Management in der Praxis, Springer, Berlin etc., 2000, S. 3-55

[Schmidt 1991]
Schmidt, G., Methode und Techniken der Organisation, Schmidt, Giessen, 1991

[Schnedl/Schweizer 1999]
Schnedl, W., Schweizer, M., Dynamische IT-Organisationen im nächsten Millenium, Diplomarbeit, NDU, Universität St. Gallen, 1999

[Schnitzler 1999]
Schnitzler, L., Deutsche Post: Aus der Portokasse, in: Wirtschaftswoche, (1999) 21, S. 62-64

[Schögel 1998]
Schögel, M., Kooperative Leistungssysteme, Forschungsinstitut für Absatz und Handel, Universität St. Gallen, St. Gallen, 1998

[Scholl et al. 1993]
Scholl, M., Lippold, H., Hilgenfeldt, J., Vernetzung von IuK-Techniken: Chancen und Risiken der Informations- und Kommunikationstechniken für kleinere und mittlere Unternehmen, Vieweg, Braunschweig etc., 1993

[Scholz 1997]
Scholz, C., Strategische Organisation: Prinzipien zur Vitalisierung und Virtualisierung, Moderne Industrie, Landsberg/Lech, 1997

[Schönsleben/Heiber 2000]
Schönsleben, P., Heiber, R., Supply-Chain-Management-Software, in: io management, 69 (2000) 1/2, S. 18-24

[Schulze et al. 2001]
Schulze, J., Thiesse, F., Bach, V., Österle, H., Knowledge Enabled Customer Relationship Management, in: Österle, H., Fleisch, E., Alt, R., Business Networking: Shaping Collaboration Between Enterprises, Springer, Berlin etc., 2001, S. 135-152

[Schuurmans/Stoller 1998]
Schuurmans, L., Stoller, C., Der Shared Service Center Trend, in: ioManagement, (1998) 6, S. 37-41

[Schwarze 1998]
Schwarze, J., Informationsmanagement: Planung, Steuerung, Koordination und Kontrolle der Informationsversorgung in Unternehmen, Herne, Berlin, 1998

[Schwarzer 1994]
Schwarzer, B., Prozeßorientiertes Informationsmanagement in multinationalen Unternehmen: Eine empirische Untersuchung in der Pharmaindustrie, Gabler, Wiesbaden, 1994

[Scintilla 2000]
Scintilla, Scintilla AG, Daten und Fakten, Geschäftsjahr 1999, http://www.scintilla.ch/scintilla/daten.html, 14.9.2000

[SCOR 1998]
SCOR, SCOR Primer: Overview of Model Structure Revision 3.0, in: Proceedings of the 1998 Fall Conference: September 21-22, 1998, Supply-Chain Council, San Francisco, 1998

[Segev et al. 1999]
Segev, A., Gebauer, J., Färber, F., Internet-based Electronic Markets, in: Electronic Markets, 9 (1999) 3, S. 138-146

[Senger-Weiss et al. 1999]
Senger-Weiss, P., Mazur, V., Werle, O., EDI in der Logistikkette, ... die Erfolgsstory von WeissNet, Linde, 1999

[Servatius 1998]
Servatius, H.-G., Integration der Wertschöpfung von Unternehmern, Kunden und Zulieferern: Ein Überblick, in: Information, Management & Consulting, 13 (1998) 3, S. 14-17

[Seufert/Seufert 1998]
Seufert, A., Seufert, S., Wissensorientierung und -transfer in Knowledge Networks, in: ioManagement, (1998) 10, S. 76-84

[Shapiro/Varian 1999]
Shapiro, C., Varian, H.R., Information Rules: A Strategic Guide to the Network Economy, Harvard Business School Press, Boston, MA, 1999

[Siebel 2000]
Siebel, Siebel Front Office Solutions, Siebel Systems, http://www.siebel.com/products-solutions/prod.html, 19.03.01

[Simchi-Levi et al. 2000]
Simchi-Levi, D., Kaminsky, P., Simchi-Levi, E., Designing and Managing the Supply Chain: Concepts, Strategies, and Case Studies, Irwin/McGraw-Hill, Boston, 2000

[Sinz 1997]
Sinz, E.J., Architektur betrieblicher Informationssysteme, in: Rechenberger, P., Pomberger, G., Handbuch der Informatik, Hanser-Verlag, München, 1997

[Sjöblom 1998]
Sjöblom, Sucess Lies One Step Ahead of the Consumer, in: Mastering Global Business, Part 2: Gaining Global Competitivness, Financial Times (Sonderausgabe), 1998

[Skyway 1999]
Skyway, Supply Chain and Transportation Services, Santa Cruz, http://www.skyway.com, 10.7.2001

[Smith 1776]
Smith, A., An Inquiry Into the Nature and Causes of the Wealth of Nations, Strahan and Cadell, London, 1776

[Snow et al. 1992]
Snow, C., Miles, R., Coleman, H., Managing 21st Century Network Organization, in: Organizational Dynamics, 20 (1992) 3, S. 5-20

[Somogyi/Galliers 1995]
Somogyi, E.K., Galliers, R.D., Information Technology in Business: From Data Processing to Strategic Information Systems, in: Galliers, R.D., Baker, B.S. (Hrsg.), Strategic Information Management, Butterworth-Heinemann Ltd., Oxford, 1995, S. 9-27

[Stahlknecht 1991]
Stahlknecht, P., Einführung in die Wirtschaftsinformatik, Springer, Berlin etc., 1991

[Stich et al. 1999]
Stich, V., Pillep, R., Röder, A., Supply Chain Management Software - Basic Concepts and Practical Implementation, International Conference on Advances in Production Management Systems (APMS): Global Production Management, Berlin, 1999

[Stickel et al. 1997]
Stickel, E., Groffmann, H.-D., Rau, K.-H., Gabler Wirtschaftsinformatik-Lexikon, Gabler, Wiesbaden, 1997

[Supply Chain Council 1998]
Supply Chain Council, Supply Chain Operations Reference-Model (SCOR), http://www.supply-chain.org,

[Sydow 1992]
Sydow, J., Strategische Netzwerke. Evolution und Organisation, Gabler, Neue betriebswirtschaftliche Forschung, Wiesbaden, 1992

[Syncra 1998]
Syncra, QuickWin: Guide to Trading Partner Collaboration, Syncra Software, Inc., 1998

[Tapscott 1995]
Tapscott, D., The Digital Economy, McGraw-Hill, New York, 1995

[Telekom 2000]
Telekom, Company Profile, Deutsche Telekom AG, http://www.telekom.de/untern/inv_relations/gesch_zahlen/statistik/index.htm, 23.10.2000

[Terzioglu 1999]
Terzioglu, K., Cisco Systems - Putting Internet Into Action, Vortragspräsentation, Zürich, 1999

[Teufel et al. 1999]
Teufel, T., Röhricht, J., Willems, P., SAP R/3 Prozeßanalyse mit Knowledge Maps: Von einem beschleunigten Business Engineering zum organisatorischen Wissensmanagement, Addison Wesley Longman, München, 1999

[Thaler 1999]
Thaler, K., Supply Chain Management: Prozessoptimierung in der logistischen Kette, Fortis, Köln, 1999

[Turrowski 1997]
Turrowski, K., Flexible Verteilung von PPS-Systemen: Methodik, Planungsobjekt-basierter Softwareentwicklung, Gabler, Wiesbaden, 1997

[Ullmann 1997]
Ullmann, W., Orgwaregestützte Einführung von TRITON/BAAN IV, in: Klockhaus, E.,Scheruhn, H.-J., Modellbasierte Einführung betrieblicher Anwendungssysteme, Gabler, Wiesbaden, 1997

[Ulrich 1984]
Ulrich, H., Management, Haupt, Bern, 1984

[Vahrenkamp 1996]
Vahrenkamp, R., Ende der Marktmacht, in: Logistik heute, (1996) 1-2, S. 59-64

[Varian 1994]
Varian, H.R., The Information Economy: The Economics of the Internet, Information Goods, Intellectual Property and Related Issues, in: Scientific American, 273 (1994) 3, S. 200-202

[Venkatraman 1991]
Venkatraman, N., IT-Induced Business Reconfiguration, Oxford University Press, New York/Oxford, 1991

[Venkatraman/Henderson 1998]
Venkatraman, N., Henderson, J.C., Real Strategies for Virtual Organizing, in: Sloan Management Review, 40 (1998) 1, S. 33-48

[von Krogh/Roos 1992]
von Krogh, G., Roos, J., Figuring Out Your Competence Configuration, in: European Management Journal, 10 (1992) 4, S. 422-427

[Walker 1994]
Walker, M., Quick Response: The Road to Lean Logistics, in: Cooper, J. (Hrsg.), Logistics and Distribution Planning: Strategies for Management, Kogan Page, London, 1994, S. 207-219

[Wall 1996]
Wall, F., Organisation und betriebliche Informationssysteme: Elemente einer Konstruktionstheorie, Gabler, Wiesbaden, 1996

[Weber 1990]
Weber, J., Thesen zum Verständnis und Selbstverständnis der Logistik, in: Zeitschrift für betriebswirtschaftliche Forschung, 42 (1990) 11, S. 976-986

[Weber/Kummer 1998]
Weber, J., Kummer, S., Logistikmanagement, Schäffer-Poeschel, Stuttgart, 1998

[Weick 1976]
Weick, K.E., Educational Organizations as Loosley Coupled Systems, in: Administrative Science Quarterly, 21 (1976) S. 1-19

[Weill/Vitale 2001]
Weill, P., Vitale, M.R., Place to Space: Migrating to eBusiness Models, Harvard Business School Press, Boston (MA), 2001

[Westkämper/Wildemann 1999]
Westkämper, E., Wildemann, H., Make or Buy & Insourcing, Transfer-Centrum für Produktions-Logistik und Technologie-Management, Technische Universität München, München, 1999

[Wexelblat/Srinivasan 1999]
Wexelblat, R.L., Srinivasan, N., Planning for Information Technology in a Federated Organizati6n, in: Information & Management, 35 (1999) 5, S. 265-282

[Wigand 1997]
Wigand, R.T., Electronic Commerce: Definition, Theory, and Context, in: The Information Society, 13 (1997) 1, S. 1-16

[Wildemann 1994]
Wildemann, H., Die modulare Fabrik, TCW-Transfer-Centrum, München, 1994

[Williamson 1985]
Williamson, O.E., The Economic Institutions of Capitalism: Firms, Markets, Relational Contracting, The Free Press, New York (NY), 1985

[Williamson 1989]
Williamson, O.E., Transaction Cost Economics, Elsevier Science Publishing, Amsterdam, 1989

[Williamson 1991]
Williamson, O.E., Comparative Economic Organization: The Analysis of Discrete Structural Alternatives, in: Administrative Science Quarterly, (1991) 36, S. 269-296

[Winter 1991]
Winter, R., Mehrstufige Produktionsplanung in Abstraktionshierachien auf der Basis relationaler Informationsstrukturen, Springer-Verlag, Berlin etc, 1991

[Winter/Weber 1998]
Winter, R., Weber, H., Change Engineering: Informationssysteme zementieren nicht mehr Bestehendes, sondern werden zur Grundlage von Wandel und Agilität, in: Belz, C. (Hrsg.), Management-Szenarien 2005, Verlag Thexis, St. Gallen, 1998, S. 158-159

[Wolff 1995]
Wolff, B., Organisation durch Verträge, Gabler, Wiesbaden, 1995

[Womack et al. 1991]
Womack, J.P., Jones, D.T., Roos, D., The Machine That Changed the World: The Story of Lean Production, Harper-Collins, New York, 1991

[Zbornik 1996]
Zbornik, S., Elektronische Märkte, elektronische Hierarchien, elektronische Netzwerke: Koordination des wirtschaftlichen Leistungsaustausches durch Mehrwertdienste auf der Basis von EDI und offenen Kommunikationssystemen, Universitäts-Verlag, Konstanz, 1996

[Zerdick et al. 1999]
Zerdick, A., Picot, A., Schrape, K., Artopé, A., Goldhammer, K., Lange, U.T., Vierkant, E., López-Escobar, E., Silverstone, R., Die Internet-Ökonomie: Strategien für die digitale Wirtschaft, European Communication Council Report, Springer, Berlin etc., 1999

# Index

## R



## S



## T

# Autoren

| | |
|---|---|
| **Alt, Rainer Dr.** | Leiter des Kompetenzzentrums Business Networking am Institut für Wirtschaftsinformatik der Universität St. Gallen, Dozent an der Universität St. Gallen |
| **Alzer, Bernhard** | Key Account Manager Robert Bosch GmbH, Geschäftsbereich Kunststoffe, Bayer AG, Leverkusen, Deutschland |
| **Barak, Vladimir Dr.** | Head of IM/IT Coordination EMEA, Pharma Informatics, F. Hoffmann-La Roche Ltd., Basel, Schweiz |
| **Betts, Robert** | Senior Vice-President of SCM Business Development, SAP AG, Palo Alto, USA |
| **Dolmetsch, Ralph Dr.** | Regional Manager North and Central Europe, Ariba Commerce Services Network - Supplier Enablement, Ariba Inc., Zürich, Schweiz |
| **Fleisch, Elgar Prof. Dr.** | Professor für Wirtschaftsinformatik an der Universität St. Gallen, Vize-Direktor des Instituts für Wirtschaftsinformatik der Universität St. Gallen und Leiter des M-Lab |
| **Grünauer, Karl Maria Dr.** | Vice President eBusiness Management Consulting, Information Management Group (IMG) AG, Arlesheim, Schweiz |
| **Huber, Thomas Dr.** | IM/IT Coordination EMEA, Pharma Informatics, F. Hoffmann-La Roche Ltd., Basel, Schweiz |
| **Kaltenmorgen, Norbert** | Produktmanager Technology Consulting & Services, Triaton GmbH, Frankfurt, Deutschland |
| **Klüber, Roland** | Business Development Manager, conextrade AG, Zürich, Schweiz |
| **Lehmann, Günter** | Abteilungsleiter SAP-Koordination, Querschnittsbereich Informationsverarbeitung, Robert Bosch GmbH, Stuttgart, Deutschland |

| | |
|---|---|
| **Leser, Florian** | Wissenschaftlicher Mitarbeiter im Kompetenzzentrum Business Networking am Institut für Wirtschaftsinformatik der Universität St. Gallen. |
| **Österle, Hubert Prof. Dr.** | Professor für Wirtschaftsinformatik an der Universität St. Gallen, Direktor des Instituts für Wirtschaftsinformatik der Universität St. Gallen und Chief Technology Officer der Information Management Group (IMG) AG |
| **Pfadenhauer, Andreas** | Product Manager, Supply Chain Management, SAP AG, Walldorf, Deutschland |
| **Pohland, Sven Dr.** | Vice President, Practice Portal Builder, Information Management Group (IMG) AG, St. Gallen, Schweiz |
| **Puschmann, Thomas** | Wissenschaftlicher Mitarbeiter im Kompetenzzentrum Business Networking am Institut für Wirtschaftsinformatik der Universität St. Gallen. |
| **Reichmayr, Christian** | Wissenschaftlicher Mitarbeiter im Kompetenzzentrum Business Networking am Institut für Wirtschaftsinformatik der Universität St. Gallen. |
| **Reiss, Thomas Dr.** | Vice President, CRM Component Integration, SAP AG, Walldorf, Deutschland |
| **Sassmannshausen, Dirk** | DV-Organisator, Competence Center Basis, Querschnittsbereich Informationsverarbeitung, Robert Bosch GmbH, Stuttgart, Deutschland |
| **Schelhas, Karl-Heinz** | Programmanager für Standardsoftware, Zentralbereich Informationsmanagement, Deutsche Telekom AG, Bonn, Deutschland |
| **Thiesse, Frédéric Dr.** | Leiter Software- & Methodenentwicklung, Intellion AG, St. Gallen, Schweiz |
| **Zurmühlen, Rudolf Dr.** | Head of Customer Service, ETA SA Fabriques d'Ebauches, Grenchen, Schweiz |

ELGAR FLEISCH
Das Netzwerk-unternehmen
Strategien und Prozesse zur Steigerung der Wettbewerbs-fähigkeit in der »Networked Economy«
Springer